Organizações Internacionais

Organizações Internacionais

TEORIA GERAL

ESTUDO MONOGRÁFICO DAS PRINCIPAIS ORGANIZAÇÕES INTERNACIONAIS DE QUE PORTUGAL É MEMBRO

2019

João Mota de Campos (coordenador)
Manuel Porto
Victor Calvete
António José Fernandes
Eduardo Raposo de Medeiros
Manuel Almeida Ribeiro
Maria Luísa Duarte
João Luís Mota De Campos

ALMEDINA

ORGANIZAÇÕES INTERNACIONAIS

CO-AUTORES
João Mota de Campos (*coordenador*)
Manuel Porto
Victor Calvete
António José Fernandes
Eduardo Raposo de Medeiros
Manuel Almeida Ribeiro
Maria Luísa Duarte
João Luís Mota de Campos

EDITOR
EDIÇÕES ALMEDINA, S.A.
Rua Fernandes Tomás, nºs 76-80
3000-167 Coimbra
Tel.: 239 851 904 · Fax: 239 851 901
www.almedina.net · editora@almedina.net

DESIGN DE CAPA
FBA.

PRÉ-IMPRESSÃO
João Jegundo

IMPRESSÃO E ACABAMENTO
ACD Print, S.A.

Agosto, 2019

DEPÓSITO LEGAL
459906/19

ALMEDINA | GRUPOALMEDINA

BIBLIOTECA NACIONAL DE PORTUGAL – CATALOGAÇÃO NA PUBLICAÇÃO

ORGANIZAÇÕES INTERNACIONAIS

Organizações internacionais / coord. João Mota de Campos. – v. - (Manuais universitários)
2ª pt.: Organizações de carácter regional em que Portugal participa. - p. - ISBN 978-972-40-8017-8

I – CAMPOS, João Mota de

CDU 061

NOTA INTRODUTÓRIA

Após quatro edições e várias reimpressões em Portugal e uma no Brasil, a presente obra encontrava-se novamente esgotada. Decidiram assim os autores lançar esta nova edição, agora com a chancela da Almedina.

Os objetivos visados pelos autores estão explicitados no prefácio à 4ª edição. Apesar das evoluções verificadas nas organizações internacionais de que trata este Livro, após a publicação desta obra em 2010, pensamos continuar a ser um instrumento de estudo útil, sem paralelo no panorama editorial português, quer para os estudantes de Direito e de Relações Internacionais, quer para quem se interessa por este tema.

Os autores

PREFÁCIO

A importância das organizações internacionais pode aferir-se pelo seu número, pela vastidão dos domínios em que actuam e até pelo número de funcionários que nelas servem: o *Annuaire des Organisations Internationales* recenseia cerca de 400 organizações empregando mais de 100 000 agentes.

Na verdade, é fundamental o papel que as organizações internacionais desempenham – e julga-se que desempenharão cada vez mais – no quadro das relações entre os Estados e entre os Povos. Pode afoitamente dizer-se que, em consonância com a interdependência crescente de uns e outros, todas as matérias em que a cooperação internacional é considerada útil constituem actualmente objecto de organizações especializadas.

Por isso mesmo, todos aqueles que actuam no domínio das relações internacionais ou de algum modo se interessam pelo seu estudo sentem a necessidade de conhecer de perto as numerosas organizações que são hoje o instrumento privilegiado do relacionamento internacional.

Os autores deste Livro estiveram atentos a essa necessidade. Conceberam-no em termos e com a dimensão de um Manual Universitário a pensar, antes de mais, nos estudantes das áreas do Direito e das Relações Internacionais; mas tiveram também a preocupação de produzir uma obra que pudesse ser útil a quantos, por razões profissionais ou preocupação cultural, queiram fazer uma abordagem guiada de uma matéria tão relevante e complexa como é a relativa às Organizações Internacionais.

Esperamos ter alcançado, em alguma razoável medida, o objectivo que nos norteou.

PLANO GERAL DA OBRA

PRINCIPAIS ABREVIATURAS UTILIZADAS NO TEXTO

AEEA – Agência Europeia da Energia Atómica
AIEA – Agência Internacional da Energia Atómica
AID – Associação Internacional para o Desenvolvimento
ASEAN – Associação das Nações do Sudoeste da Ásia
AMI – Assistência Médica Internacional
AFDI – Annuaire Français de Droit International
BAI – Banco Africano de Investimento
BCE – Banco Central Europeu
BEI – Banco Europeu de Investimento
BENELUX – União Aduaneira Belgo-Neerlandesa-Luxemburguesa
BERD – Banco Europeu de Reconstrução e Desenvolvimento
BIRD – Banco Internacional para a Reconstrução e Desenvolvimento
CDI – Comissão de Direito Internacional da ONU
CE – Comunidade Europeia
CECA – Comunidade Europeia do Carvão e do Aço
CEEA – Comunidade Europeia da Energia Atómica
CNUCED – Conferência das Nações Unidas para o Comércio e Desenvolvimento
COI – Comité Olímpico Internacional
EFTA(AECL) – Associação Europeia de Comércio Livre
EEE – Espaço Económico Europeu
FAO – Organização (das NU) para a Alimentação e Agricultura
FIDA – Fundo Internacional do Desenvolvimento Agrícola
FIFA – Federação Internacional das Associações de Futebol
FMI – Fundo Monetário Internacional
HCR – Alto Comissariado das NU para os Refugiados
ITU – (International Telecommunications Union)
MERCOSUL – Mercado Comum Sul-Americano
NAFTA – Associação de Comércio Livre da América do Norte (EUA, Canadá, México)
NATO – North Atlantic Treaty Organisation

NU – Nações Unidas (ONU)
OACI – Organização da Aviação Civil Internacional
OEA – Organização dos Estados Americanos
OI – Organização Internacional
OIT – Organização Internacional do Trabalho
OMC – Organização Mundial do Comércio
OMCI – Organização Marítima Consultiva Internacional
OMI – Organização Marítima Internacional
OMM – Organização Meteorológica Mundial
OMPI – Organização Mundial da Propriedade Industrial
OMT – Organização Mundial do Turismo
ONUDI – Organização das Nações Unidas para o Desenvolvimento Industrial
OPAEP – Organização dos Países Árabes Exportadores de Petróleo
OPEP – Organização dos Países Exportadores de Petróleo
OTAN – Organização do Tratado do Atlântico Norte
OUA – Organização de Unidade Africana
PNUD – Programa das Nações Unidas para o Desenvolvimento
R. des C. – Recueil des Cours de l'Académie de Droit International de la Haye
SFI – Sociedade Financeira Internacional
TIJ – Tribunal Internacional de Justiça
TUE – Tratado da União Europeia
TFUE – Tratado sobre o Funcionamento da União Europeia
TPJI – Tribunal Permanente de Justiça Internacional
UE – União Europeia
UEO – União da Europa Ocidental
UNRRA – Agência das NU para o Auxílio aos Refugiados
UIT – União Internacional de Telecomunicações
UPU – União Postal Universal
UNESCO – Organização das Nações Unidas para a Educação, Ciência e Cultura
UNICEF – Fundo das NU para Socorro à Infância

BIBLIOGRAFIA GERAL[1]

A. Colin – Société française de droit International: *Les organisations internationales contemporaines: crise, mutation, développement*, Colloque de Strasbourg, 1988, Pédone.
A. J. Peaslee – *International Governamental Organizations, Constitutional Documents.*
A. P. Sereni – *Diritto internazionale – Le organizzazioni internazionale*, Vol. II, Giuffré, Milão, 1959, p. 350.
André Gonçalves Pereira e Fausto de Quadros – *Manual de Direito Internacional Público*, 3ª ed., p. 452 e segs.
C. Zorgbibe – *Les organisations internationales*, 3ª éd., 1994, PUF.
D. Dormoy – *Droit des organisations internationales*, 1995, Dalloz.
D. H. Bowet – *The Law of International Institutions*, Londres, 1982, Steven & Sons.
— *The Law of International Institutions*, Stevens, Londres, 1982, p. 431.
Dominique Carreau – *Droit International – Les cours de Droit*, Paris, 1984.
G. Abi-Saab (sous la direction de), *Le concept d'organisation internationale*, Paris, 1980, Unesco.
H. G. Schermers – *International Institutional Law*, Sijthoff, Leyde, 1972, 2 Vol., p. 790.
— *International Institution Law. A Comparative Study of International Organisations*, 3 Vol., Leyde, 1980, Sijthoff.
I. Seidl-Hohenveldern – *Das Recht der Intertionalen Organisationen*, Colónia, 1967.
J. CharpentIer – *Institutions internationales*, 12ª éd., 1995, Dalloz.
J. Dehaussy – *Les actes unilatéraux et l'action normative des organisations internationales*, J-CI. dr. int., fasc. 14.
J.-M. Dehousse – *Les organisations internationales, Essai de théorie générale*, Gothiex, Liège, p. 428.
Jeàn-Luc Mathieu – *Les Institutions spécialisées des Nations Unies*, Ed. Masson, Paris, 1997.
J.-P. Cot, e A. PeLLet, dir. – *La Charte des Nations Unies.* Económica, 1991, p. 1571.
M. Bettati – *Le droit des organisations internationales*, PUF «Que sais-je?» nº 2355, 1987, p. 128.

[1] Indicações bibliográficas específicas serão fornecidas ao longo da obra, com referência às diversas matérias nela tratadas.

M. BETTATI – *Le droit des organisations internationales,* 1987, PUF.
M. SERRA-VASQUEZ – *Tratado de Organizaciòn International, F.C.E.,* México, p. 1066.
— S.F.D.L., Colloque de Strasbourg, *Les organisations internationales contemporaines,* Pédone, 1988, p. 386.
M. VIRALLY – *L'organisation mondiale,* A. Colin, 1972, p. 588.
— *L'organisation mondiale,* 1972.
Manuel DIEZ DE VELASCO – *Instituciones de Derecho Internacional Publico,* Tomo II, Organizaciones Internacionales, Ed. Tecnos, Madrid.
MERLE – *Forces et enjeux dans les relations internationales,* Economica, Paris, 1981.
— *Sociologie des relations internationales,* Dalloz, 1974.
Mme. Paul BASTID – *Cours de Droit International Public* – Les cours de Droit, Paris II, 1977, pp. 942-1019.
NGUYEN QUOC DINH – *Droit International Public,* 5ª ed., LGDJ, pp. 551-614.
ONTANEL – *Organisations Économiques Internationales,* Ed. Masson, Paris.
Paul REUTER – *Institutions Internationales,* Thémis – PU, pp. 227-393.
— *Organisations internationales et évolution du droit,* Mélanges Mestre, pp. 447-461.
Pièrre ERBERT – *As Organizações Internacionais,* Ed. Arcádia, 2ª ed., 1977, p. 187.
R. BROMS – *The United Nations,* Suomalament Tiedeakademia, Helsínquia, 1990, p. 912.
R.-J. DUPUY (sous la direction de) – *Manuel sur les organisations internationales.* Académie de droit International de La Haye, 1988, Martinus Nijhoff.
R.-J. DUPUY éd. – *Manuel sur les organisations internationales,* Nijhoff, Dordrecht, 1988, XXVII, p. 68.
Roger PINTO – *Les Organisations Européennes,* Payot, Paris, 1963.
S. BASTID – *Place de la notion d'institution dans une théorie générale des organisations internationales,* Mélanges Mestre, 1950, pp. 43-53.
— *Problèmes juridiques posés par les organisations internationales,* 1971-1972, Les cours de droit.
Ouvrage collectif: *Organisations internationales à vocation universelle,* 1993, La Documentation française.
Simone DREYFUS – *Droit des relations internationales,* Cujas, 4ª ed., 1992.
U.N.E.S.C.O. – *Le concept d'organisation Internationale,* 1980, p. 292.

LIVRO I
TEORIA GERAL DAS ORGANIZAÇÕES INTERNACIONAIS

Pelo Prof. Doutor João Mota de Campos[2]
e pelo Dr. João Luís Mota de Campos[3]

[2] Professor Catedrático jubilado da Faculdade de Direito da Universidade Católica Portuguesa e do ISCSP da Universidade Técnica de Lisboa.
[3] Advogado.

PLANO GERAL DO LIVRO I

INTRODUÇÃO
ORGANIZAÇÕES INTERGOVERNAMENTAIS E ORGANIZAÇÕES NÃO GOVERNAMENTAIS
1. Organizações Não Governamentais (ONG)
2. Organizações Intergovernamentais (OI)

CAPÍTULO I
EMERGÊNCIA DAS OI

Secção 1ª – A EVOLUÇÃO DO FENÓMENO DAS OI
§1º As primeiras OI modernas
§2º As uniões administrativas do século XIX
  1. Uniões administrativas universais
  2. Organizações com intervenção no domínio económico
§3º O florescimento das OI após a I Guerra Mundial

Secção 2ª IMPORTÂNCIA ACTUAL DAS OI COMO INSTRUMENTO DE COOPERAÇÃO INTERNACIONAL E DE APROXIMAÇÃO ENTRE OS POVOS

CAPÍTULO II
NOÇÃO E CLASSIFICAÇÃO DAS OI

Secção 1ª NOÇÃO
§ 1º Os elementos integrantes da noção
§ 2º Explicitação da noção
  1. A composição das OI
  2. Carácter permanente
  3. A criação das OI
  4. A prossecução de objectivos comuns aos seus membros

CAPÍTULO IV
A PARTICIPAÇÃO NAS OI

Secção 1ª – A PARTICIPAÇÃO DOS ESTADOS E DE OUTROS SUJEITOS DE DIREITO INTERNACIONAL

§1º **A participação dos Estados**

§2º **A participação de outros sujeitos de Direito Internacional**

§3º **A participação de pleno direito e a simples participação como associado ou como observador**

1. Participação na qualidade de observador
2. Participação na qualidade de membro associado

§4º **O processo de participação**

Secção 2ª – SUSPENSÃO E TERMO DA PARTICIPAÇÃO NAS OI

§1º **Suspensão do direito de representação ou de participação em actividades da OI**

1. Suspensão do direito de voto
2. Suspensão do exercício de certos direitos e prerrogativas
3. Suspensão da participação

§2º **Fim da participação**

1. Retirada
2. Expulsão

CAPÍTULO V
OS OBJECTIVOS DAS OI E AS COMPETÊNCIAS DE QUE DISPÕEM PARA OS REALIZAR

Secção 1ª – A DEFINIÇÃO DOS OBJECTIVOS E A IMPORTÂNCIA DESSA DEFINIÇÃO

§1º **O princípio da especialidade**

§2º **A importância da definição dos objectivos estatutários da OI**

Secção 2ª AS COMPETÊNCIAS ATRIBUÍDAS ÀS OI

§1º **As competências explicitadas**

§2º **As competências implícitas**

§3º **Natureza das competências atribuídas às OI**

1. Competências normativas
2. Competências operacionais

§4º **O controlo do exercício das competências atribuídas às OI**

Introdução
Organizações Intergovernamentais e Organizações Não Governamentais

1. A designação ampla de organizações internacionais abarca duas realidades bem distintas, que enquadram actores diversos na cena internacional: as *Organizações Internacionais* propriamente ditas, correntemente chamadas *Organizações Intergovernamentais* (OIG) e outras forças transnacionais entre as quais avultam as *Organizações Não Governamentais* (ONG).

1. As Organizações Não Governamentais (ONG)

2. As ONG aparecem como uma federação de organizações nacionais congéneres, cada uma delas dependente da jurisdição do Estado em que se constituiu na conformidade da respectiva lei interna.

As diversas organizações nacionais associadas ou «federadas» no quadro internacional visam objectivos comuns, normalmente definidos em termos coincidentes, e são regidas por um estatuto próprio, de direito nacional – mas formulado de forma a corresponder a um modelo comum que as aproxima e lhes permite uma cooperação harmónica na conformidade de regras por todas aceites, expressas no acordo que as liga.

Algumas dessas ONG, relevando embora do direito nacional do Estado de cuja jurisdição dependem, beneficiam não só do reconhecimento interno – que lhes confere um carácter semi-oficial *sui-generis*, variável de caso para caso – como também de um estatuto internacional que lhes permite dialogar e estabelecer formas diversas de relacionamento com os Estados e com Organizações Internacionais Intergovernamentais, no desempenho de missões que podem considerar-se de interesse público internacional: tal é o caso, por ex., da Cruz Vermelha Internacional, da Amnistia Internacional, do Comité Internacional dos Juristas, do Comité Olímpico Internacional, etc.

3. As ONG são associações constituídas por sujeitos de direito interno, de nacionalidade diferente, para a realização das mais diversas finalidades.

Em 1950, o Conselho Económico e Social da ONU definiu-as como sendo *«qualquer organização internacional que não* é criada por acordo *intergovernamental»* – ou, precisaríamos nós, por um acto jurídico internacional.

4. As ONG podem agrupar-se em diversas categorias:

- *De finalidade humanitária:* – por ex., a Cruz Vermelha Internacional, o Crescente Vermelho, a Amnistia Internacional, a AMI (Assistência Médica Internacional – os *Médicos Sem Fronteiras),* etc.;
- *De fins culturais:* – como, por ex., a Associação Internacional de Juristas;
- *De natureza social:* – por ex., as Centrais Sindicais Internacionais – associações de sindicatos patronais ou de sindicatos de trabalhadores;
- *De natureza desportiva:* – por ex., as inúmeras agremiações regionais ou mundiais que promovem e disciplinam as práticas desportivas numa base de competição internacional, tais como *o COI* (Comité Olímpico Internacional), *a FIFA* (Federação Internacional das Associações de Futebol), e tantas outras;
- *De natureza social, cultural e recreativa:* – como é o caso do Rotary Club Internacional, do Lyons Club, etc.;
- *De finalidade religiosa:* – como o Conselho Ecuménico das Igrejas e a própria Santa Sé que organiza, coordena e dirige as Igrejas Católicas nacionais em quase todo o mundo;
- *De protecção, a certas categorias de pessoas:* – como a IAPA
- International AirLines Passengers Association;
- De *carácter político:* – que têm em vista promover, a nível internacional, determinadas correntes ideológicas, como a Internacional Socialista;
- E tantas outras ONG, actualmente em número superior a 3000, cobrindo, à escala mundial, os mais variados campos de actividade.

2. As Organizações Intergovernamentais (OI)

5. As OIG assumem particular relevo no quadro das Relações Internacionais pelo papel que desempenham como instrumento de aproximação pacífica e de cooperação entre os Estados.

A interdependência crescente dos Estados, nos mais diversos domínios (económico, humanitário, social, técnico, financeiro e monetário, científico e cultural), com a correspondente variedade e complexidade de relações a que não podem furtar-se, fizeram das Organizações Internacionais Intergovernamentais um instrumento privilegiado da indispensável cooperação internacional. Estas Organizações são hoje actores permanentes, dinâmicos, imprescindíveis e, portanto, incontornáveis da cena internacional. No plano puramente jurídico, elas constituem, na sociedade internacional contemporânea, um importante órgão de criação, de aplicação e de controlo da observância do Direito Internacional.

Compreender-se-á, por isso, que às OIG dediquemos este nosso estudo.

6. Vamos, ao longo dos diversos Capítulos deste LIVRO I, examinar as mais importantes questões relacionadas com as OIG: *como surgiram e em obediência a que necessidades* (CAPÍTULO I); qual a *noção* de OI e como *classificar* as diversas OI (CAPÍTULO II); por que forma se *criam* e em que condições se *extinguem* (CAPÍTULO III); quem são os *participantes* nas OI (CAPÍTULO IV); quais os *objectivos* das OI e de que *competências* dispõem para as realizar (CAPÍTULO V); qual a sua *estrutura orgânica ou institucional* (CAPÍTULO VI); por que *ordem jurídica* são regidas (CAPÍTULO VII); em que termos lhes é reconhecida a *personalidade jurídica* de que carecem para cumprir a sua missão (CAPÍTULO VIII); de que *privilégios e imunidades* gozam em face dos Estados (CAPÍTULO IX); e, finalmente, como fazem face às *despesas* decorrentes do seu funcionamento (CAPÍTULO X).

Capítulo I
Emergência das OI

7. A maior parte das OIG que conhecemos foram instituídas após o termo, em 1945, da II Guerra Mundial; algumas, porém – com relevante intervenção na vida internacional e que exprimem apuradas formas de colaboração institucionalizada entre os Estados – foram criadas entre as duas guerras mundiais (Sociedade das Nações, Organização Internacional do Trabalho); outras ainda, da maior importância, surgiram ao longo da segunda metade do século XIX. Mas já antes, porém, nos princípios desse mesmo século, a Europa tinha assistido à criação de uma primeira organização internacional de estrutura muito elaborada e dotada mesmo de algumas competências de carácter marcadamente supranacional; e se recuarmos ainda mais no tempo, poderemos verificar que na Antiguidade não eram ignoradas formas de colaboração no seio de organismos que hoje qualificaríamos como OI, como é caso das Anfictiónias Gregas (associações de cidades-estados helénicos) constituídas com finalidades diversas.

Secção 1ª
A Evolução do Fenómeno das OI

§1º As primeiras OI modernas

8. Nos princípios do século XIX e mais precisamente em 1815, surge a primeira OI moderna, de carácter regional, habilitada a agir num domínio específico.

Com efeito, na conformidade do que fora previsto na Acta Final do Congresso de Viena em que se procedeu à liquidação da gesta napoleónica, pela

Convenção de Mayence de 1831 foi criada a *COMISSÃO CENTRAL DO RENO,* organismo de carácter permanente sediado em Estrasburgo (onde se mantém ainda, no «Palais du Rhin»), incumbida de promover e disciplinar a navegação nesse importante rio internacional. Para o efeito, a Comissão foi dotada de importantes poderes – designadamente para proceder em ambas as margens do Reno e ao longo do seu curso a obras destinadas a facilitar a navegação (rebentamento de rochas, regularização das margens, canalização de alguns troços do curso de água, construção de molhes e cais acostáveis, de diques e eclusas, balizagem dos canais navegáveis) e para disciplinar a navegação fluvial, podendo para o efeito cobrar taxas aos utentes e aplicar-lhes sanções no caso de transgressão das regulamentações por ela adoptadas.

Este modelo de OI viria a inspirar a criação de organismos congéneres para gerir outras vias navegáveis: o Elba em 1821, o Escalda em 1839 e em especial o Danúbio em 1856.

§2º As Uniões Administrativas do século XIX

9. É, porém, na segunda metade do século XIX que surgem as primeiras organizações internacionais de carácter regional amplo (extensivas a todo o continente europeu) e mesmo de carácter universal – as chamadas Uniões Administrativas.

1. Uniões Administrativas Universais

10. Estas Uniões foram sendo instituídas sucessivamente, à medida que o progresso das técnicas – especialmente no domínio dos transportes e comunicações – o aconselhava, e a crescente necessidade de mais fácil contacto entre os povos o impunha:

- Em 1865 é criada pela Convenção de Berna a União Telegráfica Internacional. Trata-se do primeiro de uma série de organismos dotados de competência especializada e de vocação mundial, que em virtude do progresso que viria a ocorrer no domínio das comunicações acabaria por converter-se, em 1932, na União Internacional das Telecomunicações e, mais recentemente, numa organização especializada da constelação da ONU;
- A Convenção Postal de Berna de 1874 instituiu a União Geral dos Correios que pouco depois, em 1878, se transformaria na União Postal Universal (a UPU), agora também inserida no sistema das Nações Unidas;

- Em 1875 é instituído o «Bureau Internacional dos Pesos e Medidas»;
- Em 1883 surge a União para a Protecção da Propriedade Industrial e em 1886 a União para a Protecção da Propriedade Literária e Artística;
- Em 1890 é criada a Repartição Central dos Transportes Internacionais;
- Em 1892 a Conferência de Viena criou diversos organismos internacionais vocacionados para combater as epidemias, que uma ulterior Conferência em Roma (1906) agrupará no "Office d'hygiène" pública sediado em Paris;
- Na Conferência de Berlim de 1896 é instituída a União Rádio-Telegráfica Internacional...

Em finais do século XIX, para além das referidas comissões fluviais, contavam-se 14 uniões administrativas, de carácter marcadamente técnico.

2. Organizações com acção no domínio económico

11. Também no domínio económico surgiriam instituições dotadas de competência para intervir na regularização de certas produções e dos respectivos mercados. Tal é o caso da Comissão Permanente para o Controlo do Açúcar, criada em 1902, organismo que prefigura as modernas estruturas incumbidas de ordenar os mercados de diversos produtos de base (açúcar, cacau, café, borracha, estanho, etc.).

De igual modo, em 1905 foi criado o Instituto Permanente para a Agricultura que prefigurou a futura FAO (Organização para a Alimentação e a Agricultura) que teremos ocasião de abordar adiante.

§3º O florescimento das OI após a I Guerra Mundial

12. As enormes perdas em termos humanos e as vastas destruições provocadas pela I Guerra Mundial estão na origem de um profundo sobressalto das consciências, de um ressurgimento de preocupações humanitárias e de impulsos idealistas que levaram à criação de Organizações vocacionadas para promover a paz universal, a preeminência do direito e o progresso social.

Nesta conformidade, após a guerra de 1914-1918 assiste-se a um florescimento da cooperação internacional no quadro de OI de índole diversa:

- O Tratado de Paz de Versalhes, acolhendo a proposta do Presidente Wilson, dos EUA, criou a *Sociedade Geral das Nações*, sediada em Genebra (Suíça), organização universal instituída para manter a paz e dotada de uma estrutura institucional complexa: uma Assembleia composta por representantes de todos os Estados-membros, um Conselho restrito e um Secretariado;

- A criação do *Tribunal Permanente de Justiça Internacional,* sediado na Haya (Holanda), exprime a preocupação de resolver pacificamente os diferendos jurídicos entre os Estados e de, simultaneamente, funcionar como órgão de consulta da Sociedade das Nações;
- Muito importante também, no quadro específico em que deveria intervir, foi a criação – também pelo Tratado de Versalhes – da *Organização Internacional do Trabalho (OIT);*
- Posteriormente – ainda no decurso da II Guerra Mundial – foi criada a *Organização das Nações Unidas,* no seio da qual viriam inserir-se inúmeras Organizações Internacionais de índole diversa, dando origem àquilo que se convencionou chamar a «constelação onusiana»;
- A ONU foi instituída pela Carta assinada em S. Francisco (EUA) em 26 de Junho de 1945. Mantém – desenvolvendo-os – os princípios de base enformadores da Sociedade das Nações, mas procurou superar as suas reconhecidas deficiências, nomeadamente no tocante à estrutura orgânica, às competências e ao sistema de funcionamento.

13. Paralelamente à criação desta Organização Mundial incumbida especificamente da preservação da paz, ocorreu o revigoramento da cooperação internacional nos mais diversos domínios. Nomeadamente, tendo em vista promover a coordenação da sua acção, diversos organismos preexistentes ou criados depois da II Guerra Mundial foram inseridos no *«sistema das Nações Unidas».*

O sistema abarca:

Por um lado, 17 *«instituições especializadas»,* organismos que mantêm a sua autonomia mas que aceitaram ligar-se à ONU no quadro de acordos que com ela concluíram:

- A Organização da Aviação Civil Internacional (OACI)
- A Organização para a Alimentação e Agricultura (FAO ou OAA)
- A Organização das Nações Unidas para a Educação, a Ciência e a Cultura (UNESCO)
- O Banco Internacional para a Reconstrução e o Desenvolvimento (BIRD)
- A Sociedade Financeira Internacional (SFI)
- A Associação Internacional Para o Desenvolvimento (AID)

- O Fundo Monetário Internacional (FMI)
- A Organização Mundial da Saúde (OMS)
- A Organização Internacional do Trabalho (OIT)
- A União Postal Universal (UPU)
- A União Internacional de Telecomunicações (UIT)
- A Organização Marítima Internacional (OMI)
- A Organização Meteorológica Mundial (OMM)
- A Organização Mundial da Propriedade Industrial (OMPI)
- O Fundo Internacional do Desenvolvimento Agrícola (FIDA)
- A Organização das Nações Unidas para o Desenvolvimento Industrial (ONUDI)
- A Organização Mundial do Comércio (OMC)

A estas 17 instituições especializadas, acrescem outras criadas *«ex novo»* pela ONU – tais como:
- o Fundo das Nações Unidas Para Socorro à Infância (FISE ou UNICEF);
- a Conferência das NU Para o Comércio e o Desenvolvimento (CNUCED);
- o HCR (Alto Comissário das NU Para os Refugiados).

Diversos outros organismos que não são formalmente qualificados como instituições especializadas fazem igualmente parte da *«constelação onusiana»*, por força de acordos que concluíram com a ONU. Tal é o caso da AIEA (Agência Internacional da Energia Atómica), da Organização Mundial do Turismo (OMT), do Fundo Comum para os Produtos de Base, etc.

14. Mas, a par destas OI de vocação universal, também a solidariedade regional se exprime nos domínios económico, político, social e ideológico através da criação de organizações diversas: o Conselho da Europa, a Organização do Tratado do Atlântico Norte (OTAN), a União da Europa Ocidental (UEO), a Organização de Unidade Africana (OUA), a ASEAN (Associação das Nações do Sudeste da Ásia), a Organização dos Países Latino-Americanos, a União Europeia, a NAFTA (Associação de Comércio Livre da América do Norte), o MERCOSUL, a OPEP (Organização dos Países Exportadores de Petróleo), etc.

Algumas destas Organizações assumem tal importância que elas próprias se tornavam cabeça de complexos sub-sistemas de cooperação internacional:

- A União Europeia abarca no seu seio Organizações distintas, juridicamente autónomas e com diferente objecto – a CEEA – COMUNIDADE EUROPEIA DA ENERGIA ATÓMICA, BEI *(Banco Europeu de Investimentos)* e o BCE *(Banco Central Europeu)*, dotados de personalidade jurídica e de estruturas institucionais próprias, embora funcionando ao serviço dos objectivos da União Europeia.
- E este sistema complica-se ainda com as ligações existentes entre a União Europeia e o Conselho da Europa (cf. art. 220º do Tratado Sobre o Funcionamento da União Europeia), e com a conclusão do Tratado do Porto de 1992, que criou o Espaço-Económico Europeu (EEE) abarcando os Estados-membros da CE e Estados-membros da EFTA (Associação Europeia de Comércio Livre) e instituindo um inovador e curioso sistema de produção normativa que impõe a um grupo de Estados a legislação adoptada por uma Organização de que não são membros[4].

Secção 2ª
Importância Actual das OI como Instrumento de Cooperação Internacional e de Aproximação entre os Povos

15. É fundamental o papel que as OI modernamente desempenham no quadro das relações internacionais, dada a interdependência crescente dos Estados e dos povos nos mais diversos domínios da actividade humana.

Praticamente, todas as matérias em que a cooperação se pode considerar necessária constituem actualmente objecto de OI específicas.

- Umas, a nível universal, pluricontinental ou regional, ocupam-se da *preservação da paz e da segurança* (ONU, OTAN, OUA...);
- Outras estão votadas *à promoção do desenvolvimento económico, técnico ou científico e do progresso social;*
- Algumas delas, a nível mundial ou regional, têm por finalidade a *liberalização do comércio internacional* (Organização Mundial do Comércio, NAFTA, EFTA, Comunidades Europeias);

[4] Cf. C, Reymonds, *«Institutions, Decision Making Procedure and Settiement of Disputes in the European Economic Area»*, in CMLR, 1993, pp. 449-480. João Mota de Campos, *Direito Comunitário*, 1 Vol., *«O Direito Institucional»*, 8ª ed., 1998. p. 102.

- Em particular, certas organizações mundiais, *actuam no domínio financeiro,* normalmente tendo em vista o apoio aos países dele carecidos (FMI, FME, o BIRD, o BEI, o BERD, o BAI, a AID, a SFI);
- Há organizações cuja finalidade é apoiar o desenvolvimento de um sector específico da economia (a FAO, por exemplo);
- A UNESCO tem por missão a promoção da cooperação no domínio cultural e a preservação dos valores culturais da humanidade;
- Certas organizações dedicam-se à protecção de determinadas categorias profissionais (OIT) e bem assim de pessoas desfavorecidas ou em risco (UNICEF);
- Outras têm por objecto proteger, a nível internacional, os direitos de conteúdo moral e patrimonial de pessoas singulares ou colectivas (direito de propriedade industrial, de propriedade científica, literária ou artística – como *é* o caso da Organização Mundial da Propriedade Intelectual, OMPI);
- Há OI que se limitam a promover a cooperação entre os Estados no domínio particular que constitui o seu objecto; algumas, no entanto, instituídas com objectivos mais ambiciosos, visam promover a integração económica, com maior ou menor amplitude, entre os Estados-membros respectivos (COMUNIDADES EUROPEIAS, EFTA, MERCOSUL, NAFTA).
- Um grande número de OI, universais ou regionais, constituem verdadeiros serviços públicos internacionais em domínios específicos (a UPPU, a OMPI, UIT, OMM, a OMI, a OAC... – isto é, as *Uniões Administrativas* a que atrás fizemos referência).

Praticamente todos os domínios em que a cooperação internacional se pode considerar necessária ou vantajosa estão cobertos por OI específicas. E o seu número – actualmente são cerca de 300 – não cessa de crescer.

Bibliografia

POTTER, P. B., «*Developpement de l'Organisation internationale 1815-1914*», *in* R. des C., 1938 – II, Vol. 64.

DREYSFUS, Simone, *Droit des relations internationales,* CUJAS, 4ª ed., 1992.

Capítulo II
Noção e Classificação das OI

Secção 1ª
Noção

§1º Os elementos integrantes da noção

16. A elaboração de uma definição satisfatória de *organizações internacionais* não é isenta de dificuldades, até pela imprecisão semântica com que frequentemente são referidos estes importantes actores das relações internacionais: a Carta das Nações Unidas alude indiferentemente a *instituições internacionais* (no Preâmbulo) e a *organizações internacionais* (no art. 71º); o Estatuto do Tribunal Internacional de Justiça refere-se a *organizações internacionais públicas* (arts. 34º, 66º e 67º). A Comissão de Direito Internacional por mais do que uma vez tentou, no âmbito dos trabalhos de codificação do Direito Internacional, apurar uma noção – mas renunciou a fazê-lo, dadas as dúvidas suscitadas; e o art. 2º, nº 1, al. *i)*, da Convenção de Viena de 21 de Março de 1988 sobre *O Direito dos Tratados entre Estados e Organizações Internacionais ou entre Organizações Internacionais*, que coroou os trabalhos da Comissão, limitou-se a dispor que as expressões *"organizações internacionais"* se reportam a uma *"organização intergovernamental"*.

17. Segundo a definição proposta no âmbito dos trabalhos de codificação do direito dos tratados, uma Organização Internacional é uma «*Associação de Estados constituída por tratado, dotada de uma constituição e de órgãos comuns e possuidora de personalidade jurídica distinta da dos Estados-membros*[5].

[5] Gerald FitzMaurice in A/CN. 4/CN. 4/101, art. 31º, *Annuaire da Comissão de Direito Internacional*, 1956-11, p. 100. V. também Prof. Almeida Ribeiro, *A Organização das Nações Unidas*, Ed. Almedina, 1998, p. 27.

Do ponto de vista teórico esta definição pode considerar-se satisfatória, razão por que é aceite pela generalidade da doutrina.

A noção realça, com efeito, as duas características fundamentais de uma OI: a sua origem convencional e a sua natureza institucional[6].

Mais singelamente, mas em termos insuficientes, o art. 2º, nº 1, al. *i)*, da *Convenção de Viena Sobre o Direito dos Tratados* estabelece que a expressão *«Organizações Internacionais abarca apenas Organizações Intergovernamentais»*.

Note-se, porém, que a Convenção teve apenas em vista determinar o campo de aplicação das suas disposições e pretendeu apenas com a precisão fornecida pelo citado art. 2º, excluir a sua aplicação às Organizações Não Governamentais – e não fornecer uma noção de OI.

Mas, embora doutrinariamente correcta, a noção parece não abarcar todas as situações que ocorrem na prática internacional. Tomada à letra, excluiria porventura certas OI que não encaixariam com rigor no modelo proposto no seio da Comissão do Direito Internacional da ONU.

Por isso mesmo a doutrina jurídica, aceitando essa definição básica, tem procurado precisá-la.

Segundo uma noção adoptada com ligeiras diferenças por vários autores, compreensiva dos diversos elementos caracterizadores deste especial modelo de cooperação internacional, OI pode definir-se como uma *associação voluntária de Estados, constituída por tratado internacional, regida nas relações entre as Partes por normas de Direito Internacional e que se concretiza numa entidade de carácter estável, dotada de personalidade jurídica, de um ordenamento jurídico próprio e bem assim de órgãos próprios através dos quais prossegue fins comuns aos seus membros mediante a realização de certas funções e o exercício dos poderes necessários que no respectivo pacto constitutivo lhe tenham sido conferidos*[7].

18. Outros autores dirão mais simplesmente, mas com menos rigor, que OI é uma associação de Estados, instituída por um tratado, que prossegue objectivos comuns aos seus membros e que possui órgãos próprios para realização das funções específicas da organização.

Segundo Paul Reuter, OI é uma *associação voluntária de sujeitos de direito internacional, constituída mediante adequado acto internacional, regulamentada nas relações entre as partes por normas de direito internacional e que se concretiza numa*

[6] Nguyen Quoc Dinh, *Droit International Public*, 5ª ed., LGD7, p. 557.

[7] Cf., por ex., Paul Reuter. *Institutions Internationales, PUE.*, 8ª ed., 1975.

entidade de carácter estável, dotada de um ordenamento jurídico interno próprio e de órgãos e instituições através dos quais prossegue fins comuns aos membros da Organização, mediante a realização de certas funções e o exercício dos poderes necessários que lhe tenham sido conferidos.

19. Pela nossa parte, e sem nos desviarmos muito destas noções, preferimos dizer que OI é uma *associação de sujeitos de direito internacional (1) constituída com carácter de permanência (2) por um adequado acto jurídico internacional (3), com vista à realização de objectivos comuns aos seus membros (4)* e prosseguidos *através de órgãos próprios (5) habilitados a exprimir, na conformidade das regras pertinentes do pacto constitutivo (6),* a *vontade própria –juridicamente distinta da dos seus membros (7)* – dessa *especial pessoa jurídica (8).*

Esta noção carece, no entanto, de alguma explicitação.

§2º Explicitação da noção

20. Examinemos sumariamente os vários elementos da noção, cujo aprofundamento será objecto de estudo ulterior.

1. A composição das OI

21. A OI é constituída normalmente por Estados soberanos. Mas podem também ser membros da organização outros sujeitos de Direito Internacional.

a) E o que se verifica com certos países a quem o DI recusa a plenitude das competências e prerrogativas reconhecidos aos Estados – como é o caso do Mónaco cujas relações internacionais e cuja defesa são asseguradas pela França mas que, não obstante isso, pode ser e é membro de certas OI, nomeadamente da UNESCO; ou do Lichtenstein, que é membro do Conselho da Europa e da UPU; membros da ONU foram também, enquanto estados federados no seio da ex-URSS, a Ucrânia e a Bielo-Rússia.

Igualmente membro da UNESCO, da União Postal Universal e de outras organizações internacionais é o Estado do Vaticano que por falta de território próprio e, mais claramente ainda, de população própria, não pode aspirar e ser considerado como um Estado – embora seja, inequivocamente, um sujeito de Direito Internacional com atributos que muito o aproximam dessa categoria (por ex., o direito de celebrar tratados, o direito de legação activa e passiva, etc.).

b) Também não é inconcebível que uma OI possa ser membro de outras OI:

A ONU é membro da UPU (União Postal Universal) e da UIT (União Internacional de Telecomunicações), tal como a União Europeia é membro da Organização Mundial do Comércio e pode, na conformidade do Tratado de Lisboa Sobre o Funcionamento da União (art. 220º) participar noutras organizações internacionais.

Não é, pois, rigoroso, como se verifica, definir OI como uma associação constituída exclusivamente por Estados soberanos.

2. Carácter permanente da OI

22. Certas conferências internacionais, mesmo quando reúnam periodicamente, não dispõem de estrutura orgânica estável, de sede fixa, de serviços de apoio permanente [tal era o caso, por ex., da *Conferência* (agora Organização) *para a Segurança e a Paz na Europa, da Conferência Europeia dos Ministros dos Transportes,* etc.]. Diversamente, as OI apresentam, todas, essas marcas de estabilidade – servidas como são por órgãos próprios no quadro de uma estrutura institucional mais ou menos complexa, estabelecidas em sede permanente localizada no território de um Estado (geralmente, mas não necessariamente, de um Estado-membro) e dispondo dos meios de acção indispensáveis à prossecução, numa base de continuidade, das respectivas finalidades estatutárias.

3. A criação das OI

23. As Organizações Internacionais são, normalmente, instituídas por um acordo internacional.

Mas a constituição de uma OI não supõe, necessariamente, a conclusão formal de um tratado.

Nada impede, juridicamente, que uma OI seja instituída por decisão de uma OI pré-existente, se esta se achar habilitada pelo respectivo pacto constitutivo a criar, para melhor prossecução dos seus objectivos, essa particular forma de cooperação internacional. Algumas OI (por exemplo a UNUDI – Organização das Nações Unidas para o Desenvolvimento Industrial e a CNUCED – Conferência das Nações Unidas para o Comércio e Desenvolvimento[8], e o PNUD – Programa das Nações Unidas para o Comércio e Desenvolvimento foram criadas por resoluções da Assembleia Geral das Nações Unidas[9/10].

24. Alguns autores não admitem, porém, que uma OI possa ser criada por outra OI. Segundo eles, os exemplos da CNUCED e da ONUDI não seriam

[8] Resol. 1995 (XIX).

[9] Resol. 1995 (XIX).

[10] Resol. 2029 (XX).

pertinentes: reconhecendo embora que a sua instituição foi operada por resolução da Assembleia Geral das NU, consideram que na realidade estaríamos em presença de meros *órgãos subsidiários e não de novas OI*. Esta concepção seria a seu ver confortada pelo caso da ONUDI, cuja transformação em *instituição especializada das NU* exigiu a adopção, em 1979, de um tratado multilateral que deve ser considerado como o seu pacto constitutivo.

Os mesmos autores reconhecem porém que o caso da Agência Internacional da Energia é mais perturbador: a Agência foi criada por Decisão do Conselho da OME de 15.11.1974, mas estabelecida «no quadro da Organização» – isto é, da OCDE[11].

Pela nossa parte consideramos, como ficou dito, que na ausência de disposição de Direito Internacional que reserve para os Estados competência para criar OI, estas podem igualmente ser criadas por outra ou outras OI; e não exigindo o DI que essa criação se faça por tratado, nada impede que ela se opere por acto unilateral adequado da Organização Internacional que toma a iniciativa dessa criação.

25. O processo seguido para elaboração do tratado constitutivo de uma OI é, em geral, o aplicável à adopção de tratados multilaterais, no quadro de uma conferência diplomática.

A iniciativa de convocar esta conferência pode ser tomada por um grupo de Estados nisso interessado, por um único Estado ou por uma OI preexistente.

Por isso consideramos mais satisfatório propor que a OI é criada por um *acto jurídico internacional apropriado* – que pode não ser um tratado de tipo clássico.

4. A prossecução de objectivos comuns aos seus membros

26. Grande número de OI são constituídas por Estados que visam prosseguir no seu seio objectivos, finalidades ou interesses comuns a todos eles.

É na existência desses objectivos de interesse comum dos Estados-membros (objectivos políticos, de defesa, económicos, culturais, técnicos, humanitários, científicos, etc.) que a Organização encontra a sua razão de ser. Ela existe, afinal, para prosseguir objectivos que, isoladamente, os Estados-membros não poderiam – ou só poderiam com mais dificuldade – realizar.

Os Estados participam no quadro das OI sem perder de vista o princípio tradicional da reciprocidade, que está em consonância com o da *igualdade dos*

[11] Cf. Nguyen Quoc Dinh, *Droit International Public*, LGDJ, 5ª ed., p. 559.

Estados: um Estado colabora na OI concedendo vantagens aos seus pares na medida em que beneficia das correspondentes contrapartidas.

Impõe-se no entanto reconhecer que na sociedade internacional dos nossos dias, à igualdade jurídica dos Estados consagrada na carta da ONU se opõe a sua enorme desigualdade real no tocante quer à sua dimensão demográfica, territorial e económica quer, sobretudo, aos respectivos níveis de desenvolvimento político, económico, social, científico e tecnológico – isto é, ao seu peso real na cena internacional – o que tem levado Estados mais adiantados a cooperar no seio de certas OI para a realização de finalidades que mais directamente interessam aos países mais atrasados. *Os «objectivos comuns»* podem, por isso, não ter o mesmo conteúdo, sentido ou alcance para todos os Estados participantes em organizações internacionais que prosseguem a cooperação (melhor diríamos, embora a expressão seja menos agradável para os Estados beneficiários, que visam a *ajuda e assistência aos Estados mais carenciados).* É, pois, evidente que, embora não sejam desinteressados, os objectivos dos prestadores da assistência são de natureza muito diversa (em geral de natureza política) da finalidade visada pelos beneficiários da acção da OI incumbida da angariação e distribuição da ajuda.

5. Órgãos próprios

27. A acção da OI é conduzida, na conformidade do pacto institutivo, por órgãos individuais ou colegiais aos quais são conferidas as competências necessárias para prosseguir os objectivos da OI.

A estrutura institucional, mais ou menos complexa, difere de organização para organização, tal como acusa diferenças consideráveis o quadro jurídico (ordem jurídica interna) em que os órgãos da OI actuam.

A este ponto teremos por isso de consagrar, no momento oportuno, uma atenção particular.

Tais órgãos são normalmente constituídos por representantes dos Governos dos Estados-membros. Mas, nas OI de estrutura mais elaborada, a par de tais órgãos intergovernamentais outros existem, por vezes dotados de poderes consideráveis, constituídos por personalidades independentes dos Estados. Tal é o caso, por ex., dos Secretariados das mais importantes OI (e designadamente do secretariado da ONU), do Tribunal de Justiça Internacional, da Comissão da União Europeia, do Tribunal de Justiça da União Europeia, do Parlamento Europeu, da Assembleia Consultiva do Conselho da Europa, do Tribunal Europeu dos Direitos do Homem, etc.

6. A vontade própria da OI

28. A Organização Internacional exprime, ao agir nos domínios em que desenvolve a sua acção, uma vontade própria, distinta da de cada um dos seus membros, que se manifesta quer nas relações internas (relações com os seus Estados-membros), quer no relacionamento da Instituição com terceiros Estados ou com outras OI.

No plano político é por vezes difícil distinguir a vontade própria da Organização da vontade dos seus Estados-membros, designadamente quando as decisões devam ser tomadas por unanimidade. Mas mesmo neste caso, no plano do direito não há dúvida de que a vontade expressa é a da Organização, à qual são imputáveis – e não aos Estados-membros – as decisões, ou resoluções aprovadas na conformidade do seu Estatuto.

É evidente, porém, que a distinção entre a vontade dos Estados-membros e a vontade da OI não suscita qualquer espécie de dúvida quando estatutariamente a Organização possa deliberar por maioria (simples ou qualificada), como frequentemente acontece e, particularmente, no âmbito da União Europeia onde são tomadas importantes decisões à margem dos representantes dos Estados e eventualmente contra vontade expressa destes – embora vinculativas para todos eles.

De facto, a vontade da Organização pode ser, e em certos casos é, profundamente influenciada pela vontade de algum ou alguns dos seus membros mais poderosos; mas, juridicamente, a vontade que a OI exprime é uma vontade formada no seio dos seus próprios órgãos, na conformidade dos processos de decisão estatutariamente estabelecidos e que é expressa pelo órgão individual ou colegial para tal competente.

7. Personalidade jurídica da OI

29. A personalidade jurídica é essencial à OI para que no seu seio se forme e exprima uma vontade própria que lhe permita agir (quer em relação aos Estados-membros quer em face de terceiros Estados ou outras OI quer, mesmo, em relação aos particulares que com ela entram em contracto) como uma entidade autónoma, juridicamente distinta dos Estados que a compõem.

A *personalidade jurídica interna* (que se manifesta em face dos seus membros) é sempre amplamente reconhecida à OI.

A personalidade jurídica internacional só existe na medida em que a OI dela carece no quadro das relações externas que o pacto constitutivo lhe permita criar e manter.

Essa personalidade apresenta-se, pois, não como uma qualidade inerente à existência da OI mas antes como um atributo instrumental cuja amplitude pode variar de caso para caso – como verificaremos oportunamente.

Bibliografia

Ver em especial, sobre a noção de OI, G. Abi-Saab, *«Le concept d'organisation internationale»*. Paris, 1980, UNESCO.

Secção 2ª
Classificação das Organizações Internacionais

30. Inúmeras classificações são possíveis:

- em função do **quadro territorial ou âmbito geográfico em** que as OI desenvolvem a sua acção (§ 1º)
- em função do seu **objecto** (§ 2º)
- em função da sua **estrutura jurídica** (§ 3º)
- em função da **facilidade ou dificuldade de ingresso na organização** (§ 4º)

§ 1º Classificação das OI em função do âmbito geográfico em que desenvolvem a sua acção

31. Deste ponto de vista as OI podem classificar-se em universais e regionais.

1. Organizações Universais

32. São universais as organizações que pelos seus objectivos e facilidades de ingresso têm vocação para associar todos os Estados.

Entre as OI UNIVERSAIS contam-se a ONU e suas agências especializadas:

AIEA – Agência Internacional de Energia Atómica;

AID (IDA) – Associação Internacional para o Desenvolvimento;

BIRD – Banco Internacional para a Reconstrução e o Desenvolvimento;

CNUCED – Conferência das Nações Unidas para o Comércio e o Desenvolvimento;

FMI – Fundo Monetário Internacional;

FAO – Organização para a Agricultura e a Alimentação;
OACI – Organização da Aviação Civil Internacional;
OMC – Organização Mundial do Comércio;
OMO – Organização Internacional Consultiva para a Navegação Marítima;
OMM – Organização Metereológica Mundial;
OMS – Organização Mundial de Saúde;
ONUDI (UNIDO) – Organização das Nações Unidas para o Desenvolvimento Industrial;
PNUD – Programa das Nações Unidas para o Desenvolvimento;
UIT – União Internacional de Telecomunicações;
UNESCO – Organização das Nações Unidas para a Educação, a Ciência e a Cultura;
UNICEF – Fundo Internacional das Nações Unidas de Socorro à Infância;
UPU – União Postal Universal;
– e outras ainda.

2. Organizações Regionais

33. São regionais as organizações vocacionadas para associar os países de uma dada região, que pode ser todo um continente (OEA, OUA ...), parte dele *(Conselho da Europa, Comunidades Europeias, EFTA, Conselho Nórdico, BENELUX, Pacto Andino, Organização dos Estados-Centro Americanos),* ou uma vasta região do globo *(OTAN, Liga Árabe, ASEAN, MERCOSUL...).*

Na definição proposta pelo outrora Secretário-Geral das Nações Unidas – Boutros-Ghali – são de carácter regional as *organizações de carácter permanente que numa dada região agrupam dois ou mais Estados e que, em virtude da sua vizinhança, da sua comunidade de interesses ou de afinidades culturais, linguísticas, históricas ou ideológicas, se associam na prossecução de objectivos de interesse comum* (resolução de diferendos, manutenção da paz e da segurança na região, desenvolvimento económico ou cultural...).

Mais do que a definição, que pode não ser inteiramente rigorosa à luz do que foi já referido, interessa analisar os caracteres específicos das OI regionais:

1º Têm um âmbito geográfico limitado e os seus membros são, em regra, Estados vizinhos, por vezes contíguos – embora por razões de índole económica, ideológica, política ou militar, encontremos organizações em que participam Estados separados geograficamente (União Europeia, Conselho da Europa, OTAN, ASEAN).

2º Os Estados que as formam acusam afinidades políticas, ideológicas, económicas, culturais, históricas ou de outra índole, existindo entre eles, num ou mais domínios específicos, uma comunidade de interesses (Conselho da Europa, Liga Árabe, União Europeia, Conselho Nórdico...).

3º Tais Organizações declaram-se, em geral, tributárias das finalidades da ONU, propondo-se coordenar ou mesmo subordinar a sua acção à da Organização Universal e agir no quadro regional em consonância com algumas das suas finalidades, podendo eventualmente ser utilizadas para aplicar, nesse quadro, sob a autoridade do Conselho de Segurança, medidas – e mesmo medidas coercitivas – decididas pela ONU (cf. art. 53º da Carta). Tal é o caso da OTAN, da UEO, etc.

34. No vasto elenco de OI regionais poderemos, a título de meros exemplos, referir entre outras as seguintes:

a) **Na Europa**
- União Europeia
- EFTA e Espaço Económico Europeu
- Conselho da Europa
- Benelux
- Conselho Nórdico
- Comissão Central do Reno
- Comissão Central do Danúbio
- BERD (Banco Europeu para a Reconstrução e Desenvolvimento) – Organização para a Segurança e a Paz na Europa

b) **Na América:**
- Organização dos Estados Americanos
- NAFTA – Associação de Comércio Livre da América do Norte (EUA, Canadá e México)
- Pacto Andino
- MERCOSUL (Brasil, Argentina, Uruguai, Paraguai e Venezuela)

c) **Na África:**
- Organização de Unidade Africana
- O Mercado Comum Centro Africano

d) **Na Ásia – ASEAN**

e) Na **Ásia e África:**
- A Liga Árabe

§2º Classificação das OI em função do seu objecto

35. Poderemos distinguir entre OI com fins *gerais* e OI *de finalidades específicas ou particulares.*

1. Organizações de fins gerais

36. OI gerais são aquelas cujo objecto, definido no respectivo pacto constitutivo, abarca o conjunto das relações pacíficas entre os seus membros e a resolução dos conflitos internacionais. Tal foi o caso da SDN, como actualmente é o caso da ONU, do Conselho da Europa (ao qual apenas está vedado ocupar-se de questões de defesa), da Organização dos Estados Americanos (OEA), e da OUA (Organização de Unidade Africana).

Entre as OI de fins gerais avulta a ONU. É certo que a organização mundial foi instituída com a finalidade primacial de manter a paz e a segurança internacionais. Mas, a par desta finalidade, avulta o objectivo da promoção da cooperação no âmbito económico, financeiro, social, humanitário, cultural, dos transportes e comunicações – em termos que permitem considerar a ONU como a OI de finalidades mais amplas até agora instituída – o que é acentuado pelo facto de ter, como seus membros, praticamente todos os Estados do Planeta. Isto sem prejuízo de poder eventualmente estender a sua acção, designadamente no que concerne à manutenção da paz e da segurança internacional, mesmo a Estados que dela não fazem parte.

Mas a ONU não é a única OI de fins gerais. Também no quadro regional deparamos com organizações deste tipo.

O Conselho da Europa foi concebido como uma instituição de cooperação política no quadro regional europeu. Mas a análise das disposições do Tratado de Londres de 1948 relativas ao seu objecto revela que o Conselho da Europa é uma instituição de finalidades gerais, à qual apenas está interdito ocupar-se de problemas económicos e de defesa. Por isso, a par da cooperação política, visando promover e fortalecer, em todos os seus membros, os princípios e as práticas de um sistema de democracia representativa e pluralista, ocupa-se da salvaguarda dos Direitos Fundamentais no quadro da Convenção Europeia dos Direitos do Homem (CEDH) cuja conclusão promoveu; fomenta a cooperação nos domínios da educação, da cultura e da ciência e bem assim no domínio das questões sociais, tal como incentiva a cooperação jurídica e favorece a resolução pacífica dos diferendos entre os seus Membros. E todas estas finalidades o Conselho da Europa tem prosseguido através de inúmeras convenções internacionais negociadas no seu seio.

Finalidades de carácter geral são também as da Organização dos Estados Americanos: como resulta do art. 2º da Carta da OEA, a segurança continental, a solução pacífica dos diferendos, a cooperação no domínio político e económico são objectivos que a OEA está habilitada a prosseguir.

O mesmo se poderá também dizer da Liga Árabe e da Organização da Unidade Africana.

2. Organizações de fins específicos

37. As OI de finalidade específica têm um objecto circunscrito a algum ou alguns sectores particulares da cooperação internacional, na conformidade do respectivo pacto constitutivo.

Deparamos com grande número destas OI no quadro regional. Mas, para prosseguir os objectivos gerais a seu cargo, a ONU foi criando ou integrando no seu sistema – a «constelação onusiana» – diversas organizações que, não obstante a sua personalidade própria e objectivos específicos, coordenam a sua acção em função das finalidades das Nações Unidas. A «constelação» ou sistema onusiano abarca assim OI distintas, de carácter geral quanto à sua composição e âmbito geográfico, embora com objecto especializado.

a) Organizações de carácter económico

38. Estas OI ocupam-se:

- *de certos produtos:* de vários, ou mesmo de um só (OPEP – petróleo, CEEA (energia atómica);
- *de um particular domínio da economia* (CEEA, AEEA, AIEA – energia nuclear; FAO e FIDA – agricultura);
- *de um sector de serviços* (OACI – navegação aérea; OMCI – *navegação marítima*; OMT – *turismo;* UPU – comunicações postais...
- *do desenvolvimento industrial* (UNIDO);
- *de desenvolvimento económico em geral* (CNUCED, PNUD, OCDE, MERCOSUL, NAFTA, EFTA).

b) Organizações de carácter financeiro

Ocupam-se, em geral, do apoio financeiro aos Estados carenciados de ajuda:

- O BIRD – Banco Internacional para a Reconstrução e Desenvolvimento, criado por acordo de 1947, com sede em Washington.
- O BERD – Banco Europeu para a Reconstrução e Desenvolvimento.

- A AID ou IDA – Associação Internacional para o Desenvolvimento, criada por acordo de 1957, com sede em Washington.
- A SFI – Sociedade Financeira Internacional.
- O FMI – O Fundo Monetário Internacional, criado por acordo de 1947, com sede em Washington.

*c) **Organizações de carácter social:***

- A OIT – Organização Internacional do Trabalho, criada em 1919 por força do Tratado de Versalhes, mas que em 1946 transitou para a órbitra da ONU, mantendo a sua estrutura anterior e a sua sede em Genebra (Suíça).
- A UNICEF.

*d) **Organizações de carácter humanitário – A UNICEF, a HCR (Alto Comissariado das NU para os Refugiados)***

*e) **Organizações de carácter cultural:***

- A UNESCO – Organização das Nações Unidas para a Educação, Ciência e Cultura, criada por acordo de 1946, com sede em Paris.
- A OMPI – Organização Mundial da Propriedade Intelectual, criada por acordo de 1975, sediada em Genebra.

*f) **Organizações com intervenção no domínio dos transportes e comunicações:***

- A OACI – Organização da Aviação Civil Internacional, criada por acordo de 1946, com sede em Montreal (Canadá).
- A OMCI – Organização Marítima Consultiva Intergovernamental, criada por acordo de 1948, com sede em Londres.
- A UPU – União Postal Universal, instituída por acordo de 1947, com sede em Berna.
- A UIT – União Internacional de Telecomunicações, criada por acordo de 1947, com sede em Genebra.

*g) **No domínio da prevenção das doenças e da saúde em geral:***

- A OMS – Organização Mundial de Saúde, instituída por acordo de 1947, com sede em Genebra.

h) As organizações técnicas:

Ocupam-se de certos sectores de actividade, em termos que permitem considerá-las como uma espécie de serviços públicos internacionais: comunicações postais (UPU), telecomunicações (UIT), meteorologia (OMM) e, em geral, as chamadas *uniões administrativas* de que adiante trataremos.

i) No domínio da energia e da prevenção do uso da energia nuclear para fins não pacíficos:

- A AIEA – Agência Internacional da Energia Atómica que, embora com estatuto especial, está ligada ao sistema onusiano por um acordo de 1957;
- Agência Europeia da Energia Atómica (AEEA).

j) Organizações de carácter militar:

- tais como a União da Europa Ocidental (UEO), e a OTAN.

l) Organizações de carácter político:

- tais como o Conselho da Europa, a OEA, a OUA, a Liga dos Estados Árabes, etc.

m) Organizações de cooperação económica:

- OCDE, BENELUX, EFTA, NAFTA.

39. Como organismos independentes que são dotados cada um de individualidade e personalidade jurídica própria, as instituições especializadas do sistema da ONU são OI na plena acepção desta expressão: a sua acção é autónoma, a sua sede *é* distinta da ONU, tal como a sua composição e o seu funcionamento.

Basta a este respeito referir que há Estados que embora não sendo membros da ONU participam em algumas das organizações especializadas – e vice-versa: a Suíça, por ex., não sendo membro da ONU, é membro da maior parte das organizações especializadas; o mesmo se passa com o Mónaco (membro da OMP e da UNESCO), São Marino (membro da UIT, UPU, OMS e UNESCO) e Lichtenstein (OMPI e AIEA, Conselho da Europa).

Acordos concluídos com a ONU precisam a natureza e o conteúdo dos laços estabelecidos entre essa Organização Mundial e cada uma das instituições especializadas que gravitam na sua órbita, como elementos integrantes do seu sistema. A carta das Nações Unidas prevê esses laços, nos arts. 57º e 63º, confiando ao Comité Económico e Social o exercício das competências reservadas para a ONU – ou seja, fundamentalmente a de coordenação, em concertação com as organizações do sistema onusiano, das suas actividades multiformes. Foi mesmo instituído um Comité Administrativo de Coordenação que reúne os responsáveis pelo Secretariado de cada uma delas, assegurando assim a ligação entre os dirigentes das diversas Organizações.

Todas estas organizações universais do sistema das Nações Unidos prosseguem, pois, fins muito específicos.

40. Com algumas ressalvas (da OEA, do Conselho da Europa, da Liga Árabe e também do Conselho Nórdico) também as organizações regionais foram instituídas para prosseguir *objectivos específicos,* comuns aos Estados-membros:

- algumas foram criadas para promover a cooperação entre os seus participantes no domínio militar – por exemplo a OTAN, a União da Europa Ocidental, a SEATO – (a Organização foi formalmente extinta em 1977 mas o Tratado de Manila, que a instituíra em 1954, continua em vigor entre todas as partes), etc.;
- outras ocupam-se da cooperação no domínio económico como é *o* caso da OME, do BERD – Banco Europeu para a Reconstrução e o Desenvolvimento (instituído para apoiar a reconversão económica dos países do leste Europeu que gravitaram na órbita da ex-URSS) –, do BENELUX, da EFTA, e das próprias Comunidades Europeias.

§3º Classificação em função da sua finalidade última, competências e estrutura jurídica

41. Este critério de classificação atende, por um lado, à maior ou menor complexidade do sistema institucional de cada OI e bem assim à natureza das atribuições dos respectivos órgãos; e, por outro lado, ao próprio objecto de cada organização e às competências de que foi dotada para o realizar, o que se reflecte na extensão das limitações de soberania e da transferência de competências nacionais que os Estados-membros consentiram a favor da organização em que participam.

A esta luz é pertinente falar em organizações de (simples) cooperação e em organizações de integração; mas com a prevenção de que a distinção entre umas e outras não é inteiramente clara, porque qualquer OI pode assegurar funções de cooperação e funções de integração. É a ponderação que se faça destas duas funções que nos pode levar a inserir uma dada OI numa ou noutra categoria. Apesar de tudo, vale a pena tentar apontar os respectivos traços dominantes.

1. Organizações de cooperação

42. Estas OI apresentam as notas distintivas seguintes:

a) Atribuição à OI, pelos Estados-membros, de competências muito limitadas, na estrita conformidade do princípio da especialidade;
b) Estrutura institucional em geral singela;
c) Decisões por consenso ou unanimidade no seio de órgãos intergovernamentais cujos membros representam os interesses nacionais e exprimem a vontade dos respectivos governos, agindo no quadro das instruções que recebem;
d) As deliberações tomadas são dirigidas exclusivamente aos Estados, não se repercutindo directamente na ordem jurídica interna, ao nível dos particulares.

Embora a maioria das organizações internacionais corresponda a este modelo, o sistema jurídico a que cada uma obedece, expresso no respectivo pacto constitutivo, permite desvios às características básicas apontadas: por vezes os órgãos da Instituição (ou algum ou alguns deles) podem deliberar por maioria simples ou qualificada; por vezes existe um ou mais órgãos independentes dos Estados; também por vezes a OI está autorizada a tomar decisões vinculativas que afectam directamente os indivíduos. Isto é, o pacto constitutivo da organização pode fazer concessões mais ou menos acentuadas a um modelo de organização supra-nacional ou de integração.

2. Organizações de integração

43. O modelo actual mais elaborado de OI é o de organização de integração, a que frequentemente se chama *organização supranacional.*

Esse modelo apresenta as características seguintes:

- Estrutura institucional complexa – que comporta, a par de um ou mais órgãos intergovernamentais, outros órgãos deles independentes, aptos também, no quadro das respectivas competências, a exprimir a vontade da organização.
- Exercício pela organização de um poder normativo que se repercute na ordem jurídica interna – vinculativo, pois, tanto do Estado nas suas relações com os particulares como destes nas suas relações recíprocas.

- Deliberações segundo a regra da maioria (simples ou qualificada), sem prejuízo de, nos casos previstos na respectiva carta constitutiva, poder ser exigida a unanimidade; e, em qualquer caso, carácter vinculativo das decisões tomadas.
- Exercício, pelos órgãos competentes da OI, do poder executivo e de todas as actividades administrativas inerentes quer à gestão interna da organização quer à prossecução dos seus objectivos.
- Exercício de um poder jurisdicional obrigatório, confiado a tribunais independentes, instituídos no seio da própria organização, incumbidos de assegurar a salvaguarda da ordem jurídica que as rege.

Actualmente, a OI que melhor responde e este modelo de organização de integração é a União Europeia; mas o BENELUX acha-se bastante próximo dele e o MERCOSUL, mais recentemente criado, tenta reproduzir noutros espaços do globo a bem-sucedida experiência europeia.

A própria ONU – quer em razão da sua estrutura institucional complexa, quer porque ao nível de certos órgãos e em certas matérias as deliberações podem ser tomadas por maioria, quer ainda porque pode impor o cumprimento das suas decisões aos Estados-membros violadores da legalidade internacional no que concerne à salvaguarda da paz e da segurança internacional – corresponde, em larga medida, à noção de organização supranacional, sendo mesmo possível detectar nela um certo modelo de federalismo funcional (embora menos evidente, sem dúvida, que o instituído no quadro comunitário europeu)[12].

Note-se, pois, que o exercício da função de integração por uma determinada OI implica que uma entidade não estatal exerce, paralela ou concorrencialmente com os seus Estados-membros (observando, melhor ou pior, o princípio da subsidiariedade – cf. o art. 5º do Tratado institutivo da Comunidade Europeia)[13], actividades que tradicionalmente constituíam um exclusivo dos Estados (funções legislativa, executiva e jurisdicional) tendo em vista, mediante o exercício dos correspondentes poderes, integrar, isto é, submeter a uma gestão comum a cargo de órgãos próprios da OI, determinados domínios de acção que anteriormente dependiam apenas de cada um dos Estados-membros.

[12] Cf. v. sobre a caracterização das organizações de integração e em particular sobre a natureza jurídica das Comunidades Europeias (agora da União Europeia) João Mota de Campos, *A Ordem Constitucional Portuguesa e o Direito Comunitário,* Tese, Ed. Pax. Braga, 1980, pp. 93-128.

[13] João Mota de Campos. *Direito Comunitário.* I Vol. – *O Direito Institucional,* 8ª ed., 1997, pp. 628-637, e Manual de Direito Europeu. 6ª ed., da Coimbra Editora, 2010, pp. 253-266.

§4º Classificação segundo a facilidade de ingresso na Organização

1. Organizações abertas

44. Algumas OI podem considerar-se abertas na medida em que os Estados que preencham certas condições objectivas têm assegurado o seu direito de participação na OI. Tal é, em princípio, o caso da ONU: segundo o art. 4º, § 1º, da Carta das Nações Unidas podem ser membros da Organização Mundial «Os Estados pacíficos que aceitem as obrigações da Carta» e que, segundo o julgamento da organização, têm capacidade para as cumprir e estejam dispostos a fazê-lo. Esse julgamento da Organização é expresso pela Assembleia Geral, sob recomendação do Conselho de Segurança.

Note-se, porém, que não obstante este carácter aberto da ONU, no período da «guerra fria» os EUA e a Rússia, usando do poder de veto de que dispõem no Conselho de Segurança, impediram durante muito tempo o ingresso de novos membros que, segundo o critério de um ou de outro dos dois super-grandes, podiam incorporar-se nas hostes de apoio do seu adversário. As candidaturas de Portugal e de Espanha, para não irmos mais longe, foram durante anos vítimas da obstrução soviética.

Mais abertas do que a ONU são, sem dúvida, as organizações especializadas que constituem o sistema das NU. Na verdade, o ingresso nessas organizações – dos Estados-membros da ONU – que hoje são, praticamente, todos os Estados soberanos do planeta – faz-se mediante simples declaração unilateral de adesão.

2. Organizações fechadas

45. Algumas organizações – dado o seu carácter, objectivos e âmbito geográfico – limitam a possibilidade de adesão aos Estados que satisfaçam a certos requisitos considerados essenciais: o Conselho da Europa só pode, naturalmente, aceitar Estados europeus – e Estados que adiram aos princípios e à prática da democracia representativa e pluralista e que sejam respeitadores dos Direitos do Homem, tal como essa Organização os concebeu e estão enunciados na Convenção Europeia dos Direitos do Homem; o mesmo se passa com as Comunidades Europeias, acrescendo que nestas Organizações só poderão ingressar Estados que revelem capacidade, aferida através de negociações para o efeito, para cumprir as obrigações decorrentes dos Tratados Comunitários. Note-se que a adesão de um Estado carece do acordo unânime dos membros da União Europeia, o que significa que a adesão de novos membros depende de uma apreciação discricionária da oportunidade da admissão.

Capítulo III
A Criação e a Extinção das OI

Secção 1ª
Constituição e Evolução das OI

§1º O acto de criação

46. O acto de criação é, em regra, um tratado multilateral que pode ser considerado como a carta constitucional da OI.

Mas esta regra comporta excepções.

1. A natureza jurídica e designação do acto constitutivo da OI

a) Natureza Jurídica

47. Sendo a OI uma associação de Estados – ou pelo menos uma entidade de que fazem parte Estados soberanos –, o tratado internacional concluído pelos Estados-membros (fundadores) é o instrumento normal da criação das OI.

Foi por um primeiro tratado colectivo, a Acta Final do Congresso de Viena de 1815, que foi criada a primeira organização internacional – a Comissão Central do Reno (cf. *supra* nº 8).

Até uma data recente, todas as OI foram instituídas mediante conclusão de tratados multilaterais pelos Estados participantes nessas organizações.

E compreende-se que assim fosse: a existência e funcionamento de uma organização internacional tem sempre, em alguma medida, incidências sobre o conteúdo e o exercício das competências dos Estados soberanos que dela fazem parte, pois qualquer tratado implica obrigações para as partes contratantes e, portanto, uma limitação, maior ou menor, da sua liberdade de acção

– isto é, da sua soberania. Consequentemente, uma OI não pode nascer para a vida internacional sem um prévio acordo, formalizado por tratado, dos Estados que nela participam.

A iniciativa da criação de uma OI parte em regra de um Estado (como sucedeu, por ex., com a criação da CECA cujo detonador foi a célebre Declaração do Ministro dos Negócios Estrangeiros da França, R. Schumann, de 9 de Maio de 1950) ou de um grupo de Estados (a conferência de S. Francisco em que se procedeu à elaboração da Carta das NU, foi concebida pelas 4 grandes potências aliadas em guerra contra a Alemanha e o Japão – os EUA, a URSS, a China e a Grã-Bretanha).

48. Mas, modernamente, temos assistido à criação de OI por iniciativa de uma OI pré-existente.

Assim, foi por iniciativa da ONU e mais concretamente de um dos seus órgãos, o Conselho Económico e Social, que se criou em 1946 a Organização Mundial de Saúde, tal como em 1948 se criou, por iniciativa do Secretariado da ONU, a OMCI (Organização Intergovernamental Consultiva da Navegação Marítima).

Ainda por iniciativa da ONU, foi convocada para Nova Yorque a conferência internacional que elaborou o Estatuto da Agência Internacional da Energia Atómica (1956).

Por outro lado, tem-se assistido à constituição de OI não mediante um tratado formal mas, antes, por deliberação tomada no seio de uma organização internacional. Assim sucedeu, entre outras, com a criação da ONUDI – Organização das NU para o Desenvolvimento Industrial[14], com a CNUCED – Comissão das Nações Unidas para o Comércio e o Desenvolvimento[15] e com o PNUD – Programa das Nações Unidas para o Desenvolvimento[16].

Verificamos deste modo que, excepcionalmente embora, uma resolução adoptada no seio de uma organização internacional pode constituir o acto de criação de outra organização internacional subsidiária que numa área específica participa na prossecução das finalidades da organização-mãe.

Mas, mesmo nestes casos, poderá dizer-se que por detrás da vontade manifestada pela OI ao adoptar o acto da criação de outra, se perfila a vontade dos Estados que, participando na primeira, são em última análise os responsáveis pela emergência da segunda.

[14] Cf. Resol. 2089 (XX) e Resol. 2152 (XXI). de 17 de Novembro de 1966.

[15] Resol. 1995 (XIX).

[16] Resol. 2029 (XX).

b) A designação do acto constitutivo

49. Os tratados constitutivos de uma OI apresentam-se com designações diversas:

Pacto – Pacto da Sociedade das Nações, Pacto de Varsóvia, Pacto da Organização do Tratado do Atlântico Norte (OTAN).
Carta – Carta das Nações Unidas, ou Carta da ONU.
Estatuto – Estatuto do Conselho da Europa.
Convenção – Convenção de Estocolmo que criou a EFTA (Associação Europeia de Comércio Livre).
Constituição – Constituição da OIT (Organização Internacional do Trabalho) e da OMS (Organização Mundial de Saúde).
Tratado – Tratado de Roma que criou a CE, Tratado de Lisboa que reformou os tratados comunitários.
Resolução – Resolução que instituiu a UNUDI.

A designação do pacto constitutivo de uma OI é, porém, indiferente. Em qualquer caso pode a justo título ser considerado como a sua carta constitucional.

A possibilidade da criação de uma OI por resolução de outra OI suscita legítimas dúvidas. E o caso da ONUDI é a este respeito exemplar. Embora criada por resolução da Assembleia Geral da ONU, a sua transformação em instituição especializada exigiu a adopção de um tratado multilateral em 1979 (cf. *supra* nº 24).

2. O acto constitutivo como carta constitucional da Organização

50. Tem importância esta irrecusável natureza constitucional do tratado que cria uma OI.

Como vimos, os Tratados que instituíram a OMS e a OIT são mesmo chamados «Constituição». E os Tratados que criaram a CECA, a CEE e a EURÁTOMO foram, no seu conjunto, expressamente qualificados como «Constituição» da Comunidade Europeia pelo Tribunal Constitucional Alemão e pelo próprio Tribunal de Justiça das Comunidades Europeias.

Tais Tratados, entre outras coisas, enunciam normalmente os grandes objectivos, finalidades ou missões da OI; definem as competências ou poderes que a OI pode exercer para alcançar tais objectivos; instituem os órgãos competentes para formar e exprimir a vontade da OI, para a representar e para agir em seu nome; regulam as condições de admissão dos Estados-membros e, por vezes, de exclusão daqueles que deixem de preencher os requisitos de permanência na organização; estabelecem o sistema de financiamento das actividades da Organização, fixando a contribuição da cada Estado-membro – salvo se a OI for dotada de recursos próprios, o que só excepcionalmente acontece (caso das Comunidades Europeias); regulam em suma, com maior ou menor pormenor, os mais relevantes aspectos da vida interna e do estatuto internacional da OI internacional.

Porque o tratado institutivo é a *«constituição»* da OI, deve ser aceite tal qual pelos Estados participantes – quer pelos Estados fundadores que a elaboraram, quer petos que mais tarde aderiram à organização – sem prejuízo das reservas que sejam admitidas.

Dada a natureza constitucional do acto constitutivo, toda a actividade da organização, seja qual for o domínio em que se desenvolva (legislativo, executivo, administrativo...), se lhe deve subordinar, sob pena de invalidade. Consequentemente, o pacto constitutivo, carta constitucional da organização, constitui o quadro jurídico de referência para julgar da regularidade da sua actuação, seja qual for a forma por que esta se exprima.

A carta constitutiva estabelece por vezes ela própria as suas relações quer com a ordem jurídica interna dos Estados-membros, quer com o direito decorrente de tratados concluídos pelos seus membros com terceiros Estados ou pela própria Organização:

- em relação à ordem jurídica interna dos Estados-membros, a carta constitutiva consagra frequentemente a sua primazia;
- no que toca aos tratados concluídos pelos Estados com terceiros países, impõe-se fazer uma distinção entre tratados concluídos antes e depois da entrada em vigor do pacto constitutivo da Organização: – os primeiros devem ser adaptados, os segundos consideram-se prejudicados no caso de entrarem em colisão com pacto da OI (cf. *infra* nº 53).

Também, como *«Constituição»* da OI, o Pacto garante a sua supremacia sobre o direito derivado produzido pela OI na conformidade das regras estabelecidas no pacto constitutivo. Essa primazia supõe, pois, uma ordem jurídica interna hierarquizada, em cujo topo se situa o pacto e, em sucessivos planos, os actos normativos adoptados na sua conformidade. O respeito desta hierarquia é garantido pelo sistema de controlo de legalidade que em certas organizações é minuciosamente organizado (cf. *arts. 258º e segs. do Tratado Sobre o Funcionamento da União Europeia*).

3. As reservas ao acto constitutivo

51. O tratado constitutivo não admite, em princípio, reservas das partes contratantes. Só excepcionalmente, no caso de o tratado o prever ou os órgãos competentes da OI o admitirem, será possível a formulação de reservas por um Estado-membro. É que tais reservas de certo modo colocam o Estado que as faz numa situação de excepção relativamente aos seus parceiros, situação essa contrária ao princípio da igualdade que deve imperar no seio da organização e que provocaria participações de *«geometria variável»* extremamente perturbadoras do funcionamento da OI.

- Por vezes, a proibição da formulação de reservas é expressamente consagrada: na Conferência de Londres de 1929 em que se estabeleceu o estatuto da União Postal Universal foi adoptada uma declaração segundo a qual *nenhuma reserva à aceitação desse estatuto seria admitida.*
- Quando a URSS notificou a OIT, através do Bureau International du Travail, órgão dessa Instituição Internacional, da sua decisão de aceitar as obrigações decorrentes da sua participação na Organização, *com a reserva de que não se consideraria vinculada pelas disposições relativas à jurisdição do Tribunal Administrativo da OIT,* o Director do Bureau respondeu-lhe que não estava prevista e não podia por isso ser admitida a adesão à organização na base de uma aceitação parcial da Constituição da OIT.
- Também por ocasião da negociação da Convenção de Viena de 1969 sobre o Direito dos Tratados ficou entendido que qualquer reserva à constituição de uma organização internacional teria de ser submetida ao órgão competente da Instituição (cf. art. 20º, nº 3) – procedimento que tem sido observado: quando pretenderam aderir à Convenção da OMS, os EUA reclamaram o direito de se retirar da Organização mediante pré-aviso de um ano – o que foi admitido pela Assembleia da OMS.
- No quadro da União Europeia, o Reino Unido beneficia de um estatuto de excepção (no tocante à política social e à União Monetária), que os seus parceiros lhe consentiram no quadro do Tratado de Maastricht. Tecnicamente não se trata, no entanto, de uma reserva, porque o regime aplicável ao Reino Unido foi negociado entre todos os membros e figura no articulado do Tratado.

52. Claro é, porém, que os Estados participantes na elaboração do pacto constitutivo de uma OI têm toda a liberdade de formular a sua discordância em relação ao pacto proposto, negociando com os seus parceiros os termos em que o aceita e influenciando a sua redacção final. Mas aqui não se trata propriamente de reservas ao pacto – antes de discordâncias em relação a um projecto de tratado: a questão da formulação de reservas surge apenas em relação aos Estados que posteriormente se proponham aderir à OI.

4. A primazia do pacto constitutivo da OI sobre quaisquer outros compromissos internacionais dos Estados-Membros

53. A carta constitutiva da OI tende a prevalecer sobre outros compromissos internacionais dos Estados aderentes – e a aceitação dessa primazia justifica-se pela necessidade de evitar a incompatibilidade de obrigações internacionais que poderiam pôr em causa o princípio da igualdade dos Estados participantes na OI, na medida em que algum, para poder satisfazer os compromissos assumidos noutro quadro jurídico, fosse levado a invocar um estatuto de excepção que lhe permitiria recusar esta ou aquela regra da Carta Constitutiva da OI de que é membro de pleno direito.

A Carta das Nações Unidas afirma explicitamente a sua superioridade em relação a outros acordos internacionais. O art. 103º da Carta dispõe, com efeito, que no caso de oposição entre as obrigações nela impostas aos Estados e outros compromissos internacionais, prevalecerão as obrigações decorrentes da Carta.

Também, fundadas como estão no princípio da igualdade dos Estados-membros no tocante à fruição de direitos e cumprimento das obrigações resultantes dos Tratados da União Europeia – princípio que é incompatível com a reivindicação de uma situação de privilégios ou excepção – os Estados-membros das Comunidades Europeias devem libertar-se das obrigações decorrentes de outros acordos internacionais anteriores à adesão que sejam incompatíveis com as obrigações assumidas no quadro comunitário, ficando-lhes interdito, de futuro, concluir outros acordos de que possa resultar qualquer antagonismo de compromissos (cf. *os arts. 350º e 351º do Tratado Sobre o Funcionamento da União Europeia*)[17].

5. A duração do pacto constitutivo

54. O tratado constitutivo é, em regra, concluído por tempo indeterminado – o que pode ser estabelecido de forma expressa *(por ex., o art. 356º do Tratado Sobre o Funcionamento da União Europeia)* ou implícita. A regra comporta, no entanto, frequentes excepções:

[17] Sobre este ponto, v. João Mota de Campos, *Direito Comunitário*, II Vol. – *«O Ordenamento Jurídico Comunitário»*, 5ª ed., pp. 51 e segs.

- Lembra-se que a CECA foi criada pelo Tratado de Paris de 1951 cuja vigência ficou limitada a 50 anos – o que pôs necessariamente, no ano 2000, o problema da renovação do Tratado ou da extinção da Organização.
  Foi esta última a solução adoptada, passando os objectivos da extinta Organização a ser prosseguidos, com as alterações necessárias do Tratado CE, no âmbito da União Europeia.
- Também os Tratados que criaram as organizações dos produtos de base (café, cacau, borracha, estanho, etc.) são de curta vigência – em regra cinco anos. A permanência dos interesses em jogo tem levado, porém, à sua renovação periódica.

As OI surgem, deste modo, com vocação para a perenidade – o que está em consonância com a permanência dos interesses e dos objectivos que elas têm em vista prosseguir.

§2º Conteúdo do acto constitutivo e sua interpretação

1. Conteúdo do estatuto da OI

55. O acto constitutivo de uma OI é, normalmente, um texto normativo minucioso e complexo, em que com todo o pormenor e rigor os Estados fundadores procuram regular de forma exaustiva matérias cuja disciplina jurídica explicitará o exacto quadro dos direitos e sobretudo das obrigações (isto é, das limitações de soberania e das transferências de competências nacionais) que os Estados se dispuseram a aceitar ao criar ou ao aderir a uma dada OI.

O acto constitutivo deverá, como vimos *(supra nº 50º)*, fixar a designação da OI; o seu objecto ou finalidades; precisar as competências que à organização são atribuídas para realizar esse objecto; estipular o regime jurídico das matérias de que a OI se ocupará; estabelecer a *estrutura orgânica ou institucional* da organização e repartir entre os seus órgãos as atribuições de cada um e os poderes de que disporá para delas se desempenhar; enunciar as *condições da adesão de novos membros e o processo de revisão do pacto constitutivo;* prover quanto *ao financiamento das suas actividades;* acautelar *a salvaguarda da ordem jurídica da organização;* etc.

56. A capacidade de previsão dos negociadores é, porém, necessariamente limitada, razão porque podem surgir, ao longo da existência da OI, problemas de interpretação – mais ou menos delicados – da carta constitutiva respectiva *(direito originário)* ou do direito emanado dos seus órgãos *(direito derivado).*

2. A interpretação do acto constitutivo

57. A questão da interpretação do acto constitutivo põe-se tanto aos Estados-membros como aos próprios órgãos da OI.

O acto constitutivo pode conter regras muito precisas sobre a sua própria interpretação. Assim, por ex., o art. 220º do Tratado da União Europeia prescreve que *«O Tribunal de Justiça da União Europeia garante o respeito do direito na interpretação e aplicação dos Tratados»*.

Esta interpretação foi, no entanto – sem prejuízo da eventual intervenção do Tribunal do UE –, confiada também aos tribunais nacionais em geral, como resulta do art. 267º do Tratado Sobre o Funcionamento da União Europeia; e por força do art. 334º, *«Os Estados-membros comprometem-se a não submeter qualquer diferendo relativo à interpretação ou aplicação dos Tratados a um modo de resolução diverso dos que nele estão previstos»*.

Noutros casos, o pacto constitutivo da organização pode prever o recurso a parecer consultivo – como é o caso da Carta da ONU que permite que a Organização consulte o Tribunal Internacional da Justiça; de igual modo os Tratados Comunitários prevêem, em certos casos, a obtenção de um parecer favorável (vinculativo) do Tribunal de Justiça das Comunidades Europeias *(cf., por ex., o art. 218º, nº 11, do Tratado Sobre o Funcionamento da União Europeia)*.

58. A dificuldade estará em definir os limites da liberdade de interpretação a levar a cabo no âmbito interno da Organização:

- Deve o acto constitutivo ser considerado como um texto jurídico rígido, que em termos precisos define as competências da OI e os poderes dos seus órgãos, pelo que o acordo entre Estados que nele se exprime não comporta qualquer *interpretação extensiva?*
- Ou, diversamente, tratando-se de uma instituição que foi criada para prosseguir objectivos num quadro económico, social e político mutável, as transformações que vão ocorrendo neste quadro envolvente da acção da OI exige uma *interpretação dinâmica* do texto, ajustada às novas circunstâncias em que a organização se vê forçada a agir?

59. Na prática, a referida *interpretação dinâmica* tem sido aceite pelo Tribunal Internacional de Justiça.

Tal aconteceu no seu parecer de 11 de Abril de 1949, em que admitiu, com base na *teoria dos poderes implícitos*, a competência da ONU para agir em justiça – competência esta que não fora explicitada na Carta; e o mesmo foi admitido no parecer de 21 de Junho de 1971, em que o Tribunal declara que *«il serait ine-*

xact de supposer que parce qu'elle possède, en principe, le poiuoir de faire des recommendations, l'Assemblée Générale est empêchée d'adopter, dans des cas determines relevant de sa compétence, des résolutions ayant le caractère de décisions...».

O Tribunal de Justiça da União Europeia, por seu turno, quer no exercício da competência consultiva que lhe está atribuída *(cf. entre outros o art. 218º, nº 11, do Tratado)*, quer ao julgar processos contenciosos, dispõe de uma larga margem de liberdade de interpretação das disposições da Constituição Europeia – o que lhe permite em cada caso proceder a interpretações muito extensivas baseado quer nas finalidades dos Tratados quer no *efeito útil* que as suas disposições devem produzir quer, mesmo, *na sua própria concepção sobre a natureza e os objectivos* da União Europeia[18].

60. De qualquer modo, nem sempre é possível, através de uma interpretação mais ou menos ousada ou «progressista» da Carta Constituinte de uma OI, obviar às obscuridades, insuficiências ou lacunas do respectivo texto. Nestes casos surge a necessidade da sua revisão.

3. A revisão do acto constitutivo

61. A carta constitutiva de uma qualquer OI contém, normalmente, disposições sobre a sua própria revisão, imposta pela necessidade de a adaptar a novas circunstâncias.

Os processos de revisão são mais ou menos complexos, tal como a revisão pode ser mais ou menos profunda.

No caso de *ajustamentos ou emendas menores* do texto é concebível e por vezes admitido pela carta da OI que a revisão seja realizada pela própria Instituição, no seio do órgão ou órgãos para tal dotados de competência.

Os Tratados relativos à União Europeia podem ser revistos sem limitações segundo um processo longo e complexo que envolve a participação quer dos Estados-membros quer das próprias Instituições da União, na conformidade do art. 48º, n.os 2 a 5, do Tratado da União Europeia.

Mas, a par deste processo solene, os Tratados previram outros processos de revisão simplificada que, eventualmente, poderá atingir importantes aspectos da Constituição Europeia (cf. *o art. 48º do TUE, n.os 5 e 7*)[19].

[18] Desta concepção do Tribunal é paradigmático o Acórdão lavrado em 31 de Março de 1971, no proc. 22/70. in Col. p. 72 (cf. sobre este ponto João Mota de Campos, *Direito Comunitário,* I Vol., 8ª ed., p. 579).

[19] Sobre esta questão, ver João Mota de Campos. *Direito Comunitário,* II Vol. 5ª ed., pp. 27 a 50.

A revisão do Pacto supõe, por vezes, o acordo de todos os Estados-membros (cf. *art. 48º do Tratado da União Europeia;* outras vezes, porém, quando a revisão é operada pelos próprios órgãos da OI, os Estados não têm, enquanto tais, que manifestar a sua concordância, pelo que o Pacto revisto lhes é oponível.

Resta ao Estado que se recuse a aceitar a revisão a possibilidade de abandonar a União.

Bibliografia

Nguyen Quoc Dinh, *Droit International Public,* LGDJ, 5ª ed., pp. 558 e segs.

RaPisardi-Mirabelli, *«Théorie générale des Unions internationales»,* R.C.A.D.I., 1925-11, Vol. 7, pp. 341-393.

H. Lesguillons, *L'application d'un traité fondation: le traité instituant la C.E.E.,* L.G.D.J., 1968, p. 320.

R. MonAco, *«Le caractère constitutionnel des actes constitutifs des organisations internationales»,* Mél, Rousseau, 1974, pp. 153-172.

Secção 2ª
A Evolução Das OI

§1º As mutações operadas no seio da OI

62. Uma organização pode estar sujeita, ao longo da sua existência, a importantes mutações, normalmente impostas por alterações profundas das circunstâncias em que havia sido criada e que se exprimiram, através de um ou mais actos de revisão, na modificação do seu objecto, competências, estrutura orgânica, funcionamento, procedimentos, etc.

- Tal aconteceu, por ex., com a União Telegráfica Internacional, criada pela Convenção de Berna de 1865, primeira em datas das organizações internacionais de vocação universal e competência especializada. Na altura, as telecomunicações limitavam-se às comunicações por telégrafo. O mesmo não aconteceria décadas depois, em que surgiram as comunicações por telefone, mais tarde pela rádio e mais recentemente por televisão. Para enfrentar as novas necessidades da cooperação internacional no domínio das telecomunicações, aquela União Administrativa viria a converter-se em 1932, pela Convenção de Madrid, na União Internacional das Telecomunicações (UIT), cujo pacto foi refundido pela Convenção Málaga-Torremolinos de 25 de Outubro de 1973, em termos que a habilitaram a gerir novas áreas de actividades resultantes do progresso técnico – e, designadamente, as comunicações por televisão e as comunicações radioespaciais.

- De igual modo, tendo, no início dos anos 60, realizado plenamente a missão para que fora constituída e havendo, portanto, esgotado o seu objecto estatutário, a OECE (Organização Europeia de Cooperação Económica, constituída pela Convenção de Paris de 1948 no quadro regional da Europa Ocidental), foi em 1960 convertida na OCDE (Organização de Cooperação e Desenvolvimento Económico), o que implicou a perda do seu carácter de organização regional em resultado de participação, como Estados-membros, de países de outros continentes – América (Estados Unidos, Canadá) e Ásia (Japão, Austrália e Nova Zelândia).

§2º A extinção das OI e o problema da sucessão

1. Extinção

63. Uma OI extingue-se nas condições previstas no respectivo pacto constitutivo. Se o pacto nada previu a tal respeito, a extinção poderá resultar da ocorrência de factos que impeçam a sobrevivência da organização. Em qualquer caso, a organização extingue-se se nesse sentido se manifestar a vontade unânime dos Estados-membros.

Normalmente a OI é constituída por tempo indeterminado. Tal foi o caso da Sociedade das Nações, como é o da ONU, da Comunidade Europeia, da Comunidade Europeia da Energia Atómica, da Organização Internacional do Trabalho (OIT), da Organização dos Estados Americanos, da Organização de Unidade Africana e das OI em geral. Nestes casos, a extinção da Organização só poderá resultar da vontade unânime dos Estados participantes ou do facto, equivalente, da retirada de todos eles – o que evidentemente privaria a OI da possibilidade de continuar a funcionar.

Excepcionalmente, uma OI pode ser criada por tempo determinado. Assim sucedeu com a Comunidade Europeia do Carvão e do Aço cuja existência ficou limitada pelo Tratado de Paris de 1951 a 50 anos, que se completaram em 18 de Abril de 2002, tendo sido extinta.

64. Por vezes, uma OI é declarada extinta para que se lhe substitua outra – instituída com objectivos diferentes e com melhores condições para os prosseguir – mais ajustada às modificações das circunstâncias que, entretanto, tenham ocorrido na vida internacional.

- Foi isto o que aconteceu quando os Estados-membros da OECE (Organização Europeia da Cooperação Económica), criada pela Convenção de Paris de 16 de Abril de 1948, decidiram retirar-lhe o carácter de organização inserida no quadro regional da Europa Ocidental, redefinir-lhe os objectivos, ampliar o elenco dos Estados participantes e coerentemente, alterar-lhe a denominação, que passou a ser a de Organização de Cooperação e Desenvolvimento Económico – o que tudo foi feito pela Convenção celebrada em Paris, em 14 de Dezembro de 1960[20].
- De igual modo, por vontade dos Estados-membros, a Sociedade das Nações foi dissolvida e em sua substituição criada a Organização das Nações Unidas.
- Também *o Instituto de Cooperação Intelectual* foi extinto para dar lugar à UNESCO, tal como a U.N.R.R.A. deixou de existir quando foi criada a Organização Internacional dos Refugiados e o Tribunal Permanente de Justiça Internacional se extinguiu para ser substituído pelo Tribunal Internacional de Justiça.

Em qualquer caso, e seja qual for a causa da extinção de uma OI, põe-se a questão da sucessão.

2. A questão da sucessão nas OI

65. Põe-se para as OI, como para os Estados, o problema da sucessão[21].

Concebe-se dificilmente que uma Organização seja pura e simplesmente liquidada, com partilha do seu eventual activo entre os Estados-membros. O que normalmente acontece é que as suas funções e o seu património sejam atribuídos a outra organização, pré-existente ou criada de novo.

Lembremos alguns dos casos mais conhecidos;

- Em 1945 a ONU sucedeu à SDN;
- O TIJ sucedeu ao TPJI;
- A OACI sucedeu à CINA;
- A OMS sucedeu ao OIH (Office International d'Hygiène);

[20] V. João Mota de Campos, *Direito Comunitário,* I Vol., 8ª ed., pp. 50-57.

[21] Sobre este ponto particular ver H. Chiu, *Succession in International Organizations.* I.C.L.Q., 1955, pp. 83-120; A.-C. Kiss, *«Quelques aspects de la substitution d'une organization internationale à une autre.»*, A.F.D.I., 1961, pp. 463-491; – R. Ranjeva, *La succession des organisations internationales en Afrique*, Pédone, 1978, p. 418; – J.-P. Jacqué J., *«Étude de la survie de la Commission Européenne du Danube»*. A.F.D.I, 1981, p. 747.

- A UNESCO ao IICI;
- A OUA à CCTA (Comission de Cooperation Technique en Afrique);
- A OCDE sucedeu à OECE.

66. Tais sucessões suscitam problemas complexos – nomeadamente quando as participações estatais não são as mesmas nas duas OI.

A questão da sucessão abarca quer a do destino dos *bens, dos direitos e dos serviços da OI* quer ainda – quando outra OI se lhe substitua – a dos *efeitos jurídicos, no âmbito da organização sucessora, dos actos adoptados* pela organização extinta.

a) A questão relativa ao destino dos *bens e direitos de conteúdo patrimonial* pertencentes à Organização que se extingue consiste em saber se estes devem ser considerados como propriedade indivisa dos Estados-membros ou, antes, atribuídos a outras OI ou, de preferência, à nova OI que eventualmente se lhe substitua, para serem afectos à prossecução dos objectivos desta última.

b) Quanto aos *serviços:* deverão estes considerar-se dissolvidos e o respectivo pessoal dispensado – ou deverão tais serviços ficar afectos à estrutura orgânica da nova OI que eventualmente se substitua à que foi extinta?

c) Finalmente: *quais os efeitos jurídicos, no âmbito da nova OI, dos actos jurídicos adoptados pela Organização extinta?* O problema surge, com particular acuidade, se o elenco dos Estados-membros da nova Organização não coincidir com o da sua predecessora e bem assim se os objectivos ou as estruturas institucionais não forem os mesmos.

A resolução destes problemas não levanta em geral dificuldades especiais se os Estados participantes no processo de extinção de uma OI – com ou sem a concomitante criação de outra que deva suceder-lhe – tiverem o cuidado, como normalmente acontecerá, de adoptar consensualmente as medidas adequadas.

Foi o que sucedeu, por ex., no caso da substituição da OECE pela OCDE. Os Estados-membros da primeira previram a sucessão e regularam as questões daí resultantes: a novel OME foi instalada na sede da extinta OECE, no Palácio da La Muette, no Bosque de Bolonha, em Paris; e ficou a dispor de uma estrutura orgânica idêntica à da sua antecessora, para a qual transitaram os bens e serviços da Organização extinta. A nova engrenagem institucional passou por isso a funcionar sem solução de continuidade e sem sobressaltos, ao serviço de objectivos redefinidos. E nem sequer a participação de novos Estados-membros, extra-europeus, representou um factor de perturbação no funcionamento da OI, até porque alguns deles lhe estavam já ligados na qualidade de associados (caso dos EUA e do Canadá)[22].

67. Mas os problemas da sucessão podem ser resolvidos não pelos Estados-membros, enquanto tais, mas pelos próprios órgãos da OI que se extingue e da que vai suceder-lhe, através de actos paralelos adoptados com essa finalidade.

Foi através de resoluções concordantes da Assembleia da Sociedade das Nações e da Assembleia Geral das Nações Unidas que as questões decorrentes da sucessão da primeira foram resolvidas. E, para que esses órgãos plenários não tivessem de se ocupar dos aspectos práticos e burocráticos da operação de sucessão, foi decidido delegar competência nos órgãos administrativos de uma e outra para que estabelecessem entre si os acordos adequados a facilitar a transmissão dos locais, dos arquivos, dos direitos, das competências e das obrigações da Organização extinta para aquela que iria suceder-lhe.

A transmissão de competências tem de estar contemplada no pacto da nova Organização mediante a atribuição de competências análogas, cujo exercício deve, por razões de eficácia, não ser interrompido.

No art. 18º do Pacto da Sociedade das Nações, prescrevia-se que *«Qualquer tratado ou compromisso internacional celebrado de futuro por um membro da Sociedade deverá ser imediatamente registado pelo Secretariado e publicado por ele no mais curto prazo possível.*

Nenhum desses tratados ou compromissos internacionais será obrigatório artes de ter sido registado.»

Para que o exercício desta competência e os registos lavrados nessa conformidade não fossem prejudicados pela extinção da Sociedade das Nações, uma competência análoga foi conferida à ONU pelo art. 102º, nº 1, da respectiva Carta – embora se tivessem atenuado as consequências da falta de registo dos tratados ou acordos internacionais, que passou a ser apenas a da *impossibilidade de invocar os actos não registados perante qualquer órgão das Nações Unidas* (art. 102º, nº 2).

Na falta de um acordo prévio, o pacto da organização sucessora pode reconhecer ele próprio a transmissão de competências que cabiam à organização extinta.

O art. 36º, nº 5, do Estatuto do Tribunal Internacional de Justiça, prevê que as declarações de aceitação de jurisdição do extinto Tribunal Permanente de

[22] Cf., sobre a passagem da OECE, à OCDE, João Mota de Campos, *Direito Comunitário*, I Vol., 8ª ed., pp. 50 a 57.

Justiça Internacional que ao tempo estivessem em vigor importariam *a aceitação da jurisdição obrigatória do Tribunal Internacional de Justiça pelo período em que ainda devessem vigorar e na conformidade dos seus termos.*

Também o art. 37º prescreve que no caso de uma cláusula contida num acordo internacional atribuir competência jurisdicional ao TPJI ou a outra jurisdição instituída pela Sociedade das Nações, «o *assunto deverá, no que respeita às partes contratantes do presente Estatuto, ser submetido ao Tribunal Internacional de Justiça*».

68. A falta de provisões adequadas nos estatutos da OI sucessora ou em acordos colaterais dos Estados-membros desta e da OI extinta pode dar lugar a dificuldades sérias, como sucedeu, por ex., a propósito do mandato relativo ao Sudoeste Africano (Alemão) que a Sociedade das Nações tinha confiado à União Sul Africana. O regime de mandatos foi, no quadro das Nações Unidas, substituído pelo regime de tutela – mas o caso particular do mandato da USA sobre o Sudoeste Africano não ficou regulado. A USA sustentava por isso que a extinção da SDN implicava a extinção do mandato e, consequentemente, a sua plena competência territorial sobre aquele território – o que a ONU contestava.

Após o reconhecimento internacional (inclusive pela União Sul-Africana) da independência da Namíbia (antigo Sudoeste Africano), a questão perdeu todo e interesse mas a verdade é que envenenou, durante décadas, as relações da USA com a comunidade internacional e em particular com a ONU que submeteu ao Tribunal Internacional de Justiça, a título consultivo, a questão de saber se as obrigações da África do Sul, enquanto país mandatário, subsistiam ou não, qual seria, no caso afirmativo, o conteúdo dessas obrigações, e perante que órgãos lhe cumpria prestar contas já que a Comissão de Mandatos e o Conselho da SDN haviam desaparecido.

O Tribunal Internacional de Justiça, pronunciando-se favoravelmente aos pontos de vista das Nações Unidas, entendeu no seu *Parecer de 21.6.71, Namíbia, Rec. p. 49,* que a ONU, *na qualidade de sucessora da SDN, era a Instituição competente para se pronunciar, nessa qualidade, sobre o comportamento do mandatário no que respeita ao cumprimento das suas obrigações internacionais e para agir nessa conformidade.*

A questão viria a ser resolvida no plano jurídico pela Assembleia Geral das NU que, considerando extinto o mandato da USA, decidiu chamar a si a responsabilidade pelo território da Namíbia até à sua independência que com a cooperação da África do Sul viria finalmente a ser proclamada.

69. Podemos aqui concluir que na ausência de regras gerais de DIP sobre a sucessão nas OI, cada caso terá de ser considerado *«per se»* com base em acordos formais dos Estados-membros ou dos órgãos competentes das OI em causa, negociados com a prudência e a capacidade de previsão exigidas pela necessidade de obviar a dificuldades futuras.

Capítulo IV
A Participação nas OI

70. As Organizações Internacionais são normalmente compostas por Estados e apenas por estes – razão porque as OI constituídas por tratado e regidas pelo Direito Internacional se dizem *intergovernamentais*, por contraposição às *organizações não governamentais* (ONG).

O qualificativo «*intergovernamental*» aparece por vezes na denominação da Organização, como é o caso da Organização Intergovernamental Consultiva da Navegação Marítima (actualmente OMI).

O aditamento do vocábulo «*intergovernamental*» traduziria, no caso citado, a preocupação dos Estados fundadores de reduzir a liberdade de acção da Organização e de limitar a sua personalidade jurídica.

Claro que a Organização não é criada com carácter *intergovernamental* mas, antes, interestatal. Mas em direito internacional positivo não há que contestar a confusão entre Estado e Governo – pois não há governo sem Estado e o Estado não é concebível sem governo: a existência de um governo na acepção do DI constitui, mesmo, um dos elementos constitutivos da noção de Estado.

71. Vimos já, porém, ao tratar da noção de OI, que excepcionalmente podem ser membros duma OI entidades não-estatais.

Os participantes numa Organização Internacional são, em regra, seus membros de pleno direito, gozando cada um do estatuto de inteira igualdade de direitos e obrigações em relação aos restantes; mas sucede, por vezes, que a par dos membros de pleno direito participam em algumas actividades da OI outros Estados, na qualidade de *membros associados ou simples observadores*.

Os *Estados associados* gozam de um estatuto idêntico ao dos membros de pleno direito, com ressalva do direito de voto; os *observadores* têm o estatuto mais limitado, definido pela própria OI, que em geral comporta apenas o direito de participar nas actividades da OI em que directamente possam estar interessados (SECÇÃO 1ª).

72. Nenhum Estado pode ser forçado a fazer parte de uma OI. São membros dela apenas os Estados que manifestaram essa vontade participando na sua criação *(membros originários)*, ou que posteriormente solicitaram a sua adesão *(membros admitidos ou supervenientes)*. Essa participação é, pois, sempre voluntária, pelo que os membros da OI não são obrigados a permanecer no seu seio; por outro lado, como a participação deve obedecer a certas condições, a organização poderá suspender ou mesmo excluir o membro que deixar de as preencher (SECÇÃO 2ª).

Secção 1ª
A Participação dos Estados e de Outros Sujeitos do Direito Internacional

§1º A participação dos Estados

73. O acesso às Organizações Internacionais que prosseguem objectivos específicos de natureza política, económica ou de defesa é compreensivelmente limitado, porque se impõe preservar a identidade ideológica ou a estreita solidariedade de interesses que constituem o fundamento da OI, isto é, o cimento que liga as vontades dos Estados participantes.

A carta constitutiva de uma OI pode estabelecer – e fá-lo-á em regra, implícita ou explicitamente – as condições a que os Estados candidatos à participação deverão obedecer:

- uma organização de carácter regional estará, em princípio, aberta apenas aos países da região que ela pretende abarcar, como é caso das Comunidades *Europeias*, do Conselho da *Europa*, do Conselho Nórdico, da Organização de Unidade *Africana*, da NAFTA, da MERCOSUL...
- Segundo o art. 49º do Tratado da União Europeia, *«qualquer Estado europeu... pode pedir para se tornar membro da União...»* Mas não basta tratar-se de um Estado *europeu* – é necessário que esse Estado satisfaça outras condições, cujo preenchimento será livremente apreciado pelos órgãos competentes da União Europeia (Conselho, Parlamento Europeu e Comissão); designadamente (e nos termos que a própria União Euro-

peia enunciara já em termos genéricos e que agora estão explicitados nos arts. 6º, nº 1, e 49º, do Tratado da União Europeia), deverá o candidato ser *um Estado democrático* no sentido de que respeita os princípios e exigências da democracia representativa e pluralista (nas suas duas vertentes relativas, por um lado, à legitimação do poder político por via do voto popular expresso em sufrágio universal secreto e bem assim às condições do exercício democrático desse poder; e, por outro, ao respeito dos direitos fundamentais nos termos em que estes são entendidos no quadro comunitário).

Aliás, outras condições poderão ser impostas ao Estado candidato: ainda nos termos do art. 49º do Tratado da União Europeia «as *condições de admissão e as adaptações dos Tratados em que se funda a União, decorrentes dessa admissão, serão objecto de acordo entre os Estados membros e o Estado requerente...*».

- Exigência idêntica à acima referida, no tocante ao *preenchimento de condições políticas e de implantação geográfica*, faz o Conselho da Europa em relação a Estados candidatos, cuja admissão depende de um convite da própria Organização – que esta só faz quando previamente considere verificadas as condições de admissão.
- É igualmente evidente que o Conselho Nórdico não está aberto à participação de Estados que não façam parte desse grupo homogéneo de Estados do norte da Europa (Dinamarca, Finlândia, Noruega, Islândia e Suécia), unidos por afinidades estreitas, de vária ordem.
- Também a Liga Árabe não admitirá como membro um Estado que como árabe não possa ser considerado – tal como a OTAN, constituída como organização militar vocacionada para enfrentar a ameaça soviética, não poderia admitir como membro um Estado participante no extinto Pacto de Varsóvia que fora concluído exactamente para enfrentar aquela aliança militar ocidental.

74. Isto é, por razões geográficas, económicas, ideológicas, de defesa, ou outras, uma organização não aceitará no seu seio Estados que não comunguem dos mesmos objectivos, não adiram aos mesmos princípios, não possam cumprir as mesmas obrigações ou partilhar das responsabilidades comuns.

A admissão numa OI já constituída depende do preenchimento das condições de participação resultantes quer da própria natureza da Organização, quer do seu tratado constitutivo, quer da vontade dos próprios Estados originários expressa através dos órgãos competentes da OI.

§2º A participação de outros sujeitos de Direito Internacional

75. Se a regra geral é a de que a participação nas OI está reservada para os Estados (na acepção do Direito Internacional), isso não impede que outros sujeitos de Direito Internacional, desprovidos de soberania ou com soberania limitada, possam igualmente aderir a certas OI.

- A Sociedade das Nações incluía como seus membros os domínios Britânicos (Canadá, África do Sul, Austrália, Nova Zelândia) que então não eram Estados plenamente soberanos.
  O art. 1º, nº 2, do Pacto da SDN dispunha com efeito que podia tornar-se membro da Organização *«qualquer Estado, domínio ou colónia que se governe livremente»*. Beneficiaram desta possibilidade os Domínios Britânicos que só se tornaram Estados, na acepção do Direito Internacional, pelo Estatuto de Westminster de 1931.
- As Filipinas e o Domínio da Índia, mesmo antes da sua acessão à plena independência, foram membros da ONU – tal como se contavam entre os membros da Organização Mundial a Ucrânia e a Bielo-Rússia quando estes países não eram mais que repúblicas federadas no seio da URSS.
- Por seu turno o art. XXVI, nº 5, do GATT determinava expressamente que para poder participar nessa Organização, um sujeito de Direito Internacional deveria dispor de competência internacional traduzida numa *«autonomia completa na condução das suas relações comerciais externas»* – não exigindo, pois, que se tratasse de um Estado plenamente soberano.
- Também os Pactos da OMM (Organização Meteorológica Mundial), da OMS, da OACI e da UPU admitem que além dos Estados possam ser aceites como membros (embora com alguma limitação no tocante ao exercício do voto) territórios ou grupos de territórios que embora não tenham a responsabilidade pela condução das suas relações internacionais, mantenham o seu próprio serviço de meteorologia.
- A União Europeia, que não é um Estado, goza do estatuto de membro da Organização Mundial do Comércio, assumindo no seio desta OI as obrigações cujo cumprimento, nas suas relações com terceiros, os Estados-membros ficam obrigados a assegurar, E por força dos arts. 220º e 221º do Tratado Sobre o Funcionamento da União Europeia, esta acha-se habilitada a participar em qualquer OI desde que tal participação constitua a forma de estabelecer com essa organização ligações úteis para a prossecução dos objectivos de uma e outra.

- Mas a União Europeia não é caso único da participação de uma OI noutra OI: também, por ex., a ONU é membro da UPU.
- Igualmente diversos pequenos Estados que não dispõem da plenitude da soberania podem participar em certas OI: o Estado do Vaticano é membro de algumas e nomeadamente da UNESCO; Mónaco e S. Marino são membros de determinadas OI; com o Lichtenstein passa-se o mesmo, sendo certo que este último micro-Estado é mesmo membro de uma organização (o Conselho da Europa) que tem por objecto a cooperação política.

§3º A participação de pleno direito e a simples participação como associado ou como observador

76. Os pactos constitutivos das OI (ou a prática ulterior) podem autorizar diferentes regimes jurídicos de participação: a par dos Estados-membros, que são partes no acto de fundação porque o subscreveram *«ab initio»* ou a ele aderiram posteriormente, podem ser admitidos como participantes, com um diverso estatuto jurídico, Estados *associados* ou simples *observadores.*

1. Participação na qualidade de observador

77. Há diferentes categorias de observadores: Estados, outras organizações internacionais e, eventualmente, movimentos de libertação nacional.

a) Estados

Um Estado pode pretender a qualidade de observador de uma OI quer porque, interessando-lhe participar nela, não o quer fazer na qualidade de membro de pleno direito (tal é o caso da Confederação Helvética em relação à ONU), quer porque a sua participação como membro não é autorizada pelo pacto constitutivo da Organização, como sucede com as organizações de carácter regional que não aceitam como membros Estados exteriores à região; quer ainda porque, em certos casos, a participação como observador corresponde a uma fase transitória que necessariamente deve preceder a admissão como membro de pleno direito.

b) Organizações internacionais

Em princípio, é na qualidade de simples observador que uma OI pode participar noutras. Tal é o caso de organizações internacionais interessadas nos trabalhos da ONU (cf., a este propósito, o art. 63º da Carta das NU).

O estatuto de observador é em geral concedido pelas OI com grande liberalidade.

Na ausência de disposição do respectivo acto constitutivo que o regulamente, proíba ou condicione, a concessão do estatuto de observador constitui uma competência implicitamente reconhecida ao órgão de decisão dessa OI.

c) Movimentos de libertação nacional

A admissão de tais movimentos depende, naturalmente, da aceitação ou simpatia que despertem entre os membros da OI em que pretendem participar como observadores.

A Organização de Libertação da Palestina, graças ao reconhecimento de que beneficiou por parte de muitos Estados e ao peso destes nos órgãos da ONU, viu ser-lhe reconhecido essa qualidade, embora com um estatuto mais limitado (não pode, por ex., apadrinhar propostas de resolução, embora possa emitir *declarações*).

2. Participação na qualidade de membro associado

78. O estatuto de *associado* implica o gozo de direitos reduzidos que podem traduzir-se na fórmula anglo-saxónica *"with voice, without vote"*. Mas a fórmula sintética não é rigorosa: o associado é autorizado, em certos casos, a exercer o direito de voto.

A participação como *membro associado* está em princípio reservada para os Estados. Mas também outras entidades, como certos territórios não autónomos, podem eventualmente participar.

Com efeito, certos pactos constitutivos de OI (OMS, FAO, UNESCO, OMCI, etc.) prevêem a atribuição de estatuto de associados a territórios que não disponham de competência (ou só disponham de competência limitada) na condução das relações internacionais.

Estes membros associados têm uma capacidade limitada de intervenção no seio da OI em que participam: não dispondo do direito de voto nos órgãos plenários, podem mesmo não ter o direito de intervir nas suas reuniões: nem voto, nem voz...

79. Algumas organizações prevêem que o estatuto de Estado associado só possa ser atribuído a Estados dotados de soberania plena e plena capacidade internacional. Nestes casos, *a associação* pode apresentar-se como uma *situação permanente* (caso dos países ACP-África, Caraíbas e Pacífico em relação à Comunidade Europeia, no quadro das sucessivas Convenções de Lomé), ou, quando esses Estados possam vir a tornar-se membros de pleno direito logo que preencham todos os necessários requisitos, apenas como *uma fase transitória* ou antecâmara de reflexão e preparação antes da adesão plena (tal foi o caso de Estados europeus – Chipre, Malta, Turquia, países de Leste Europeu em relação à União Europeia ou de certos países europeus em relação ao Conselho da Europa).

80. É também admitida, na prática internacional, a participação de certas OI nas actividades de outras OI. Por vezes a participação limita-se a relações entre os Secretariados respectivos. Mas uma OI pode tornar-se *membro pleno* de outra ou mais modestamente, simples *observador* (cf. os arts. 220º e 221º do Tratado Sobre o Funcionamento da União Europeia).

A hipótese da participação de pleno direito tornou-se em época recente menos excepcional: a União Europeia, que participava já no GATT, é actualmente membro da OMC (cf. *art. IX, nº 1, do Acordo de Marrakech de 1994*), tal como é membro fundador do BERD e da FAO.

§4º O processo de participação

81. A participação numa OI como membro de pleno direito pode resultar da *assinatura e ratificação do respectivo pacto constitutivo; ou da posterior aceitação desse pacto, mediante um acto formal de adesão.*

A participação limitada, como associado ou simples *observador,* resultará de um acordo entre o Estado interessado e a OI em que pretende assumir esse estatuto,

A adesão, sendo um acto voluntário da parte de quem o pratica, exige o consentimento expresso da organização e, eventualmente, o consentimento unânime dos seus Estados-membros, manifestado quer no seio do órgão intergovernamental competente quer autonomamente, através de uma pronúncia individual dos Estados-membros expressa na aprovação interna do acto de adesão.

- No quadro europeu, por ex., o art. 49º do Tratado da União Europeia prevê que a adesão pressupõe, além do mais, uma pronúncia unânime do Conselho e uma pronúncia favorável de cada um dos Estados-membros que em conjunto deverão concluir com o Estado candidato um acordo a regular as condições da adesão – acordo esse que *«será submetido à ratificação de todos os Estados* contratantes, na conformidade das respectivas normas constitucionais»; e bem assim um *parecer* da Comissão da União Europeia e o *parecer favorável* do Parlamento Europeu.

- Mas o caso da União Europeia não é excepcional: em muitas OI de carácter regional a admissão supõe o acordo unânime dos seus membros *(cf., por ex., o art. 10º do Pacto da OTAN)*; noutras, porém, a deliberação de admissão pode ser tomada por maioria *(cf. por ex., o art. 4º do Estatuto do Conselho da Europa, e o art. 7º da Carta Constitutiva da OEA)*. O Comité de Ministros do Conselho da Europa não se pronuncia, aliás, sobre um pedido de adesão do Estado candidato; decide, isso sim, dirigir-lhe um convite para ingresso na Organização.
- No quadro da ONU as regras são, como se compreende, menos rigorosas: a candidatura deverá ser aprovada por resolução da Assembleia Geral sob recomendação do Conselho de Segurança, após ter considerado verificado que o candidato é um Estado pacífico, que se obriga a respeitar as obrigações impostas pela Carta e que tem capacidade para as cumprir (cf. o art. 4º).

Na prática, a admissão pode actualmente considerar-se quase automática: qualquer novo Estado independente – mesmo de reduzida dimensão territorial, demográfica ou económica – é sem entraves admitido numa organização que aspira à universalidade da sua composição[23].

Mas o princípio permanece: à Assembleia Geral das Nações Unidas cumpre aprovar a admissão; os cinco membros permanentes do Conselho de Segurança, aos quais cumpre recomendá-la, gozam de um verdadeiro direito de veto à adesão de novos membros.

- No caso das organizações subsidiárias da ONU, a admissão é automática desde que o Estado candidato seja membro das NU. No caso da OIT, se o Estado candidato é membro da ONU basta que ele manifeste, para se tornar membro dessa organização, *a vontade de aderir*. Se tal não for o caso, exige-se uma deliberação da conferência geral, por maioria de dois terços.

[23] Não foi sempre assim: até 1955 em virtude das fundas divergências entre os dois grandes blocos que no quadro da guerra fria se opunham a nível mundial, liderados respectivamente pelos EUA e pela URSS, as admissões na ONU processavam-se caso a caso, mediante prévio e complexo processo de regateio entre os dois Super-Grandes. Nesse ano, porém, por força do *«package deal»* então negociado e que foi consagrado pela Resolução 918 (X) de 8.12.1955 da Assembleia Geral, foram admitidos em bloco 16 Estados com candidaturas em suspenso, entre os quais Portugal. A partir daí as admissões tornaram-se praticamente automáticas.

A matéria é, pois, regulada pela carta constitutiva da OI. Mas embora com sujeição a modalidades diversas, poderemos dizer que o processo de adesão de novos membros assenta na cooptação.

82. Surgem, por vezes, problemas delicados no que toca à composição da OI:

- Que sucede se for criado um Estado que, como novo sujeito de Direito Internacional, substitua dois ou mais Estados pré-existentes, membros da organização?
- ou se, inversamente, ocorrer o desmembramento de um Estado-membro?

83. A prática das OI fornece-nos algumas indicações a este respeito, que constituem precedentes a ter em conta:

- Quando, em 1958, o Egipto e a Síria constituíram a República Árabe Unida, não se julgou necessário recorrer a qualquer processo de admissão da RAU na ONU; e o mesmo aconteceu, em relação a qualquer daqueles Estados, quando em 1961 a Síria se separou da RAU.
- No caso da criação de um novo Estado à custa do desmembramento de um Estado-membro, o processo de admissão não pode ser dispensado em relação ao novo Estado – como sucedeu em 1972 quando o Bangladesh se separou do Paquistão e como sucede sempre que um território se torna independente.

Estas situações podem, no entanto, ser objecto de disposições particulares do pacto constitutivo da OI.

84. Problema diferente, mas que na prática se pode reconduzir à questão em análise, é o de estar em causa a competência para a designação de representantes de um Estado-membro nos órgãos da OI.

Esta questão envenenou durante décadas (1950-1971) a vida da ONU, quando o governo da República Popular da China, sediado em Pequim, contestava a competência do governo da República da China sediado em Taipé (Taiwan), para designar os representantes da China nos órgãos das Nações Unidas.

A questão foi finalmente resolvida pela resolução 2758 (XXVI) da Assembleia Geral, que reconheceu a competência para a designação dos representantes da China ao governo da República Popular da China – e a mesma solução valeu para todas as Organizações do sistema da ONU.

Secção 2ª
Suspensão e Termo da Participação nas OI

85. Como reagir contra o Estado-membro que viola as obrigações que lhe incumbem no quadro da OI de que é membro?

O Estatuto de cada OI poderá conter disposições (e normalmente contém) sobre as formas de coagir os seus membros ao respeito dos seus deveres. Tais formas reconduzem-se a quatro: *suspensão do direito de representação; suspensão do direito de voto; suspensão dos direitos e privilégios de um Estado-membro; e ameaça de expulsão.*

No quadro comunitário, em que a nota da supranacionalidade é mais vincada, admitiu-se *a aplicação de sanções pecuniárias* ao Estado transgressor da legalidade *(cf. o art. 228º, nº 2, ao Tratado Sobre o Funcionamento da União Europeia; v. também, pelo que respeita ao incumprimento de obrigações no quadro da realização da União Monetária, o art. 126º, nº 11)*[24].

Também no seio da União Europeia é severamente sancionada a violação de certos princípios fundamentais.

Com efeito, o art. 6º do Tratado que a instituiu prescreve que *«A União assenta nos principiou da liberdade, da democracia, do respeito pelos direitos do Homem e pelas liberdades fundamentais, bem como do Estado de Direito, princípios que são comuns aos Estados-membros»*.

Ora, verificada a existência de uma violação grave e persistente por parte de um Estado-membro, de algum destes princípios, esse Estado pode ser suspenso de alguns dos direitos decorrentes do Tratado, incluindo o direito de voto no Conselho dos representantes do Governo desse Estado *(cf. os art. 7º do Tratado da União Europeia e 354º do Tratado Sobre o Funcionamento da União Europeia)*.

§ 1º **Suspensão do direito de representação ou de participação em actividades da OI**

86. Esta suspensão está prevista, por ex., no Estatuto do Conselho da Europa para o caso de incumprimento das obrigações financeiras do Estado em causa, que pode ser impedido de se fazer representar no Comité de Ministros e na Assembleia Consultiva.

[24] Cf., João Mota de Campos, *Direito Comunitário,* III Vol., 2ª ed.

- Por vezes, um Estado é excluído não da representação nos órgãos da OI de que faz parte, mas antes da *participação em manifestações da actividade da organização.*
  Assim, Portugal foi impedido de participar na 16ª Conferência sobre Instrução Pública Organizada pela UNESCO em 1964, tal como a União Sul-Africana se viu excluída da Conferência Africana sobre Rádio-Difusão.
  Convém lembrar que em qualquer dos casos a força do número dos Estados terceiro-mundistas permitiu impor essas exclusões por razões políticas, sem apoio em qualquer disposição da carta da Organização promotora das conferências.
- Em lugar da exclusão formal de uma representação nacional, da participação nos órgãos ou em actividades de uma OI, esta pode alcançar resultados equiparáveis não aceitando como válidos os poderes de uma dada delegação nacional. Foi nesta base que, de facto, a representação da União Sul-Africana se viu impedida de participar na CNUCED: na 29ª sessão da Assembleia Geral desta OI a Comissão de Verificação de Poderes, fundada na prática do «apartheid», não aceitou como válidos os poderes dos representantes daquele país.

1. Suspensão do direito de voto

87. A OI, sem excluir a representação de um dado Estado, pode impedir os seus delegados de se pronunciarem através do exercício do voto. Esta é uma medida frequentemente aplicada no caso do desrespeito dos compromissos financeiros de um membro e foi já por diversas vezes aplicada em organizações do sistema das Nações Unidas – coagindo o Estado transgressor a efectivar os pagamentos em atraso para assim poder recuperar o direito de voto *(cf. os arts. 77º, § 2º, e 19º da Carta da ONU).*

88. O problema pode consistir em determinar quais os compromissos financeiros cujo desrespeito deverá implicar a sanção da suspensão do exercício do voto.

A França e a URSS sustentaram no seio da ONU que a disposição da Carta que prevê essa sanção não era aplicável quando o atraso respeitasse ao pagamento de despesas extraordinárias, como eram as ocasionadas por operação de manutenção da paz que, no entender desses países, não deveriam ser consideradas como «despesas da Organização» para os efeitos do art. 17º, nº 2, da Carta.

O Tribunal Internacional de Justiça, solicitado pela ONU a pronunciar-se a título consultivo sobre essa questão, emitiu em 10 de Julho de 1962 *(Rec. 1962, p. 151)* um parecer desfavorável aos pontos de vista daqueles dois países. Estes não se conformaram com tal jurisprudência, mas a questão viria a ser resolvida por acordo entre eles e a Organização.

2. Suspensão do exercício de certos direitos e prerrogativas

89. Esta medida terá cabimento no caso de violação séria e persistente de obrigações fundamentais.

No quadro da ONU, a matéria está contemplada nos arts. 5º, 6º e 19º[25].

Segundo o art. 5º da Carta das Nações Unidas, a decisão de aplicar tal sanção é tomada pela Assembleia Geral sob recomendação do Conselho de Segurança quando uma acção preventiva ou coercitiva é empreendida pelo Conselho contra um Estado prevaricador.

A suspensão no quadro da ONU implica também a suspensão dos direitos e privilégios do Estado em causa no seio das instituições especializadas inseridas no sistema onusiano.

Mesmo fora do quadro da aplicação do art. 5º, a Assembleia Geral da ONU – que frequentemente tem obedecido à força do número de Estados solidarizados na defesa de pontos de vista políticos ou ideológicos que lhes são comuns – pode adoptar outras sanções mais extremas. Assim, por ex., pela sua Resolução nº 2704 (XXV), a Assembleia Geral, perfilhando por maioria o ponto de vista dos Estados do Terceiro-Mundo descontentes com a política de Portugal em relação aos seus territórios ultramarinos, resolveu convidar as instituições especializadas das Nações Unidas a pôr fim a qualquer colaboração com o Estado Português. O mesmo fez, por razão específica (política do «apartheid»), em relação à União Sul-Africana.

Outras OI previram, nos respectivos pactos, possibilidades mais moderadas de vergar a vontade dos Estados recalcitrantes, exercendo sobre eles a pressão resultante da simples privação de certas vantagens [*(cf., por ex., o art. 5º, al.* b), *dos Estatutos do FMI, o art. XXIII do GATT, etc.*] ou direitos *(cf. o art. 7º, nº 2, do Tratado da União Europeia)*.

3. Suspensão da participação

90. A suspensão da participação nos trabalhos da OI é menos grave que a expulsão. Supõe a incompatibilidade da presença do Estado infractor com

[25] V. o comentário a estas disposições *in* Ch. Leben e Ch. Schricke *in* J.-P. Cot. e A. Pellet, éd., *La Charte des Nations Unies*, pp. 179-206 e 395-401.

o respeito de princípios fundamentais da Organização; mas admite-se que essa incompatibilidade possa ser eliminada, com o retorno do Estado prevaricador ao exercício pleno dos seus direitos.

Na conformidade desta ideia, a carta da OEA (Organizações dos Estados Americanos), revista pelo Protocolo de Washington de 14 de Dezembro de 1992, prevê a suspensão dos Estados-membros «antidemocráticos» – o que teve precisamente em vista excluir Cuba e eventualmente outro Estado americano vítima de um dos frequentes golpes militares e da consequente ditadura.

Também no seguimento dos Acordos de Camp David concluídos entre o Egipto e o Estado de Israel, que permitiram pôr termo ao estado de guerra entre os dois países, o Egipto viu suspensa a sua participação na LEA (Liga dos Estados Árabes), em que só seria reintegrado 10 anos mais tarde.

§2º Fim da participação

91. A participação de um Estado numa OI finda em virtude da prática de um acto formal de retirada ou em consequência da sua exclusão ou expulsão.

1. Retirada

92. A retirada resulta de um acto unilateral de um Estado soberano que decide pôr termo à sua relação com a OI de que era membro e deixar, consequentemente, de lhe estar ligado.

Porque a retirada de um Estado pode produzir sérias convulsões no seio de uma OI (sobretudo se esse Estado desempenhava aí um papel relevante), a retirada é por vezes subordinada a um pré-aviso destinado a criar um adequado período de transição no que respeita ao cumprimento de obrigações assumidas e, designadamente, às obrigações financeiras do Estado para com a Organização de que se afasta.

Assim, por ex., o art. 7º do Estatuto do Conselho da Europa prevê que as contribuições financeiras sejam devidas até ao termo do período do pré-aviso.

O acto constitutivo da OIT impõe também um pré-aviso de um ano.

93. Nem sempre a Constituição de uma OI prevê o direito de retirada. Ele não está previsto, por ex., no quadro da União Europeia. Mas dificilmente poderá ser contestado – porque a participação nas Comunidades não priva os seus membros da qualidade de Estados soberanos e a experiência comunitária é mesmo no sentido de a retirada ser admitida: em 1975 o Reino Unido organizou um referendo nacional sobre a questão da sua permanência nas Comunidades Europeias e ninguém, no quadro comunitário, ousou contestar o direito do Reino Unido a auto-excluir-se das Comunidades; também em virtude de referendo, o povo da Gronelândia decidiu que este território autónomo deixaria de fazer parte da Comunidade.

Cremos que não pode entender-se de outro modo. Como o representante da União Soviética sustentou na Conferência de S. Francisco, o direito de retirada de uma qualquer organização internacional é *inerente* à *soberania* do Estado. A recusa a um Estado da liberdade de se auto-excluir de uma qualquer organização implicaria que ele havia perdido o direito de livremente dispor de si próprio, isto é, de soberanamente orientar o seu destino nacional.

94. Note-se, porém, que a retirada de um Estado equivale à denúncia do tratado constitutivo que esse Estado subscreveu. Impõe-se-lhe, por isso, ter em conta as regras do Direito Internacional Público neste domínio, codificadas nos *arts. 54º e 56º da Convenção de Viena de 1969 sobre o Direito dos Tratados:* a retirada de uma Parte no tratado pode sempre ter lugar na conformidade das disposições do tratado ou mediante consentimento de todas as restantes Partes; no silêncio do texto ou na falta de consentimento, a retirada é também possível se se entender que era essa a intenção das Partes contratantes ao concluir o tratado, ou se o direito de retirada puder ser deduzido da natureza do tratado – como deverá entender-se em relação aos tratados constitutivos de OI, sem prejuízo da observância das regras (quando existam) reguladoras do exercício desse direito[26].

95. O direito de auto-exclusão existe na mais elaborada organização de integração que é a União Europeia e por maioria de razão não poderia deixar de ser admitido no quadro de simples organizações de cooperação.

Isto não significa, porém, que um Estado-membro de uma organização de carácter mundial [sobretudo das organizações de carácter técnico como a Organização da Aviação Civil Internacional (OACI), a União Postal Universal (UPU), a União Internacional de Telecomunicações (UIT)], possa, na nossa época, viver à margem das regras dessa organização – pelo que os Estados se vêem irremediavelmente condenados a ser seus membros, vítimas que são (ou beneficiários, se quisermos) da cada vez mais estreita e inelutável interdependência, em todos os planos, dos Estados e dos povos.

[26] Cf., sobre esta questão, NGUYEN QUOC DINH, *Droit International Public,* 5ª ed., LGDJ, pp. 566-568 e 294 e segs.: e pp. 523-534, da mesma obra traduzida em português, ed. da Fundação Gulbenkian, 1999.

96. Por outro lado, há que ter em conta as implicações da perda da qualidade de Estado-membro. No caso da OIT, as Convenções concluídas no seu seio continuam a vincular o Estado que dessa Organização se desligou.

A prática da retirada ocorreu diversas vezes no quadro da SDN: a Itália primeiro, a Alemanha, depois, auto-excluíram-se da Organização.

- No tocante à ONU, a retirada só excepcionalmente se verificou: a Indonésia retirou-se em 1965, mas retomou a sua participação em 1966.
- A Grécia retirou-se do Conselho da Europa por decisão de 12 de Dezembro de 1969 (o que não impediu que fosse formalmente excluída dessa OI com fundamento na violação dos Direitos do Homem), mas viria a reingressar nesta OI em 1975.
- A União Sul-Africana retirou-se da OIT, tal como os Estados Unidos, o Reino Unido e outros Estados entre os quais Portugal, se retiraram da UNESCO (Portugal viria a reingressar em 1974).

2. Expulsão

97. Se *a admissão* de um Estado numa OI depende do preenchimento de certas condições, a sua *permanência* deve depender também do continuado respeito das obrigações contraídas no seio da Organização.

A violação grave e persistente do estatuto da OI por um Estado-membro implica a possibilidade da sua *expulsão*. Por vezes, o estatuto da OI prevê expressamente as condições dessa expulsão (casos da ONU, do Conselho da Europa, etc.); mas mesmo que a não preveja (caso da União Europeia), parece que o direito de deliberar a expulsão do Estado-membro que se revela incapaz de cumprir as obrigações inerentes à sua participação numa OI não pode ser contestado. Se há condições a satisfazer para o ingresso, não podem ser dispensadas para a permanência.

98. A expulsão é, sem dúvida, a mais grave sanção que a OI pode aplicar a um Estado que continuada e gravemente atente contra os deveres que lhe impõe a sua qualidade de Estado-membro.

A prática da expulsão tem fortes tradições:

- O art. 16º, nº 4, do Pacto da SDN previa que em caso de violação das obrigações dele resultantes, um Estado membro poderia ser excluído da Organização por voto de todos os seus membros representados no Conselho. A URSS foi vítima da aplicação desta disposição em 1939, no seguimento da guerra que empreendeu contra a Finlândia.

- Quer na Carta das Nações Unidas *(art. 6.)*, quer no Estatuto do Conselho da Europa, quer nas constituições das Organizações de carácter monetário ou financeiro da ONU, deparamos com disposições que prevêem a expulsão de um Estado infractor. A Checoslováquia, por ex., foi formalmente excluída do FMI em 1954.

Certos pactos constitutivos de OI, que não previam a exclusão de um membro (por exemplo da OIT e da OMS) foram revistos para constranger a África do Sul a retirar-se, no âmbito do combate internacional promovido por grande número de países membros dessas Organizações contra a política sul-africana de *apartheid*.

Os tratados relativos à União Europeia não prevêem a possibilidade da expulsão. Para o caso de *«violação grave e persistente»* dos valores em que se funda a União, o TUE prevê apenas, no seu art. 7º, nº 3, a suspensão de alguns dos direitos decorrentes dos Tratados.

Mas havendo rigorosas condições a preencher para se aceder à qualidade de Estado-membro, parece que a essa OI não poderá ser contestado o direito de suspender a participação e, em último caso, de excluir um Estado que recusando de forma persistente aspectos fundamentais da disciplina comum, na prática tomaria inviável o funcionamento normal das engrenagens da União – tanto no domínio económico como nos domínios social e político.

Esta possibilidade da expulsão poderá um dia vir a ser expressamente contemplada: é que dado o número rapidamente crescente de Estados-membros, alguns deles com poucas tradições democráticas, e a crescente falta de homogeneidade ou de coesão do conjunto, é de recear que um dia algum ou alguns deles deixem de reunir as condições cujo preenchimento, numa dada época histórica, tornou possível a sua adesão.

Na Carta da OEA, revista pelo Protocolo de Washington de 14 de Dezembro de 1992, prevê-se a suspensão.

Sendo a expulsão uma medida extrema, é considerada como uma *questão importante*, pelo que a aplicação da sanção está condicionada a procedimentos muito exigentes:

- Assim, a Carta das Nações Unidas exige uma *recomendação* do Conselho de Segurança, adoptada por maioria de dois terços sem oposição de nenhum dos 5 membros permanentes, e uma deliberação da Assembleia Geral igualmente tomada por maioria de dois terços.

- No FMI exige-se uma deliberação aprovada pela maioria dos governadores que representem a maioria dos direitos de voto. Foi nestas condições que a Checoeslováquia se viu expulsa em 1954.

Na prática, a exclusão de um Estado-membro dificilmente ocorrerá, porque qualquer Estado que se ache na iminência de ser expulso certamente tomará a iniciativa de se auto-excluir para evitar a pesada e vexatória sanção – como foi, por ex., o caso da Grécia que em 1969 se retirou do Conselho da Europa antes de este lhe aplicar a medida de expulsão fundada em grave e persistente violação da Convenção Europeia dos Direitos do Homem. Note-se que essa retirada não impediu o Conselho de decretar a sua expulsão.

Bibliografia

C. W. Jenks, *«Some Constitutional Problems of International Organizations»*, B.Yb.I.I., 1945. pp. 11-72.

D. Carreau, *«Law and Peaceful Change in a Subsystem: "Withdrawal" of France from the N.A.T.O.»*, A.J.LL., 1968, pp. 577-640.

F. Dehouse, *«Le droit de retrair des Nations Unies»*, R.B.D.I., 1965, pp. 30-48 e 1966, pp. 8-27.

F. Zeidler, *Der Austritt und Ausschluss von Migliedern aus den Sonderorganisationen der Vereinten Nationen*, P. Lang, Berne, 1990, p. 318.

J-H-Lavielle, *«La procédure de suspension des droits d'un État membre des Nations Unies»*, R.G.D.I.P, 1977, pp, 431-465.

L. B. Sohn, *«Expulsion or Forced Withdrawal from an International Organization»*, Harvard, L.R., 1964, pp. 1381-1425.

L. R. Schleman, *«Admission of States to the O.A.S.»*, A.J.I.L., 1964, pp. 968-974.

N. Feinberg, *«L'admission de nouveaux membres à la S.d.N. et à l'ONU.»*, R.C.A.D.I, 1952 – I, Vol. 80, pp. 293-393, e *«Unilateral Withdrawal from the U.N. The Indonesian Intermezzo»*, A.J.I.L., 1967, pp. 18-219.

Nguyen Quoc Dinh, *Droit International Public*, 5ª ed., L.G.D.J., pp. 563 e segs.

N. Singh, *Termination of Membership of International Organizations*, Stevens, Londres, 1957, p. 210;

H. Mosler, *«Die Aufname in Internationale Organizationen»*, Z.A.O.RV., 1958, pp. 275-317.

R. Kovar, *«La participation des territoires non autonomes aux organisations internationales»*, A.F.D.I., 1969, pp. 522-549.

Y. Z. Blum, *Eroding the United Nations Charter*, Nijhoff, 1993, p. 304.

Capítulo V
Os Objectivos das OI e as Competências de que Dispõem para os Realizar

Secção 1ª
A Definição dos Objectivos e a Importância dessa Definição

§1º O princípio da especialidade

99. As Organizações Internacionais são criadas, como dissemos, para prosseguir objectivos ou finalidades específicos de interesse comum para os seus membros. As actividades que podem desenvolver estão por isso confinadas a um domínio particular que é delimitado exactamente por essas finalidades – estando-lhe vedado actuar em domínios diferentes.

Compreende-se que assim seja: as OI constituem meios ou instrumentos de que os Estados-membros se socorrem para prosseguir objectivos comuns que por outra via teriam mais dificuldade em realizar.

As OI existem, pois, por vontade expressa dos seus criadores, para realizar tais objectivos – e não outros que os Estados membros não hajam posto a seu cargo. Por isso mesmo, os particularismos do seu regime jurídico e, mais concretamente, a extensão das suas competências justificam-se e definem-se em função desses objectivos e não comportam alargamentos que possam contender com a esfera de competências de outras pessoas jurídicas internacionais e em particular dos Estados-membros.

Nisto consiste *o princípio da especialidade* das OI[27].

[27] Cf. sobre *o princípio da especialidade*, ver Nguyen Quoc dinh, *Droit International Public*, 5ª ed., LGDJ, pp. 577 e segs.

Mesmo as OI com objectivos gerais (ONU, OEA, OUA) estão dominadas por esse princípio, pois não obstante a vastidão do quadro em que podem actuar, este é sempre definido pelos Estados-membros e são *específicas* as actividades que estão autorizadas a exercer, não lhes sendo lícito ultrapassar a esfera de acção que lhes foi delimitada e invadir dessa forma o chamado *domínio reservado dos Estados*[28].

§ 2º A importância da definição dos objectivos estatutários da OI

100. A definição dos *objectivos, finalidades ou missões* de uma organização internacional reveste-se de fundamental importância jurídica na medida em que permite delimitar com o necessário rigor a sua esfera de competências e apurar com mais segurança o sentido e alcance dos textos que a regem *(interpretação ideológica* a que o Tribunal das Comunidades Europeias faz constantemente apelo no cumprimento da sua missão de interpretar e aplicar o direito comunitário – art. 220º CE)[29].

Tal definição de objectivos serve também para melhor avaliar da adequação das competências, dos meios ou instrumentos de acção de que a Organização em causa dispõe para o cumprimento das missões que a respectiva carta constitutiva pôs a seu cargo; e, eventualmente, para lhe facultar o recurso a

[28] A carta da ONU – art. 2º, § 7º – reconhece-o, mas não o define: porém, a doutrina e a jurisprudência internacionais identificam-no como abarcando aquelas áreas de decisão e de acção em que o listado, não estando limitado por regras específicas de Direito Internacional, pode exercer *competências discricionárias*. Em princípio, é permitido o que não é proibido...
O TPJI havia já considerado no seu parecer de 7 de Fevereiro de 1923, emitido no caso dos *«decretos de atribuição de nacionalidade na Tunísia e Marrocos»*, que *«saber se determinada medida cabe ou não no domínio exclusivo da um Estado é uma questão perfeitamente relativa, cuja resolução depende do desenvolvimento das relações internacionais»* (Série B, nº 4, pp. 23-24).
Procedendo a um balanço da evolução do direito internacional positivo, da jurisprudência e da doutrina jurídica no que respeita à definição e aos limites do *«domínio reservado»* do Estado, o Instituto de Direito Internacional aprovou, quando da sua sessão de Aix-en-Provence, a resolução seguinte, baseada no relatório do Professor Ch. Rousseau: *«o domínio reservado é o das actividades estatais em que a competência do Estado não está vinculada pelo direito internacional. A extensão de tal domínio depende do direito internacional e varia de acordo com o seu desenvolvimento»*. A conclusão de um compromisso internacional sobre matéria incluída no domínio reservado exclui a possibilidade, para as partes envolvidas, de opor a excepção de *«domínio reservado a qualquer questão relacionada com a interpretação ou aplicação de tal compromisso»* (Annuaire do IDI, 1954, Tomo II, p. 292).
V. por todos, sobre a noção de *«domínio reservado»*, Nguyen Quoc Dinh e outros, *Droit Internationat Public,* LGDJ, 5ª ed., pp. 423 e segs.

[29] V. P. Pescatore, *Les objectifs de la Communauté Européenne comme principes d'interprétation dans la jurisprudente de la Cour de Justice. Contribution à la doctrine de l'interprétation téléologique des traités internationaux.* Miscelânea W. J. Ganshof Van der Meersch, Bruxelles, Bruylant, 1972, Tomo II, p. 328.

competências não expressamente previstas mas necessárias à prossecução dos objectivos estatutariamente fixados (competências implícitas).

Secção 2ª
As Competências Atribuídas às OI

§1º Competências explicitadas

101. Antes de mais, cremos impor-se aqui uma precisão terminológica. A doutrina distingue, a justo título, entre *atribuições (ou* se quisermos, *funções) e competências* das OI.

- Atribuições ou funções são as finalidades ou objectivos das actividades exercidas pela Organização: promoção do desenvolvimento científico, coordenação das acções dos Estados-membros em determinados domínios, concertação das políticas nacionais, harmonização dos procedimentos, etc.;
- Competências da OI são os *poderes* (jurídicos) de que esta dispõe para realizar as finalidades que lhe estão confiadas, portanto para desempenhar satisfatoriamente as atribuições ou funções postas a seu cargo.

Claro que deve haver uma adequação tão perfeita quanto possível entre as atribuições e os correspondentes *poderes:* as atribuições, na falta dos correspondentes poderes jurídicos, não poderiam ser exercidas; e a atribuição de poderes não teria sentido na ausência de atribuições,

A correcta definição das competências atribuídas a uma OI é, por isso, extremamente conveniente.

102. O princípio da especialidade implica que as OI exercem apenas, como expusemos já, as atribuições e poderes que os Estados-membros, ao concluir o tratado constitutivo, aceitaram conferir-lhes para prossecução dos objectivos aí enunciados.

A definição das atribuições ou funções e dos poderes conferidos à OI para as exercer deve ser expressamente feita no tratado constitutivo; e é-o normalmente em termos precisos, rigorosos e limitativos exactamente porque os Estados participantes, no desejo de preservar a sua própria esfera de competências, pretendem que a OI que criam como instrumento ao serviço dos seus interesses não disponha de qualquer margem de liberdade para, fundada na elasticidade do seu estatuto, invadir o domínio de competências que os Estados quiseram reservar – isto é, o seu *«domínio reservado»*.

Note-se, porém, que este *domínio reservado* dos Estados apresenta contornos fluídos e, portanto, mutáveis.

Na verdade, sendo o *«domínio reservado»* uma criação do Direito Internacional, os seus limites estão sujeitos a alterações mais ou menos profundas, de acordo com a própria evolução do seu enquadramento jurídico.

O desenvolvimento do direito internacional comum ou convencional pode, com efeito, determinar a internacionalização de matérias que anteriormente eram deixadas à competência discricionária dos Estados. É, aliás, difícil fixar limites precisos à ingerência crescente do Direito Internacional no domínio reservado dos Estados: *«A evolução das relações internacionais e da técnica dos tratados demonstra de forma clara que não há domínio em que o direito internacional não possa penetrar: o que hoje se acha ainda sujeito ao direito interno, não o está senão provisoriamente»*[30].

O processo de retracção do domínio reservado do Estado está, pois, em progressão constante[31].

Deste modo, a soberania entendida como complexo de competências e poderes do Estado, *não é intangível;* bem pelo contrário, ela está sujeita a restrições determinadas quer pela evolução do direito internacional comum ou geral, independentemente da participação da vontade do Estado, quer pela conclusão de tratados internacionais (actos consensuais) em que a intervenção de acordo dos Estados é imprescindível.

Mas, sabido que o complexo de competências estatais exprime o conteúdo da *soberania nacional* em sentido *funcional* ou material, compreende-se que os Estados, interessados em participar nas OI, procurem delimitar com rigor a respectiva esfera de competências, conferindo-lhe os poderes indispensáveis à prossecução dos respectivos objectivos – mas *apenas esses.*

[30] M. Virally, *«Sur un pont aux ânes»*, *op. cit.*, p. 49.

[31] Procedendo a um balanço da evolução do direito internacional positivo, da jurisprudência e da doutrina jurídica no que respeita à definição e aos limites do *«domínio reservado»* do Estado, o Instituto de Direito Internacional aprovou, quando da sua sessão de Aix-en-Provence, a resolução seguinte, baseada no relatório do Professor Ch. Rousseau: *«O domínio reservado é o das actividades estaduais em que a competência do Estado não está vinculada pelo direito internacional»*.
«A extensão de tal domínio depende do direito internacional e varia de acordo com o seu desenvolvimento.»
«A conclusão de um compromisso internacional sobre matéria incluída no domínio reservado exclui a possibilidade, para as partes envolvidas, de opor a excepção de "domínio reservado" em qualquer questão relacionada com a interpretação ou aplicação de tal compromisso» (Annuaire do IDl, 1954, Tomo 11, p. 292).

Pode, no entanto, acontecer que, por deficiência de previsão dos Estados, uma OI não seja dotada das competências de que carece para cumprir a missão que lhe foi destinada; e, neste caso, a OI ver-se-ia perante a situação anómala de lhe competir promover a realização de interesses comuns dos Estados mas não dispor dos poderes de acção necessários ao exercício das funções, à prática das acções ou ao desenvolvimento das actividades indispensáveis à prossecução de tais interesses.

É nesta situação que se impõe evocar o princípio das *«competências implícitas»*.

§2º As competências implícitas

103. A doutrina e a jurisprudência internacional têm enfrentado e apontado dificuldades com base na chamada *teoria das competências implícitas* – segundo a qual, para além das atribuições e poderes que o pacto constitutivo expressamente confere a uma OI, *se deve entender que esta dispõe ainda de todos os poderes e atribuições necessários à realização das finalidades para que foi criada*. Isto porque os Estados, ao criar uma OI e ao pôr a seu cargo a prossecução de certos objectivos, quiseram sem dúvida conceder-lhe não apenas as competências que expressamente foram previstas e explicitadas, mas também, *implicitamente*, aquelas outras de que a Organização carece para bem cumprir a sua missão e que são indispensáveis ao desempenho das suas funções.

104. A teoria das competências implícitas, hoje correntemente aceite em Direito Internacional Público, terá sido pela primeira vez elaborada e aplicada, por inspiração do Juiz Marshall, pelo Supremo Tribunal Federal dos E.U.A. No *caso McCulloch v. Maryland*, 1819, a propósito da repartição de competências entre o Estado federal e os seus Estados federados, o Tribunal reconheceu aos órgãos centrais da Federação, competentes na matéria, o direito de adoptar actos não expressamente autorizados pela Constituição: *«uma vez que os fins sejam legítimos e se enquadrem no âmbito da Constituição, quaisquer meios adequados à prossecução de tais finalidades que não sejam interditos e se mostrem compatíveis com a letra e com o espírito da Constituição, são constitucionais»*. A teoria foi ulteriormente invocada com frequência para alargar os poderes do Presidente dos EUA.

Em Direito Internacional Público, a teoria das competências implícitas das OI tem sido admitida e frequentemente aplicada pelo Tribunal Internacional de Justiça de Haia[32] e pelo Tribunal das Comunidades Europeias[33].

[32] A jurisprudência do PJI (cf. os Pareceres nº 14 de 23.7.1926, série B, p. 64, sobre a competência da Comissão Europeia do Danúbio), assim como a jurisprudência do TIJ (cf. o Parecer de 11.4.1949,

Compreende-se, porém, que a teoria deve ser aplicada com cautela, porque por vezes os objectivos de uma Organização são formulados em termos tão vagos (o art. 1º do Estatuto do Conselho da Europa) que, utilizada sem moderação, a teoria poderia permitir à OI usar de competências exorbitantes que os autores dos Tratados nem poderiam ter imaginado que estariam a conferir-lhe implicitamente ao subscrever o tratado constitutivo.

105. O que se passa no quadro das Comunidades Europeias é a este respeito elucidativo: graças à jurisprudência ousada («progressista» no melhor sentido da expressão) do Tribunal das Comunidades Europeias, estas têm podido dispor de competências, designadamente no domínio das relações exteriores, que os Estados-membros estavam muito longe de pensar terem-lhes conferido de forma implícita – do que é demonstração exemplar.

O Acórdão do TJCE de 31 de Março de 1971 *(proc. 22/70, AETR, Rec., p. 263)* assume, neste contexto, uma particular relevância. Fundada nas compe-

Col. 1949, p. 182, a propósito da «reparação dos prejuízos sofridos ao serviço das NU») permitem considerar como regra do direito internacional firmemente estabelecida que: *«Devem considerar-se atribuídos a uma organização internacional todos os poderes que, embora não expressamente reconhecidos na respectiva carta constitutiva, são indispensáveis ao pleno exercido das suas atribuições.»*
Neste último parecer, o Tribunal explicita que *«Selon le droit international, l'Organisation doit être considérée comme possédant ces pouvoirs (en l'espèce, pouvoir de protection fonctionnelle des agents et de réclamation internationale) qui, s'ils ne sont pas expressément énoncés dans la Charte, sont, par une conséquence nécessaire, conférés à l'Organisation en tant qu'essentiels à l'exercice des fonctions de celle-ci...»* (Rec. 1949, p. 182).
A jurisprudência do Tribunal faz uma aplicação constante da teoria das competências implícitas (cf. Nguyen Quoc Dinh, *Droit International Public,* cit., 5ª ed., p. 579).

[33] Sobre a aplicação da teoria das competências implícitas em Direito Comunitário, cf. João Mota de Campos, *Direito Comunitário,* cit., II Vol., 5ª ed., pp. 44 e segs.
No seu Acórdão de 29 de Novembro de 1955, proc. 8/55, Col. 1955-1956, p. 291, o TJCE pronuncia-se pela primeira vez sobre a questão, julgando que na ausência de uma atribuição expressa de poderes à Comunidade *«é permitido, sem recurso à interpretação extensiva, aplicar uma regra de interpretação admitida tanto em direito internacional como em direito interno, segundo a qual as normas estabelecidas por um tratado internacional ou por uma lei implicam as normas sem as quais as primeiras não teriam sentido ou não permitiriam uma aplicação razoável e útil».*
Nos acórdãos de 15 de Julho de 1960, procs. 20/59 e 25/59, Col. 1960, pp. 663 e 733, o TJCE precisa que as *competências normativas podem resultar implicitamente do texto do tratado ou da sua economia geral.*
Mais tarde – Ac. de 12 de Julho de 1962, proc. 9/61, Col. 1962, p. 413 – os poderes implícitos são reafirmados em detrimento das competências dos Estados-membros, desde que os objectivos visados estejam previstos nos tratados.
Mas é sobretudo no seu Acórdão de 31 de Março de 1971, proc. 22/70, Comissão/Conselho, caso AETR *(Accord Européen sur les Transports Routiers,* Col. 1971, p. 263), que o TCE consagra, de forma inequívoca, a validade no quadro comunitário da teoria das competências implícitas.
V., no mesmo sentido, o Acórdão de 14 de Julho de 1976, procs. 3-4-6/76, caso Kramer, Col. 1979, p. 1279 (Considerando nº 20) e o Parecer 1/76, de 26 de Abril de 1977 (Parte I, n.os 3-5), Col. p. 741.

tências implicitamente atribuídas à Comunidade Europeia, a alta jurisdição comunitária despojou os Estados-membros de uma considerável parcela da sua competência no domínio das relações externas em geral e da contratação internacional em particular – situação esta que os Estados, em 1957, estavam longe de poder considerar como uma consequência dos compromissos assumidos no quadro do Tratado CE.

106. No fim de contas, a teoria das competências implícitas não é mais do que um critério de interpretação dos pactos constitutivos das OI. Como tal, impõe-se usá-la com prudência, tendo em conta a vontade dos Estados fundadores. Não terão estes, ao deixar de explicitar certas competências de uma dada OI, precisamente querido manifestar a vontade de lhas recusar?

Como já foi sagazmente observado, em princípio deve interpretar-se um tratado em termos que lhe permitam alcançar a plenitude das *finalidades pretendidas pelas partes contratantes,* mas a pesquisa dessas finalidades não deve degenerar num raciocínio abstracto em torno de finalidades que se imagine terem sido as dos contratantes, já que a ineficácia parcial dos tratados pode explicar-se pela vontade deliberada dos Estados de não se obrigarem para além de certos limites[34].

§3º Natureza das competências atribuídas às OI

107. Tentando estabelecer uma classificação e definição das competências normalmente exercidas pelas OI, diremos que elas se podem distribuir por três grandes categorias: *competências normativas, competências operacionais e competências jurisdicionais.*

1. Competências normativas

108. A atribuição de competências normativas às OI habilita-as a adoptar regras jurídicas de alcance geral ou individual. Em maior ou menor grau, todas as organizações exercem tais competências – até porque, antes de mais, é preciso regular o seu próprio funcionamento interno e o pacto constitutivo nunca é a tal ponto minucioso e preciso que dispense inteiramente a OI de uma actividade de produção normativa. Claro que se a Organização se dedica também *a actividades operacionais,* mais necessária se torna a adopção de normas que regulem o exercício dessas actividades.

[34] Cf. VISSCHER, *Théories et réalités en Droit Internacional Public,* 3ª ed., Paris, 1966, p. 317.

No âmbito do exercício da sua competência normativa, as OI adoptam diversos tipos de actos, com designações que podem variar de uma para outra mas que normalmente se reconduzem:

- a *actos de alcance geral,* dirigidos a todos os Estados-membros (e excepcionalmente – caso da ONU –, também a terceiros Estados),
- e *actos de alcance individual,* dirigidos a este ou àquele Estado-membro ou mesmo, eventualmente, a pessoas físicas ou morais, que assim são directamente visadas por disposições que, ignorando e ultrapassando a barreira ou filtro estatal, põem os particulares, nacionais dos Estados-membros, numa relação de subordinação imediata a normas jurídicas emanadas de uma entidade jurídico-internacional.

109. A competência normativa de uma OI abarca também a colaboração na adopção de regras internacionais mediante a participação em convenções internacionais relacionadas com o seu objecto – regras essas disciplinadoras da competência operacional da Organização e, eventualmente, da acção dos seus Estados-membros ou, mesmo, dos súbditos destes *(cf., por ex., o art. 216º, nº 2, do Tratado Sobre o Funcionamento da UE).*

Os termos dessa participação das OI em convenções internacionais devem ser regulados pela ordem jurídica de cada Organização, como de resto está previsto nos arts. 6º e 7º, nº 3, al. *a),* da *Convenção de Viena de 21.3.1986 sobre o Direito dos Tratados entre OI ou entre OI e Estados.*

Como frequentemente os textos da OI são omissos a este respeito, tem-se em conta a prática (se existe) da própria organização.

2. Competências operacionais

110. Estas competências abarcam diversos poderes de acção de que a OI dispõe e que se não reconduzam à adopção de normas jurídicas.

Entre tais competências é possível distinguir as que uma OI exerce em *ligação com um dado território* e as que exerce *em relação a pessoas ou* sobre determinados *engenhos.*

a) Competências ligadas a um determinado território

111. As competências inerentes ao exercício da *soberania territorial* são exclusivas dos Estados.

Não dispondo de um território sujeito à sua soberania, está excluído o exercício pelas OI de competências territoriais equivalentes às dos Estados.

Mas certas competências conferidas a uma OI podem ser exercidas relativamente a um espaço geográfico que em princípio coincide com o território dos Estados membros. Tal é o caso das competências previstas por Tratado ou estabelecidas por uma OI sobre um determinado território e, bem assim, da competência normativa relativamente a pessoas ou actividades que se localizem num dado espaço territorial.

1º Competências sobre um determinado território previstas em Tratado ou estabelecidas por uma OI

112. Uma OI pode ser encarregada de controlar o exercício de competências territoriais por determinados Estados. A situação que mais frequentemente ocorreu neste domínio estava relacionada com territórios não autónomos, territórios sob tutela ou sob mandato internacional: a ONU interveio, por diversas vezes, para organizar consultas eleitorais no quadro do processo de acessão de tais territórios à independência.

O art. 81º da Carta das NU, embora nunca tivesse sido efectivamente aplicado, previa que *«a tutela de um território pode ser confiada à ONU»*.

Em 27.10.1966, a Assembleia Geral da ONU, verificando que a administração do Sudoeste Africano (actual Namíbia) era conduzida pela República da África do Sul em termos violadores do mandato que a esta fora conferido, deliberou pôr termo ao mandato e colocar o território na sua directa dependência e administração[35].

Também o Tratado de Versalhes havia confiado à SDN responsabilidades na gestão do Sarre e da Cidade Livre de Dantzig, actualmente Gdansk, tal como o tratado de paz de 1947 com a Itália previu que a cidade de Trieste, disputada pela Itália e pela Jugoslávia, fosse sujeita a uma administração própria, sob a autoridade directa do Conselho de Segurança da ONU – que aliás não chegou a exercê-la em consequência da paralisia em que tombou no quadro da *«guerra fria»* e também porque, em 1954, aqueles dois países concordaram (Tratado de Londres de 5 de Outubro de 1954) numa partilha da cidade e da zona disputada.

O estatuto da OACI prevê que esta Organização possa ser encarregada da gestão directa de aeroportos.

E as chamadas Comissões fluviais (Comissão Central do Reno – 1831) e (Comissão Europeia do Danúbio – 1856) estão dotadas, pelos Tratados que

[35] Cf. para maiores desenvolvimentos, NGUYEN QUOC DINH. *Droit International Public*, cit., 5ª ed., p. 586.

as constituíram, de importantes poderes administrativos, de controlo e jurisdicionais relativamente aos troços desses rios.

113. Mais significativo, porém, é o que se dispõe nos arts. 156º e 157º da Convenção de Montego Bay de 1982: *a «Autoridade Internacional dos Fundos Marinhos»*, prevista no art. 156º foi instituída como *«a Organização por intermédio da qual os Estados participantes organizam e controlam as actividades desenvolvidas na Zona, designadamente tendo em vista a administração dos recursos nela existentes»* (art. 157º).

Note-se, no entanto, que esta solução só pôde ser aceite porque no leito dos oceanos não se exerce a soberania de nenhum Estado.

2º Competências relativas à sede das OI

114. Estas competências, indispensáveis ao funcionamento da OI com a desejável autonomia em relação ao Estado hospedeiro, são normalmente estabelecidas no Acordo de Sede.

Examinaremos esta questão mais demoradamente quando nos ocuparmos, no Cap. IX, dos *privilégios e imunidades das OIL.*

b) Competências exercidas sobre pessoas

115. Tais competências podem ser exercidas pela OI:

- enquanto *entidade gestora de um dado território,* dado que é impossível administrar um território sem a imposição às pessoas que o habitam de regras relativas à ordem e segurança pública, às deslocações ao estrangeiro, à entrada de pessoas no território, às actividades dos indivíduos, à aplicação do direito, etc.;
- ou no exercício de competências que implicam a subordinação directa de pessoas às normas adoptadas pela Organização – como é o caso da competência normativa que as Comunidades Europeias exercem em relação aos operadores económicos do mercado comum e que lhes permite impor-lhes directamente (sem passar pelo filtro estatal) determinadas regras, controlar os correspondentes comportamentos e, eventualmente, aplicar sanções aos transgressores[36]; ou ainda para assegurar o respeito do vínculo que liga a OI às pessoas que nela servem, isto é, aos seus funcionários e agentes.

[36] Cf. João Mota de Campos, *Direito Comunitário, cit.*, II Vol., 5ª ed., p. 571, e III Vol., 2ª ed., pp. 630 e segs.

c) Competências exercidas sobre engenhos, instalações diversas ou espaços internacionais

116. As OI podem, em certas circunstâncias, fazer navegar sob o seu pavilhão barcos destinados a servir as suas finalidades e bem assim proceder à matrícula de aeronaves ou engenhos espaciais. Em qualquer dos casos exercem competências e suportam responsabilidades equiparáveis às do Estado do pavilhão da matrícula[37].

Também, para além das competências exercidas em relação à sua sede ou outros locais de trabalho, uma OI poderá, nas condições acordadas com o Estado ou Estados hospedeiros, exercer competências exclusivas diversas relativas a instalações militares (OTAN), de pesquisa ou operacionais (no domínio da investigação nuclear ou da exploração espacial, por exemplo). Algumas OI foram criadas para gerir certos espaços internacionais, para o que dispõem de competências por vezes muito amplas *e* diversificadas *(cf. infra nº 179)*.

§4º O controlo do exercício das competências atribuídas às OI

117. A forma por que uma OI exerce as competências que lhe estão atribuídas no respectivo tratado constitutivo não pode deixar de estar sujeita a um adequado controlo. Este controlo é tanto mais necessário quanto é certo que se impõe manter permanentemente a OI na esfera de competências que lhe foram conferidas, impedindo-a de, ultrapassando-as, invadir áreas de competência reservada dos Estados-membros.

Mas, a quem cabe exercer esse controlo?

Sendo as organizações internacionais independentes umas das outras, nenhuma pode dispor do poder de controlar as restantes.

Ressalva-se, no entanto, o caso das organizações regionais de segurança constituídas por membros da ONU, que estão subordinadas ao Conselho de Segurança sempre que elas intentem, na conformidade do respectivo pacto, uma acção coerciva *(cf. os arts. 52º a 54º da Carta das NU)*.

Trata-se, porém, de uma excepção à regra geral da independência recíproca das OI.

118. Também o controlo das actuações de uma OI não pode ser confiado aos Estados-membros porque a organização, uma vez criada, ganha personalidade jurídica própria, autonomiza-se em relação aos Estados e não é lícito

[37] Cf. NGUYEN QUOC DINH, *Droit International Public*, cit., pp. 479, 1045 e 1167.

a estes interferir na vida interna da OI senão indirectamente, através da sua participação estatutária nos órgãos da Organização.

119. Quem exerce então o controlo?

Em regra, cada órgão não subordinado de uma OI interpreta autonomamente o estatuto da Organização e procede a um auto-controlo da sua acção.

Na ONU, a Assembleia Geral controla ela própria o exercício das suas competências e as actuações dos órgãos que lhe são subordinados – como é o caso do Conselho Económico e Social, do Conselho de Tutela, do Secretariado e de outros órgãos subsidiários. Mas não lhe cabe controlar a acção do Conselho de Segurança, tal como a este não é lícito interferir no funcionamento da Assembleia Geral que não está na sua dependência.

Cabendo o controlo ao próprio órgão que exerce as competências atribuídas pelo pacto constitutivo, corre-se o risco de esse auto-controlo não ser correctamente exercido e de a OI, ultrapassando tais competências, se ingerir na esfera interna dos Estados-membros. A estes só restará, então, manifestando a sua discordância, repudiar as actuações que os afectem e entrar em conflito com a organização – sem que qualquer entidade exterior às partes em litígio tenha autoridade para resolver o diferendo.

120. No entanto, algumas OI de estrutura mais elaborada podem confiar o controlo do exercício das suas competências a órgãos independentes instituídos no seu seio para o desempenho dessa missão específica.

Tais órgãos podem ficar habilitados a exercer um *controlo político ou um controlo jurisdicional.*

O Tribunal Internacional de Justiça está habilitado a pronunciar-se sobre a correcção jurídica do comportamento dos órgãos da ONU e das organizações subsidiárias desta. Mas o Tribunal pronuncia-se apenas por via de *parecer.* O TIJ diz qual é o direito, mas não está habilitado a impor a sua observância.

121. Sistema mais perfeito é, sem dúvida, o instituído no quadro das Comunidades Europeias, em que se confiou a um Parlamento, independente dos Estados, *o controlo político* da acção das Instituições incumbidas de legislar e de executar, e a um Tribunal de Justiça, igualmente independente, *o controlo jurisdicional* do cumprimento das regras do Direito Comunitário tanto por parte das Instituições como por parte dos Estados da Comunidade.

Bibliografia

B. ROUYER-HAMERAY, *Les compétences implicites des organisations internalionales,* L.G.D.J., 1962, 110 págs.

Ch. CHAUMONT, *La signification du principe de spécialité dans les organisations internationales,* Mélanges Rolin, 1964, pp. 55-66.

Colloque I.E.P. Aix, *Aspects du système des N.U. dans le cadre de l'idée d'un nouvel ordre mondial,* Y. DAUDET, *div.,* Pédone, 1992, 207 págs.

E. YEMIN, *Legislative Powers in the United Nations and Specialized Agencies,* Sijthoff, Leyde, 1969, p. 227.

J. M. FRANCK, *The Powers of Appreciation: Who Is The Ultimate Guardian of U.N. Legality?,* A.M.L., 1992, pp. 519-523.

M. BEDJAQUI, *Du contrôle de la légalité des agites du Conseil de sécurité.* Mél. Rigaux, 1993, pp. 11-52.

M. RAMA-MONTALDO, *«International Legal Personality and Implied Powers of International Organs»,* B.Yb.I.L., 1970, pp. 111-135.

NGUYEN QUOC DINH, *Droit International Public,* 5ª ed., LGDJ, pp. 577 e segs.

W. M. REISMAN, *The Constitutional Crisis in the United Nations,* A.J.LL., 1993, p. 83.

R.-L. BINDSCHEDLER, *La délimitation des compétences des Nations Unies,* R.C.A.D.I., 1963-1, Vol. 108, pp. 312-421.

Capítulo VI
A Estrutura Orgânica das OI

122. O estudo da estrutura institucional das OI tem interesse para, através da descrição dos seus diversos órgãos (forma de nomeação, composição, competências, meios de acção...) apurarmos o sistema de distribuição entre eles dos poderes conferidos a cada Organização e, simultaneamente, a forma por que ela se relaciona com os seus membros na prossecução dos objectivos comuns.

A complexidade da estrutura orgânica ou institucional varia de organização para organização. Mas, em geral, essa estrutura reporta-se a um *modelo binário* ou a um *modelo ternário.*

a) Uma organização de *estrutura binária* dispõe de dois órgãos principais: – um *órgão inter-governamental* aberto a todos os Estados-membros e um *órgão administrativo permanente* que marca a diferença entre uma OI e uma simples conferência diplomática. A este modelo, extremamente simples e leve, perfeitamente conforme ao desígnio britânico, corresponde a Associação Europeia do Comércio Livre (EFTA), criada pela Convenção de Estocolmo de 4 de Janeiro de 1960 (v. *infra).*

b) Nas OI de estrutura ternária acrescenta-se aos órgãos referidos um órgão intergovernamental de composição restrita que funciona nos intervalos das sessões do órgão plenário. É este o modelo-tipo da estrutura das OI especializadas e, em particular, das que não prosseguem finalidades de mera cooperação intergovernamental.

Enquanto o órgão plenário se reúne, em regra, uma vez por ano (ou mesmo com intervalos maiores), o órgão restrito, funcionando em permanência, assegura a presença dos Estados na vida da organização e, nomeadamente, o controlo do órgão administrativo em regra dirigido por um alto funcionário internacional. Tal é o modelo a que obedece, por ex., o Conselho da Europa.

O que fica dito são, porém, meras generalidades que actualmente não permitem apreender a complexidade dos sistemas institucionais das mais importantes OI, em que deparamos com uma grande diversidade de órgãos:

- Órgãos deliberativos e órgãos consultivos (SECÇÃO 1ª)
- Órgãos administrativos (SECÇÃO 2ª)
- Órgãos jurisdicionais (SECÇÃO 3ª)
- Órgãos parlamentares (SECÇÃO 4ª)

Secção 1ª
Órgãos Deliberativos e Órgãos Consultivos

§1º Composição e funcionamento dos órgãos deliberativos

1. Composição

123. A estrutura institucional das OI comporta, em regra, dois órgãos deliberativos, ambos constituídos por representantes dos Estados-membros: um órgão plenário e um órgão restrito.

1º Órgão plenário

124. No órgão plenário tomam assento representantes de todos os Estados-membros da Organização.

A regra comporta, no entanto, acomodações em casos específicos. Por exemplo:

- Na OIT, o único órgão plenário – a *Conferência Geral da OIT* – é composto não apenas de delegados governamentais (2 por cada Estado) mas também por um delegado dos trabalhadores e um delegado dos patrões de cada Estado-membro,
- O Conselho da Europa comporta dois órgãos plenários: *o Comité de Ministros,* composto por um *representante de nível ministerial de cada Estado-membro* (que é em princípio o Ministro dos Negócios Estrangeiros); e uma *Assembleia Consultiva* constituída por *parlamentares* designados pelos parlamentos nacionais dos Estados-membros.
- Na União Europeia deparamos também com dois órgãos plenários – o Conselho, constituído por *representantes dos governos dos Estados-membros* e o Parlamento Europeu composto por *deputados eleitos por sufrágio directo e universal.*

125. Nos *órgãos plenários*, a regra – estabelecida em consonância com o princípio da igualdade dos Estados – é de que cada membro dispõe de um voto.

No entanto, no Conselho da União Europeia os representantes dos governos nacionais dispõem de um número diferente de votos (29 para a Alemanha, Reino Unido, França e Itália, 27 para a Espanha e Polónia, 14 para a Roménia, 13 para os Países Baixos, 12 para Grécia, República Checa, Bélgica, Hungria e Portugal, 10 para a Suécia, Áustria e Bulgária, 7 para a Eslováquia, Dinamarca, Finlândia, Irlanda e Lituânia, 4 para a Letónia, Eslovénia, Estónia, Chipre e Luxemburgo e 3 para Malta).

126. O *órgão plenário* é dotado de competência geral, incumbindo-lhe normalmente definir a política geral da OI, pronunciar-se sobre questões particulares importantes (admissão de novos membros, revisão do pacto constitutivo, adopção de sanções) e ocupar-se das questões financeiras.

2º Órgão restrito

127. O *órgão restrito*, quando existe, é composto por representantes de um número limitado de Estados, o que lhe permite, quando não funciona em permanência, reunir-se com mais frequência e se necessário rapidamente, para deliberar sobre problemas urgentes.

Os membros do órgão restrito são em geral nomeados pelo órgão plenário, salvo se o estatuto da organização dispuser de outro modo assegurando a alguns Estados-membros uma situação de privilégio – como é o caso excepcional dos membros permanentes do Conselho de Segurança da ONU.

Quando sejam eleitos pelo órgão plenário, este deve observar certas regras que acautelem uma certa representação geográfica ou tomar em conta a necessidade de ponderar a posição política, económica ou mesmo técnica, dos Estados participantes, e bem assim a conveniência em assegurar uma certa rotação da participação dos Estados.

128. O órgão restrito dispõe de competências específicas – definidas com o maior rigor possível – que exerce com grande autonomia e por vezes com carácter de exclusividade (como é o caso do Conselho de Segurança da ONU) ou em estreita ligação e interdependência com o órgão plenário cujas deliberações prepara e depois aplica – sem prejuízo do exercício autónomo de certas competências específicas.

Por vezes a carta constitutiva da OI explicita o nível de representatividade nacional de que devem dispor os membros dos órgãos deliberativos da Organização: devem ser *a nível ministerial* (Conselho da Europa, OEA, Conselho da União Europeia), *de Chefes de Estado ou de Governo* (Conselho Europeu), deputados aos parlamentos nacionais (Conselho da Europa, Parlamento Europeu até 1978, etc.).

Outras vezes, o acto constitutivo prevê as qualificações técnicas dos representantes dos Estados: é o Director do Serviço Meteorológico Nacional que deve participar, em representação do Estado respectivo, no Congresso da OMM; são os governadores do Banco Central ou os Ministros das Finanças que constituem o órgão plenário do BIRD (o Conselho de Governadores); na Conferência Geral da OIT participam representantes das organizações sindicais operárias e das organizações sindicais patronais, designados pelos Governos nacionais respectivos mas após consulta dessas organizações.

129. As pessoas que participam nos órgãos plenários estão em geral munidas de credenciais que as qualificam para a participação que lhes está confiada; e o órgão plenário da OI, através de uma comissão constituída para o efeito, procederá à verificação dos poderes dos portadores dessas credenciais.

A operação pode constituir mais do que um simples formalismo. Foi por esta via que a delegação da União Sul Africana se viu excluída – com fundamento na falta de representatividade dos delegados de um poder político segregacionista – de participar na Conferência Geral da OIT, o que levaria esse país a retirar-se dessa organização.

2. O funcionamento dos órgãos deliberativos

130. Esse funcionamento obedece às regras do pacto constitutivo – mas este é em geral completado por um *regulamento interno* que cada órgão adopta *e* em que são reguladas questões relativas ao local, à periodicidade e ao horário das reuniões, à inscrição na ordem do dia das questões a tratar, à distribuição do trabalho pelo plenário e por comissões especializadas, às condições e formas de convocação das reuniões extraordinárias, aos processos de deliberação, etc.

Certos órgãos poderão reunir-se a todo o momento, para o que os seus membros devem estar sempre disponíveis. Tal é o caso do Conselho de Segurança da ONU, do Conselho Permanente da OEA, do Conselho da OACI, da Comissão da União Europeia...

Em regra as reuniões têm lugar na sede da Organização mas, por conveniência dos participantes, podem ocorrer noutro local: o Conselho de Segurança da ONU, por ex., reuniu já em Addis Abeba e na cidade do Panamá; as reuniões do Conselho Europeu ocorrem por vezes no território do Estado que assegura a presidência da União Europeia; as do Conselho da União Europeia realizam-se ora em Bruxelas, ora no Luxemburgo, ora em qualquer local do território do Estado-membro que na altura assuma a presidência do Conselho.

3. Os métodos de tomada de decisão

131. A tomada de decisão no seio do órgão deliberativo resulta em princípio de uma votação.

Em regra, cada Estado dispõe de um voto – mas, por vezes, o voto dos Estados é ponderado – (assim sucede no seio do BIRD, do FMI e do Conselho da União Europeia). Na OIT, a composição tripartida da Conferência desta organização implica que a representação de cada Estado disponha de três votos autónomos (dos Estados, dos representantes dos trabalhadores e dos representantes dos patrões).

O caso do Conselho de Segurança é específico: o voto negativo de um membro permanente impede a adopção de uma qualquer resolução – salvo se se tratar de questões processuais. No entanto, e como o TIJ declarou no seu parecer consultivo de 21.06.1971, a abstenção ou a não participação na votação não são consideradas como voto negativo e não impedem, por isso, a deliberação do Conselho.

132. A regra, outrora consagrada nas OI de cooperação, era a da deliberação por unanimidade e essa regra continua a prevalecer em muitas delas (OTAN, Conselho da Europa, Liga Árabe, OCDE), Mas desde 1945 diversas organizações admitiram a deliberação por maioria qualificada (2/3, 3/4 ou excepcionalmente 4/5). No entanto, o pacto constitutivo explicita as matérias em que é possível a deliberação por maioria qualificada. Em todas as outras vigorará o princípio da unanimidade (ou da maioria simples, como acontece na Comunidade Europeia).

O apuramento da maioria faz-se normalmente em relação aos *membros presentes que exprimem validamente* o seu voto, pelo que os votos nulos não são contados; os membros que se abstêm de votar são considerados como não votantes para efeitos desse apuramento, pelo que a unanimidade não é prejudicada pela abstenção de algum membro.

133. A deliberação por maioria, frequente nas *organizações de integração*, implica uma forte limitação da soberania do Estado. Com efeito, os Estados vencidos não ficam menos obrigados que os outros a respeitar a deliberação tomada.

O sistema permite aos agrupamentos regionais ou grupos de Estados com interesses ou objectivos afins impor a sua vontade – pois quando não tenham peso suficiente para fazer aprovar uma deliberação poderão pelo menos, se o grupo for suficientemente amplo e coeso, impedir a aprovação das deliberações que lhes não convenham – isto no caso de esses Estados conseguirem constituir nas organizações habilitadas a deliberar por maioria qualificada (como sucede na Comunidade Europeia), a chamada *"minoria de bloqueio"*.

134. Mas a deliberação no seio de um órgão pode, também, ser obtida por consenso – o que dispensa a votação formal, as clivagens internas e o clima de confronto que essa votação poderia implicar.

A técnica consiste em que a presidência do órgão deliberativo elabora um texto de base, vai-o ajustando ao longo da discussão aos pontos de vista expressos e, quando não são formuladas mais objecções, a Presidência declara o texto da deliberação aprovado por *consenso*.

Este sistema tem a grande vantagem de associar todos os participantes à decisão tomada que, beneficiando assim de uma adesão geral, será presumivelmente melhor acatada e executada – enquanto a deliberação por maioria suscita por vezes dificuldades de aplicação, sobretudo quando essa aplicação exige o concurso activo de Estados que votaram contra ela.

4. A tipologia dos actos jurídicos adoptados pelos órgãos deliberativos

135. O órgão deliberante pode adoptar:

- *Recomendações* – que em regra apenas vinculam politicamente.
- *Declarações – que definem uma situação jurídica* como, por ex., quando a Assembleia Geral da ONU *«declara que a África do Sul violou as suas obrigações em relação ao Sudoeste Africano»*, o que implicou *a «denúncia do mandato»*, pelo que este terminou. O TIJ, no seu parecer de 21.07.1971 – Rec., p. 50 – entendeu que esta Declaração *tinha o carácter de uma decisão.*
- *Declarações que exprimem uma posição de princípio e intenções* a concretizar ulteriormente, como por exemplo a Declaração Universal dos Direitos do Homem de 1948; a Declaração de Princípios de 24.10.1970 sobre o regime do fundo dos mares e dos oceanos assim como do seu subsolo para além dos limites da jurisdição nacional; a Declaração dos Princípios do Direito Internacional sobre as relações amigáveis e a cooperação entre os Estados na conformidade da Carta, etc.

O alcance jurídico destas declarações é variável: podem servir para interpretar o direito internacional ou enunciar normas que, se forem aceites na prática internacional, adquirirão o valor de costume. Mas o alcance e a eficácia de tais Declarações dependem muito da posição dos Estados por ocasião do voto, das reservas que exprimam e do seguimento que se disponham a dar-lhes.

- *Resoluções* – que são decisões com carácter vinculativo para a organização e, eventualmente, para os seus Estados-membros.

A tipologia dos actos de certas OI é, no entanto, frequentemente bem mais complexa do que fica exposto, como sucede, por ex., no quadro da União Europeia[38]. Entendemos por isso conveniente abrir adiante um capítulo específico sobre *a natureza de actos jurídicos emanados das OI,* em que daremos conta da grande diversidade dos actos possíveis, do seu conteúdo e efeitos jurídicos *(infra n.os 162 e segs.).*

§2º Órgãos consultivos

136. Os órgãos consultivos existentes em grande número de OI são de natureza diversa, consoante as matérias sobre que são solicitados a pronunciar-se e o objecto da consulta.

Deparamos, assim, com órgãos consultivos de índole *parlamentar,* de natureza *jurisdicional* e de carácter *representativo de certas actividades, de determinadas categorias profissionais ou de interesses diversos.*

1. Órgãos consultivos de carácter parlamentar

137. Para aludir apenas a alguns casos bem caracterizados lembrar-se-á o *Parlamento Europeu* cujas competências consultivas ainda hoje avultam no quadro da Instituição[39], e a *Assembleia Consultiva* do Conselho da Europa.

2. Órgãos consultivos de carácter jurisdicional

138. Tribunal Internacional de Justiça é um destes órgãos, dotado de uma relevante competência consultiva que pode ser exercida a solicitação dos órgãos da ONU ou de qualquer outra Instituição especializada do sistema das NU.

[38] Ver João Mota de Campos, *Direito Comunitário,* cit., II Vol., 5ª ed., pp. 86 a 156.

[39] Cf. João Mota de Campos, *Direito Comunitário,* cit., I Vol., 8ª ed., pp. 288 e segs.

Igualmente o Tribunal Europeu dos Direitos do Homem beneficia de competência consultiva, tal como o Tribunal do Direito do Mar criado pela Convenção de Montego Bay de 1982 (Parte XV, e Anexo VI).

O caso do Tribunal de Justiça da União Europeia merece ser salientado, dada a relativa frequência com que é consultado e a importância das suas intervenções a título consultivo para a salvaguarda efectiva e para o aprofundamento da ordem jurídica comunitária[40].

3. Órgãos de carácter representativo de certas actividades, de determinadas categorias profissionais ou de interesses diversos

139. Deparamos com órgãos desta natureza em várias OI.

Os tratados constitutivos das Comunidades Europeias, empenhados na criação de um mercado comum, reservaram um importante espaço de intervenção para os operadores económicos que, como o TJCE sublinha frequentemente, participam directa e indirectamente na realização do processo de integração económica.

Por isso mesmo, o Comité Económico e Social da União Europeia assegura a equilibrada representação dos particulares interessados no mercado comum, das categorias profissionais e das actividades envolvidas nesse mercado – isto é, a representação dos diferentes sectores da vida económica e social (e bem assim dos produtores, agricultores, transportadores, comerciantes e artífices), das profissões liberais e do interesse geral *(art. 300º, nº 2, do TFUE).* Ao todo, 344 membros repartidos segundo um critério que, tomando em conta o peso específico de cada um dos 27 Estados-membros, procura assegurar *«uma representação adequada das diferentes categorias da vida económica e social da União»* (arte. 301º e 302º).

Uma das originalidades deste órgão reside em que, além dos pareceres que lhe sejam pedidos pelo Conselho ou pela Comissão da União Europeia (facultativa ou obrigatoriamente), dispõe de um *poder de iniciativa* que o autoriza a *dar parecer sobre qualquer questão relacionada com o trabalho no quadro comunitário* (art. 304º do TFUE)[41].

[40] Cf., sobre o exercício da função consultiva pelo TIJ e outras instâncias jurisdicionais internacionais, Nguyen Quoc Dinh, *Droit International Public,* cit, pp. 85 e segs.
Pelo que respeita ao TJUE, cf. João Mota de Campos, *Direito Comunitário,* cit., I Vol., 8ª ed., pp. 338-339, e *«Contencioso Comunitário»,* Ed. F. C. Gulbenkian, 2002, pp. 653 a 684.

[41] Cf. João Mota de Campos, *Direito Comunitário,* cit., I Vol., 8ª ed., pp. 240 e segs., e *Manual de Direito Europeu,* 6ª ed., 2010, pp. 133-135.

Órgão consultivo vocacionado para se pronunciar sobre as questões de desenvolvimento que mais interessem às diversas regiões da União Europeia é também o *Comité das Regiões* instituído peio art. 300º do TFUE.

Secção 2ª
Órgãos Administrativos

140. Todas as OI dispõem de órgãos administrativos permanentes que actuam sob a autoridade dos órgãos deliberativos – sem prejuízo do amplo poder de iniciativa de que por vezes dispõem.

Subsecção 1ª
Estrutura e Funcionamento dos Órgãos Administrativos

§1º Papel dos órgãos administrativos

141. Este papel é muito variável mas, essencialmente, incumbe-lhes assegurar adequadas condições de funcionamento dos outros órgãos da Instituição – no respeitante à operacionalidade das instalações, à preparação técnica do seu trabalho (elaboração de relatórios, fornecimento de documentação, tradução de textos, organização de reuniões, gestão do orçamento, execução das deliberações, etc.) e ao apoio burocrático em geral.

Em certas OI, o mais alto responsável pelos Serviços Administrativos dispõe normalmente de um *poder de iniciativa* que lhe permite assistir às reuniões dos órgãos deliberativos, intervir na discussão das questões em exame e até propor a inscrição de tais questões na ordem do dia.

Por força do art. 99º da Carta, o Secretário Geral da ONU pode chamar a atenção do Conselho de Segurança para qualquer questão que, em sua opinião, possa constituir uma ameaça para a paz – dispondo assim de uma competência política incontestável e muito ampla que lhe permite agir na cena internacional sob a autoridade do Conselho de Segurança e acompanhar de perto e promover a solução pacífica dos diferendos através da sua intervenção junto das partes envolvidas, o que por vezes o habilita comportar-se e agir como um medianeiro internacional.

142. Igualmente incumbe aos Serviços Administrativos, através de relatórios periódicos que produzem, apreciar a actividade da organização – o que pode ser feito em termos que impliquem uma análise crítica e a formulação de alertas, sugestões e mesmo propostas concretas. Dado o seu conhecimento íntimo dos problemas da OI, o responsável máximo pelos Serviços Administrativos pode ser até chamado a presidir a órgãos deliberativos (por ex., na OCDE o Secretário-Geral preside às reuniões do Conselho quando este funcione não a nível ministerial mas apenas ao dos representantes permanentes dos Estados. O mesmo ocorre no quadro do BIRD e do FMI).

Em certas organizações (ONU, OTAN, Conselho da Europa, OIT), o Secretário-Geral ou Director Geral assegura normalmente as relações externas da OI, surgindo frequentemente como o representante desta.

§2º A estrutura dos órgãos administrativos

143. Esta estrutura varia de organização para organização e é mais ou menos complexa.

Fundamentalmente, comporta um órgão técnico-burocrático – o Secretariado da OI – dirigido por uma destacada personalidade que é o mais alto funcionário da Organização com a categoria de Secretariado Geral ou Director-Geral, apoiado por um conjunto de serviços colocados sob a sua responsabilidade, organizados em unidades interligadas e hierarquizadas por onde passam todos os assuntos de interesse para a OI.

O chefe do Secretariado está subordinado ao órgão intergovernamental competente, perante ele respondendo pelo exercício do seu cargo.

144. Fundamentalmente, ao Secretariado incumbe o cumprimento de tarefas administrativas; mas em certas circunstâncias os pactos constitutivos confiam-lhe missões de marcada relevância política resultante quer do poder de iniciativa que frequentemente lhe é reconhecido *(cf. por ex., pelo que toca ao Secretário geral da ONU, o art. 99º da Carta)*; quer do *poder de intervenção* que assumem na resolução de problemas específicos; quer da *competência executiva* dos actos dos órgãos deliberativos que lhe é conferida em certos pactos constitutivos e que não se avaliza em simples medidas administrativas; quer, finalmente, *do poder político* mais ou menos evidente de que beneficia como motor da engrenagem, como face mais presente e mais visível da Organização e como garante das suas iniciativas e das suas acções. Se estes poderes são evidentes no que toca ao Secretariado Geral da ONU, são também ostensivos em relação aos Directores Gerais da OIT ou da UNESCO, aos Secretários-Gerais do Conselho da Europa, da OTAN, da UEO, etc.

145. O Secretariado comporta ou pode comportar unidades diversas com a designação de Direcções Gerais, Direcções de Serviços e outras unidades técnicas ou administrativas no quadro de uma estrutura hierarquizada, em cujo topo se encontra o Director-Geral ou Secretário Geral.

Mas, a par destes Serviços Administrativos repartidos pelas diversas direcções especializadas, deparamos com serviços comuns – serviços jurídicos, de gestão financeira, de documentação, linguístico, etc.; e ainda com certos organismos de apoio externo ou de consulta constituídos por delegados dos Estados ou por especialistas independentes incumbidos, sob a responsabilidade do Secretário-Geral, de tarefas específicas de estudo, de aconselhamento ou de execução que este decida confiar-lhes.

Bibliografia

A. Pellet, «Restructuration et démocratisation, l'exemple de la C.N.U.C.E.D. et de l'O.N.U.D.I.», Colloque d'Alger, *Droit international et développement,* O.P.U., Alger, 1978, pp. 383-409.

B. Taulegne, *Le Conseil européen,* P.U.F., 1993, p. 504.

C. A. Colliard, *Quelques réfléxions sur la structure et le fonctionnement des organisations internationales,* Mélanges Rolin, 1964, pp. 67-69.

C. S. Manno, *Problems and Trend in the Composition of Non-Plenary U.N. Organs,* Int. Org., 1965, pp. 37-55.

D. Ciobanu, *Credentials of Delegations and Representation of Member States at the U.N.,* I.C.L.Q., 1976, pp. 351-381.

D.-D. Carola, *«The Legitimacy of the Collective Authority of the Security Council»,* A.J.I.L., 1993, pp. 552-588.

Dotation Carnegie, *Les missions permanentes auprès des organisations internationales,* Bruylant, Bruxelles, 4 Vol.

E. Hambro, *«Permanent Representatives to International Organizations»,* Y.B.W.A., 1976, pp. 30-41.

E. Suy, *Rôle et signification du consensus dans l'élaboration du droit international,* Mél. Ago 1, pp. 521-542.

F. M. Vanasbeck, *L'application du principe représentatif dans les organisations internationales,* Mélanges Wehberg, pp. 59-66.

F. Pasetti Bombardella, *Le pouvoir décisionnel et l'évolution institutionnelle de la Communauté européenne, Riv. Dir Europ.,* 1991, pp. 311-325.

F. Y. Chal, *Consultations et consensus: un aspect du fonctionnement du Conseil de sécurité,* U.N.I.T.A.R.P.S. nº 4 F, 1971, p. 55.

H. Cassan, *Le consensus dans la pratique des Nations Unies, A.F.D.I,* 1974, pp. 456-485.

H.-G ScHermers, *The Chairman of an International Organ, G.Y.B.L.L.*, 1991, pp. 296-306.
M. Fromont, *«L'abstention de vote dans les organisations internationales»*, A.F.D.I., 1961, pp. 492-523.
M. Prelot, *Le droit des assemblées internationales, R.C.A.D.L.*, 1961 – III, Vol. 104, pp. 471-527.
Nguyen Quoc Dinh, *Droit International Public*, 5ª ed., LGDJ, pp, 590 e segs.
Reuter, *Les organes subsidiaires des organisations internationales*, Mélanges Basdevant, 1960, pp. 415-440.
Tavernier, *Les déclarations du Président du Conseil de sécurité*, A.F.D.I., 1993, pp. 86-104.
P. van Ackere, *Le processus décisionnel au sein de l'U.E.O., Trim monde 1993*, nº 23, pp. 188-198.
Ph. C. Jessup, *Procedure by Consensus: Silente Gives Consent*, Mélanges Morelli, 1975, pp. 401-412.
Ph. C. Jessup, *Parliamentary Dipomacy. An Examination of the Legal Quality of the Rules of Procedures of Organs in the U.N.*, R.C.A.D.I., 1956, I. Vol. 89, pp. 185-319.
R. Monaco, *Le système de vote dans les organisations internationales*, Mélanges Gidel, 1961, pp. 469-483.
R. Ben Achour, *Évolution des modes de décision dans les organisations internationales*, C.N.U.D.S.T., Tunis, 1986, p. 323.
S. Bastid, *«Observations sur la pratique du consensus»*, Mélanges Wiengler. Vol. I, pp. 11-25.
R. Drago, *«La pondération dans les organisation internationales», A.F.D.I.*, 1956, pp. 529-547.
S. D. Bailey, *The General Assembly of the U.N.*, Pall Mall Press, Londres, 1960, p. 338.
T. Treves, *«Device to Facilitate Consensus: The Experiente of the Sea Conference»* I.Y.L.L., 1976, pp. 39-60.
U. Villani, *Conciliation and Consensus in U.N.C.TA.D., I.Yb.L.L.*, 1976, pp. 61-79.
W. Koo, *Voting Procedures in International Political Organisations*, N.Y, 1974, p. 250.
Z. M. Klepacki, *The Organs of International Organizations*, Sijthoff, La Haye, 1978, p. 138.

Subsecção 2ª
Os Agentes Internacionais

146. Os representantes dos Estados nos órgãos da OI não poderiam assegurar a regular e eficaz prossecução dos seus objectivos sem o apoio técnico-burocrático de qualificados agentes internacionais.

§1º Estatuto dos agentes internacionais

147. Segundo a noção fornecida pelo TIJ no seu Parecer já citado de 11 de Abril de 1949, deve ser considerado como agente internacional *qualquer pessoa, funcionário remunerado ou não, empregado ou não a título permanente, que tenha sido incumbido por um órgão da OI de exercer ou de colaborar no exercício de uma das funções desta – portanto qualquer pessoa através da qual a Organização age* (Rec., 1949, p. 177).

A noção é muito ampla, abarcando situações que diferem consideravelmente entre si: inclui, além dos agentes da função pública internacional, personalidades com um estatuto muito diverso: membros das jurisdições ligadas à OI, membros das forças armadas nacionais postas à disposição da Organização para o cumprimento de tarefas determinadas, agentes diplomáticos incumbidos de missões de conciliação ou de bons ofícios, consultores ou peritos, etc.[42].

Há, naturalmente, agentes internacionais integrados nos quadros da OI, que se lhe consagram em regime de exclusividade ou, pelo menos, com carácter de regularidade, na conformidade do respectivo estatuto; outros beneficiam de um regime particular, embora exerçam as suas funções a título permanente, como é, por ex., o caso dos membros das jurisdições internacionais; outros ainda são recrutados pela OI para executarem uma missão temporária.

É, pois, grande a diversidade de regimes de prestação de serviços pelos agentes internacionais. Entre estes, a qualificação *como funcionários internacionais* foi reservada para os que se lhe consagram de forma contínua e exclusiva por força de um vínculo contratual que os integra numa estrutura hierarquizada na conformidade de um estatuto a todos aplicável.

§2º A independência dos agentes internacionais em relação aos Estados-membros da OI

148. Esta independência exprime-se, por um lado, no dever que aos agentes internacionais incumbe de no exercício das suas funções se guiarem apenas pelos interesses prosseguidos pela OI a cujo serviço se colocaram e de, consequentemente, não solicitarem nem aceitarem instruções e muito menos ordens do Estado de que são nacionais; e, por outro lado, na obrigação imposta aos Estados membros de os não tentarem influenciar no cumprimento das missões que lhes estão confiadas no seio das OI.

Esta independência dos agentes internacionais é de tal modo considerada essencial que muitos dos actos constitutivos das OI têm o cuidado de a relembrar *(cf., por ex. os arts. 100º da Carta das NU, 9º da Constituição da OIT, 36º do Estatuto do Conselho da Europa, 18º da Carta da OEA, VI do Acto Constitutivo da UNESCO, 11º da Convenção da OCDE, 10º do «Tratado de Fusão» das Instituições Comunitárias de 1965, etc.).*

Mas o silêncio do pacto a este respeito não prejudica o direito/dever de independência dos agentes internacionais.

[42] Cf. o Parecer do TIJ de 15.12.1989, Rec., p. 194.

Esta independência, dado o entendimento geral e a prática uniforme neste domínio, pode considerar-se um bem estabelecido princípio de direito internacional de origem consuetudinária.

149. A independência dos agentes internacionais é-lhes assegurada, na prática, pelo *processo de recrutamento* e contratação que, em regra, são da exclusiva responsabilidade da OI[43]; pelo estatuto do pessoal da OI; pelo estatuto do pessoal da OI e pelos regulamentos que o completam e que definem com precisão as condições de exercício da função, os direitos e deveres dos agentes, etc.; pela *protecção funcional* que à Organização compete dispensar-lhes no exercício das respectivas funções[44]; pelos *privilégios e imunidades* de que gozam no território dos Estados-membros e eventualmente de terceiros Estados, que lhe são assegurados pelo próprio pacto constitutivo da OI, ou por actos jurídicos ulteriores e, nomeadamente, pelo acordo de sede concluído entre a Organização e o Estado hospedeiro (v., por ex., a *Convenção sobre os Privilégios e Imunidades das NU de 13.2.1946 e a Convenção sobre as Instituições Especializadas no sistema da ONU de 21.11.1947).*

150. Devem ser considerados como agentes internacionais, beneficiários de protecção funcional, os membros das forças de manutenção da paz constituídas por contingentes nacionais que, embora permaneçam sob a autoridade militar do Estado que as forneceu, beneficiam de um estatuto especial, estabelecido pela ONU, nos territórios onde cumprem a sua missão.

151. O *estatuto* dos funcionários e agentes de cada Organização estabelece as condições de nomeação. E porque a carreira é atractiva e todos os Estados consideram de seu interesse (pelas facilidades de contacto com as engrenagens da Organização que daí lhes podem advir) que nacionais seus sejam providos em lugares da administração, a maior parte das OI adopta, no

[43] Sem prejuízo da faculdade de que frequentemente os Estados gozam em relação a agentes de nível superior, de apresentarem as respectivas candidaturas.

[44] No seu Parecer de 11.4.1949, pronunciando-se a propósito dos poderes de protecção funcional dos agentes da ONU e da apresentação de uma reclamação internacional destinada a afirmar e fazer valer esses poderes, o TIJ entendeu que *«Selon Le droit International, l'Organisation doit être considerée comune possédantces pouvoirs qui, s'ils ne sont pas expressément énoncés dans la Charte, sont, par une conséquence nécessaire, conférés à l'Organisation en tant qu'essentiels à l'exercice des fonctions de celles--ci.»* (Rec., p. 82). *«Considéré le caractère des fonctions confiées à l'Organisation et la nature des missions des agents, il devient évident que la qualité de l'Organisation pour exercer dans une certame mesure, une protection fonctionnelle de ses agents, est nécessairement impliquée par la Charle...»* (ibid., p. 184).

recrutamento dos seus funcionários ou agentes, o critério da *base geográfica equitativa,* procurando na medida do possível que os postos de trabalho sejam preenchidos por nacionais de todos os Estados-membros.

É claro que o critério nem sempre é de fácil aplicação prática dadas as exigências no tocante a conhecimentos linguísticos e a qualificações técnicas a que os candidatos devem satisfazer, sobretudo nos escalões de maior responsabilidade.

Bibliografia

A. Manin, *«De quelques autorités internationales indépendantes», A.F.D.L,* 1989, pp. 229-259.

A. Pellet, *«La grève des fonctionnaires internationaux», R.C.D.I.P.,* 1975, pp. 923-971.

— *«A propos de l'affaire Dumitrescu à l'U.N.E.S.C.O». J.D.I.,* 1979, pp. 570-588.

— *Les voies de recours ouvertes aux fonctionnaires internationaux.* Pédone. 1982, p. 201.

A. Pellet e D. Ruzié, *Les fonctionnaires internationaux. P.U.E,* «Que sais-je?», 1992, p. 128.

A. Plantey, *«Droit et pratique de la fonction publique internationale», C.N.R.S.,* Paris, 1977, p. 500.

C. de Cooker éd., *International Administration, Law and Management Practices in International Organizations,* Unitare, Nijhoff, 1990.

C.-A. Colliard, *«Los funcionarios internacionales»,* in *Cursos y Conferencias de la Escuela de Funcionarios Internacionales,* 1955-56, Tomo II, Madrid, 1957, pp. 233-248.

C. F. Amhrasinghe. *The Law of the International Civil Service as Applied by International Administrative Tribunals,* Clarendon Press, Oxford, 1988, 2 Vol. XII, p. 1133.

Ch. Chaumont, *«Perspectives d'une théorie du service public international»,* in *Études Scelle,* Vol., 1950, pp. 115 e segs.

C. Marti de Veses, *«La condición jurídica de los funcionários internacionales y el TIJ.»,* in R.E.D.L, 1957, pp. 373-420.

D. Ruzié, *Les fonctionnaires internationaux,* A. Colin, 1970, p. 96.

- *«La condition juridique des fonctionnaires internationaux»,* J.D.L. 1978. pp. 868-877.

D. Ruzié e L. Dubouis, *«Commentaire des articles 100 et 101»* in J.-P. Cot et A. Peliet éd., *La Charte des Nations Unies,* Económica, 1991, pp. 1337-1364.

D. Zavala, *«La Commission de la fonction publique internationale»,* A.F.D.I., 1976, pp. 499-527.

E. Giraud, *«Le secrétariat des institutions»,* in RCADI, 1951-II, núm. 79, pp. 373 e segs.

G. LangRod, *La fonction publique internationale: sa genèse, son essence, son évolution,* Sijthoff, Leyde, 1963, p. 398.

G. Perrin, *Los funcionários internacionales,* Madrid, 1965.

Institut International des Sciences Administratives: *International Civil Service: Principles and Problems,* Bruxelles, 1958.

S. Gascón y Marín, *«Les fonctionnaires internationaux»,* in RCADI, 1932 – III, núm. 41, pp. 720 e segs.

J. M. Ruda, *«Los Estados y los Funcionarios Internacionales»,* in *Homenaje al Profesor Miaja de la Muela,* Tomo II, Madrid, 1979, pp. 759-772.

J. Schwor, *Les organes intégrés de caractère bureaucratique dans les organisations internationales,* Bruylant, Bruxelles. 1987, XI – p. 398.

S. Siotis, *«Insights into international service», in World Politics,* 1975, pp. 298-307.
L. C. Green. *«The Status of the International Civil Service»,* in *Current Legal Problems,* 1954. pp. 192 e segs.
M. BedJaqui, *Fonction publique internationale et influentes nationales,* Pédone, 1958, p. 674.
M. Betati, *«Recrutement et carrière des fonctionnaires internationaux»,* R.C.A.D.L. 1987 – IV, Vol. 204. pp. 171-444.
M. Miele, *Privilèges et immunités des fonctionnaires internationaux,* Milão, 1958.
P. Weil, *«La nature du lien de fonction publique dans les organisations internationales»,* R.G.D.I.P., 1963, pp. 273-296.
R. Bloch et Lefevre, *La fonction publique internationale et européenne,* L.G.D.J., 1963, p. 220.
S. Basdevant, *Les fonctionaires internationaux.* Paris. Sirey, 1931.
S. Bastid, *«La nature réglementaire ou contractuelle du lien des fonctionnaires et des institutions des Communautés Européennes»,* in *Rivista di Diritio Europeo,* Vol. IV (1964), núm. 2. pp. 135-148.
– *«El Tribunal administrativo de las Naciones Unidas»,* in *Cursos y Conferencias de las Escuelas de Funcionarios Internacionales,* Madrid, 1957. Tomo II, pp. 229 e segs.
S. Bastid, *«Les tribunaux administratifs internationaux et leur jurisprudence»,* in RCADI, 1957, 11, núm. 92, pp. 343 e segs.
S. F. D. I., Colloque d'Aix-en-provence, *Les agents internationaux,* Pédone, 1985, p. 435.
Th. Meron, *The U.N. Secretariat. The Rules and the Practice,* Lexington Books, 1977, p. 208.
– *«Status and Independente of the International Civil Servant»,* R.C.A.D.I., 1980-II, Vol. 167, pp. 285-384.
Université de la Sarre, *La fonction publique européenne: Statut, futur, formation, fonctionnement,* Sarrebruck, 1956.
Y. Chapel. *Formation et perfectionnement des fonctionnaires internationaux et européens,* Bruges, Collège d'Europe, 1976.

Secção 3ª
Órgãos Jurisdicionais

§1º Órgãos jurisdicionais nas Organizações Internacionais em geral

152. Diversas OI instituíram no seu seio órgãos jurisdicionais incumbidos de resolver os diferendos que surjam quer entre a OI e os seus Estados-membros quer entre ela e os seus funcionários e agentes.

- O caso do TIJ é especial, dado que por um lado não lhe cumpre conhecer dos litígios entre a ONU e os seus funcionários e, por outro, dispõe de uma competência contenciosa geral que o habilita a exercer a sua jurisdição à margem do quadro das Nações Unidas – isto é, mesmo em relação a Estados que não sejam membros da ONU.

- Órgão da ONU, o TIJ é competente para dar os pareceres consultivos que essa Organização (ou outra do sistema onusiano) lhe solicite. Muito especial também é o Tribunal de Justiça da União Europeia, dotado de ampla competência consultiva e contenciosa[45] – a que adiante faremos mais ampla referência – e bem assim o Tribunal de Justiça da EFTA.
- Também o Tribunal Europeu de Direitos do Homem, embora exterior ao Conselho da Europa, tem a sua estrutura ligada aos órgãos desta Instituição (que tem a responsabilidade pela designação dos seus juízes) e dispõe de competência consultiva que exerce a pedido do Comité de Ministros (sobre questões jurídicas relativas à interpretação da Convenção Europeia dos Direitos do Homem, *cf. O protocolo nº 2 a esta Convenção, de 6 de Maio de 1963)*.
- A Comissão Central do Reno, tal como a Comissão do Mosela, constituem jurisdição de recurso das decisões proferidas pelos Tribunais de Navegação.
- A ONU instituiu no seu seio um Tribunal Administrativo, com competência para julgar os diferendos entre a Organização e os seus funcionários, que é igualmente competente para exercer essa jurisdição em relação à OACI e à OMCI.

§2º O Tribunal Administrativo da OIT

153. O Tribunal Administrativo da OIT, embora instituído no quadro desta Organização, é igualmente competente em relação à FAO, OMS, OMM, UNESCO, UIT e AIEA e a outras organizações regionais – no total cerca de vinte OI.

Foi a Assembleia Geral da SDN que criou, em 20 de Setembro de 1927, o Tribunal Administrativo da Organização, ao qual teria também acesso o pessoal do BIT. No decurso da sua última sessão, em 18 de Abril de 1946, a Assembleia decidiu manter o Tribunal, daí para o futuro com a denominação de Tribunal Administrativo da OIT e ligado a esta Organização.

O art. XI do Estatuto desta Jurisdição dispõe que *«o presente Estatuto permanecerá em vigor enquanto a Conferência Geral da OIT o quiser»*.

O Tribunal é composto por três juízes efectivos e três suplentes, de diferentes nacionalidades, nomeados pela Conferência Geral do Trabalho por três anos.

[45] Cf. João Mota de Camfos, *Direito Comunitário*, I Vol., 8ª ed., p. 319, e II Vol., 5ª ed., pp. 395 e segs.

Embora órgão da OIT, o Tribunal está aberto a qualquer Organização internacional de natureza inter-estatal *«que reconheça a sua competência»*.

Esta competência foi já, de facto, reconhecida não somente por Instituições especializadas do sistema das Nações Unidas (UNESCO, UIT, OMS, OMM, FAO) como também pelo GATT, pela AIEA e outras OI regionais (no total cerca de 20).

O Tribunal realiza uma sessão anual e eventualmente sessões extraordinárias.

Pode ser solicitado a pronunciar-se pelos funcionários dessas OI[46].

É competente para anular as medidas aplicadas aos recorrentes em violação do seu contrato de trabalho e bem assim para lhes atribuir uma reparação pecuniária,

As decisões do Tribunal são definitivas – no que toca aos recorrentes. Mas, segundo o art. XII do Estatuto, a Organização que seja parte no litígio pode dirigir-se ao TIJ para lhe solicitar um parecer que, excepcionalmente, terá força obrigatória.

Deste modo, os funcionários e agentes das OI dispõem de uma via de recurso contra decisões de Organização que os emprega – sob condição de que essa Organização tenha reconhecido a competência do Tribunal Administrativo da OIT.

§3º Os órgãos jurisdicionais da União Europeia

154. Na União Europeia foi instituído pelos Tratados e completado por actos diversos de direito derivado um complexo sistema de controlo jurisdicional dos comportamentos de todos os participantes no processo de integração que a União promove – Instituições, Estados-membros e operadores económicos em geral.

Não poderia ser de outro modo: a ordem jurídica instituída no quadro da União não seria verdadeiramente eficaz se as normas que a integram não beneficiassem de sólida garantia jurisdicional do respeito que lhes é devido por parte de todos os seus destinatários – órgãos comunitários, Estados e simples particulares.

Essa garantia foi pelos Tratados confiada ao Tribunal de Justiça das Comunidades Europeias, ao Tribunal Geral, a tribunais especializados e aos tribunais nacionais *(cf. arts. 19º do Tratado da União Europeia e 267º do Tratado Sobre o Funcionamento da União)*.

[46] Mas não pelos da ONU, dado que esta dispõe de um Tribunal Administrativo próprio criado em 1949 pela sua Assembleia Geral.

1. A competência jurisdicional dos tribunais nacionais

155. As jurisdições nacionais são, a justo título, consideradas como *os tribunais comuns* da ordem jurídica da União Europeia. Impõe-se com efeito ter presente que uma parcela considerável das normas de origem europeia é constituída por disposições directamente aplicáveis na ordem interna dos Estados que, por isso mesmo, cabe aos tribunais nacionais aplicar nos litígios que ocorram no quadro das relações entre particulares (indivíduos ou empresas) ou entre particulares e os Estados-membros da Comunidade.

Se, porventura, no exercício da sua competência, os tribunais nacionais tiverem dúvidas sobre a correcta interpretação das normas comunitárias que são solicitados a aplicar, ou sobre a validade dos actos comunitários perante eles invocados, dispõem de um meio privilegiado de resolver as dificuldades, que é o de reenvio a título prejudicial ao Tribunal da União Europeia, das *questões de interpretação* ou de *apreciação de validade* com que são confrontados *(cf. o art. 267º do Tratado Sobre o funcionamento da União).*

2. A competência de atribuição dos Tribunais da UE

156. O Tribunal de Justiça da União Europeia, o Tribunal Geral e os tribunais especializados estão, por seu turno, dotados de meras *competências de atribuição,* cabendo-lhes por isso exercer a sua função jurisdicional apenas nos casos em que a competência respectiva – de carácter contencioso ou não – lhes foi expressamente conferida.

a) Jurisdição voluntária

1º A interpretação das normas e a apreciação de validade dos actos comunitários

157. O TJUE não tem a natureza de um tribunal hierarquicamente superior aos tribunais nacionais, não estando por isso habilitado a revogar ou reformar as decisões destes proferidas na área do direito comunitário.

Cabendo no entanto ao Tribunal de Justiça da União Europeia *assegurar «o respeito na interpretação e aplicação dos Tratados» (cf. art. 19º do Tratado da União Europeia),* foi instituído da União Europeia um adequado sistema de colaboração ou de «diálogo» entre as jurisdições nacionais e o TJ que faculta àquelas – e em certos casos lhes impõe – submeter ao Tribunal da União as questões de *interpretação do direito comunitário ou* de *apreciação da validade* dos actos das Instituições da União *(cf. art. 267º do Tratado Sobre o funcionamento da União)* em termos que permitem assegurar uma *interpretação e aplicação uniformes* do corpo de normas jurídicas que constitui o direito comum a uma União de Estados.

2º Competência consultiva

158. A *competência consultiva ao* Tribunal de Justiça está prevista em diversas disposições dos Tratados (cf., por ex., o art. 218º, nº 11, do Tratado sobre o Funcionamento da União).

O parecer do Tribunal é *vinculativo,* podendo admitir-se que quando exerce a sua competência consultiva funciona como um verdadeiro tribunal constitucional – já que lhe cabe pronunciar-se sobre a compatibilidade dos Tratados *(a Constituição da União Europeia)* com os acordos internacionais.

***b)* Competência contenciosa**

159. Mas os Tribunais da União Europeia são igualmente competentes para exercer o controlo, em processo contencioso, da legalidade comunitária violada – e isto a pedido quer das Instituições ou dos Estados-membros, quer dos particulares ofendidos nos seus direitos[47].

Secção 4ª
Órgãos Parlamentares

160. A inserção no quadro institucional de certas OI de órgãos de carácter parlamentar é uma realidade recente e que pode ainda considerar-se excepcional.

Foi no seio de organizações europeias que ocorreu, pela primeira vez, a instituição de órgãos dessa natureza compostos por membros designados pelos parlamentos nacionais (como sucedeu, primeiro, com a Assembleia Consultiva do Conselho da Europa e com a Assembleia Parlamentar da União da Europa Ocidental – UEO) ou, depois, eleitos por sufrágio directo e universal dos povos dos Estados-membros da União Europeia para participar como deputados no Parlamento Europeu.

Estes órgãos de carácter parlamentar inspiraram-se nas regras próprias dos parlamentos nacionais no tocante à sua organização interna e funciona-

[47] Para maiores desenvolvimentos, v. João Mota de Campos. *Direito Comunitário.* I Vol., 8ª ed., pp. 303 segs., e II Vol., 5ª ed., pp. 395 a 715, e «Contencioso Comunitário» referido.

mento. E se é certo que os órgãos parlamentares do Conselho da Europa e da UEO foram dotados de competências essencialmente consultivas (v. *infra)* o mesmo se não passa com o Parlamento Europeu que gradualmente foi sendo dotado das competências (legislativa, de controlo político e de controlo orçamental) de que dispõem, em regra, os parlamentos nacionais.

Bibliografia

A. Pellet, *«Restructuration et démocratisation, l'exemple de la C.N.U.C.E.D. et de l'O.N.U.D.I.»*. Colloque d'Alger, *Droit International et développement, O.P.U.,* Alger, 1978, pp. 383-409.

C. A. Colllard, *«Quelques réflexions sur la structure et le fonctionnement des organisations internationales»,* Mélanges Rolin, 1964, pp. 67-69.

P. Reuter, *«Les organes subsidiaires des organisations internationales»,* Mélanges Basdevant, 1960, pp. 415-440.

Z. M. Klepacki, *The Organs of Internatianal Organizations,* Sijthoff, La Haye, 1978, p. 138.

Capítulo VII
A Ordem Jurídica das OI

Secção 1ª
Direito Originário e o Direito Derivado

161. A ordem jurídica a que as OI estão sujeitas é constituída, antes de mais, pelas regras pertinentes do Direito Internacional Comum ou Geral que lhes sejam aplicáveis; mas também pelas regras de Direito Internacional particular estabelecidas no respectivo pacto constitutivo ou acto fundador e que constituem o seu *direito originário, primário ou fundamental;* e ainda pelas disposições dos actos unilaterais adoptados no seio da OI pelos órgãos competentes, que constituem o seu *direito derivado ou secundário* uma vez que, criado na conformidade e segundo os procedimentos prescritos no pacto constitutivo, dele *derivam.*

Alguns autores pretendem que *o direito originário,* resultante de um acto internacional que normalmente reveste a forma de Tratado, *é direito internacional aplicável à organização internacional,* enquanto *o direito derivado,* segregado no seio da Organização pelos seus órgãos competentes, seria *direito interno* da Organização – portanto um direito distinto daquele. Distinto quer pela sua *origem* – pois que é fruto da vontade da própria Organização e não dos Estados que a constituem – quer pelos processos da sua *adopção* – que seriam não os estabelecidos pelo Direito Internacional mas antes os previstos no pacto constitutivo; quer pelo seu *objecto* – pois enquanto o pacto constitutivo é de natureza *jurídico-constitucional,* o direito derivado constituiria *o direito ordinário ou material da organização,* isto é, ocupar-se-ia da regulação das matérias em que esta é competente para intervir; quer, finalmente, pelos seus *destinatários* já que o pacto constitutivo, tendo em vista a criação de um instrumento de cooperação internacional, é concluído entre Estados que são simultaneamente os sujeitos e destinatários das respectivas disposições, enquanto o direito derivado, em cuja produção os indivíduos podem eventualmente participar (ainda que indirectamente – por ex., no seio do Parlamento Europeu) tem por destinatários não apenas os Estados mas também os indivíduos que são seus súbditos.

A distinção entre Direito *aplicável às OI,* que seria *Direito Internacional,* e Direito *produzido pelas Instituições da Organização,* que seria *Direito interno* desta, é porém contestável.

Umas e outras normas poderão ser consideradas como constituindo *Direito Internacional particular*[48] tal como se poderá entender – e é esse o entendimento do Tribunal de Justiça das Comunidades Europeias – que, uma vez adoptados, os Tratados constitutivos passaram a ser a *Constituição das Comunidades* e, portanto, *direito interno de uma comunidade de Estados* – isto é, um direito aplicável aos Estados-membros e aos respectivos nacionais – ou seja, uma nova *ordem jurídica* autónoma e distinta quer do Direito Internacional quer do Direito interno dos Estados[49].

Secção 2ª
Tipologia dos Actos das OI

1. Actos convencionais

162. As OI dispõem do direito de intervir na vida internacional mediante a conclusão de tratados concluídos quer entre elas para regulação de matérias de interesse comum, quer com Estados e outros sujeitos de direito internacional.

A sua participação frequente no domínio da contratação internacional é tão intensa que numa boa parte dos acordos concluídos na cena mundial (cerca de um terço) intervêm OI.

Essa participação ocorria nos termos estabelecidos pelo Direito Internacional comum ou geral. Mas a importância da questão e a especificidade do fenómeno das OI levou a que – não se julgando conveniente submetê-las às regras aplicáveis aos Estados resultantes da Convenção de Viena de 1969 sobre o Direito dos Tratados – em 21 de Março de 1986 tivesse sido concluída uma segunda *Convenção de Viena sobre o Direito dos Tratados Concluídos Quer Entre Estados e Organizações Internacionais Quer Entre Elas.*

[48] Cf. Nguyen Quoc Dinh, *Droit International Public,* 5ª ed., Dalloz, 1995.

[49] João Mota de Campos, *Direito Comunitário,* cit., II Vol., 5ª ed., pp. 13 e segs. e 223 e segs.

Daí decorre que as OI têm capacidade para concluir actos consensuais bilaterais ou multilaterais nos domínios e com os limites previstos nos respectivos pactos constitutivos (v. por ex. no que respeita à União Europeia, os arts. 218º a 221º do Tratado sobre o Funcionamento da União Europeia – Tratado de Lisboa).

Mas, a par dos acordos concluídos entre si ou com Estados, as OI podem celebrar acordos diversos com pessoas privadas.

Em princípio, a Convenção de Viena de 1986 coloca Estados e OI em pé de igualdade no tocante à sua participação. No entanto, a adopção de um dado acordo em conferência internacional convocada para o efeito pode ocorrer sem que os votos das OI que nessa conferência participam sejam tomados em conta para a formação da maioria exigível.

2. Actos unilaterais

163. Na sua vida quotidiana as OI adoptam constantemente actos (unilaterais) da mais diversa natureza. A identificação destes actos, a determinação da sua natureza, as formas como podem apresentar-se e bem assim a sua aptidão para serem fonte de Direito Internacional exigem que os examinemos mais de perto.

Subsecção 1ª
Natureza e Forma dos Actos Unilaterais das OI

§1º Natureza destes actos

164. Os actos unilaterais das OI revestem natureza diversa. Poderemos distinguir, entre eles, sem prejuízo do que foi referido atrás sobre a tipologia dos actos jurídicos adoptados pelos órgãos deliberativos *(supra nº 135):*

a) *actos de natureza legislativa ou regulamentar* através dos quais a organização procura disciplinar, com carácter de generalidade e em termos obrigatórios, o comportamento dos respectivos destinatários – que são os Estados-membros e, eventualmente, outros sujeitos de direito submetidos à acção normativa da OI *(cf. por ex., o art. 288º, do Tratado Sobre o Funcionamento da União Europeia).*
   Assim, os respectivos pactos constitutivos prevêem a adopção de regulamentos sanitários por parte da OMS, de regulamentos aéreos por parte da OACI, de *«Convenções»* no domínio laboral por parte da OIT, etc.;

b) *actos administrativos* diversos – relativos, por ex., à fixação das receitas e despesas da Organização, isto é, ao estabelecimento do seu orçamento, à adopção do estatuto do seu pessoal, ao funcionamento dos seus órgãos, à fixação das taxas a cobrar por serviços prestados, à criação de órgãos subsidiários, etc.;
c) *actos relativos às relações com Estados-membros* – por ex., decisões de admissão, suspensão ou expulsão de Estados-membros, aplicação de outras sanções, concessão de ajudas de qualquer natureza, prestação de assistência (militar, financeira, cultural, humanitária...);
d) *actos de carácter consultivo ou jurisdicional,* adoptados pelos órgãos de consulta ou pelos tribunais instituídos no quadro das OI – tais como o Tribunal Administrativo da OIT, o Tribunal internacional de Justiça da ONU, o Tribunal de Justiça da União Europeia, o Tribunal da EFTA e outros ainda.

§2º Forma dos actos unilaterais das OI

165. Tais actos podem revestir as formas mais variadas: *recomendações ou pareceres, resoluções, decisões, regulamentos...*

A tipologia destes actos unilaterais difere de OI para OI, sendo mais rica na organização de integração em que é mais amplo e mais complexo o quadro de relações entre a OI e os sujeitos de direito que lhes estão submetidos.

A nomenclatura adoptada pode, aliás, induzir em erro:

– *Recomendações e pareceres* não são, em princípio, actos vinculativos; no entanto, quando emanados de um órgão jurisdicional de uma OI (por exemplo do TJCE), os pareceres não podem ser ignorados pelos seus órgãos, aos quais fica vedado agir em desconformidade com a pronúncia jurídica constante do parecer *(cf., por ex., o art. 219º, nº 11, do Tratado Sobre o Funcionamento da União Europeia).*

  Também o TIJ, que pode ser consultado não apenas pelos órgãos da ONU mas também por outras organizações do sistema das Nações Unidas (nunca pelos Estados), emite pareceres que, em regra, não são obrigatórios – embora tenham por efeito declarar o direito de forma irrecusável; ou seja – o parecer não é um acto jurisdicional vinculativo, limita-se a exprimir a opinião do Tribunal, destinada a esclarecer o órgão ou OI que o consulta. Mas é dificilmente concebível que a entidade consulente proceda em desconformidade com o direito declarado pelo Tribunal. Excepcionalmente, porém, o parecer do TIJ é obrigatório[50].

[50] Cf. Nguyen Quoc Dinh, *Droit Internaiionnal Public,* LGDJ, 5ª ed., p. 695.

- Certas *resoluções* (nomeadamente da Assembleia Geral da ONU) não produzem um efeito jurídico vinculativo; outras, porém, revestem um irrecusável carácter obrigatório, podendo ser equiparadas *a decisões*[51].
- De igual modo, certos actos denominados *decisões* têm uma natureza (sobretudo quando incidem sobre matéria do domínio político) que as aproxima mais de um *apelo* que de uma decisão vinculativa.
- Mas o princípio a reter – e que deveria ser observado na prática das OI – é aquele que ficou expresso no art. 288º do Tratado de Roma que instituiu a Comunidade Europeia: enquanto as *decisões* (incluindo as *resoluções)* são actos de carácter obrigatório para os respectivos destinatários, as *recomendações e pareceres* não revestem esse carácter vinculativo. No âmbito do nosso estudo, interessam-nos, em particular, os actos unilaterais das Organizações Internacionais revestidos desse carácter obrigatório, pois só tais actos se apresentam como fonte directa de Direito Internacional.

Subsecção 2ª
Os Actos Unilaterais como Fonte Directa de Direito Internacional

166. Um acto unilateral de uma OI pode ser fonte indirecta de Direito Internacional na medida em que a partir dele se elabore *um princípio* que passe a fazer parte do ordenamento jurídico-internacional. Assim, por ex., a resolução da ONU que aprovou *a Declaração Universal dos Direitos do Homem,* não exprimindo uma decisão nem um acordo internacional concluído no seio da Organização, não continha regras de direito vinculativas dos Estados membros; mas *o princípio do respeito pelos direitos fundamentais* fundado nessa Declaração passou a ser um princípio de Direito Internacional que os Estados não podem menosprezar e que pode mesmo repercutir-se na ordem jurídica interna *(cf., por ex., o art. 16º, nº 2, da Constituição da República Portuguesa).*

É certo que o art. 38º do Estatuto de Tribunal Internacional de Justiça não refere os actos unilaterais das OI como fonte de Direito Internacional; mas o facto

[51] No parecer consultivo que emitiu em 21.6.1972 sobre a Namíbia, o Tribunal Internacional de Justiça entendeu *«qu'il serait inexact de supposer que, parce qu'elle possède en principe le pouvoir de faire des recommandations, l'Assemblée Générale est empêchée d'adopter dans des cas determines relevant de sa compétence, des résolutions avant le caractère de décision ou procedant d'une intention d'exécution»* (Rec., 1971, p. 50).

não pode surpreender-nos: o Estatuto foi elaborado em 1920, numa época em que as OI representavam ainda um papel muito limitado na cena internacional; actualmente, porém, a doutrina e a jurisprudência entendem, sem discrepância, que os actos unilaterais das OI, tal como certos actos unilaterais dos Estados, devem ser considerados, em certos casos, como fonte de Direito Internacional.

É de resto evidente que dispondo as OI, em maior ou menor grau, de uma competência normativa, o exercício desta competência, sobretudo quando ultrapassa o âmbito interno da Organização, visa precisamente criar normas de Direito Internacional; e pode dizer-se que o direito interno da Organização, que é Direito Internacional particular, resulta não só do respectivo pacto constitutivo mas igualmente dos actos jurídicos unilaterais que a OI adopta no exercício da sua actividade.

Podemos assim legitimamente aludir a um *poder normativo interno (§ 1º)* e a um *poder normativo externo (§ 2º).*

§1º O poder normativo interno das OI

167. Adoptando actos unilaterais dirigidos aos seus membros, a OI produz, indiscutivelmente, normas de Direito Internacional, sendo mesmo legítimo aludir a um poder legislativo ou *quase-legislativo* quando tais actos são obrigatórios para os membros da Organização.

Em princípio, esse poder normativo da OI só pode ser exercido *em relação aos seus membros;* mas em certos casos pode manifestar-se mesmo *em relação a terceiros Estados.*

1. Exercício do poder normativo em relação aos Estados-membros

168. Este poder normativo é reconhecido à Organização pelos Estados-membros ao concluírem o pacto constitutivo da OI ou ao aderirem a ela.

A Organização exerce-o através de actos de natureza diversa a que já aludimos – regulamentos, decisões, resoluções, recomendações, pareceres ou outros que tenham sido previstos no pacto respectivo. Em certos casos, como acontece no art. 288º do TFUE, esses actos são definidos com grande rigor – e quando surjam dúvidas sobre a natureza ou alcance do acto adoptado, cabe ao órgão competente da OI (o TJUE no caso da União Europeia) resolver a dúvida suscitada. Mas as Instituições da União Europeia não estão impedidas de adoptar outros actos *atípicos,* tais como resoluções, regulamentes internos, directrizes, programas gerais, etc.[52].

[52] Cf. Sobre este ponto João Mota de Campos, *Direito Comunitário,* II Vol., *«O Ordenamento jurídico comunitário»,* 5ª ed., pp. 147 e segs.

No caso da ONU, o art. 4º, nº 2, da Carta refere-se *a decisões* da Assembleia Geral (relativas à admissão de novos membros); o art. 25º alude às *decisões* do Conselho de Segurança; os arts. 41º e 48º tratam das *decisões* que o Conselho pode adoptar no quadro do Capítulo VII.

Por outro lado, os arts. 10º a 14º referem-se às *recomendações* da Assembleia Geral; e os arts. 36º, 37º e 39º prevêem que o próprio Conselho de Segurança faça *«recomendações»*.

O conteúdo e alcance de alguns destes actos suscitam por vezes algumas dúvidas resultantes da imprecisão (ou indiferença) semântica de que a sua adopção se ressente.

Mais imprecisos ainda, no quadro da maior parte das OI (tal não é, porém, o caso no que concerne à União Europeia) podem ser o regime jurídico e os efeitos de tais actos em relação aos Estados destinatários.

169. Note-se, porém, que a Carta da ONU contém a este respeito algumas precisões.

Assim, por ex., os arts. 48º e 49º prevêem, no quadro do Capítulo VII da Carta, uma série de medidas que os países membros deverão adoptar para dar seguimento às decisões do Conselho de Segurança.

Quando as disposições da Carta sejam omissas sobre o alcance ou efeitos jurídicos de um acto da ONU (ou sobre a competência para o adoptar) incumbe ao TIJ, quando para tal solicitado, resolver a dificuldade, pronunciando-se a título consultivo. Assim aconteceu, por ex., quando foi solicitado a pronunciar-se sobre o carácter obrigatório ou não da resolução do Conselho de Segurança que punha termo ao mandato da União Sul-Africana sobre a Namíbia *(resolução 276/1970)*: o TIJ, após confirmar, no seu parecer de 21.6.1971 *(Rec., 1971, p. 16)*, a competência do Conselho para adoptar *essa resolução* e de entender que ela encontra fundamento no art. 24º da Carta, concluiu que tal resolução tinha carácter obrigatório já que, segundo o Tribunal *«ce serait une interprétation insoutenable d'affirmer que lorsque le Conseil de Sécurité fait une telle déclaration en vertu de l'article 24 de la Charte au nom de tous les Etats membres, ceux-ci sont libres de ne faixe aucun cas de l'illégalité ni même des violations du droit qui en résultent»* (p. 112).

Quanto aos efeitos desta resolução/decisão do Conselho de Segurança, o TIJ entendeu que, adoptada na conformidade dos princípios da Carta e em particular dos seus arts. 24º e 27º, tais efeitos *«sont par conséquent obligatoires pour tous les Etats membres des NU qui son aussi tenus de les accepter et de les appliquer» (p. 115)*. E o Tribunal concluiu que *«Lorsque le Conseil de Sécurité adopte une décision aux termes de l'article 25, conformément à la Charte, il incombe aux Etats membres de se conformer à cette décision notament aux membres du Conseil de Sécurité qui ont vote contre elle et aux membres des Nations Unies qui ne siègent pas au Conseil. Ne pas l'admettre* (continua o Tribunal) *serait priver cet organe principal des fonctions et pouvoirs essentiels qu'il tien de la charte»* (p. 116)[53].

2. As resoluções/acordos das OI

170. Certas *«resoluções»* das OI exprimem, na realidade, um acordo entre os Estados-membros; e deste acto consensual, vinculativo à luz do Direito Internacional, deriva o carácter obrigatório de tais resoluções.

Ao adoptar estas resoluções/acordos, a OI exerce, pois, um poder normativo nos domínios particulares a que essas resoluções se reportam.

Tal é o caso da resolução 2222(XX1) aprovada pela Assembleia Geral das Nações Unidas em 13.12.1963 sobre *«os princípios jurídicos reguladores das actividades dos Estados em matéria de exploração e utilização do espaço extra-atmosférico»*. Ao aprovar por unanimidade essa *«resolução»*, os Estados-membros da ONU declararam que lhe conferiam um carácter obrigatório, pelo que se comprometiam a respeitá-la.

Outras vezes, *a «resolução»* constitui e exprime um acordo entre Estados-membros quanto ao texto de um tratado internacional que se propõem concluir *«no seio da organização»*, tratado esse que fica aberto à assinatura ou à adesão dos Estados.

Foi o que se verificou, por exemplo;

- com a resolução 2200 (XXI) da Assembleia Geral das NU que adoptou os *pactos internacionais relativos aos direitos do Homem* (Pacto Sobre os Direitos Civis e Políticos e Pacto Sobre os Direitos Económicos, Sociais e Culturais);
- com a resolução 2660 (XXV) relativa à desnuclearização dos fundos marinhos;
- com a referida resolução 2222 (XXI) relativa ao *Tratado sobre o Espaço Extra-atmosférico;*
- e outras ainda.

171. Estas resoluções podem pois, a justo título, ser consideradas como *acordos em forma simplificada*, sujeitos a ulterior assinatura ou adesão por parte dos Estados-membros.

[53] Note-se, porém, que esta posição do Tribunal não foi pacífica: na sua opinião dissidente o Juiz FITZMAURICE declarou que o TIJ tinha «reescrito» a Carta, já que esta não conferia ao Conselho nenhum poder real de decisão fora do quadro do Capítulo VII.

É no entanto duvidosa que, embora aprovadas por unanimidade no seio da Assembleia Geral, essas resoluções/acordos tenham carácter obrigatório antes da adesão formal, expressa pela assinatura de um tratado a que os Estados podem opor as reservas que julgam adequadas[54]. Mas, ainda que essa adesão formal não venha a ocorrer, tais resoluções constituirão uma sólida base para a formação de princípios de Direito Internacional vinculativos mesmo para aqueles Estados que a elas não hajam aderido.

Este tipo particular de actos não é, aliás, exclusivo das NU; outras Organizações o conhecem. No quadro comunitário recorre-se – embora com pouca frequência – à adopção das *«Decisões dos representantes dos governos dos Estados-membros reunidos no seio do Conselho»* – actos consensuais adoptados por unanimidade, que exprimem um acordo em forma simplificada que cada Estado-membro aprovará internamente na conformidade das regras constitucionais respectivas[55].

3. Os regulamentos e as decisões das OI

172. São os instrumentos privilegiados do exercício pela OI de poder normativo de que disponha.

Estes actos podem revestir formas e designações diversas (regulamentos, resoluções, recomendações, decisões, directivas), pelo que para se poder determinar a sua verdadeira natureza jurídica (isto é, o seu carácter de acto normativo) e consequentemente os seus efeitos jurídicos, se impõe examinar o conteúdo e os efeitos que através do acto se pretendeu alcançar.

Sucede que as recomendações de uma OI, não sendo em geral actos vinculativos, impõem por vezes aos Estados destinatários uma certa obrigação de comportamento: assim, por ex., no quadro da OIT os Estados-membros, embora não estejam obrigados a acatar as recomendações (moções) emanadas do seu órgão plenário (Conferência Geral do Trabalho) devem, no prazo máximo de 18 meses, submetê-los *«à autoridade ou autoridades na competência das quais cabe a matéria, com o propósito de as transformar em lei ou de adoptar medidas de outra ordem»* (cf. o art. 19º, nº 6, da Carta da OIT).

De igual modo, o nº 2 do art. 4º da Carta constitutiva da FAO refere-se às *«recomendações destinadas a ser submetidas à atenção dos Estados-membros em vista da sua execução através de uma acção nacional»*.

[54] V. Michel Virally, in AFDI, 1970, pp. 9 e segs.

[55] Cf. João Mota de Campos, *Direito Comunitário*, II Vol., *«O Ordenamento Jurídico Comunitário»*, 5ª ed, pp. 68-80.

173. No entanto, o poder regulamentar de que uma OI dispunha exerce-se normalmente através de actos vinculativos, expressamente qualificados como *«decisões» ou «regulamentos»* (ou ainda, no caso particular da União Europeia, de *«directivas»* ou de outros actos atípicos, de designação diversa).

1º As decisões

174. As decisões podem ter *alcance individual* (porque visam uma situação determinada ou um Estado ou uma categoria de Estados precisamente identificados), ou *geral*. Só poderão ser considerados como actos regulamentares as decisões que tiverem carácter geral, isto é, que se dirijam, nos mesmos termos, a todos os Estados-membros incluídos na categoria de destinatários abstractamente visada pela decisão

Assim, por ex., o Fundo Monetário Internacional toma *decisões individuais* que afectam uma categoria determinada de Estados (sobre, por ex., a regulamentação das laxas de câmbio múltiplas ou flutuantes), e *decisões gerais*, de marcado carácter regulamentar, como são as relativas às condições em que os seus membros em dificuldades podem recorrer à assistência do Fundo.

2º Os regulamentos

175. Os pactos de certas OI conferem expressamente aos seus órgãos o poder de adoptar actos normativos de alcance geral, sob a designação de *«regulamentos»*.

O caso mais flagrante é o que ocorre no quadro da União Europeia: quer o Conselho e o Parlamento [agindo em sistema de co-decisão (art. 289º), quer o Conselho quer a Comissão podem adoptar «regulamentos», actos de carácter geral e abstracto, obrigatórios em todos os seus elementos e directamente aplicáveis em todos os Estados-membros *(cf. os arts. 289º e segs.)*.

Mas também o art. 21º do Pacto da Organização Mundial da Saúde (OMS) autoriza a Assembleia da Organização *«a adoptar regulamentos»* e igualmente o art. 7º da OMM (Organização Meteorológica Mundial) habilita o Congresso desta OI a *«adoptar regulamentos técnicos relativos às práticas e procedimentos meteorológicos»*.

Tais actos produzem efeitos de direito obrigatórios em relação aos Estados-membros da OI e por vezes tais efeitos ocorrem directamente na ordem jurídica interna, em relação aos particulares *(cf. o art. 288º CE e o art. 8º, nº 3, da Constituição da República Portuguesa)*.

Estamos aqui, pois, em presença de um verdadeiro poder normativo internacional, atribuído às OI habilitadas a produzir direito internacional derivado com eficácia obrigatória na ordem externa da OI.

176. A atribuição deste poder normativo a uma OI é tanto mais de sublinhar quando é certo que, em certos casos, os órgãos competentes da Organização o podem exercer por maioria qualificada e mesmo, excepcionalmente, por maioria simples – sendo digno de particular registo que em algumas OI o órgão dotado deste poder legislativo é independente dos Estados que nele não estão directamente representados (tal é, em particular, o caso do exercício do poder regulamentar pela Comissão das Comunidades Europeias).

É certo que quando organizações de simples cooperação dispõem de competência para exercer este poder normativo por maioria, os Estados postos em minoria podem formular reservas ao acto adoptado – mas isto apenas no caso de o estatuto da OI os autorizar *(cf., por ex., o art. 8º do pacto constitutivo da OMM e o art. 107º do Regulamento Sanitário da OMS que condiciona a possibilidade de formular reservas à sua aceitação pela Assembleia da Organização).*

De igual modo, no quadro da OACI (Organização da Aviação Civil Internacional) foi contemplada a possibilidade da adopção por um Estado de normas nacionais derrogatórias das estabelecidas pela OI – mas isto sob controlo da Organização.

A única escapatória que resta a um Estado-membro que não queira conformar-se com o carácter obrigatório do acto regulamentar adoptado por maioria é a de se retirar da Organização. Mas esta escapatória é em geral pouco praticável no caso das OI que como verdadeiros serviços públicos internacionais asseguram a cooperação nos múltiplos domínios em que, na época actual, um Estado a não pode dispensar sob pena de se ver posto à margem da convivência internacional,

177. E se o acto regulamentar, de carácter obrigatório para os Estados-membros, não for por estes acatado?

Cada organização está em geral dotada dos meios de pressão indispensáveis para impor o respeito das normas que edita, nomeadamente através de sanções de natureza disciplinar (suspensão ou mesmo, eventualmente, exclusão do Estado prevaricador da sua participação na Organização – *cf. por ex., os arts. 31º da Convenção OMM, 62º da Carta da OMS, arts. 8º e 9º do Estatuto do Conselho da Europa, etc.).*

A sanção disciplinar pode, em termos mais moderados, implicar apenas *a perda de certas vantagens* ou *direitos (cf. o nº 3 do art. 7º do Tratado da União Euro-*

peia), a aplicação de uma *sanção pecuniária* ao Estado *(cf. art. 260º, nº 2, do TUE)*. Pode ainda a sanção ser de *carácter financeiro*, traduzida – como no caso do FMI e do BIRD – na suspensão da assistência financeira aos Estados que não respeitem a disciplina jurídica imposta por essas Organizações. Finalmente a sanção pode consistir apenas na declaração, pelo *órgão jurisdicional* competente da Organização, de que um Estado violou a ordem jurídica da OI – o que, no entanto, basta para o obrigar a adoptar as medidas adequadas à reparação da infracção *(cf. art. 260º, nº 1, do TUE)*.

§2º O poder normativo externo das OI

178. Em princípio parece de excluir a possibilidade de uma OI exercer em relação a Estados terceiros o poder normativo que os seus Estados-membros lhe hajam conferido no respectivo pacto constitutivo.

O Direito Internacional é ainda, em larga medida, dominado pelo princípio *consensualista*, segundo o qual um Estado se obriga mediante declarações unilaterais ou actos bilaterais ou multilaterais que constituem a livre expressão da sua vontade.

Ver-se constrangido a acatar uma vontade alheia, em cuja formação não participou, constitui certamente para um Estado uma degradação dificilmente tolerável da soberania nacional. E se situações destas se verificam por vezes, em Direito Internacional, elas só podem ocorrer a título verdadeiramente excepcional.

Tal é o caso, no entanto, dos Estados-membros da EFTA que participam no *Espaço Económico Europeu* a par dos Estados-membros da União Europeia. Pelo Tratado do Porto que instituiu o EEE, aceitaram considerar-se vinculados não só pelo Direito Comunitário existente ao tempo deste Tratado, mas, bem mais do que isso, pelas normas jurídicas que ulteriormente fossem produzidas pelas Instituições da União, em cuja elaboração não participam[56].

É certo que, como vimos, um Estado pode ver-se obrigado a acatar actos de uma OI a que expressamente se haja oposto. Mas, a situação não é comparável à que se verifica no caso da aplicação de tais actos a Estados não membros: é que a imposição a um Estado membro de um acto da OI aprovado por maioria é uma situação que esse Estado teve de prever e aceitar ao vincular-se livremente no âmbito do pacto consultivo da Organização; não pode por

[56] Cf. João Mota de Campos, *Direito Comunitário*, I Vol., *«Direito Institucional»*, 8ª ed., pp. 100-102.

isso considerar-se atentatória da soberania nacional uma imposição que livremente foi admitida por um Estado numa base consensual e que nesta base lhe cumpre acatar.

Quais são, então, as situações (excepcionais) em que um Estado pode ver-se sujeito aos actos de uma OI de que não é membro?

1. A atribuição a uma OI da gestão de espaços internacionais

179. Há OI que foram instituídas para gerir *«espaços internacionais»* determinados. Tal é o caso das Comissões, a que fizemos já referência, incumbidas de promover, organizar e disciplinar a navegação em certos rios internacionais – como sucede com a Comissão Central do Reno, do Elba, do Escalda e do Danúbio.

É evidente que as regulamentações disciplinadoras da navegação adoptada por estas OI não podem – sob pena de se tornarem ineficazes – deixar de se aplicar a todos os utilizadores da via navegável, quer se trate dos Estados ribeirinhos membros da Organização quer de Estados que não tenham participado na convenção que a instituiu.

O mesmo poderá dizer-se da OACI e da Organização Marítima Mundial, às quais incumbe responder pelos interesses da Comunidade internacional que estão em jogo quotidianamente no espaço aéreo ou marítimo.

De igual modo a autoridade mundial incumbida da *gestão da exploração dos fundos marinhos* não poderia deixar de dispor de competência para adoptar e impor a todos os Estados os regulamentos necessários à organização e disciplina dessa exploração.

2. O exercício pela ONU de um poder normativo «erga omnes»

180. A possibilidade jurídica de a ONU impor a Estados não membros o seu poder de injunção foi já, por mais de uma vez, reconhecido pelo Tribunal Internacional de Justiça, solicitado a pronunciar-se a título consultivo ou em processo contencioso:

- No Parecer que em 1949 emitiu no chamado *Caso Bernardotte, o* Tribunal começou por reconhecer à ONU uma personalidade internacional objectiva oponível a qualquer Estado *membro ou não membro (11 de Abril de 1949, Rec., p. 174).*
- *No caso da Namíbia*, o Tribunal foi ainda mais longe, ao declarar de forma impressiva que *«pour ce qui est des Etats non membres* et bien que ces Etats ne soient pas liés par les articles 24 et 25 de la Charte, les paragraphes

2 et 5 de la résolution 179 (1970) les invitent à s'associer à l'action des Nations Unies concernant la Namibie. De l'avis de la Cour, la cessation du mandat et la déclaration de l'illégalité de la présence sud-africaine en Namibie *sont opposables à tous les Etats en ce qu'elles rendent illégale erga omnes une solution qui se prolonge en violation du droit international. En particulier, aucun Etat qui établit avec l'Afrique du Sud des relations concernant la Namibie ne peut escompter que l'Organisation des Nations Unies ou ses membres reconnaîtront la validité ou les effects de ces relations ou les conséquences qui en découlent.* Dès lors qu'il a été mis fin au mandat par décision de l'Organisation intemationale chargée du pouvoir de surveillance à son égard et que le maintien de la présence sud-africaine en Namibie a été declare illégale, il appartient aux Etats non membres d'agir conformément à *ces décisions*» (par. 126).

181. Desta pronúncia não decorre, porém, que todos os actos regulamentares da ONU possam ser oponíveis a todos os Estados, membros ou não. Mas não pode contestar-se, por outro lado, que possa ser imposta a toda a Comunidade Internacional – portanto também aos Estados não membros – a regulamentação adoptada pela Organização Mundial sobre *«a manutenção da paz e da segurança mundial»* que lhe está confiada e cuja salvaguarda, em relação aos Estados-membros, *exige que a ONU tenha o poder de impor as medidas que ache necessárias a todos os membros da Comunidade Internacional que possam pôr em perigo valores essenciais dessa Comunidade como são a paz e a segurança.* A Carta das NU é, de resto, conforme esta interpretação ao prever nos seus arts. 2º e 35º que:

Artº 2º, 6º parágrafo:

«A Organização fará com que os Estados que não são membros das Nações Unidas ajam de acordo com esses princípios (os enunciados no art. 6º) *em tudo quanto for necessário à manutenção da paz e da segurança internacional.»*

Artº 35º, nº 2:

«Um Estado que não seja membro das Nações Unidas poderá chamar a atenção do Conselho de Segurança ou da Assembleia Geral para qualquer controvérsia em que seja parte, uma vez que aceite previamente, em relação a essa controvérsia, as obrigações de solução pacífica previstas na presente Carta.»

Subsecção 3ª
Os Actos das OI como Fonte Indirecta de Direito Internacional

182. As resoluções emanadas das OI são uma *«fonte indirecta de Direito Internacional»*, sobretudo na medida em que contribuem para a formação rápida de *normas consuetudinárias (§ 1º)* e de *normas programáticas (§ 2º).*

§1º A aceleração do processo de elaboração do costume internacional

183. A formação em Direito Internacional Público de uma norma consuetudinária exige, por um lado, a repetição continuada de um comportamento (a *«consuetudo»)* e, por outro, o reconhecimento do carácter obrigatório do procedimento adoptado *(«opinio juris»).*

O processo de formação da norma costumeira é tradicionalmente lento – até porque a indispensável repetição da prática ou do comportamento de que se trata pode ocorrer com grandes intervalos de tempo.

Agindo colectivamente no quadro das OI e desenvolvendo aí quotidianamente uma espécie de *«diplomacia parlamentar» (TIJ, caso do Sudoeste Africano, Recueil, 1962, p. 346),* o fenómeno de repetição que está na base da criação do costume acelera-se enormemente e os próprios actos unilaterais adoptados pela OI constituem o instrumento de reconhecimento e de revelação de existência de uma norma que passa a impôr-se à Organização e aos seus Estados-membros nos termos e na medida em que estes a aceitaram e passaram a aplicá-la,

184. Resoluções das OI formuladas em termos precisos e claros e repetidamente adoptadas no seu seio por vontade expressamente declarada dos Estados-membros (por vezes numerosos e representativos) – e por eles respeitadas na prática subsequente – se porventura não bastam para só por si criar uma norma de direito internacional comum contribuem, como se disse, para a sua formação acelerada.

- O TIJ teve ocasião, no seu Acórdão de 1969 lavrado no *caso da plataforma continental do Mar do Norte,* de registar a referida aceleração do processo de formação do costume internacional.
- Deparamos também com um exemplo desta aceleração no domínio da criação da *noção jurídica de zona económica exclusiva.* É nos anos 1970/1972

que surge a concepção de que os Estados ribeirinhos disporiam de jurisdição económica sobre uma faixa com a largura de 200 milhas ao longo da respectiva costa marítima. Esta concepção expandiu-se de forma acelerada, com o sucesso que bem se compreende.

Na verdade, sem deixar o tempo correr, a maioria dos Estados marítimos adoptaram na respectiva ordem jurídica interna as medidas que julgaram adequadas (em regra sob a forma de lei), tendo em vista a criação e imposição a terceiros da respectiva *«zona económica exclusiva»*. Rapidamente (isto é, num período que não ultrapassou os seis anos), *a zona económica* tornou-se uma realidade de origem consuetudinária, independente de resultados da conferência das NU sobre o Direito do Mar, que estava em curso e viria a consagrar o facto estabelecido[57].

Também a rápida implantação do princípio da auto-determinação e a sua aplicação nas relações coloniais estabeleceram a ilegalidade internacional da colonização que até então a prática internacional (o costume) legitimava e era geralmente reconhecida como legal.

- De igual modo, a resolução nº 1803 de 1962 relativa à *«soberania permanente sobre os recursos naturais e as actividades económicas»*, explicita, precisando-o, o alcance do princípio da *«soberania económica»* e o estatuto de *«investimentos estrangeiros»*.

§2º As resoluções das OI enquanto fonte de normas jurídicas

1. Resoluções de carácter «programático»

185. Estamos aqui em presença – e é esse o caso mais frequente – de *resoluções* que tendem a preparar e, portanto, pré-anunciam a legalidade futura, segundo ideias e princípios que poderão ou não ser retomados pelo direito positivo.

Dito de outra forma, tais *resoluções* apresentam-se como textos *de lege ferenda* e não *de lege lata*. Mas elas podem tornar-se o direito de amanhã, prefigurando-o.

Tratar-se-ia, pois, de uma forma de *direito latente*, em vias de tornar-se direito positivo. Por exemplo, os princípios da não reciprocidade ou das preferências comerciais em favor dos países em vias de desenvolvimento começa-

[57] Sobre a *«Zona Económica Exclusiva»*, v. Manuel de Almeida Ribeiro, Tese, Ed. do I.S.C.S.P., Lisboa, 1992, p. 252.

ram por constituir um programa de acção antes de beneficiar de um alcance obrigatório e ascenderem mais tarde à dignidade de direito positivo.

2. Resoluções destinadas a forçar a criação de um novo direito

186. Numerosas resoluções são, por vezes, adoptadas facilmente por maiorias esmagadoras no seio de Organizações como a ONU, ou de Instituições como a CNUCED em que joga em pleno o peso do número dos Estados participantes, em posição de igualdade jurídico-diplomática, cada um deles dispondo de um voto – Organizações que por isso se acham, de facto, controladas pelos Estados do 3º Mundo,

187. Estas maiorias, que alguns qualificam como automáticas, têm tendência para se aproveitar da sua vantagem numérica, impondo princípios e impondo medidas destinadas a remediar o desequilíbrio das relações internacionais favorável a um pequeno número de Estados mais poderosos. As *resoluções* assim aprovadas têm, pois, em vista promover a emergência de um novo direito internacional inegualitário, não baseado no princípio da reciprocidade, compensador de desigualdades naturais e, portanto, destinado a proteger os mais fracos contra os abusos das grandes potências.

Esta situação é particularmente relevante no domínio das relações económicas internacionais em que a maioria dos Estados procurou impor os princípios e regras de acção de uma *nova ordem internacional económica.*

Secção 3ª
O Controlo de Legalidade no Quadro das OI

188. Criações do Direito Internacional e subordinados às suas regras – quer às do Direito Internacional geral, quer às do Direito Internacional particular decorrente do respectivo pacto constitutivo – havia que assegurar a correcta interpretação e aplicação das normas que regem as OI.

Este controlo rigoroso antolha-se tanto mais necessário quanto é certo que dele depende a salvaguarda das competências estatais que, no desenvolvimento da sua acção, as OI poderiam ser tentadas a menosprezar.

É evidente, porém, que um *controlo efectivo de legalidades (§ 1º)* supõe o exercício de adequado *poder de sanção (§ 2º).*

§1º O controlo pelas OI da sua própria ordem jurídica

189. O controlo do respeito da ordem jurídica da OI impõe a correcta interpretação quer do respectivo *pacto constitutivo* – a que já tivemos ocasião de fazer referência –, quer do *direito derivado* produzido pela própria Organização. Essa interpretação é normalmente conduzida na perspectiva do *controlo do exercício das competências que à OI estão atribuídas;* mas importante é, também: por um lado, assegurar o controlo do respeito pelos Estados-membros da ordem jurídica da Organização, na medida em que esta imponha restrições ou limites ao exercício das competências estatais concorrentes com as da Organização; e, por outro, acautelar a eficácia de um *sistema repressivo das violações dessa ordem jurídica* cometidas quer pelos órgãos da OI quer pelos seus Estados-membros.

1. O controlo do exercício das competências da OI

190. O pacto constitutivo e bem assim eventuais actos normativos correctamente adoptados na sua conformidade definem as competências da Organização e as condições do seu exercício.

Os órgãos da Instituição devem respeitar as disposições do acto constitutivo ou dos referidos actos normativos (isto é, respeitar a Lei que rege a Organização), agindo na estrita conformidade do seu objecto e das suas finalidades, com inteiro respeito do princípio da especialidade e das demais condições de fundo e de forma prescritas pelos textos jurídicos aplicáveis.

Como assegurar o controlo que se impõe?

Normalmente através do *auto-controlo* exercido pelos próprios órgãos autónomos da Instituição ou por qualquer um destes em relação aos que dele dependem – como é o caso da Assembleia Geral das NU em relação a certos órgãos subsidiários ou que lhe estão subordinados.

Mas nem sempre se depara nas OI com um órgão dotado de supremacia em relação a outros: mesmo no quadro das NU as divergências de interpretação do pacto e, portanto, do sistema de repartição de competências entre a Assembleia Geral e o Conselho de Segurança podem conduzir ao bloqueio do sistema.

191. Tal controlo poderia, antes demais, ser exercido *a nível político* – por um órgão da Instituição para tal vocacionado. Mas isto exigiria uma hierarquização interna dos órgãos que só em OI muito complexas é possível conceber.

O caso da União Europeia é a este respeito exemplar:

- a Comissão foi investida pelos Tratados na qualidade de *guardiã da legalidade,* podendo no exercício desta missão agir contra outras Instituições, contra os Estados e contra os indivíduos sujeitos de direito comunitário, embora a sua intervenção comporte, por vezes, a necessidade do recurso ao Tribunal de Justiça.

- o Parlamento Europeu exerce uma indiscutível competência de controlo político, embora este só seja verdadeiramente efectivo contra a Comissão, cuja demissão colectiva o PE tem o poder de provocar mediante a aprovação de uma moção de censura.
- o Parlamento e o Tribunal de Contas exercem um efectivo controlo no plano da execução orçamental, impondo a observância dos Tratados na cobrança das receitas e na satisfação de despesas[58].

192. Controlo efectivo da observância do Direito da OI pelos seus órgãos e eventualmente pelos seus Estados-membros é o exercido por uma instância jurisdicional da Organização, quando haja sido instituída.

O Tribunal Internacional de Justiça é um órgão da ONU; está autorizado a interpretar o pacto de qualquer organização internacional, mas apenas (mesmo no caso da ONU) no caso de essa organização lho solicitar a título consultivo, certo sendo que o parecer emitido não é em princípio obrigatório.

O Tribunal só julga em processo contencioso, proferindo um acórdão vinculativo, se os Estados-membros tomarem a iniciativa de lhe pôr a questão na sequência de um diferendo jurídico que entre eles se tenha suscitado *(cf. o Ac. de 10.9.1929 do TPJI, Comissão Internacional do ODER, série A, nº 23).*

193. Mais uma vez há que destacar, aqui, a excepção que constitui o Tribunal de Justiça da União Europeia, que está habilitado a pronunciar-se, a pedido de qualquer Instituição, de um Estado-membro e eventualmente de simples particulares com legitimidade para o efeito, sobre a legalidade dos actos ou omissões de uma Instituição da União; e bem assim, a pedido da Comissão ou de um Estado-membro, sobre a violação da legalidade por qualquer Estado-membro.

Controlo jurídico – mas restrito – é também o exercício pelos Tribunais Administrativos da ONU, da OIT e outras Instituições Internacionais.

2. O controlo da violação pelos Estados-membros da ordem jurídica da organização

194. Os Estados-membros estão naturalmente obrigados a respeitar as disposições jurídicas que regem a Organização – quer as do pacto constitutivo

[58] Cf. João Mota de Campos, *Direito Comunitário,* I Vol, cit., 8ª ed., p. 141.

(direito primário), quer as que os órgãos competentes da OI tenham adoptado na conformidade do pacto e que, por força deste, sejam vinculativas dos Estados *(«Pacta sunt servanda»).*

A eficácia do sistema de salvaguarda da legalidade no quadro de uma OI, relativamente ao comportamento dos Estados-membros, depende naturalmente das disposições da carta da Organização e da eficácia das sanções aplicáveis aos infractores.

195. No quadro da União Europeia, essas disposições são muito precisas e constringentes.

Por um lado, o art. 4º, nº 3, do Tratado da União Europeia impõe aos Estados um dever irrecusável de cooperação leal com a União e, antes de mais, o acatamento das normas do direito europeu. A par disso, quer no tocante à interpretação destas normas em geral e das obrigações dos Estados em face da União, quer no respeitante à resolução de qualquer litígio jurídico suscitado nas relações entre a União e os seus Estados-membros, estes renunciaram a qualquer processo de resolução de eventuais diferendos que não sejam os processos previstos nos Tratados Comunitários *(cf. arts. 4º e 19º do TUE e 259º, 260º, 267º e 334º do Tratado Sobre o Funcionamento da União).*

É claro, porém, que estamos, no caso da União Europeia, perante OI particularmente avançadas em termos de «Comunidade de Direito» e que por isso não toleram o desrespeito da sua ordem jurídica.

§2º O exercício do poder de sanção

196. A eficácia do sistema de salvaguardada legalidade no quadro de uma OI implica a possibilidade de sancionar quer os Estados violadores das regras da Organização quer a própria OI que transgrida as normas que a regem.

1. A sanção do incumprimento pelos Estados das obrigações que assumiram no seio da OI

197. Em relação às violações cometidas pelos Estados-membros, a ordem jurídica das OI contempla soluções diversas que vão desde a *suspensão do exercício de certos direitos* (direito de voto, por ex.), *à suspensão do direito de participação na Organização e, mesmo, à expulsão.*

Estas medidas coercivas e punitivas são aplicadas pelo órgão ou órgãos competentes da OI.

A sanção pode ainda, em OI mais elaboradas – como é o caso da União Europeia – traduzir-se na aplicação de medidas de carácter pecuniário ou com implicações pecuniárias *(cf. o arts. 126º, nº 11, e 260º do Tratado Sobre o Funcionamento da União Europeia).*

2. A sanção da violação do pacto pela OI

198. No tocante a comportamentos da própria OI que devem ser considerados ilegais por violarem o seu pacto ou as regras do direito internacional, cumpre sublinhar que a Organização pode incorrer em responsabilidade internacional.

Tal como acontece com outros sujeitos de direito internacional, a OI responde pelo exercício irregular das suas competências sempre que esse exercício haja causado prejuízo a terceiros.

O regime da responsabilidade internacional das OI é próximo do relativo aos Estados. Próximo, mas não coincidente, por se impor em conta os particularismos inerentes às OI.

No quadro da União Europeia, tanto há lugar a responsabilidade internacional perante terceiros Estados, como responsabilidade extracontratual perante os Estados-membros ou perante os particulares sujeitos de direito comunitário – responsabilidade esta que é efectivada no âmbito de uma acção de indemnização prevista nos arts. 268º e 340º do Tratado Sobre o Funcionamento da União[59].

Bibliografia

A. TAVARES de Pinho, *«L'admission de la C.E. comme un membre de la F.A.O.»*, R.M.C., 1993, pp. 656-673.

B. KASME, *La capacité de l'O.N.U. de conclure des traités, L.G.D.J.*, 1960, p. 214.

CH.-E. HELD, *Les accords internationaux conclus par la C.E.E.*, Tese Lausanne, 1977, p. 240.

COMMISSION CEE, *La Communauté européenne, les organisations internationals et les accords multilatéraux*, Bruxelles, 1977, p. 300.

E. SAUVIGNON, *«Les Cammunautés européennes et le droit de légation actif»*, *R.M.C.*,1978, pp. 176-191.

J. BOURRINET, *Les relations extérieures de la C.E.E., P.U.F.*, 1989, p. 128.

J-P. JACQUÉ, *«La participation de la C.E.E. aux organisations internationales universalles»*, A.F.D.I, 1975, pp. 924-948.

M. CHIU, *The Capacity of International Organizations to Conclude Treaties*, Nijhoff, La Haye, 1966, p. 226.

P-H. IMBERT, *«Le consentement des Etats en droit international»*, R.G.D.I.P., 1985, pp. 353-382.

[59] Sobre acção de indemnização, v. João MOTA DE CAMPOS, *Direito Comunitário*, cit., II Vol., 5ª ed., pp. 669 a 706.

P. M. LEOPOLD, *«External Relations Power of E.E.C. in Theory, and Practice»*, I.C.L.Q., 1977, pp. 54-80.

R. BRILLAT, *«La participation de la Communauté européenne aux conventions du Conseil de l'Europe»*, A.F.D.I., 1991, pp. 819-832.

R. KOVAR, *«La participation des Communautés européennes aux conventions multilatérales»*, A.F.D.L, 1975, pp. 903-923.

Capítulo VIII
A Personalidade Jurídica das OI

199. As OI não podem dispensar o reconhecimento da sua personalidade jurídica própria. Mas, dizer que todas as OI gozam de personalidade jurídica e que, dado o seu processo de constituição, os seus objectivos e o seu estatuto jurídico, são regidas pelo Direito Internacional Público, não permite concluir que estão submetidas a regras uniformes – como de resto não conviria que estivessem: as cerca de 300 Organizações Internacionais actualmente existentes – e o seu número não pára de aumentar – diferem entre si pelo objecto, pelas competências de que dispõem para o realizar, pelas estruturas institucionais de que foram dotadas para assegurar o seu eficaz funcionamento, pela ordem jurídica que as rege.

A observação da realidade internacional, isto é, o estudo comparativo das diversas OI, revela a amplitude das diferenças entre elas – tal como faz avultar os aspectos comuns que precisamente permitem elaborar uma teoria geral que dê conta da globalidade do fenómeno, isto é, que permita apurar *os* princípios comuns a todas elas.

É destes princípios que vamos tratar de seguida – quer dos decorrentes da *ordem interna* das OI (SECÇÃO 1ª), quer dos relacionados com a *ordem internacional* (SECÇÃO 2ª).

Secção 1ª
A Personalidade Jurídica Interna

200. A personalidade jurídica é reconhecida às OI.

Essa personalidade jurídica manifesta-se em face dos Estados-membros em geral e, em particular, em face do Estado hospedeiro.

As cartas constitutivas das OI contemporâneas contêm normalmente uma cláusula geral de reconhecimento à Organização, no território dos Estados-membros, da capacidade jurídica para exercer as suas funções e realizarem os seus objectivos.

A partir de 1945 esta fórmula passou a constituir *«direito comum»* das OI, sendo reproduzida, quase textualmente, nos actos constitutivos das instituições especializadas da ONU e bem assim de outras Organizações *[cf., por ex., o art. 139º da Carta da OEA e os arts. 47º do Tratado da União Europeia e 335º do Tratado Sobre o Funcionamento da União Europeia*[60]*]*.

Segundo o art. 104º da Carta das NU, *«A organização gozará, no território de cada um dos seus membros, da capacidade jurídica necessária ao exercício das suas funções e à realização dos seus objectivos»*.

A Convenção sobre os Privilégios e Imunidades das NU precisou o conteúdo dessa capacidade jurídica – e disposições análogas existem nos pactos constitutivos da maioria das OI *(cf., por ex., o art. 39º da Constituição da OIT, o art. 281º do Tratado CE, 184º do Tratado CEEA, etc.)*.

Também no *Acordo sobre os Privilégios e Imunidades* de cada organização ou no acordo de sede concluído entre a Organização e o Estado hospedeiro, se depara normalmente com disposições em que se prevê de forma explícita a capacidade da OI para contratar, adquirir ou alienar bens mobiliários e imobiliários, estar em justiça, etc. *(v., por ex., o art. I, Secção 1ª à da Convenção de 1946 sobre os Privilégios e Imunidades das NU e o art. I, Secção 3ª da Convenção de 1947 sobre os Privilégios e Imunidades das Instituições Especializadas das NU)*.

201. Esta capacidade é indispensável à Organização. Por isso, mesmo que o acto constitutivo de uma OI seja omisso a esse respeito, não seria possível contestar a sua personalidade jurídica, interna ou internacional – em correspondência, aliás, com a vontade implícita dos Estados: estes quiseram criar uma instituição internacional permanente e não uma simples conferência diplomática, ainda que de funcionamento periódico; e certamente quiseram também conferir-lhe um estatuto jurídico adequado a garantir a eficácia da sua acção.

[60] Art. 335º do TFUE:
«Em cada um dos Estados membros a União goza da mais ampla capacidade jurídica reconhecida às pessoas colectivas pelas legislações nacionais, podendo, designadamente, adquirir ou alienar bens móveis e imóveis e estar em juízo. Para o efeito, é representada pela Comissão. No entanto, a União é representada por cada uma das instituições, ao abrigo da respectiva autonomia administrativa, no tocante às questões ligadas ao respectivo funcionamento.»

Ora, a personalidade jurídica é um dos atributos de qualquer instituição social, porque sem ela não *é* possível agir em nome próprio no mundo do direito. A personalidade jurídica é, pois, como vimos, um elemento essencial da noção de OI, sendo por isso desprovido de implicações o silêncio do pacto constitutivo e, portanto, a falta de reconhecimento expresso dessa personalidade. Trata-se, porém, de uma personalidade jurídica adequada à prossecução das finalidades da Organização e portanto ao pleno desempenho das suas funções na ordem interna e na ordem internacional[61], ou seja, de *uma personalidade funcional* que é aferida em função do *princípio da especialidade* que domina as OI em geral.

Quando se instala, a OI carece de dispor, por compra ou arrendamento, dos edifícios necessários ao desenvolvimento das suas actividades; a par disso, a OI não deixará de celebrar os mais diversos contratos – quer de fornecimento de bens para guarnecer e equipar os seus locais de trabalho, quer de fornecimento de serviços permanentes (água, energia, gás, telefone, fax, telex, serviços de limpeza, serviços de vigilância, serviços de conservação e reparação de bens móveis ou imóveis, serviços de transporte, etc.).

Estes contratos são normalmente regidos pelo direito interno do Estado hospedeiro – o que exige que a OI *tenha personalidade jurídica interna* para contratar e *capacidade judiciária* para defender os seus interesses como demandante ou como demandada perante os tribunais competentes. Mas os contratos celebrados podem conter e frequentemente contêm uma cláusula sobre a lei que lhes é aplicável e sobre a atribuição de competência a uma *instância arbitral* (no quadro, por ex., da *American Arbitration Association ou* da *Câmara do Comércio Internacional),* ou mesmo *jurisdicional*[62] – como é de regra no que respeita à União Europeia, que prefere ver os litígios em que seja parte julgados pelo Tribunal da Justiça da União Europeia.

[61] A propósito da ONU – mas a declaração pode ser estendida a qualquer outra OI –, o TIJ no seu Parecer de 4.4.1949 sobre a *«Reparação de prejuízos»* (Rec., 1949, p. 179) teve ocasião de explicitar que *«A Organização estava destinada a exercer funções e a fruir de direitos – e ela assim linha feito – que só podem explicar-se parque a Organização possui uma larga medida de personalidade internacional e capacidade para agir no plano internacional... A ONU não poderia corresponder às intenções dos seus fundadores se estivesse desprovida de personalidade internacional. Impõe-se admitir que os seus membros, atribuindo-lhes certas funções, com os deveres e as responsabilidades correspondentes, a revestiram da competência necessária para lhe permitir desempenhar efectivamente essas junções».*

[62] V. sobre *«Les contrats conclus par les Organisations Internalionales avec personnes privées»,* as propostas do Instituto de Direito Internacional formuladas na sua resolução de 6.9.1977 na sessão de OSLO *iIn Annuaire IDI,* 1977, p. 332, *e A. EUL,* 1997. p. 1287).

202. Note-se, porém, que a possibilidade de agir em justiça contra uma OI está frequentemente limitada pelo regime de imunidades de que as OI frequentemente beneficiam.

Uma imunidade de jurisdição demasiado ampla permitiria a uma OI subtrair-se facilmente a um processo contencioso que contra ela fosse instaurado por aqueles que com ela tivessem contratado e furtar-se, con-sequentemente, ao cumprimento das suas obrigações. Tal abuso não poderia ser tolerado. Por isso mesmo, tanto nos acordos sobre os privilégios e imunidades como nos acordos relativos à sede da OI, há o cuidado de prever os modos de resolução dos diferendos que possam surgir entre a Organização e aqueles que com ela contratem (ver, por ex., a Convenção sobre os Privilégios e Imunidades das Nações Unidas de 13 de Fevereiro de 1946 e bem assim a Convenção de 21 de Novembro de 1947 sobre os privilégios e imunidade das instituições Especializadas da ONU).

Por outro lado, a maior parte dos contratos celebrados por OI contêm cláusulas compromisórias para resolver os litígios – e que podem determinar a *arbitragem* por uma instituição permanente *(Câmara de Comércio Internacional ou American Arbitration Association)*, o recurso a um tribunal arbitral *ad hoc*, o recurso directo a uma jurisdição permanente (por ex., o *Tribunal Administrativo* da OIT relativamente aos contratos por esta concluídos) ou mesmo o recurso a tribunais nacionais.

Assim, por força dos arts. 274º e 340º do Tratado Sobre o Funcionamento da União Europeia, esta responde em certos casos (designadamente para efectivação de responsabilidade contratual e, em processo executivo, para cumprimento de obrigações que lhes sejam impostas pelo Tribunal de Justiça), perante os tribunais nacionais. Mas, em virtude do art. 1º do Protocolo relativo aos privilégios e imunidades da União Europeia, *«os bens e haveres das Comunidades não podem ser objecto de qualquer medida coerciva, administrativa ou judicial, sem autorização do Tribunal de Justiça»*, órgão jurisdicional próprio da União.

Secção 2ª
A Personalidade Jurídica Internacional

§1º O estatuto das OI nas relações internacionais

203. A personalidade jurídica de uma OI traduz-se num conjunto de direitos, obrigações e prerrogativas que se manifestam em relação a outros sujeitos de Direito Internacional.

Nesta matéria, os estatutos das OI não são idênticos; e a situação de qualquer delas é profundamente diferente da dos Estados – que usufruem de uma personalidade jurídica internacional *plena.*

A personalidade jurídica internacional que possa ser reconhecida a uma OI é sempre mais ou menos limitada, em função dos seus objectivos e da necessidade de, para os prosseguir eficazmente, dispor de personalidade própria; essa personalidade é, como referimos a propósito da personalidade interna, um atributo *instrumental ou funcional,* cujo exercício está indissoluvelmente associado – e por isso limitado – à prossecução dos objectivos que a OI tem competência para prosseguir.

204. No parecer consultivo que emitiu em 4 de Abril de 1949, o TIJ, respondendo afirmativamente à questão de saber se na *ordem internacional* a ONU tem uma natureza que lhe *permita apresentar reclamações* internacionais contra um Estado, reconheceu que essa Organização é dotada de personalidade internacional e de capacidade para agir no plano internacional – personalidade e capacidade essas oponíveis aos Estados, membros ou não da Organização.

Para fundar esta conclusão, o TIJ relembrou a missão internacional da ONU, que é a de manter a paz e a segurança internacionais, desenvolver as relações entre as nações e promover a cooperação internacional nos mais diversos domínios. Para cumprir estas missões deveria ser reconhecida à ONU a personalidade internacional[63].

Este raciocínio é sem dúvida transponível para outras OI: por definição, todas desempenham missões que implicam uma capacidade de acção autónoma nas relações internacionais, exercida a par ou mesmo à margem dos Estados-membros e, portanto, uma personalidade jurídico-internacional distinta da destes.

E porventura mais difícil justificar a oponibilidade da personalidade jurídico-internacional das OI a Estados terceiros. Em relação à ONU o TIJ não hesitou em fazê-lo: «*O Tribunal é de parecer que 50 Estados (os Estados fundadores) representando uma larga maioria dos membros da Comunidade Internacional* (o que era exacto em 1945) *tinham o poder, conforme ao Direito Internacional, de criar uma entidade detentora de personalidade internacional objectiva e não apenas uma personalidade só por eles reconhecida*» (cf. o Parecer de 4.04.1949, cit., p. 185).

[63] Tribunal não afirma, porém, que a personalidade jurídica internacional da ONU é plena – mas que a ONU a possui em *larga medida.* Baseou-se, para tal, nas disposições da própria Carta.

205. É claro que a justificação fornecida pelo Tribunal para esta oponibilidade *erga omnes* da personalidade da ONU não é extensiva a todas as OI – mas, quando muito, às que beneficiem de representatividade equiparável, como é o caso das Organizações Universais que são as *instituições especializadas* do sistema da ONU. A generalidade das organizações regionais vê-se obrigada a negociar, num quadro bilateral ou multilateral, o reconhecimento da sua personalidade jurídica, que no caso da União Europeia tem vindo progressivamente a ser imposta à escala mundial, dado o interesse que terceiros Estados indubitavelmente têm em relacionar-se com ela.

206. Também a Comissão de Direito Internacional, abordando em 1963 a questão – a propósito das relações entre os Estados e as OI – entendeu dever ser excluída a formulação de uma regra geral neste domínio por considerar *que se a personalidade jurídica internacional pode ser reconhecida a qualquer OI, as implicações ou efeitos desse reconhecimento variam de acordo com as disposições do pacto constitutivo de cada uma* e, nomeadamente, com as disposições relativas ao objecto e competências de cada uma[64].

Exemplar, a este respeito – mas em regra não adoptada – era a fórmula inserta no art. 6º, nº 2, do Tratado de Paris de 1951 que instituiu a CECA: *«Nas relações internacionais a Comunidade goza da capacidade jurídica necessária para exercer as suas funções e alcançar os seus objectivos».*

Actualmente, o art. 47º do Tratado da União Europeia dispõe, singelamente: *«A União tem personalidade jurídica»;* que na ordem internacional se exprime na sua ampla capacidade de contratação com Estados e outras organizações internacionais *(cf. os arts. 207º a 221º do TFUE).*

§2º Os símbolos da personalidade internacional das OI

207. Por vezes, a OI procura exprimir através de símbolos apropriados a sua personalidade internacional, adoptando um selo próprio, um emblema, uma bandeira distintiva, um hino... (ONU, União Europeia, OTAN, Conselho da Europa, Comissão Europeia do Danúbio, etc.).

Cada OI dispõe de inteira liberdade quanto à escolha dos símbolos que considere apropriados.

[64] Em particular sobre a personalidade jurídica internacional das Comunidades Europeias, V. João Mota de Campos, *Direito Comunitário,* 1º vol., *«O Direito Institucional»,* 8ª ed., pp. 555 a 576.

Os símbolos europeus

A *bandeira europeia* foi escolhida pelo Conselho da Europa em 1955. É composta por um círculo de doze estrelas douradas sobre fundo azul. O número de estrelas é constante sendo 12 o símbolo da perfeição. A mesma bandeira foi adoptada pela Comunidade Europeia (agora, União Europeia) em 1986.

O hino europeu, adoptado pelo Conselho da Europa em 1972, é um arranjo musical de Herbert von Karajan retirado do Prelúdio ao Hino da Alegria, da 9ª Sinfonia de Beethoven.

O *Dia da Europa*, que se celebra desde 1964, a 5 de Maio (aniversário da fundação do Conselho da Europa), pretende promover o envolvimento dos cidadãos europeus, de forma mais intensa, no processo da unificação da Europa.

§3º As manifestações da personalidade internacional das OI

208. A questão que se põe no tocante à personalidade internacional das OI situa-se no plano das suas relações externas – quer com Estados quer com outras OI – eventualmente reguladas por Tratados que a OI tenha capacidade para concluir.

Segundo o art. 6º da *«Convenção de Viena sobre o Direito dos Tratados entre Estados e Organizações Internacionais ou entre Organizações Internacionais»*, de 21.03.1986, *«a capacidade de uma organização internacional para celebrar tratados rege-se pelas regras dessa organização»*.

Diversas disposições dos Tratados Europeus conferem expressamente, em termos muito amplos, essa capacidade à União Europeia *(cf., designadamente, os arts. 207º a 221º do TFUE)*.

Actualmente, o art. 47º do Tratado da União Europeia dispõe que *«A União Europeia tem personalidade jurídica»*.

Vejamos mais de perto.

1. Nas relações com outras OI

209. Tais relações, quando existem, são formalmente previstas nas respectivas cartas constitutivas e têm por objecto quer a organização da colaboração entre elas quer a repartição ou coordenação de competências potencialmente concorrentes. Essas relações de cooperação, implicando ligações institucionais adequadas, ocorrem sobretudo no quadro das NU, tendo em vista alcançar uma certa unidade de acção em vários domínios. Por isso se fala no sistema, na constelação ou mesmo na família das NU.

Também se verifica, por vezes, um relacionamento estreito entre OI que actuam num mesmo quadro regional *(cf. os arts. 216º e segs., em particular 220º do Tratado da União Europeia).*

De igual modo, a União Europeia mantém relações quer com a Organização do Comércio Mundial, de que é membro, quer com a AIEA (Agência Internacional da Energia Atómica).

Em qualquer caso, as relações entre OI ou entre estas e os Estados são comandadas pelo *princípio da especialidade* que a todas domina: a cooperação que no quadro dessas relações se pretende estabelecer não pode deixar de se situar no âmbito das finalidades e competências de que tais organizações disponham.

2. Nas relações com os Estados

210. Também a OI pode manter relações com Estados que não sejam seus membros – quando, por ex., estes estão interessados em manter contactos com a Organização (como associados, como observadores ou simplesmente como destinatários de qualquer forma de ajuda), ou quando a OI exerce actividades no seu território (como é o caso da ONU em relação à Suíça onde está sediada a sua delegação europeia). Tais relações são também inevitáveis com os Estados em cujo território estacionem forças militares das NU *(os capacetes azuis).*

As relações com os Estados-membros são frequentes – mas poderíamos admitir que relevam da personalidade interna da OI, estando previstas no próprio pacto constitutivo e processando-se em termos similares com todos eles. Essas relações podem, no entanto, revestir um carácter especial com algum ou alguns, designadamente com o Estado-hospedeiro da OI e com aqueles em relação aos quais exerce certas competências específicas (prestando-lhes assistência técnica, financeira ou outra) ou dos quais recebe vantagens determinadas,

3. A participação das OI na conclusão de Tratados

211. As relações exteriores da OI – quer em relação aos Estados quer em relação a outras OI – exprimem-se, por vezes, mediante a conclusão de acordos apropriados, regidos pelo Direito Internacional Público *(Convenção de Viena Sobre o Direito dos Tratados, de 21.3.1986;* v. também sobre este ponto específico, os *arts. 216º a 218º e 220º da União Europeia).*

A capacidade para concluir tratados é em geral reconhecida às OI: o art. 6º da Convenção de Viena de 1986, sem pretender enfrentar a questão do fundamento jurídico-internacional dessa capacidade, confirma-a claramente ao remeter as condições do seu exercício para o direito interno da Organização *[art. 7º, nº 3, al. a)]*[65].

Sobre as matérias em que essa capacidade de contratação internacional pode exercer-se, a OI é, evidentemente, dominada pelo *princípio da especialidade.*

Mas os pactos constitutivos nem sempre são explícitos quanto à capacidade de contratação internacional – limitando-se frequentemente a sugeri-la mediante a referência aos tipos de acordos que a Organização, através deste ou daquele órgão, está habilitada a concluir *(cf. os firts. 207º e segs., 211º, 217º e 218º do Tratado Sobre o Funcionamento da União Europeia).*

Os acordos que aqui temos em vista são os que uma OI pretende concluir com um Estado ou grupo de Estados ou com outra ou outras OI.

212. Um problema que a este respeito se põe *e* que a Convenção de Viena de 1986 não resolve, remetendo antes no seu *art. 7º, nº 3, al.* a), para o direito interno da OI, é o da representação da Organização na celebração dos Tratados.

Como o direito interno da OI é frequentemente omisso a este respeito, deve ter-se em conta a prática das OI, que é divergente: nuns casos a competência para negociar cabe ao órgão plenário da Organização, noutros pode caber a um órgão restrito ou mesmo a um alto funcionário (Chefe do Secretariado, Director-Geral, Secretário Geral...).

Os arts. 43º a 63º da Carta das Nações Unidas reservam o exercício dessas competências para um ou outro órgão consoante a matéria do acordo a celebrar: para os acordos relativos à constituição de forças armadas das Nações Unidas (acordos jamais concluídos), a competência é do Conselho de Segurança; para os acordos com outras Organizações do sistema da ONU, a competência pertence ao Conselho Económico e Social; para outros acordos a prática é incerta: assim, por ex., acordos relativos à organização e estacionamento de forças de manutenção da paz em diversos pontos do globo têm sido celebrados directamente pelo Secretário Geral em nome da Assembleia Geral ou do Conselho de Segurança.

No quadro da União Europeia a matéria é regulada pelo art. 218º do Tratado Sobre o Funcionamento da União[66].

[65] V. sobre esta questão específica o Anuário da CDI, 1974, II Vol., 1ª Parte, pp. 310-311.

[66] Cf. João Mota de Campos, *Direito Comunitário,* cit., II Vol., 5ª ed., p. 80 e segs.

4. Direito de legação

a) Legação passiva

213. Tradicionalmente, só aos Estados é reconhecido o *direito de legação* (activa e passiva) – isto é, de receber e de enviar agentes diplomáticos junto de outros Estados.

Tal direito viria, porém, a ser reconhecido – embora em termos limitados – a certas OI.

- Algumas gozam apenas do direito de *legação passiva, ou* seja, de acolher ou acreditar os representantes dos Estados (como é o caso da ONU, da OCDE, da OTAN, do Conselho da Europa).
- Outras, como a Santa Sé e a Soberana Ordem de Malta, usufruem do direito de legação activa e passiva.

214. As relações das OI com os seus Estados-membros ou com terceiros Estados comportam, normalmente, uma representação desses Estados junto delas. Tais relações distinguem-se, no entanto, das que ocorrem nas relações diplomáticas entre Estados (não obstante a analogia que por vezes se verifica) pela *ausência de reciprocidade.* Isto é, à representação dos Estados junto de uma dada OI não corresponde uma representação da Organização junto dos Estados.

Dito por outra forma – a OI beneficia ou pode beneficiar de um *direito de legação passiva mas em regra não goza de um direito de legação activa.*

215. Os Estados exprimem frequentemente a sua presença junto de uma OI através de uma missão permanente, normalmente chefiada por uma personalidade com categoria de embaixador. A prática das *representações permanentes* iniciou-se em relação à Sociedade das Nações; mantém-se no âmbito da ONU e outras OI do sistema onusiano e, hoje largamente difundida, verifica-se também em relação à OCDE, à OTAN, ao Conselho da Europa, à AIEA, à União Europeia, etc.

A representação permanente dos Estados no seio da ONU foi imposta pelo art. 28º da Carta aos membros do Conselho de Segurança. Mas todos os Estados acabaram por aderir ao modelo, criando em Nova York missões permanentes – mais ou menos numerosas – habilitadas a dialogar quotidianamente com os órgãos da ONU e também com as representações de outros Estados-membros.

O *Acordo de Sede,* concluído em 1947 pela ONU com os E.U.A., comporta uma secção consagrada às missões permanentes dos Membros da Organização *(art. V Secção 15)*, prevendo que o representante permanente gozará dos privilégios e imunidades reconhecidos aos diplomatas acreditados junto do Presidente dos E.U.A.

A situação dos representantes permanentes junto da ONU em Genève foi regulada em termos similares por decisão do Conselho Federal Suíço, de 30.03.1948.

216. Também os Estados-membros da União Europeia criaram junto dela representações ou delegações permanentes.

Os representantes permanentes dos Estados com o nível de embaixadores acabariam por constituir um Comité (o COREPER, Comité dos Representantes Permanentes) – inserido no sistema institucional da União Europeia como órgão de apoio ao Conselho[67].

217. Em 14 de Março de 1975 foi adoptada, com base num projecto elaborado pela Comissão de Direito Internacional da ONU, uma Convenção sobre a representação dos Estados nas suas relações com as OI.

Essa Convenção trata, além do mais, das funções da missão permanente:

- Assegurar a representação do Estado junto da Organização;
- Manter as ligações necessárias entre os Estados e entre estes e a Organização;
- Conduzir negociações com a OI ou no quadro desta;
- Manter-se a par das actividades da Organização e informar a este respeito o Estado respectivo;
- Assumir a participação do Estado no seio da Organização;
- Defender os interesses do Estado junto dela;
- Promover a cooperação necessária à salvaguarda dos princípios e à prossecução dos objectivos da Organização;
- Assegurar, em representação do Estado, a participação deste nos órgãos da Instituição, contribuindo assim para o seu regular funcionamento.

b) Legação activa

1º Representação das OI junto dos Estados

218. São raros os casos em que é legítimo falar de direito de legação activa das OI. E mesmo esses casos não são isentos de dúvidas.

[67] V. sobre o COREPER, João MOTA DE CAMPOS, *«Direito Comunitário»*, I Vol., O Direito Institucional, 8ª ed., pp. 196-198, e *Manual de Direito Europeu*, ed. da Coimbra Editora, 2010, pp. 98-99.

Esta realidade encontra certamente explicação na circunstância de que as OI agem, nas suas relações com os Estados, mediante técnicas próprias – que essencialmente assentam no diálogo directo entre os órgãos da Instituição Internacional e os representantes dos Estados acreditados junto delas (delegados ou representantes permanentes). Cada um daqueles órgãos age no quadro das suas competências próprias, sem que seja facilmente concebível a existência de uma entidade, actuando no exterior, habilitada a representar a organização no seu todo.

219. A regra comporta, no entanto, excepções e acomodações.

Assim: tem sido discutida a natureza jurídico-internacional da Santa Sé. É hoje opinião geral, bem assente numa doutrina que poucos autores ousarão contestar, que a Santa Sé não é um Estado; há quem queira assimilá-la a um serviço público internacional de natureza espiritual[68].

Pela nossa parte preferimos considerá-la como Organização Internacional, *sui generis,* um ente público dotado da personalidade jurídico-internacional, de que a Santa Sé é o órgão de cúpula.

Ora, em razão de uma tradição histórica com origem na existência dos Estados da Igreja (que conferiam ao Papa o estatuto de um soberano temporal) e da continuidade e especificidade do seu objecto (que é o da organização, difusão e defesa da fé católica professada por mais de 800 milhões de católicos espalhados por todo o mundo), a Santa Sé exerce plenamente, nas relações internacionais, prerrogativas diplomáticas inerentes aos Estados. Mais precisamente celebra tratados internacionais[69], participa noutras OI (UNESCO, UPU, etc.), acolhe e envia embaixadores (os núncios apostólicos). Cerca de quarenta países têm embaixadores acreditados junto da Santa Sé.

A Santa Sé dispõe, assim, de um amplo *direito de legação activa,* equiparável àquele de que gozam os Estados.

220. Igualmente, a Soberana Ordem de Malta (sucessora da mais antiga das ordens militares – a de S. João de Jerusalém) é reconhecida como sujeito do Direito Internacional, tendo representantes acreditados junto da Santa Sé e bem assim na Áustria, Espanha, França, Portugal, R.F. da Alemanha e

[68] Cf. Nguyen Quoc dinh, *Droit Internacional Public,* LGDJ, 5ª ed., pp. 438-441.

[69] As «concordatas», que são acordos bilaterais destinados a regular a situação da Igreja Católica no Estado co-contratame; e outros tratados, em geral multilaterais, com uma finalidade cultural, técnica ou humanitária (Convenção da UPU, Constituição da UNESCO, Convenção sobre o Estatuto dos Refugiados e Apátridas, etc.).

alguns Estados Latino-Americanos, os quais fazem parte do corpo diplomático. Mais limitado que este direito de legação activa é o direito de *legação passiva,* pois poucos são os Estados que se fazem representar junto do Grão-Mestre da Ordem, em Roma[70].

221. Também a União Europeia exerce nas relações com Terceiros Estados um direito que a prática internacional permite assimilar ao de *legação activa.*

No entanto, não é legítimo falar de representação da União Europeia, como tal. O que há – enquanto não começar a funcionar o *Serviço Diplomático* da União Europeia – é *representação do Conselho da União Europeia* confiada rotativamente, em cada capital, ao embaixador do Estado que assegura a Presidência dessa Instituição; *e representação da Comissão,* com o estatuto de *delegações,* em cerca de 80 Estados (a maior parte delas nos próprios Estados-membros e nos Estados ACP participantes na Convenção de Lomé, mas também junto dos países da bacia mediterrânea e dos E.U.A., Canadá, Brasil, Japão, Austrália e União Indiana).

A Comissão criou igualmente delegações em New York, junto da ONU, e em Paris junto da OCDE, bem como em Viena e Genebra para o conjunto das organizações internacionais sediadas nessas cidades.

A criação dessas *delegações* – que vão assumindo a configuração de verdadeiras embaixadas (até pela categoria das personalidades escolhidas para as chefiar) – tem a sua base jurídica, no tocante aos países ACP, no poder de organização interna de que a Comissão dispõe e que lhe permite criar os órgãos de acção de que careça; e, no que respeita a outros países, em acordos bilaterais comportando um acordo de sede.

A prática revela que a tais *delegações* tem sido reconhecido um estatuto diplomático nos Estados que as acolhem, que as habilita a exercer actividades e assumir responsabilidades equiparáveis às das missões diplomáticas tradicionais.

222. Na prática internacional actual deparamos com representações de OI com estatuto próximo das missões diplomáticas. Tal é o caso dos *representantes residentes* do PNUD (Programa das Nações Unidas para o Desenvolvimento) que a Assembleia Geral das Nações Unidas investiu na qualidade de órgão permanente junto dos países beneficiários da assistência das instituições especializadas da ONU, incumbidos não só de acompanhar a prepara-

[70] V. sobre a Soberana Ordem de Malta, Alfred Verdross, *Derecho Internacional Público.* Aguilar, p. 197, e a abundante bibliografia aí citada.

ção e execução dos projectos de assistência nos diversos domínios em que esta tem lugar, mas também de servir de canal de ligação entre as autoridades locais e as Nações Unidas. Neste quadro, o representante residente aparece como um *chefe de Missão* que, tendo beneficiado do *agrément* do Estado de acolhimento deve como tal ser acreditado junto do respectivo Ministério dos Negócios Estrangeiros.

O estatuto do representante permanente resulta de acordo concluído com o Estado de acolhimento no quadro da assistência concedida. Não podia ser de outro modo porque tal estatuto, que se pretende próximo de um chefe de missão diplomática, não está previsto e, portanto, regulado pelo Direito Internacional.

c) Representação de uma OI junto de outra OI

223. As relações entre Organizações Internacionais, nos casos em que os seus estatutos as consentem, são reguladas por acordos entre elas.

Tais acordos comportam, por vezes, a presença permanente da OI junto da outra, com as funções previstas nesses acordos mas que, em qualquer caso, serão regidas quer pelo *princípio da especialidade* que domina os objectivos e competências da OI, quer pelas finalidades de coordenação da acção que elas desenvolvem.

Bibliografia

C. Schmidt, *«Le Protocole sur les prvilèges et immunités des Communatités européennes»*, C.D.E., 1991, pp. 67-100.

C. W. Jenks, *International Immumities*, Stevens, Londres, 1961. p. 178.

G. I. Tunkin, *«The Legal Nature of the U.N.»*, R.C.A.D.I., 1966 – III, Vol. 119, pp. 7-68.

I. Seidl-Honenveldern, *«L'immunité de juridiction des Communautés européennes»*, *R.M.C.* 1990, p. 474.

Nguyen Quoc Dinh, *Droit International Public*, 5ª ed., LGDJ, pp. 569 e segs.

– *«Les privilèges et immunités des organisations internationales d'aprés les jurisprudentes nationales depuis 1945»*, A.F.D.I., 1957, pp. 55-78.

Pierre Klein – *La responsabilité des Organisations Internationales – dans les ordres juridiques – internes et en droit des gens*, Ed. Bruylant, 1988, p. 708.

S. Bastid, *Problèmes juridiques posés par les organisations internationales*, Cours de droit, 1971-1972, pp. 260-298.

Yves Gautier, *«Modalités de participation et conséquences attachées à la participation de la Communauté aux différents organisations internationales»*, Encyclopédie Dalloz de Droit Communautaire (1996).

– *«Organisations Internationales»* e bibliografia aí citada.

Capítulo IX
Privilégios e Imunidades das OI

224. As OI agem sempre no território de um ou vários Estados – fundamentalmente no daquele ou daqueles em que têm a sua sede ou delegações com a indispensável liberdade, poderem exercer as suas actividades, carecem de usufruir de privilégios e *intimidades* em face do Estado territorial (SECÇÃO 1ª).

Esses privilégios e imunidades implicam a atribuição de um *estatuto especial* a quantos participam nas suas actividades na qualidade de representantes dos Estados-membros (SECÇÃO 2ª).

Secção 1ª
O Fundamento Jurídico, a Natureza e a Extensão dos Privilégios e Imunidades das OI

§1º Fundamento jurídico

225. Esse fundamento encontra-se, antes de mais, no próprio *pacto constitutivo*, que geralmente contém disposições que reconhecem à Organização, no território de cada um dos seus Membros, os privilégios e imunidades de que ela carece para realizar os seus objectivos e que, paralelamente, concedem aos representantes dos Estados-membros e aos funcionários e agentes da Organização as facilidades que lhes são necessárias para o desempenho, com total liberdade, das funções inerentes ao seu estatuto *(cf. por ex., Carta das NU, art. 105º; Estatuto do Conselho da Europa, art. 40º; Constituição da OCDE, art. 19º; Tratado de Lisboa Sobre o Funcionamento da União Europeia, art. 335º).*

226. A par disso, através de um instrumento multilateral anexo ao tratado da OI ou de um acordo autónomo, os Estados-membros podem, em acto anexo ao pacto constitutivo da OI ou concluído posteriormente, precisar, completar ou alargar os privilégios ou imunidades reconhecidas no pacto *(cf., por ex., a Convenção de 13.02.1946 relativa à ONU; a Convenção de 21.11.1947 relativa às Organizações especializadas do sistema das Nações Unidas; o Acordo Geral de 12.09.1949 sobre os privilégios e imunidades do Conselho da Europa)*, completado ulteriormente por protocolos adicionais; o Protocolo de 25.03.1957, Relativo aos Privilégios e Imunidades da CEE, anexo ao Tratado de Roma que instituiu esta Comunidade [que foi revogado pelo art. 28º do Tratado de Fusão de certas Instituições de 08.04.1965 e substituído pelo *«Protocolo Relativo aos Privilégios e Imunidades das Comunidades Europeias»*], agora anexo ao Tratado de Lisboa.

227. Os privilégios e imunidades da OI são, por outro lado, contemplados no chamado *acordo de sede*, concluído com o Estado ou Estados-hospedeiros, em que com a desejável minúcia se define o estatuto da OI no território em que tem a sede principal ou outros centros de actividade. Esse texto precisa, em particular, a extensão do direito de regulamentação e controlo, por parte da própria OI, no perímetro das suas instalações, isto é, na área que por vezes é designada por *«distrito administrativo»*.

No *acordo de sede* concluído em 26.6.1947 entre a ONU e os EUA prevê-se que *«o distrito administrativo ficará sob controlo da ONU»*, na conformidade das disposições do acordo. Designadamente, à ONU foi conferido o direito de adoptar regulamentos no *«distrito administrativo»*, destinados a assegurar as condições necessárias ao pleno exercício das suas atribuições; dispondo-se ainda que as leis ou regulamentações federais ou locais não serão aplicáveis no interior do distrito administrativo na medida em que fossem incompatíveis com os regulamentos que a ONU tem o direito de adoptar.

228. Finalmente é usual existirem na *ordem jurídica interna* dos Estados disposições que definem as condições em que as OI em geral ou algumas em particular podem funcionar no respectivo território.

229. Em princípio, os privilégios e imunidades das OI e dos seus agentes *apenas podem ser opostos aos Estados participantes* nos actos internacionais de que eles decorrem.

Mas, pelo que respeita à ONU admite-se que mesmo os Estados que não tenham aderido à Convenção de 13.02.1946 pré-citada não poderão eximir-se ao respeito de tais privilégios e imunidades. No seguimento de um incidente internacional em que a questão se pôs, o conselho jurídico da ONU declarou que as regras enunciadas na Convenção de 1946 se tornaram, durante os 22 anos decorridos após a adopção deste instrumento, a norma que rege, no mundo inteiro, as relações entre os Estados e a Organização. Consequentemente, os princípios desta Convenção, *«font maintenant partie du droit international général régissant les relations entre les Etats et l'O.N.U.»* (Annuaire Jur. Nations Unies 1967, 343).

Deste modo, tais princípios impõem-se mesmo em relação aos Estados não-membros.

§2º A natureza e extensão dos privilégios e imunidades das OI

230. Os privilégios e imunidades de que as OI podem beneficiar revestem natureza e extensão diversas – relacionados como estão com a própria natureza de cada OI e com a especificidade das competências que lhe estão atribuídas.

O reconhecimento de tais privilégios e imunidades tem por finalidade permitir à OI furtar-se ao exercício, pelas autoridades do Estado territorial (judiciais, policiais, fiscais) de poderes que possam interferir com a autonomia e liberdade de acção dos órgãos e agentes da Instituição Internacional.

Tais imunidades e privilégios abarcam, nomeadamente:

- a imunidade de jurisdição,
- a inviolabilidade dos locais afectos às actividades da OI e o correspondente direito de assegurar a protecção desses locais,
- a garantia de que os bens da OI estão a coberto de requisição, de expropriação ou de confisco,
- a inviolabilidade dos arquivos,
- a garantia de livre comunicação com o exterior,
- a liberdade de detenção de moeda, sob qualquer forma, com isenção da aplicação das regulamentações cambiais – isenções fiscais.

Vejamos mais de perto alguns destes pontos.

1. Imunidade de jurisdição

231. Da imunidade de jurisdição beneficia a organização e, portanto, os seus bens e haveres, onde quer que se situem. A imunidade deve ser reconhecida no âmbito de qualquer processo jurisdicional, administrativo ou executivo instaurado contra a OI perante qualquer autoridade nacional. Tal imunidade obsta, pois, à apreensão, sob qualquer forma, dos bens ou haveres da Organização.

A imunidade implica, ainda, a dispensa, para os órgãos da Instituição Internacional, de fornecer informações ou de adoptar qualquer comportamento no âmbito de qualquer dos referidos processos.

A OI tem, naturalmente, a possibilidade de renunciar à imunidade de jurisdição – sendo frequente que nos contratos que celebra a outra parte lhe exija essa renúncia prévia, para não ficar completamente manietada no caso de pretender efectivar judicialmente a responsabilidade contratual da Organização.

Note-se, porém, que, no tocante à ONU, na secção 2ª da Convenção de 13.012.1946 se dispõe que a imunidade *«existe, salvo na medida em que a Organização a ela tenha renunciado expressamente num caso determinado. Fica no entanto entendido que a renúncia não abarca as medidas de execução».*

232. Tem-se concluído desta redacção que *a renúncia não poderá anteceder a eclosão de um diferendo e* ser, portanto, aceite, num dado contrato, em relação a qualquer litígio futuro dele emergente. Mas tal conclusão antolha-se-nos duvidosa, até porque tal entendimento poderia prejudicar seriamente, no plano contratual, a própria Organização, na medida em que os co-contratantes da ONU seriam levados a formular exigências gravosas para se premunirem contra a impossibilidade eventual de recorrer aos Tribunais.

A jurisprudência, neste domínio, é assaz abundante, incidindo sobre os imóveis afectos à actividade da Organização e aos contratos por ela concluídos e bem assim à responsabilidade extracontratual[71].

233. A União Europeia goza de um especial estatuto no tocante aos privilégios e imunidades:

- Por um lado, não beneficia de imunidade total de jurisdição na medida em que, quando não deva responder pelos actos das suas Instituições perante o seu próprio Tribunal de Justiça (arts. 261º a 273º e 277º do TFUE), responderá perante os tribunais nacionais. Por força do art. 274º do TFUE, *«Sob reserva da competência atribuída ao Tribunal de Justiça pelos Tratados, os litígios em que a União seja parte não ficam, por este motivo, subtraídos à competência dos órgãos jurisdicionais nacionais»;*
- Também, do confronto do *art. 340º, 1º parágrafo, com o art. 268º do mesmo Tratado,* resulta que a competência para julgar da *responsabilidade contratual da União* cabe (salvo cláusula compromissória em contrário) ao tribunal nacional competente para conhecer do contrato em causa.

[71] Cf. Nguybn Quoc Dinh, *Annuaire Français de Droit International,* 1957, p. 962; v. também os Anuários Jurídicos das Nações Unidas.

234. Mas, não gozando de imunidade de jurisdição em processo declarativo, a União Europeia beneficia de especial protecção em processo executivo. Com efeito, por força do art. 1º do *Protocolo Relativo aos Privilégios e Imunidades da União Europeia de 8 de Abril de 1965, «Os locais e as instalações da União são invioláveis. Não podem ser objecto de busca, requisição, confisco ou expropriação. Os bens e haveres da União não podem ser objecto de qualquer medida coerciva, administrativa ou judicial, sem autorização do Tribunal de Justiça»*.

Deste modo quem pretenda executar uma decisão judicial nacional ou comunitária contra a União Europeia, que envolva qualquer forma de apreensão judicial dos seus bens ou haveres, terá previamente de solicitar ao Tribunal de Justiça que autorize essa apreensão.

235. De qualquer modo, entende-se que o regime dos privilégios e imunidades deveria ser restringido no caso de a Organização em causa desenvolver actividades de carácter comercial ou financeiro.

Nesta conformidade, o BIRD, a AID e a SFI só beneficiam de imunidade jurisdicional em relação às acções instauradas pelos Estados-membros, por pessoas agindo por conta destes ou a quem estes tenham cedido os seus direitos contra qualquer dessas Instituições. Os outros sujeitos de direito (públicos ou particulares) dispõem da faculdade de litigar contra essas OI no tribunal competente do Estado-membro em que a Organização tenha a sua sede ou qualquer dependência.

Este regime de imunidade mais limitado deveria considerar-se extensivo, na falta de disposições estatuárias em contrário, a OI congéneres.

No entanto, o já referido Protocolo Relativo aos Privilégios e Imunidades da União Europeia estendeu o regime de imunidade de que a União beneficia quer ao BEI *(art. 22º)* quer ao BCE *(art. 23º)*.

A imunidade de jurisdição é em geral extensiva, como veremos, aos agentes das OI.

2. Inviolabilidade dos locais afectos à OI

236. Esta inviolabilidade, quando não esteja prevista no próprio pacto constitutivo da OI, é contemplada no acto relativo aos privilégios e imunidades que lhe são reconhecidas.

A fórmula utilizada para esse efeito é, normalmente, análoga à constante do art. 1º do referido Protocolo da União Europeia sobre esta matéria: *Os locais e as instalações da União são invioláveis. Não podem ser objecto de busca, requisição, confisco ou expropriação.*

A inviolabilidade dos locais é reconhecida com vista a proteger a liberdade de funcionamento da Instituição, o carácter confidencial das actividades que neles se desenvolvem e que se pretende furtar ao conhecimento do público em geral ou das autoridades locais – isto é, com vista, no fim de contas, a proteger a independência e a própria dignidade da OI.

A inviolabilidade dos locais implica, essencialmente, que sem consentimento dos responsáveis da organização as autoridades locais e nomeadamente as forças policiais não podem penetrar nas suas instalações e que lhes cumpre impedir que essa inviolabilidade seja ofendida por actos de particulares. Convém por isso, para assegurar o respeito do princípio da inviolabilidade dos locais, que a legislação nacional do Estado de acolhimento preveja as medidas necessárias para esse efeito e que, para melhor definição das obrigações de Estado territorial, *o Acordo de Sede ou* outros acordos estabeleçam disposições expressas e claras nesse sentido – como sucede, por ex., no que respeita à sede das Nações Unidas e às Comissões Económicas Regionais[72].

237. O respeito por parte das autoridades locais do princípio da inviolabilidade dos locais implica ainda que a OI deve assegurar pelos seus próprios meios o controlo das suas instalações, isto é, o policiamento das áreas que lhe estejam afectadas.

Nesta conformidade, a Secção 8ª do Acordo de Sede concluído pela ONU estabelece que a Organização tem o direito de adoptar regulamentações coercivas no respectivo distrito administrativo, destinadas a assegurar eficazmente condições adequadas ao pleno exercício das suas atribuições.

O princípio do auto-controlo dos locais não é, porém, absoluto, antes comporta acomodações impostas por razões de ordem prática. Assim, por ex., no tocante à inspecção dos sistemas de segurança e de higiene de certas instalações, a participação das autoridades locais é admissível se a Organização não se declarar ela própria habilitada a assegurar essa inspecção.

Também em certas circunstâncias os agentes policiais locais podem ser autorizados a penetrar nos locais da OI, designadamente para assegurar a protecção de personalidades oficiais, proceder a um inquérito, perseguir criminosos, efectivar prisões. Estas intervenções *só deverão, no entanto, ocorrer a solicitação ou com o prévio acordo dos responsáveis da Instituição Internacional* – pelo que o princípio da inviolabilidade, que supõe a interdição de intromissões abusivas, não é em tais casos verdadeiramente posto em causa.

[72] Cf. o *Anuário da CDI*, 1967, II. pp. 250-257.

3. Protecção dos bens e haveres da Organização

238. Os bens e haveres da OI, seja qual for a sua natureza (imóveis ou móveis, equipamentos, dinheiro e outros valores, direitos mobiliários ou imobiliários e produtos diversos) e seja quem for o seu detentor, estão isentos de todas as modalidades de apreensão judicial, de expropriação e por maioria de razão de confisco, de requisição (ainda que temporária) e, em geral, de qualquer intervenção das autoridades locais que possa prejudicar o pleno uso e disponibilidade desses bens e haveres por parte da Organização.

Estes privilégios da Organização implicam ainda a interdição da efectivação de buscas ou verificações, devendo as autoridades locais aceitar como fidedignas as declarações ou atestações produzidas pela OI.

4. Inviolabilidade dos arquivos

239. Invioláveis são também os arquivos pertencentes à OI ou por ela detidos, onde quer que se encontrem.

A expressão arquivos engloba quaisquer documentos, estudos ou projectos e é extensiva aos arquivos fotográficos, cinematográficos ou informáticos e de registos sonoros.

A inviolabilidade dos arquivos implica ainda que o conteúdo dos «dossiers» não pode ser utilizado por ninguém que deles tenha conhecimento (e nomeadamente por funcionários ou ex-funcionários da OI) para produção de informações em juízo.

O serviço jurídico das Nações Unidas vai ao ponto de considerar, tendo em conta os princípios enunciados, que os filmes da Organização não podem ser submetidos a censura num Estado-membro, mesmo quando aí sejam objecto de projecção nas salas comerciais[73].

5. Garantias de livre comunicação com o exterior

240. Trata-se de uma garantia essencial ao regular exercício das actividades da OI. Esta tem necessidade de comunicar frequentemente com os seus órgãos e agentes, por vezes espalhados por um vasto espaço geográfico, com os quais precisa de assegurar ligações rápidas e seguras, que lhe assegurem a indispensável fiabilidade e confidencialidade.

A OI goza por isso, neste domínio, de um tratamento igual ao dispensado às missões diplomáticas dos Estados no que diz respeito ao correio ordinário e às telecomunicações em geral (telefónicas, por fax ou telex e radiotelefónicas).

[73] Cf. o *Anuário Jurídico das Nações Unidas*, 1969, p. 214.

Para garantir a confidencialidade das suas comunicações, as OI têm o direito de usar códigos e de expedir a correspondência por mala (com as garantias inerentes às malas diplomáticas).

A ONU goza, nesta matéria, de um tratamento verdadeiramente excepcional. Por acordos postais celebrados com os EUA em 28 de Março de 1951[74] e com a Suíça[75], a ONU ficou autorizada a criar o seu próprio serviço postal. A par disso, a ONU concluiu acordos tendo em vista a montagem de um sistema privativo de radiodifusão que, na conformidade da Convenção Internacional de Telecomunicações, beneficia dos mesmos direitos na sua exploração que os serviços dos Estados e, designadamente, do direito de registo de frequência. Os acordos relativos às forças de urgência prevêem igualmente facilidades desse tipo[76].

Pelo que respeita à União Europeia, o Protocolo Relativo aos Privilégios e Imunidades da União Europeia de 8 de Abril de 1965, pré-citado, estabelece no art. 6º que «*As Instituições da União beneficia, no território de cada Estado-membro, para as comunicações oficiais e para a transmissão de todos os seus documentos, do tratamento concedido por esse Estado às missões diplomáticas.*

A correspondência oficial e as outras comunicações oficiais das Instituições da União não podem ser censuradas».

6. Liberdade de detenção e utilização de moeda, sob qualquer forma, sem sujeição a regulamentações cambiais

241. A OI está dispensada da submissão às regulamentações cambiais do Estado hospedeiro e autorizada, portanto, a deter fundos sob qualquer forma (ouro, divisas, títulos diversos), a manter junto de instituições bancárias contas em qualquer moeda e bem assim a transferir livremente os fundos de que disponha. Esta liberdade é de resto indispensável à OI para, no exercício normal das suas actividades (sobretudo quando estas abarcam um quadro geográfico vasto, regional ou mundial) poder efectivar os pagamentos que tais actividades exijam.

7. Inutilidades fiscais

242. Tais imunidades são em geral muito amplas, abarcando a generalidade dos impostos – e antes de mais os impostos directos.

[74] Cf. a *Colectânea de Tratados*. Vol. 108, p. 321, e Vol. 149, p. 415.

[75] *Ibid*, Vol. 43, p. 237.

[76] Cf. o *Anuário da CDI*, 1967 II, pp. 289 e 342.

Pelo que respeita aos impostos indirectos, incorporados no preço dos bens adquiridos pela OI, poderiam surgir dúvidas ou dificuldades. O que normalmente se prevê *(cf., por ex., a já citada Convenção de 1946 relativa à ONU)* é que quando se trate de compras importantes de bens cujo preço inclua impostos indirectos (IVA, por ex.) ou taxas de natureza ou efeito equivalente, os Estados-membros deverão adoptar as disposições adequadas a permitir o reembolso do respectivo montante, de forma a garantir a imunidade fiscal concedida à Organização.

As OI beneficiam também, normalmente, da isenção quer de *direitos aduaneiros* quer de *restrições à importação ou exportação* de bens destinados ao seu uso.

243. O Protocolo Relativo aos Privilégios e Imunidades da União Europeia, que várias vezes evocámos já, dispõe a este respeito – em termos correspondentes ao modelo adoptado para a generalidade das OI – nos arts. 3º e 4º que:

art. 3º – *«A União, os seus haveres, rendimentos e outros bens estão isentos de quaisquer impostos directos.*

Os governos dos Estados-membros tomarão, sempre que lhes for possível, as medidas adequadas tendo em vista a remissão ou o reembolso do montante dos impostos indirectos e das taxas sobre a venda que integram os preços dos bens móveis, no caso de a União realizar, para seu uso oficial, compras importantes em cujo preço estejam incluídos impostos e taxas dessa natureza. Todavia, a aplicação dessas medidas não deve ter por efeito falsear a concorrência na União.

Não serão concedidas exonerações quanto a impostos, taxas e direitos que constituam mera remuneração de serviços de interesse geral».

art. 4º – *«A União está isenta de quaisquer direitos aduaneiros, proibições e restrições à importação e à exportação quanto a artigos destinados a seu uso oficial: os artigos assim importados não podem ser cedidos a título oneroso ou gratuito no território do país em que tenham sido importados salvo nas condições autorizadas pelo Governo desse país.*

A União está isenta de quaisquer direitos aduaneiros, e restrições à importação e à exportação quanto às suas publicações.»

Secção 2ª
Privilégios e Imunidades dos Representantes dos Estados-Membros

§1º Representantes mandatados pelos Estados-membros

244. O art. 105º da Carta das Nações Unidas estabelece, sobre esta matéria, o princípio geralmente adoptado no quadro das diversas OI:

> *«2. Os representantes dos membros das Nações Unidas... gozarão... dos privilégios e imunidades necessários ao exercício independente das suas funções relacionadas com a Organização.*
>
> *3. A Assembleia Geral poderá fazer recomendações com o fim de determinar os pormenores de aplicação dos n.os 1 e 2 ou poderá propor aos membros das NU convenções neste sentido».*

No âmbito da União Europeia, o art. 28º do Tratado de Fusão de certas Instituições, de 08.04.1965, dispõe em termos gerais que «A *União Europeia goza, no território dos Estados-membros, dos privilégios e imunidades necessários ao cumprimento da sua missão nas condições definidas em Protocolo anexo ao presente Tratado...».*

E no art. 11º deste «Protocolo Relativo aos Privilégios e Imunidade da União Europeia» ficou estabelecido que:

> *«Os representantes dos Estados-membros que participam nos trabalhos das Instituições das Comunidades bem como os seus conselheiros e peritos gozam, durante o exercício das suas funções e durante as viagens com destino ou em proveniência do local da reunião, dos privilégios, imunidades e facilidades habituais. O presente artigo é igualmente aplicável aos membros dos órgãos consultivos da União.»*

245. Não poderia ser de outro modo.

Os representantes dos Estados-membros das OI acham-se em situação análoga à dos delegados estatais a uma conferência internacional.

Não estando acreditados junto do Estado em que os trabalhos devam decorrer, impõe-se que estejam devidamente protegidos – para com toda a liberdade poderem participar nesses trabalhos – contra as diversas formas de interferência das autoridades locais, susceptíveis de prejudicar a sua liberdade de movimentos e consequentemente afectar a representação que lhes está confiada.

As convenções normalmente celebradas sobre esta matéria têm precisamente em vista assegurar-lhes tal liberdade que por vezes é, por remissão, a correspondente ao estatuto das missões diplomáticas e comporta, consequentemente, a inviolabilidade pessoal, a imunidade de jurisdição, o direito de livre acesso, com recurso a qualquer meio de transporte, aos locais da Organização (não sendo por isso aplicáveis as regras de carácter geral sobre a admissão de estrangeiros), a inviolabilidade dos arquivos, o direito de utilizar a mala diplomática.

Estes privilégios e imunidades são concedidos durante o período dos trabalhos da OI em que os representantes de Estados-membros devam participar, acrescido do tempo normalmente necessário para a viagem de ida e volta.

Durante o período dos trabalhos, esses representantes deverão gozar de liberdade de circulação no país hospedeiro da OI, mas essa liberdade poderá eventualmente ser limitada territorialmente (por ex., à cidade em que a Organização tem a sede).

246. As imunidades referidas são, em princípio, reservadas para os delegados estrangeiros. Se o representante é nacional do Estado em que a OI está instalada, tais imunidades não lhe são reconhecidas – salvo porventura a imunidade de jurisdição quanto a actos praticados, a escritos produzidos ou palavras proferidas no exercício das suas funções ou por causa delas.

Tal como acontece no quadro da União Europeia, a regra geral é a de que os adjuntos, conselheiros, peritos, técnicos e outro pessoal de apoio aos representantes dos Estados beneficiam dos privilégios e imunidades que a estes são conferidos.

§2º Representação sem mandato dos Estados-membros

247. Diversa da situação dos representantes dos Estados-membros de uma OI é a dos membros ou participantes nos seus órgãos, que intervêem nas actividades da organização desprovidos de qualquer mandato dos Estados.

Tal é o caso de membros dos órgãos consultivos designados pela própria Organização, dos membros das assembleias de natureza parlamentar inseridas na estrutura orgânica de certas OI, como é o caso do Parlamento Europeu, da Assembleia Consultiva do Conselho da Europa, etc.

O estatuto destes parlamentares, no que respeita aos privilégios e imunidades de que desfrutam, é objecto de disposições convencionais apropriadas, de que resulta que eles gozam das facilidades e garantias de livre acesso e permanência nos locais da Organização, equiparáveis às previstas nos arts. 8º a 10º do Protocolo Relativo aos Privilégios e Imunidades da União Europeia:

Art. 7º – *«As deslocações dos membros do Parlamento Europeu, que se dirijam para ou regressem do local do Parlamento Europeu, não ficam sujeitas a restrições administrativas ou de qualquer outra natureza.*

Em matéria aduaneira e de controlo de divisas são concedidas aos membros do Parlamento Europeu:

a) *Pelo seu próprio Governo, as mesmas facilidades que são concedidas aos altos funcionários que se deslocam ao estrangeiro em missão diplomática;*

b) *Pelos governos dos outros Estados-membros, as mesmas facilidades que são concedidas aos representantes de governos estrangeiros em missão oficial temporária».*

Art. 8º *«Os membros do Parlamento Europeu não podem ser procurados, detidos ou perseguidos pelas opiniões ou votos emitidos no exercício das suas funções.*

A imunidade não pode ser invocada em caso de flagrante delito e não pode também constituir obstáculo ao direito de o Parlamento Europeu levantar a imunidade de um dos seus membros».

V. também o Acordo Geral sobre privilégios e imunidades do Conselho da Europa de 2 de Setembro de 1969, arts. 13º e segs.

Bibliografia

C. SCHMIDT, *«Le Protocole sur ler privilèges et immunités des Communautés européennes»*, C.D.E., 1991, pp. 67-100.

C. W. JENKS, *International Immunities*, Stevens, Londres, 1961, p. 178.

G. I. TUNKIN, *«The Legal Nature of the U.N.»*, R.C.A.D.I., 1966 – III, Vol. 119, pp. 7-68.

I. SEIDL-HONENVELDERN, *«L'immunité de juridiction des Communautés européennes»*, P.MC., 1990, p. 474.

J.-M. DUFOUR, *«De l'extraterritorialité à l'autonomie Internationale – A propor der relations de l'organisation intergouvernememtale avec l'Etat hôte»*, Mél. Virally, pp. 239-256.

J. SALMON *«Quelques remarques sur l'installation du siège de l'U.N.E.S.C.O. à Paris»*, A.F.D.I., 1958, pp. 453-465.

M. RAMA-MONTALDEO, *«International Legal Personality and Implied Powers of International Organizations»*, B.Yb.I.L., 1970, pp. 11-135.

NOUYEN QUOC DINH, *«Les privilèges et immunitês der organisations internationales d'après ler jurisprudentes nationales depuis 1945»*, A.F.D.I., 1957, pp. 55-78.

Ph. CAHIER, *Étude des accords de siège conclus entre les organisations internationales et les Etats ou enes résident*, Giuffré, Milão, 1959, p. 452.

R. GOY, *«Le droit d'accès au siège des organisations internationales»*, R.G.D.I.P., 1962, pp. 357-370.

S. BASTID, *Problèmes juridiques posés par les organisations internationales*, Cour de droit, 1971-1972, pp. 260-298.

V. ainda, a obra editada pelo Conselho da Europa, *«PRIVILEGES AND IMMUNITIES OF INTERNATIONAL ORGANISATIONS* – RESOLUTION (69) 29 ADOPTED) BY THE COMMITTEE OF MINISTERS OF THE COUNCIL OF EUROPE ON 26 SEPTEMBER 1969 AND EXPLANATORY REPORT».

Capítulo X
As Finanças das OI

248. O funcionamento de qualquer OI dá lugar a despesas, maiores ou menores (SECÇÃO 1ª). Para fazer face a tais despesas, a OI carece de receitas que podem provir de várias fontes (SECÇÃO 2ª). O *orçamento anual*, estabelecido pelo órgão deliberativo plenário da Organização, dá conta das *despesas previstas* e das *receitas esperadas* (SECÇÃO 3ª).

Secção 1ª
As Despesas da OI

§1º Despesas correntes ou despesas de funcionamento

249. Poderemos designá-las também por despesas *ordinárias, administrativas ou de funcionamento* – dado que são as exigidas pelo funcionamento normal (rotineiro) da OI.

Nesta categoria de despesas incluem-se as correspondentes aos salários do pessoal (em certas OI os encargos com os funcionários e outros colaboradores da Organização chegam a absorver cerca de 75% das receitas), as despesas com rendas de edifícios e conservação de instalações e bem assim com aquisição e manutenção de equipamentos (que frequentemente atingem cerca de 10% das receitas[77]), as despesas com fornecimento de água, electricidade

[77] Em certas organizações «operacionais» como é o caso do CERN (Centro Europeu para a Investigação Nuclear), esta última categoria de despesas, dado a natureza dos equipamentos complexos e dispendiosos de que dispõe, chegou a absorver mais de 25% das receitas da organização.

e gás, com serviços de limpeza e de segurança, com comunicações postais e serviços de telecomunicações, etc.

Despesas correntes são ainda as exigidas pela organização de conferências no âmbito da OI.

Todas estas despesas absorvem em regra a maior parte das receitas da organização. Mas não é este o caso da União Europeia, em que as despesas de funcionamento corrente não atingem 5% das receitas.

§2º Despesas extraordinárias, especiais e operacionais

250. Nesta categoria de despesas incluem-se algumas que são *extraordinárias,* dada a pouca frequência com que ocorrem e o seu peso nos casos em que se efectivam. Como extraordinárias poderemos qualificar as despesas com a construção ou aquisição de uma sede ou de outros edifícios importantes destinados a acolher serviços da OI.

Despesas *especiais* são, designadamente, as exigidas pela execução de um programa de auxílio ao desenvolvimento, de apoio financeiro, de ajuda humanitária, de assistência técnica, científica ou cultural em casos específicos e durante um período limitado de tempo. Como *especiais* poderão considerar-se, por ex., as despesas suportadas pela União Europeia com a ajuda aos países ACP (África, Caraíbas e Pacífico) (no âmbito das sucessivas Convenções de Lomé), do Leste Europeu ou Mediterrânicos.

Podem qualificar-se como operacionais certas despesas das Nações Unidas decorrentes de operações de manutenção da paz, mediante a utilização de efectivos militares (os «capacetes azuis») em diversas áreas do globo[78].

251. A importante questão que se pôs a propósito desta categoria de despesas foi a de saber se se tratava de *despesas obrigatórias,* para as quais os Estados-membros eram obrigados a contribuir uma vez aprovadas pela Assembleia Geral, ou – como a França e a URSS por razões políticas sustentavam – *de despesas não obrigatórias* que a Assembleia não podia submeter ao procedimento orçamental comum.

A Assembleia Geral, cuja competência assim fora posta em causa, solicitou o Parecer do TIJ que em 20.7.1962 deu razão à Assembleia – embora esta não tenha extraído todas as consequências jurídicas desse Parecer, nomeadamente para sancionar esses dois Estados que se recusavam a contribuir para

[78] D. Dormoy, *«Aspects récents de la question du financement des opérations de maintien de la paix de l'O.N.U.»,* A.F.U.L., 1993, pp, 131-156.

o financiamento das operações em causa. E, no entanto – recordemo-lo –, o art. 19º da Carta autorizava a Assembleia a suspender o direito de voto dos Estados recalcitrantes.

Mas certas despesas operacionais, dada a obrigatoriedade e regularidade com que são realizadas, têm o carácter de despesas correntes, como tais figurando no orçamento da OI. Tal é o caso das despesas da União Europeia com a execução da sua política agrícola (que, no entanto, absorve mais de um terço das receitas da União), com a política social e com a política de desenvolvimento regional.

§3º Despesas obrigatórias e não obrigatórias

252. Trata-se de uma classificação de despesas de contornos por vezes ambíguos.

Há despesas que pela sua natureza são obrigatórias – porque é irrecusável o compromisso que a OI assumiu em relação a elas (salários do pessoal, pagamentos de serviços e outros encargos contratuais). As despesas *correntes, administrativas* ou de *funcionamento* são em regra *obrigatórias.* Noutros casos, em contrapartida, a Organização tem a liberdade de assumir, ou não, o compromisso de que resulta a dívida e a consequente despesa, de concluir ou não o contrato que está na origem de responsabilidades financeiras, de aprovar ou não um programa operacional gerador de encargos, de decidir ou não realizar uma acção que será inevitavelmente fonte de despesas.

A distinção reveste-se de interesse, sobretudo, para efeitos orçamentais, tendo em vista a forma de cobertura das despesas em causa. Uma OI deverá satisfazer as despesas correntes ou administrativas (normalmente despesas *obrigatórias)* mediante as suas receitas *ordinárias;* e recorrerá a receitas *extraordinárias* (contribuições especiais ou adiantamentos dos Estados-membros, empréstimo público ou empréstimo bancário, etc.) para satisfazer as suas despesas especiais ou operacionais.

253. É inerente à noção de *despesas obrigatórias* que estas não poderão deixar de ser satisfeitas e por isso incumbe aos Estados-membros o dever de habilitar a Organização com os meios financeiros indispensáveis para assegurar o pagamento de tais despesas. O Tribunal Internacional de Justiça teve já ocasião de reconhecer *(no seu Parecer de 13.07.1954, m Recueil CIJ, p. 59,* emitido a propósito dos *«Efeitos das decisões do Tribunal Administrativo das NU concedendo uma indemnização»)* que recai sobre a Assembleia Geral das NU a obrigação de votar os créditos necessários para que a Organização possa honrar os seus compromissos.

254. No quadro da União Europeia, esta questão foi objecto de particular atenção dadas as implicações que a classificação de uma despesa como *obrigatória ou não obrigatória* tinham no tocante à competência das Instituições (Comissão, Conselho e Parlamento) responsáveis pelo estabelecimento do Orçamento Comunitário.

Numa «*Declaração Comum do Parlamento Europeu, do Conselho e da Comissão relativa a diversas medidas que visam melhorar o processo orçamental*», assinada pelos presidentes das três Instituições em 30 de Junho de 1982, definem-se *despesas obrigatórias como as despesas que a autoridade orçamental é obrigada a inscrever no orçamento para permitir à Comunidade respeitar as suas obrigações internas ou externas que resultem dos tratados ou actos adoptados por força destes. As outras despesas são «não obrigatórias».*

A declaração continha em anexo a lista de todas as rubricas orçamentais então existentes classificadas cada uma delas em DO e DNO (obrigatórias e não obrigatórias).

Actualmente esta classificação deixou de ter razão de existir: o Tratado de Lisboa no seu art. 314º relativo ao processo de estabelecimento do Orçamento da União, pura e simplesmente ignorou-a.

Secção 2ª
As Receitas

255. Os meios financeiros de que a OI carece podem provir de diversas fontes. A fonte normal são as *contribuições dos Estados-membros* (§ 1º)

A OI pode, no entanto, recorrer *a outras fontes de financiamento* (§ 2º).

§1º As contribuições obrigatórias dos Estados-membros

256. As OI são, em geral, sustentadas por contribuições dos Estados-membros.

1. A fixação das contribuições

257. Tais contribuições eram – e em alguns casos ainda são – de montante igual para todos os Estados (por ex., na Comissão Central do Reno, na Organização dos Países Exportadores de Petróleo (OPEP), etc.).

Em certas Organizações (antigas Uniões Administrativas) admitia-se uma escala diferenciada de contribuições, escolhendo cada membro a classe em que desejava inserir-se (UPU e UIT).

Actualmente, em grande número de OI a percentagem da contribuição de cada Estado para a despesa total aprovada pelo órgão plenário é fixada pela própria Organização – tendo em conta (como sucede na ONU) a capacidade de pagamento de cada membro – ou, por vezes, fixada no próprio pacto constitutivo (v. por ex., o art. 200º do Tratado de Roma que instituiu a CE, que só deixou de ser aplicado após a criação do sistema de receitas próprias e viria, por isso, a ser revogado pelo Tratado de Maastricht).

258. Quando a fixação das contribuições dos Estados é feita em função da respectiva *capacidade de pagamento,* toma-se em conta a média do rendimento nacional de cada Membro nos últimos três anos, embora outros dados sejam considerados para corrigir esse critério – que poderia desfavorecer certos países pobres, em vias de desenvolvimento, mas que no entanto, em razão da sua dimensão física e demográfica, têm a par de um baixo rendimento per capita um produto nacional elevado (caso da China, da União Indiana, do Brasil, do Paquistão, da Indonésia...).

Note-se que a ONU adopta para a generalidade das despesas uma chave de repartição das contribuições baseadas no rendimento nacional; mas, desde 1960, chaves de repartição especiais, mais favoráveis para os Estados mais pobres, são aplicadas em cada caso concreto em relação às despesas com forças militares de urgência para operações de manutenção da paz. A Assembleia Geral põe a maior parte do peso de tais despesas a cargo dos membros permanentes do Conselho de Segurança.

No entanto, a aplicação aritmética do critério da capacidade contributiva de cada Estado, aferida pelo nível do rendimento nacional, poderia na prática conduzir a contribuições demasiado elevadas ou demasiado pequenas. Assim, por ex., na fase inicial da vida da ONU, o número dos seus membros – muito mais reduzido que actualmente – e o modesto nível de desenvolvimento de quase todos eles, obrigariam os EUA a contribuir com quase metade do montante das receitas da Organização. Em contrapartida alguns Estados muito pobres ou exíguos contribuiriam de maneira puramente simbólica. Foi por isso aceite o critério da *contribuição mínima* para as despesas da ONU de que resultou, graças a sucessivos ajustamentos, que o máximo e o mínimo foram em 1972 fixados em 25% e 0,02%.

259. O critério adoptado pela ONU é em princípio extensivo a outras Organizações da constelação onusiana – sem prejuízo de esse critério poder ser conjugado com outros relacionados com o interesse e as vantagens sociais que certos Estados retiram da sua participação numa dada OI (assim, por ex., a OMCI toma em consideração a tonelagem bruta registada da marinha mercante de cada Estado-membro).

Também a população do Estado poderá ser um critério relevante para fixar a contribuição de cada membro, como sucede no Conselho da Europa.

Porque as bases em que a contribuição para uma dada OI é estabelecida estão sujeitas a evolução (trate-se da população, do rendimento nacional, da tonelagem bruta da marinha mercante, etc.), a fixação das contribuições estatais para o Orçamento da Organização é objecto de revisão periódica.

2. O pagamento das contribuições

260. Uma vez fixado o montante global das despesas pelo órgão plenário da OI, calcula-se, em função da chave de repartição adoptada por cada Organização, o valor da contribuição de cada Estado.

Esta contribuição deverá ser efectivada sem necessidade de notificação, mas na prática o secretariado da OI, tendo em conta a situação da tesouraria e das despesas a efectivar, terá o cuidado de lembrar aos Estados – que nem sempre tomam a iniciativa de cumprir as suas obrigações – a necessidade e eventual urgência em efectivar o pagamento (por uma só vez ou parcelarmente, consoante for resolvido em relação a todos os Membros, pelo órgão competente da Instituição).

O pagamento das contribuições deve ser feito, em princípio, na moeda do país da sede ou em divisas convertíveis.

261. O pacto constitutivo da OI prevê, frequentemente, as consequências do atraso no pagamento. Assim, por ex., o art. 19º da Carta da ONU prescreve, para este caso, a sanção da perda do direito de voto: «*O membro das Nações Unidas em atraso no pagamento da sua contribuição financeira à Organização não terá voto na Assembleia Geral, se o total das suas contribuições atrasadas igualar ou exceder a soma das contribuições correspondentes aos dois anos anteriores completos. A Assembleia Geral poderá, no entanto, permitir que o referido membro vote se ficar provado que a falta de pagamento é devida a circunstâncias alheias à sua vontade*».

Pode, no entanto, suceder em relação a contribuições financeiras extraordinárias, que um Estado-membro recuse o pagamento com fundamento na ilegalidade, real ou suposta, da despesa em causa – como foi o caso da URSS e da França em relação a despesas com certas operações de manutenção da paz que a ONU deliberou empreender e a que esses países não haviam dado o seu acordo.

§2º Contribuições voluntárias dos Estados e outros recursos

1. Donativos e empréstimos

262. Em certas OI – nomeadamente as que têm por objecto estatutário o apoio ao desenvolvimento ou a realização de acções no domínio humanitário – é actualmente corrente que Estados (ou grupo de Estados) especialmente empenhados nas acções de solidariedade internacional em que essas organizações estão envolvidas, contribuam voluntariamente para custear as correspondentes despesas, no quadro de programas de actividades previamente definidos: Fundo das Nações Unidas para a Infância (UNICEF), Programa das Nações Unidas para o Desenvolvimento (PNUD), orçamento operacional da Agência Internacional da Energia Atómica (AIEA).

Claro que para além desse empenhamento na prática da solidariedade pode haver um interesse político particular a guiar a mão dadivosa do Estado contribuinte. E como tais interesses podem não ser permanentes, a continuidade da acção da OI ressentir-se-á da incerteza decorrente do carácter aleatório das contribuições voluntárias. Por isso se exige das OI a maior prudência no estabelecimento dos seus programas específicos de acção e bem assim todo o cuidado em assegurar a continuidade e estabilidade das prestações financeiras dos Estados.

263. Há OI que recebem doações de particulares e de organizações não governamentais. Tal é, nomeadamente, o caso da UNICEF, que beneficia largamente de apoio de particulares.

264. Uma Organização pode, igualmente, recorrer a empréstimos públicos ou bancários para financiar actividades específicas ou para assegurar o aprovisionamento da sua tesouraria enquanto não afluem as contribuições financeiras normais dos Estados-membros.

2. Receitas próprias

265. No desenvolvimento das suas actividades, as OI desempenham-se de missões que tradicionalmente dependiam das competências dos Estados.

Estes, ao confiar tais missões a uma instituição internacional, de algum modo limitaram a sua soberania ou, como é cada vez mais frequente, alienaram mesmo largas parcelas ou blocos da soberania estatal.

Compreende-se, por isso, que os Estados mantenham com as Organizações uma espécie de luta de guerrilha permanente tendente a limitar as cedências consentidas no pacto constitutivo, especialmente quando tais cedências não sejam perfeitamente explícitas. Um dos instrumentos dessa luta consiste na limitação de meios financeiros atribuídos à Organização – pois a limitação dos recursos implica a limitação da acção e consequentemente uma menor ingerência na esfera de competências estatais.

A defesa da Organização, por seu turno, consiste no recurso a meios de financiamento que não dependam da vontade aleatória dos Estados-membros – isto é, na disponibilidade de receitas próprias.

266. Certas OI prestam serviços que comportam contrapartidas financeiras, dispondo assim de receitas próprias (suficientes ou não) para suportar as suas despesas. Tal é o caso, por ex., do Banco Internacional de Reconstrução e Desenvolvimento (BIRD), do Fundo Monetário Internacional (FMI), da Organização Meteorológica Mundial (OMM), da Organização da Aviação Civil Internacional (OACI), do Instituto Internacional de Brevets, etc.

Pode acontecer – e acontece em organizações de carácter financeiro como o FMI – que as receitas ultrapassem, mesmo, o montante das receitas. Neste caso e na conformidade das regras estatutárias o excedente é destinado à constituição de reservas ou de outros fundos podendo, quando ultrapasse certo montante, ser repartido pelos Estados-membros.

267. A União Europeia é actualmente financiada por receitas próprias, a maior parte das quais cobradas no território dos Estados-membros com intervenção dos serviços destes mesmos Estados (o produto da aplicação dos direitos da Pauta Aduaneira Comum às importações provenientes de terceiros Estados, os direitos niveladores relativos à importação de produtos agrícolas, uma participação no IVA cobrado em cada Estado-membro, etc.)[79].

§3º O orçamento da OI

268. O estabelecimento do orçamento-comportando uma previsão das despesas e das receitas – é um momento importante da vida da OI na medida em que, para além de disciplinar a vida financeira da OI e assegurar a cobertura das suas despesas, exprime em boa medida os propósitos da OI em relação ao futuro – isto é, no tocante às acções que ela pretende prosseguir ou iniciar.

[79] V. sobre as finanças das Comunidades Europeias – despesas, receitas e estabelecimento do orçamento – João Mota de Campos, *Manual de Direito da União Europeia*, 6ª ed., Coimbra Editora, 2010.

Na elaboração e aprovação do orçamento pelos órgãos para tal competentes há que observar regras jurídicas – que são as constantes de regulamento financeiro da OI.

Para evitar a indisciplina financeira e obrigar os serviços à observância de regras estritas, cortando-lhes a liberdade na utilização das receitas, o orçamento é, à semelhança de que ocorre na ordem interna dos Estados, dividido em partes, secções, capítulos, artigos, e regras muito rigorosas impedem a transferência de dotações para satisfação de despesas que elas têm em vista cobrir.

No âmbito do sistema das Nações Unidas tem-se procurado elaborar os orçamentos das diversas Organizações do sistema onusiano com base numa estrutura equiparável, para deste modo se facilitar a respectiva comparabilidade.

269. Em geral, o serviço administrativo competente (o Secretariado da Organização) elabora um projecto de orçamento que é submetido à aprovação do órgão plenário, onde têm assento os representantes dos Estados-membros.

Na ONU, a Assembleia Geral é a principal autoridade orçamental, competente para votar o conjunto do orçamento por maioria de 2/3 *(arts. 17º, n.os 1 e 2, e 18º, nº 2)*, visto tratar-se de uma «*questão importante*» na acepção da Carta.

Note-se, porém, que no respeitante às despesas a Assembleia está sujeita às decisões tomadas pelos outros órgãos de carácter intergovernamental – o que se compreende porque não dispondo a ONU de recursos próprios, a fixação das despesas determina o quantitativo que a cada Estado-membro cabe pagar na conformidade da *chave de repartição* dos encargos adoptada pela Organização.

Frequentemente a OI dispõe de um órgão de controlo dotado de competência para verificar, antes da intervenção do órgão plenário, a correcção das previsões contidas no projecto de orçamento (na ONU esse órgão é o *Comité Consultivo Para as Questões Administrativas e Orçamentais).*

270. O controlo da execução orçamental efectiva-se no quadro interno da Organização, sendo normalmente confiado ao Chefe da Administração. Mas é frequente que uma OI confie esse controlo a um organismo externo – uma firma privada ou mesmo um órgão oficial do Estado hospedeiro da OI.

No quadro das Nações Unidas foi criado um Comité «ad hoc» de peritos para examinar as finanças da ONU e das instituições especializadas que fazem parte do sistema onusiano. Em 1966 esse Comité recomendou a criação de um corpo comum de inspectores independentes (oito), incumbido de formular críticas e fazer sugestões, de realizar inspecções «in loco» e de proceder a inquéritos sobre questões por eles seleccionadas.

Bibliografia

A. PELLET, *«Budgets et programmes aux Nations Untes, quelques tendances recentes»*, A.F.D.I, 1976, pp. 242-252.

C.-A. COLLIARD, *«Finances publiques internationales: les principes budgétaires dans les organisations internationales», Rev. de Science Financière,* 1958, pp. 237-260, 437-460 e 678-679.

D. RUZIÉ, *«L'autonomie financière des Communautés européennes et l'accroissement des pouvoirs budgétaires du Parlement européen»*, J.C.P., 1970, I, 2354.

D. STRASSER, *Les finances de l'Europe,* F. Nathan, 1980, p. 590.

D. STRASSER, *«Les finances de la Communautè européenne», Revue Francaise de Finances Publiques,* 1983, p. 195.

J. D. SINGER, *Financing International Organizations. The U.N. Budget Process,* Nijhoff, La Haye, 1961, p. 186.

J. G. STOESSINGER *et al, Financing the U.N. System,* Brooking., Washington, 1964, p. 348.

L. CARTOU, *Droit financier et fiscal européen,* Dalloz, 1972.

M. BERTRAND, *«Planification, budgétisation et évaluation à l'O.N.U.»*, A.F.D.I., 1986, pp. 401-425.

LIVRO II
AS PRINCIPAIS ORGANIZAÇÕES INTERNACIONAIS DE QUE PORTUGAL É MEMBRO

Portugal é membro de múltiplas OI de *carácter universal* (PARTE I); e participa também em várias organizações de *âmbito regional* (PARTE II).

PARTE I
ORGANIZAÇÕES DE CARÁCTER UNIVERSAL

A ideia de OI de carácter universal é, como tivemos ocasião de ver na PARTE 1 desta obra, muita antiga.

As primeiras concretizações da ideia, levadas a cabo na segunda metade do séc. XIX, traduziram-se na criação de uma série de OI cuja maior parte continua, embora num quadro estatutário que evoluiu, a existir e a prestar os mais valiosos serviços à Comunidade Internacional. Trata-se, no entanto, como vimos, de organizações – verdadeiros *serviços públicos internacionais* – de objecto especializado.

Só após a 1ª Grande Guerra e no quadro do Tratado de Versalhes foi criada a primeira grande organização internacional de carácter universal e de natureza política, dotada de competência geral e vocacionada para a universalidade – a *Sociedade das Nações.*

Esta Organização, instituída fundamentalmente para salvaguardar a paz, não conseguiu evitar a II Guerra Mundial, a que não sobreviveu.

Sucedeu-lhe a Organização das Nações Unidas, a cujo estudo consagraremos o TÍTULO I.

Na órbita da ONU foram criadas ou acolhidas outras *organizações universais – mas* estas de vocação especializada, que tivemos ocasião de evocar no Livro I desta obra. É agora chegado o momento de lhes dedicar maior atenção elegendo, para um estudo mais aprofundado, algumas que pelas suas finalidades, pela sua importância particular para o progresso da humanidade nos planos económico, social, e cultural e bem assim pelos particularismos jurídicos que nelas concorrem, suscitam particular interesse.

Apresentaremos tais organizações sob designação de *Instituições Especializadas da ONU* (TÍTULO II).

TÍTULO I
A ORGANIZAÇÃO DAS NAÇÕES UNIDAS

Pelo Prof. Doutor Manuel de Almeida Ribeiro

PLANO GERAL DO TÍTULO I

TÍTULO I
A ORGANIZAÇÃO DAS NAÇÕES UNIDAS

CAPÍTULO I
ANTECEDENTES DA ONU

Secção 1ª A SOCIEDADE DAS NAÇÕES
§1º Contexto histórico da criação da SDN
§2º Estrutura institucional da SDN
§3º O insucesso da SDN

Secção 2ª A CRIAÇÃO DA ONU
§1º Dos documentos preparatórios à elaboração da Carta

1. Da Carta do Atlântico à Conferência de S. Francisco
2. A Conferência de S. Francisco

§2º Traços gerais da Carta das Nações Unidas
§3º Instalação e entrada em funcionamento dos órgãos das Nações Unidas

CAPÍTULO II
A COMPOSIÇÃO DA ONU

Secção 1ª OS MEMBROS DA ONU
§1º A aquisição da qualidade de membro
§2º A perda da qualidade de membro

1. Exclusão voluntária
2. Exclusão imposta

§3º A evolução da composição da ONU

1. As sucessivas admissões e a crescente universalização da Organização
2. O caso particular de Portugal
3. O caso particular da China

Subsecção 2ª O CONSELHO DE TUTELA

Secção 3ª ÓRGÃOS JURISDICIONAIS

Subsecção 1ª O TRIBUNAL INTERNACIONAL DE JUSTIÇA
§1º Antecedentes históricos
§2º O Tribunal Permanente de Justiça Internacional
§3º A criação do TIJ
§4º Competência do TIJ
§5º Balanço da actividade desenvolvida pelo TIJ
§6º A reforma do TIJ
§7º Funcionamento do TIJ

CAPÍTULO IV
A ACÇÃO DA ONU

Secção 1ª A ACÇÃO DA ONU NO TOCANTE À POLÍTICA DE SEGURANÇA
§1º O exercício dos poderes de recomendação
§2º Os poderes de injunção do Conselho de Segurança
§3º As operações de manutenção de paz

Secção 2ª AS ACTIVIDADES DAS NAÇÕES UNIDAS NO QUADRO DA DESCOLONIZAÇÃO

Secção 3ª AS ACTIVIDADES DA ONU NOS DOMÍNIOS HUMANITÁRIO, ECONÓMICO E SOCIAL

Bibliografia

Anexo A CARTA DAS NAÇÕES UNIDAS

Capítulo I
Antecedentes da ONU

Secção 1ª
A Sociedade das Nações

§1º Contexto histórico da criação da SDN

No período que decorreu entre o Congresso de Viena e a eclosão da Primeira Guerra Mundial, criara-se a convicção de que a paz, ou pelo menos a não beligerância geral, seria susceptível de ser mantida através de um jogo de alianças que mantivesse os necessários equilíbrios de poder, através de alianças militares.

A paz de Viena, celebrada sem que para a grande vencida nas guerras napoleónicas resultassem sanções insuportáveis, e o génio de estadistas do século XIX, como Bismarck, que souberam conduzir as relações internacionais dos seus países por forma a atingirem os seus objectivos sem colocarem em perigo os equilíbrios de que dependia a paz global, foram condições que contribuíram para acentuar uma excessiva confiança dos Estados europeus no carácter duradouro dessa paz.

O desarmamento não era considerado um pressuposto da não-beligerância. Durante o período que precedeu a Guerra de 1914-1918, assiste-se, pelo contrário, a uma intensificação da corrida aos armamentos no pressuposto de que a paz deveria ser uma «paz armada».

O jogo de alianças na Europa foi-se gradualmente alterando de forma tal que, antes da eclosão da Primeira Guerra Mundial, gerou-se uma situação em que a eclosão de um conflito entre duas potências europeias arrastaria inevitavelmente todas as outras para uma guerra generalizada.

O assassínio do arquiduque Francisco Fernando da Áustria, herdeiro da coroa austro-húngara, em Sarajevo, a 28 de Junho de 1914, desencadeou o primeiro de uma rápida série de acontecimentos que conduziram a essa guerra. A Áustria declarou guerra à Sérvia, a Alemanha solidarizou-se com a Áustria, a Rússia sentiu-se ameaçada com a penetração austríaca nos Balcãs e declarou a mobilização geral. A Inglaterra e a França, ligadas à Rússia pela *Triple Entente,* manifestaram a sua disposição para cumprir as obrigações resultantes dessa aliança. A Alemanha, para se antecipar à previsível evolução dos acontecimentos, desencadeou uma ofensiva contra a França através da Bélgica, em 4 de Agosto de 1914. Tinha-se iniciado a Primeira Guerra Mundial. Uma crise entre a Áustria e um pequeno país dos Balcãs, que Bismarck dissera «não valerem os ossos de um granadeiro da Pomerânia», foi a causa directa do maior conflito armado da História até àquele momento.

As potências que se envolveram nas hostilidades em Agosto de 1914 não esperavam a evolução que o conflito veio a ter. Às expectativas de uma rápida vitória que todas alimentavam, seguiu-se a realidade de um conflito quase estático em termos de movimentação de forças, com inimagináveis sacrifícios para os combatentes.

Cedo se verificou que o desenvolvimento técnico dos armamentos privilegiara as armas defensivas de tal forma, que tornara obsoletas as técnicas ofensivas conhecidas. A utilização da metralhadora e do arame farpado, bem como o aperfeiçoamento da artilharia, tornaram inútil a cavalaria e tão mortíferos os ataques de infantaria que, em alguns dos dias de guerra, se registaram dezenas de milhares de mortos.

A impossibilidade de desencadear uma guerra ofensiva transformou a frente em linhas de trincheiras que se estendiam do Atlântico à fronteira suíça, nas quais os soldados, vivendo em horríveis condições de salubridade, aguardavam as ofensivas inimigas ou as ordens para atacar. Instalou-se uma guerra de desgaste terrivelmente dolorosa.

As tentativas para criar novos meios ofensivos, como os gases venenosos, que as partes rapidamente adoptaram, apenas contribuíram para piorar a situação dos soldados.

Nem a paz separada de Brest-Litovsk, através da qual o governo soviético cedeu uma enorme extensão territorial à Alemanha e lhe permitiu disponibilizar meios para desencadear uma última grande tentativa de alterar o curso dos acontecimentos na frente ocidental, permitiu que essa alteração se verificasse. Só a entrada dos Estados Unidos na guerra, fazendo pender decisivamente a balança dos meios humanos e materiais em favor das forças que se opunham aos Impérios Centrais, veio a quebrar o impasse e provocar o desfecho do conflito,

O mundo do pós-guerra não poderia deixar de ser radicalmente diferente do mundo de 1914. Novos factores determinavam as relações internacionais:

a) a entrada na cena internacional dos Estados Unidos, com o peso determinante que o seu papel decisivo na última fase do conflito lhe conferia;
b) o fim das ilusões sobre as virtualidades do equilíbrio de poderes como meio de prevenir conflitos;
c) o trauma causado pela revolução soviética e a convicção de que o perigo da revolução social constituía uma ameaça real;
d) os mais de nove milhões de mortos em quatro anos de um conflito, no qual ficou demonstrado que as guerras de curta duração, com rápidas operações militares e sacrifícios limitados, pertenciam ao passado;
e) o fim da Europa como centro do mundo político internacional.

As ideias do presidente americano Wilson sobre a paz representavam uma ruptura com os princípios que tinham prevalecido até ao momento nas relações entre os Estados europeus. O princípio segundo o qual a preservação da paz dependia do equilíbrio de poder entre os Estados deveria, segundo a doutrina americana, ser substituído por dois pilares essenciais: a autodeterminação e a segurança colectiva. As situações de ameaça à paz deveriam ser declaradas por uma organização internacional denominada Sociedade das Nações.

As bases concretas da paz que se seguiria ao termo do conflito foram enunciadas pela primeira vez perante o Congresso americano, em 8 de Janeiro de 1918, condensadas em catorze princípios que viriam a ser conhecidos como os «catorze pontos de Wilson»:

1. Evacuação e restauração da Bélgica, sem qualquer restrição à sua soberania.
2. Evacuação do território francês, restauração das regiões invadidas e reparação dos prejuízos causados à França em 1871 relativamente à Alsácia Lorena.
3. Evacuação do território russo e livre regulação dos seus destinos políticos.
4. Rectificação das fronteiras italianas conforme o princípio das nacionalidades.
5. Possibilidade de um desenvolvimento autónomo para os povos da Áustria Hungria.

6. Evacuação da Roménia, da Sérvia e do Montenegro e concessão à Sérvia de uma comunicação marítima.
7. Limitação da soberania otomana às regiões genuinamente turcas, com autonomia para todas as outras nacionalidades e garantias internacionais para o livre trânsito nos Dardanelos.
8. Independência da Polónia com livre acesso ao mar.
9. Criação de uma Sociedade das Nações, oferecendo garantias mútuas de independência política e de integridade territorial, não só aos grandes como aos pequenos Estados.
10. Regulação imparcial das questões coloniais.
11. Garantias recíprocas para a redução dos armamentos.
12. Supressão, na medida do possível, das barreiras económicas, igualdade comercial para todos os Estados.
13. Liberdade de navegação.
14. Publicidade dos tratados e consequente abolição das alianças secretas entre os Estados.

Ao contrário da prática comum das conferências de paz anteriores, a Conferência de Versalhes não foi uma reunião entre vencedores e vencidos mas uma conferência entre vencedores para definir os termos da paz a impor ao inimigo.

Embora tenham participado na Conferência trinta e dois Estados e sido constituídos três órgãos: um Conselho Supremo composto pelos chefes dos governos da Grã-Bretanha, França, Itália e Estados Unidos, um Conselho dos Cinco, em que participava ainda o chefe do governo do Japão, e um Conselho dos Dez, constituído pelos Cinco e pelos respectivos ministros dos Negócios Estrangeiros, as decisões mais importantes tomaram-se entre três homens – Wilson, Presidente dos EUA, Lloyd George, primeiro-ministro britânico, e Clemenceau, presidente do Conselho de Ministros da França.

Wilson pretendia uma paz sem anexações nem indemnizações.

A França, contudo, profundamente esgotada por uma guerra que se desenrolara essencialmente no seu território e que a exaurira economicamente, sentia-se profundamente insegura em relação ao seu futuro, pelo que encarava com as maiores reservas essa solução. A Grã-Bretanha, por seu turno, tendia a alinhar, embora de forma mais mitigada, com as teses americanas, até por se sentir ressarcida com a perda, a seu favor, das colónias alemãs.

A Alemanha, apesar de derrotada e da humilhação de ver o seu futuro decidido por uma conferência de vencedores, mantinha o potencial demográfico e económico capaz de colocar potencialmente em perigo uma França estruturalmente muito mais fraca. De facto, o equilíbrio de forças, que os Estados Unidos se recusavam a admitir como essencial para a manutenção da paz, era mais desfavorável à França em 1918 que em 1914.

Clemenceau começou por sustentar que a segurança francesa dependia da separação da Renânia da Alemanha e da entrega à França de postos avançados na margem direita do Reno. Recusada essa proposta por Wilson e Lloyd George, acabou por decidir-se a ocupação da Renânia pelos vencedores durante um período de quinze anos e a desmilitarização permanente da região, bem como de uma faixa de quinze quilómetros de largura na margem direita do Reno; a zona do Sarre seria também ocupada pela França durante quinze anos, após o que se decidiria, por referendo, se devia pertencer à França ou à Alemanha.

Mesmo assim, só a garantia, que aliás a falta de aprovação do Senado não permitiu concretizar, do apoio armado imediato dos Estados Unidos à França em caso de ataque alemão veio a convencer a França a aceitar essas condições.

As reparações constituíam outra das questões a resolver. Apesar da oposição inicial de Wilson, não só foi contemplado o princípio da reparação, que em termos moderados se deveria considerar conforme às práticas internacionais anteriores, como, na sequência de se considerar a Alemanha única responsável pelo conflito, esta foi obrigada a aceitar formalmente indemnizar todos os Estados que se lhe tinham oposto e seus cidadãos, o que se traduziu numa indemnização de guerra tão elevada que se previa que levasse cerca de meio século a satisfazer. Esta condição causou um profundo e duradouro sentimento de indignação na Alemanha.

Finalmente a Alemanha perdeu as suas colónias, a sua marinha de guerra e a força aérea e viu o exército reduzido a um máximo de 100 000 homens, além de ter o seu território reduzido em cerca de trinta por cento em relação a 1914.

Apesar da imposição destas restrições à Alemanha, já em 1919 críticos franceses do Tratado de Versalhes defendiam que só a divisão da Alemanha poderia garantir a paz à Europa.

De certo modo, pode-se dizer que a paz de Versalhes foi o oposto da paz de Viena. Enquanto no Congresso de Viena se procurara criar três pilares para uma paz duradoura – a conciliação com a França, o equilíbrio de poderes e um sentido compartilhado de legitimidade –, os termos de Versalhes eram excessivamente onerosos para promoverem a reconciliação e insuficientemente severos para garantirem a subjugação.

Não se tendo concretizado a paz sem vencedores que Wilson desejava, o presidente americano depositou as suas esperanças na Sociedade das Nações. Através desta poder-se-ia, uma vez ultrapassados os traumas da guerra, corrigir a injustiça que o tratado de paz impunha à Alemanha. Para tanto, não só o Pacto da Sociedade das Nações foi incluído no próprio Tratado de Versalhes, como se previu no seu texto – art. 19º – que «A Assembleia pode, de tempos a tempos, convidar os membros a procederem a um novo exame dos tratados que se tornarem inaplicáveis, assim como das situações internacionais, por via de cuja continuação poderia perigar a paz mundial». O Tratado continha assim, pensava Wilson, apesar de imperfeito, um remédio para as suas próprias imperfeições.

Ao apresentar o texto do Tratado de Versalhes ao Senado em Julho de 1919 Wilson afirmou:

> *«O palco está montado; o destino está à vista. Não se manifestou porque o tivéssemos planeado de algum modo, mas sim pela mão de Deus que nos guiou nesse sentido. Não podemos voltar atrás. Só podemos ir em frente, com olhos bem erguidos e o espírito rejuvenescida, ao encontro dessa visão. Foi isso que sonhámos quando nascemos. À América caberá de facto mostrar o caminho. A luz brilha ao fundo da senda que temos pela frente e só aí.»*

O Senado americano não se mostrou, no entanto, disponível para ratificar sem reservas o Tratado, principalmente devido a objecções ao Pacto. A recusa de Wilson a admitir reservas, e a eleição para a presidência em 1920 de Warren Harding, que apoiava a não-ratificação, puseram uma pedra final sobre o assunto.

A não-adesão dos Estados Unidos à Sociedade das Nações, da qual tinham sido o principal impulsionador, constituiu um factor de grande desequilíbrio no funcionamento da organização.

De modo algum se poderá dizer que apesar do insucesso na prossecução da sua principal finalidade – a manutenção da paz – a experiência da Sociedade das Nações foi inútil. Como veremos, pelo menos dois efeitos úteis resultaram desta primeira experiência de institucionalização da sociedade internacional: ter desencadeado, no período que se seguiu, a constituição de outras organizações internacionais, com fins mais específicos ou âmbito geográfico mais limitado, e ter permitido colher a experiência que resultou da análise das causas do seu fracasso, cuja repetição se procurou evitar que ocorresse na Organização das Nações Unidas.

Ainda através do Tratado de Versalhes foi criada uma outra organização internacional da maior importância – A Organização Internacional do Trabalho.

O objectivo da sua constituição, como resulta dos próprios artigos do Tratado que se lhe referem, foi promover a melhoria das condições de trabalho em todo o mundo, por forma a evitar o alastramento das condições que tinham dado causa à Revolução de Outubro na Rússia.

§2º A estrutura institucional da SDN

Como já referimos, a Sociedade das Nações foi criada pelo próprio Tratado de Versalhes. O Pacto da Sociedade das Nações, apesar do seu carácter profundamente inovador, é um documento muito sintético, com apenas vinte e seis artigos.

Os traços essenciais do sistema que a Sociedade visava impor eram:

1º O compromisso dos Estados de respeitarem o direito internacional e de regularem os diferendos por meios jurídicos, designadamente a arbitragem.
2º O compromisso dos Estados de agirem conjuntamente contra os que, dentro e fora da Sociedade, violassem o direito.
3º A limitação, na fase inicial da participação na Sociedade, aos «Estados amantes da Paz», ou seja, a exclusão, no período inicial, dos vencidos da Guerra de 1914/1918.
4º A exclusão futura dos membros que atentassem contra a Paz.
5º A limitação dos armamentos, como forma de evitar a «paz armada».

Podemos dizer que destes princípios resultavam três pilares essenciais: a segurança colectiva, resultante do princípio de que «a ameaça a um representa uma ameaça a todos»; a arbitragem como meio normal de resolução de conflitos; a limitação de armamentos.

O Pacto prevê a existência de dois órgãos, o Conselho e a Assembleia, «assistidos por um Secretariado Permanente», não tendo este a natureza de órgão.

A composição prevista para o Conselho era de nove membros, sendo cinco permanentes – os Estados Unidos, o Reino Unido, a Itália, o Japão e a França – e quatro não permanentes «designados livremente pela Assembleia em épocas à sua escolha». A não-concretização da entrada dos Estados Unidos viria a comprometer a prevista preponderância numérica dos membros permanentes sobre os não permanentes.

A Assembleia era composta por todos os membros da Sociedade, não resultando claramente do Pacto a delimitação entre as suas competências e as do Conselho, embora este último tendesse a ser visto como o órgão de crise.

O Secretariado, embora com a notável inovação da sua permanência, não tinha, como se refere atrás, a natureza de órgão, carecendo de qualquer capacidade de intervenção política.

O art. 10º do Pacto garantia aos Estados membros a integridade territorial e a independência política, cabendo ao Conselho tomar as medidas necessárias para assegurar o cumprimento dessa obrigação.

No art. 12º, os membros da Sociedade acordavam que, antes de recorrerem à guerra, deveriam sujeitar a arbitragem, solução judicial ou apreciação do Conselho, qualquer diferendo susceptível de levar a uma ruptura entre eles. Em qualquer caso, a guerra nunca deveria ser desencadeada antes de decorridos três meses sobre a tomada da decisão através do meio que viesse a ser adoptado, de entre os três previstos. Era a «moratória de guerra», a que os Estados se obrigavam mesmo nos casos em que esta não era proibida.

No art. 15º, regulava-se a intervenção do Conselho na resolução de conflitos entre os Estados membros. Nos termos desse dispositivo, caso surgisse um diferendo que não fosse resolvido mediante arbitragem ou decisão judicial, a questão deveria ser levada ao Conselho. Este órgão deveria proceder a um relatório, que seria objecto de votação pelos seus membros, para conhecer as circunstâncias do pleito e recomendar as soluções que entendesse mais adequadas. Caso as conclusões do relatório fossem aceites por unanimidade, sem contar para essa unanimidade com os votos dos Estados interessados no conflito, os membros da Sociedade comprometiam-se a não recorrer à guerra contra qualquer parte que se conformasse com as suas decisões. Caso o relatório não fosse aceite por unanimidade, as partes reservavam-se o direito de agirem como melhor entendessem para a defesa dos seus direitos. Se uma das partes pretendesse, e o Conselho reconhecesse, que o diferendo respeitava a um assunto que o direito internacional relegava à competência exclusiva dessa parte, deveria certificá-lo em relatório, sem recomendar qualquer solução. O Conselho poderia sempre submeter o diferendo à Assembleia, no prazo de catorze dias a contar da data em que o mesmo lhe fosse apresentado, sendo que, nesse caso, a decisão unânime da Assembleia, sem contar com os votos dos Estados interessados, produziria os mesmos efeitos que uma decisão do Conselho.

O art. 16º previa a obrigação para os Estados membros de cessarem as relações comerciais ou financeiras com o Estado infractor, que seria considerado em estado de guerra com todos os membros da Sociedade. O Conselho poderia recomendar contribuições aos Estados membros em meios militares para fazer respeitar os compromissos da Sociedade, embora a disponibilização desses meios não fosse vinculativa.

Repare-se que o Pacto não excluía peremptoriamente o uso da força em todas as situações. Apenas o proibia, em qualquer caso, nos termos do art. 10º, ou contra uma decisão arbitrai ou judicial, ou, ainda na hipótese, aliás de difícil verificação, de uma deliberação unânime do Conselho em sentido contrário.

Era, assim, um sistema de limitação do recurso à força sem eliminação total dessa possibilidade.

A contrario sensu, não violava o Pacto a guerra desencadeada após o decurso da moratória contra os Estados que não acatassem a decisão arbitral, judicial, ou tomada pelo Conselho ou Assembleia por unanimidade ou, ainda, se fosse considerada pelo Conselho da competência exclusiva dos Estados envolvidos, nos termos do nº 8 do art. 15º

§3º O insucesso da SDN

Durante os anos vinte, verificar-se-ia um pressuposto muito importante para o êxito da Sociedade das Nações: a adesão da União Soviética e da Alemanha. No caso desta última, na sequência do Tratado de Locarno, em 1925, a adesão não implicou a aceitação das fronteiras de leste que tinham resultado do Tratado de Versalhes.

De registar que, em 1928, veio a ser assinado o Pacto de Paris, mais conhecido como Pacto Briand-Kellogg, através do qual as potências signatárias, praticamente todos os países do mundo, renunciaram ao uso da força como meio de resolução de conflitos. Tratou-se de um avanço considerável em relação ao sistema do Pacto da Sociedade das Nações que, como vimos, ainda admitia a guerra como meio de dirimir diferendos internacionais.

A Sociedade registaria alguns êxitos enquanto instrumento de manutenção da paz, embora em situações envolvendo potências relativamente menores. Foi o caso da disputa fronteiriça entre a Suécia e a Finlândia; da protecção da recém-criada Albânia quando foi ameaçada por forças gregas e jugoslavas; da retirada das forças gregas da Bulgária em 1925 e do pagamento de uma compensação à Grécia após um incidente entre os dois países; da resolução de uma disputa territorial entre a Turquia e o Iraque e, finalmente, do envio de uma força de manutenção de paz entre a Colômbia e o Peru, que asseguro» a retirada das forças peruanas.

O fracasso da Sociedade verificar-se-ia quando os conflitos envolveram os planos expansionistas dos próprios membros permanentes do Conselho, como no caso da invasão da Manchúria pelo Japão e da Etiópia pela Itália. Quando a Alemanha, contra as expressas disposições do Tratado de Versalhes, reocupou a Renânia, anexou a Áustria e, posteriormente, invadiu a Checoslováquia, a Sociedade perdeu totalmente a credibilidade. A última decisão política da Sociedade seria a expulsão da União Soviética, após a sua agressão à Finlândia em 1939.

Como vimos, o Tratado de Versalhes previu, na Parte XII, a fundação de uma organização destinada a melhorar as condições de trabalho no mundo e obstar, por essa via, ao agravamento das tensões sociais. Tratava-se, no fundo, de conciliar as convicções pacifistas com as convicções liberais dos autores do Pacto da Sociedade das Nações.

A Organização Internacional do Trabalho, que subsistiu ao desaparecimento da Sociedade das Nações, caracterizou-se por adoptar uma representação tripartida dos Estados, englobando, além dos governos, representações das organizações sindicais e do patronato. A sua estrutura compõe-se de três órgãos, o Bureau Internacional do Trabalho, órgão restrito com a competência de promover a elaboração de convenções laborais entre os Estados membros, a Convenção Internacional do Trabalho, órgão plenário que aprova as convenções que os Estados deverão adoptar nas respectivas ordens internas, e um Conselho de Administração, que é o órgão de controlo da Convenção sobre o Bureau.

A OIT esteve, durante o período de vida da SDN, intimamente ligada a esta. O seu orçamento era votado pela Assembleia Geral da Sociedade e os membros desta eram automaticamente membros da OIT.

O Sistema SDN/OIT foi o embrião do desenvolvimento da cooperação entre os Estados membros da Sociedade. Apesar do pendor excessivamente centralizador do art. 24º do Pacto, que pretendia colocar as uniões administrativas pré-existentes sob o domínio da Sociedade, inibindo estas de aderirem ao sistema, outras foram criadas pela própria Sociedade, como a Organização Económica e Financeira, a Organização da Higiene, a Organização da Comunicação e do Trânsito e o Organismo da Cooperação Intelectual, o Comité do Ópio, etc.

Todos estes organismos estavam, nos termos do referido art. 24º, colocados sob a dependência do Conselho e da Assembleia da Sociedade e dependiam do orçamento desta.

Nos últimos anos da SDN, a vertente da cooperação desenvolveu-se, ao mesmo tempo que a acção política caía em descrédito. Em Junho de 1939, a Assembleia criou uma comissão, o «Comité Bruce», presidido por um australiano, para introduzir uma melhor coordenação do sistema. O resultado dos trabalhos, o «Relatório Bruce», veio a ser publicado perto do ocaso da Sociedade em Agosto do mesmo ano. A criação de um Comité Central para as Questões Económicas e Sociais previsto nesse relatório viria, entretanto, a inspirar a instituição do Conselho Económico e Social das Nações Unidas.

A Sociedade das Nações cessou *de facto* com a eclosão da Segunda Guerra Mundial, embora só tenha sido extinta de jure em 1946.

Apesar do fracasso inquestionável no seu principal objectivo de garantir a Paz, a SDN foi um passo fundamental na construção da sociedade internacional. Na criação da Organização das Nações Unidas procuraram-se evitar alguns erros que se considerou terem estado na origem do fracasso da Sociedade. Muito da sua experiência foi, entretanto, recuperado na nova organização mundial do pós-guerra. Do legado da Sociedade das Nações é de destacar:

1. O desenvolvimento das técnicas de negociação multilateral.
2. A experiência do funcionamento de um secretariado internacional permanente.
3. A experiência de cooperação internacional nos domínios económico e social.
4. A criação de um tribunal internacional permanente.

Entre as lições negativas da experiência, cuja repetição se procurou evitar, é de destacar:

1. A ligação directa entre o tratado de paz e a organização.
2. O carácter excessivamente abstracto da segurança colectiva e do mecanismo das sanções.
3. A delimitação pouco clara das competências dos órgãos restrito e plenário.
4. A excessiva centralização nas relações com as restantes organizações do sistema.

De certo modo, como afirma Michel Virally, a ONU veio a ser simultaneamente uma reconstituição da Sociedade das Nações e uma «anti-Sociedade das Nações».

Secção 2ª
A Criação da ONU

§1º Dos documentos preparatórios à elaboração da Carta

1. Da Carta do Atlântico à Conferência de S. Francisco

O primeiro documento de conteúdo programático sobre a reorganização da sociedade internacional quando terminasse a Segunda Guerra Mundial foi a Carta do Atlântico, uma declaração conjunta do primeiro-ministro britânico Winston Churchill e do presidente norte-americano Roosevelt, no termo da reunião que mantiveram num navio de guerra americano em 14 de Agosto de 1941, ainda antes da entrada dos Estados Unidos na guerra.

Na Carta do Atlântico afirmavam-se, em resumo, os seguintes princípios:

1. O direito de todos os países à segurança das suas fronteiras.
2. O direito dos povos de escolherem a forma de governo sob a qual desejam viver.
3. A igualdade de todos os Estados, vitoriosos e vencidos, de acesso às matérias-primas e de condições de comércio.
4. A promoção da colaboração entre as nações com o fim de obter para todos melhores condições de trabalho, prosperidade e segurança social.
5. A liberdade de navegação.
6. O desarmamento.

Em 1 de Janeiro de 1942 foi assinada em Washington a Declaração das Nações Unidas, usando-se pela primeira vez essa expressão, através da qual vinte e seis Estados, entre os quais a URSS e a China, aderiram aos princípios da Carta do Atlântico. São convidados a aderir à Carta todos os Estados empenhados na derrota do «hitlerismo». Até Março de 1945, outros vinte e um Estados viriam a declarar a sua adesão.

No ano seguinte, em 1 de Novembro de 1943, os representantes do Reino Unido, Estados Unidos e União Soviética assinam a Declaração de Moscovo, à qual a China se associou, e onde se refere, pela primeira vez, a necessidade de estabelecer o mais depressa possível «uma organização internacional geral, para a manutenção da paz e da segurança internacionais».

Em Agosto/Setembro de 1944, em Dumbarton Oaks, perto de Washington, tem lugar uma conferência, sem a presença da URSS, que invocou não poder estar presente numa conferência sobre o termo da guerra em que a China se fizesse representar, já que não estava em guerra com o Japão, na qual os Estados Unidos apresentam um projecto de organização, ainda incompleto, que servirá de base aos trabalhos. Ficam ainda em aberto algumas questões importantes que careciam de um acordo ao mais alto nível.

Essas questões serão debatidas em Ialta, de 3 a 11 de Fevereiro de 1945, onde são acordados os princípios do voto no Conselho de Segurança, o voto plural da União Soviética e as bases de um regime internacional de tutela a aplicar a determinados territórios coloniais.

Estabelecidas por acordo das principais potências as bases da organização, é convocada por convite destas uma conferência internacional para se realizar em S. Francisco, tendo-se os trabalhos iniciado em 25 de Abril de 1945 e terminado em 26 de Junho do mesmo ano. De referir que as hostilidades ainda não tinham terminado, já que a Alemanha só se rendeu em 8 de Maio e o Japão em 26 de Junho.

2. A Conferência de S. Francisco

As regras de funcionamento da Conferência estabeleciam que as decisões sobre a redacção da Carta deveriam ser aprovadas por dois terços dos cinquenta Estados representados. Esta maioria de aprovação permitia a formação de minorias de bloqueio mas, principalmente, facultava aos Estados pequenos e médios a possibilidade de, desde que se articulassem entre si, poderem introduzir alterações ao projecto-base previamente negociado pelas grandes potências.

Se, afinal, o prestígio inquestionável das grandes potências e a sua superioridade política, económica e militar lhes permitia impor qualquer solução e efectivamente permitiu deixar passar o princípio de que a principal responsabilidade pela paz e segurança internacionais lhes devia ser confiada, tal não obstou a que os debates se caracterizassem por uma grande vivacidade e que os restantes Estados obtivessem a aprovação de alterações, no que se refere aos poderes da Assembleia Geral e às competências da Organização em matéria económica e social, que se revelariam de grande importância.

A «lição» da Sociedade das Nações demonstrara que sem o empenho activo das principais potências a manutenção da paz não poderia ser eficazmente garantida. Por outro lado, os Estados Unidos acreditavam que só com o empenho unânime das potências «amantes da paz», as vencedoras da guerra, seria possível manter a segurança colectiva. Se a perenidade desse acordo foi um postulado que o tempo rapidamente desmentiu, era dificilmente imaginável, face à correlação de forças de 1945 e à que se manteve até ao desmembramento da União Soviética que pudesse haver outra solução viável[80].

[80] Churchill refere, a propósito da Conferência de Ialta e da solução encontrada para a ONU: «Após muitos esforços e explicações, conseguimos persuadi-lo (Estaline) a aceitar um esquema norte-americano em cujos termos o Conselho de Segurança seria praticamente impotente, a menos que houvesse unanimidade entre os "quatro grandes". Se os Estados Unidos, a URSS, a Grã-Bretanha ou a China (ainda não estava decidida a entrada da França no Conselho de Segurança como membro permanente) discordassem quanto a qualquer tema fundamental, qualquer um poderia recusar o seu assentimento e impedir o Conselho de fazer o que quer que fosse. Ali estava o veto. A posteridade haverá de julgar os seus resultados. [...] Da minha parte sempre sustentei a opinião de que o fundamento de um organismo mundial deve ser procurado em bases regionais. A maioria das regiões sugere-se por si – os Estados Unidos, a União Europeia, A Comunidade e

Segundo decidiu a Conferência, a Carta entraria em vigor logo que ratificada por dois terços dos Estados participantes e pelos cinco grandes, assim se evitando que pudesse surgir uma situação análoga à que emergiu da não-ratificação do Pacto da Sociedade das Nações pelos Estados Unidos. Essas condições verificaram-se em 24 de Outubro de 1945.

Nos termos decididos na Conferência, cabia a uma comissão preparatória com um representante de cada Estado ratificante e a uma comissão executiva de catorze membros, cinco dos quais seriam os futuros membros permanentes do Conselho de Segurança, tomar as medidas necessárias para o início dos trabalhos.

§2º Traços gerais da Carta das Nações Unidas

A Carta das Nações Unidas é um documento consideravelmente mais vasto que o Pacto da Sociedade das Nações. Contém um preâmbulo e cento e onze artigos, divididos por dezanove capítulos, além do Estatuto do Tribunal Internacional de Justiça, que desenvolve a matéria referente a este órgão jurisdicional e que tem setenta artigos distribuídos por cinco capítulos.

O preâmbulo contém a profissão de fé dos fundadores (a que os novos membros naturalmente aderem). No capítulo I, designado «Objectivos e Princípios», estabelecem-se os fins da organização no art. 1º e os princípios que os membros se obrigam a respeitar no art. 2º, sendo que na alínea 7 desse artigo se delimita como domínio reservado dos Estados as respectivas jurisdições internas.

O capítulo II ocupa-se da admissão de membros e da sua suspensão ou expulsão.

Império Britânicos, a União Soviética, a América do Sul. Outros, no momento, são mais difíceis de definir – como o grupo ou grupos asiáticos, ou o grupo africano – mas poderiam ser definidos através de estudos. O objectivo, porém, seria solucionar muitas questões de feroz controvérsia local no Conselho Regional, que então enviaria três ou quatro representantes ao órgão supremo, escolhendo homens de extrema eminência. Esses homens comporiam um grupo supremo de trinta ou quarenta estadistas mundiais, cada qual responsável não apenas pela representação da sua própria região, mas pela abordagem de causas mundiais e, acima de tudo, pela prevenção da guerra. O que temos hoje não *é* eficiente para esse propósito fundamental. A convocação de todas as nações, grandes e pequenas, poderosas ou impotentes, em termos de igualdade perante um organismo central, pode ser comparada à organização de um exército sem nenhuma separação entre o alto comando e os comandantes de divisões ou brigadas. Todos são convocados ao quartel-general. Uma Babel, temperada por um trabalho habilidoso de *lobby*, é o resultado que se tem até ao momento. Mas temos que perseverar.» Churchill escreveu estas palavras em 1957 em *Memórias da Segunda Guerra Mundial,* edição em português da Editora Nova Fronteira, p. 1038.

O capítulo III enumera os chamados «órgãos constitucionais»: a Assembleia Geral, o Conselho de Segurança, o Conselho Económico e Social, o Conselho de Tutela, o Tribunal Internacional de Justiça e o Secretariado.

O capítulo IV ocupa-se da Assembleia Geral, enumerando as suas competências, quer as próprias quer as referentes a outros órgãos, bem como os aspectos essenciais do seu funcionamento. No art. 12º, é fixada a inibição da Assembleia de intervir, mesmo sob a forma de recomendação, em qualquer questão de que o Conselho de Segurança se esteja a ocupar, no âmbito das funções que lhe são conferidas. Pretendeu-se desta forma, obviar à confusão que na Sociedade das Nações se verificava entre as competências do Conselho e da Assembleia e fixar claramente a responsabilidade exclusiva do Conselho de Segurança como órgão de crise no que se refere à Segurança Colectiva.

Do Conselho de Segurança ocupa-se o capítulo V, do qual o primeiro artigo, o art. 23º, regula a composição e designa os membros permanentes e o art. 27º a forma do exercício do veto. Além das regras de funcionamento do Conselho e da obrigação dos Estados membros de acatarem as decisões do Conselho, estabelece-se ainda em que circunstâncias os membros podem chamar a atenção do Conselho para qualquer matéria, cuja apreciação caiba nas suas competências.

Os modos de intervenção do Conselho de Segurança estão desenvolvidos nos dois capítulos seguintes. No capítulo VI trata-se da intervenção na solução pacífica de controvérsias, no capítulo VII, sob o título «Acção em caso de ameaça à paz, ruptura da paz e acto de agressão», do emprego de medidas coercitivas, bem como a obrigação dos Estados membros de a elas aderirem (arts. 41º e 42º). No art. 51º, ressalva-se a legítima defesa, que, no âmbito da Carta, constitui, para além do uso da força pela própria organização, o único caso de utilização lícita de meios armados nas relações internacionais.

O capítulo VIII salvaguarda a conformidade dos acordos e organizações regionais com a Carta, referindo-se ao termo «Estado inimigo», identificado com as potências vencidas na II Guerra Mundial (art. 53º).

O capítulo IX refere-se aos princípios orientadores da cooperação internacional, que o art. 60º confia à Assembleia Geral e ao Conselho Económico e Social, de que se ocupa o capítulo seguinte.

O capítulo XI, sob o título «Territórios não autónomos», estabelece o compromisso dos Estados membros com a descolonização e o dever de, sobre a matéria, prestarem informações ao secretário-geral.

Os capítulos XII e XIII tratam respectivamente do regime internacional de tutela e do órgão encarregado de o controlar, o Conselho de Tutela.

O capítulo XIV estabelece os princípios essenciais que regem o Tribunal Internacional de Justiça, que o respectivo Estatuto desenvolve.

O capítulo XV ocupa-se do Secretariado e, especificamente, do secretário-geral, referindo-se o art. 99º à única competência política que a Carta explicitamente lhe reconhece: a de chamar a atenção do Conselho de Segurança para qualquer assunto que possa em sua opinião pôr em perigo a manutenção da paz e da segurança internacionais. O art. 101º trata do recrutamento do pessoal internacional.

Dos capítulos seguintes, o capítulo XVI contém «disposições diversas», o XVII, «disposições transitórias sobre segurança», o capítulo XVIII regula as emendas, dependendo as deliberações sobre a revisão do acordo de dois terços dos membros, incluindo os membros permanentes do Conselho de Segurança. Finalmente, o capítulo XIX, regula o processo de ratificação inicial.

§3º Instalação e entrada em funcionamento dos órgãos das Nações Unidas

A primeira sessão da Assembleia Geral das Nações Unidas iniciou-se em Londres em 10 de Janeiro de 1946, abordando numa primeira parte as questões de processo para a rápida reunião de todos os órgãos da ONU. Numa segunda parte, que se iniciou em 23 de Outubro do mesmo ano, a Assembleia já se debruçou sobre questões de substância.

Em 17 de Janeiro de 1946, reuniu pela primeira vez o Conselho de Segurança e, em 23 do mesmo mês, o Conselho Económico e Social.

Em 1 de Fevereiro de 1946, foi eleito o primeiro Secretário-Geral, o norueguês Trygve Lie.

O Conselho de Tutela teve uma constituição mais demorada, visto depender da celebração dos acordos de tutela. A sua primeira reunião só teve lugar em 26 de Março de 1947.

Em 14 de Fevereiro de 1946 foi tomada a decisão de instalar permanentemente a organização em Nova Iorque. A instalação definitiva em East River processou-se durante os anos de 1950/1951.

Capítulo II
A Composição da ONU

Secção 1ª
Os Membros da ONU

§1º A aquisição da qualidade de membro

1. Membros originários

Os membros originários das Nações Unidas foram os Estados que até à Conferência de S. Francisco aderiram à coligação militar que derrotou as potências do Eixo. Essa concepção de coligação militar reutilizável, bem como a existência de um inimigo comum, os «Estados inimigos», é expressamente referida na Carta – art. 53º

A ONU é, assim, concebida como associação de Estados «amantes da paz», por contraposição aos Estados «inimigos da paz», essencialmente os vencidos na II Guerra Mundial e os seus aliados. Nos termos da Carta, a admissão de Estados membros está condicionada ao voto favorável, quer da Assembleia Geral, quer do Conselho de Segurança (art. 4º da Carta), com a possibilidade do veto dos membros permanentes.

2. Membros admitidos

Ao longo das suas duas primeiras décadas, as Nações Unidas através de dois processos, do processo de «dessegregação» (para utilizar uma expressão de Michel Virally) e do processo de universalização, passaram de um «clube fechado», com propósitos diferentes dos Estados que dele não faziam parte, a um «fórum universal» de onde praticamente apenas a Suíça se excluiu, por vontade própria.

Não é claro que o objectivo fosse, desde o início, a transformação do «clube» num «fórum universal». Veja-se que o mecanismo de admissão depende do exercício de poderes discricionários, que a prática relegou para o total desuso a partir da década de sessenta, e que estão previstos mecanismos de exclusão (art. 6º), também estes sem utilização prática até ao momento.

De referir, que as instituições especializadas não comungaram, logo na fase inicial, do espírito segregacionista da primeira fase da ONU, prevendo, desde o início, a participação dos Estados que não fossem membros das Nações Unidas.

A primeira fase da guerra fria protelou durante os primeiros anos das Nações Unidas o processo de universalização.

Para além do caso particular da Espanha, que as potências presentes em Postdam haviam acordado excluir das Nações Unidas, mesmo antes de que parte daquele país houvesse sido manifestada qualquer vontade de aderir, no primeiro ano de funcionamento apenas quatro candidaturas são aceites: Afeganistão, Islândia, Suécia e Tailândia. Cinco outras são rejeitadas, três pela União Soviética – a Jordânia, Portugal e Islândia – e duas pelo Ocidente – a Albânia e a Mongólia.

No primeiro ano de vida da Organização, os Estados Unidos evoluíram para uma posição marcadamente universalista, enquanto a União Soviética continuou a defender uma apreciação casuística de cada candidatura. Na fase seguinte, com o evidente intuito de procurar inverter a maioria ocidental em todos os órgãos, as posições inverteram-se de algum modo – a União Soviética passará a defender uma entrada por blocos, enquanto os Estados Unidos ainda defenderão a aplicação do art. 4º. O Tribunal Internacional de Justiça pronunciou-se, aliás, no sentido de esse artigo vedar a negociação de entradas em bloco, como a União Soviética defendia.

Ao longo da primeira década, o Ocidente pretendeu fazer depender a entrada na Organização dos países de Leste do respeito pelos direitos humanos. A União Soviética respondeu usando indiscriminadamente o veto – no período de 1946/1955, dos 74 vetos soviéticos, 47 serão em torno de questões de admissões de 15 Estados.

Em consequência destas posições, vários países satélites da União Soviética serão impedidos até 1955 de entrar para a Organização, pretendendo o Governo Soviético a sua entrada compensada com outras admissões de Estados pró-ocidentais.

Assim, durante os anos de 1947 a 1950, registaram-se apenas cinco admissões na Organização: em 1947 do Iémen e do Paquistão, em 1948 da Birmânia, em 1949 de Israel e em 1950 da Indonésia.

Com a Guerra da Coreia, e o significado que teve como auge do conflito Este/Leste, o bloqueamento das entradas será total, situação que só começará a desanuviar-se em 1953. Em 1955, será negociada entre o Bloco Ocidental e a União Soviética a entrada de dezasseis Estados, concretizando-se deste modo a tese soviética, contrária à letra da Carta, da negociação das admissões em bloco.

§2º A perda da qualidade de membro

1. Exclusão voluntária

A Carta é omissa no que se refere à exclusão voluntária dos Estados membros da Organização. Essa possibilidade de auto-exclusão parece, no entanto, do ponto de vista jurídico, resultar do próprio conceito de soberania. Assim, se a adesão à Organização implica, principalmente no que se refere ao reconhecimento dos poderes de qualificação e de deliberação do Conselho de Segurança, uma delegação e, portanto, uma autolimitação da soberania, deverá ser reconhecida aos Estados a capacidade para porem termo a essa limitação, excluindo-se da Organização.

É claro que a Carta poderia, de algum modo, limitar a possibilidade de exclusão voluntária, designadamente através do condicionamento da exclusão e da subsistência de algumas obrigações durante um período de tempo determinado. Certo é que nada se dispõe na Carta nesse sentido. O único caso de exclusão voluntária de um Estado ocorreu com a Indonésia, que, por carta de 20 de Janeiro de 1965, anunciou a sua decisão de se retirar das Nações Unidas «neste momento e nas presentes circunstâncias». Por telegrama de 19 de Setembro de 1966, anunciou a sua decisão de «retomar a plena cooperação com as Nações Unidas e a participação nas suas actividades». Em 28 de Setembro de 1966, a Assembleia Geral tomou nota desta decisão e o Presidente convidou os representantes da Indonésia a tomarem assento na Assembleia.

A comunicação da Indonésia não foi assim interpretada como uma exclusão definitiva, que pressuporia uma nova adesão, a submeter à Assembleia Geral, por recomendação do Conselho de Segurança, nos termos do art. 4º da Carta.

2. Exclusão imposta

Se a Carta nada diz sobre a exclusão voluntária, prevê expressamente a possibilidade, quer da suspensão de um membro, quer da sua exclusão.

A figura da suspensão está prevista no art. 5º, que dispõe que «o membro das Nações Unidas contra o qual for levada a efeito qualquer acção preventiva ou coercitiva por parte do Conselho de Segurança, poderá ser suspenso do exercício dos direitos e privilégios de membro pela Assembleia Geral, mediante recomendação do Conselho de Segurança».

A expulsão está igualmente prevista na Carta, no art. 6º, que prevê: «o membro das Nações Unidas que tiver violado persistentemente os princípios contidos na presente Carta, poderá ser expulso da Organização pela Assembleia Geral, mediante recomendação do Conselho de Segurança».

Repare-se que, quer a suspensão quer a expulsão, pelo facto de poderem implicar alterações no equilíbrio interno da Organização, estão dependentes de recomendação do Conselho de Segurança e, portanto, sujeitas ao veto dos membros permanentes.

Finalmente, o art. 19º prevê a suspensão do direito de voto na Assembleia Geral de membros que estejam em atraso com as suas obrigações financeiras.

Nenhuma destas disposições teve, até hoje, aplicação prática, embora já se tenham verificado os pressupostos da sua aplicação em várias situações concretas.

De referir o caso da suspensão *de facto*, da África do Sul durante um largo período entre as décadas de setenta e noventa, resultante da recusa na aceitação das credenciais dos representantes sul-africanos na Assembleia Geral com fundamento na política de *apartheid* praticada naquele país.

§3º A evolução da composição da ONU

1. As sucessivas admissões e a crescente universalização da Organização

Após o acordo de 1955, que pretendia desbloquear as candidaturas pendentes ao estatuto de membro das Nações Unidas, a aceitação das candidaturas seguintes passou, na prática, a ser automática.

O único incidente registado posteriormente, a propósito de admissões, surgiu com a admissão da Mauritânia em 1960, que foi condicionada à admissão da Mongólia.

O processo de descolonização, que se acelerou rapidamente a partir de 1960, e o fim generalizado das situações de tutela sobre territórios, com a admissão de todos os novos Estados resultantes na ONU, transformaram-na numa organização verdadeiramente universal.

O processo de universalização alterou profundamente a própria natureza da organização. De dispositivo militar reutilizável a organização passou a ser o fórum de debate das questões internacionais e o mecanismo universal de cooperação. Numa organização com esta natureza, os próprios Estados com vocação eventualmente agressiva devem estar incluídos, visto que a sua exclusão impediria que sobre eles fossem exercidas pressões políticas através dos órgãos das Nações Unidas, com a presença dos representantes daqueles Estados.

Uma das questões que a universalização suscitou foi a da representação dos micro-Estados. Concebida a ONU como a organização de toda a comunidade internacional, e concluído o processo de autonomização política formal de todos os territórios, todos os seres humanos devem participar, através dos governos dos respectivos Estados, nessa organização. A existência de Estados exíguos ou micro-Estados, como, por ex., as Ilhas Maldivas, com 96 000 habitantes e 115 milhas quadradas de território, ou S. Tomé e Príncipe com cerca de 144 000 habitantes e 960 quilómetros quadrados, ou ainda de outros, que embora não sejam membros, reúnem condições jurídicas para o serem como Nauru, com 8,25 metros quadrados e 3000 habitantes, ou a Ilha Pitcairn, com 1,75 metros quadrados e menos de 100 habitantes, suscitam o problema da razoabilidade de manter o princípio da igualdade de voto na Assembleia Geral das Nações Unidas.

Sendo a qualidade de membro permanente do Conselho de Segurança a única distinção que a Carta estabelece a favor de alguns Estados membros das Mações Unidas, é manifestamente irrazoável que Estados como a Índia ou o Brasil tenham o mesmo voto que os Estados manifestamente exíguos. Por outro lado, é para os Estados mais débeis, impossibilitados por limitações financeiras ou humanas de desenvolverem relações diplomáticas bilaterais com um número apreciável de Estados, que se torna especialmente importante a diplomacia multilateral, que constitui o único fórum no qual podem intervir nos assuntos internacionais e através do qual podem desenvolver relações constantes com todos os governos do Mundo.

Em 2005 foram apresentados por um painel designado pelo Secretário-Geral[81] dois projectos alternativos para a revisão da Carta, visando adequar o Conselho de Segurança à realidade política presente, através do alargamento do Conselho de Segurança para 24 membros. A iniciativa não mereceu, contudo, a aprovação dos membros permanentes do Conselho de Segurança, necessária para qualquer revisão da Carta.

2. O caso particular de Portugal

Admitido no âmbito do *package deal* de 1955, Portugal, país com vastas possessões ultramarinas, iria ver a sua participação nas Nações Unidas ocu-

[81] O relatório designado *A more secure world: our shared responsability* foi divulgado em Dezembro de 2004.

par uma parcela muito significativa do seu esforço diplomático até ao final do processo de descolonização, em 1975.

Logo após a admissão de Portugal na Organização das Nações Unidas, o governo português declarou ao Comité de Informações, órgão subsidiário *ad hoc*, que tinha sido criado em 1947 para recolher as informações sobre os Territórios não Autónomos, para os efeitos do art. 73º da Carta, que não controlava qualquer território que se incluísse no conceito de «território não autónomo», já que a República Portuguesa era um Estado unitário, como resultava da sua definição constitucional. Assim, o Governo português recusava-se a prestar quaisquer informações sobre os territórios ultramarinos.

O impasse que resultou da posição portuguesa manter-se-ia ao longo das décadas seguintes, durante as quais, à medida que se acentuavam as pressões no sentido da descolonização, particularmente após a aprovação da Resolução 1514, conhecida como «Declaração sobre a Concessão da Independência aos Países e Povos Coloniais» e a criação do Comité dos Vinte e Quatro, com a missão de acompanhar o cumprimento da referida resolução.

Ainda em 1960, o Conselho de Segurança das Nações Unidas não aprovou, devido ao veto soviético, uma resolução apelando à retirada das forças indianas de Goa, Damão e Diu, após a invasão deste território.

Portugal que, aliás, se tinha abstido na votação da Resolução 1514, sustentando que a mesma se lhe não aplicava, viu acentuarem-se nos anos seguintes de forma crescente as pressões em todos os órgãos competentes das Nações Unidas.

No Conselho de Segurança, sucederam-se várias tentativas para que a presença portuguesa em África fosse declarada como colocando em risco a paz e a segurança internacionais o que, do ponto de vista jurídico, constituiria um pressuposto para a tomada de decisões no âmbito do Capítulo VII da Carta.

Na Assembleia Geral, para além do manifesto isolamento em que Portugal se encontrava, sucederam-se apreciações negativas das posições portuguesas e, em algumas importantes conferências internacionais, como por ex., na III Conferência das Nações Unidas sobre o Direito do Mar, foi admitido como participante o PAIGC, movimento de libertação da Guiné Portuguesa.

A situação só se viria a alterar com a Revolução de 25 de Abril e o processo de descolonização que se lhe seguiu. Por um lado, se Portugal passou a ser visto como um Estado que goza de algum prestígio e influência, nos limites próprios de uma potência média, o que permitiu a sua eleição por duas vezes para o Conselho de Segurança, as Nações Unidas perderam manifestamente relevância para o esforço diplomático português.

Sendo Portugal um país que pode manter um número apreciável de representações diplomáticas noutros Estados, a diplomacia bilateral tem hoje uma importância muito maior que a diplomacia multilateral, A importância para Portugal da qualidade de membro das Nações limita-se à participação nos mecanismos de cooperação internacional e de construção do direito internacional. Do ponto de vista estritamente político, o último assunto que envolveu no plano multilateral um prolongado empenhamento do esforço diplomático português foi a questão da autodeterminação de Timor-Leste, resolvida com a independência do território em 2002.

3. O caso particular da China

A participação da China na ONU constituiu um caso à parte, já que os problemas não se colocaram a propósito da admissão mas da representação.

A China foi membro originário das Nações Unidas com o estatuto de membro permanente no Conselho de Segurança. Em 1949 deu-se a proclamação da República Popular da China, com a ocupação pelo regime comunista de todo o território continental e a manutenção da Ilha Formosa sob o controlo do regime deposto em Pequim, que continuou a reclamar-se como governo legítimo de toda a China e, como tal, continuando a ser reconhecido pelos Estados Unidos e a generalidade dos seus aliados.

A questão da representação da China na ONU foi colocada pela primeira vez pelo governo comunista através de uma carta de 18 de Novembro que o então ministro dos negócios estrangeiros do governo chinês, Chu En-Lai, dirigiu ao presidente da Assembleia Geral e ao secretário-geral, solicitando que não fosse reconhecida qualquer legitimidade aos representantes do «Grupo do Kuomintang» para representarem a China e a sua exclusão da Assembleia Geral.

Simultaneamente, a mesma questão foi suscitada no Conselho de Segurança, de que dependia qualquer decisão sobre a matéria, pelo delegado soviético, numa sessão curiosamente presidida pelo delegado chinês. Perante o voto maioritário no Conselho contra a posição soviética, a URSS suspendeu a sua participação neste órgão, situação que se prolongaria até Agosto de 1950.

Durante o período de ausência Soviética, foi deliberada a intervenção na Coreia.

Na Assembleia Geral, a questão foi novamente suscitada na sessão seguinte. Pouco antes da abertura dos trabalhos o governo de Pequim apresentou uma queixa ao Conselho de Segurança, acusando os Estados Unidos de invadirem a Ilha Formosa.

A situação na Coreia conheceu, entretanto, um perigoso agravamento, quando as forças chinesas se colocaram ao lado da Coreia do Norte e repeliram o avanço americano que se anunciava, até então, vitorioso.

O governo de Pequim, abrindo uma excepção ao princípio que proclamara de não participar em quaisquer trabalhos na ONU enquanto a questão da representação chinesa não fosse definitivamente resolvida, aceitou participar sem direito de voto nos debates do Conselho de Segurança sobre a questão coreana. A intransigência das posições chinesas, alinhando com as soviéticas, não permitiu que dessa participação resultasse qualquer solução para a crise.

Perante esta situação, a Assembleia Geral aprovou uma resolução (498/V/1953) na qual declarou que a República Popular da China tinha perpetrado uma agressão contra a Coreia. Quanto à questão de representação, afirmava-se a doutrina segundo a qual quando «mais que uma autoridade pretende ser o governo legítimo para representar um Estado membro e existe controvérsia sobre a questão no seio da Organização, a questão deve ser examinada à luz dos fins e princípios da Carta e das circunstâncias específicas de cada caso». Queria esta fórmula ambígua dizer que a questão da autoridade política não era considerada determinante para resolver o problema.

A questão do agendamento da questão da representação da China foi suscitada em todas as Assembleias Gerais dos anos seguintes.

Tratando-se a admissão do assunto na agenda de uma questão processual, estava sujeita a aprovação por maioria simples. As votações desfavoráveis à inclusão na agenda foram, entretanto, ao longo dos anos, sendo aprovadas por maiorias mais débeis, de 42 votos contra, 7 a favor e 11 abstenções, em 1952, passou-se a 42 contra, 34 a favor e 22 abstenções, em 1960.

Perante a eventualidade provável de ser obtida a aprovação da inclusão na agenda da questão chinesa mediante uma maioria simples, os Estados Unidos alteraram a sua posição e, na sessão de 1961, não se opuseram ao agendamento da questão, apresentando um projecto de resolução que a declarava «questão importante», de aprovação sujeita a um voto favorável de dois terços, nos termos do art. 18º da Carta. Esta proposta foi aprovada, tornando-se a Resolução 1688 (XVI).

Nos anos seguintes, ambas as votações, sobre a classificação da questão como «importante» e sobre a questão de fundo de representação, foram-se repetindo, registando-se tendencialmente um estreitamento dos votos a favor, no primeiro caso, e um alargamento dos votos favoráveis a Pequim, no segundo. Em 1970, a votação sobre a primeira questão obteve apenas 66 votos a favor, 52 contra e 7 abstenções. Sobre a questão da representação da China verificou-se pela primeira uma maioria relativa com 51 votos, contra 59 e 25 abstenções. Caso a questão não fosse classificada como «importante» a posição de Pequim teria prevalecido.

Em 1971, a aproximação entre os Estados Unidos e a China, com a visita de Nixon a Pequim e *o* reconhecimento pelos Estados Unidos do governo da República Popular da China, alteraria completamente os dados do problema. Os Estados Unidos passaram a defender que Pequim ocupasse o lugar da China no Conselho de Segurança e na Assembleia Geral, mas que Taipé mantivesse a qualidade de membro das Nações Unidas. Na Assembleia Geral desse ano foram apresentadas três propostas de resoluções sobre a matéria: a primeira, sobre a classificação da questão como «importante», foi aprovada por uma diferença de apenas quatro votos. Dos dois outros projectos, um apresentado pela Albânia, para a substituição da representação da China, e um americano, de manutenção de Taipé como membro da Assembleia Geral, veio a ser aprovado o da Albânia por 76 votos a favor, 35 contra e 17 abstenções.

Secção 2ª
O Estatuto dos Membros da ONU

§1º A sujeição a obrigações

O enunciado dos objectivos e princípios da Carta das "Nações Unidas constitui o Capítulo I da Carta, que se desdobra em dois artigos – o art. 1º, que se refere aos objectivos, e o art. 2º, que enuncia *os* princípios que os Estados membros se obrigam a acatar.

No que se refere aos objectivos, a qualidade de membro das Nações Unidas implica a adesão às grandes prioridades da Organização: a segurança colectiva (art. 1º, § 1º), as relações de amizade e o respeito pelos princípios da igualdade e da autodeterminação dos povos (art. 1º, § 2º), a cooperação internacional, especificamente nos domínios económico, social, cultural, humanitário (art. 1º, § 3º) e a organização de um centro destinado a harmonizar a acção das nações tendo em vista a consecução dos objectivos comuns (art. 1º, § 4º).

Em resumo, a Organização está orientada para dois grandes domínios distintos: a Segurança Colectiva e a Cooperação.

No que se prende com a segurança colectiva, a Carta edifica uma situação internacional que se caracteriza concretamente pela atribuição da responsabilidade principal neste domínio a um órgão não igualitário, o Conselho de Segurança, no qual cinco Estados, os membros permanentes, têm direito de veto. O direito de veto traduz-se na possibilidade de cada um desses Estados impedir, pelo seu juízo discricionário, a utilização dos meios coercivos de que o Conselho dispõe para garantir a paz e a segurança internacionais. Mas, como o direito de veto pode ser exercido também no domínio da deliberação, prévia, necessariamente, ao domínio da acção, resulta que o poder de qualificar uma determinada situação como susceptível de pôr em risco a paz e a segurança internacionais está igualmente refém do direito de veto dos membros permanentes.

No domínio da cooperação, no sentido mais amplo da expressão, excluindo, afinal, apenas o que cai na competência exclusiva do Conselho de Segurança, o princípio que predomina é o da igualdade soberana dos Estados. Grandes ou pequenos, ricos ou pobres, com grandes ou pequenos territórios, com populações mais ou menos numerosas, os Estados têm, do ponto de vista jurídico, o mesmo peso na Organização.

Do art. 2º resulta, apesar da delimitação rigorosa do chamado «domínio interno dos Estados», que o art. 2º, § 7º claramente enuncia, a adesão dos Estados membros a princípios que não podem deixar de considerar-se como limitações jurídicas da soberania. Essas limitações resultam essencialmente da renúncia ao uso da força, que embora juridicamente já tivesse sido tornada ilícita pelo Pacto Briand-Kellogg, de 1929, passou, no quadro das Nações Unidas, a poder apenas ser usada em duas circunstâncias: no âmbito da própria Carta, ou seja, no quadro das deliberações do órgão encarregado de valer pela manutenção da paz e da Segurança internacionais – o Conselho de Segurança – e no caso específico da legítima defesa, que o art. 50º expressamente ressalva.

Genericamente são assim as obrigações que a Carta estabelece para todos os Estados membros:

1. Respeitarem a igualdade soberana de todos os Estados (art. 2º, § 1º).
2. Cumprirem de boa fé as obrigações assumidas em conformidade com a Carta (art. 2º, § 2º).
3. Resolverem as suas controvérsias por meios pacíficos (art. 2º, § 3º).
4. Absterem-se do uso da força ou da sua ameaça, fora do quadro da Carta (art. 2º, § 4º).
5. Prestarem a assistência que lhes for solicitada no quadro de acções desenvolvidas em conformidade com a Carta e absterem-se de prestar assistência a qualquer Estado contra o qual tais acções sejam empreendidas (art. 2º, § 5º).
6. Pagarem as suas contribuições, nos termos fixados pela Assembleia Geral (art. 19º).
7. Aceitarem as decisões do Conselho de Segurança e aplicá-las nos termos da Carta (art. 25º).

8. Proporcionarem ao Conselho de Segurança, a pedido deste e em conformidade com um acordo ou acordos especiais, forças armadas, assistência e facilidades, inclusive direitos de passagem, necessários à manutenção da paz e segurança internacionais (art. 43º).
9. Cooperarem com a organização com vista à resolução dos problemas relacionados com a estabilidade e o bem-estar, no respeito do princípio da igualdade de direitos e da autodeterminação dos povos (arts. 55º e 56º).
10. Conceder à Organização, nos respectivos territórios, os privilégios e imunidades necessárias à realização dos seus objectivos (art. 105º).

Para além destas obrigações, dirigidas a todos os Estados, a Carta sujeita ainda Estados que se encontrem em situações especiais, a obrigações específicas. É, essencialmente, o caso dos Estados que tenham responsabilidades pela administração de território não-autónomos (capítulo XI, arts. 73º e 74º) e dos Estados administrantes de território sob tutela (capítulo XII, arts. 75º a 85º).

O fim do regime de tutela, com a independência do último território sujeito a este regime, Palau, e a redução a situações residuais dos territórios não-autónomos, retiraram muita da importância a estas disposições da Carta.

§2º A fruição de direitos

Os Estados membros das Nações Unidas gozam essencialmente do direito de verem acatadas pelos outros Estados as obrigações que resultam da Carta, A importância subjectiva desses direitos depende muito do Estado de que se trate. Os Estados débeis, principalmente se situados na vizinhança de vizinhos poderosos, têm no sistema de segurança colectiva uma garantia de assistência um caso de ameaça à sua integridade territorial, pese embora o carácter discricionário do direito de qualificar do Conselho de Segurança, a que aludimos.

As obrigações no âmbito da cooperação, que têm ao longo da história das Nações Unidas sido objecto de grande controvérsia, designadamente no que se refere à sua natureza de direito ou de concessão voluntária por parte dos países mais ricos, traduzem-se, em qualquer caso, num benefício dos países potencialmente receptores da ajuda internacional. De referir, contudo, que a cooperação internacional se faz em grande parte através de instituições especializadas ou organismos autónomos, para os quais a adesão não é condicionada pela qualidade de membros das Nações Unidas.

Face ao fenómeno de universalização da ONU, da qual não se exclui hoje nenhum Estado com expressão internacional substantiva, não faz muito sentido falar-se de direitos de Estados não-membros, para os contrapor aos Estados membros. Tais direitos apenas beneficiarão, hoje, os Estados exíguos, que também se mantêm voluntariamente à margem da organização.

A Carta não exclui esses Estados, aliás, dos potenciais benefícios do sistema de segurança colectiva, estabelecendo apenas, no art. 35º, que, enquanto os Estados membros podem chamar a atenção do Conselho de Segurança para qualquer situação susceptível de pôr em perigo a paz e a segurança internacionais, os Estados não-membros apenas o poderão fazer se forem parte na controvérsia e desde que aceitem previamente as obrigações de solução pacífica previstas na Carta.

A evolução do quadro internacional desde a fundação das Nações Unidas, bem como da própria Organização, que é hoje, em muitos aspectos, substancialmente diferente da que resulta da letra da Carta e a inexistência de um quadro jurisdicional que permita dirimir de forma obrigatória as diferentes interpretações dos textos, tornam a matéria dos direitos e deveres muito fluida, marcada frequentemente por acentuadas controvérsias, em que a história das Nações Unidas tem sido fértil.

Capítulo III
A Estrutura Institucional da ONU

Secção 1ª
Os Órgãos Principais

Subsecção 1ª
A Assembleia Geral

§1º Composição, funcionamento e deliberações

1. A composição da Assembleia Geral

A primeira imagem que transparece da Assembleia Gerai das Nações Unidas é a sua aparência parlamentar. Este órgão tem, efectivamente, em comum com os parlamentos, não só a vivacidade dos debates, mas as regras de funcionamento e a utilização de certas figuras regimentais e regras processuais, muito semelhantes, aliás, às utilizadas em todos os órgãos colegiais de grande dimensão.

No que se refere à avaliação da produtividade e da eficácia do órgão, pode-se dizer que, ao longo dos cinquenta anos de existência da ONU, a produtividade materialmente avaliada tem diminuído na razão inversa do aumento do número de membros e o valor das resoluções tem-se reduzido na razão inversa do seu número.

A Assembleia Geral rege-se, para além das disposições da Carta, pelo seu regimento, que ela própria aprova, nos termos do art. 21º. Os Estados podem fazer acreditar para efeito de representação na Assembleia Geral um número máximo de cinco individualidades, sem prejuízo de estas se fazerem acompanhar por um número ilimitado de conselheiros. Na sessão de 1970, por ex., foram acreditados 635 delegados.

A multiplicidade de pontos na ordem de trabalhos (163 em 1996) e o desdobramento em comissões e órgãos subsidiários, torna necessário que os Estados que queiram acompanhar e participar em todas estas actividades tenham necessidade de constituir delegações muito complexas.

2. Organização dos trabalhos e sistema de deliberação

A Assembleia Geral pode reunir em sessões ordinárias ou extraordinárias, sendo estas últimas raras.

As sessões ordinárias são anuais e iniciam-se na terceira terça-feira de Setembro, terminando na véspera de Natal. Na abertura realiza-se um debate geral, no qual os Estados se fazem frequentemente representar pelos Chefes de Estado ou ministros com a responsabilidade das relações exteriores.

As sessões extraordinárias podem ter lugar nos intervalos entre as sessões ordinárias, por convocação do Secretário-Geral, a pedido da maioria dos membros da Assembleia ou do Conselho de Segurança (art. 20º). Nos termos do regimento, a reunião poderá, em caso de urgência, ter lugar nas vinte e quatro horas seguintes à convocatória. Nas reuniões extraordinárias apenas se podem debater as questões a que se refere a convocatória.

Como acontece com todas as grandes assembleias a direcção dos trabalhos cabe ao presidente da Assembleia Geral, assessorado pelos restantes membros. Esta matéria está tratada no regimento, que fixa a composição nos seguintes termos:

a) o Presidente, eleito a título individual;
b) vinte e um vice-presidentes, que são representantes dos Estados e não eleitos individualmente;
c) os presidentes das sete grandes comissões da Assembleia Geral.

Os membros da mesa mantêm-se em funções até ao termo dos trabalhos da sessão em que foram eleitos, ou seja, até à primeira reunião da sessão ordinária seguinte.

Durante muitos anos vigorou uma regra não escrita segundo a qual a eleição dos vice-presidentes deveria obedecer à distribuição por grupos de Estados.

Segundo regras não escritas, o presidente e o vice-presidente não são nunca nacionais de Estados que sejam membros permanentes do Conselho de Segurança, tal como, segundo outra regra de igual natureza, os membros permanentes do Conselho de Segurança são sempre eleitos para os órgãos restritos da organização.

À mesa, funcionando colegialmente, cabem essencialmente três funções: fixar a ordem de trabalhos da sessão, estabelecer as ordens do dia das reuniões e organizar o respectivo calendário.

A Assembleia desenvolve grande parte dos seus trabalhos nas grandes Comissões, em número de seis, através das quais é possível de uma forma especializada discutir aprofundadamente a ordem do dia e multiplicar a capacidade de produzir trabalho. Mais uma vez trata-se de uma forma de organização típica de qualquer grande reunião, designadamente idêntica à que frequentemente se utiliza nos parlamentos.

São as seguintes as grandes comissões da Assembleia Geral:

a) Assuntos Políticos e Comissão Política Especial;
b) Comissão Económica e Financeira (Segunda Comissão);
c) Comissão de Questões Sociais, Humanitárias e Culturais (Terceira Comissão);
d) Comissão Política Especial e de Descolonização (Quarta Comissão);
e) Comissão de Questões Administrativas e Orçamentais (Quinta Comissão);
f) Comissão Jurídica (Sexta Comissão).

Existe ainda uma Comissão de Credenciais, composta por nove membros designados pela assembleia sob proposta do presidente em cada sessão, que se encarrega de receber as credenciais dos representantes do Estado à Assembleia.

Nos termos do regimento, cada Estado pode-se fazer representar por uma pessoa em cada uma das grandes comissões, bem como em qualquer outra comissão que venha a ser criada, podendo ainda afectar a estas comissões conselheiros, conselheiros técnicos, peritos ou pessoas com categoria análoga. Desta regra resulta que todas as comissões da Assembleia Geral são plenárias. Ora, com o aumento do número de Estados membros tem-se tornado cada vez mais difícil produzir um trabalho sério e aprofundado a esse nível, ou seja, cumprir o objectivo essencial para o qual as comissões foram criadas.

As regras de voto, quer no plenário quer nas comissões, são idênticas: um Estado/um voto, maioria simples dos Estados presentes e votantes e maioria qualificada de dois terços para as «questões importantes», que o art. 18º, § 2º, refere a título exemplificativo.

Uma tendência que se tem acentuado ao longo da história das Nações Unidas é a de a maioria das resoluções da Assembleia Geral serem tomadas por consenso, sem chegarem a ser objecto de votação. Sendo a Carta omissa sobre o significado político do «consenso» e do eventual carácter vinculativo para todos os Estados das resoluções aprovadas dessa forma, designadamente se tal equivalia a uma votação unânime, a matéria foi objecto de debate, aliás inconclusivo, no âmbito dos trabalhos do «Comité Especial da Carta e da Reafirmação do Papel da ONU». O único resultado desse debate foi o reconhecimento de que as resoluções adoptadas por consenso ficavam dotadas de um peso moral e político acrescido, mas que não se podiam considerar obrigatórias[82].

Outra posição tem sido seguida noutras instâncias das Nações Unidas, designadamente na III Conferência sobre o Direito do Mar em que se acordou no consenso, como forma privilegiada de deliberação, só se recorrendo à votação quando as possibilidades de o alcançar estivessem definitivamente esgotadas.

Em Março de 2006 foi criado o Conselho para os Direitos Humanos (Human Rights Council) com o objectivo de imprimir uma nova dinâmica à luta pela defesa dos direitos humanos no inundo.

No que se refere à análise das competências da Assembleia Geral, deixamos para o capítulo seguinte o essencial sobre o tema, que consideramos mais útil fazê-lo de uma forma comparada com as análises das competências do Conselho de Segurança.

§2º O fenómeno dos grupos

O agrupamento dos Estados, quer em grupos geográficos quer em grupos de interesses, é um fenómeno que condiciona profundamente a vida interna da organização. Embora totalmente ignorados no texto da Carta, os grupos são reconhecidos em numerosos instrumentos internos e resoluções, designadamente no que se refere a eleições para órgãos restritos.

De uma forma geral todas as deliberações da Assembleia Geral que recaem sobre a designação de Estados para integrarem esses órgãos ou outras estruturas de carácter provisório, são condicionadas pelos agrupamentos de Estados.

Acresce que a actividade política dos Estados no seio da organização visa muitas vezes aliciar o apoio dos grupos, procurando captar os seus apoios pelos interesses que se sabe serem comuns aos seus membros, em alternativa a um esforço permanente para aliciar Estado a Estado, que implicaria um desgaste diplomático muito maior.

[82] Relatório do Comité Especial da Carla a da Reafirmação do Papel das Nações Unidas, A/36/33-21 Setembro de 1980.

Em 1983, era possível identificar claramente cinco grandes grupos de carácter eminentemente geográfico e, ainda, o «grupo dos 77», ou dos não alinhados. Para além destes grupos, que mereciam um reconhecimento oficioso, muitos outros agrupamentos, a que poderíamos chamar subgrupos e intergrupos, eram identificáveis.

Os grupos geográficos são, em 2004, os seguintes:

Grupo de Estados de África (53)
África do Sul, Angola, Argélia, Benim, Botsuana, Burquina Faso, Burundi, Cabo Verde, Camarões, Chade, Comores, Congo, Costa do Marfim, Djibuti, Egipto, Eritreia, Etiópia, Gabão, Gâmbia, Gana, Guiné, Guiné-Bissau, Guiné Equatorial, Ilha Maurícia, Lesoto, Libéria, Líbia, Madagáscar, Malawi, Mali, Marrocos, Mauritânia, Moçambique, Namíbia, Níger, Nigéria, Quénia, República Centro Africana, República Democrática do Congo, Ruanda, S. Tomé e Príncipe, Senegal, Seicheles, Serra Leoa, Somália, Sudão, Suazilândia, Tanzânia, Togo, Tunísia, Uganda, Zâmbia e Zimbabué.

Grupo de Estados da Ásia e Pacífico (37)
Austrália, Bangladesh, Brunei, Butão, Camboja, China, Filipinas, Ilhas Fidji, Ilhas Marshall, Ilhas Salomão, Índia, Indonésia, Japão, Quiribati, Laos, Malásia, Maldivas, Mianmar, Micronésia (Estados Federados), Mongólia, Nauru, Nepal, Nova Zelândia, Palau, Papuásia-Nova Guiné, Paquistão, República da Coreia, República Popular Democrática da Coreia, Samoa, Singapura, Sri Lanka, Tailândia, Timor-Leste, Tonga, Tuvalu, Vanuatu e Vietname.

Grupo de Estados da Europa Oriental (28)
Albânia, Antiga República Jugoslava da Macedónia, Arménia, Azerbaijão, Belarus, Bósnia e Herzegovina, Bulgária, Cazaquistão, Croácia, Eslováquia, Eslovénia, Estónia, Federação Russa, Geórgia, Hungria, Letónia, Lituânia, Montenegro, Polónia, Quirguistão, República Checa, Sérvia, República da Moldávia, Roménia, Tajiquistão, Turquemenistão, Ucrânia, Uzbequistão.

Grupo de Estados da Europa Ocidental (23)
Alemanha, Andorra, Áustria, Bélgica, Dinamarca, Espanha, Finlândia, França, Grécia, Holanda, Irlanda, Islândia, Itália, Lichtenstein, Luxemburgo, Malta, Mónaco, Noruega, Portugal, Reino Unido, San Marino, Suécia, Suíça.

Grupo de Estados da América Latina (21)
Argentina, Bolívia, Brasil, Chile, Colômbia, Costa Rica, Cuba, El Salvador, Equador, Guatemala, Haiti, Honduras, México, Nicarágua, Panamá, Paraguai, Peru, República Dominicana, Suriname, Uruguai e Venezuela.

Grupo de Estados do Médio Oriente (16)
Afeganistão, Arábia Saudita, Bahrain, Chipre, Emirados Árabes Unidos, Iémen, Irão, Iraque, Israel, Jordânia, Koweit, Líbano, Omã, Qatar, Síria, Turquia.

Estados da América do Norte e Caraíbas (14)
Antígua e Barbuda, Baamas, Barbados, Belize, Canadá, Dominica, Estados Unidos da América, Granada, Guiana, Jamaica, Santa Lúcia, São Cristóvão e Neves, São Vicente e Granadinas, Trindade e Tobago.

De referir que, durante algum tempo, certos Estados, como a Albânia, Israel, a África do Sul e Cuba não estavam formalmente integrados em nenhum grupo. Os Estados Unidos, que também não integravam o Grupo Ocidental, assistiam às suas sessões como observadores e, conjuntamente com o Japão, participavam nas reuniões deste grupo que tratavam das questões do Conselho Económico e Social.

Grupo dos "77" (133 Estados)
Afeganistão, África do Sul, Angola, Antígua e Barbuda, Arábia Saudita, Argélia, Argentina, Baamas, Bangladesh, Barém, Barbados, Belize, Benim, Bolívia, Bósnia e Herzegovina, Botsuana, Brasil, Brunei, Burkina Faso, Burundi, Butão, Camarões, Camboja, Cabo Verde, Chade, Chile, China, Chipre, Colômbia, Comores, Congo, Costa Rica, Costa do Marfim, Cuba, Djibuti, Dominica, Egipto, El Salvador, Emirados Árabes Unidos, Equador, Eritreia, Etiópia, Fiji, Filipinas, Gabão, Gâmbia, Gana, Granada, Guatemala, Guiné, Guiné-Bissau, Guiné Equatorial, Guiana, Haiti, Honduras, Iémen, Ilha Maurícia, Ilhas Marshall, Ilhas Salomão, Índia, Indonésia, Iraque, Irão, Jamaica, Jordânia, Jugoslávia (República Federal), Koweit, Quénia, Laos, Lesoto, Líbano, Libéria, Líbia, Madagáscar, Malásia, Maláui, Maldivas, Mali, Marrocos, Mauritânia, México, Mianmar, Micronésia (Estados Federados), Moçambique, Mongólia, Namíbia, Nepal, Nicarágua, Níger, Nigéria, Omã, Paquistão, Panamá, Papua Nova Guiné, Paraguai, Peru, Qatar, República Centro-Africana, República Democrática do Congo, República Dominicana, República Popular Democrática da Coreia, Roménia, Ruanda, São Cristóvão e Neves, Santa Lúcia, São Vicente e Granadinas, Samoa, S. Tomé e Príncipe, Senegal, Seicheles,

Serra Leoa, Singapura, Síria, Somália, Sudão, Sri Lanka, Suriname, Suazilândia, Tanzânia, Tailândia, Territórios Ocupados da Palestina, Togo, Tonga, Trindade e Tobago, Tunísia, Turquemenistão, Uganda, Uruguai, Vanuatu, Venezuela, Vietname, Zâmbia e Zimbabué.

O fenómeno dos grupos, como acima referimos, não se esgota nos grandes grupos, cuja composição descrevemos; existem ainda subgrupos, como o dos Estados árabes, intergrupos, como o dos países francófonos e anglófonos, o grupo dos países escandinavos, o dos países da NATO, etc.

Subsecção 2ª
O Conselho de Segurança

§1º Aspectos gerais

O Conselho de Segurança é, como referimos (*supra* 20), o principal órgão do dispositivo constitucional destinado a assegurar às grandes potências um direito de controlo sobre a evolução da organização, bem como a sua preponderância no domínio da paz e da segurança internacionais.

Este domínio das grandes potências de 1945, que a bipolarização do pós-guerra rapidamente tornou desconforme com a realidade internacional, tem sido identificado com a introdução de um princípio aristocrático na sociedade internacional. Concorde-se ou não com essa qualificação, é dificilmente imaginável como teria sido possível criar outro mecanismo credível à época da elaboração da Carta, depois de a experiência da SDN ter demonstrado a insuficiência dos mecanismos puramente jurídicos para garantir os objectivos políticos de preservação da paz.

O pressuposto de que, sem a concertação permanente das potências capazes de desencadear grandes conflitos, não pode haver paz permanece, mesmo numa situação de unipolaridade da ordem internacional como a que se verifica actualmente.

O que a experiência tem demonstrado é que o modelo de 1945 permanece intocado apesar das várias alterações materiais das circunstâncias entretanto verificadas e, tendo em conta os mecanismos de revisão da Carta, a sua adaptação a essas alterações está refém da vontade de cada um dos membros permanentes do Conselho de Segurança.

Em 2004 foi divulgado o relatório denominado *A more secure world: our shared responsability,* elaborado por um painel de alto nível designado pelo Secretário-Geral para, entre outras reformas, propor a revisão da composição do Conselho de Segurança. O Painel identificou duas alternativas para a composição do órgão, que designou por modelos A e B, resultando em ambos o alargamento do Conselho para 24 membros.

De acordo com o modelo A, a África passaria a ter dois assentos permanentes e quatro não permanentes, a Ásia e Pacífico dois assentos permanentes (para além do já existente) e três não permanentes, a Europa um assento permanente (para além dos três já existentes) e dois não permanentes e as Américas um assento permanente (para além do já existente) e quatro não permanentes. Os mandatos dos membros não permanentes seriam de dois anos não renováveis.

De acordo com o modelo B não seriam criados novos lugares permanentes, sendo criados dois tipos de membros não permanentes: um com quatro anos de mandato, renováveis, e outro com dois anos de mandato, não renováveis. Da primeira categoria, seriam atribuídos dois assentos a cada um dos blocos geográficos referidos no modelo A e, da segunda, quatro para a África, três para a Ásia e Pacífico, um para a Europa e três para as Américas.

Em nenhum dos modelos seriam alargados os direitos de veto existentes, que permaneceriam um direito exclusivo dos Estados que os detêm actualmente. A alteração da composição deveria ser revista em 2020. Finalmente, seria introduzido um sistema de voto indicativo, que precederia o voto efectivo e no qual a indicação não teria efeito de veto.

Nenhuma destas propostas reuniu o necessário acordo unânime dos membros permanentes do Conselho de Segurança.

A preponderância do Conselho de Segurança no domínio da manutenção da paz é alcançada pela conjugação dos seguintes elementos:

a) a composição;
b) a organização;
c) o processo de decisão;
d) os poderes;
e) os mecanismos das relações funcionais com a Assembleia Geral e os outros órgãos.

§2º Composição e funcionamento do Conselho de Segurança

1. Os membros do Conselho

O Conselho de Segurança compunha-se, nos termos do art. 23º, § 1º, da redacção original da Carta, de cinco membros permanentes e de dez membros não permanentes. Os membros permanentes são, pela ordem indicada no referido artigo, a República da China, a França, a União das Repúblicas Socialistas Soviéticas (a que sucedeu a Rússia, após o seu desmembramento), o Reino Unido da Grã-Bretanha e Irlanda do Norte e os Estados Unidos da América. Em 1963, o número de membros não permanentes foi elevado para dez.

Os membros não permanentes não são imediatamente reelegíveis, nos termos do art. 23º, § 2º, o que constitui uma forma de evitar que se criem membros permanentes de facto. Algumas regras não escritas têm sido criadas no que se refere à designação dos membros não permanentes. Assim, tem sido aceite a aplicação, na prática, do princípio da igualdade soberana dos Estados, sem o que a designação dos membros não permanentes tenderia a recair sobre os Estados médios. Pelo contrário, tem-se entendido que o fenómeno dos grupos, pelos quais são distribuídos os lugares, compensa a eventual fraqueza dos membros eleitos. Em 1970, por ex., a Ásia estava representada pelo Nepal e a Síria, a África pelo Burundi, a Serra Leoa e a Zâmbia e a América Latina pela Colômbia e a Nicarágua.

Nas primeiras eleições, mediante um acordo de cavalheiros, foi estabelecido que a distribuição geográfica se processaria da seguinte forma: um Estado da Europa Ocidental, um Estado da Europa Oriental, um Estado da Comunidade Britânica, um Estado do Médio Oriente e dois Estados da América Latina.

Os Estados que não fazem parte de grupos geográficos estão excluídos de eventual eleição. De referir que, curiosamente, nos primeiros dez anos o representante da Europa Oriental era escolhido por critérios estritamente geográficos. Assim, os representantes desse grupo foram a Grécia e a Jugoslávia. Só em 1960 a Polónia chegou ao Conselho de Segurança.

Com o aumento do número de membros não permanentes a distribuição geográfica passou a fazer-se da seguinte forma: três Estados de África, dois Estados da Ásia, um Estado da Europa Oriental, dois Estados da América Latina e dois Estados da Europa Ocidental e outros.

Na 35ª sessão da Assembleia Geral foi apresentada por um conjunto de Estados do grupo dos «77» uma proposta para alargar para dezasseis o número de membros não permanentes, com fundamento no aumento do número de Estados membros.

Em 1955, perante o impasse que se criou em torno das candidaturas da Jugoslávia e das Filipinas, foi estabelecido por acordo que a Jugoslávia se retiraria ao fim de um ano para dar lugar *às* Filipinas.

O art. 31º da Carta permite que sejam convidados para participarem nos debates, sem direito a voto, os Estados que tenham interesses em jogo em questões submetidas ao Conselho. Esta disposição tem sido aplicada com grande liberalidade.

2. Regras de funcionamento

O Conselho de Segurança é o único órgão intergovernamental permanente previsto na Carta. Em rigor, apenas os membros, permanentes ou não, do Conselho de Segurança estão obrigados a manter uma representação permanente na ONU, embora a generalidade dos Estados membros o faça.

O Conselho pode reunir-se a qualquer momento, a requerimento de um dos seus membros e, ainda, para a discussão de uma questão concreta a pedido:

a) de um Estado membro, nos termos do art. 35º, § 1º, para analisar qualquer questão que este considere constituir uma ameaça à paz e à segurança internacionais, nos termos do art. 34º;
b) de um Estado não membro, nos termos do art. 35º, § 2º, se se tratar de uma controvérsia em que seja parte e desde que aceite previamente, em relação a essa controvérsia, as obrigações de solução pacífica previstas na Carta;
c) da Assembleia Geral, nos termos do art. 11º;
d) do secretário-geral, nos termos do art. 99º.

A presidência do Conselho é exercida rotativamente por períodos de um mês, sendo os Estados designados presidentes por ordem alfabética dos nomes em inglês.

O Conselho pode reunir fora da sede, nos termos do art. 28º, § 3º, mas apenas o fez em 1948 e 1951, para seguir a Assembleia Geral, antes da instalação em Nova Iorque, e em 1972, para tratar de questões africanas numa reunião que teve lugar em Adis Abeba.

O art. 28º, § 2º prevê a possibilidade de se realizarem reuniões periódicas em que os Estados se podem fazer representar por um membro do governo ou por um membro especialmente designado, mas as circunstâncias políticas, em particular a Guerra Fria, não propiciaram condições para que essa prática se instalasse.

3. Sistema de deliberação

O processo de decisão no Conselho de Segurança está, como vimos, decisivamente marcado pelo direito de veto atribuído às grandes potências.

É através dessa atribuição, bem como da própria qualidade de membro permanente do Conselho, que a Carta estabelece a única distinção entre Estados. Já referimos as razões que estiveram subjacentes à introdução na Carta desse princípio aristocrático.

O direito de veto, nos termos do art. 27º, § 2º, não se aplica a questões de processo, para decisão das quais bastará uma maioria de nove membros. De referir que o conceito de «questões de processo» não *é* definido na Carta. Tem-se entendido que são questões de processo:

a) a aprovação de um regimento interno;
b) a criação de órgãos subsidiários;
c) o convite a um Estado para participar num debate;
d) a inscrição de uma questão na ordem do dia.

Por outro lado, o convite às partes numa controvérsia para a resolverem por meios pacíficos, nos termos do art. 33º, § 2º, bem como a decisão de investigar uma controvérsia ou situação susceptível de provocar atritos entre os Estados, já se considera susceptível de exercício do veto.

Do art. 27º, § 3º, resulta o que poderia ser uma importante restrição ao exercício do veto: o Estado que for parte numa controvérsia deverá abster-se de votar, quando se trate de decisões tomadas nos termos do capítulo VI e do art. 52º, § 3º Este dispositivo tem, contudo, conduzido apenas à não-indicação da base sob a qual o Conselho intervém.

Em 29 de Abril de 1946, numa deliberação acerca da denominada «questão espanhola», a URSS anunciou a intenção de se abster, tendo em conta que o seu voto contra o projecto de resolução tornaria a sua aprovação impossível. Esta afirmação subentendia que a abstenção não teria o mesmo efeito, tendo a resolução sido aprovada por maioria sem o voto soviético. Embora o delegado soviético se tenha recusado a admitir que essa posição se pudesse constituir em precedente, o facto é que, doravante, se formou um verdadeiro costume modificativo da Carta. Apesar de, do art. 27º, § 3º, resultar inequivocamente a necessidade do voto afirmativo de todos os membros permanentes para a aprovação de deliberações sobre questões não processuais, importantes decisões têm sido tomadas na ausência ou com a abstenção de membros permanentes. Foi o caso das deliberações sobre a intervenção na Coreia, tomadas durante o período em que a URSS se recusou a participar nos trabalhos do Conselho por a presidência estar a ser exercida pela China nacionalista. Apesar de posteriormente o delegado soviético ter declarado considerar inconstitucionais todas as deliberações tomadas na sua ausência, é um facto assente que se passou a entender que o exercício do veto exigia uma manifestação positiva de vontade.

Nas deliberações relativas à utilização da força contra o Iraque que precederam a Guerra do Golfo, as deliberações do Conselho foram também tomadas com a abstenção da China.

A perenidade da qualidade de membro permanente do Conselho e do direito ao veto está assegurada, como também já referimos (*supra* 21), através do art. 108º, que faz depender as emendas à Carta do voto favorável dos membros permanentes do Conselho.

Como referimos, o Conselho tem a faculdade de criar as comissões e órgãos subsidiários que entender convenientes, tendo usado de diversas formas essa possibilidade. Existem actualmente comités permanentes e comités *ad hoc*, para além de tribunais especiais criados pelo Conselho de Segurança.

Os comités permanentes, de que fazem parte todos os membros do Conselho, são dois: o Comité de Regras Processuais e o Comité para a Admissão de Novos Membros. Os comités *ad hoc* são estabelecidos sempre que necessário, são também constituídos por todos os membros do Conselho e reúnem à porta fechada.

Em 2005, através da Resoluções 60/180 da Assembleia Geral e 1645 (2005) do Conselho de Segurança, foi criada a Comissão de Manutenção da Paz, tendo como atribuições unir todos os actores relevantes com o objectivo de mobilizar recursos e aconselhar estratégias para as situações de pós-conflito e reconstrução; ajudar a assegurar financiamentos para recuperar as actividades e o investimento sustentável no médio e longo prazos e desenvolver as melhores práticas em colaboração com actores relevantes nos domínios políticas, de segurança, humanitário e de desenvolvimento. Esta Comissão *é* integrada por sete membros designados pelo Conselho de Segurança, sete membros eleitos pelo Conselho Económico e Social, cinco dos maiores contribuintes voluntários para fundos, programas e para o fundo de manutenção da paz, cinco dos maiores contribuintes com pessoal militar e policial para a ONU e sete membros eleitos pela Assembleia Geral.

Existem presentemente dois tribunais criados pelo Conselho de Segurança: o Tribunal Internacional para a Instauração de Processos Contra Pessoas Responsáveis por Sérias Violações do Direito Internacional Humanitário cometidas no Território da Antiga Jugoslávia, estabelecido pela resolução 808 (1993) e o Tribunal Internacional para a Instauração de Processos Contra de Pessoas Responsáveis por Sérias Violações do Direito Internacional Humanitário no Território do Ruanda e de Cidadãos do Ruanda Responsáveis por tais Violações nos Territórios dos Estados Vizinhos, estabelecido pela Resolução 955 (1994) e alterado pela Resolução do Conselho de Segurança 1329, de 30 de Novembro de 2000[83].

§3º Competências do Conselho de Segurança e da Assembleia Geral

1. Os mecanismos de equilíbrio

Como referimos, a lógica institucional da Carta assenta na divisão de competências entre os dois órgãos intergovernamentais soberanos: a Assembleia Geral, em que os Estados têm plena igualdade e que se ocupa predominantemente da cooperação, limitando-se a acção no plano puramente político à faculdade de aprovar resoluções sem carácter imperativo, e o Conselho de Segurança, dominado pelas grandes potências, detentoras do direito de veto, a quem cabe a iniciativa e a capacidade para impor decisões no plano da defesa da segurança colectiva. O primado do Conselho de Segurança sobre a Assembleia Geral é assegurado através do art. 12º, que inibe a Assembleia de se pronunciar sobre questões da competência do Conselho, quando este as estiver a examinar. Está assim assegurada, no plano teórico, a rigorosa delimitação de competências entre os dois órgãos.

[83] São actualmente os seguintes os comités *ad hoc:*
1. Conselho de Governadores da Comissão de Compensação das Nações Unidas, estabelecida pela Resolução 692 de 1991;
2. Comité estabelecido no seguimento da Resolução 1373 de 2001 sobre o Contra-Terrorismo;
3. Comité estabelecido no seguimento da Resolução 1540 de 2004;
4. Comité do Conselho de Segurança estabelecido no seguimento da Resolução 751 (1992), respeitante à Somália;
5. Comité do Conselho de Segurança estabelecido na sequência da Resolução 918 de 1984, respeitante ao Ruanda;
6. Comité do Conselho de Segurança estabelecido na sequência da Resolução 1132 de 1997, respeitante à Serra Leoa;
7. Comité do Conselho de Segurança estabelecido na sequência da Resolução 1267 de 1999, respeitante à Al Qaeda, aos Talibãs e entidades e indivíduos associados;
8. Comité do Conselho de Segurança estabelecido no seguimento da Resolução 1518 (2003);
9. Comité do Conselho de Segurança estabelecido no seguimento da Resolução 1521, respeitante à Libéria;
10. Comité do Conselho de Segurança estabelecido no seguimento da Resolução 1533, respeitante à República Democrática do Congo;
11. Comité do Conselho de Segurança estabelecido no seguimento da Resolução nº 1572 (2004), respeitante à Costa do Marfim:
12. Comité do Conselho de Segurança estabelecido no seguimento da Resolução nº 1591 (2005) respeitante ao Sudão;
13. Comité do Conselho de Segurança estabelecido no seguimento da resolução 1636 (2005);
14. Comité do Conselho de Segurança estabelecido no seguimento da Resolução 1718 (2006).

Esquematicamente, podemos dizer que a política global da ONU é desenvolvida conjuntamente pela Assembleia Geral e o Conselho de Segurança, estando a competência daquela definida mais amplamente que a deste. O carácter mais genérico das competências da Assembleia não obsta ao primado do Conselho, assegurado pela preponderância que o art. 12º lhe assegura e pelo facto de dispor do exclusivo do poder de tomar medidas coercivas.

As competências do Conselho de Segurança desenvolvem-se em três vectores essenciais:

a) supervisão do regime de tutela, previsto nos arts. 82º e 83º;
b) regulamentação de armamentos, previsto no art. 26º;
c) intervenção em situação de crise política ou militar.

Os meios de acção do Conselho em caso de crise são os seguintes:

a) favorecer uma regulação pacífica do diferendo (capítulo VI);
b) tomar as medidas necessárias para pôr termo a uma ameaça à paz (capítulo VII);
c) executar um aresto do Tribunal Internacional de Justiça.

Acresce que o Conselho intervém em todas as competências da Assembleia, susceptíveis de influenciar os equilíbrios políticos da organização: a admissão de membros (art. 4º), suspensão (art. 5º), exclusão (art. 6º), nomeação do secretário-geral (art. 97º), eleição de membros do Tribunal Internacional de Justiça (art. 4º do Estatuto do TIJ).

Quanto às funções da Assembleia, são desdobráveis em duas categorias essenciais: funções na ordem interna e funções na ordem internacional.

Na ordem interna, podemos dividi-las nas seguintes categorias:

a) constitucionais (cm conjunto com o Conselho de Segurança – arts. 10º e 19º);
b) administrativas (arts. 21º e 22º);
c) orçamentais (arts. 17º, § 1º, 17º, § 2º, e 19º);
b) financeiras.

A Assembleia Geral, tal como o Conselho de Segurança na esfera das respectivas competências[84], obriga a organização no plano do direito internacional, designadamente na celebração de acordos de tutela (salvo em zonas

[84] É o caso do estabelecimento dos princípios gerais de cooperação em matéria internacional, nos termos dos arts. 11º, § 1º, 11º, § 2º, 13º, § 1º, 14º, § 3º, 16º, capítulo XII e XIII, art. 73º

estratégicas, em que a competência é do Conselho de Segurança, nos termos do art. 83º), arts. 16º e 85º; e nos acordos com instituições especializadas, arts. 17º, § 3º, 57º e 63º

No plano interno, cabe à Assembleia Geral a coordenação e o exercício de poderes sobre todos os outros órgãos, à excepção do Conselho de Segurança e do Tribunal Internacional de Justiça.

2. As tentativas de modificação dos equilíbrios

A inoperância do Conselho de Segurança durante a guerra fria foi um factor de desequilíbrio dentro da ONU, tendo suscitado por parte de sectores importantes da Assembleia a vontade de fazer substituir por esta o Conselho de Segurança, no exercício dos seus poderes exclusivos no domínio da segurança colectiva.

Um dos óbices da Assembleia Geral, nessa perspectiva, era o seu carácter não permanente, o que se tentou obviar através da criação de uma comissão plenária, a «pequena assembleia», que se reunia no período entre as sessões ordinárias. À «pequena assembleia» eram delegadas as competências para estudar qualquer diferendo ou questão, cuja inscrição na ordem do dia tivesse sido requerida.

A «pequena assembleia» foi criada em 1947, renovada em 1948 e estabelecida permanentemente em 1949. Nunca teve, contudo, um papel muito importante, já que a URSS e os restantes países do Leste recusaram-se a participar. Acresce que não podia deliberar, o que apenas poderia ser feito através da convocação de uma sessão extraordinária da Assembleia Geral.

Mais marcante foi a resolução 377 (V) 1950, conhecida pelo nome «Unidos para a Paz», através da qual a Assembleia, na altura em pleno período de domínio ocidental, se declarava disposta, perante a demissão do Conselho de Segurança do exercício da sua função essencial de garante da paz colectiva, a examinar qualquer situação que considerasse uma ameaça para a paz, uma ruptura da paz ou uma agressão, e recomendar a utilização dos meios adequados à cessação dessas ameaças, incluindo a utilização da força.

Embora manifestamente contrária à Carta, esta resolução foi reconhecida como válida pelo Tribunal Internacional de Justiça, nomeadamente na decisão do caso "Consequências Jurídicas da Construção de um Muro no Território Palestiniano Ocupado", de 9 de Julho de 2004.

De qualquer modo, do ponto de vista do debate político, é um facto que, durante o longo período de paralisação do Conselho de Segurança, o eixo do debate político na ONU se desviou claramente para a Assembleia Geral.

Subsecção 3ª
O Secretariado

§1º O Secretariado e o secretário-geral

O órgão administrativo da ONU estabelecido na Carta é, como vimos, o Secretariado e não o secretário-geral. Apesar disso, a figura do secretário-geral, a que a Carta, ao contrário do que acontecia na SDN, atribui funções políticas, embora limitadas, tem, ao longo da história das Nações Unidas, assumido uma importância muito maior que a que resulta daquele texto.

As razões dessa importância acrescida do secretário-geral decorrem em grande parte da própria praxis do funcionamento da Organização, isto é, da necessidade de esta ter em certa medida, perante os Estados e a comunidade internacional, que ser identificável com uma figura concreta. Para o fenómeno da identificação da acção da ONU com o secretário-geral não terá também deixado de contribuir a paralisação do Conselho de Segurança, com a consequente acentuação da vertente diplomática na solução das crises que, no plano prático, o secretário-geral estava especialmente vocacionado para protagonizar.

Assim, pese embora a única competência política do secretário-geral prevista na Carta ser a que resulta do art. 99º: chamar a atenção do Conselho de Segurança para situações susceptíveis de pôr em perigo a paz e a segurança internacionais, pode-se concluir ser difícil afirmar qual das suas duas qualidades, de homem político ou de agente administrativo, é mais relevante.

De qualquer modo, a história da Organização tem demonstrado, como veremos, que existem condicionantes de carácter permanente que influenciam os dois vectores da acção do secretário-geral:

1. A atitude dos Estados membros, *maxime* dos membros permanentes do Conselho de Segurança.
2. A capacidade de resposta do titular do cargo.
3. A sua capacidade para gerar consensos.

§2º A nomeação do secretário-geral

A forma de designação do secretário-geral está prevista no art. 97º da Carta: pela Assembleia Geral (maioria de dois terços), sob recomendação do Conselho de Segurança. A prática tem demonstrado ser muito difícil o exercício das funções do secretário-geral com a oposição de algum ou alguns dos membros permanentes do Conselho de Segurança. Foi o que aconteceu com os dois primeiros titulares do cargo.

O primeiro secretário-geral das Nações Unidas, eleito em 1946, foi Trygve Lie, até então ministro dos Negócios Estrangeiros da Noruega. Foi considerado significativo que a escolha tivesse recaído num político e não num funcionário. A eleição de um nacional de um país médio foi uma tendência que se veio a confirmar nas designações posteriores.

O mandato do secretário-geral foi fixado em cinco anos renováveis, na resolução que designou Trygve Lie (Res. 11 (I) de 1946). Em 1950, a União Soviética, que se tinha incompatibilizado com Trygve Lie por causa da intervenção na Coreia, vetou a sua recondução. À falta de acordo sobre outro nome entre os membros do Conselho de Segurança, a Assembleia Geral decidiu manter o secretário-geral em funções por mais três anos. A União Soviética considerou tal deliberação inconstitucional e recusou-se a reconhecer Trygve Lie como secretário-geral. Em 10 de Novembro de 1952, Trygve Lie apresentou a sua demissão.

Só em 1953 foi possível chegar a consenso sobre o nome de um novo secretário-geral, o alto funcionário sueco Dag Hammarskjöld.

Em 1959, a União Soviética e o seu grupo romperam relações com Hammarskjöld por causa da questão do Congo Belga, na sequência da morte de Patrice Lumumba. Dag Hammarsköld morreu num acidente de aviação ao serviço das Nações Unidas, justamente no Congo, em 17 de Setembro de 1961.

Em 3 de Novembro de 1961, após longas consultas, foi nomeado interinamente como terceiro secretário-geral o birmanês U Thant, posteriormente confirmado em 1962. O seu mandato foi renovado em 1966.

Ao contrário do que se previa, foi relativamente fácil designar o sucessor de U Thant, na pessoa do antigo ministro austríaco dos Negócios Estrangeiros Kurt Waldheim, que iniciou funções a 1 de Janeiro de 1972, tendo permanecido no cargo até 1981.

Em 1981 foi designado secretário-geral o diplomata peruano Perez de Cuellar, que já fora subsecretário-geral da ONU. Manteve-se em funções até 1991, tendo sido durante o seu mandato que se assistiu ao desmoronamento do bloco soviético e à Guerra do Golfo,

Em 1991 foi eleito o egípcio Boutros Boutros-Ghali. Secretário-geral numa fase de viragem da Organização, quando foram postas à prova as capacidades de actuação concreta do Conselho de Segurança, a acção de Ghali acabaria por desagradar aos Estados Unidos que vetaram a sua reeleição em 1996.

Em Dezembro de 1996 foi eleito o ganês Kofi A. Annan – o primeiro Secretário-Geral a ser eleito de entre os funcionários das Nações Unidas. Em 26 de Junho de 2001, agindo com base numa recomendação do Conselho de Segurança, a Assembleia Geral nomeou, por aclamação, Kofi Annan para um novo mandato que terminou em 31 de Dezembro de 2006.

Em 10 de Dezembro de 2001, Annan e as Nações Unidas receberam o Prémio Nobel da Paz. Ao atribuir o Prémio, o Comité Nobel referiu-se a Annan como "uma figura proeminente, ao trazer nova vida para a Organização".

As prioridades de Annan, enquanto SG foram a revitalização das Nações Unidas através de um programa profundo de reforma, o reforço do papel tradicional da Organização nos campos do desenvolvimento e da manutenção da paz *e* segurança internacionais, o encorajamento e defesa dos direitos humanos, do Estado de direito e dos valores universais da igualdade, tolerância e dignidade humana afirmados na Carta das Nações Unidas, a restauração da confiança pública na Organização através da celebração de novas parcerias e, nas suas palavras: *trazer as Nações Unidas para mais próximo das pessoas.*

A ineficácia da ONU na crise do Ruanda e o envolvimento de um familiar de Kofi Annan no escândalo "petróleo por alimentos", resultante da utilização para outros fins do produto da venda de petróleo iraquiano que só deveria ser utilizado para a compra de alimentos, ensombraram o seu mandato.

Desde 2 de Março de 1998, foi criado pela primeira vez o cargo de Vice-Secretária Geral das Nações Unidas, ocupado por Louise Fréchette (Canadá), nomeada pelo Secretário Geral Kofi Annan.

Em 2007 foi eleito Secretário-Geral o ex-ministro das Relações Exteriores e do Comércio Externo da Coreia do Sul Ban Ki-moon.

§3º As atribuições do secretário-geral

1. Aspectos gerais

Como referimos, a relação entre o secretário-geral e os membros permanentes do Conselho de Segurança é uma condicionante essencial para o êxito da sua actuação. Durante o período que decorreu entre 1945 e 1960, a predominância ocidental na ONU constituiu uma fonte de conflitos entre o bloco soviético e os dois primeiros secretários-gerais. A União Soviética defendeu mesmo, em duas ocasiões, que a manutenção em funções do secretário-geral dependia da confiança dos membros permanentes do Conselho de Segurança, posição pouco defensável, aliás, nos termos da Carta.

Na 15ª Sessão, a URSS quis substituir o secretário-geral por uma tróica, constituída por um membro designado pelos Estados Ocidentais, um pelos

Estados socialistas e um pelos Estados «neutros». Caso tal orientação tivesse prevalecido, ter-se-ia certamente assistido a uma desagregação da imagem do secretário-geral (que passaria a ser uma espécie de «secretaria-geral») que, de representante de toda a organização, se tornaria um conjunto de representantes dos Estados designantes, transformando-se num órgão de características intergovernamentais. Na prática dar-se-ia às grandes potências o «poder de impedir» ao nível da própria execução.

A questão da responsabilidade política do secretário-geral é um tema extremamente controverso. Dag Hammarskjöld considerava que o secretário-geral era, mesmo no plano político, o «chefe do executivo», o que, tendo em vista o alcance da expressão na linguagem estadual, se presta a grandes equívocos. Por outro lado, é certo que a natureza colegial do Conselho de Segurança o torna inapto para a execução das próprias medidas que tomar, sendo inevitável que, a esse nível, o secretário-geral tenha que ser o «executivo» da Organização.

Já referimos que é difícil afirmar qual dos planos de acção do secretário-geral é mais relevante, se o político se o administrativo. Acresce que a relevância da acção política depende muito da conjuntura internacional. Assim, por ex., numa conjuntura que permita a tomada, pelo Conselho de Segurança, das medidas previstas nos capítulos VI e VII da Carta, o papel diplomático do secretário-geral em situação de crise internacional tenderá a perder importância. Terá sido uma visão maximalista das suas funções neste domínio pelo ex-secretário-geral Boutros-Ghali que lhe terá feito perder a confiança dos Estados Unidos.

2. Funções administrativas do secretário-geral

As funções administrativas do secretário-geral podem ser enunciadas da seguinte forma:

1. O secretário-geral é o mais alto funcionário das Nações Unidas (conforme refere o art. 97º da Carta).
2. Cabe ao secretário-geral proceder à nomeação do pessoal e exercer o poder disciplinar (art. 101º da Carta).
3. O secretário-geral organiza e regula o funcionamento de todos os serviços no quadro orçamental estabelecido pela Assembleia Geral e das directivas dos órgãos intergovernamentais.
4. O secretário-geral dirige a actividade dos serviços.

Como veremos, a ONU registou ao longo da sua história um crescimento galopante dos serviços, com o impacte orçamental correspondente. Nos últimos anos tem sido feito um esforço, ainda considerado insuficiente por muitos Estados membros, para reduzir despesas e conter, ou mesmo reduzir os encargos fixos da Organização.

3. Funções políticas

As funções políticas do secretário-geral podem dividir-se em três vertentes: as funções representativas, as funções diplomáticas e as funções operacionais.

No que se refere às funções representativas podem identificar-se:

1. A celebração de acordos de sede, através dos quais a ONU estabelece com um Estado a instalação de órgãos ou organismos no território desse Estado.
2. A celebração de acordos com outras organizações, na sequência das deliberações nesse sentido dos órgãos intergovernamentais competentes, como a Assembleia Geral e o Conselho Económico e Social.
3. A celebração de outros acordos de natureza funcional: funcionamento de uma conferência num país, acordos de passagem de forças pelo território de um Estado, etc.
4. Acreditação de representantes noutras organizações.
5. Envio de representantes pessoais, com autorização ou a pedido da Assembleia Geral ou do Conselho de Segurança ou, ainda, a título pessoal.

A função representativa do secretário-geral tem, apesar do seu conteúdo material ser muitas vezes escasso, contribuído fortemente para acentuar a ideia, na opinião pública mundial, de que o secretário-geral personaliza a Organização.

As funções diplomáticas resultam essencialmente do art. 99º da Carta, que reconhece ao secretário-geral a faculdade de suscitar a atenção do Conselho de Segurança para situações de crise. De referir ainda a possibilidade de que dispõe o secretário-geral de inscrever pontos na ordem de trabalhos da Assembleia Geral, faculdade de que têm resultado importantes iniciativas da Organização[85].

[85] Foi o caso, por ex., da Agenda para a Paz de Boutros-Ghali.

Como já referimos, a prática tem alargado a esfera de intervenção diplomática do secretário-geral, que está, contudo, muito dependente da conjuntura política.

A vertente operacional das funções do secretário-geral releva mais das funções administrativas que das políticas. Ocorre, porém, que, quer o Conselho de Segurança, quer a Assembleia Geral encarregam por vezes o secretário-geral de desempenhar missões diplomáticas com um mandato definido em termos muito vagos, guiando-se pelo seu próprio juízo. Daqui decorre que o secretário-geral se pode considerar investido da competência para ele próprio tomar a iniciativa de agir sem a autorização prévia de um órgão intergovernamental, considerando que tal iniciativa se insere no quadro das suas competências, já que se trata de uma competência administrativa. Entre a hipótese de uma acção humanitária ou de assistência técnica e o emprego de meios militares (claramente excluído), está uma vasta margem de indefinição, susceptível, aliás, de gerar conflitos entre o secretário-geral e o Conselho de Segurança.

§4º O Secretariado: estrutura e funções

1. Características da estrutura

Ao Secretariado compete de um modo geral assegurar todo o suporte administrativo e logístico da ONU. Tal significa exercer uma grande multiplicidade de funções, que vão desde a preparação de decisões à execução, embora, neste caso, caiba muitas vezes aos Estados fazê-lo.

Quanto às características das funções do Secretariado podemos identificar as seguintes: heteronomia, actividade de serviço e auto-administração.

A actividade é heterónoma por ser orientada para o exterior, para fins exteriores e com recursos exteriores.

É uma actividade de serviço porque implica o consumo de meios financeiros, mas também a acumulação de bens materiais e de recursos financeiros para prosseguir tarefas muito diversas.

Caracteriza-se pela auto-administração porque assegura por si própria os serviços necessários, A autonomia é, em certa medida, contraditória com a heteronomia.

Quanto à estrutura do Secretariado podemos classificá-la como burocrática e sujeita ao princípio hierárquico.

A estrutura é burocrática porque os membros do pessoal estão repartidos por um certo número de unidades de trabalho, constituídas sob o princípio da especialização e colocados sob a autoridade de um superior responsável pelo bom cumprimento da sua tarefa.

A sujeição ao princípio hierárquico traduz-se na existência de escalões diversos de autoridade, estando os escalões superiores investidos de poder para darem instruções aos inferiores.

2. O segundo escalão

A primeira organização do segundo escalão do Secretariado foi elaborada pela Comissão Preparatória nomeada pela Conferência de S. Francisco, o que limitou fortemente a esfera de liberdade do primeiro secretário-geral.

De acordo com essa organização, a direcção do Secretariado foi repartida em oito departamentos, controlados pelos cinco membros permanentes, que designaram vários dos responsáveis, de acordo com uma distribuição entre eles negociada. Assim, ficou estabelecida a nacionalidade de cinco adjuntos do Secretário-Geral, nos seguintes termos: um soviético ficou com os assuntos do Conselho de Segurança, um americano com os serviços administrativos e financeiros, um inglês com os assuntos económicos, um francês com os assuntos sociais e um chinês com os assuntos de tutela e territórios não autónomos.

A Trygve Lie não foi dada nem a possibilidade de escolher as pessoas, pelo menos no que se refere ao americano e ao soviético. Esta situação favoreceu a utilização desses adjuntos como intermediários com os governos respectivos, ao invés de constituírem um segundo escalão solidário com o responsável máximo. Por outro lado, o secretário-geral procurou rodear-se de outros colaboradores, quer nos serviços, quer para tarefas especiais: foi o caso do Conde Bernadotte, designado representante especial para a Palestina.

Dag Hammarskjöld procurou libertar-se dessa estrutura, suprimindo os secretários-gerais adjuntos e os directores-gerais, que eram os níveis hierárquicos mais elevados, e substituindo-os por subsecretários-gerais. Mantiveram-se, contudo, os adjuntos designados pelos membros permanentes.

Hammarskjöld passou ainda a dirigir-se directamente aos representantes dos Estados, abandonando a ambiguidade anterior. Ao mesmo tempo reforçou o pessoal do seu gabinete, o «38º andar».

Após Hammarskjöld, os soviéticos, não tendo conseguido fazer passar a proposta da criação da tróica, tentaram criar três lugares de adjuntos, que deveriam ser obrigatoriamente consultados pelo secretário-geral sobre todas as questões.

U Thant limitou-se a declarar que trabalharia em estreita colaboração com alguns subsecretários, entre os quais um soviético e um americano, mantendo no restante o tipo de estrutura que o seu antecessor criara.

Em 1967, por razões de eficácia administrativa, foram restabelecidos dois níveis de escalão superior, os subsecretários-gerais e os secretários-gerais adjuntos.

Kurt Waldheim teve sempre em consideração uma dosagem muito rigorosa das nacionalidades. As grandes potências, aliás, nunca deixaram de procurar influenciar a composição dos escalões superiores do Secretariado.

De referir que a criação de organismos envolve muitas vezes a criação de órgãos integrados com grande autonomia face ao Secretariado da ONU.

Na actualidade, o Secretariado encontra-se dividido em Departamentos ou Gabinetes. Assim temos: o Gabinete do SG; o Gabinete de Serviços Gerais Internos; o Gabinete de Assuntos Jurídicos; o Departamento de Assuntos Políticos; o Departamento de Assuntos de Desarmamento; o Departamento de Operações de Manutenção da Paz; o Gabinete para a Coordenação dos Assuntos Humanitários; o Departamento para os Assuntos Económicos e Sociais; o Departamento para os Assuntos da AGONU e Serviços de Conferência; o Departamento de Informação Pública; e o Departamento de Gestão,

De referir que a criação de organismos subsidiários envolve muitas vezes a criação de órgãos integrados com grande autonomia face ao próprio Secretariado da ONU.

3. A função pública internacional

O art. 100º da Carta estabelece que os lugares no Secretariado devem ser preenchidos por critérios de distribuição geográfica e de competência. Estabelece ainda que os funcionários da ONU se devem reger por critérios de estrita neutralidade no exercício das suas funções. Este princípio mereceu o famoso comentário de Khrushchev: «há países neutros, não há homens neutros».

Durante as décadas da guerra fria, e em especial em períodos específicos, como durante *o* McCartismo nos EUA, reinou uma grande desconfiança mútua das grandes potências no que se refere à infiltração dos serviços da Organização por agentes adversários. Hoje o ambiente é mais desanuviado.

De referir que no período inicial se verificou uma forte vantagem numérica em favor dos países da Europa Ocidental e dos Estados Unidos, onde havia pessoas disponíveis e habilitadas, que chegaram a constituir cerca de 80 por cento dos funcionários da ONU. Só muito lentamente essa vantagem se foi atenuando.

O pessoal do Secretariado é nomeado pelo secretário-geral, nos termos do referido art. 100º, de acordo com regras aprovadas pela Assembleia Geral. Na SDN, pelo contrário, as nomeações tinham que ser aprovadas pelo Conselho.

Hoje, as vantagens de uma carreira de funcionário internacional no Sistema da ONU têm vindo a degradar-se notoriamente, à excepção dos cargos de conotação política mais evidente, ou seja, dos escalões superiores. De facto, desde há muito que a Organização deixou de oferecer condições competitivas com, por ex., as sociedades transnacionais ou mesmo as Comunidades Europeias, dificultando o recrutamento de pessoal de elevada qualidade profissional para os escalões intermédios.

É controverso se o melhor sistema é oferecer uma carreira «para toda a vida», com a vantagem de um profundo conhecimento adquirido por uma experiência profissional específica, ou, pelo contrário, oferecer contratos temporários, por períodos de, por ex., três anos, permitindo dispor de pessoal com experiência profissional diversificada, que poderá encarar uma experiência de trabalho numa organização internacional como um episódio enriquecedor numa carreira profissional e não como uma carreira definitiva. Ambas as modalidades coexistem na ONU. A União Soviética defendeu, durante muito tempo, que todo o pessoal deveria ser provido por períodos de dez anos improrrogáveis.

Actualmente, o escalão superior é preenchido por duas categorias designadas comummente por «adjuntos»: os secretários-gerais adjuntos e os subsecretários-gerais. Seguem-se dois escalões de directores, designados por D1 e D2 e cinco categorias de administradores, com as categorias de P1 a P5. O pessoal de «serviços gerais», que abrange o pessoal de escritório, e os trabalhadores manuais, tem igualmente cinco categorias de G1 a G5. O pessoal linguístico conta igualmente com cinco escalões. Nem o pessoal dos «serviços gerais» nem o pessoal linguístico está sujeito a critérios de distribuição geográfica.

4. Orçamento e efectivos da ONU

Muito se tem referido a questão da ineficácia da máquina burocrática da ONU e do problema dos seus custos e respectivo financiamento.

A racionalização da máquina e a sua reestruturação foi apontada como a tarefa prioritária do secretário-geral Kofi Annan.

A ONU foi acusada no passado de uma grande ineficácia organizativa. Embora tal acusação tenha correspondido e corresponda ainda à verdade, apesar de muitas melhorias verificada na última década, há que referir que os encargos orçamentais com a sua actividade corrente se podem considerar moderados.

A Organização tem como única fonte de financiamento as contribuições dos Estados membros, estando mesmo proibida de contrair empréstimos. A contribuição de cada Estado é calculada de acordo com a sua dimensão económica relativa.

O orçamento corrente da ONU para o biénio 2008/2009 é de USD$ 4 200 000,00[86]. O orçamento das operações de paz é superado do orçamento corrente.

No que se refere aos efectivos de pessoal ao serviço do Secretariado, tem vindo a ser feito um esforço para a sua redução. Assim, do contingente de pessoal aprovado em 1 de Janeiro de 1996 pela AGONU de 10 021 postos de trabalho cerca de 900 estavam por ocupar. Actualmente esse número reduziu-se para 8500.

As Nações Unidas debatem-se com uma profunda crise financeira. Este facto não é novo, pois, desde a fundação que esses problemas financeiros se verificam, emergentes, essencialmente, da falta de cumprimento pelos Estados das suas obrigações para com a Organização. Muitos membros atrasam, ou deixam de todo de pagar as suas contribuições invocando razões diversas, designadamente políticas ou resultantes da sua incapacidade económica, já que pelo incumprimento os Estados poderiam ver serem-lhes retirados os seus direitos de voto (art. 19º).

A Organização tem como única fonte de financiamento as contribuições dos Estados membros, estando mesmo proibida de contrair empréstimos. A contribuição de cada Estado é calculada de acordo com a sua dimensão económica relativa, numa escala aprovada pela Assembleia Geral e revista cada três anos pelo Comité de Contribuições. Em 2000 a Assembleia fixou que a contribuição máxima que qualquer Estado poderia fazer seria de 22%. Um facto curioso é a contribuição para o orçamento das Nações Unidas por Estados não membros mas que participam em certas actividades; a Suíça, antes de ser membro, pagava 1,215% e a Santa Sé paga 0,001% do Orçamento da Organização. Entretanto, a Suíça foi admitida à Organização e, em 2 de Janeiro de 2003, pagou a sua quota de 2,5 milhões de dólares.

Em 31 de Dezembro de 2000, os Estados membros deviam à ONU 200 milhões de dólares do Orçamento corrente e 22 milhões relativos a anos anteriores. As contribuições em falta em relação às operações de paz, em curso e encerradas, totalizavam cerca de 2 biliões de dólares. E, como já referimos, um único país é responsável por metade do montante da dívida relativa às operações de paz: os Estados Unidos da América[87].

[86] Press Conference on United Nations Budget, in http://www.un.org/News/brief-ings/docs/2007/071025_Budget.doc.htm

[87] Os EUA têm declarado que a gestão financeira da ONU se caracteriza pelo esbanjamento e a falta de eficiência. O Secretariado da ONU publicou recentemente um documento do Departamento de Informação Pública, no qual estabelece algumas relações curiosas entre o orçamento

Para sobreviver a estes problemas, a Organização deixou de satisfazer os seus compromissos para com os Estados que participam em operações de paz. Assim, em finais de 1996, a ONU devia aos Estados membros um montante global de 700 milhões de dólares, referente a deslocações de tropas e a equipamentos.

das Nações Unidas e outras entidades. Assim, refere que o orçamento corrente do Secretariado em Nova Iorque, Genebra, Nairobi, Viena e as cinco Comissões Regionais é de 1,3 biliões de dólares por ano, o que corresponde a 4% do orçamento da cidade de Nova Iorque, a cerca de um bilião de dólares menos que o serviço de bombeiros de Tóquio e 3,7 biliões de dólares menos inferior ao orçamento anual do Sistema Universitário de Nova Iorque. O mesmo documento refere ainda outros dados comparativos:

a) A participação norte-americana no orçamento das Nações Unidas é de 321 milhões de dólares por ano, equivalente a 1,24 dólares por americano;

b) A sede da ONU em Nova Iorque tem 4381 funcionários, enquanto o município de Estocolmo tem 60 000;

c) O total de efectivos humanos de todo o Sistema das Nações Unidas, a nível mundial, é de 53 589 pessoas, três vezes inferior ao da cadeia de restaurantes McDonald's, enquanto o Disneyworld e a Disneylândia empregam 50 000 pessoas;

d) As Nações Unidas e o conjunto dos fundos e programas dispõem de 4,6 biliões de dólares por ano para apoio ao desenvolvimento económico e social, que é utilizado para prestar assistência a países em domínios como a política demográfica, o apoio à criança, a agricultura e alimentação, etc. Isto equivale a 80 cêntimos de dólar por ser humano, enquanto os gastos mundiais em armamento ascendem a 778 biliões de dólares, ou seja, 134 dólares por ser humano;

e) O custo total das operações de manutenção de paz em 1995 foi de 3 biliões de dólares, o que representa menos que os orçamentos somados dos departamentos de bombeiros, da polícia e dos estabelecimentos correccionais da Cidade de Nova Iorque e equivale a 1,1% do orçamento militar norte-americano e menos de 0,3% dos gastos mundiais em despesas militares. Estas despesas da ONU deverão reduzir-se para metade em 1996, devido à redução das operações em curso, especialmente na Jugoslávia;

f) os sete maiores contribuintes das Nações Unidas são os Estados Unidos (25%), o Japão (15,4%), a Alemanha (9%), a França (6,4%), o Reino Unido (5,3%), a Itália (5,1%), a Rússia (4,4%). Em conjunto estes Estados contribuem com 66% do orçamento da organização;

g) As Nações Unidas, as suas agências e as representações dos Estados junto da sede geraram 30 600 empregos em Nova Iorque, o que corresponde a 1,2 biliões de dólares em vencimentos anuais.

Secção 2ª
Os Órgãos de Apoio

Subsecção 1ª
O Conselho Económico e Social

§1º Composição do Conselho

Como referimos, o Conselho Económico e Social é um órgão constitucional, mas não soberano.

Nos termos do art. 72º da Carta, o CES aprova o seu regimento, determina o ritmo das suas sessões e elege a sua mesa, podendo ainda, nos termos do art. 68º, criar as comissões necessárias para o exercício das suas funções, sendo-lhe desde logo imposta a criação de comissões para assuntos económicos e sociais e para os direitos do homem.

O CES é composto por 59 membros eleitos rotativamente por três anos (art. 61º), o que representa um alargamento muito significativo em relação ao número inicialmente previsto na Carta de 18 membros.

Nos termos da Resolução 2847 (XXVI), os membros do CES deveriam ser distribuídos por áreas geográficas, nos termos seguintes:

África – 14
Ásia – 11
América Latina – 10
Europa Ocidental e outros Estados – 13
Europa Oriental – 6

§2º Organização e funcionamento

O CES tem duas sessões anuais, a primeira, na Primavera, em Nova Iorque, que se ocupa de questões sociais e dos direitos do homem e a segunda, mais importante, que se reúne durante as quatro semanas de Julho, em Genebra, sendo retomada por alguns dias em Nova Iorque, durante a reunião da Assembleia Geral.

As principais categorias de comissões criadas pelo CES são os comités permanentes, comissões técnicas e comissões económicas regionais. Todas estas são, na realidade, órgãos subsidiários que funcionam permanentemente, sendo ainda criadas frequentemente outras, com carácter eventual, para o estudo de problemas específicos.

Os comités permanentes ocupam-se das seguintes questões:

1. Comité para Programa e Coordenação.
2. Comité para Organizações não Governamentais.
3. Comité para Negociações com Instituições Intergovernamentais.
4. Comité para as Empresas Transnacionais.

As comissões funcionais ou técnicas são as seguintes:

1. Comissão da Estatística.
2. Comissão da População e Desenvolvimento.
3. Comissão do Desenvolvimento Social.
4. Comissão dos Direitos do Homem e Subcomissão para a Prevenção da Discriminação e Protecção das Minorias.
5. Comissão para o Estatuto da Mulher.
6. Comissão para os Estupefacientes e Subcomissão para o Tráfico Ilícito de Droga e Assuntos Relacionados no Próximo e Médio Oriente.
7. Comissão para a Ciência e Tecnologia para o Desenvolvimento.
8. Comissão para a Prevenção do Crime e a Justiça Criminal.
9. Comissão para o Desenvolvimento Sustentável.

As comissões económicas regionais são instrumentos de concertação e descentralização. Existem cinco:

1. A Comissão Económica para a Europa, com sede em Genebra.
2. A Comissão Económica para a Ásia e o Pacífico, com sede em Banguecoque.
3. A Comissão Económica para a América Latina e as Caraíbas, com sede em Santiago do Chile.
4. A Comissão Económica para a África, com sede em Adis Abeba.
5. A Comissão Económica e Social para a Ásia Ocidental, com sede em Amã.

Estas comissões são órgãos intergovernamentais, compostos pelos Estados de cada região e pelos Estados que têm interesses nessa região.

Ao CES estão ainda ligados os organismos da ONU como a UNICEF, a ONUDI, o PNUD, a CNUCED, etc.

O CES, nos termos do art. 71º da Carta tem a seu cargo as relações com as organizações não governamentais, actualmente cerca de 1500, agrupadas em três categorias, I, II e III consoante as relações que têm com o CES.

§3º Competência do CES

As competências do CES, tal como as define a Carta nos arts. 62º a 66º, é mais definível por exclusão que por inclusão. Estão excluídos os assuntos estritamente políticos e os assuntos puramente administrativos. Estão incluídos todos os assuntos relativos à cooperação económica, social e cultural, o que representa um universo imenso de matérias,

A subordinação do CES à Assembleia Geral está mal definida na Carta (arts. 60º, 62º e segs.), podendo ser interpretada tanto no sentido de supervisão como de orientação específica.

O CES tem revelado, ao longo da sua história, crescentes dificuldades de funcionamento, que se devem em parte ao aumento do número dos seus membros, que tornou menos *eficaz* o seu processo de decisão, mas também a causas técnicas, como uma má organização dos trabalhos, e factores políticos – os Estados não representados no CES tendem a levar à segunda e terceira comissões da Assembleia Geral questões do âmbito do CES para poderem participar no seu debate, ou mesmo a votarem a criação de órgãos subsidiários que invadem a área do CES, comprometendo a sua autoridade.

Subsecção 2ª
O Conselho de Tutela

O Conselho de Tutela, regulado nos arts. 86º e segs. da Carta, foi criado para controlar o exercício da tutela sobre territórios não autónomos, sucedendo à Comissão de Mandatos da SDN.

Em 1 de Novembro de 1994 suspendeu a sua actividade, após a independência de Palau, o último território sob tutela, em 1 de Outubro desse ano. Já anteriormente, em Maio de 1994, o Conselho alterara as suas regras processuais, que previam a obrigatoriedade de uma reunião anual, passando a reunir apenas quando necessário, por sua própria decisão, do seu presidente, da maioria dos seus membros, da Assembleia Geral ou do Conselho de Segurança.

Com o cumprimento da sua tarefa, o órgão perdeu totalmente a sua expressão, tendo sido aprovada a sua extinção em 2005.

Secção 3ª
Órgãos Jurisdicionais

Subsecção 1ª
O Tribunal Internacional de Justiça

§1º Antecedentes históricos

A ordem jurídica internacional, apesar dos avanços de que tem beneficiado no plano da construção do direito internacional ao longo do nosso século, debate-se com duas questões que a condicionam decisivamente: a falta de meios, quer para compelir os Estados a submeter os seus diferendos a instâncias jurisdicionais internacionais, quer para garantir o efectivo cumprimento das decisões tomadas por essas instâncias.

O recurso a terceiros para arbitrar questões internacionais não é um facto recente na história das relações internacionais. Contudo, é no final do século passado que encontramos os antecedentes de que resultou a constituição dos modernos tribunais internacionais.

Em 1794, o Reino Unido e os Estados Unidos celebraram o Tratado de Jay, com o objectivo de resolver disputas pendentes após o reconhecimento da independência americana. Nessa convenção, previa-se a realização de arbitragens para dirimir conflitos emergentes do apresamento de navios, do confisco de propriedades privadas e de delimitações territoriais, tendo sido proferidas 563 decisões arbitrais entre 1799 e 1804.

O êxito da aplicação das disposições sobre arbitragem contidas no Tratado de Jay suscitou a constituição, entre 1795 e 1914, de mais de 200 tribunais arbitrais. Grande parte desses tribunais tiveram como partes os Estados Unidos e o Reino Unido, países em que se suscitaram movimentos de apoio às soluções arbitrais como forma ideal de dirimir conflitos internacionais. Os Estados Unidos, por ex., foram parte na constituição de comissões arbitrais, na linha das previstas no Tratado de Jay, com o Equador, o México, o Peru, a Espanha e a Venezuela. A mais produtiva foi a Comissão Mista para Reclamações entre os Estados Unidos e o México, que apreciou mais de 2000 pedidos entre 1871 e 1876.

O contraste entre as guerras do século XIX e o êxito das soluções arbitrais suscitou a criação de inúmeras sociedades para a paz, que reclamavam a constituição de tribunais permanentes de arbitragem.

A decisão arbitrai mais relevante do século passado foi a proferida no caso *Alabama.* Um tribunal *ad hoc,* constituído por cinco juízes designados pelos Estados Unidos, Reino Unido, Itália, Suíça e Brasil foi investido de poderes para decidir se o Reino Unido tinha violado as regras de direito internacional ao permitir que companhias inglesas construíssem navios de guerra para a Confederação durante a Guerra Civil Americana. O tribunal veio a decidir que o Reino Unido violara as suas obrigações de neutralidade, condenando-o a pagar aos Estados Unidos uma indemnização de US$15 500 000. Esse montante foi integralmente pago em títulos do tesouro britânico em 9 de Setembro de 1873.

O sucesso do caso *Alabama* incentivou ainda mais os movimentos a favor da paz, cuja influência levou mesmo à negociação de um tratado geral de arbitragem, em 1893, que só não veio a ser ratificado por uma diferença de três votos no Senado americano.

Em 1897, na Conferência de Haia, convocada por iniciativa do czar, os Estados Unidos e o Reino Unido exerceram uma forte pressão para a instituição de um tribunal universal de arbitragem. Vencida a relutância da Alemanha, veio a ser adoptada a Convenção para a Resolução Pacífica de Diferendos Internacionais. Posteriormente modificada na Segunda Conferência de Haia, esta convenção apelava às partes para desenvolverem os seus melhores esforços para assegurarem a resolução pacífica de diferendos. Numa primeira fase, os Estados deveriam recorrer aos bons ofícios e à mediação de terceiros Estados. Caso essas medidas se revelassem ineficazes, deveria ser promovido um inquérito para apurar os factos através de uma investigação imparcial e elaborar um relatório não vinculativo. A Convenção estabelecia finalmente uma lista de árbitros, de entre os quais os Estados poderiam escolher os membros de tribunais *ad hoc,* tendo em vista a produção de decisões vinculativas. Essa lista de árbitros foi designada por Tribunal Permanente de Arbitragem.

A ratificação por 44 Estados, praticamente todos os Estados soberanos da época, da convenção que instituiu o Tribunal Permanente de Arbitragem, suscitou um grande entusiasmo na época, embora fosse vista por alguns estadistas com reservas. Até 1914 foram celebrados 120 acordos internacionais com referência às disposições da Convenção e, entre 1902 e 1914, foram constituídos 14 tribunais arbitrais e duas comissões de inquérito nos termos previstos na Convenção.

Embora a existência do Tribunal Permanente de Arbitragem não tenha evitado a eclosão de conflitos como a Guerra Hispano-Americana de 1898 e, principalmente, a Primeira Guerra Mundial, vieram ainda a ser realizadas nos seus termos dez arbitragens desde 1914, das quais duas após 1945.

As mais importantes decisões arbitrais proferidas após a Segunda Guerra Mundial foram, contudo, realizadas por tribunais constituídos à margem do TPA, como a disputa *Rann of Kutch* entre a Índia e o Paquistão, a arbitragem entre o Reino Unido e a França sobre a delimitação das fronteiras marítimas das ilhas do canal da Mancha e o caso *Guiné/Guiné-Bissau*.

§2º O Tribunal Permanente de Justiça Internacional

Na Conferência de Versalhes foi proposta pelos Estados Unidos e o Reino Unido a criação no âmbito da Sociedade das Nações de um tribunal internacional, sendo introduzidas no Tratado de Paz as disposições que previam a sua criação.

Em 1920, o Conselho da SDN criou uma comissão consultiva de juristas, com representantes da Bélgica, Brasil, França, Reino Unido, Itália, Japão, Holanda, Noruega, Espanha e Estados Unidos para preparar uma proposta de estatuto do que viria a ser o Tribunal Permanente de Justiça Internacional. Na sequência do trabalho dessa comissão, foi elaborado o Protocolo para o TPJI, que foi assinado e ratificado por muitos Estados, embora não pelos Estados Unidos. Os juízes foram eleitos em 1921 e o Tribunal formalmente instalado em 15 de Fevereiro de 1922.

Entre 1922 e 1939, o seu último ano de actividade efectiva, o TPJI proferiu 83 decisões. O auge da sua actividade ocorreu durante os anos vinte, quando lhe foram submetidas várias questões relacionadas com os acordos pós-Versalhes. Nos anos trinta, contudo, o Tribunal desempenhou um papel pouco relevante na prevenção da Segunda Guerra Mundial. Os juízes do TPJI resignaram em 31 de Janeiro de 1946 e o tribunal foi formalmente dissolvido em Abril do mesmo ano.

Apesar do número moderado de casos que resolveu, o tribunal adquiriu um considerável prestígio do ponto de vista técnico e algumas das suas decisões constituíram-se em importantes fontes do direito internacional.

§3º A criação do TIJ

Nas negociações de Dumbarton Oaks, em Agosto e Setembro de 1944, foi decidido restabelecer um tribunal internacional. Seguindo as recomendações de um comité de peritos que tinha sido designado em 1943, por iniciativa britânica, e que englobara delegados de quase todos os países europeus que se opunham ao Eixo, foi decidido que o estatuto do novo tribunal internacional deveria ser muito semelhante ao do TPJI, Foi no entanto decidido que o tribunal ficaria ligado à nova organização internacional a criar, ao contrário do que o referido comité preconizara.

Em Março de 1945 foi designado um comité de juristas, constituído por delegados de 44 Estados, para preparar um projecto de estatuto para o novo tribunal. O trabalho do comité foi apresentado à Conferência de S. Francisco que decidiu, em Junho de 1945, incluir o Estatuto na Carta das Nações Unidas. A Carta declara que o Tribunal Internacional de Justiça «é o principal órgão judicial das Nações Unidas» e inclui como seus membros *ipso facto* todos os membros da ONU.

Apesar da diferença de nome e de alguns detalhes da organização, existe uma manifesta continuidade entre o TPJI e o TIJ. Os novos juízes foram eleitos em Fevereiro de 1946 e a inauguração formal do novo tribunal, no Carnegie Hall, em Haia, onde estivera instalado o TPJI e que passou a ser a sede do TIJ, teve lugar em 18 de Abril de 1947.

O caso *Canal de Corfu* foi o primeiro caso submetido ao TIJ, em 22 de Maio de 1947.

§4º Competência do TIJ

O TIJ tem as suas competências previstas no art. 36º, § 1º, 36º, § 2º, e 65º. As competências previstas no arts. 36º, § 1º, e 36º, § 2º, inserem-se na competência contenciosa.

Do art. 36º, § 1º, resulta que o TIJ pode funcionar em termos semelhantes aos de um tribunal arbitrai, ou seja, dois Estados podem decidir submeter ao tribunal uma determinada questão, delimitando concretamente no compromisso que nesse sentido dirigirem ao tribunal o objecto do litígio que querem que o tribunal decida. As partes podem ainda indicar quais as regras de direito internacional que querem que sejam aplicadas, embora o art. 38º do Estatuto enumere as fontes a utilizar, caso essa indicação não seja feita.

As decisões do tribunal que se têm demonstrado mais efectivas na prática são as emanadas no âmbito do art. 36º, § 1º, pela razão evidente de a sujeição da questão ao tribunal resultar de um acordo das partes, o que envolve a sua disposição prévia para aceitar o resultado do julgamento.

Recentemente, tem vindo a ser utilizado de forma crescente o dispositivo do art. 26º do Estatuto, que permite a constituição de câmaras especializadas para tratarem de questões especiais, se os Estados interessados nisso convierem. A câmara é constituída pelo número de juízes que o tribunal determinar, com o acordo dos Estados interessados. A primeira aplicação desta disposição foi feita por iniciativa dos Estados Unidos e do Canadá para a decisão do caso

Golfo do Moine em 1984, decidido por uma câmara de cinco juízes. Posteriormente, foram constituídas câmaras para decidir litígios entre o Burkina Faso e o Mali, os Estados Unidos e a Itália e o Salvador e as Honduras.

O art. 36º, § 2º, prevê os casos em que o TIJ aprecia casos que lhe são submetidos por Estados que declaram aceitar a jurisdição do tribunal, nos termos desse dispositivo, contra Estados que também aceitaram tal jurisdição, mas que não acordaram previamente em submeter o caso ao tribunal. Enquanto no âmbito do art. 36º, § 1º, o tribunal funciona tendo por base um compromisso prévio dos Estados, o que torna a sua intervenção semelhante à de um tribunal arbitrai, no âmbito do art. 36º, § 2º, desde que verificado o pressuposto prévio da aceitação da jurisdição pelo Estado demandado, o Estado demandante dirige-se ao tribunal em termos análogos aos que, no plano interno, as partes se dirigem a um tribunal judicial.

A forma da aceitação da jurisdição do TIJ, bem como o seu âmbito estão definidas no art. 36º, § 2º e 3º. O art. 36º, § 2º, dispõe:

> «Os Estados partes do presente Estatuto poderão, em qualquer momento, declarar que reconhecem como obrigatória *ipso facto* e sem acordo especial, em relação a qualquer outro Estado que aceite a mesma obrigação, a jurisdição do tribunal em todas as controvérsias jurídicas que tenham por objecto:
>
> *a)* a interpretação de um tratado;
>
> *b)* qualquer questão de direito internacional;
>
> *c)* a existência de qualquer facto que, se verificado, constituiria violação de um compromisso internacional;
>
> *d)* a natureza ou extensão da reparação devida pela ruptura de um compromisso internacional.

A aceitação da jurisdição compulsória do TIJ estava limitada, em 1988/89, a apenas 48 Estados. Foi pelo facto de a Indonésia não aceitar a jurisdição no caso *Timor Gap,* que Portugal apenas pôde demandar a Austrália, não se tendo o tribunal pronunciado sobre o fundo da questão por entender tratar-se de um caso de litisconsórcio necessário, visto que se lhe pedia que apreciasse a conformidade com o direito internacional de um tratado entre os dois Estados, pelos que ambos teriam que ser demandados para que o tribunal se pudesse pronunciar sobre a respectiva validade.

A aceitação da jurisdição pode ser sujeita a reservas e as reservas do Estado que propõem a demanda podem ser invocadas pelo Estado demandado, o que reduz consideravelmente a capacidade de intervenção do tribunal.

Alguns Estados que aceitaram anteriormente a jurisdição compulsória do TIJ vieram posteriormente a retirar a sua aceitação. Foi o caso da França, após o tribunal ter aceite a jurisdição nos casos *Testes Nucleares* movidos pela Austrália e a Nova Zelândia e, mais recentemente, dos Estados Unidos, após o tribunal se ter declarado competente para apreciar a questão da queixa da Nicarágua relativa à minagem dos seus portos. Os Estados Unidos mantiveram, contudo, a aceitação da jurisdição em casos referentes a tratados e convenções em vigor, nos termos da parte final do artigo, 36º, § 1º, como, aliás, acontece com muito Estados que não aceitam a jurisdição compulsória nos termos do art. 36º, § 2º.

Uma crítica que tem sido dirigida ao TIJ é a de se refugiar em questões de natureza processual ou de competência quando se trata de apreciar questões no âmbito do art. 36º, § 2º, por temer que as decisões que eventualmente tome não sejam acatadas pelos Estados. O mecanismo de recurso ao Conselho de Segurança, que poderá, nos termos do art. 94º, § 2º, da Carta, tomar medidas coercivas para impor as decisões do TIJ, não tem sido invocado, nem sequer pelos Estados Unidos quando se tratou do caso *Pessoal Diplomático e Consular dos Estados Unidos em Teerão,* em que o tribunal condenou o Irão, com base nas disposições da Convenção de Viena sobre Relações Diplomáticas e Consulares, que previa a competência compulsória do tribunal nos termos da parte final do art. 36º, § 1º, do Estatuto.

Resta referir a competência consultiva prevista no art. 65º do Estatuto, segundo o qual «o tribunal poderá dar parecer consultivo sobre qualquer questão jurídica a pedido do órgão que, de acordo com a Carta das Nações Unidas ou por ela autorizado, estiver em condições de fazer tal pedido». Esta competência, do exercício da qual não resultam decisões obrigatórias para os Estados, tem-se, no entanto, revelado da maior importância na construção do direito internacional[88].

§5º Balanço da actividade desenvolvida pelo TIJ

Apesar de se tratar de um órgão internacional com um manifesto prestígio, designadamente na opinião pública internacional que, refira-se, tem uma opinião muito vaga das suas competências, o balanço quantitativo da actividade do TIJ, tal como já acontecia com a TPJI, é bastante modesto. Em 25 anos, de 1921 a 1945, o TPJI proferiu um total de 83 decisões, das quais 31 sobre a sua própria competência, 25 de mérito e 27 no âmbito da competência consultiva. O TIJ, em 62 anos de actividade, de 1946 a 2008, proferiu um

[88] Veja-se, a título meramente exemplificativo, o impacte do acórdão "Prejuízos Sofridos ao Serviço das Nações Unidas" na doutrina do direito internacional.

total de 137 decisões, sendo 113 no âmbito da competência litigiosa e 24 no âmbito da competência consultiva, o que perfaz uma média de pouco mais de duas decisões por ano[89].

A importância das decisões destes tribunais tem sido, no entanto, muito significativa na construção do direito internacional. Embora a jurisprudência internacional não seja obrigatória nem para o próprio TIJ, parte importante da construção do direito internacional tem sido feita, desde a sua criação, através dessa jurisprudência[90]. Essa construção do direito internacional processa-se essencialmente por três vias distintas:

1. Pela própria fundamentação de acórdãos arbitrais e do próprio TIJ em acórdãos proferidos anteriormente.
2. Pela influência na doutrina e, consequentemente, na formulação de conceitos que tendem a ser incorporados no direito convencional.
3. Pelo reconhecimento da formação do costume internacional.

§6º A reforma do TIJ

A principal limitação do direito internacional decorre da falta de meios de imposição das suas normas. Essa limitação, que a defesa do princípio da soberania dos Estados não tem permitido ultrapassar, poderá vir a constituir uma forte limitação à defesa dos interesses do próprio Estado face à emergência de novos poderes a que hoje se reconhece apenas uma limitada subjectividade internacional, apesar do imenso poder que desfrutam no plano internacional.

A criação de meios jurisdicionais internacionais com competências alargadas, ou o alargamento das competências dos existentes, será sem dúvida uma forma indispensável para aperfeiçoar o direito internacional. No que se refere à criação de novas jurisdições, o caso da Convenção de Montego Bay ao estabelecer um novo quadro de meios de resolução de conflitos, incluindo a criação do Tribunal Internacional do Mar, a instalar em Hamburgo, é paradigmático dessa tendência. No que respeita ao alargamento da competência do TIJ, têm sido apontadas duas vias como possíveis: a atribuição de uma competência pré-judicial em questões de direito internacional ao TIJ, um pouco à semelhança do que ocorre com o Tribunal de Justiça das Comunida-

[89] A actividade do TPJI e do TIJ caracterizaram-se por serem muito irregulares ao longo dos anos: em 1927, 1932, 1933, 1950, 1956 e 1973 foram proferidas mais de sete decisões; em 1921, entre 1941 e 1947, em 1967, 1977 e 1983 não foi proferida qualquer decisão.

[90] Veja-se a este propósito o que atrás se referiu a propósito do acórdão "Prejuízos Sofridos ao Serviço das Nações Unidas".

des Europeias em relação ao direito comunitário, e a utilização mais intensa das câmaras, previstas no art. 26º do Estatuto e que nunca haviam sido utilizadas até aos anos oitenta. A alteração das regras internas do TIJ no que se refere à criação e funcionamento das câmaras, permitindo uma maior flexibilidade na sua criação e uma maior intervenção dos Estados interessados na sua constituição, viabilizaram a utilização mais intensa do dispositivo do art. 26º, como aconteceu no caso *Golfo do Maine*.

§7º Funcionamento do TIJ

O TIJ está instalado no Palácio da Paz em Haia, construído para instalar o Tribunal Permanente de Arbitragem e onde já tinha estado instalado o TPJI, através de uma doação do milionário americano Carnegie.

O Tribunal compõe-se de 15 juízes eleitos por nove anos, através de uma eleição separada no Conselho de Segurança e na Assembleia Geral (arts. 4º, 8º, 9º e 10º do Estatuto). Não pode ser eleito mais que um juiz da mesma nacionalidade. De três em três anos procede-se à eleição de um terço dos juízes, sendo permitida a reeleição.

Os juízes devem possuir as qualificações exigidas nos seus Estados de origem para a nomeação para os mais altos cargos judiciais, ou serem juristas de reconhecida competência em direito internacional (art. 2º do Estatuto). A composição do tribunal deve reflectir as principais formas de civilização e os principais sistemas de direito do mundo. Quando o tribunal não tem um juiz da nacionalidade de um Estado membro num pleito, esse Estado pode designar um juiz *ad hoc* para participar no julgamento (arts. 31º e 2º do Estatuto).

As regras processuais estão previstas nos arts. 37º e seguintes do Estatuto e nas regras por ele próprio adoptadas. As regras actuais foram estabelecidas em 11 de Abril de 1978. O processo inclui uma parte escrita e uma fase oral com audiências públicas. As línguas oficiais são apenas o inglês e o francês, sendo traduzido para a outra língua tudo o que é dito ou escrito numa delas.

A decisão final é proferida numa audiência pública e não há recurso da decisão. A parte que não cumprir a decisão poderá ser compelida a fazê-lo, a pedido da outra, dirigido ao Conselho de Segurança, embora este meio não tenha revelado, até hoje, resultados práticos.

Como vimos, para além do funcionamento em pleno, o TIJ pode constituir, e tem constituído, câmaras para decidir casos concretos. Existem duas câmaras permanentes, a câmara de processo sumário, constituída nos termos do art. 29º do Estatuto e uma câmara de nove membros, estabelecida pelo Tribunal em 1993 para julgar questões ambientais que lhe sejam submetidas,

O orçamento do TIJ é incluído no orçamento global da ONU. Tradicionalmente, a Assembleia Geral aprova sem alterações a proposta que lhe é submetida pelo Tribunal. É também a Assembleia que estabelece o estatuto dos juízes e as suas reformas.

O estatuto é alterado de acordo com as regras de emenda à Carta da ONU.

Em Dezembro de 1996 estavam pendentes nove causas no TIJ.

Em 21 de Maio de 2008 estavam pendentes 13 casos no TIJ, no âmbito da competência contenciosa:

1. *Projecto Gabcikovo-Nagymaros (Himgria/Eslováquia);*
2. *Ahmadou Sadio Diallo (República da Guiné v. República Democrática do Congo);*
3. *Actividades armadas no território do Congo (República Democrática do Congo v. Uganda);*
4. *Disputa Territorial e Marítima (Nicarágua/Colômbia);*
5. *Aplicação da Convenção sobre a Prevenção e Punição do Crime de Genocídio (Croácia/Sérvia);*
6. *Certos Procedimentos Criminais (República do Congo/França); Propriedades (Lichtenstein v. Alemanha);*
7. *Soberania sobre Pedra Branca/Pulau Batu Puteh, Middle Rocks e South Ledge (Malásia /Singapura);*
8. *Delimitação Marítima no Mar Negro (Roménia/Ucrânia);*
9. *Disputa Respeitante a Direitos de Navegação e Relacionados (Costa Rica/Nicarágua);*
10. *Fábricas de Pasta de Papel no Rio Uruguai (Argentina /Uruguai);*
11. *Certas Questões de Assistência mútua em Matérias criminais (Djibouti/França);*
12. *Disputa Marítima (Peru/Chile);*
13. *Processos instaurados pelo Equador contra a Colômbia (Equador/Colômbia).*

Capítulo IV
A Acção da ONU

Secção 1ª
A Acção da ONU no Tocante à Política de Segurança

§1º O exercício dos poderes de recomendação

Como já vimos, o modelo consagrado na Carta confere ao Conselho de Segurança a principal responsabilidade na prossecução de uma das finalidades essenciais da Organização: garantir a paz e a segurança internacionais. Tal não significa que outros órgãos, designadamente a Assembleia Geral, estejam impedidos de debaterem as matérias relativas à paz e à segurança internacionais e de fazerem recomendações aos Estados-membros ou ao Conselho de Segurança. Pelo contrário, a competência da Assembleia Geral nesse âmbito está expressamente salvaguardada no art. 10º, embora com a importante limitação do art. 12º, § 1º: «enquanto o Conselho de Segurança estiver a exercer, em relação a qualquer controvérsia ou situação, as funções que lhe são atribuídas na presente Carta, a Assembleia Geral não fará nenhuma recomendação a respeito dessa controvérsia ou situação, a menos que o Conselho de Segurança o solicite». Para evitar situações equívocas, o art. 12º, § 2º encarrega mesmo o secretário-geral de comunicar à Assembleia Geral os assuntos relativos à paz e à segurança internacionais de que o Conselho de Segurança estiver a tratar e de dar conhecimento de que o Conselho terminou o exame de tais assuntos à Assembleia Geral ou aos Estados membros, se a Assembleia Geral não estiver em sessão.

Estas disposições visam evitar qualquer sobreposição às atribuições no domínio mais sensível da actividade da Organização, situação que se verificou na Sociedade das Nações, justamente em consequência de uma deficiente delimitação das atribuições e competências do Conselho e da Assembleia.

As deliberações dos órgãos da ONU que têm como destinatários os Estados podem classificar-se em dois tipos essenciais: as recomendações ou decisões exortativas e as decisões imperativas.

Em ambos os tipos de decisões, a organização dirige-se aos Estados com o objectivo de obter destes uma acção ou omissão. Excepcionalmente, podem dirigir-se a entidades com carácter estadual controverso ou contestado, como aconteceu com a declaração do Conselho de Segurança convidando as autoridades da Coreia do Norte a retirarem as suas forças da zona a sul do paralelo 38.

As decisões imperativas ou exortativas podem dirigir-se a todos os Estados membros da organização, a todos os Estados, membros ou não membros, ou a um ou alguns Estados designados.

As decisões imperativas são aquelas cujo não acatamento constitui uma violação do direito internacional e podem sujeitar o Estado infractor a sanções pelo seu não cumprimento. A Carta só atribui o poder de as tomar ao Conselho de Segurança e têm carácter excepcional.

A possibilidade de o Conselho de Segurança poder tomar decisões imperativas que não sejam acatadas pelos Estados tem motivado uma grande cautela na utilização do poder de as tomar. Por esta razão, este órgão prefere, na maioria das vezes, limitar-se a fazer recomendações.

As decisões exortativas são, em primeiro lugar, um instrumento diplomático: consagram um acordo sobre os seus termos entre a maioria ou a unanimidade dos membros do órgão em questão. O objectivo das recomendações é exercer pressão sobre os Estados a que se dirige a fim de os incitar a adoptar o comportamento que a resolução define. Trata-se, no fundo, de exercer pressão sobre a minoria.

A falta de imperatividade das recomendações não significa que sejam desprovidas de valor jurídico. As organizações internacionais foram constituídas, e os Estados a elas aderem, com o objectivo de promoverem a cooperação internacional. As resoluções constituem o instrumento dessa cooperação pelo que, através do seu cumprimento, os Estados se limitam a cumprir as suas obrigações estatutárias.

Em algumas organizações internacionais, a adopção de uma recomendação obriga mesmo a uma acção determinada: a tomada em consideração ou a submissão aos órgãos competentes para lhe dar seguimento. É o caso, por ex., de qualquer recomendação da Conferência Geral do Trabalho, que os Estados são obrigados a submeter no prazo de um ano aos órgãos competentes para a sua transformação em lei ou a tomada de medidas adequadas (art. 19º, § 6º, da Constituição da OIT).

Por outro lado, as instituições especializadas também estão obrigadas a submeter no mais curto espaço de tempo possível aos seus órgãos competentes as recomendações que a Assembleia Geral ou o Conselho Económico e Social lhes dirija.

Apesar de estes casos terem carácter excepcional, a recomendação pode traduzir-se, por outros meios, em efeitos jurídicos bem precisos em relação aos Estados a que se dirigem. É o que acontece quando um Estado aceita a obrigação de a executar, assumindo desse modo um compromisso jurídico de o fazer. Em alguns casos, esse compromisso pode ser mesmo assumido de forma abstracta. Foi o caso do compromisso dos Estados Unidos, do Reino Unido e da União Soviética, no Tratado de Paz com a Itália em 1947, de acatarem e aplicarem as decisões que a Assembleia Geral da ONU viesse a tomar sobre as colónias italianas. Mais frequente é, contudo, que esse compromisso seja assumido *a posteriori*.

Uma recomendação pode também servir de base jurídica à acção ulterior da Organização ou mesmo de um Estado ou grupo de Estados. É o caso das recomendações do Conselho de Segurança permitindo a um Estado ou grupo de Estados o recurso à força em determinadas circunstâncias, como aconteceu no caso da Rodésia, em 1966, em que o Reino Unido foi autorizado a fazer um bloqueio naval que impedisse o abastecimento de petróleo àquele país e da Guerra do Golfo, em que as operações militares aliadas foram desencadeadas com base numa resolução autorizando os Estados em geral a tomarem as medidas necessárias à reposição da soberania do Kuweit.

Estas resoluções foram, aliás, claramente contrárias à Carta, que apenas admite a utilização da força pela própria Organização, embora com meios fornecidos pelos Estados e nunca directamente por estes, mesmo que «autorizados».

Os casos da intervenção da NATO no Kosovo em 1999 e dos Estados Unidos no Iraque em 2003, que não foram aprovados pelo Conselho de Segurança apontam para o reconhecimento a este órgão de um poder de legitimação do uso da força, o que configura uma interpretação correctiva do texto pelo surgimento de um costume internacional divergente.

§2º Os poderes de injunção do Conselho de Segurança

O Conselho de Segurança tem, como referimos, a capacidade única de tomar decisões imperativas, cujos destinatários são os Estados, enquanto depositário da principal responsabilidade na manutenção da paz e da segurança internacionais.

Repare-se que o Conselho de Segurança tem, no exercício dessa competência:

a) a possibilidade expressa de não se limitar pelo domínio reservado dos Estados a que se refere o art. 2º, § 7º, quando se trata de aplicar as medidas previstas no Capítulo VII da carta;

b) através do voto discricionário dos seus membros, o poder exclusivo de qualificar as situações em que se verifica a ameaça à paz e à segurança internacionais, como resulta do art. 39º;

c) a possibilidade exclusiva de agir, quer em resultado da sua própria decisão, quer por recomendação da Assembleia Geral, nos termos do art. 11º, § 2º.

A Carta não se limita, no entanto, a enunciar esses poderes do Conselho de Segurança e a definir a sua responsabilidade específica na manutenção da paz e da segurança internacionais; declara, ainda, que o Conselho de Segurança age em nome dos Estados membros (art. 24º, § 1º), o que significa que, ao aderirem à ONU, os Estados transferem para o Conselho de Segurança a sua competência própria na manutenção da paz e da segurança internacionais, bem como a faculdade de utilizar meios adequados à sua defesa.

A qualificação jurídica dessa transferência de competências, que constitui uma auto-limitação da soberania, tem sido entendida por muitos internacionalistas como uma delegação de poderes[91].

Repare-se que, não estando definidas na carta critérios jurídicos com base nos quais o Conselho de Segurança deve tomar as suas decisões, ter-se-á que concluir que o Conselho é um órgão de decisão política e não um órgão de aplicação do direito internacional. O Conselho de Segurança toma decisões resultantes do somatório maioritário dos votos discricionários dos seus membros e, verificado o acordo dos membros permanentes, avalia politicamente a decisão e toma as medidas que politicamente considera adequadas e viáveis.

[91] A utilização do conceito de delegação de poderes para qualificar o reconhecimento pelos Estados de que o Conselho de Segurança age em seu nome suscita-nos reservas, pelo sentido que o referido conceito tem em matéria de direito público. Repare-se que a medida dos poderes delegados se faz pela extensão dos poderes do delegante e este conserva sempre a faculdade de avocar esses poderes o que manifestamente não acontece neste caso. A figura da delegação tem, contudo, sido utilizada para justificar outras transferências de poderes em relação às quais as mesmas reservas podem ser suscitadas, como acontece com os poderes das Comunidades Europeias.

De facto, a única situação em que, nos termos da Carta, o Conselho deve agir indirectamente em resultado da aplicação de critérios estritamente jurídicos é na execução da decisão do Tribunal Internacional de Justiça (art. 94º, § 2º) mas, mesmo neste caso, a apreciação da oportunidade de tomar medidas está dependente de um juízo do próprio Conselho que não age, de forma alguma, como instrumento do Tribunal.

Pode-se assim afirmar, a nosso ver, que o Conselho de Segurança está apenas limitado, do ponto de vista jurídico, a restringir a utilização dos seus poderes à prossecução dos fins e princípios da Carta, definidos, aliás, em termos muito genéricos e que, no caso do Conselho, se prendem especificamente com a manutenção da paz e da segurança internacionais[92].

Face ao exposto, parece-nos que as decisões do Conselho de Segurança se podem situar a dois níveis distintos, sendo, em ambos, de natureza política. O primeiro, que abrange a qualificação desta acção como susceptível de constituir uma ameaça à paz e à segurança internacionais, o segundo que se refere à faculdade de optar por tomar, ou não, alguma ou algumas das medidas que, nos termos dos capítulos VI e VII da Carta, estão abrangidas na sua competência. Acresce ainda o poder de legitimação do uso da força que embora manifestamente contrário à letra da Carta parece, face aos acontecimentos dos últimos anos, ser aceite pela generalidade dos Estados, configurando o seu reconhecimento um costume internacional.

§3º As operações de manutenção de paz

Uma das formas mais frequentemente utilizadas pela ONU para prosseguir os objectivos da paz e da segurança internacionais, as operações de manutenção de paz, não são objecto de qualquer referência na Carta.

Estando um pouco para além das medidas de resolução pacífica de diferendos previstas no capítulo V e aquém da aplicação das medidas coercivas previstas no capítulo VII, as operações de manutenção de paz resultaram da necessidade de utilizar dispositivos armados, não com o objectivo de impor pela força decisões imperativas do Conselho de Segurança, mas de assegurar o cumprimento pelas partes num conflito dos compromissos reciprocamente aceites.

O objectivo essencial das missões ou operações de manutenção da paz é o de manter a não-beligerância entre partes num conflito. O surgimento destas missões ocorreu durante o mandato de Dag Hammarskjöld que, aquando da criação da primeira, a UNEF, que interveio na crise do Suez, estabeleceu

[92] Claro está que outros princípios da Carta como a cooperação internacional, a igualdade soberana dos Estados, a não ingerência nos assuntos internos, etc., constituem também limites aos poderes do Conselho.

os pressupostos básicos a que deveriam obedecer estas iniciativas: o consentimento do governo do território e a não intervenção nos assuntos internos, a abstenção de acções susceptíveis de alterar o equilíbrio das forças em presença e o princípio da não inclusão de forças dos membros permanentes do Conselho[93]. O comandante-em-chefe das forças envolvidas é nomeado pelo Secretário-Geral.

A ONU tem conseguido êxitos assinaláveis através das operações de manutenção de paz, que se tornaram um instrumento indispensável de acção da Organização.

Em alguns casos, todavia, as operações de manutenção de paz não se saldaram em êxitos, como aconteceu com a UNOSUM, na Somália, que decorreu entre Abril de 1992 e Março de 1995, e a UNAMIR no Ruanda, que decorreu entre Outubro de 1993 e Abril de 1995. Os motivos destes fracassos, que têm vindo a ser objecto de reflexão no interior das Nações Unidas, prendem-se, no caso da Somália, com a componente de ingerência humanitária que esteve na sua origem, e que constitui uma matéria muito controversa, quer no direito internacional público em geral, quer especificamente no que se prende com a legitimidade da ONU para empreender essas acções e, em ambos os casos, por não terem sido previamente asseguradas a concordância das partes em conflito e os limites precisos das operações.

As Nações Unidas completaram até hoje 31 operações de manutenção de paz[94] e têm em curso, em Maio de 2010, 16 operações :

[93] Verificou-se uma excepção a esse princípio na UNFICYP, que interveio em Chipre e que absorveu as forças britânicas que já se encontravam no país.

[94] São as seguintes as operações de manutenção de paz até hoje desenvolvidas pela ONU:

ÁFRICA
1. ANGOLA – UNAVEM I
United Nations Angola Verification Mission I
Janeiro 1989 – Junho 1992
2. ANGOLA – UNAVEM II
United Nations Angola Verification Mission II
Junho 1991 – Fevereiro 1993
3. ANGOLA – UNAVEM III
United Nations Angola Verification Mission III
Fevereiro 1995 – Junho 1974
4. ANGOLA – MONUA
United Nations Observer Mission in Angola
Junho 1997 – Fevereiro 1995
5. CHADR – LÍBIA – UNASOG
United Nations Aouzu Strip Observer Group
Maio – Junho 1946

6. CONGO - ONUC
United Nations Operation in the Congo
Julho 1960 - Junho 1967
7. LIBÉRIA - UNOMIL
United Nations Observer Mission in Libéria
Setembro 1993 - Setembro 1978
8. MOÇAMBIQUE - ONUMOZ
United Nations Operation in Mozambique
Dezembro 1992 - Dezembro 1999
9. NAMÍBIA - UNTAG
United Nations Transitions Assistance Group
Abril 1989 - Março 1990
10. REPÚBLICA CENTRO-AFRICANA - MINURCA
United Nations Mission in the Central African Republic
Abril 1998 - Fevereiro 2000
11. RUAND A - UGANDA - UNOMUR
United Nations Observer Mission Uganda-Rwanda
Junho 1993 - Setembro 1994
12. RUANDA - UNAMIR
United Nations Assistance Mission for Rwanda
Outubro 1993 - Março 1995
13. SERRA LEOA- UMOMSIL
United Nations Observer Mission in Sierra Leone
Julho 1998 - Outubro 1999
14. SERRA LEOA - UNAMSIL
United Mission in Serra Leoa
Outubro 1999 - Dezembro 2005
15. SOMÁLIA - UNOSOM I
United Nations Operation in Somalia I
Abril 1992 - Março 1993.
16. SOMÁLIA - UNOSOM II
United Nations Operation in Somalia II
Março 1993 - Março 1995
17. BURUNDI - ONUB
United Nations Operation in Burundi
Junho de 2004 - Dezembro de 2006
18. ETIÓPIA E ERITREIA
United Nations Mission in Ethiopia and Eritrea
Junho de 2000 - Julho de 2008

AMERICAS
19. AMÉRICA CENTRAL - ONUCA
United Nations Observer Group in Central America
Novembro 1989 - Janeiro 1992
20. REPÚBLICA DOMINICANA - DOMREP
Mission of the Representative of the Secretary-General in the Dominican Republic

Maio 1965 – Outubro 1996
21. SALVADOR – ONUSAL
United Nations Observer Mission in El Salvador
Julho 1991 – Abril 1995
22. GUATEMALA – MINUGUA
United Nations Verification Mission in Guatemala
Janeiro – Maio 1997
23. HAITI – MIPONUH
United Nations Civilian Police Mission in Haiti
Dezembro 1997 – Março 2002
24. HAITI – UNMIH
United Nations Mission in Haiti
Setembro 1993 – Junho 1996
25. HAITI – UNSMIH
United Nations Support Mission in Haiti
Julho 1996 – Julho 1997
26. HAITI – UNTMIH
United Nations Transition Mission in Haiti
Agosto – Novembro 1997

ÁSIA
27. AFEGANISTÃO/PAQUISTÃO – UNGOMAP
United Nations Good Offices Mission in Afghanistan and Pakistan
Abril 1988 – Março 1990
28. CAMBODJA – UNAMIC
United Nations Advance Mission in Cambodja
Março 1992 – Setembro 1993
29. CAMBODJA – UNTAC
United Nations Transitional Authority in Cambodja
Setembro 1995 – Março 1996
30. ÍNDIA/PAQUISTÃO – UNIPOM
United Nations India/Pakistan Observation Mission
Setembro 1965 – Março 1966
31. TIMOR-LESTE – UNTAET
United Nations Transitional Administration in East Timor
Outubro 1999 – Maio 2002
32. TIMOR-LESTE – UNMISET
United Nations Mission of Support in East Timor
Maio 2002 – Maio 2005
33. NOVA GUINÉ OCIDENTAL – UNSF
United Nations Security Force in West New Guinea (West Irian)
Outubro 1962 – Abril 1963

EUROPA
34. BÓSNIA-HERZEGOVINA – UNMIBH
United Nations Mission in Bosnia-Herzegovina
1995 – Dezembro 2002

Outra modalidade de acção desenvolvida pelas Nações Unidas são as missões de observação. Missões desta natureza foram enviadas para o Líbano, o Iémen e a fronteira indo-paquistanesa, envolvendo em alguns casos contingentes consideráveis (600 homens no caso do Líbano),

A função das missões de observação poderia ser eventualmente assegurar a ordem numa fronteira em disputa. Usualmente, contudo, o objectivo é fornecer informação regular sobre a evolução de uma determinada situação

35. CROÁCIA - UNPSG
United Natians Civilian Police Support Group
Janeiro - Outubro 1998
36. CROÁCIA - UNCRO
United Nations Confidence Restoration Organization in Croatia
Março 1995 - Janeiro 1996
37. CROÁCIA - UNTAES
United Nations Authority in Eastern Eslavonia, Baranja and Western Sirmium
Janeiro 1996 - Janeiro 1998
38. ANTIGA JUGOSLÁVIA - UNPROFOR
United Nations Protection Force
Março 1992 - Dezembro 1995
39. ANTIGA JUGOSLÁVIA - UNPREDEP
United Nations Preventive Deployment Force
Março 1995 - Fevereiro 1999
40. PENÍNSULA DE PREVLAKA - UNMOP
United Nations Mission of Observers in Prevlaka
Fevereiro 1996 - Dezembro de 2002

MÉDIO-ORIENTE
41. IRÃO/IRAQUE - UNIMOG
United Nations Iran-Iraq Mililary Observer Group
Agosto 1988 - Fevereiro 1991
42. IRAQUE/KUWEIT - UNIKOM
United Nations Iraq/Kwait Mission
Abril 1991 - Setembro 2004
43. LÍBANO - UNOGIL
United Nations Observation Group in Lebanon
Junho - Dezembro 1958
44. MÉDIO ORIENTE - UNEF I
First United Nations Emergency Force
Novembro 1956 - Junho 1967
45. MÉDIO ORIENTE - UNEF II
Second United Nations Emergency Force
Outubro 1973 -Julho 1979
46. IÉMEN - UNYOM
United Nations Yemen Observation Mission
Julho 1963 - Setembro 1964

e, portanto, consideravelmente mais limitado que o das missões de manutenção da paz.

Secção 2ª
As Actividades das Nações Unidas no Quadro da Descolonização

Nos termos do art. 73º da Carta, as potências coloniais estavam obrigadas, designadamente, a promover o governo próprio e o desenvolvimento progressivo de instituições políticas livres nos territórios que governavam. O peso da França e do Reino Unido na Conferência de S. Francisco tinha evitado que fosse criada uma autoridade das Nações Unidas com competência para controlar o cumprimento desses objectivos. Existia apenas a obrigação de transmitir ao Secretário-Geral informação sobre as condições económicas, sociais e educacionais dos territórios em questão.

Na primeira fase da vida das Nações Unidas, as potências coloniais que já faziam parte da organização, embora aceitassem a obrigação de prestar informações, consideravam que tal não pressupunha que ficassem sujeitas a uma arguição da conformidade das informações prestadas.

A Quarta Comissão da Assembleia Geral, que como todas as grandes comissões desse órgão é composta por representantes de todos os Estados membros, defendeu desde o início uma posição contrária, verificando-se, ao longo dos anos seguintes, uma pressão no sentido de ser examinada e avaliada a informação recolhida.

Em 1947, foi criado um órgão *ad hoc* especial, com um mandato de três anos, para proceder a esse exame. O mandato veio a ser renovado por três vezes tendo, em 1955, recebido a denominação de Comité de Informação sobre Territórios Não Autónomos. Este órgão constituiu durante alguns anos, em conjunto com a Quarta Comissão da Assembleia Geral, o dispositivo orgânico responsável pela discussão das políticas das potências coloniais nos territórios não autónomos.

A composição do referido Comité seguia de perto o modelo do Conselho de Tuteia, ou seja, tinha uma representação igualitária de potências administrantes e de outros Estados. Esta composição assegurava, de algum modo, a moderação das suas deliberações.

Uma questão que se colocou desde o início foi a da própria definição de território não autónomo. A França não incluía nessa categoria protectorados como a Tunísia e Marrocos, nem a Argélia, que considerava parte integrante do seu território. O Reino Unido incluía protectorados como o Brunei e Aden, mas excluía a Rodésia do Sul, que considerava que já dispunha de governo próprio. A Nova Zelândia, por seu turno, incluía as Ilhas Cook, embora as considerasse parte integrante do seu território. Apesar destas divergências, a Assembleia aceitou, em 1946, sem grande controvérsia, uma lista de 74 territórios, que incluía 41 britânicos, 16 franceses, 7 norte-americanos, 4 holandeses e alguns outros, como universo de situações em relação às quais a obrigação de informação se verificava.

Subsistia ainda o problema das potências coloniais que não faziam parte das Nações Unidas e cujos territórios não foram, por isso, incluídos na relação. Era o caso de Portugal e Espanha, que só vieram a aderir em 1955. Quando essa adesão se verificou, a Espanha declarou não estar obrigada a prestar informações sobre os seus territórios ultramarinos, que considerava províncias de Espanha, posição que só veio a alterar parcialmente em 1960. Portugal recusou-se sempre a prestar toda e qualquer informação por considerar os seus territórios ultramarinos parte de um Estado unitário, segundo a sua própria definição constitucional.

Finalmente, verificaram-se situações de territórios cuja potência colonial considerou que, apesar de não lhes ter concedido a independência, tinham passado a um estatuto de autodeterminação. Foi o caso, por ex., de Malta e da Somália francesa.

Muitos Estados membros consideravam que o estatuto colonial deveria resultar, não da declaração da potência administrante, mas de alguns factos dos quais decorreria esse estatuto. Após prolongado debate, a Quarta Comissão veio a propor em 1959, e a Assembleia a aprovar, a criação de um novo comité para estudar os princípios que deviam orientar a qualificação dos territórios como não autónomos. Veio assim a ser proposto no ano seguinte que qualquer território que fosse geograficamente descontínuo e étnica ou culturalmente distinto da potência administrante deveria ser classificado como não autónomo e, em consequência, verificar-se-ia a obrigação de prestar informações, Portugal continuou a não reconhecer a validade desses critérios.

Era também controversa a questão da natureza da informação a prestar. Algumas potências coloniais como a França e o Reino Unido defendiam que a única informação obrigatória era a prevista expressamente no art. 73º, al. *e)*, ou seja, a respeitante às condições económicas, sociais e educacionais dos territórios. Muitos outros Estados insistiam na relevância da informação sobre questões de natureza política. Pouco a pouco, algumas potências coloniais vieram a aceitar a prestação de algumas informações dessa natureza.

Finalmente, suscitava-se a questão de saber que uso a Organização poderia fazer da informação recebida, ou seja, se tal informação poderia motivar algum tipo de acção por parte da Organização. As potências coloniais repudiavam frontalmente essa possibilidade. Até meados da década de cinquenta, a Quarta Comissão e a Assembleia limitaram-se a formular recomendações em termos muito gerais e sem referência a territórios específicos. A Assembleia solicitou à Comissão a elaboração de um relatório sobre o progresso realizado desde a fundação das Nações Unidas, dez anos antes. Tal implicava necessariamente que fossem feitos juízos sobre os desenvolvimentos em cada território. Da complexidade da tarefa resultou que apenas em 1960 fosse possível fazer recomendações firmes com base nos relatórios. Nesse mesmo ano a Assembleia, apesar dos protestos das potências coloniais, alargou os termos de referência da Comissão, para incluir explicitamente informação sobre a evolução política e constitucional, removendo, assim, as restrições que até aí se verificavam.

Entretanto, um grande número de territórios tinha já alcançado a independência. Este facto veio apenas reforçar as pressões para a aceleração do processo nos outros casos, aumentando o número de Estados que, pelo seu passado colonial, valorizavam particularmente a questão da autodeterminação.

O ano de 1960 foi o ano de viragem na história das Nações Unidas. Pela primeira vez desde a fundação da Organização, participaram na sessão da Assembleia Geral os líderes das maiores potências mundiais, incluindo os Estados Unidos e a União Soviética. Nesse mesmo ano, a Organização encontrava-se envolvida na operação do Congo, na sequência da qual a União Soviética entraria em rotura com o Secretário-Geral. Finalmente, veio a ser aprovada a Declaração sobre a Concessão da Independência aos Países e Povos Coloniais, que apelava a um rápido fim do colonialismo em todas as suas formas.

Se as circunstâncias políticas não permitiram que a presença dos mais altos dignitários das grandes potências mundiais resultasse em avanços significativos no âmbito das relações bilaterais, a sessão da Assembleia Geral de 1960 viria a alterar consideravelmente o equilíbrio de forças dentro da Organização.

O líder soviético Khrushchev, que permaneceu durante três semanas em Nova Iorque e interveio em cinco debates na Assembleia, manifestou uma posição fortemente crítica em relação à forma como as Nações Unidas tinham intervido até aí nas questões internacionais. Esta posição contrastava fortemente com a que o presidente Eisenhower expressara, ao declarar o apoio inequívoco dos Estados Unidos à Organização. A questão que Khrushchev elegeu para procurar obter um sucesso político na sua deslocação a Nova Iorque foi a questão colonial. Apesar do rápido desenvolvimento que a descolonização britânica e francesa tinha tido nos anos anteriores, só por uma aproximação à causa da descolonização seria possível à União Soviética alterar o alinhamento maioritariamente pró-ocidental que a Organização até aí revelara. Acrescia que, apesar de desde o início se terem manifestado adeptos da descolonização, os Estados Unidos estavam ligados por alianças militares a potências coloniais o que condicionava fortemente o seu apoio a posições anticolonialistas mais extremas. A União Soviética veio, assim, a propor a aprovação de uma resolução que apelava à independência de todos os povos coloniais até 1961.

A apresentação da proposta soviética centrou os trabalhos da Assembleia na questão colonial. No intuito de demarcar a sua posição de uma proposta originalmente soviética, mais de quarenta Estados afro-asiáticos vieram a subscrever uma proposta alternativa de resolução, na qual se declarava em resumo que:

a) A sujeição de povos à subjugação, domínio e exploração estrangeiros constitui uma negação de direitos humanos fundamentais e é contrária à Carta das Nações Unidas;
b) Todos os povos têm direito à autodeterminação;
c) A falta de preparação nos domínios político, económico e social ou na educação não deve nunca servir de pretexto para protelar a Independência;
d) A integridade dos territórios nacionais deve ser respeitada;
e) Devem ser dados passos imediatos para a transferência de poderes para os povos desses territórios;
f) Qualquer tentativa de destruir parcial ou totalmente a unidade nacional e a integridade territorial de um país é incompatível com a Carta;
g) Todos os Estados devem observar as disposições da Carta e da Declaração Universal dos Direitos do Homem.

A proposta de resolução, subscrita por 43 Estados afro-asiáticos, foi aprovada por 89 votos a favor, 0 contra e 9 abstenções (da Austrália, Bélgica, Espanha, Estados Unidos, França, Portugal, República Dominicana, Reino Unido e União Sul-Africana), ficando conhecida como resolução 1514, ou Declaração sobre a Concessão da Independência aos Países e Povos Coloniais.

As potências coloniais, abstendo-se na votação, procuraram evitar a manifestação de uma posição de hostilidade a uma resolução cuja aprovação sabiam não poder evitar, ao mesmo tempo que pensavam poder vir a invocar que o conteúdo da mesma não era mais do que uma reafirmação das disposições do art. 73.º. As consequências da aprovação da resolução foram, contudo, muito significativas. Por um lado, ficou marcada uma posição declaradamente anti-colonial de uma esmagadora maioria na Assembleia Geral, por outro lado, desapareceu a diferença prática entre o estatuto de colónia e de território sobre tutela, alargando o controlo da Organização sobre o processo de descolonização de um modo que o aproximava, ao contrário do que resultava da Carta, do processo de auto-determinação dos territórios sob tutela.

A resolução 1514 não previa a criação de nenhuma estrutura orgânica para fiscalizar e acompanhar o seu cumprimento. Mantiveram-se, assim, o Comité de Informação que já existia anteriormente e os outros subcomités especializados que acompanhavam especificamente algumas questões como o Sudoeste Africano e os territórios ultramarinos portugueses.

Em 1961, a União Soviética propôs a inclusão de um ponto na Agenda da Assembleia Geral designado «A Situação com Vista ao Cumprimento da Declaração sobre a Concessão da Independência aos Países e Povos Coloniais» e, imediatamente no início da sessão, apresentou um memorando denunciando o lento desenvolvimento do processo de descolonização. Segundo afirmava, existiam ainda 88 territórios sob o regime colonial e estavam a ser tomadas medidas repressivas contra movimentos de libertação com o apoio e a assistência dos Estados Unidos. Assim, propunha, como já havia feito na sessão anterior, que fosse fixada, através de uma resolução, uma data para a «liquidação total do colonialismo», até ao final de 1962. Propunha-se ainda no projecto de resolução, o desmantelamento das bases militares estrangeiras nos territórios não autónomos. Finalmente, propunha-se o estabelecimento de uma comissão especial com representação dos três principais grupos de Estados que acompanharia o cumprimento da declaração.

Tal como acontecera na sessão anterior, os Estados afro-asiáticos apresentaram um projecto alternativo ao soviético com objectivos semelhantes. Tal projecto previa a data de 1 de Dezembro de 1970, que a Nigéria propôs, para o fim do processo de descolonização em África e o estabelecimento de uma comissão de 17 membros para acompanhar o cumprimento da Declaração.

Algumas potências coloniais como a França, Portugal e a Espanha declararam que não cooperariam ou ignorariam a existência da Comissão. O Reino Unido, os Estados Unidos, a Austrália e a Dinamarca, embora tenham manifestado reservas em relação a este órgão, não ameaçaram boicotá-lo.

Segundo a resolução, a Comissão reunir-se-ia fora da sede da ONU, quando necessário, e usaria todos os meios ao seu dispor para o cumprimento das suas atribuições, solicitando-se ao secretário-geral o apoio necessário em pessoal e meios materiais e ao Conselho de Tutela, à Comissão para Informação e às agências especializadas a colaboração que lhes fosse solicitada.

A Comissão dos Dezassete, que dois anos mais tarde teria o número de membros alargado, passando a denominar-se Comissão dos Vinte e Quatro, alterava radicalmente o jogo de forças que se verificava no interior das outras estruturas orgânicas encarregadas dos assuntos coloniais. Assim, a Comissão de Informação e os subcomités para assuntos específicos viriam a ser extintos e as suas atribuições absorvidas pelo novo órgão. A distribuição de lugares também se alterou radicalmente, abandonando-se o modelo inspirado no Conselho de Tutela e passando os seus membros a ser designados de acordo com a distribuição por grupos. Esta composição transformou o órgão num instrumento de luta pela descolonização e num fórum de denúncia das potências coloniais. A União Soviética, em particular, procurou utilizar a Comissão, da qual era membro, para formular exigências de natureza panfletária, como a proibição da presença de bases estrangeiras nos territórios não autónomos e a denúncia de supostas explorações das riquezas desses territórios por empresas das potências administrantes.

A partir de 1962, e com reiterada insistência nos anos seguintes, a Comissão denunciou ao Conselho de Segurança as operações militares portuguesas nos seus territórios, como susceptíveis de ameaçar a paz e a segurança internacionais. Idênticas denúncias foram feitas a propósito das questões do Sudoeste Africano, de Aden e da Rodésia. Embora sem êxito, estas iniciativas constituíram uma nova frente de luta no plano da diplomacia multilateral que as potências visadas tiveram que enfrentar.

Outro tipo de questões que frequentemente se suscitaram prendeu-se com o desejo dos membros da Comissão de visitarem os territórios não autónomos. De uma forma geral, as potências administrantes recusaram essa possibilidade. Em alguns casos, embora recusando visitas de missões a esses territórios, receberam-nas nas suas capitais, como acontece em 1963, quando o governo britânico se recusou a autorizar uma deslocação à Guiana de uma missão da Comissão, mas recebeu-a em Londres.

O processo de descolonização acentuou-se nas décadas de sessenta e setenta. No início da década de setenta, os grandes problemas pendentes eram os territórios ultramarinos portugueses, a questão da Rodésia e a questão da Namíbia.

Embora a independência dos territórios portugueses do ultramar se tenha devido mais a causas internas que a causas externas, entre estas últimas esteve o desgaste a que a política ultramarina portuguesa esteve sujeita nos meios de comunicação social de todo o mundo e a hostilidade aberta que teve que enfrentar, designadamente, no seio das Nações Unidas. De referir, que a defesa das posições portuguesas na ONU consumiu uma parte significativa do esforço diplomático português nesse período.

A independência de Moçambique em 25 de Junho de 1975, e de Angola, em 11 de Novembro do mesmo ano, implicaram a resolução de outras questões pendentes na África Austral, designadamente a questão da Rodésia, a independência da Namíbia e o próprio fim do *apartheid* na África do Sul.

Em 1965, um governo de minoria branca declarou a independência unilateral da Rodésia, território que já gozava de um grau considerável de autonomia. O governo britânico tinha-se oposto a pressões para a concessão da independência ao território, declarando não estarem criadas as condições para o estabelecimento de um governo suficientemente representativo. O governo da minoria branca, chefiado por Ian Smith, foi imediatamente condenado pela Assembleia Geral e objecto de sanções decretadas pelo Conselho de Segurança, visando interromper as comunicações e o comércio externo rodesianos. A Assembleia também manifestou o seu apoio aos movimentos de libertação que se constituíram para combater o regime instalado no poder, recomendando que lhes fosse prestada assistência pelas agências especializadas da ONU.

Apesar de só contar com o apoio declarado da África do Sul, o governo de minoria branca conseguiu resistir às pressões internas e externas até 1980, quando, após um complexo processo de transição política, um novo governo, saído de eleições gerais, assumiu o poder, tendo declarado, em 17 de Abril desse ano, a República do Zimbabwe.

O Sudoeste Africano, colónia alemã até ao final da I Guerra Mundial, foi, após este conflito, sujeito a mandato da então União Sul-Africana (actual República da África do Sul). Após a II Guerra Mundial, a África do Sul recusou-se a sujeitar o território ao regime de tutela, criado pela Carta da ONU, declarando pretender administrar o território sem a fiscalização das Nações Unidas.

O Tribunal Internacional de Justiça pronunciou-se três vezes sobre a questão: numa primeira decisão, em 1950, declarou que a África do Sul tinha a obrigação de apresentar relatórios sobre a sua administração aos órgãos competentes da ONU; em 1962, declarou contrária ao direito internacional a prática do *apartheid* no Sudoeste Africano; finalmente, em 1971, declarou que, tendo em vista a resolução da Assembleia Geral de 1966 que tinha posto fim ao mandato, a administração devia ser transferida para o órgão criado para o efeito, o Conselho das Nações Unidas para o Sudoeste Africano, posteriormente designado Conselho para a Namíbia.

No final da década de setenta, iniciaram-se negociações entre as Nações Unidas e a África do Sul, com base na Resolução 385 do Conselho de Segurança, que apelava à realização de eleições sob a supervisão da ONU. As negociações para a preparação das eleições foram desenvolvidas por um grupo de cinco Estados ocidentais, em cooperação com governos africanos e através do Secretário-Geral e de um representante especial para a Namíbia. Apesar dos incidentes armados que ocorreram durante a década de oitenta entre as forças sul-africanas e a SWAPO, movimento de libertação do território, foi obtido um acordo em 1988, através do qual a África do Sul consentia no acesso da Namíbia à independência, em contrapartida da retirada das forças cubanas de Angola.

As eleições tiveram lugar em Novembro de 1988, sob a supervisão das Nações Unidas, tendo a independência da Namíbia sido declarada em 21 de Março de 1990.

A independência de Timor-Leste foi outra das intervenções mais marcantes da ONU no final do século XX e início do século XXI no domínio da autodeterminação. Antiga colónia portuguesa foi ocupada e anexada ilicitamente pela Indonésia em 1975. Após vinte anos de resistência, Portugal e a Indonésia celebraram um acordo, em 1999, através do qual a população se pôde pronunciar sobre a integração na Indonésia ou a independência. Escolhida por esmagadora maioria esta última opção, seguiu-se um processo de transição marcado por actos violentos dos opositores a essa solução. A administração do território esteve sob a responsabilidade da ONU até às eleições através das quais foi formado o governo. A independência teve lugar em 27 de Setembro de 2002.

Secção 3ª
As Actividades da ONU nos Domínios Humanitário, Económico e Social

A organização das Nações Unidas representou, após a tentativa da Sociedade das Nações, a consecução do objectivo de institucionalizar a vida internacional. Apesar de tudo o que passa à sua margem, de tudo o que no plano internacional contraria frontalmente as regras da Carta, a Organização aí está, existe, estabelece equilíbrio, intervém na vida internacional, cria instrumentos de cooperação.

Um olhar sobre a agenda de uma Assembleia Geral das Nações Unidas permite retirar uma conclusão: se pela Organização passam praticamente todos os assuntos que interessam aos Estados, a pressão do número de matérias e o número de Estados que hoje são membros da ONU dificultam extremamente uma análise da maior parte destas questões com um mínimo de tempo.

A questão dos direitos do Homem aparece, desde logo, nos documentos preparatórios das Nações Unidas. Ainda durante a II Guerra Mundial o denominador comum dos aliados foi a oposição contra o nazismo e o fascismo, exactamente identificados nesses documentos com o desrespeito maciço dos mais elementares direitos do Homem. Assim, a Carta contém um vasto conjunto de disposições sobre a matéria: os arts. 1º, § 3º; 13º, § 1º, al. *b)*, 55º, al. *c)*, 62º, § 2º, e 76º, al. *c)*.

Outra manifestação das Nações Unidas na primeira fase da sua existência com referência à questão dos direitos humanos foi a confirmação, logo na primeira sessão da Assembleia Geral, dos princípios do Estatuto do Tribunal Internacional de Nuremberga.

Durante esta fase, desenvolveram-se esforços para a apreciação dos direitos do Homem, cujo resultado foi a Carta Internacional dos Direitos do Homem, cuja parte mais importante é a Declaração Universal dos Direitos do Homem, adoptada em 1948.

Outro acto da Organização que se traduziu em resultados concretos foi a Declaração de Condenação do Genocídio em 1946 e, posteriormente, em 31 de Dezembro de 1948, a elaboração de uma convenção sobre a matéria, que seria a ser ratificada em 31 de Dezembro de 1967 por 76 Estados.

Recentemente, a questão da criação de instituições judiciárias internacionais para a acusação de responsáveis por crimes contra a humanidade em circunstâncias concretas, como a Jugoslávia e o Ruanda, deu um novo significado ao direito internacional e ao papel da ONU neste domínio.

Seguiu-se a criação do Tribunal Penal Internacional, em 2002, com competências mais gerais sobre a matéria. A eficácia prática da instituição ainda está, contudo, por demonstrar.

Apesar da ambiguidade de algumas das suas disposições, a Declaração contém um vasto elenco de direitos, quer no plano dos chamados direitos e liberdades formais, quer no dos direitos económicos e sociais, o que representa um esforço de síntese das visões dos Estados Ocidentais e do então Bloco Soviético.

De mais difícil celebração e adopção foram os Pactos Internacionais de Direitos do Homem que, ao contrário da Declaração, pretenderam criar vinculações concretas que os Estados se obrigavam a respeitar na ordem interna.

Após um longo processo de debate, e contra algumas expectativas, os dois pactos, um relativo aos direitos económicos, sociais e culturais e outro relativo aos direitos civis e políticos, foram aprovados por unanimidade em 1966.

Após mais de quarenta anos de debate sem resultados conclusivos, foi finalmente criado, em 1993, o cargo de Alto Comissário para os Direitos Humanos, com a função de acompanhar o respeito pelos direitos humanos em todo o mundo.

De referir ainda a longa luta contra o *apartheid* que se iniciou logo na primeira década das Nações Unidas e só terminou com as alterações do regime sul-africano, que se traduziram em eleições gerais e na aprovação de uma nova constituição, criando instituições democráticas com plena igualdade de voto.

A questão dos direitos dos povos começou por ser suscitada pelo problema da descolonização que tanta importância teve nas primeiras três décadas da Organização.

Outra questão que se traduziu na criação de uma nova doutrina pela ONU foi a soberania permanente sobre os recursos naturais. Em 1958, a Assembleia Geral criou uma comissão para estudar o assunto. O conceito foi introduzido em 1958 no Pacto Sobre os Direitos do Homem em preparação e, principalmente, em 1962, foi aprovada uma resolução de referência sobre a matéria.

A questão do direito ao desenvolvimento e, principalmente, dos deveres correspondentes a esse direito não tem sido uma matéria pacífica nas Nações Unidas.

A Carta, embora se refira, no próprio preâmbulo, aos propósitos dos fundadores de «recorrerem às instituições internacionais para favorecer o progresso económico e social de todos os povos» e desenvolver o mesmo conceito nos arts. 55º e 56º, não prevê mecanismos concretos para dar execução a esse objectivo.

Como o desenvolvimento depende, na óptica dos países subdesenvolvidos, do apoio financeiro dos países desenvolvidos, as questões essenciais que se colocam são, por um lado, em que medida é que essa obrigação existe e deve ser cumprida através das instituições internacionais ou através de mecanismos de cooperação bilateral.

Duas posições se perfilaram sobre esta última questão: os países potencialmente receptores do apoio reclamaram-no como um direito, não dependente de condicionantes políticas, enquanto os países chamados doadores preferiram vê-lo como uma concessão que, naturalmente, permitiria mais facilmente colher dividendos políticos se fosse prestada por mecanismos bilaterais e não dissolvida em mecanismos multilaterais.

Estas posições antagónicas sobre o problema, partindo embora de um postulado amplamente aceite – segundo o qual a paz está ligada ao progresso económico social – tem estado na origem de um prolongado confronto de pontos de vista nos órgãos das Nações Unidas.

Sendo os países receptores de ajudas ao desenvolvimento, uma larga maioria tem procurado utilizar essa vantagem numérica para a aprovação de documentos que consagram uma «ideologia do desenvolvimento», contendo obrigações claras para os países dadores.

A declaração contida na Resolução 400 (V) 1950 da Assembleia Geral que refere:

> «A necessidade de acelerar o desenvolvimento económico dos países insuficientemente desenvolvidos e, em particular, de aumentar a sua produção no sentido de aumentar o emprego produtivo e de melhorar as condições de existência da sua população, desenvolver o conjunto da economia mundial e manter a paz e a segurança internacionais».

veio a ser repetida em muitos outros textos que se lhe seguiram, designadamente nas resoluções 522 (V) 1951, 923 (X) 1955, 1710 (XVI) 1961 e C.E.S. 531 A e 532 A (XVIII) 1954, 583 A (XX) 1955 e 916 (XXXIV) 1963.

No ano de viragem de 1960, o tema também foi amplamente debatido, tendo sido apresentada a resolução 1515 (XV) que chamou a atenção para o desenvolvimento, como um dos primeiros objectivos das Nações Unidas e dos deveres resultantes desse facto para os países mais ricos. Noutra resolução, aprovada na mesma sessão, vai-se bem mais longe, ao estabelecer-se que os países desenvolvidos devem consagrar 1% do seu PIB ao apoio aos países em vias de desenvolvimento.

O mesmo objectivo de 1% foi reafirmado na Estratégia Adoptada para a Segunda Década para o Desenvolvimento (2626 (XXV) 1970).

Os países desenvolvidos, embora não rejeitassem o objectivo em si mesmo, recusaram-se reiteradamente a considerá-lo como uma espécie de «imposto» a favor dos países em desenvolvimento ou qualquer carácter impositivo que se afirmasse para além de um dever abstracto de solidariedade, motivado essencialmente pela sua generosidade.

Outras tentativas foram sendo feitas pelos países em desenvolvimento:

a) A adopção pela UNCTAD, após a constituição do grupo em 77, de uma série de «princípios gerais» e de «princípios especiais», que devem regular as «relações comerciais internacionais e as políticas adequadas a favorecer o desenvolvimento»;

b) O lançamento, por iniciativa do Brasil, da Carta de Desenvolvimento, que veio a ser aprovada pela Assembleia Geral no quadro da preparação da Segunda Década para o Desenvolvimento.

A iniciativa não veio, no entanto, a ter seguimento.

Apesar do fracasso em obter uma aprovação unânime destas deliberações maximalistas é possível, como afirma Michel Virally, encontrar alguns elementos de uma verdadeira ideologia do desenvolvimento em alguns documentos que foram adoptados por larga maioria ou mesmo por consenso – é o caso da própria Carta, das constituições de múltiplas instituições especializadas e de resoluções, quer de órgãos da ONU, quer de instituições especializadas. Entre estas estão o Pacto Internacional relativo ao Direitos Económicos, Sociais e Culturais (2200 (XXI) 1966), adoptado por unanimidade, da declaração sobre o Progresso e o Desenvolvimento no Domínio Social (2542 (XXIV) 1969) e da Estratégia para a Segunda Década do Desenvolvimento (2626 (XXV) 1970).

A ideologia de desenvolvimento assenta essencialmente no princípio de que, quer os povos, quer as pessoas, têm o direito de viver dignamente e de desfrutar livremente dos benefícios do progresso social, devendo, por sua vez, contribuir para esse progresso.

O desenvolvimento destes princípios implica deveres, quer para os países em desenvolvimento, quer para a própria comunidade internacional, quer ainda para os países desenvolvidos.

Os países em desenvolvimento devem, sem que tal implique que abdiquem de escolher da sua própria estratégia de desenvolvimento, tomar medidas para promover as transformações sociais necessárias ao desenvolvimento, evitando excesso de riqueza e de miséria nos respectivos tecidos sociais. Por outro lado, deverão promover a exploração dos recursos materiais de que dispõem, evitando que a sua exploração beneficie exclusivamente interesses privados, no quadro do princípio da soberania permanente sobre os recursos naturais.

À comunidade internacional cabe participar no progresso social e no desenvolvimento devendo completar, através de uma acção internacional concertada, os esforços desenvolvidos no plano nacional para elevar o nível de vida das populações. Às Nações Unidas, como organização da comunidade internacional, compete, em particular, apoiar esse esforço de concertação.

Aos países desenvolvidos cabe, naturalmente, suportar financeiramente o desenvolvimento. Como já referimos, a natureza desse dever é controversa. Os países industrializados nunca aceitaram que fosse mais que um dever moral, cujo cumprimento lhes caberia em exclusivo determinar quando e como deveria ser feito. De referir a posição que a União Soviética defendeu, segundo a qual a obrigação de apoiar os países em vias de desenvolvimento não era mais que a obrigação de reparar os prejuízos causados à economia daqueles países pela exploração colonial do passado e pela exploração capitalista imperialista do presente. Este conceito excluiria, naturalmente, a própria URSS dessas obrigações.

Embora existam, como vimos, traços amplamente aceites de uma ideologia do desenvolvimento, a experiência política não tem conduzido a resultados notáveis. Esforços concentrados em alguns países subdesenvolvidos, que beneficiaram de apoios financeiros consideráveis soçobraram perante a corrupção das classes dirigentes ou a escassez de quadros preparados para gerirem os processos de desenvolvimento. A história tem demonstrado que os processos de desenvolvimento bem-sucedidos resultam muito mais dos esforços internos que dos apoios externos.

A ideia de património comum da humanidade constitui outro conceito para cuja formação a ONU contribuiu significativamente. Embora a questão da insusceptibilidade da apropriação de determinados espaços pelos Estados não seja nova, foi a Convenção de Montego Bay que veio pela primeira vez a estabelecer uma zona delimitada que integrou esse conceito – os fundos marinhos – e a criar os mecanismos institucionais para a sua gestão e distribuição dos benefícios que resultarem da sua exploração. A não ratificação por muitos Estados da Convenção poderá, no entanto, suscitar alguns problemas de compatibilidade entre pontos de vista nacionais, que reivindicam algumas zonas do fundo do mar como suas, mas que, nos termos da Convenção, se integram no património comum da humanidade.

No conceito de património comum da humanidade incluem-se ainda as águas internacionais, os corpos celestes, o espaço extra-atmosférico e poderia eventualmente vir a incluir-se a Antárctica, embora o respectivo regime internacional esteja dependente de anuência dos Estados que reivindicam a posse de partes daquele continente.

A ajuda das Mações Unidas aos países em vias de desenvolvimento desenvolve-se em três vectores essenciais: a ajuda financeira, a ajuda alimentar e a ajuda técnica.

A ajuda financeira assenta em dois pilares essenciais: o Banco Mundial e o Fundo Monetário Internacional.

O Banco Mundial foi criado para apoiar a reconstrução dos países devastados pela Segunda Guerra Mundial. O seu direccionamento para o apoio aos países em desenvolvimento ocorreu em 1998, após apelo nesse sentido do Conselho Económico e Social. Os apoios do Banco Mundial sofrem a grande limitação que a sua natureza bancária implica – os fundos emprestados têm que ser recuperados e devidamente remunerados para poderem ser reutilizados.

Os próprios estatutos do Banco limitam o universo dos mutuários a governos ou a investidores que beneficiem de uma garantia governamental. Essa limitação, impeditiva do apoio a entidades privadas de elevada rentabilidade, justificou a criação de uma filial do Banco Mundial, a Sociedade Financeira Internacional, com a finalidade de levar a cabo financiamentos dessa natureza.

Embora ligado ao Banco Mundial, junto do qual se pode financiar, a SFI segue regras bancárias muito diferentes e bem mais flexíveis que o Banco Mundial.

O FMI, criado na sequência da Conferência de Bretton Woods, visa assegurar a convertibilidade das moedas, fornecendo apoios especiais destinados a estabilizar as economias dos Estados em situações de crise. Os Estados que beneficiam do apoio do Fundo comprometem-se a tomar medidas internas de política económica e financeira visando essa estabilização.

A falta de vocação de qualquer uma destas instituições – o Banco Mundial, a SFI e o FMI – para apoiar financeiramente projectos não amortizáveis ou empréstimos a muito longo *prazo* com taxas de juro baixas levou à criação de uma nova instituição, a SUNFED, em 1952. A falta de base financeira, que a oposição dos países exportadores de capitais não permitiu obter, conduziu ao insucesso da organização que face à falta de fundos e à recusa dos países desenvolvidos em integrarem os seus órgãos, teve a sua gestão confiada provisoriamente ao PNUD em 1967.

Com objectivos semelhantes, mas neste caso também com a natureza de filial do Banco Mundial, foi criada em 1960 a AID – Associação Internacional para o Desenvolvimento – destinada a conceder empréstimos em condições mais favoráveis que as praticadas pelo Banco Mundial. Os recursos da AID provêm das subscrições e das contribuições dos seus membros. A baixa rotatividade do seu capital limita em muito a sua capacidade de financiamento.

Outra vertente essencial da ajuda das Nações Unidas é, como referimos, a ajuda alimentar. Embora grande parte da acção neste domínio esteja confiada à FAO, a ONU tomou diversas iniciativas próprias que levaram à criação do PAM – Programa Alimentar Mundial em 1961. O PAM foi colocado sob a autoridade de um comité inter-governamental FAO/ONU e dotado de um secretariado igualmente misto.

No que se refere à ajuda técnica, as Nações Unidas criaram uma verdadeira constelação de instituições especializadas. Tal não significa, porém, o abandono ou a renúncia a um papel coordenador, embora no quadro descentralizado que caracteriza o sistema.

A entidade de cúpula que veio a ser criada em 1964 para o efeito, resultando da fusão de outras pré-existentes, foi o PNLJD – Programa das Nações Unidas para o Desenvolvimento – com a natureza de organismo, ou seja, de complexo de órgãos subsidiários da ONU.

Para além da actividade das instituições especializadas, a ONU empenhou-se ao longo da sua história na definição de objectivos e estratégias com vista a criar condições para o desenvolvimento.

O lançamento em 1960 da Primeira Década para o Desenvolvimento, a que se seguiu em 1971 a Segunda Década para o Desenvolvimento, visaram estabelecer objectivos quantitativos para o processo de desenvolvimento.

A proclamação da Primeira Década para o Desenvolvimento fixava como objectivo «um aumento sensível das taxas de crescimento, devendo cada país fixar o seu próprio objectivo, tomando como taxa mínima de crescimento 5 por cento até ao final do decénio». Para o efeito, eram feitas recomendações genéricas aos Estados. Não se previa, no entanto, nenhuma medida concreta de avaliação.

Em 1965 concluiu-se que a generalidade dos países em vias de desenvolvimento não teria atingido 1% de crescimento e os indicadores da expansão do volume da ajuda eram decrescentes.

O fracasso da Primeira Década para o Desenvolvimento motivou uma alteração substancial da natureza da Segunda Década para o Desenvolvimento, lançada em 1 de Janeiro de 1971, pela Resolução 2626 (XXV).

Apesar de muito mais concreta nas acções que preconizou e nos objectivos que proclamou, a Segunda Década também esteve longe de atingir os seus objectivos de crescimento.

Em 1980 foi, entretanto, lançada a Terceira Década para o Desenvolvimento.

No início da década de noventa foi aprovado pela Assembleia Geral um documento denominado «Agenda para o Desenvolvimento». Sem estabelecer objectivos quantitativos precisos, o documento constitui mais uma reflexão sobre as condicionantes do processo de desenvolvimento e o papel que a Organização deve desempenhar nesse processo, designadamente tendo em vista os novos desafios da globalização.

O Relatório do PNUD de 2003 afirma que «[o] novo século começou com uma declaração de solidariedade e uma determinação sem precedentes de livrar o mundo da pobreza. Em 2000, a *Declaração do Milénio* da ONU, adoptada na maior reunião de chefes de Estado de sempre, comprometeu países – ricos e pobres – a fazer tudo o que puderem para erradicar a pobreza, promover a dignidade e igualdade humanas e alcançar a paz, a democracia e a sustentabilidade ambiental. Os líderes mundiais prometeram cooperar para atingir metas concretas de avanço do desenvolvimento e redução da pobreza, até 2015, ou antes[95]». Esses Objectivos de Desenvolvimento do Milénio (ODM) são compromissos assumidos no sentido de, até ao ano de 2015:

1. Erradicar a pobreza extrema e a fome – reduzir para metade a percentagem de pessoas com rendimentos inferiores a 1 dólar por dia; reduzir para metade a percentagem de pessoas que passam fome;
2. Alcançar a universalização do ensino primário – cuidar para que todos os rapazes e raparigas possam terminar um ciclo completo de escolaridade primária;
3. Promover a igualdade entre os géneros e a autonomia da mulher – eliminar as desigualdades entre os géneros no ensino primário e secundário, preferencialmente até 2005, e para todos os níveis de escolaridade para 2015;
4. Reduzir a mortalidade infantil – reduzir até $^{2}/_{3}$ a taxa de mortalidade das crianças com menos de 5 anos;
5. Melhorar a saúde materna – sobretudo reduzir até $^{3}/_{4}$ a taxa de mortalidade materna;
6. Combater a HIV/SIDA, o paludismo e outras doenças – deter e começar a reduzir a propagação da SIDA; deter e começar a reduzir a propagação do paludismo e de outras doenças graves;
7. Garantir a sustentabilidade do meio ambiente – incorporar os princípios do desenvolvimento sustentável nas políticas e programas nacionais e inverter a perda de recursos do meio ambiente; reduzir para metade a percentagem de pessoas sem acesso a água potável;
8. Fomentar uma associação mundial para o desenvolvimento – desenvolver ainda mais um sistema comercial e financeiro aberto, baseado em normas, previsível e não discriminatório. Aqui está incluído o compromisso de atingir uma boa gestão dos assuntos públicos e a redução da pobreza, em cada país e no plano internacional.

Além destas metas operacionais, chama-se a atenção para uma série de outras medidas que, em coordenação, poderão ajudar ao desenvolvimento sustentável do planeta, das quais se destacam:

[95] PNUD, Relatório do Desenvolvimento Humano 2003, Objectivos de Desenvolvimento do Milénio: Um pacto entre as nações para eliminar a pobreza humana, Lisboa, Mensagem, 2003, p. 31.

a) Atender às necessidades especiais dos países menos avançados. Aqui inclui-se o livre acesso para as exportações dos países menos avançados, o programa melhorado de alívio da dívida dos países pobres gravemente endividados e o cancelamento da dívida bilateral pública e a concessão de ajuda pública ao desenvolvimento mais generosa aos países que tenham revelado a sua determinação em reduzir a pobreza.
b) Atender às necessidades especiais dos países em desenvolvimento sem litoral e dos pequenos Estados insulares em desenvolvimento.
c) Encarar de maneira abrangente os problemas da dívida dos países em desenvolvimento com medidas nacionais e internacionais com o objectivo de tornar a dívida sustentável a longo prazo.
d) Em cooperação com os países em desenvolvimento, elaborar e aplicar estratégias que proporcionem aos jovens um trabalho digno e produtivo.
e) Em cooperação com as indústrias farmacêuticas, proporcionar acesso aos medicamentos essenciais nos países em desenvolvimento.
f) Em colaboração com o sector privado, zelar para que se possam aproveitar os benefícios das novas tecnologias, em particular, os das tecnologias de informação e das comunicações.

O Relatório de Desenvolvimento Humano do PNUD de 2003 intitulado "Objectivos de Desenvolvimento do Milénio: Um pacto entre as nações para eliminar a pobreza humana" faz o acompanhamento do estado de cada ODM e de cada Meta dentro destes Objectivos[96]. E embora haja muitos sucessos a assinalar, há, também, muitos retrocessos e mesmo alguns países que viram baixar o seu índice de desenvolvimento humano.

Em 2007 foram publicados dois documentos *The United Nations Agenda – Development for All*[97] e *The Millenium Development Goals Repport*[98], em que se faz o balanço e perspectivas dos esforços da ONU para o desenvolvimento.

Bibliografia

ABI-SAAB, GEORGES – *The United Nations Operations in the Congo 1960-1964,* Oxford University Press, Oxford, 1978.

ADEBAJO, ADEKYE e SRIRAM, CHANDRA LEKHA (eds.) – *Managing Armed Conflicts in the 21st Century,* Frank Cass, Londres, 2001.

[96] O PNUD é ainda o ponto focal do sistema das Nações Unidas para o acompanhamento e definição das estratégias para a prossecução dos ODM.

[97] http://wwwwww.un.org/esa/agenda/UNDA_BWS_Final.pdf

[98] http://www.un.org/milleniumgoals/pdf/mdg2007.pdf

ALEXANDROWICZ, C.H. – «The Secretary-General of the United Nations», in *International and Comparative Law Quarlerly*, Out. 1962.

ALLARD, KENNETH – *Somalia Operations: Lessons Learned*, National Defense University Press, Washington, D.C., 1995.

AL-MARAYATI, ABID A. – *United Nations Enforcement Action: the Case of Iraq*, Academic Council on the United Nations System, The Hague, 1994.

AMOURA, M.C. – «Le Secrétaire Général des Nations Unies; problématique d'une nomination», in *Revue Française de Science Politique*, 1971.

ANNAN, KOFI A. – *Facing the Humanitarian Challenge, Towards a Culture of Prevention*, United Nations Department of Public Information, Nova Iorque, 1999.

BAILEY, SYDNEY DAWSON – «The Secretary-General of the United-Nations», in *World Today*, Jan. 1961.

BAILEY, SIDNEY D. – *The Procedure of UN Security Council*, 3ª ed., Oxford, Clarendon Press, 1998.

BAYLIS, JOHN e SMITH, STEVE (eds.) – *The Globalization of World Politics, an Introduction to International Relations*, Oxford University Press, Oxford, 1997.

BARATTA, JOSEPH PRESTON – «The Secretary-General: should his role be abolished», in *A new World Order: can it bring Security to the Worlds People?: Essays on Restructuring the United Nations*, World Federalist Association, Washington, D.C., 1991.

BETTATI, M. – *Le Droit des Organisaiions Internationales*, P.U.F. «Que sais-je?» nº 2355, 1987.

BIERMANN, WOLFGANG and MARTIN VADSET – *UN Commanders Workshop May 1995: Lessons Learned from former Yugoslavia*, Centre for Peace and Conflict Research, Copenhagen, 1996.

BOWETT, D. H. – *The Law of International Institutions*, Stephens, London, 1982.

BOUTROS-GHALI, BOUTROS – «Global leadership afler the cold war», in *Foreign Affairs*, 1966, Mar; 75(2).

BROWNE, MARJORIE ANNE – *United Nations Peacekeeping: Historical Overview and Current Issues: CRS Report to Congress*, Library of Congress, Washington, D.C., 1990.

CAMPOS, JOÃO MOTA DE – «A Justiça Criminal Internacional», in *Revista Portuguesa de Instituições Internacionais e Comunitárias*, nº 2, ISCSP, Lisboa, 1996.

CHESTERMAN, SIMON – *Just War or Just Peace? Humanitarian Intervention and International Law*, Oxford University Press, Oxford, 2002.

CHURCHILL, WINSTON – *Memórias da Segunda Guerra Mundial*, Editora Nova Fronteira.

CUNHA, J. SILVA – *Direito Internacional Público*, II Vol., Centro do Livro Brasileiro, Lisboa, 1994.

DEHOUSSE, J. M. – *Les Organisations Internationales – Essai de Theorie Genérale*, Gothiex, Liège.

DELBIQUE, P. E. – *Le Mythe des N.U.*, Hachete, 1994.

DONINI, ANTONIO, NILAND, NORAH e WERMESTER, KARIN – *Nation-Building Unravaled? Aid Peace and Justice in Afghanistan*, Bloomfield, Kumarian Press, 2004.

DUPUY, R-J. – *Manual sur les Organisations Internationales Contemporaines*, Nijhoff, Dordrecht, 1988, XXVI.

DRADIKIS, PHILIPPE – *The Atlantic and United Nations Charters: Common Law Prevailing for World Peace and Security*, GRIPES, Besaneon, France, 1995.

FAREL, TOM J. – «An Inquiry into the Legitimacy of Humanitarian Intervention», in *Law and Force in the International Order*, Westview Press.

FERENCZ, BENJAMIN B. – *New Legal Foundations for Global Survival: Security through the Security Council,* Oceana Publications, Dobbs Ferry, N. Y., 1994.

FINDLAY, TREVOR – *The Use of Force in UN Peace Operations,* Oxford University Press, Oxford, 2002.

FREINBERG, NATHAN – *The Legality of a «State of War» after de Cessation of Hostilities under the Charter of the United Nations and the Covenant of the League of Nations,* Hebrew University, Jerusalém, 1961.

GALTUNG, J. – *The United Nations today: Problems and some Proposals,* Center for International Studies, Princeton, NJ, 1986.

HALDERMAN, JOHN W. – *The United Nations and the Rude of Law: Charter Development through the Handling of International Disputes and Situations,* Oceana Publicalions, Dobbs Ferry, N. Y, 1966.

HAMPSON, FEN OSLER e MALONE, DAVID M. (eds.) – *From Reaction to Prevention: Opportunities for the UN System,* Boulder, Lynne Rienner, 2002.

HARBOTTLE, MICHAEL – *The Blues Berets: the Story of the United Nations Peacekeeping Forces,* Stackpole Bools, Harrisburg, 1971.

HIGGINS, ROSALYN – *The New Unitedi Nations: Appearance and Reality,* University of Hull Press, Hull, 1993.

HOVET, THOMAS – «United Nations diplomacy», in *Journal of International Affairs,* 1963.

HURD, IAN – «Legitimacy, Power and the Symbolic Life of the UN Security Council», in *Global Governance 8,* 2002.

IGNATIEFF, MICHAEL – *Empire Lite, Nation Building in Bosnia, Kosovo and Afghanistan,* Vintage, Londres, 2003.

J. P. CUT e A. PELLET – *La Charle des Nations Unies,* Económica, 1991.

JANIS, MARK W. – «The International Court», in *International Courts for the Twenty-First Century,* Martinus Nijhoff Publishers, 1992.

JESSUP, PHILIP – «Parliamentary Diplomacy – An Examination of the Legal Quality of the Rules of Procedure of Organs in the United Nations», 89, *R.C.A.D.I.,* 1956.

KAZIMI, M.R. – *Financing the U.N. Peace-keeping Operations,* Capital Publishing House, Delhi, 1988.

KELSEN, HANS – *The Law of the United Nations: a Critical Analysis of its Fundamental Problems,* Stevens, London, 1950.

KISSINGER, HENRY – *Diplomacy,* Touchstone, 1995.

KNIGHT, ANDY W. (ed.) – *Adapting the United Nations to a Postmodern Era: Lessans Learned,* Houndmills, Palgrave, 2001.

KOSTAKOS, GEORGIOS – *Reforming the United Nations,* 1985-1989, Canterbury, 1989.

LEVONTIN, A. V. – *The Myth of International Security: a Judicial and Critical Analysis,* Magnes Press, Jerusalém, 1957.

LUARD, EVAN – *A History of the United Nations,* 2 Vol., 1945-1955, Vol, I – The Years of Western Domination, Vol. II, The Age of Decolonization, 1955-1965, Macmillan, 1993.

MCWIHNNEY, EFWARD – *The United Nations and a New World Order for a New Millenium, Self-determination, State Succession and Humanitarian Intervention,* Kluwer Law International, Haia.

MOREIRA, ADRIANO – *Direito Internacional Público,* ISCSP, 1983.

— «Portugal e o Artigo 73 da Carta das Nações Unidas», in *Revista do Gabinete de Estudos Ultramarinos,* 1957.

— «A Jurisdição Interna e o Problema do Voto na ONU», in *Estudos de Ciências Políticas e Sociais,* 1958.

MULLER, JOACHIM W. – *The Reform of the United Nations,* Oceana Publications, New York, 1992.

NOGUEIRA, FRANCO – *Salazar,* Vol. V (1958-1970), Coimbra, 1978.

OSMAÑLZYK, EDMUND JAN – *Enciclopedia of the United Nations and International Agreements,* Taylor and Francis, 1990.

PEASLEE, A. J. – *International Governmental Organizations, Constitutional Documents,* Nijhoff, La Haye, 3ª ed., 1974.

PÉREZ DE CUÉLLAR, JAVIER – «For a fuller use of UN potential», in *World Marxist Keview: Problems of Peace and Socialism,* 1987, Dez, 30(12).

POLMAN, LINDA – *We did Nothing, Why lhe Truth Doesn't Always Come Out When the UN Goes In,* Penguin Books, Londres, 2004.

PRICE, RICHARD M. e ZACHER, MARK. (eds.) – The United Nations as matters of domestic jurisdiction, Palgrave, Nova Iorque, 2004.

REUTER, PAUL – Instituições Internacionais. Edições Rolim.

RIBEIRO, MANUEL DE ALMEIDA e FERRO, MÓNICA – *A Organização das Nações Unidas,* Almedina, Coimbra, 2004.

ROYAL INSTITUTE OF INTERNATIONAL AFFAIRS – *The International Secretarial of the Future: Lessons from Experience by a Group of former Officals of the League of Nations,* Oxford University Press, Londres, 1944.

SCLENSINGER, STEPHEN C. – *Act of Creation, the Founding of the United Nations,* Wertview Press, Oxford, 2003.

SCHERMERS, H. G. – *International Instilutional Law,* Nijhoff, Leyde, 1972.

SERENI, A. P. – *Diritto Internazionale – Le Organizzatione Internazionale,* Vol. VI, Giufré, Milano, 1959.

SERRA, VASQUEZ– *Tratado de Organizacion International,* F.C.E., México, 1974.

SOHN, LOUIS B. – *Cases and other Materials of World Law; the Interpretation and Application of the Charter of the United Nations and of the Constitutions of other Agencies of the World Community,* Foundation Press, Brooklyn, N. Y., 1950.

TRAUB, JAMES – *The Best of Intentions – Kofi Annan and lhe UN in the Era of American World Power,* FSG, New York, 2006.

TRUYOL Y SERRA – *La Sociedad Internacional,* Madrid, 1953.

VELASCO, H. DIEZ DE – *Instituciones de Derecho International Publico – Organizationes Internationales,* Ed. Technos, Madrid, 1977.

VIRALLY, MICHEL – *L'Organization Mondiale,* Armand Cotin, Paris, 1972.

WEII, THOMAS S. – *Collective Security in a Changing World,* Lynne Rienner Publishers, Boulder, 1993.

WILLIAMS, WALTER L. – *Intergovernmental Military Forces and World Public Order,* Sijthoff, Leiden, Netherlands, 1971.

WOO, CHIANG HWA – *Pacific Settlement of International Disputes by the Security Council,* University of California, Berkeley, CA, 1949.

TÍTULO II
INSTITUIÇÕES ESPECIALIZADAS DA ONU

Trata-se de um conjunto de OI, jurídica e funcionalmente autónomas mas que se acham inseridas no *«sistema da ONU»* por força de acordos que organizam as suas relações recíprocas.

São cerca de uma vintena, das quais teremos ocasião de estudar, com a profundidade compatível com a índole desta obra:

- a Organização Mundial do Comércio – *OMC* (SUBTÍTULO I)
- a Organização Internacional do Trabalho – *OIT* (SUBTÍTULO II)
- a Organização das Nações Unidas para a educação, a ciência e a cultura – *UNESCO* (SUBTÍTULO III)
- instituições especializadas com acção nos domínios económico e financeiro – O *Fundo Monetário Internacional* e o *«Grupo Banco Mundial»* (SUBTÍTULO IV)
- as uniões administrativas e técnicas – *UPU, UTT, OMPI, OACI, OMS, OMM, AIEA* (SUBTÍTULO V)

SUBTÍTULO I
ORGANIZAÇÃO MUNDIAL DE COMÉRCIO (OMC)

Prof. Doutor Eduardo Raposo de Medeiros[99]

[99] Economista (U.P.).
Doutor em Ciências Sociais, com Agregação, pela UTL.

PLANO GERAL DO SUBTÍTULO I

CAPÍTULO I
AS VÁRIAS CONFERÊNCIAS ANTERIORES AO «URUGUAY ROUND»

Secção 1ª A CONSTITUIÇÃO DO GATT – ACORDO GERAL SOBRE PAUTAS ADUANEIRAS E COMÉRCIO
§1º Introdução
§2º As Sete Primeiras Conferências

Secção 2ª A EROSÃO DO SISTEMA COMERCIAL INTERNACIONAL ERIGIDO PELO G ATT (1947)

CAPÍTULO II
A CRIAÇÃO DA ORGANIZAÇÃO MUNDIAL DO COMÉRCIO (OMC)

Secção 1ª INTRODUÇÃO

Secção 2ª A ESTRUTURA DA OMC
§1º A Conferência Ministerial
§2º O Conselho Geral
§3º O Mecanismo de Exame das Políticas Comerciais (MEPC)
§4º O Órgão de Resolução de Diferendos
§5º O Organograma
§6º Âmbito de Estrutura
§7º Comitologia

CAPÍTULO III
O REFORÇO DA DISCIPLINA MULTILATERAL

Secção 1ª AS MEDIDAS DE SALVAGUARDA
§1º Introdução
§2º O Acordo Sobre as Medidas de Salvaguarda

1. A Natureza do Acordo. Âmbito
2. As Principais Regras
3. Medidas Adoptadas
4. As Excepções
5. Os Anexos ao Acordo

Secção 2ª A PROPRIEDADE INTELECTUAL

§1º Considerações de Enquadramento

§2º O Acordo Sobre os Aspectos dos Direitos de Propriedade Intelectual Relacionados com o Comércio (TRIPS)

§3º Aspectos de Síntese

Secção 3ª O ACORDO SOBRE AS MEDIDAS DE INVESTIMENTO RELACIONADAS COM O COMÉRCIO

Conclusão

Capítulo I
As Várias Conferências anteriores ao «Uruguay Round»

Secção 1ª
A Constituição do GATT – Acordo Geral sobre Pautas Aduaneiras e Comércio

§1º Introdução

O aparecimento do Acordo Geral Sobre Pautas Aduaneiras e Comércio (GATT, 1947) surge na sequência da discussão pública da Carta de Havana, documento amplo e bem elaborado, que não triunfou devido a várias vicissitudes políticas e económicas. Foi, no entanto, a grande tentativa de parcialmente disciplinar as relações comerciais internacionais do pós-guerra, fazendo com que a maior parte dos Estados aderissem aos seguintes princípios de actuação:

- Diminuição gradual dos direitos aduaneiros e a eliminação das preferências pautais de carácter bilateral;
- Aplicação da cláusula da nação mais favorecida com vista a promover as trocas num plano livre e não discriminatório, significando com isto o reconhecimento do princípio da vantagem comparativa;
- Edificação de um sistema multilateral que propagasse a segurança nas relações económicas internacionais, garantindo o acesso de novos países aos mercados externos;
- Afastamento dos obstáculos não pautais, condenando as medidas públicas diferentes da dos direitos aduaneiros que têm por efeito criar uma distorção nas trocas comerciais.

Decorrido mais de meio século a organização GATT 1947 representou a estrutura essencial do sistema comercial internacional conseguindo um desarmamento pautal para a circulação de mercadorias, mau grado a excepção às regras gerais de conduta que tornaram enviesado o esquema de actuação[100].

§2º As Sete Primeiras Conferências

As grandes negociações comerciais multilaterais (NCM) procuraram permanentemente reduzir os obstáculos às trocas, envolvendo a dicotomia barreiras pautais e não-pautais, e abolição de práticas que falseiam a concorrência internacional. Os obstáculos pautais resumiram-se na aplicação dos direitos aduaneiros, como instrumento clássico e mais antigo de protecção à importação de mercadorias. Os obstáculos não-pautais foram-se desenvolvendo sofisticadamente e representaram um desvio à liberalização proposta, com um custo económico bastante elevado.

A primeira negociação no âmbito do GATT foi realizada na cidade de Genebra, entre Abril e Outubro de 1947, adoptando na discussão do desarmamento pautal a técnica «bi-multilateral», em que cada Estado (regra do principal fornecedor) negociou com o outro parceiro o abaixamento dos direitos aduaneiros, generalizando-se os resultados concretos do «produto a produto» para as restantes Partes Contratantes.

Na «Conferência Annecy» (1949) e na «Conferência de Torquay» (1951), respectivamente em França e no Reino Unido, a técnica de negociação foi idêntica à da primeira conferência, com resultados de redução média da ordem dos 25% dos direitos aduaneiros, mas em que se patenteava o esgotamento das negociações de âmbito bilateral.

A primeira metade da década de 50 caracterizou-se pela reconstrução europeia e com limitações de comércio internacional devido a falta de liquidez. Já no final dos anos 50, assistia-se à formação da Comunidade Económica Europeia, facto *que* contribuiu, findo o período transitório, para a implantação da pauta aduaneira comum através do critério da média aritmética simples dos direitos efectivamente aplicados.

A quarta conferência (Genebra, 1956) teve modestos resultados, dada a posição proteccionista do Congresso dos E.U.A. com o intuito de travar concessões pautais feitas à Europa e a que esta não dava contrapartida. A organização que tinha 34 Partes Contratantes em 1952, acrescentava um só país em 1957. Todo este período até ao final da década é de estagnação.

[100] Relativamente às críticas do Sistema GATT, v. «Economia Internacional», de Raposo Medeiros, 8ª Edição, de 2007, Ed. Livraria Petrony, pp. 193 a 195.

A quinta conferência – chamada *«Dillon Round»*, realizada em Genebra, de 1960 a 1961 – teve maior dinamismo, graças ao relatório Haberler (1958) que propôs um programa de expansão do comércio internacional (novas negociações aduaneiras, redução do proteccionismo agrícola e acréscimo das receitas de exportação dos países em vias de desenvolvimento). O *«Dillon Round»* teve dois grandes objectivos:

i) Estudar a nova situação resultante da criação de uma união aduaneira – a da CEE –, cuja área não pode conduzir à criação de prejuízos para outras Partes Contratantes;
ii) Introduzir uma nova técnica de negociação, pelo método multilateral que consistia em realizar o abaixamento de direitos aduaneiros linearmente.

A Sexta conferência – denominada *Kennedy Round*[101] *(1964-1967)* – foi lançada pelo presidente norte-americano, com o objectivo de desmantelar a nova protecção resultante da criação da CEE e alterar a sua própria política comercial defensiva e proteccionista para uma abertura de mercados externos que recebessem os produtos americanos. As negociações permitiram atingir bons resultados, nomeadamente nos seguintes pontos:

- A redução dos direitos aduaneiros foi da ordem dos *35%*, o que representou uma negociação conseguida três vezes superior ao do valor obtido na última conferência;
- No campo agrícola estabeleceram-se preços máximos e mínimos dos cereais e criou-se um Fundo de Ajuda Alimentar a favor dos países menos desenvolvidos;
- Proclamou-se a abertura de mercados por parte dos países industrializados por forma a receberem produtos originários dos países em desenvolvimento.

A Sétima conferência – *Tokyo Round* (1973-79) – fixou um conjunto de objectivos mais amplos do que todas as anteriores, ao *mesmo* tempo que se debruçou sobre os obstáculos não-pautais às trocas. Esta Conferência foi apoiada pelo Presidente Nixon, depois de em 1971[102] os E.U.A. sofrerem o primeiro défice da sua balança comercial pós-Segurida Guerra Mundial.

[101] Constituiu a primeira grande negociação de envergadura.

[102] Situação ininterrupta e agravada constantemente até à época actual.

Os avanços desta Conferência foram essencialmente nos seguintes quatro domínios[103]:

1º) *No campo do valor aduaneiro das mercadorias*
O Acordo Relativo à Aplicação do art. VII do GATT (Código do Valor Aduaneiro) consagrou um conjunto de princípios alicerçando como critério básico o do valor transaccional ou valor *real* das mercadorias, afastando a Convenção de Bruxelas (1950) sobre o valor *normal* das mercadorias.

2º) *No campo das subvenções à exportação*
O Código Anti-Subvenção, também designado por Acordo Relativo à Interpretação e Aplicação dos arts. VI e XVI do Acordo Geral, estabeleceu que qualquer país pode proteger-se através de um direito compensador equivalente da prática de subsídios aplicados por países fornecedores, com a condição de causar ou ameaçar causar um prejuízo importante a uma produção nacional organizada.

3º) *No campo da normalização*
O Acordo Relativo aos Obstáculos Técnicos, também denominado Código de Normalização, teve por objectivo fazer com que os governos e organismos ao adoptarem regulamentos técnicos, por razões de segurança, de saúde pública, de protecção ao consumidor, etc., não criassem efeitos discriminatórios e entraves ao comércio internacional. Chamou, por isso, a atenção para que os Estados participassem no esforço de internacionalização de normas técnicas através de organismos internacionais.

4º) *No campo dos mercados públicos*
Antes do Tokyo Round a compra de bens por parte das entidades públicas era, quase sempre, reservada aos produtores nacionais. O novo Código Relativo aos Mercados Públicos impôs o respeito da não-discriminação entre fornecedores nacionais e estrangeiros, fixando procedimentos de publicidade.

[103] A estes domínios é necessário juntar a revisão do Código Anti-Dumping de 1968.

Secção 2ª
A Erosão do Sistema Comercial Internacional Erigido pelo GATT (1947)

O sistema comercial internacional do pós-guerra apresentou, ao longo do percurso, fraquezas conjunturais *e* institucionais. Pertencem ao primeiro grupo a permanente luta contra as recessões e as tentativas proteccionistas, e os interesses dos *lobbies à* escala mundial. Dizem respeito à área institucional as variáveis de fragilidade, nomeadamente:

i) A ausência de formulação de uma política comercial global, isto é, o comércio internacional foi objecto de uma negociação relativamente restrita, na óptica de um tipo particular de medidas, descurando-se o ataque às regras de comportamento a nível multilateral. Não se soube difundir o afastamento da concepção mercantilista que toma essencialmente as exportações como objectivo, e as importações como custo. A própria amplitude da política de reciprocidade enferma da concepção mercantilista.

ii) A combinação da cláusula incondicional da nação mais favorecida com o princípio da reciprocidade global apresenta uma incompatibilidade, na medida em que o último compromete o primeiro.

iii) As relações comerciais entre países evoluídos e países pobres nunca foram plenamente equacionadas. Quando se consentiu no conceito *de preferência* foi tarde!!

iv) As cláusulas de salvaguarda, implantadas unilateralmente e sem justificação pública, perturbaram igualmente o funcionamento do sistema, retornando-se a um proteccionismo sofisticado, com um pano de fundo de concorrência exacerbada!

Eis alguns elementos da profunda erosão.

Capítulo II
A Criação da Organização Mundial do Comércio (OMC)

Secção 1ª
Introdução

O ciclo do *Uruguay Round* representa a oitava conferência da estrutura iniciada pós-Segunda Guerra, e que com a criação da OMC veio reformar definitivamente o quadro normativo de tratamento das questões complexas atinentes às relações económicas internacionais.

Inaugurado na cidade uruguaia de Punta del Este, em Setembro de 1986, representou um fórum de discussão de reforma das regras que vinham do GATT 1947, de submissão de sectores tradicionalmente arredios (têxteis e agricultura) e de novas áreas de abrangência (serviços, investimentos e propriedade intelectual).

As negociações comerciais multilaterais concluíram-se em 15 de Dezembro de 1993. A acta final resultante deste longo e penoso período de busca de uma plataforma revivificada foi assinada em 15 de Abril de 1994 em Marraqueche.

O acordo instituidor da OMC lança as bases do novo sistema comercial internacional, possuidor de características integradas, englobando o Acordo Geral Sobre Pautas Aduaneiras e Comércio (GATT, 1947) e os resultados das sucessivas Conferências, bem como todo o acervo obtido nas negociações comerciais multilaterais do *Uruguay Round* e representado por 28 acordos.

A Organização Mundial do Comércio (OMC) difere completamente da sua predecessora.

As principais diferenças entre a OMC e o GATT são as seguintes:

- Os compromissos assumidos sob a égide da OMC existem de pleno direito e são permanentes. O GATT era aplicado como um compromisso, cheio de derrogações a utilizar com proveito...;
- A OMC engloba *o* comércio de mercadorias, o comércio de serviços e os aspectos dos direitos da propriedade intelectual ligados ao comércio. O GATT só se aplicava ao comércio de mercadorias, *tout court;*
- A OMC superintende em todos os acordos tipificados como essencialmente multilaterais e, por conseguinte, subscrito por todos os seus membros em termos de compromissos. O GATT representava um instrumento multilateral mas condicionado a acordos selectivos e de carácter plurilateral;
- A OMC integra de maneira definitiva o Órgão de Regulação de Diferendos. O GATT não tinha poder de decisão, com tantas disputas bloqueadas ou adiadas...;
- O GATT 1947, sob a forma de GATT 1994, faz parte integrante do Acordo que institui a OMC e continua a regular áreas disciplinadoras do comércio internacional de mercadorias, sempre que não colida com os dispositivos normativos entrados em vigor em 1 de Janeiro de 1995.

Há a assinalar ainda que a OMC participa em pé de igualdade com as organizações internacionais competentes nos domínios monetário e financeiro (*v. g.* FMI e Banco Mundial). A Declaração de Marraqueche reconhece os elos que existem entre os diferentes aspectos da política económica e sublinha a necessidade que há, por parte da OMC, de reforçar a cooperação por forma a contribuir para o crescimento e desenvolvimento das economias.

Secção 2ª
Estrutura da OMC

§1º A Conferência Ministerial

A autoridade suprema da OMC é a *Conferência Ministerial,* constituída por representantes de todos os membros, e que se devem reunir, pelo menos uma vez de dois em dois anos. Cada Estado membro dispõe de um voto nominal. Em circunstâncias excepcionais, a Conferência poderá *dispensar* um membro de uma qualquer obrigação através *de* uma votação que abarque três quartos dos seus membros. Incumbe exclusivamente à Conferência a *adopção de interpretações* no tocante aos acordos integrantes do *Uruguay Round,* igualmente através da votação por maioria de três quartos. Quando se trata de uma *modificação de disposições* dos acordos multilaterais aquela pode ser aprovada por uma maioria de dois terços dos votos. A *admissão* de um novo membro será adoptada por uma maioria de dois terços.

§2º O Conselho Geral

O Conselho Geral partilha com a Conferência a tarefa da interpretação dos acordos. Ele reúne-se sob duas formas específicas. Uma, como Órgão de Resolução de Diferendos (matéria que vai ser tratada à parte). A outra, assume a função de Órgão de Exame de Políticas Comerciais.

§3º O Mecanismo de Exame das Políticas Comerciais (MEPC)

A OMC atribui importância essencial à vigilância das políticas comerciais baseando-se institucionalmente no MEPC. Este tem por objectivo melhorar a transparência das políticas e das práticas comerciais e encará-las à luz de um debate público intergovernamental, por forma a permitir uma avaliação multilateral dos efeitos das políticas sobre o sistema comercial internacional. Os exames são realizados de maneira periódica e regular.

A política comercial da União Europeia, dos E.U.A., do Japão e da China deve ser examinada de dois em dois anos, os 16 países sequenciais por ordem de importância no comércio internacional devem ser estudados de quatro em quatro anos, e os restantes em cada seis anos.

Os exames são efectuados pelo Órgão do Exame de Política Comercial (OEPC) ao nível do Conselho Geral com base em dois relatórios. Um destes relatórios é elaborado pelo governo do país que se submete a apreciação, onde se indicam os traços fundamentais da respectiva política. O outro relatório é efectuado pelo Secretariado da OMC por forma detalhada e independente. Ambos são posteriormente publicados.

Ao longo dos quinze anos de vigência deste mecanismo, pode-se dizer que tem tido um bom funcionamento na medida em que permite apreciar e avaliar toda a gama de políticas e práticas comerciais dos diversos Membros. Os exames enquadram-se no contexto das necessidades, das políticas e dos objectivos gerais das Partes nos domínios da economia e do desenvolvimento. No final de 2006, o Órgão tinha procedido a 230 exames, tendo os quatro primeiros parceiros do comércio mundial sido submetidos a sete estudos. Todos os relatórios são publicados, contendo análises detalhadas das políticas e práticas comerciais dos Membros, descrevendo as instituições encarregadas da política comercial, bem como a respectiva situação macroeconómica.

§4º O Órgão de Resolução de Diferendos (ORD)

O órgão em epígrafe está estabelecido no Memorando de Acordo Sobre Regras e Procedimentos Atinentes à Regulação de Litígios. O seu texto está bem esquematizado, como um código, realçando a alínea 3.1.0 do Memorando que «os pedidos de reconciliação e o recurso aos procedimentos de regulação dos diferendos não devem ser concebidos, nem considerados, como actos contenciosos». Isto significa que se recorre à boa fé dos membros da O.M.C., tendo por objectivo relevar os direitos e obrigações decorrentes dos acordos que integram o *Uruguay Round,* buscando sempre a segurança e a previsibilidade inerentes a um sistema comercial multilateral.

Tratava-se de implantar uma abordagem global por forma a colmatar as insuficiências que vinham do GATT e que eram as seguintes:

- *i)* Ausência de segurança jurídica ligada à multiplicidade de situações de litígios a partir do *Tokyo Round* e ausência de um sistema integrado;
- *ii)* Possibilidade de qualquer Parte adiar indefinidamente a resolução do litígio;
- *iii)* Ausência de regras concretas que fixem os direitos e obrigações processuais de litígio;
- *iv)* Fraqueza das medidas de retorsão na hipótese da não aplicação de uma decisão, bem como a possibilidade de actuação unilateral de um país.

1) *Pedido de Conciliação*

Quando um país membro está lesado pede à outra Parte que considere a questão devendo haver uma resposta no prazo de dez dias. A partir daqui, estabelecem-se consultas à base da boa fé, e dentro de um prazo temporal de trinta dias a contar da data do pedido. Caso haja recusa de entendimento, o membro que se considere lesado requererá a nomeação e constituição de um *grupo especial,* indicando a questão, ora levantada, com o fundamento jurídico respectivo, havendo ainda a possibilidade das Partes solicitarem a mediação do director geral. As medidas que provocaram o litígio são presentes ao *grupo especial,* constituído por três individualidades de reconhecido mérito em comércio internacional, envolvendo outras nacionalidades na escolha das pessoas com o objectivo de assegurar a imparcialidade da decisão. Caso as Partes envolvidas não estejam de acordo com a composição de todos ou de algum membro do grupo especial, o director geral da OMC, ouvido o presidente do ORD, poderá designar as três individualidades. O *grupo especial* deverá proceder à avaliação objectiva da questão, objecto do litígio, no preciso enquadramento dos factos, da aplicação dos acordos visados, por forma a constatar uma possível ruptura entre as disposições normativas e o caso prático. Haverá consultas com as Partes no diferendo, por forma a evidenciar da possibilidade de encontrar-se uma solução mutuamente satisfatória, tudo isto dentro do curto prazo estabelecido pelo grupo. Na hipótese de não haver uma solução que convenha a ambas as Partes, o grupo especial enuncia os termos da resolução do diferendo (o prazo entre o estabelecimento do grupo especial e a apresentação do relatório final, decidindo a questão, não pode ultrapassar nove meses). Das conclusões do *grupo especial* pode haver recurso a encetar por uma das Partes, e está limitado às questões de direito, podendo confirmar ou modificar as constatações e conclusões jurídicas do grupo especial. Este relatório deve ser adoptado pelo ORD e aceite obrigatoriamente pelas Partes interessadas. Em suma:

- O sistema integrado de resolução de litígios aplica-se a todos os sectores enquadrados pela Acta Final do *Uruguay Round,* sob reserva de derrogações taxativas. As regras normativas do Memorando são aplicáveis aos acordos relativos aos produtos, aos serviços, à propriedade intelectual e aos acordos plurilaterais constantes do Anexo 4 do Acordo Relativo à OMC.

2) *Enquadramento*

A aplicação do sistema integrado é orientada exclusivamente para os Estados membros da OMC e para os países signatários dos acordos plurilaterais.

3) *Etapas Processuais*

No desenvolvimento processual há a distinguir várias etapas:

i) Em 1º lugar as partes devem proceder a consultas bilaterais, podendo haver «bons ofícios, conciliação e mediação» desde que as partes em litígio acordem neste sentido. Nesta fase, os processos são confidenciais e não podem prejudicar os direitos das partes em etapas processuais seguintes;

ii) Caso os «bons ofícios, conciliação ou mediação» não tenham conseguido resolver o diferendo, a parte queixosa pode solicitar a criação de um *painel* por escrito. O *painel é* composto por indivíduos altamente qualificados, independentes, com a missão de apreciar objectivamente a questão colocada e chegar a uma conclusão que ajude o ORD a adoptar recomendações ou decisões no relatório do painel;

iii) Em 3º lugar há a apresentação do relatório ao ORD, tendo este órgão um prazo fixo para apreciação daquele, devendo as partes participar na análise;

iv) Pode uma das partes notificar o ORD da sua decisão de recorrer. Constituir-se-á um Órgão de Recurso no qual entram pessoas especialistas em direito e em comércio internacional. Os relatórios do Órgão de Recurso são adoptados pelo ORD *e* aceites incondicionalmente pelas partes em litígio, salvo se o ORD decidir por consenso não adoptar o relatório do Órgão de Recurso.

O funcionamento do mecanismo de Resolução de Diferendos (ou de Litígios) constitui um êxito, desde a sua criação em 1995. Entre a data do começo dos seus trabalhos a 31 de Dezembro de 2004, foram submetidos a exame 324 processos, com uma incidência em medidas correctivas comerciais, em matéria de subvenção e anti-dumping, e em questões agrícolas[104].

O próprio Memorando de Acordo favorece a apresentação de recursos por agrupamentos de Membros, em que estes se associam para contestar em conjunto certas medidas consideradas como incompatíveis com as regras da OMC. A jurisprudência da ORD tem tido um efeito importante sobre o direito internacional, influenciando decisões de outros agrupamentos regionais. Ela contribui para o funcionamento do sistema comercial multilateral.

[104] As medidas impugnadas repartem-se do seguinte modo (em %): *i)* Obstáculos Pautais – 13%; *ii)* Obstáculos Não-Pautais – 32%; *iii)* Anti-Dumping e Subvenções – 16%; *iv)* Medidas de Salvaguarda – 7%; *v)* Acordos Comerciais Preferenciais – 2%; *vi)* MSF – 6%; *vii)* Obstáculos Técnicos – 7%; *viii)* Serviços – 9% (Fonte; OMC, 2007) – Total das Medidas: 505.

§5º O Organograma

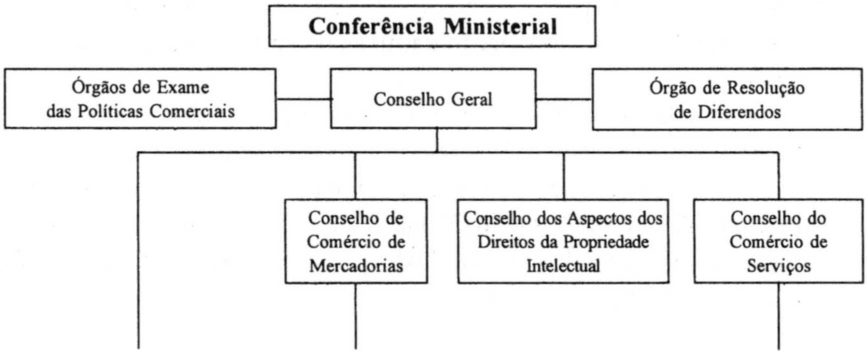

Comités

— Comércio e Ambiente

— **Comércio e**
— **Desenvolvimento**
  — Subcomité dos Países Menos Avançados

— **Acordos Comerciais Regionais**

— **Restrições Aplicadas para Fins de Balança de Pagamentos**

— **Orçamento, Finanças e Administração**

Grupos de Trabalho

— **Ligação entre Comércio e Investimento**

— **Comércio e Politica de Concorrência**

— **Transparência dos Mercados públicos**

Comités

— Acesso aos Mercados

— Agricultura

— **Medidas Sanitárias e Fitossanitárias**

— **Obstáculos Técnicos ao Comércio**

— **Subvenções e Medidas Compensatórias**

— Práticas *Antidumping*

— **Valor Aduaneiro das Mercadorias**

— Regras de Origem

— Licenças de Importação

— **Medidas de Investimento e Ligadas ao Comércio**

Órgão de Supervisão dos Têxteis

Grupos de Trabalho das Empresas do Estado

Comité do Acordo Sobre as Tecnologias de Informação

Comités

— **Comércio dos Serviços Financeiros**

— **Compromissos Específicos**

Grupos de Trabalho

— **Regulamentação Interna**

— Regras do AGCS

§6º Âmbito de Estrutura

Os acordos, declarações e decisões integrantes na OMC são os seguintes:

Acordo Instituindo a Organização Mundial de Comércio

Anexo 1

Anexo 1 A: Acordos Multilaterais Sobre o Comércio de Mercadorias

- Acordo Geral Sobre Pautas Aduaneiras e Comércio de 1994;
- Memorando de Entendimento Sobre a Interpretação do Art. II, 1, *b)*, do Acordo Geral Sobre Pautas Aduaneiras e Comércio de 1994;
- Memorando de Entendimento Sobre a Interpretação do Art. XVII do Acordo Geral Sobre Pautas Aduaneiras e Comércio de 1994;
- Memorando de Entendimento Sobre as Disposições do Acordo Geral Sobre Pautas Aduaneiras e Comércio de 1994 relativos à Balança de Pagamentos;
- Memorando de Entendimento Sobre a Interpretação do Art. XXIV do Acordo Geral Sobre Pautas Aduaneiras e Comércio de 1994;
- Memorando de Entendimento Respeitante às Derrogações e às Obrigações Decorrentes do Acordo Geral Sobre Pautas Aduaneiras e Comércio de 1994;
- Memorando de Entendimento Sobre a Interpretação do Art. XXVIII do Acordo Geral Sobre Pautas Aduaneiras e Comércio de 1994;
- Protocolo de Marraquexe Anexo ao Acordo Geral Sobre Pautas Aduaneiras e Comércio de 1994;
- Acordo Sobre a Agricultura;
- Acordo Relativo à Aplicação de Medidas Sanitárias e Fitossanitárias;
- Acordo Sobre os Têxteis e Vestuário;
- Acordo Sobre os Obstáculos Técnicos ao Comércio;
- Acordo Sobre as Medidas de Investimento Relacionadas com o Comércio;
- Acordo Sobre a Aplicação do Art. VI do Acordo Geral Sobre Pautas Aduaneiras e Comércio de 1994;
- Acordo Sobre a Aplicação do Art. VII do Acordo Geral Sobre Pautas Aduaneiras e Comércio de 1994;
- Acordo Sobre a Inspecção Antes da Expedição;
- Acordo Sobre as Regras de Origem;
- Acordo Sobre os Procedimentos em Matéria de Licenças de Importação;
- Acordo Sobre as Subvenções e as Medidas de Compensação;
- Acordo Sobre as Medidas de Salvaguarda.

Anexo 1 B: Acordo Geral Sobre o Comércio de Serviços.

Anexo 1 C: Acordo Sobre os Aspectos dos Direitos de Propriedade Intelectual Relacionados com o Comércio.

Anexo 2: Memorando de Entendimento Sobre as Regras e Processos que Regem a Resolução de Litígios.

Anexo 3: Mecanismo de Exame das Políticas Comerciais.

Anexo 4: Os Acordos Comerciais Plurilaterais.

- Acordo Sobre o Comércio de Aeronaves;
- Acordo Sobre os Mercados Públicos;
- Acordo Internacional Sobre o Sector Lácteo;
- Acordo Internacional Sobre a Carne Bovina.

Declarações e Decisões Ministeriais

- Decisão Relativa às Medidas em Favor dos Países Menos Desenvolvidos;
- Declaração Relativa à Contribuição da Organização Mundial do Comércio para uma Maior Coerência na Elaboração das Políticas Económicas a Nível Mundial;
- Decisão Relativa aos Procedimentos de Notificação;
- Declaração Relativa às Relações da Organização Mundial do Comércio com o Fundo Monetário Internacional;
- Decisão Relativa às Medidas Respeitantes aos Possíveis Efeitos Negativos do Programa de Reforma nos Países Menos Desenvolvidos e nos Países em Desenvolvimento Importadores Líquidos de Produtos Alimentares;
- Decisão Relativa à Notificação da Primeira integração por Força do nº 6 do art 2ª do Acordo Sobre os Têxteis e Vestuário;
- Decisão Relativa ao Memorando de Entendimento Proposto Respeitante ao Sistema de Informação Sobre as Normas OMC-1SO;
- Decisão Relativa ao Exame da Publicação do Centro de Informação ISO/;
- Decisão Relativa à Prevenção da Evasão;
- Decisão Relativa ao Exame do nº 6 do art. 17º do Acordo Sobre a Aplicação do art. VI do Acordo Geral Sobre Pautas Aduaneiras e Comércio de 1994;

- Declaração Relativa à Resolução de Litígios em Conformidade com o Acordo Sobre a Aplicação do art. VI do Acordo Geral Sobre Pautas Aduaneiras e Comércio de 1994 ou com a Parte V do Acordo Sobre as Subvenções e Medidas de Compensação;
- Decisão Relativa aos Casos em que as Administrações Aduaneiras têm Razões para Duvidar da Veracidade ou da Exactidão do Valor Declarado;
- Decisão Relativa aos Textos Respeitantes aos Valores Mínimos e às Importações Efectuadas por Agentes, Distribuidores e Concessionários Exclusivos;
- Decisão Relativa aos Convénios Institucionais Respeitantes ao Acordo Geral Sobre o Comércio de Serviços;
- Decisão Relativa a Certos Processos de Resolução de Litígios para Efeitos do Acordo Geral Sobre o Comércio de Serviços;
- Decisão Relativa ao Comércio de Serviços e ao Ambiente;
- Decisão Relativa às Negociações Sobre a Circulação de Pessoas Singulares;
- Decisão Relativa aos Serviços Financeiros;
- Decisão Relativa às Negociações Sobre os Serviços de Transporte Marítimo;
- Decisão Relativa às Negociações Sobre as Telecomunicações de Base;
- Decisão Relativa aos Serviços das Profissões Liberais;
- Decisão Relativa à Aplicação e Revisão do Memorando de Entendimento Sobre as Regras e Processos que Regem a Resolução de Litígios.

§7º Comitologia

A actividade da OMC tem uma expressiva relevância através dos trabalhos dos comités. Em particular salientam-se os seguintes:

1) *O Comité de Acordos Comerciais Regionais (ACR)*

A maior parte dos membros da OMC são parceiros em ACR. Estes existem em todas as regiões do mundo, e, actualmente, são em número superior a 300, cobrindo mais de 65% do comércio mundial.

Os blocos de integração económica no mundo ultrapassam, em termos de superfície, mais de 80 milhões de quilómetros quadrados, albergando 2600 mil milhões de pessoas (45% da população mundial). Desde a década de 90 que se tem constatado o reforço dos processos de integração económica, curiosamente acompanhada pela globalização[105]. Esta tendência de crescimento de relações comerciais preferenciais e discriminatórias tem vindo a ser uma constante no hemisfério ocidental e na região Ásia-Pacífico. A Europa Ocidental, que ampliou os ACR durante décadas, entrou na primeira década do Século XXI numa fase de consolidação, com a entrada de 10 novos países na União Europeia (Maio de 2004) e outros dois países (Janeiro de 2007). Nos Balcãs, a UE tem vindo a esforçar-se pela aplicação de uma estratégia de estabilização, fixando acordos bilaterais para uma futura adesão (Macedónia, Sérvia, Croácia e Albânia). Uma terceira geração de acordos euro-mediterrânicos está implementada.

O Tratado de Lisboa já está em vigor. O próprio Acordo da Cotonu está a ser substituído por Acordos de Parceria Económica cobrindo seis regiões ACP.

O GATT 1947, segundo o art. XXIV, reconheceu a vantagem da liberalização comercial pelo desenvolvimento dos processos de integração de diversas economias consubstanciadas pelos ACR[106]. A formação de uniões aduaneiras ou zonas de comércio livre deve respeitar as seguintes condições (cf. § 5 do art. XXIV):

- Para a União Aduaneira: os direitos aduaneiros e taxas de efeito equivalente a direitos não deverão ser maiores, ou causarem maior restrição ao comércio, do que existia antes da formação da união.
  A união aduaneira deve ser entendida como a substituição de dois ou mais territórios aduaneiros por um único território aduaneiro, de forma que os direitos e outras imposições restritivas ao comércio sejam eliminados com relação a uma parte substancial de todo o comércio entre as Partes da União. No caso de uma união aduaneira, a avaliação da incidência geral dos direitos aduaneiros e outras imposições de efeito equivalente sobre o comércio antes da formação da união deverá basear-se no exame da média ponderada das taxas dos direitos aduaneiros aplicáveis. O período a que se reporta a avaliação deverá ser de três anos, com valores e quantidades por artigo pautal, desagregado segundo a origem por país membro da OMC.
- Para a Zona de Comércio Livre: os direitos aduaneiros e outras imposições mantidas por cada Parte do Acordo e aplicáveis aquando da criação da área de comércio livre e em relação a países terceiros não

[105] Para aprofundamento, v. «Evolução e Tendências da Integração Económica Regional», de Raposo Medeiros, Ed. Livraria Petrony, Lisboa, 2008.

[106] Entre 1948-94, o GATT recebeu 124 notificações de ACR. Entre 1995 e 1 de Março de 2007, a OMC foi notificada de mais 160 novos ACR.

deverão ser maiores ou mais restritivos do que aqueles que existiam antes da formação da área de integração.

Alargando o âmbito dos ACR baseados no art. XXIV do GATT, estende-se ao comércio de serviços (art. V do Acordo Geral Sobre Comércio de Serviços), e entra-se com a Decisão do Conselho do GATT Sobre o Tratamento Diferenciado e Mais Favorável (1979). São todas estas disposições de natureza jurídica que contêm critérios e procedimentos que estão na base da conclusão dos ACR.

A última geração contratualizada de ACR ultrapassaram a etapa de desarmamento pautal incidente sobre a circulação de mercadorias a fim de alcançarem compromissos preferenciais em matérias de serviços, de investimento, de política de concorrência, de mercados públicos, do comércio electrónico, e em certos casos, em matéria de trabalho e ambiente.

Ora, o alargamento de âmbito dos novos ACR, com diferenças de regimes entre eles, torna as trocas internacionais mais complexas e pode fragilizar os princípios em que se baseia a OMC, ou seja, a transparência, a previsibilidade e a não-discriminação.

A OMC até à actualidade não foi capaz de definir os critérios gerais de avaliação dos ACR. Todavia, o Comité, em Dezembro de 2006, aprovou uma Decisão de Transparência, clarificando os procedimentos de exame dos ACR (um primeiro passo foi dado).

2) *O Comité do Comércio e Desenvolvimento (CCD)*

Este comité debate questões de grande importância, nomeadamente:

- A relação de troca de produtos primários e a sua repercussão no comércio e desenvolvimento dos países exportadores;
- O debate de aspectos relacionados com o desenvolvimento e meio ambiente, por forma a contribuir para as negociações que reflitam um desenvolvimento sustentável;
- A análise de procedimentos de notificação para os acordos comerciais regionais entre países em desenvolvimento;
- Estudo da dimensão do desenvolvimento do comércio electrónico.

É ainda de notar que, enquadrado no CCD, existe um sub-comité de Países Menos Avançados (PMA), cuja actuação se centra na aplicação do programa de Trabalho da OMC para os PMA, com debate das seguintes principais questões:

- Acesso aos mercados para os PMA;
- Assistências técnicas relacionadas com o comércio;
- Apoio à diversificação da base de produção e exportação dos PMA;
- Adesão dos PMA à OMC.

3) *O Comité do Comércio e Ambiente*

Este comité tem vindo a debater várias questões atinentes a bens, a serviços e aos direitos da propriedade intelectual. Sobretudo tem centrado a sua atenção nas seguintes questões:

- Identificar as relações existentes entre as medidas comerciais e as medidas ambientais por forma a promover o «desenvolvimento sustentável»;
- Estudo da utilização dos «bens ambientais», como seja o tratamento de águas residuais, gestão dos detritos sólidos e a produção de energias renováveis;
- Estudo dos efeitos ambientais sobre o acesso aos mercados;
- Estudo das subvenções à pesca.

Capítulo III
O Reforço da Disciplina Multilateral

Secção 1ª
As Medidas de Salvaguarda

§1º Introdução

Em qualquer sistema comercial internacional é imperioso considerar-se cláusulas de salvaguarda a aplicar em conjunturas de crise ou aquando da adopção de políticas de ajustamento estrutural.

As cláusulas de salvaguarda permitem:

- Estabelecer um equilíbrio entre o regime puro livre-cambista e os proteccionismos sofisticados;
- Determinar um novo ponto entre o laxismo do sistema pós-guerra e a oposição rígida que inutiliza o instrumento jurídico.

É, pois, dentro de certo realismo e tendo por objectivo a eficácia do sistema comercial internacional que se devem precisar as condições e os mecanismos de execução das salvaguardas.

Na perspectiva do GATT 1947, a cláusula de salvaguarda do art. XIX do Acordo Geral estatuiu que qualquer Parte Contratante tinha a possibilidade de elevar os direitos aduaneiros ou de impor restrições quantitativas para evitar que os produtos nacionais sofressem um prejuízo grave, alargando o conceito à própria ameaça de prejuízo. Este célebre art. XIX não definiu o que se devia entender por prejuízo grave ou ameaça de prejuízo grave, deixando à discricionariedade a sua utilização[107].

[107] Abrangeu os acordos de auto-limitação das exportações e legitimou os Acordos Multifibras.

§2º O Acordo Sobre as Medidas de Salvaguarda

O Acordo em epígrafe teve por objectivo reforçar a disciplina global para melhorar a segurança de acesso aos mercados e afastar a «zona cinzenta».

Trata-se de uma matéria inovatória, dado que:

- Introduz a *cláusula de extinção* para todas as medidas de salvaguarda que vêm do passado *e* que devem ser eliminadas até finais de 1998 ou até 31 de Dezembro de 1999 (tratando-se de uma medida específica[108];
- Especifica que um Estado membro pode aplicar uma medida de salvaguarda na sequência de um *inquérito* que deve compreender a sua publicidade, audições públicas e outros meios pelos quais os interessados poderão apresentar os seus elementos de prova e pontos de vista;
- Define mais precisamente os critérios da determinação do prejuízo grave entendendo-se como a degradação considerável da situação de um ramo da produção nacional;
- Conceptualiza a noção de ameaça de prejuízo grave, entendido como eminente prejuízo em que entrarão factores de natureza objectiva e quantificável (por exemplo: taxa de crescimento das importações; parte do mercado interno tomada pelo aumento das importações; produção nacional; utilização da capacidade instalada; etc.);
- Estipula que, caso se recorra a uma restrição quantitativa, a medida não reduzirá as quantidades importadas para um nível inferior ao da média das importações efectuadas durante os últimos 3 anos para os quais se dispõe de estatísticas de comércio externo;
- Consagra o *princípio da modulação dos contingentes,* em que permite penalizar, sob os auspícios do Comité das Medidas de Salvaguarda, o fornecedor que se encontra na origem do prejuízo (consagração do princípio da selectividade);
- Estabelece um quadro temporal de vigência das medidas de salvaguarda que não deverá ultrapassar 4 anos, prorrogável por outros 4 anos, caso se prove que a medida continua a ser necessária para prevenir ou reparar um prejuízo grave;
- Afasta a aplicação de uma medida de salvaguarda quando se trata de um produto originário de um país em desenvolvimento, quando as importações do produto em causa não ultrapassem 3% do total das importações, ou 9% quando se trata de um conjunto de países em vias de desenvolvimento.

[108] Caso de automóveis de passageiros, veículos comerciais e CKD vindos do Japão para a União Europeia.

Secção 2ª
As Subvenções e as Medidas Compensatórias

§1º Considerações Gerais

A matéria de subvenções constituiu um elemento de perturbação nas relações comerciais internacionais dos últimos 60 anos, na medida em que se tratava de uma área representativa da diversidade de pontos de vista relativamente ao papel que o Estado deve desempenhar no suporte da produção, do comércio e dos investimentos. A questão fundamental residia não tanto no art. XVI do Acordo Geral Sobre Pautas Aduaneiras e Comércio, que diz respeito à utilização das subvenções em si mesmo, mas no recurso aos direitos compensadores a utilizar por qualquer país ao abrigo do art. VI do referido Acordo Geral a fim de evitar que o ramo da produção nacional sofresse um «prejuízo grave».

O *Acordo Sobre As Subvenções* e *Os Direitos Compensadores* saído do *Uruguay Round* visou completar o Acordo Relativo à Interpretação e Aplicação dos arts. VI, XVI e XXIII, negociado no quadro do *«Tokyo Round»* e conhecido vulgarmente pela designação de Código Anti-Subvenções.

§2º Caracterização do Acordo

O Acordo Sobre as Subvenções *e* as Medidas de Compensação (Uruguay Round) inscreve-se numa lógica de transparência.

Começa por definir o que se deve entender por subvenção:

- Existência de uma contribuição financeira do Estado ou de uma qualquer entidade pública, em que:
  i) A prática do Estado inclua uma transferência directa de fundos (subsídios, empréstimos, injecções de capital, etc.), potenciais transferências directas de fundos ou responsabilidades (como sejam garantias de empréstimos);
  ii) O Estado renuncie ou não a proceder à cobrança de receitas públicas normalmente exigíveis;
  iii) O Estado forneça bens ou serviços não identificáveis com infraestruturas gerais, ou adquira bens;
  iv) O Estado efectue pagamentos a um mecanismo de financiamento, ou encarregue um organismo privado de executar uma ou diversas funções, das enumeradas nas anteriores alíneas, que incumbiriam normalmente ao Estado.

- Qualquer forma de protecção dos rendimentos ou de manutenção dos preços na acepção do acima citado art. XVI.

Depois, a fim de evitar distorções na concorrência, estabelece uma tipologia de subvenções ao mesmo tempo que concretiza os contornos e limites de utilização. Deste modo, o Acordo prevê 3 categorias de subvenções, a saber:

1º As subvenções proibidas[109] (art. 3º) que de um modo geral são aquelas subordinadas, de facto ou de direito, aos resultados das exportações, bem como as subordinadas à utilização de produtos nacionais em detrimento de produtos importados;

2º As subvenções passíveis de recurso[110], albergando medidas compensatórias (Parte II, Parte III e Parte V do Acordo), quando:

a) Do grupo das específicas:
- A entidade limita expressamente a certas empresas o acesso à subvenção;
- A entidade que concede a subvenção sujeita a critérios ou condições objectivas o direito de beneficiar da subvenção;
- A entidade concede um programa de subvenções a um número limitado de empresas;
- A entidade concede a certas empresas montantes de subvenções desproporcionalmente elevados;
- A entidade exerce um poder discricionário na decisão de conceder uma subvenção;
- A entidade concede uma subvenção limitada a certas empresas no interior de uma região geográfica determinada.

b) Do grupo das não específicas:
- Liga a subvenção a efeitos desfavoráveis sobre o comércio; define o que se deve entender por prejuízo grave, indicando-se adentro desta figura um subsídio «ad-valorem» que ultrapasse os 5%, os subsídios destinados a cobrir perdas de exploração sofridas por uma empresa ou ramo de produção ou anulação directa de dívidas;
- Define o risco de prejuízo grave, e, portanto, com efeitos desfavoráveis indicando as seguintes situações:

[109] A subvenção agrícola é regulada taxativamente no Acordo Sobre a Agricultura.

[110] Tanto podem ser específicas, como não específicas.

i) A subvenção tem por efeito desviar ou dificultar as *importações* de um produto similar de um outro país no mercado do Membro que concede a subvenção;

ii) A subvenção tem por efeito desviar ou dificultar as exportações de um produto similar de um outro Membro do mercado de um país terceiro;

iii) A subvenção traduz-se numa subcotação do preço do produto subvencionado relativamente ao preço de um produto similar de um outro Membro no mesmo mercado, ou tem efeitos significativos em matéria de contenção ou depreciação dos preços ou em perdas de vendas no mesmo mercado.

- A subvenção traduz-se num aumento da quota de mercado mundial de certo produto subvencionado, primário ou de base.

3º As subvenções permitidas nos casos seguintes:

- Assistência a actividades de investigação realizadas por empresas ou por estabelecimentos de ensino superior ou de investigação desde que aquela não seja superior, no máximo, a 75% dos custos de investigação industrial ou 50% dos custos da actividade de desenvolvimento pré-concorrencial, com algumas limitações técnicas de despesa;
- Assistência a regiões desfavorecidas do território de um Membro, concedida a título de desenvolvimento regional, sob *reserva* das condições seguintes:
  i) A região deve ser claramente demarcada, através de uma identidade económica e administrativa;
  ii) A adjectivação de região desfavorecida deve ter por base critérios neutros e objectivos;
  iii) O rendimento *per capita* não deverá ultrapassar 85% da média do território considerado;
  iv) O nível de desemprego deve ser superior em 10% à média do território considerado.
- Assistência tendo em vista a adaptação de instalações existentes às novas exigências em matéria ambiental impostas por disposições legislativas e/ou regulamentares.

Finalmente, o Acordo contém igualmente disposições que dizem respeito ao recurso a «medidas compensatórias» (art. 10º), isto é, direitos impostos pelo país importador para anular o efeito da subvenção sobre o produto em causa.

Enuncia regras relativas a procedimentos, e abrange a realização do inquérito pelas autoridades nacionais e os elementos de prova. Do mesmo modo são definidas regras para o cálculo da subvenção que estão na base do prejuízo causado ao ramo da produção nacional. É extremamente importante, mesmo indispensável, estabelecer o elo da causalidade entre as importações subvencionadas e o prejuízo alegado.

Os direitos compensadores devem ser suprimidos cinco anos após a data da sua implantação, no máximo[111].

§3º Lista Exemplificativa de Subvenções às Exportações

a) Concessão pelos Estados de subvenções directas a empresas ou a ramos de produção, subordinadas aos resultados das exportações;

b) Sistemas de não retrocessão de divisas e quaisquer outras práticas idênticas que impliquem a concessão de um prémio às exportações;

c) Tarifas de transporte interno e de frete aplicadas às expedições para exportação, asseguradas ou impostas pelos Estados, em condições mais favoráveis do que as aplicadas às exportações destinadas ao mercado interno;

d) Fornecimento pelos Estados ou por organismos públicos, directa ou indirectamente, através de regimes aplicados sob orientação do Estado, de produtos ou serviços importados ou nacionais, destinados a serem utilizados na produção de mercadorias para exportação, em condições mais favoráveis do que as aplicadas ao fornecimento *de* produtos ou *de* serviços similares ou directamente concorrentes para serem utilizados na produção de mercadorias destinadas ao consumo interno, se (no caso de produtos) tais condições forem mais favoráveis do que as condições comerciais de que os respectivos exportadores podem beneficiar nos mercados mundiais;

e) Isenção, remissão ou diferimento, na totalidade ou em parte, dos impostos directos ou das contribuições para a segurança social pagas ou a pagar pelas empresas industriais ou comerciais, concedidos especificamente a título das suas exportações;

f) Deduções especiais directamente relacionadas com as exportações ou com os resultados das exportações que no cálculo da matéria colectá-

[111] A União Europeia disciplinou esta matéria através do Regulamento (CEE) nº 2026/97, do Concelho, de 6 de Outubro de 1997, alterado pelos Regulamentos (CEE) n.os 1973/2002 e 461/2004, do Conselho, de 5 de Novembro e 8 de Março, respectivamente.

vel dos impostos directos sejam superiores às concedidas à produção destinada ao consumo interno;

g) Isenção, remissão ou diferimento de impostos indirectos em cascata cobrados em estádios anteriores sobre os bens ou serviços utilizados na produção de produtos exportados, quando os respectivos montantes forem superiores aos montantes objecto de isenção, remissão ou diferimento dos impostos indirectos em cascata cobrados em estádios anteriores sobre bens ou serviços similares utilizados na produção de produtos similares vendidos para consumo interno; contudo, a isenção, a remissão ou o diferimento de impostos indirectos em cascata cobrados em estádios anteriores podem ser concedidos relativamente a produtos exportados, mesmo que não sejam concedidos em relação a produtos similares vendidos para consumo interno, no caso de os impostos indirectos em cascata cobrados em estádios anteriores incidirem sobre *inputs* consumidos durante o processo de produção dos produtos exportados (com o devido desconto para ter em conta as perdas normalmente registadas). Esta disposição deve ser interpretada em conformidade com as directrizes relativas ao consumo de *inputs* durante o processo de produção que constam do anexo II;

h) Remissão ou devolução da diferença entre o montante das imposições na importação e o montante das imposições sobre os *inputs* importados consumidos durante o processo de produção dos produtos exportados (com o devido desconto para ter em conta as perdas normalmente registadas); contudo, em casos especiais, uma empresa pode utilizar, como *inputs* de substituição, *inputs* do mercado interno em quantidade igual à dos *inputs* importados da mesma qualidade e com as mesmas características, a fim de beneficiar da presente disposição, no caso de as operações de importação e de as operações de exportação correspondentes serem efectuadas num período razoável não superior a dois anos. Esta disposição deve ser interpretada em conformidade com as directrizes relativas ao consumo de *inputs* durante o processo de produção, que constam do anexo II, e com as directrizes para determinar se os sistemas de devolução relativos aos *inputs* de substituição consumidos durante o processo de produção constituem subvenções às exportações, que constam do anexo III;

i) Instituição pelos Estados (ou por organismos especiais sobre o controlo dos Estados) de sistemas de garantia ou de seguro de crédito à exportação, de sistemas de garantia ou de seguro contra o aumento dos custos dos produtos exportados ou de sistemas contra os riscos cambiais a taxas de prémio manifestamente insuficientes para cobrir a longo prazo as despesas e as perdas ocasionadas pela gestão desses sistemas;

j) Concessão pelos Estados (ou por organismos especiais sob o controlo dos Estados e/ou sob a sua autoridade) de créditos à exportação a taxas inferiores às que têm efectivamente de pagar para obter os fundos utilizados desse modo (ou que deveriam pagar no mercado internacional de capitais por um empréstimo reembolsável nos mesmos prazos, nas mesmas condições de crédito e expresso na mesma moeda do crédito à exportação), ou pagamento, na totalidade ou em parte, de todas as despesas suportadas pelos exportadores ou pelos organismos financeiros para a obtenção de crédito, desde que tais medidas sirvam para assegurar uma vantagem considerável no que se refere às condições de crédito à exportação; todavia, no caso de um membro ser parte num compromisso internacional em matéria de créditos à exportação que beneficiam de apoio oficial, no qual pelo menos doze membros do presente acordo sejam partes desde 1 de Janeiro de 1970 (ou num compromisso que o substitua que tenha sido adoptado por esses membros), ou no caso de um membro aplicar, na prática, as disposições do referido compromisso em matéria de taxas de juro, uma prática seguida em matéria de créditos à exportação que esteja em conformidade com tais disposições não será considerada uma subvenção às exportações proibida pelo presente acordo;

k) Qualquer outro encargo para o Tesouro Público que constitua uma subvenção às exportações na acepção do art. XVI do GATT de 1994.

§4º Esclarecimentos Complementares

Uma das inovações trazidas pelo Acordo Sobre as Subvenções foi a de procurar uma definição relativamente abrangente de subvenção. Todavia, só se considera a existência de uma subvenção quando se concede um benefício que traga vantagem ao agente económico. A estrutura da definição, atrás feita, comporta uma contribuição financeira do Estado, com modalidades de prestação pecuniária, e inclui uma qualquer forma de protecção de rendimentos ou de manutenção de preços, desembocando simultaneamente na concessão de uma vantagem. Por outras palavras, a contribuição financeira tem de colocar o destinatário numa situação melhor do que teria, caso ela não existisse, no preciso enquadramento do mercado.

Um outro problema prático que por vezes é difícil de resolver, é o de determinar se uma subvenção está efectivamente vinculada à exportação (a dificuldade é real na jurisprudência). Caso esteja, por força do art. 3º do Acordo, a subvenção é proibida. No entanto, por explicitação da nota de pé-de-página do referido artigo «o simples facto de uma subvenção ser concedida a empresas exportadoras não será por este único motivo considerado como uma subvenção às exportações na acepção da presente disposição». Desta forma, a subvenção só pode ser considerada no sentido proibitivo quando se prove que há um vínculo directo entre a concessão do auxílio financeiro e o facto gerador de vendas de exportação. O que o Acordo adopta como fulcro essencial é no sentido de que as subvenções centradas directamente na exportação ou na concorrência das importações provoquem distorções no comércio internacional.

Por outro lado, o Acordo no seu art. 2º fala de «especificidade», quando uma subvenção se limita explicitamente a certas empresas. O afastamento da especificidade, saindo fora da definição de subvenção, dá-se quando a subvenção se baseia em critérios objectivos e em condições de neutralidade, com projecção horizontal e automática. No entanto, há necessidade de cautela para se tirar conclusões, havendo necessidade de se entrar com outras variáveis, nomeadamente as seguintes:

- Apropriação do programa de subvenções por um número reduzido de empresas;
- Concessão a certas empresas de subvenção desproporcionalmente elevadas;
- Exercício de um poder discricionário na decisão de subvencionar.

Outra questão curiosa, é que o Acordo não indica se a «especificidade» diz respeito aos destinatários ou aos beneficiários das subvenções. Efectivamente esta lacuna não trata da possibilidade dos destinatários de uma subvenção não serem os únicos beneficiários. Isto tem interesse quando há uma subvenção a uma matéria-prima incorporada num produto manufacturado (separação de agentes económicos em diferentes estádios de produção). Neste caso, só deverá considerar-se como havendo subvenção quando esta se transfere, ainda que parcialmente, para o agente económico da manufactura. Não há dúvidas que o tema «especificidade» parte da premissa de que as subvenções específicas podem produzir distorções no comércio, tendo de se entrar em linha de conta quanto ao âmbito dos destinatários. Sendo estes numerosos, mais dispersa e superficial se torna a subvenção, com poucas probabilidades de tomar medidas correctivas.

No tocante às subvenções não passíveis de recurso (arts. 8º e 9º do Acordo), isto é, as subvenções não específicas e as subvenções permitidas, descritas atrás, deixaram de ser aplicáveis a partir de 1 de Janeiro de 2000; por força da não prorrogação por parte do Comité, após o período de 5 anos a partir da data de entrada em vigor do Acordo OMC (art. 31º do Acordo das Subvenções). Tais subvenções entraram na categoria de não específicas com objectivos de política interna, conforme estipula o parágrafo 1 *b)* do art. 2º do Acordo, em virtude da qual a «entidade que concede a subvenção, estabeleça critérios ou condições objectivas para o direito de beneficiar da subvenção e seu montante...». Estes critérios ou condições objectivas devem entender-se como neutros e de carácter económico e de aplicação horizontal.

Relativamente à disciplina das subvenções para países em desenvolvimento, aliás enunciadas no art. 27º do Acordo, especificam-se as condições em virtude das quais numerosos países podem aplicar subvenções à exportação de produtos manufacturados, com indicação de quadros temporais amplos de eliminação das subvenções à exportação, e outros elementos. É de salientar que o parágrafo 1 do art. 27º enuncia «que as subvenções podem desempenhar um importante papel nos programas de desenvolvimento económico dos países Membros que são países em desenvolvimento». Trata-se do tratamento especial e diferenciado em favor dos PVD. A Conferência Ministerial de Doha (2001) decidiu que os Países Menos Avançados (PMA) possam utilizar subvenções à exportação, até serem excluídos expressamente do Anexo VII do Acordo. Ao mesmo tempo permitiu a prorrogação, para além do período de 8 anos, o que significa uma possibilidade actual e futura da prática de subvenções para determinados países pobres, com vista a possibilitar alcançar objectivos nacionais.

Secção 3ª
As Medidas Anti-Dumping

§1º Considerações Gerais

O art. VI do GATT 1947 definiu o *dumping* como a prática de um preço de exportação inferior ao valor normal de um produto similar.

A expressão *«produto similar»* significa um produto idêntico, isto é, igual em todos os aspectos ao produto em causa, ou, na falta desse produto, um outro produto que, se bem que não seja igual em todos os aspectos, possua características bastante semelhantes às do produto considerado. Por outro lado, o *valor normal* tem sido entendido como:

- O preço comparável realmente pago, ou a pagar, no decurso de operações comerciais normais, por produto similar destinado ao consumo no país de exportação ou de origem;
- O preço comparável de produto similar quando esse for exportado para um terceiro país, devendo ser, de qualquer maneira um preço representativo (na hipótese de não ocorrer qualquer venda de um produto similar);
- O valor calculado pela soma do custo de produção e de uma margem de lucro razoável, sendo este custo constituído por elementos fixos e variáveis, interligado com o processo de fabrico no país de origem, acrescido das despesas administrativas, encargos de venda e outros encargos gerais (na hipótese de não ocorrer qualquer venda de um produto similar, ou quando tais vendas não permitirem uma comparação válida).

Ora esta definição do *dumping* constante do Acordo Geral Sobre Pautas Aduaneiras e Comércio tem dado origem a numerosos conflitos, pelo que houve necessidade de efectuar a respectiva interpretação. O primeiro código, dentro deste contexto, surgiu no *«Kennedy Round»* (1963-1967) e o segundo código anti-dumping, que se traduziu na revisão do primeiro, apareceu em 1979 quando do encerramento do *«Tokyo Round»*.

A prática seguida demonstrou que o anti-dumping provocou distorções no comércio internacional, sendo muito utilizado pelos países mais desenvolvidos.

Como a questão permanecia em aberto, o «Uruguay Round» elaborou um novo acordo anti-dumping, com maior precisão e regras mais detalhadas relativas aos procedimentos a seguir para encetar um inquérito. Tratou-se de um bom progresso!!

§2º O Acordo Sobre a Aplicação do Artigo VI do Acordo Geral

Os elementos que entram para a apreciação possível da figura de dumping são os seguintes:

i) A *Nova Noção de Valor Normal*

O aspecto inovatório do actual Acordo relativamente à linha de orientação do GATT 1947, é o de considerar, através do seu art. 2º, parágrafo 2.2.1., que as vendas do produto similar no mercado interno do país de exportação ou as vendas a um terceiro país a preços inferiores aos custos unitários de produção (custos fixos e custos variáveis), acrescidos dos encargos de venda, despesas administrativas e outras despesas gerais, só poderão ser consideradas *como não tendo sido efectuadas no decurso das operações comerciais normais em virtude do preço* e só poderão ser afastadas do cálculo do valor normal se as autoridades chegarem à conclusão de que as vendas ocorrem durante um período prolongado (normalmente de um ano, mas nunca inferior a 6 meses) em quantidades significativas e a preços que não permitam cobrir todos os custos dentro de um prazo razoável.

O Acordo considera que as vendas a preços inferiores aos custos unitários são efectuadas em quantidades significativas quando as autoridades competentes estabelecem que o preço de venda médio ponderado das transacções tomadas em consideração na determinação do valor normal é inferior aos custos unitários médios ponderados ou que o volume das vendas a preços inferiores aos custos unitários representa no mínimo 20% das transacções tomadas em consideração na determinação do valor normal. Isto significa que há possibilidade *de* vender com prejuízo durante certo período, abrangendo um volume de vendas até 20% do total considerado base de cálculo do valor normal.

ii) *Preço de Exportação*

Por preço de exportação e entendido o preço realmente pago, ou a pagar pelo produto vendido para exportação. Quando não houve preço de exportação ou quando se afigurar que existe um acordo de compensação entre o exportador e o importador ou um terceiro, o preço de exportação pode ser calculado com base:

- No preço a que os produtos importados foram pela primeira vez revendidos a um comprador independente; ou,
- No critério de razoabilidade.

iii) *Comparação Entre o Preço de Exportação e o Valor Normal*

Esta comparação entre os dois parâmetros deve ser feita tomando em consideração as características físicas do produto, estádio comercial (normalmente à saída da fábrica), as condições de venda e as quantidades. Se os factores acabados de enumerar não propiciarem a comparação, ter-se-á que entrar com os necessários ajustamentos, adentro dos seguintes critérios:

1º Quando se trata de diferenciar características físicas procurar-se-á determinar a sua repercussão no valor comercial no país de origem ou de exportação. Na ausência de dados fiáveis sobre os preços do mercado interno desse país, far-se-á o cálculo a partir dos custos de produção dos elementos que influenciam tais diferenças;

2º Quando se trata de diferenças de quantidade, deverão ser examinados, quer os descontos de quantidade concedidos no período considerado suficientemente representativo, quer os descontos diferidos habituais nos actos comerciais, quer as economias resultantes dos custos de produção de diferentes quantidades;

3º Quando se trata de diferenças nas condições de venda, a análise deverá centrar-se, sobretudo, nas condições de crédito, cauções, garantias, modalidades de apoio técnico, assistência após venda, transporte, seguro, manutenção, etc.;

4º Quando se trata de diferenças nos encargos de importação e tributação indirecta, o ajustamento terá de ser feito no sentido da sua reposição.

iv) *Determinação de Existência de Prejuízo*

Ligado à «margem do dumping», isto é, o montante em que o valor normal ultrapassa o preço de exportação, está o prejuízo que tal prática causa ou ameaça causar.

Para a determinação da existência de prejuízo há que considerar uma série de elementos, nomeadamente:

- O volume das importações que são objecto de *dumping*, incluindo a determinação da sua evolução aumentativa, quer em valor absoluto, quer em relação à produção ou ao consumo;
- O efeito das importações que são objecto de *dumping*, para ver se houve uma subcotação dos preços provocados pelas importações, ou se estas tiveram por efeito depreciar consideravelmente os preços ou impedir aumentos significativos que, de outro modo, teriam ocorrido;
- Verificar as consequências que resultam para a produção nacional. Dever-se-á entrar com variáveis económicas, como a diminuição efectiva e potencial das vendas, lucros, produção, parte de mercado, produtividade, rendimento dos investimentos, fluxo de caixa, volume de emprego e salários.

No tocante à ameaça de prejuízo, o Acordo introduz[112] na apreciação da questão os seguintes factores:

[112] A União Europeia disciplinou esta matéria através do Regulamento (CE) nº 384/96, do Conselho, de 22 de Dezembro de 1995.

- Taxa de crescimento significativo das importações objecto *de* dumping no mercado interno, indicando a probabilidade de um aumento substancial das importações;
- Uma capacidade suficiente e livremente disponível do exportador ou aumento eminente e considerável da capacidade do exportador, indicando a probabilidade de aumento substancial das exportações em condições de *dumping;*
- Possibilidade das importações se efectuarem a preços que terão repercussões significativas sobre os preços internos;
- Probabilidade de as importações conduzirem a um crescimento da procura de novas importações; e
- Existências do produto em causa.

Salienta-se que nenhum destes factores pode por si só ter um peso decisivo na orientação a tomar, devendo, antes, apreciar-se a totalidade dos factores para se concluir se ocorrerá um prejuízo importante.

Em matéria de determinação de prejuízo, há que estabelecer sempre um nexo de causalidade[113] entre as importações objecto de dumping e o prejuízo ao ramo da produção nacional.

v) *Inquérito. Elementos de Prova*

Um processo de inquérito só deverá ser aberto quando se incluam elementos de prova relativamente:

- Ao *dumping;*
- Ao prejuízo na acepção do art. VI do Acordo Geral;
- Ao estabelecimento de um nexo de causalidade entre as importações objecto de *dumping* e o prejuízo alegado.

O inquérito será iniciado mediante pedido escrito apresentado por ou em nome do ramo de produção nacional[114], entendendo-se como tal se obtiver o apoio dos produtores nacionais cuja produção conjunta represente mais de 50% da produção total do produto similar.

Todas as partes interessadas num inquérito devem ser notificadas a fim de se conceder todas as oportunidades para apresentarem os elementos de

[113] O elo de causalidade deve entrar em linha de conta: *i)* com a evolução da relação entre o volume de importações objecto de *dumping*, e com parte de mercado do ramo da produção nacional; *ii)* com a relação entre os preços das importações objecto de *dumping* e os preços da produção nacional.

[114] Há possibilidade de as autoridades iniciarem um inquérito por iniciativa própria.

prova. Para os produtores ou exportadores estrangeiros é-lhes concedido um prazo de pelo menos 30 dias, informando-os do texto integral da denúncia. Os procedimentos a adoptar nos inquéritos constam do anexo I ao Acordo, e no caso de uma PARTE negar o acesso a informações necessárias aplicar-se-á o Anexo II do citado Acordo.

vi) *Instituição e Cobrança de Direitos Anti-Dumping*

O art. 9º do Acordo contém as «regras do jogo» destinadas ao cálculo do direito anti-dumping. Este tipo de direito distingue-se do direito aduaneiro normal pelo facto de incidir, unicamente, sobre as mercadorias importadas que têm uma margem de *dumping*. Tem um carácter económico e defensivo, adentro dos fluxos internacionais de mercadorias que praticam discriminação de preços.

Quando o montante do direito anti-dumping é fixado numa base retrospectiva o respectivo quantitativo a pagar será fixado num prazo nunca superior a 18 meses, a contar da data da apresentação do pedido de fixação final do montante do direito anti-dumping.

Há direitos anti-dumping provisórios e definitivos, e este último só se manterá em vigor durante o período e na medida do necessário para a eliminação da prática e serão suprimidos no prazo máximo de cinco anos após a sua instituição, salvaguardando a possibilidade de um reexame.

§3º A situação Actual

O art. 9º do Acordo indica que cabe às autoridades do país membro importador instituir um direito anti-dumping para os casos em que estiverem preenchidas todas as condições. As medidas em vigor anti-dumping têm vindo a aumentar sucessivamente desde 1995, como se pode ver pelo quadro abaixo que abrange o período até 2007:

	Destinatários		
Países	Países Desenvolvidos	Países em Desenvolvimento	Total
Desenvolvidos	262	904	1166
Em Desenvolvimento	566	1488	2054
Total	828	2392	3220

Fonte: Relatórios Anuais da OMC

A maior parte dos inquéritos abertos tem sido de produtos exportados pela China, EUA, União Europeia, Malásia, Tailândia, Taiwan e Coreia. Ao contrário do GATT 1947 onde predominavam iniciativas anti-dumping dos países desenvolvidos, estão a aparecer novos países com pedidos de exame anti-dumping, nomeadamente a Índia, a África do Sul, a Turquia e outros países em desenvolvimento.

Secção 4ª
Considerações sobre Estas Medidas Comerciais Especiais

§1º Introdução

O conjunto de medidas que se enquadram no capítulo do reforço da disciplina multilateral têm sido consideradas pela Política Comercial como meios alternativos de redução da pressão interna das economias nacionais contra a liberalização do comércio.

Estas medidas comerciais especiais, no período compreendido entre 1995 e 2005, tiveram a seguinte expressão numérica:

Medidas de Salvaguarda	81
Medidas Anti-Subvenção	844
Medidss Anti-Dumping	3220

Fonte: OMC, 2007

Daí que se constate que as medidas de salvaguarda foram as que menos se utilizaram, ficando à cabeça, com 20 vezes mais, as medidas anti-dumping. Curiosamente os quatro maiores utilizadores (Austrália; Canadá; UE; EUA) utilizaram a medida em períodos de dificuldades económicas, com desemprego agravado e perda de competitividade empresarial.

As medidas comerciais especiais estão praticamente presentes na grande maioria dos acordos comerciais regionais, pois os governos tentam encontrar um ponto de equilíbrio ao avançarem para a liberalização do comércio. Só em etapas de integração económicas avançadas é que se tem podido dispensar as medidas comerciais especiais (caso das Comunidades Europeias) devido a instituições comuns e à harmonização de políticas e da regulamentação que permitem aos países suportar melhor os custos do ajustamento face à abertura de comércio.

§2º Transparência

A cooperação comercial exige transparência, ou seja, pressupõe-se que os espaços económicos se compatibilizem num sistema multilateral em que os sujeitos intervenientes na actividade económica disponham de informação perfeita. Ora, este pressuposto é teórico e de facto não existe. Quando se analisam os principais acordos que integram as medidas comerciais especiais, aparece um campo de intervenção onde se maneja direitos aduaneiros consolidados e direitos de facto (manuseamento de protecção de normas de produção nacionais face às importações), sendo as medidas anti-dumping e compensatórias diferentes de uma medida de salvaguarda na medida em que a origem do prejuízo grave tem uma base diferente (as primeiras conjugam-se com políticas de preço; a segunda, pelo volume das importações, lesa o ramo de dada produção). O que existe de facto é uma informação imperfeita. Os países membros têm informações diferentes sobre questões e que determinam consequências económicas diferentes. Estes tipos de informação imperfeita espraiam-se nas seguintes áreas:

- A política pautal e aduaneira abrange dezenas de milhares de produtos;
- Os acordos implicam obrigações, cujo cumprimento deve ser controlado;
- O acesso aos mercados implica a observância de normas, regulamentos técnicos, medidas sanitárias e fitossanitárias, que sempre se repercutem no comércio.

Todos estes itens têm custos, para observar se todos os parceiros cumprem os respectivos compromissos, e gera ambiguidades. Para combater tais imperfeições, exige-se a transparência dos processos de regulação que tem duas vertentes: uma, é a transparência interna (processos de decisão abertos para todos os membros), a outra é a de ordem externa (abertura de cariz universal).

Ora, praticamente todos os Acordos da OMC contêm disposições sobre a transparência que se consubstanciam em listas pautais, em codificação de compromissos, em exames de políticas comerciais, em notificações e em vigilâncias.

Capítulo IV
Melhoria de Acesso aos Mercados

Secção 1ª
A Redução dos Direitos Aduaneiros

Na sequência tradicional das anteriores Conferências, o *«Uruguay Round»* continuou a implementar a redução de direitos aduaneiros, aplicando o *princípio da consolidação* constante do art. II do Acordo Geral, o que apaziguou os receios dos P.V.D. de não obterem a acessibilidade aos mercados dos países desenvolvidos.

Os países desenvolvidos decidiram reduzir de 40% os direitos submetidos à cláusula da nação mais favorecida, o que determinou para os produtos industriais uma incidência média de direitos aduaneiros da ordem dos 3,8%.

Por grupos de produtos, as reduções pautais podem ver-se através do seguinte quadro:

Grupos de Produtos	Média dos direitos (%)		
	Antes	Pós	% de redução
Todos os Produtos Industriais	6,3	3,8	40
Têxteis e Vestuário	15,5	12,1	22
Metais	3,7	1,4	62
Minerais, Pedras e Metais Preciosos	2,3	1,1	52
Máquinas Eléctricas	6,6	3,5	47
Couro, Borracha e Artigos de Mobiliário	8,9	7,3	18
Madeira, Pasta de Papel, Papel e Artigos de Mobiliário	3,5	1,1	69
Peixe e Produtos Derivados	6,1	4,5	26

Equipamentos Mecânicos não Eléctricos	4,8	1,9	60
Produtos Químicos e Material Fotográfico	6,7	3,7	45
Equipamento de Transporte	7,5	5,8	23
Outros Artigos Manufacturados	5,5	2,4	56

Fonte: GATT, Novembro de 1994

Secção 2ª
Os Obstáculos Não-Pautais

§1º Considerações Gerais

Dominique Carreau e Thiébaut Flory consideraram o obstáculo não-pautal como «qualquer medida pública, diferente da dos direitos aduaneiros, que tem por efeito criar uma distorção nas trocas comerciais».

A definição ampla de obstáculos não-pautais inclui «medidas para-pautais, depósitos prévios à importação, direitos niveladores variáveis, restrições quantitativas, contingentes, licenças de importação, direitos anti-dumping e direitos compensadores».

Ora, ao longo da vigência do GATT 1947 e à medida que se caminhava no desarmamento pautal, os países utilizaram obstáculos não-pautais de uma maneira silenciosa, sob os mais variados pretextos, o que representou um reforço do proteccionismo para sectores importantes das respectivas economias.

A questão que ora se coloca é de saber se a OMC tem efectiva capacidade para anular as restrições às trocas comerciais. O sinal de resposta a tal questão é dado no Acordo Sobre As Medidas de Salvaguarda (v. **Capítulo III, Secção 2ª**) quando estipulou a eliminação em quatro anos da auto-limitação das exportações.

§2º O Acordo Sobre os Obstáculos Técnicos ao Comércio

A utilização abusiva de regulamentos técnicos e outras normas avulsas destinadas a reduzir as importações tinha sido objecto de estudo por parte do «Tokyo Round» (1973-79).

O «Uruguay Round» retoma a matéria, consubstanciado no acordo em epígrafe, clarifica melhor as noções fundamentais e expressamente indica que as normas técnicas não devem criar obstáculos desnecessários ao comércio internacional, justapondo que os objectivos legítimos de tais normas devem reportar-se a assegurar a qualidade das exportações, a protecção da saúde e da vida humana e animal, bem como a protecção do reino vegetal e do meio ambiente.

O art. 2º do Acordo consagra o princípio do tratamento nacional e da nação mais favorecida, estipulando ainda o princípio do mútuo reconhecimento na aplicação dos regulamentos técnicos.

Secção 3ª
Os Têxteis e o Vestuário

§1º O Comércio Internacional de Têxteis e Vestuário

O têxtil e o vestuário constituem áreas da actividade económica de grande peso, com um predomínio avassalador para o continente asiático, uma vez que as exportações de têxteis representam 78% do total mundial, cabendo o vestuário na quota próxima dos 50% do comércio mundial.

O retrato estatístico pode ver-se através dos três quadros abaixo construídos:

Total das Exportações de Têxteis e Vestuário

Anos	Têxteis (Biliões USD)	Vestuário (Biliões USD)	Total (Biliões USD)
1990	104,35	108,22	212,47
2000	157,06	197,78	354,84
2003	173,72	232,55	406,27
2004	195,37	259,14	454,51
2005	202,96	275,64	478,60
2006	218,6	311,4	530,0
2007	238,1	345,1	1583,2
2008	250,2	361,9	612,1

Fonte: OMC 2009

Obs.: Este quadro mostra a evolução do comércio mundial de têxteis e vestuário, onde em 18 anos as transacções aumentaram 2,5 vezes nos têxteis, com o vestuário a crescer 200%.

Os têxteis corresponderam a 2% do total das exportações de mercadorias, cabendo ao vestuário uma quota de 2,7%.

São sectores da actividade económica de trabalho intensivo, com maiores vantagens comparadas para países emergentes abundantes em mão-de-obra.

Principais Países de Exportação e Importação de Têxteis (Referente a 2008)

Países Exportadores	Valores (Biliões USD)	Países Importadores	Valores (Biliões USD)
China	68,3	UE([1])	27,3
UE([1])	24,2	EUA	23,1
EUA	12,5	China	16,2
Hong-Kong	12,3	Hong-Kong	12,1
Coreia	10,4	Japão	6,9
Índia	10,3	Vietname	6,0
Turquia	9,4	Turquia	5,6
Taiwan	9,2	Rússia	5,5
Japão	7,4	México	5,3
Paquistão	7,2	Emirados Árabes	4,4

Fonte: OMC 2009
([1]) Extra UE

Principais Países Exportadores e Importadores de Vestuário (Referente a 2008)

Países Exportadores	Valores (Biliões USD)	Países Importadores	Valores (Biliões USD)
China	120,0	UE([1])	93,1
UE([1])	27,9	EUA	82,5
Hong-Kong	25,0	Japão	25,9
Turquia	13,6	Rússia	21,4
Bangladesh	10,9	Hong-Kong	18,5
Índia	10,9	Canadá	8,5
Vietname	9,0	Suiça	5,8
Indonésia	6,3	Emirados Árabes	5,5
México	4,9	Austrália	4,3
EUA	4,4	Coreia	4,2

Fonte: OMC 2009
([1]) Extra UE

No GATT 1947, o sector dos têxteis e vestuário escapou à disciplina liberalizadora da organização, face às dificuldades dos países desenvolvidos em se adaptarem à nova dinâmica da divisão internacional do trabalho. Daí que os E.UA. e as Comunidades Europeias concertassem uma posição comum – os Acordos Multifibras (AMF)[115] – que lhes permitiu negociar restrições quantitativas discriminatórias, invocando o princípio da desorganização dos mercados, princípio este que autorizava diminuir as importações provenientes de países de baixo custo de produção.

§2º O Acordo Sobre Têxteis e Vestuário

O Acordo Sobre Têxteis e Vestuário define o quadro normativo da supressão progressiva do AMF *e* de outras restrições não-AMF, ao longo de um período de 10 anos a contar da data da entrada em vigor do acordo. A eliminação gradual dos contingentes AMF fez-se em quatro etapas, a par do crescimento dos restantes contingentes em que foi fixado um nível superior ao concedido no âmbito do primeiro, e que a seguir se indica:

	Etapa 1 A partir da entrada em vigor	Etapa 2 Após três anos	Etapa 3 Após sete anos	Etapa 4 Final dos dez anos
% dos contingentes a eliminar gradualmente	16%	17%	18%	49%
% de aumentos dos restantes contingentes	16%	25%	27%	-

Este processo de transição envolveu dois aspectos:

- O primeiro é o da integração dos produtos têxteis e de vestuário no quadro do GATT, afastando definitivamente os acordos bilaterais concluídos ao abrigo do AMF;
- O segundo aspecto diz respeito ao acréscimo dos contingentes ainda submetidos a restrições, através de um coeficiente de crescimento fixo.

A partir da data da entrada em vigor do Acordo que instituiu a OMC (1 de Janeiro de 1995), houve a indicação das categorias de produtos por parte dos países membros, que integram no quadro do GATT 16%, pelo menos,

[115] As dezenas de acordos bilaterais (AMF) regulavam, em 1990, 80% das exportações de têxteis (136 biliões de dólares).

do volume total (referente a 1990) das importações de produtos têxteis e de vestuário referenciado no anexo do Acordo. Na 2ª etapa, primeiro dia do 37º mês, integrou-se 17%, e no primeiro dia do 95º mês entrou a tranche de 18%, No final do período transitório dos 10 anos, a liberalização fez-se para os restantes 49% e improrrogável. Nesta calendarização deixou-se aos países importadores a escolha dos produtos que entravam em cada etapa, ainda que em cada uma destas se incluísse os quatro grupos de produtos mencionados no Acordo, isto é, os *cardados, os fios, os tecidos e os artigos de confecção e vestuário.* No âmbito deste processo de integração, tomaram-se medidas no sentido de[116]:

- Melhorar o acesso aos mercados para os produtos têxteis e de vestuário, adoptando medidas de redução e consolidação dos direitos aduaneiros, a redução ou eliminação dos obstáculos não-pautais e a simplificação das formalidades aduaneiras;
- Introduzir condições comerciais justas e equitativas para o sector dos têxteis e do vestuário, nomeadamente em áreas de luta contra o «dumping» e de medidas de compensação e de protecção dos direitos de propriedade intelectual;
- Evitar uma discriminação em relação às importações dos têxteis e do vestuário aquando da adopção de medidas de política comercial geral.

É de notar ainda que durante o período de transição pôde aplicar-se um mecanismo de salvaguarda desde que ficasse demonstrado que no país em causa ou numa união aduaneira as importações de determinado produto aumentassem em tal quantidade, que causassem ou ameaçassem causar um grave prejuízo ao sector da produção nacional de produtos similares.

O Acordo Sobre Têxteis e Vestuário é acompanhado, na sua execução, pelo Órgão de Supervisão dos Têxteis (OST). Trata-se de um órgão de vigilância, dependente do Conselho do Comércio das Mercadorias.

[116] A adaptação por parte da União Europeia ao Acordo, modificando o regime comum aplicável a certos produtos têxteis originários de países terceiros, fez-se pelo Regulamento (CEE) nº 3289/94, do Conselho de 22 de Dezembro.

Secção 4ª
A Agricultura

§1º O Sector Agrícola

São várias as razões que estão na base do afastamento do sector agrícola da disciplina do GATT 1947. Sumariando algumas dessas razões, tem-se:

- O art. XVI, § 3º, isentou a agricultura da interdição das subvenções à exportação;
- O art. XI, § 2º, *c)*, permitiu aplicar restrições quantitativas à importação desde que a produção nacional fosse também restringida quantitativamente (caso do Canadá, que implantou programas de gestão da oferta para os produtos lácteos, aves e ovos);
- Derrogação expressa aos arts. II e XI por forma a permitir aplicar restrições quantitativas às importações para todos os produtos em que existisse uma política nacional de estabilização ou de manutenção de preços (caso dos E.U.A. e da Suíça).

Do ponto de vista económico, a agricultura faz parte da geoestratégia internacional constituindo uma área de segurança (objectivo de auto-suficiência alimentar) e de política de ajuda internacional (programas de ajuda alimentar no mundo), além do peso económico-social (emprego; receitas de exportação).

As Comunidades Europeias, ao longo dos diversos ciclos de negociações comerciais multilaterais, tinham afastado a discussão agrícola do GATT com a invocação dos seguintes argumentos:

i) Os objectivos da política agrícola comum constavam do Tratado de Roma;
ii) Os preços foram unificados e fixados com base no critério do país onde se praticava o mais alto preço (mercado único);
iii) Os direitos niveladores agrícolas foram criados para se respeitar o princípio da preferência comunitária;
iv) Os subsídios à exportação foram criados para permitir que os produtos fossem competitivos nos mercados mundiais[117].

[117] As adaptações a medidas transitórias necessárias à execução do Acordo por parte da U.E. foram feitas através do Regulamento (CE) nº 3290/94, do Conselho, de 22 de Dezembro de 1994.

Toda esta tese começou a ser atacada no início do «*Uruguay Round*» quando na Declaração de Punta del Este se concretizou que «as negociações visarão liberalizar com vantagem o comércio de produtos agrícolas a submeter às regras disciplinares do GATT, às medidas atinentes ao acesso à importação e à concorrência na exportação».

§2º O Acordo Sobre a Agricultura

Os principais elementos que entram no Acordo em epígrafe são:

i) *A Tarificação*

As disposições que dizem respeito ao acesso aos mercados, como restrições quantitativas à importação, os direitos niveladores agrícolas, os preços mínimos à importação, as medidas não-pautais e as auto-limitações às exportações devem *ser* convertidas em *direitos aduaneiros consolidados.* O princípio da tarificação pode ser esquematizado do seguinte modo:

- Conversão dos obstáculos não-pautais em direitos aduaneiros, sobre a base da diferença entre os preços internos médio (1986-88) e os preços do mercado mundial;
- Consolidação de todos os direitos aduaneiros;
- Redução dos direitos aduaneiros, anteriores à tarificação de 36% em 6 anos (para os países desenvolvidos), e de 24%, em 10 (para os países em desenvolvimento);
- Proibição de reintroduzir medidas que existiam anteriores à tarificação, salvo o Dispositivo de Salvaguarda Especial (art. 5º) e o Tratamento Especial (Anexo 5).

ii) A *Medida Global de Apoio (MGA)*

Trata-se de consolidar e reduzir o apoio concedido aos produtos agrícolas nacionais, considerando-se como MGA o nível de apoio anual concedido para um produto agrícola a favor dos respectivos produtores. Os principais dispositivos desta medida são:

- O apoio interno, expresso através de uma MGA, é calculado para o conjunto dos produtos;
- Não entram para o cálculo da redução da MGA os pagamentos directos feitos a título de programas de limitação de produção, ou o apoio interno que represente menos de 10% do valor total da produção para os P.V.D. ou 5% para os países desenvolvidos;

- A MGA é objecto de redução anual, de 20% em relação ao período de referência 1986-88 até ao ano 2000;
- Os países menos avançados (PMA) não podem ultrapassar a MGA prevalente no período 1986-88.

iii) *A Redução Consolidada das Subvenções à Exportação*
Os dispositivos desta medida são, essencialmente, os seguintes:

- As reduções das subvenções serão feitas em tranches anuais, produto a produto, em relação ao nível do período de referência 1986-90;
- Cada país compromete-se a não aplicar subvenções à exportação caso não esteja em conformidade com os compromissos especificados na Lista do membro;
- Os países em desenvolvimento estão dispensados do compromisso de redução que dizem respeito a subvenções atinentes a encargos de comercialização das exportações agrícolas e a despesas de transporte internos.

§3º Algumas Notas Finais Sobre o Acordo

Em termos de política agrícola internacional, o Acordo sobre a Agricultura constituiu a mais importante iniciativa na área do comércio agrícola dos últimos sessenta anos. O Acordo conseguiu sistematizar um conjunto de regras multilaterais que se centraram em três pilares essenciais, a saber:

- O acesso aos mercados;
- A ajuda interna;
- As subvenções à exportação.

O primeiro pilar teve em mente que as concessões incluídas nas listas reportam-se às consolidações e reduções pautais, bem como aos outros compromissos em matéria de acesso aos mercados aí especificados.

Os compromissos relativos à ajuda interna expressam-se através da Medida Global de Apoio (MGA) e distinguem-se em função em que se prevê a distorção dos mercados. Daí a existência de diversos compartimentos:

- O Compartimento Verde (Anexo 2 do Acordo), onde existem medidas de ajuda ou apoio interno que saem fora do âmbito dos compromissos de redução, com a condição fundamental de os seus efeitos de distorção sobre o comércio ou os seus efeitos sobre a produção serem nulos ou, quando muito, mínimos. Tais medidas de apoio devem estar balizadas pelos seguintes critérios:

i) O apoio deve ser fornecido através de um programa estatal financiado por fundos públicos que não implique transferência da parte dos consumidores;

ii) O apoio não pode ter por efeito prestar um apoio aos preços no produtor;

iii) Os programas de serviços públicos que proporcionam serviços ou vantagens à agricultura ou à comunidade rural não podem implicar pagamentos directos aos produtores ou aos transformadores. Caem no âmbito destes programas:
- A investigação relativa a certos produtos ou a ligada aos programas de protecção do ambiente, bem como a sua divulgação;
- A luta contra os parasitas e as doenças;
- Serviços de formação;
- Serviços de inspecção de certos produtos, por razões ligadas à saúde, segurança, controlo da qualidade ou normalização;
- Informação sobre os mercados;
- Serviços de infraestruturas (redes eléctricas, estradas, etc.).

iv) Despesas relacionadas com programas de *Segurança Alimentar*, definidos na respectiva legislação nacional;

v) Despesas relacionadas com o fornecimento da *Ajuda Alimentar* interna dirigida às populações necessitadas;

vi) Participação financeira do Estado em programas da garantia dos rendimentos;

vii) Pagamentos a título de ajuda em caso de catástrofes naturais;

viii) Ajudas a cessação de actividades;

ix) Pagamentos a título de programas de protecção do ambiente;

x) Pagamentos a título de programas de ajuda regional.
- O Compartimento Amarelo diz respeito a subvenções que são causadoras de distorção no comércio, área essa em que se situam os compromissos de redução da MGA;
- O Compartimento Azul representa uma sub-categoria do Amarelo, fora da redução da MGA, ainda que causem distorções no comércio (caso por ex., do compromisso de redução de áreas de cultivo).

No que se refere às subvenções à exportação, definidas na al. *e)* do art. 1º do Acordo Sobre a Agricultura (subsídios subordinados aos resultados da exportação), são objecto de compromissos da redução, contemplando o art. 9º do mencionado Acordo os vários tipos de subsídios que são objecto de redução. Todavia, este normativo não faz qualquer referência a certas medidas particulares, como o caso, por ex., da colocação de existências a preços não comerciais. Como se constata pelo atrás exposto, o Acordo não contempla a eliminação por completo das subvenções à exportação. No entanto, graças aos trabalhos realizados por ocasião da 6ª Conferência da OMC (Hong-Kong, 2005) os Membros da organização acordaram na eliminação total a partir de 2013.

O Acordo Sobre a Agricultura contém ainda uma série de normativos importantes sobre o *tratamento especial e diferenciado* para os países em desenvolvimento, implicando menores compromissos de liberalização, à volta do seguinte:

- Os países em desenvolvimento têm uma maior flexibilidade na gestão da redução das subvenções, sob observação do Comité da Agricultura;
- Os países menos avançados (PMA) não são obrigados a assumir compromissos de redução.

Secção 5ª
Aspectos Novos e Recapitulativos

§1º Acesso aos Mercados

Todos os especialistas em comércio internacional reconhecem que as sucessivas reduções pautais realizadas no âmbito GATT/OMC têm contribuído para a abertura dos mercados.

Para a boa compreensão do desmantelamento pautal adentro dos vários ciclos de negociação do sistema comercial multilateral, pode ver-se, no quadro abaixo, o caminho percorrido desde 1947:

Negociações	Prazo para Aplicação	Redução Pautal Ponderada
Genebra (1947)	1948	–26
Annecy (1949)	1950	–3
Torquay (1950-51)	1952	–4
Genebra (1955-56)	1956-58	–3
Dillon Round (1961-62)	1962-64	–4
Kennedy Round (1964-67)	1968-72	–38
Tokyo Round (1973-79)	1980-87	–33
Uruguai Round (1986-94)	1995-99	–38

Fonte: OMC

Após o «Uruguay Round» as reduções pautais têm vindo a continuar, negociadas através das Conferências Ministeriais realizadas de dois em dois anos. Assim, na Conferência de Singapura (1996) foi concluído o Acordo Sobre Tecnologia da Informação (ATI), onde se[118] estabeleceu a franquia de direitos aduaneiros para uma lista de cerca de 300 produtos (computadores e suas partes e acessórios; equipamento de semicondutores; equipamento de telecomunicações). Dez anos passados sobre a conclusão do ATI, o Sector da informação e comunicações é considerado como um importante motor de processo de globalização, com efeitos nas economias em desenvolvimento e nas economias avançadas (v. casos dos telemóveis e da implantação da Internet)[119].

§2º As Medidas Não-Pautais

Os obstáculos técnicos ao comércio constituíram, desde sempre, um factor limitativo à plena fluidez das trocas internacionais de mercadorias. Com o «Uruguay Round», procurou-se melhorar e modernizar a versão anterior do «Tokyo Round». O Acordo Sobre Obstáculos Técnicos ao Comércio fez aumentar a transparência quanto à utilização de medidas técnicas, sobretudo no tocante à notificação. Houve a preocupação de separar objectivos de índole sanitária e fitossanitária, procurando ajudar-se os países em desenvolvimento quanto ao entendimento de normas sobretudo para produtos agro-pecuários destinados aos mercados internacionais. Daí a vantagem da separação normativa entre medidas sobre obstáculos técnicos ao comércio e medidas sanitárias e fitossanitárias.

§3º A Abertura aos Países em Desenvolvimento

O número actual de membros do GATT/OMC é de 153 países. A expansão das adesões deve-se principalmente à entrada de países em desenvolvimento. Quando da constituição do GATT as nações industrializadas acorreram ao novo sistema comercial internacional. Foi só a partir do «Kennedy Round» que as adesões dos países em desenvolvimento foram notadas, ainda que o bloco do Terceiro Mundo se apresentasse com uma grande heterogeneidade. Todavia, foi com a conclusão do «Uruguay Round» que se operou uma maior atracção por parte dos PVD, devido a várias razões, nomeadamente:

[118] Reduções pautais até à taxa zero, ano de 2000.

[119] As exportações mundiais de produtos ATI apresentam a seguinte estrutura: *i)* Computadores – 34,2%; *ii)* Semicondutores – 22,5%; *iii)* Telecomunicações – 20,9%; *iv)* Programas Informáticos – 11,8%; *v)* Equipamentos para Produzir semicondutores – 10,6%; Total Mundial 1,7 biliões USD (2007).

- Terem alcançado certa diversidade das suas economias, com incentivos à liberalização a prazo de sectores como os têxteis e a agricultura;
- Ampliação do sistema generalizado de preferências (SGP);
- Diminuição de medidas comerciais especiais, com perda estratégica de restrições voluntárias;
- Incremento dos acordos de comércio regional, como alternativa da liberalização mais rápida.

O eixo sistémico, que foi concretizado pelo «Uruguay Round», representou a aceitação de todos os acordos por todos os membros da OMC, atraindo os países mais pobres em função da inclusão da agricultura e dos têxteis e vestuário adentro das disciplinas multilaterais. Muitos dos acordos da OMC consagram o tratamento especial e diferenciado a dispensar aos países em desenvolvimento. Isto significou a consagração no sistema OMC de menores obrigações de longo prazo por parte dos países pobres.

Capítulo V
A Extensão do Campo de Aplicação

Secção 1ª
Os Serviços

§1º A Terciarização das Economias

O Manual da Balança de Pagamentos, do FMI, na 5ª edição, indica que a balança de transacções correntes é subdividida em *bens, serviços, rendimentos e transferências correntes.*

Os serviços podem ser definidos através de dois métodos. O primeiro método baseia-se na natureza da actividade, em que se procura isolar as unidades de produção cuja actividade principal consiste em oferecer um serviço (corresponde à noção estatística de ramo). O segundo método não se preocupa com o sector específico dos serviços, e só isola este pela negativa, isto é, detecta todas as actividades que não pertencem aos ramos dos serviços.

O comércio internacional de serviços, tal como é definido pelo FMI, compreende os transportes marítimos, outros transportes, viagens, seguros de bens incorpóreos, comunicações, publicidade, corretagem, gestão, serviços especializados e técnicos, etc.

Os principais exportadores de serviços comerciais são os seguintes:

	(Biliões de USD – 2006)
Exportações extra-UE (25)	5554
EUA	3888
Japão	122,5
China	91,4
Índia	73,8
Hong-Kong	72 7
Canadá	57,7
Singapura	573
Suíça	506
Coreia	50,4

Fonte: OMC, 2007

Desagregando o comércio de serviços, pode ver-se:

- *Exportações de Serviços de Transporte*
  O transporte marítimo de mercadorias constitui a parte mais importante das exportações de serviços de transporte extra-UE (25), ao passo que a categoria essencial para os EUA é o transporte aéreo;
- *O Sector de Viagens*
  No ano de 2009 houve 920 milhões de viajantes internacionais, representando uma despesa de 950 biliões de dólares norte-americanos. A UE foi um dos principais exportadores de viagens (393 biliões USD), cabendo o segundo lugar aos EUA (135 biliões USD);
- *Outros Serviços Comerciais*
  Esta rubrica representou em 2008 a verba de 1935 biliões USD, sendo o dobro das transacções efectuadas em 2000. Como principais exportadores tem-se a UE, os EUA, o Japão e a Índia.

Em traços gerais pode dizer-se que as transacções de serviços representam mais de 60% da produção e do emprego mundiais, ocupando, todavia, cerca de 20% do comércio mundial, e isso devido à cada vez maior mobilidade internacional graças à introdução de novas tecnologias e reformas normativas (operações electrónicas bancárias; serviços postais; desregulamentação dos transportes).

§2º O Acordo Geral Sobre o Comércio de Serviços (GATS)

1. A Natureza do Acordo. Âmbito

De entre várias alternativas de carácter negocial que se puseram no *«Uruguay Round»,* foi decidido elaborar um acordo-quadro único e que representa o primeiro instrumento convencionai multilateral aberto a todos os Estados da comunidade internacional.

O comércio de serviços é definido através de quatro modos de prestação de serviços, tendo em consideração a origem do prestador de serviços e do consumidor e entrando em linha de conta com o grau e o tipo da sua presença territorial no momento da prestação do serviço. Os modos são os seguintes:

- *Fornecimento de serviços transfronteiriços:* tem lugar quando o serviço prestado tem origem no território de um membro e se destina ao território de outro. É o caso, por ex., de um conhecimento de transporte, em que descreve as mercadorias a transportar, ou um parecer técnico emitido por correio electrónico. Neste modo de prestação de serviço não há a deslocação de pessoas;
- *Consumos no estrangeiro:* diz respeito a serviços prestados ao consumidor fora do território do membro em que aquele reside, como seja, por ex., o caso do turismo;
- *Presença comercial:* trata-se do caso em que o prestador de serviço atravessa a fronteira para estabelecer uma *presença comercial* no estrangeiro através do qual o serviço é prestado. É o caso da constituição *de* empresas ou sucursais *e agências;*
- *Presença de pessoas singulares:* trata-se de uma situação em que técnicos ou especialistas permanecem temporariamente no mercado na qualidade de prestadores de serviços.

O *"General Agreement on Trade in Service"* (GATS) não abrange os seguintes casos:

- Regras de imigração;
- Serviços prestados por actividades públicas, dentro das respectivas competências;
- Sistemas aduaneiros;
- Protecção de investidores relativos a movimentos de capitais;
- Gestão de taxas de câmbio.

2. As Principais Regras

Pode dizer-se que o GATS regulamenta as medidas com base em três princípios, a saber:

- Tratamento nacional;
- Acesso ao mercado;
- Regulamentação interna.

As regras comerciais que afectam diferentes tipos de medidas são completadas com matérias adicionais relativas ao movimento de capitais, bem como aos pagamentos e transferências ligadas com o comércio de serviços.

Através do art. II, parágrafo 1, do Acordo, estabelece-se a cláusula da nação mais favorecida (NMF), que diz:

> "Relativamente a todas as medidas abrangidas pelo presente acordo, cada membro concederá imediata e incondicionalmente aos serviços *e* prestadores de serviços de qualquer outro membro um tratamento não menos favorável que o concedido aos serviços e prestadores de serviços equivalentes de qualquer outro país."

Trata-se aqui de repetir o princípio da NMF, já anteriormente aplicado pelo GATT para a liberalização do comércio de mercadorias, devendo aquela cláusula aplicar-se a todos os compromissos inscritos nas listas de cada país.

O art. III do Acordo consagra o *princípio da transparência* e que é essencial para alcançar a liberalização multilateral, obrigando os Estados a publicarem todas as medidas que podem prejudicar o funcionamento do Acordo, ou seja, é dada publicidade a toda e qualquer regulamentação que afecte restritivamente o comércio de serviços.

O art. XVII consagra a noção de *tratamento nacional,* estabelecendo que "cada membro concederá aos serviços e aos prestadores de serviços de qualquer outro membro, relativamente a todas as medidas que afectam *a* prestação de serviços, um tratamento não menos favorável do que o que concede aos serviços e prestadores de serviços nacionais comparáveis". Verifica-se, pois, que o corolário lógico de princípio do tratamento nacional é o da *igualdade de condições de concorrência*[120].

[120] O acesso aos mercados e o tratamento nacional constituem compromissos negociados em sectores específicos. Por exemplo, podem impor-se limitações ao número de fornecedores de serviços, ao valor das transacções ou à forma jurídica de prestação de serviços.

O Acordo consagra também o princípio do *reconhecimento mútuo.* Pelo art. VII do Acordo um membro poderá reconhecer a formação ou experiência obtida com as licenças ou certificados concedidos num determinado país. O reconhecimento não poderá constituir um meio de discriminação entre os países fornecedores de serviços, e neste sentido sublinha-se a vantagem da adopção de normas ou de critérios internacionais num âmbito multilateral através da cooperação com organizações intergovernamentais.

Cada membro tem o dever de informar, no que diz respeito:

- Às medidas de reconhecimento adoptadas;
- À abertura de negociações para a consolidação de acordos ou arranjos;
- À adopção de novas medidas de reconhecimento, ou modificação das já existentes.

3. Medidas Adoptadas

Os meios utilizados para a prossecução dos objectivos do GATS são:

i) *A Regulamentação Interna:* em conformidade com o art. VI, o Acordo reconhece o direito de os membros regulamentarem os seus serviços internos, mas procura banir qualquer discriminação entre estrangeiros e nacionais, promovendo sempre a transparência, atrás assinalada. O *Uruguay Round* introduziu o Acordo Sobre os Obstáculos Técnicos ao Comércio, que trata dos regulamentos técnicos, das normas e procedimentos de avaliação de conformidade para os produtos e para os processos e métodos de produção. No fundo, fez a transposição da área das mercadorias para a área dos serviços, faltando ainda a especificidade dos diferentes sectores de serviços;

ii) *As Subvenções:* no tocante a este aspecto, o Acordo, através do seu art. XV, salienta a necessidade de colaboração entre os membros por forma a eliminar eventuais tensões resultantes de subvenções particulares no comércio de serviços. Não existindo, ainda, um acordo sobre as disciplinas aplicáveis às subvenções, os membros são obrigados a consultar-se mutuamente para aqueles casos em que a subvenção tenha um efeito de distorção no comércio de serviços;

Cada membro da OMC deve elaborar uma lista de compromissos específicos, que podem ser sectoriais ou horizontais. Os primeiros dizem respeito a um sector concreto. Os segundos referem-se a determinado modo de prestação e em particular à presença comercial e à presença de pessoas físicas. Isto significa que o tratamento nacional é uma obrigação negociável.

iii) *Os Monopólios e Prestadores de Serviços em Regime de Exclusividade:* o GATS não proíbe a existência de monopólios e de prestadores de serviços em regime de exclusividade enquanto tais. O que indica o art. VIII é o do respeito da obrigação NMF e o não abuso da sua posição monopolista;
iv) *Práticas Comerciais:* reconhece-se que certas práticas podem restringir a concorrência limitando por um lado o comércio de serviços. Por isso apela à cooperação e a consultas entre os membros, bem como à troca de informação com vista à eliminação dessas práticas;
v) *Pagamento e Transferências:* o Acordo, através do seu art. XI, contém uma disposição essencial para as empresas privadas, indicando que os membros devem autorizar as "transferências e pagamentos internacionais relativos a transações correntes relacionadas com os seus compromissos específicos". Neste campo, só as restrições ligadas a dificuldades da balança de pagamento é que podem ser mantidas;
vi) *Integração Económica:* o art. V do GATS indica que "não impedirá que qualquer dos seus membros seja parte ou subscreva um acordo de liberalização do comércio de serviços entre as partes". Por outras palavras, uma vez constituído um bloco de integração económica, os seus membros não têm que alargar essa liberalização aos outros membros do GATS.

4. As Excepções

No quadro do GATS consideram-se algumas possibilidades de derrogação, a saber:

- Medidas destinadas à protecção da moral pública e da saúde de pessoas e animais;
- Medidas destinadas à preservação das plantas;
- Medidas ligadas à manutenção da ordem pública;
- Respeito pelas leis e regulamentos, desde que não impliquem discriminações arbitrárias ou constituam uma restrição disfarçada ao comércio.

5. Os Anexos ao Acordo

No tocante aos anexos que fazem parte integrante do GATS podem dividir-se em quatro categorias:

i) O anexo relativo às isenções das obrigações decorrentes do tratamento da nação mais favorecida, já acima citado;

ii) Os anexos relativos aos sectores específicos do transporte aéreo e dos serviços financeiros. Na parte do transporte aéreo, o anexo é aplicável às medidas que afectam o comércio de serviços *incluindo* os serviços de reparação e manutenção de aeronaves, a venda e comercialização de serviços de transporte aéreo e os serviços de sistemas informatizados de reserva, mas *excluindo* os direitos de tráfego e os serviços relacionados com o exercício dos mesmos. Na parte dos serviços financeiros, o respectivo anexo determina a não inclusão das actividades desenvolvidas pelo banco central ou autoridade monetária, bem como as actividades integradas num sistema de segurança social ou actividades desenvolvidas por uma entidade pública por conta ou garantia do Estado. Os serviços financeiros incluem as actividades de seguros e serviços conexos (seguro de vida e não-vida, resseguro, intermediação de seguros e serviços auxiliares de seguros), os serviços bancários e outros serviços financeiros (aceitação de depósitos e outros fundos reembolsáveis da parte do público, a concessão de empréstimos incluindo o factoring, a locação financeira, os serviços de pagamentos e transferências monetárias, garantias e compromissos, instrumentos do mercado monetário, divisas, futuros e opções, swaps e acordos a prazo de taxa de câmbio e de juro, valores mobiliários transaccionáveis incluindo metais preciosos, participações em emissões, corretagem monetária, gestão de activos, serviços de liquidação e compensação, prestação de informações financeiras, serviços de consultadoria);

iii) Os anexos que definem as noções de telecomunicações e do movimento de pessoas físicas;

iv) Os anexos que prevêem as modalidades da prossecução das negociações sobre os serviços financeiros, as telecomunicações[121] de base e os serviços de transporte marítimo.

A importância da celebração do GATS é sobretudo a de conter para o futuro um campo de trabalhos alargado, compreendendo as negociações sobre medidas de salvaguarda com carácter urgente, os mercados públicos e as *subvenções* e regulamentação interna *concernentes* às qualificações profissionais.

[121] Em 1996/97 foi concluída a liberalização de mais de 95% do comércio mundial de serviços de telecomunicações, bem como de grandes segmentos do sector de serviços financeiros.

Secção 2ª
A Propriedade Intelectual

§1º Considerações de Enquadramento

A expressão direitos da propriedade intelectual diz respeito a regras, normas e leis, que visam impedir a exploração não autorizada de produtos ou procedimentos, resultantes do trabalho intelectual. Em boa parte da expressão há um conteúdo de inovação científica e de novas tecnologias, naquilo que a OCDE (1999) chamou «Economia do Saber». Logo à partida, há que reconhecer que se trata de uma área da actividade económica extremamente vasta e de altos interesses monetários. A implementação dos direitos da propriedade intelectual (DPI), de início de tipo defensivo, alargou-se para uma estratégia ofensiva, com o intuito de impedir o aparecimento de novos rivais. O reforço da protecção dos DPI tem contribuído para a concentração do conhecimento, da informação e da estratégia de um pequeno número de grandes empresas multinacionais, que fazem disso o meio de rentabilizar os activos incorpóreos. Daí a enorme pressão por incluir regras restritivas de DPI nos diversos acordos de comércio regional, nos acordos bilaterais de investimento (ligação do investimento com patentes e direitos de autor) e nas próprias regras da Organização Mundial da Propriedade Intelectual.

As economias desenvolvidas procuram explorar em proveito próprio a maior vantagem relativa na produção de bens que encerram uma componente inventiva ou dado tipo tecnológico, defendendo a protecção rigorosa dos DPI pela invocação do estímulo à inovação, ao investimento directo estrangeiro e no crescimento do bem-estar[122].

Ora, não é fácil e seguro calcular o impacto dos DPI, como protecção, sobre a inovação, uma vez que o processo de criação, acumulação e difusão de conhecimentos não é o mesmo para todos os sectores de actividades, nem para todas as tecnologias. Mão se pode esquecer, por exemplo, que as patentes podem ser encaradas como um mecanismo da apropriação com vista a evitar a inovação nos concorrentes ou para se apropriarem de sobrelucros dentro de partes de mercado consideráveis. A utilização de patentes nos EUA e no Japão tem muitas vezes objectivos estratégicos, não sendo aqueles postos em execução. Uma das mais importantes consequências das patentes é a de limi-

[122] A negociação do Acordo na OMC deveu-se inicialmente aos interesses farmacêuticos e do audiovisual nos EUA e na Europa.

tar o acesso às mesmas por parte de empresas concorrentes (a indústria electrónica constitui um bom exemplo).

As críticas sistémicas em relação aos DPI podem apresentar-se do seguinte modo:

- O constante reforço dos DPI gera monopólios que representam o oposto à tese da livre circulação de bens e serviços. Ora sabe-se que todo e qualquer monopólio cria ineficiência e, portanto, prejudica o bem-estar;
- Qualquer regime de propriedade intelectual restringe a utilização de conhecimentos. Por exemplo, o reforço das patentes tem efeitos sobre a imitação. Ora a aprendizagem por imitação constituiu uma mais-valia nos processos da engenharia que foram aplicados na segunda metade do Século XX aquando do aparecimento da 1ª vaga de países emergentes do Sudoeste Asiático (caso do Japão, da Coreia do Sul e de Taiwan). A baixa protecção dos DPI existente em 1950 facilitou a transferência de tecnologia estrangeira para reforçar as respectivas bases de saber asiático;
- Limitar o acesso ao saber penaliza o processo de desenvolvimento económico e social dos países pobres e representa a questão fulcral de qualquer Acordo Relativo aos Direitos da Propriedade Intelectual. Para minimizar alguns aspectos negativos, um acordo que fosse justo teria que reduzir níveis de protecção dos DPI em função das diferentes plataformas de desenvolvimento económico e tecnológico dos países (tal não acontece com a expansão abusiva dos «direitos de autor» e das «patentes»). Os países em desenvolvimento carecem de maior acesso ao saber. O saber é cumulativo e ao prejudicar-se algumas adições a pobreza agrava-se;
- O Acordo existente na OMC é injusto, pois não protege o conhecimento tradicional dos países pobres (um exemplo é a dos produtos farmacêuticos com base em plantas, bem como à falta de acesso a medicamentos patenteados de impacto mundial sobre a vida – caso da SIDA e da Malária).

§2º O Acordo Sobre os Aspectos dos Direitos de Propriedade Intelectual Relacionada com o Comércio[123] (TRIPS)

O preâmbulo do Acordo salienta a necessidade de reduzir as distorções e os entraves ao comércio internacional, passando por uma protecção adequada dos direitos de propriedade intelectual, e reconhece a premência de

[123] «Trade Related Aspets of Intelectual Property Rights» (TRIPS).

elaborar novas regras num quadro multilateral, com incidência no comércio internacional de mercadorias de contrafacção.

O objectivo do Acordo TRIPS é o de contribuir para a promoção da inovação tecnológica e para a transferência e divulgação de tecnologia, em benefício dos geradores e utilizadores dos conhecimentos tecnológicos por forma a conduzir ao bem-estar social e económico[124].

O art. 1º, parágrafo 1, do Acordo, enuncia o princípio de *normas mínimas* a partir do qual os membros podem prever na sua legislação uma protecção mais vasta do que a prescrita no acordo, desde que tal protecção não contrarie o normativo vigente. O método a aplicar é deixado aos membros no quadro dos respectivos sistemas e práticas jurídicas. Por outro lado, o Acordo faz a junção às convenções internacionais existentes em matéria de propriedade intelectual, incorporando-se as obrigações contidas na Convenção de Paris, na Convenção de Berna e no Tratado Sobre a Protecção da Propriedade Intelectual Relativa aos Circuitos Integrados.

Como princípio essencial da protecção dos direitos da propriedade intelectual está o tratamento nacional (art. 3º), segundo o qual cada membro concederá aos nacionais de outros membros um tratamento não menos favorável do que o que concede aos seus próprios nacionais.

O art. 4º do Acordo TRIPS enuncia igualmente o princípio do tratamento da nação mais favorecida, aliás na linha sequencial do art. I do GATT 1947.

No entanto, prevê quatro derrogações, sendo de salientar duas:

- A da concessão de uma cláusula condicional de nação mais favorecida constante da Convenção de Berna;
- A decorrente de acordos regionais ou bilaterais que tenham entrado em vigor antes do Acordo OMC.

A expressão «propriedade intelectual» abrange:

- Direitos de autor e direitos conexos;
- Marcas;
- Indicações geográficas;
- Desenhos e modelos industriais;
- Patentes;
- Configurações (topografias) de circuitos integrados;
- Protecção de informações não divulgadas;
- Controlo das práticas anti-concorrenciais em licenças contratuais.

[124] Cf. art. 7º do Acordo.

As disposições da Parte II (arts. 9º a 40º) do Acordo TRIPS fixam as normas relativas à existência, âmbito e exercício dos direitos da propriedade intelectual.

No tocante aos *direitos de autor*, a protecção diz respeito à expressão, processos, métodos de execução ou conceitos matemáticos enquanto tal. Abrange os programas de computador e compilação de dados. Os programas de computador são protegidos enquanto obras literárias ao abrigo da Convenção de Berna. As compilações de dados, como criações intelectuais, serão protegidas enquanto tal. A duração da protecção não será inferior a 50 anos. Por outro lado, ainda, os direitos de autor abrangem a protecção dos artistas intérpretes ou executantes, dos produtores de fonogramas (registos de som) e dos organismos de radiodifusão, podendo uns *e* outros proibir a reprodução por meio de ondas eléctricas, a retransmissão de emissões, etc., etc., e a duração da protecção será nunca inferior a 50 anos.

Entende-se por *marca* qualquer sinal, ou qualquer combinação de sinais, susceptível de distinguir os produtos ou serviços de uma empresa relativamente à de outras empresas. Nos sinais incluem-se palavras, números, elementos figurativos e combinações de cores. As marcas quando registadas conferem o direito de impedir a utilização por terceiros no âmbito de operações comerciais. A duração da protecção é não inferior a sete anos podendo ser renovada indefinidamente. O seu registo pode ser cancelado quando não se verifique um uso continuado, por um período mínimo de três anos, e caso não se verifiquem razões válidas para o não uso. É de assinalar também o reconhecimento das marcas de serviços. Não pode ter lugar, em caso algum, a concessão de licenças obrigatórias, podendo, no entanto, permitir-se a transmissão do seu uso pelo seu legítimo detentor.

No que diz respeito a *indicações geográficas* estas são definidas como aquelas indicações que identificam um produto como sendo originário do território de um membro, ou de uma região ou localidade desse território. A protecção das indicações geográficas tem por objectivo garantir a identificação do produto com a origem geográfica da sua produção, afastando a indução em erro por parte do consumidor, e afastando a concorrência desleal. É instituído um regime específico para as indicações geográficas atinentes a vinhos e bebidas alcoólicas.

No que concerne a *desenhos e modelos industriais* assegura-se uma protecção por forma a impedir que terceiros fabriquem, vendam ou importem bens a que seja aplicado uma cópia do desenho ou modelo protegido com finalidade comercial. A duração da protecção é de 10 anos[125].

[125] Entre outros sectores da actividade económica, realça-se a indústria têxtil em que pode ficar protegida com o desenho ou modelo novo ou original.

Quanto a *patentes* estas podem ser obtidas para quaisquer invenções, quer se trate de produtos ou de processos, em todos os domínios da tecnologia, desde que essas invenções sejam novas, envolvam uma actividade inventiva e sejam susceptíveis de aplicação industrial. Incluem-se na patenteabilidade os produtos farmacêuticos e os agro-químicos, afastando-se daquele as invenções que colidam com a protecção da vida e saúde das pessoas, dos animais, das plantas e do meio ambiente. Esta exclusão pode ainda abranger métodos diagnósticos, terapêuticos e cirúrgicos e os processos essencialmente biológicos para a sua obtenção. É regulado o ónus da prova em matéria de patentes de processos e são previstas excepções limitadas aos direitos conferidos. A duração da protecção é de 20 anos, tanto para produtos como para processos.

Relativamente à topografia e circuitos integrados, trata-se de proteger os esquemas de configuração (circuitos integrados) considerando ilegais a importação, venda ou distribuição com finalidade comercial, desde que sem consentimento do respectivo titular. Trata-se de uma área inovadora, onde a contrafacção e pirataria mais se têm desenvolvido. A protecção concedida, quando do registo, é de 10 anos.

No que diz respeito aos *segredos comerciais*, o Acordo garante que qualquer pessoa terá a possibilidade de impedir que informações que estão sob o seu controlo sejam divulgadas ou utilizadas por terceiros sem o respectivo consentimento, de uma maneira contrária às práticas comerciais leais. Trata-se de evitar abusos de comércio desleal, representando uma área inovadora pois que até agora escapava aos compromissos assumidos por um grande número de países.

§3º Aspectos de Síntese

O Acordo relativo ao TRIPS estabelece um mecanismo de revisão, a partir do qual se prevê a possibilidade de modificar o acordo para o adoptar a níveis mais elevados de prestação.

Em síntese, este normativo permite projectar-se em cinco pontos, a saber:

- Pela primeira vez, os procedimentos e medidas correctíveis são definidos propiciando aos governos fazer respeitar os direitos da propriedade intelectual;
- Obriga os membros da OMC a respeitar a cláusula da nação mais favorecida e a cláusula do tratamento nacional no que concerne à prestação da propriedade intelectual;

- As invenções asseguradas através do depósito das patentes têm uma protecção com uma duração de vinte anos, quer se trate de um produto ou de um procedimento;
- As medidas devem ser aplicadas na fronteira dos Estados pelas autoridades aduaneiras a fim de obstar à circulação de produtos de contrafacção;
- Um conselho *ad hoc* tem por missão acompanhar o funcionamento do acordo e velar pela sua aplicação.

Finalmente, no tocante a *controlo das práticas anti-concorrenciais em licenças contratuais*, o seu objectivo traduz-se em exercer uma vigilância que incide sobre os abusos em matéria de concessão de licenças que tem por efeito restringir a concorrência entravando o comércio e a difusão da tecnologia.

A parte III do Acordo respeita à aplicação efectiva dos direitos de propriedade intelectual. É de realçar, à base do art. 51º, a intervenção das Alfândegas no sentido de obstar à importação de mercadorias apresentadas sob uma marca de contrafacção ou de mercadorias pirateadas em desrespeito do direito de autor.

Secção 3ª
O Acordo sobre as Medidas de Investimento Relacionadas com o Comércio

Nos últimos vinte anos o comércio e o investimento foram encarados como estreitamente relacionados, desempenhando, cada um, um papel fulcral no processo de integração internacional e na própria globalização, representando vias para se alcançarem maiores economias de escala, expansão de mercados, baixa de preços para os consumidores, difusão da tecnologia, tudo conducente, na expressão da OCDE, à eficiência económica e ao desenvolvimento. Aliás, a expansão das actividades transnacionais das duas últimas décadas demonstra que o comércio e o investimento devem ser analisados na óptica da complementaridade dentro das actividades de produção global.

Do acima exposto, resulta a necessidade de criar regras internacionais e que devem estar presentes nos acordos bilaterais para a promoção e protecção do investimento estrangeiro, nomeadamente, para dirimir litígios e fixar o terreno para maior segurança de novas oportunidades de investimento.

O Acordo Geral Sobre Pautas Aduaneiras e Comércio (GATT) continha poucas referências ao investimento estrangeiro. Este tema foi abordado em 1995, na Resolução Sobre Investimento Internacional para o Desenvolvimento Económico, onde se recomendava às Partes Contratantes que fizessem os melhores esforços para criarem condições para o aumento dos fluxos de capitais, com condições de segurança, oportunidades para a transferência dos lucros advenientes do investimento internacional, e ausência de dupla tributação. O «Tokyo Round», dos anos 70, avançou com temas destinados a evitar as distorções do comércio internacional (barreiras não-pautais; compras governamentais e outras) e que já amparavam a formulação de condições competitivas para o investimento.

O «Uruguay Round» elaborou o Acordo Sobre As Medidas de Investimento Relacionadas com o Comércio[126], que representou a tomada de consciência dos efeitos restritivos e de distorção nas trocas internacionais decorrentes de medidas de investimento. A par da expansão e progressiva liberalização do comércio mundial o Acordo sobre TRIM abordou as medidas de investimento ligadas com o comércio de mercadorias, expressando taxativamente que nenhum Membro poderá aplicar medidas incompatíveis com as disposições dos arts. III e XI do GATT 1947. Esta proibição genérica vem melhor caracterizada no Anexo do Acordo (lista exemplificativa) que prescreve:

- A incompatibilidade de uma empresa importar produtos que estejam ligados à sua produção local e que se relacione com o volume ou *o* valor dos produtos que exporta;
- A incompatibilidade de uma empresa importar produtos ligados à sua produção local, limitando o acesso à aquisição de divisas relacionando-a com a exportação;
- A incompatibilidade de uma exportação, por parte de uma empresa, de produtos que estejam relacionados com a fixação de uma proporção do volume ou de valor da sua produção local.

O anexo do Acordo sobre TRIM tem a vantagem de clarificar as disposições dos arts. III.4 e XI, 1 do GATT 1947. O Acordo estipulou que todas as medidas de distorção fossem eliminadas em cinco anos, tratando-se de países desenvolvidos, ou em sete anos, no caso de um país em desenvolvimento.

Em suma: O Acordo proíbe a aplicação de certas medidas sobre o investimento das empresas e que estejam relacionadas com o comércio de bens,

[126] TRIM's Trade Related Investment Measures.

condenando o tratamento discriminatório sobre importações ou exportações relacionados com o investimento[127].

Conclusão

Análise Crítica do Sistema Comercial Multilateral

Desde a implantação do Sistema GATT 1947, e passados mais de sessenta anos de vigência do sistema comercial internacional, será útil para uma perspectiva de evolução apontarem-se alguns traços essenciais:

1º É bom lembrar que o comércio internacional entre 1928 e 1939 não se desenvolveu e nesse período houve diminuição da produção industrial, surgiu uma das maiores crises do capitalismo moderno (1929), os pagamentos internacionais desmoronaram-se e balizou-se um proteccionismo. Tratou-se de um período negro, bem expresso pelo nazismo e pelo stalinismo, reinando na óptica do comércio internacional o bilateralismo e a discriminação. Houve que fazer um esforço, ao findar a 2ª Guerra Mundial (1939-1945), de reorganizar os mercados;

2º Daí o ter surgido o Acordo Geral Sobre Pautas Aduaneiras e Comércio (GATT), que presidiu às relações comerciais internacionais entre 1947 e 1994. Este dispositivo foi marcado pelo pragmatismo e flexibilidade, ainda que marcado por contradições e fragilidades. A sua maior preocupação foi a do desarmamento pautal e da invocação incondicional da cláusula da nação mais favorecida, esquecendo os obstáculos não-pautais que em substituição dos direitos aduaneiros (eliminados) foram sendo erigidos;

3º Com a pressão erosiva das relações económicas internacionais, surgiu a Ronda do Uruguai, cujas negociações comerciais multilaterais foram concluídas em Dezembro de 1993 e ratificadas em 15 de Abril de 1994, na cidade de Marraqueche. Estava criada a Organização Mundial do Comércio (OMC), que se distingue da sua predecessora pôr:

- Englobar o comércio de mercadorias, o comércio de serviços, disciplinando os aspectos dos direitos da propriedade intelectual;
- Integrar o Órgão da Resolução de Litígios (ORL);
- Disciplinar o sector de actividade agrícola, afastado de qualquer normativo internacional durante cerca de cinquenta anos,

[127] Actualmente, estão completamente ultrapassados os períodos de transição para as medidas inconsistentes com o Acordo.

Conclui-se que a amplitude normativa e disciplinar foi de uma enorme importância, quer pela liberalização do comércio de produtos manufacturados, quer pela inclusão dos serviços e da agricultura num quadro de gradual liberalização de médio prazo. Daí que as principais vantagens da renovação do multilateralismo comercial no seio da OMC se possam esquematizar com maior pormenor da seguinte maneira:

i) Um dos objectivos óbvios consistiu na maior liberalização do comércio, através da redução dos obstáculos pautais e não-pautais, defendendo a tendência de um regionalismo aberto. A evolução para um comércio mais amplo foi acompanhada de uma melhoria das regras normativas a fim de assegurar uma utilização não abusiva do sistema;

ii) O novo Acordo sobre medidas sanitárias e fitossanitárias proíbe a utilização arbitrária dessas medidas por razões proteccionistas, favorecendo a aplicação de normas internacionais, ao mesmo tempo que impõe uma obrigação de transparência através da publicitação da regulamentação;

iii) O novo mecanismo de resolução de litígios garante que qualquer processo desencadeado é controlado pelo Órgão de Resolução de Diferendos (ORD), impondo prazos rigorosos para cada etapa processual, tornando mais fácil e previsível. Afasta factores de natureza política, sendo as medidas de retaliação rigorosamente controladas;

iv) Na área do comércio de produtos agrícolas alargou-se o campo normativo, com particular incidência na conversão de obstáculos não-pautais, em direitos aduaneiros que sucessivamente vão sendo diminuídos;

v) Procurou-se inovar o acordo *anti-dumping,* acrescentando-se a cláusula de que as empresas podem, na fase de arranque, vender até 20% da sua produção com prejuízo, factor de flexibilidade nas estratégias comerciais. As regras que presidem aos processos *anti-dumping* e a realização dos inquéritos foram clarificados;

vi) Definiu-se, pela primeira vez, o que se entende por subvenção, estabelecendo-se novas regras, obrigatórias para o cálculo do valor das mesmas e para o estabelecimento de processos rápidos para a resolução de litígios. Foi implantada uma *lista verde* de subvenções que não ficam sujeitas a medidas de retaliação de qualquer Estado membro, abrangendo-se os *auxílios regionais,* os *auxílios à investigação e desenvolvimento* e as *subvenções no domínio do ambiente.*

vii) No campo dos serviços o respectivo acordo estabeleceu o princípio do tratamento da nação mais favorecida, através da qual todos os países terceiros devem beneficiar do mesmo tratamento. O GATS é constituído por um conjunto de regras e de compromissos específicos de abertura dos mercados;

viii) O combate à contrafacção, consignada nos TRIPS, representou outra área em que se exaltaram convenções internacionais já existentes, como igualmente se reforçou os direitos da propriedade intelectual.

4º As principais críticas e lacunas da OMC podem ser esquematizadas do seguinte modo:

i) O comércio internacional, na perspectiva sistémica, deveria respeitar os países em desenvolvimento, reduzindo as assimetrias na repartição dos ganhos. Os PVD têm 80% da população mundial e arrecadam somente 30% dos benefícios das trocas;

ii) A generalidade dos Países Menos Avançados (PMA), sobretudo da África Subsariana, como produtores de matérias-primas e géneros alimentícios, necessitam entrar em mercados de Países Avançados, não só com direitos aduaneiros a nível zero, como também com ausências de subvenções. Na Conferência de Hong-Kong, os EUA liberalizaram a entrada do algodão aos países africanos, o que não interessou, uma vez que mantiveram os subsídios aos seus produtores. Tratou-se de um cenário, supostamente liberalizador e enganador (os EUA são grandes exportadores mundiais de algodão, e não importadores). O próprio funcionamento dos sistemas preferenciais e não recíprocos postos em funcionamento pelos países ricos, estão ultrapassados como instrumentos de eficácia para promover a industrialização e a integração dos países em desenvolvimento no sistema comercial. Não surgiu qualquer outro instrumento compensatório das margens comerciais perdidas, por forma a compensar os países do Terceiro Mundo;

iii) O fortalecimento dos direitos da propriedade intelectual, área de interesse dos Países Avançados, restringe a acessibilidade ao conhecimento e prejudica a zona de subdesenvolvimento. O Acordo Relativo à Propriedade Intelectual Conectado com o Comércio preocupa-se com a restrição do conhecimento entre fronteiras e não com o aumento da circulação, que é um dos pressupostos na área das mercadorias. Daí a necessidade futura de pugnar por regimes de propriedade intelectual separados em função das diversas categorias de países (pobres; de rendimento médio; ricos);

iv) A Ronda do Uruguai acentua a liberalização do capital e do investimento, com manifesto interesse para os Países Avançados, afastando no Acordo Geral Sobre Serviços a possível liberalização da mão-de-obra mais qualificada, que interessava aos países em desenvolvimento. Os países ocidentais concentram-se na liberalização de serviços de especialização intensiva, única área em que se protegiam os seus interesses, face às respectivas vantagens competitivas. Daí, o desequilíbrio de interesses tutelado pelo GAT'S;

v) A Conferência de Doha (2001) estabeleceu um programa a favor dos países em vias de desenvolvimento, onde se explicitava a necessidade de um reexame das disposições relativas ao tratamento especial e diferenciado para os Países do Terceiro Mundo. Ora, os objectivos de Doha não foram implementados, mantendo a injustiça do sistema comercial internacional. Em suma: os países ricos não abriram os seus mercados aos países mais pobres, sem reciprocidade e sem condicionalidade económica ou política;

vi) Ausência de regras de funcionamento relativas às diversas formas de integração económica, cultivando na prática uma área cinzenta entre a não-discriminação e o multilateralismo. Há um pressuposto de regionalismo aberto, que pode não se verificar em dado momento histórico;

vii) Possível sobrecarga da balança de pagamentos por parte dos países importadores líquidos de géneros alimentícios (subida dos preços internacionais), com repercussões graves sobre a maior fragilização da pobreza mundial. É por exemplo o caso do Egipto, cujos 79 milhões de habitantes necessitam de importações de cereais, com metade da população muito pobre;

viii) Precariedade quanto ao desafio expresso de proteger o ambiente sem proteccionismo ecológico;

ix) Impossibilidade de incluir na política comercial internacional questões de trabalho relacionadas com violações dos direitos humanos.

Em suma:

Em mais de sessenta anos (1948-2020) mostraram que a cooperação comercial internacional está recheada de interesses antagónicos.

O mundo tem vindo a transformar-se rapidamente, com maior intensidade de riscos e incertezas. Os acordos são difíceis de alcançar. Qualquer mudança implica custos de ajustamento e repercute-se na distribuição de rendimentos. A política comercial internacional oscila entre a flexibilidade e a adaptação e a previsibilidade e estabilidade. O equilíbrio é difícil de atingir. Os maiores desafios de um sistema comercial multilateral situam-se:

- Em saber integrar as economias em desenvolvimento por forma a garantir-lhes o crescimento e o desenvolvimento (o combate à pobreza é o maior desafio do Século XXI);
- Em enquadrar o sistema comercial internacional nos acordos comerciais regionais (ACR);
- Em tornar as mesmas normas regulamentares mais transparentes, ao mesmo tempo que inclua novos temas de relacionamento dos povos;
- Em inventariar novas medidas não-pautais que afectem os fluxos de bens, as condições de concorrência e as oportunidades de benefícios. Isto significa a busca de reduzir ao mínimo a discriminação entre os países;
- Em reforçar a cooperação no comércio de serviços, face à predominância da terciarização dos países avançados.

Bibliografia

Texto da Acta Final do "Uruguay Round" (J. O. das Comunidades L 336, 23-12-1994);
"Report Annual 2008", OMC Genève, 2006;
"Report Annual 2009", OMC Genève, 2007;
"Estadísticas del Comercio Internacional 2009", Genebra, 2009;
"Programme de Travail de Doha – Déclaration Ministérielle", Hong-Kong, 2005;
"L'Accès au Marche' Après le Cyde d'Uruguay", OCDE, Paris, 1996;
"Economia Internacional", E. Raposo Medeiros, 8ª Edição, Liv. Petrony, Lisboa, 2007;
"Tornar Eficaz a Globalização", Joseph Stiglitz, Edições ASA, Lisboa, 2007;
"Rapport 2009 Sur les Pays les Moins Avances", CNUCED, Genève, 2009;
"Business Guide to the General Agrement on Trade in Service", OMC, Genève, 2000;
"Informe Sobre El Comercio Mundial 2009", OMC, Genebra, 2009;
"Evolução e Tendências da Integração Económica Regional", E. Raposo Medeiros, Liv. Petrony, Lisboa, 2008;
"80º Rapport Annuale 2009/2010". Banque des Reglements Internationaux, Bole Juin 2010.

SUBTÍTULO II
ORGANIZAÇÃO INTERNACIONAL DO TRABALHO – OIT[128]

Pelo Dr. João Luiz Mota de Campos

[128] Sede – 4 Route dcs Morillions, CH – 1211 Genève. Suíça
Fax (informações): (41) (22) 788 38 94.

PLANO GERAL DO SUBTÍTULO II

§**Introdutório** ANTECEDENTES E CRIAÇÃO DA OIT

1. Algumas iniciativas concretas de protecção do sector laboral
2. A criação da OIT em 1919
3. O relançamento da OIT em 1944: a «Declaração de Filadélfia»

CAPÍTULO I
OS FINS DA OIT E OS INSTRUMENTOS DA SUA REALIZAÇÃO

Secção 1ª OBJECTO E FINS DA OIT
§**1º O preâmbulo da Constituição da OIT**
§**2º A «Declaração de Filadélfia»**

Secção 2ª A ESTRUTURA INSTITUCIONAL DA OIT
§Preliminar **A composição da OIT**

Subsecção 1ª OS ÓRGÃOS PRINCIPAIS DA ORGANIZAÇÃO
§**1º A Conferência Geral do Trabalho**

1. Composição da Conferência Geral (arts. 3º e segs.)
2. Competência da Conferência Geral

§**2º O Conselho de Administração**

1. Composição do Conselho de Administração
2. Atribuições do Conselho

§**3º A Repartição («Bureau») Internacional do Trabalho (BIT)**

1. Natureza deste órgão
2. O Director-Geral do BIT
3. Atribuições do BIT

Subsecção 2ª OS ÓRGÃOS SUBSIDIÁRIOS DA OIT
§**1º Órgãos de controlo interno**
§**2º O Tribunal Administrativo da OIT**

§2º As queixas

1. Legitimidade para deduzir a queixa
2. A tramitação da queixa
3. A apreciação da queixa e as suas implicações

Subsecção 3ª O PROCESSO DE CONTROLO EM MATÉRIA DE LIBERDADE SINDICAL

§1º O Comité de Liberdade Sindical

§2º A Comissão de Investigação e de Conciliação

§3º O Controlo da aplicação de Convenções adoptadas fora do quadro da OIT

§ Introdutório
Antecedentes e Criação da OIT

1. Algumas iniciativas concretas de protecção do sector laboral

1. No termo da I Guerra Mundial era já muito viva a consciência da importância dos problemas laborais e da necessidade de os enfrentar à escala mundial, *com* base *numa cooperação* internacional organizada num quadro institucional adequado.

Sentia-se em particular, desde há muito, a necessidade de proteger os trabalhadores para que estes deixassem de ser vítimas indefesas de um processo de desenvolvimento económico em que apenas fosse tida em conta a sua qualidade de factor de produção a rentabilizar o mais possível, ainda que com sacrifício da sua dimensão social. Por isso mesmo, já em 1890 uma conferência diplomática reunira em Berlim os representantes de 14 Estados, resolvidos a encarar a questão. Pouco depois, em 1897, uma segunda conferência foi convocada para Bruxelas; e em 1900, em Paris, viria a ser criada, no seguimento das anteriores iniciativas, a *Associação Internacional para a Protecção dos Trabalhadores* que passou a dispor, em Basileia, de um organismo denominado *Repartição Internacional do Trabalho,* consagrado à investigação e à reunião de documentação especializada – designadamente à tradução e publicação da legislação social dos diversos Estados, no âmbito de uma compilação legislativa cuja publicação se mantém.

2. Uma conferência reunida em Berna em 1906 conseguiu, no seguimento de outras conferências anteriormente convocadas para estudar os problemas do trabalho, adoptar duas relevantes *Convenções* – uma das quais teve por objecto a interdição do trabalho feminino nocturno.

Em vésperas da I Grande Guerra os esforços da *Associação Internacional para a Protecção dos Trabalhadores* estavam em vias de concretizar-se mediante a conclusão de diversas convenções de grande alcance social, nomeadamente a relativa à duração máxima do trabalho das mulheres e crianças, que então se pretendia reduzir para 10 horas[129].

A luta dos sindicatos, o clamor dos trabalhadores e o sentimento de uma opinião pública mais esclarecida evidenciavam a necessidade de encarar os problemas sociais do mundo laboral numa perspectiva ousada e renovadora que iria exprimir-se numa iniciativa de grande alcance.

2. A criação da OIT em 1919 – "Considerando que a paz para ser universal e duradoura deve assentar sobre a justiça social"

3. Em 1919, na conferência de Paz reunida em Paris após a I Grande Guerra para concluir o Tratado de Versalhes, foi decidido elaborar a *Constituição* de uma nova organização intergovernamental, a *Organização Internacional do Trabalho* que foi adoptada no âmbito daquele Tratado de que passou a constituir a Parte XIII.

As razões de ser expressas no preâmbulo da Constituição são, em primeiro lugar, que *«existem condições de trabalho que implicam para um grande número de pessoas a injustiça, a miséria e privações...»*, o que conduziria a que *«a injustiça gera um tal descontentamento que a paz e a harmonia universais são colocadas em perigo»* e em segundo lugar, que *«a não adopção por uma nação de um regime de trabalho realmente humano é um obstáculo para os esforços das outras nações que desejam melhorar a condição dos trabalhadores nos seus próprios países»*.

O órgão plenário da Organização reuniu-se pela primeira vez em Washington, em fins de 1919. Mas a sede da OIT foi estabelecida Genève – onde ainda se mantém.

No entanto, durante a Segunda Guerra Mundial e tendo em conta a dificuldade de reunir e funcionar eficazmente num país que se situava no coração de um continente devastado pelo conflito, a OIT deslocou a sua sede para Montreal (Canadá), onde prosseguiu a sua actividade, ainda que limitadamente, até ao fim da guerra.

3. O relançamento da OIT em 1944: «Declaração de Filadélfia»

4. Em 1944 as delegações de 41 Estados-membros da OIT reuniram-se em Filadélfia (EUA) para fazer um balanço do estado da Organização e das suas perspectivas no futuro; e, mais concretamente, para repensar as bases

[129] Não esqueçamos que em meados do Século XIX uma greve foi desencadeada na Inglaterra para lutar contra a sujeição de crianças a prestações laborais que chegavam a atingir 17 horas diárias...

em que ela deveria passar a funcionar, o que implicaria uma revisão da respectiva *Constituição.*

Tal revisão foi rapidamente levada a cabo com base num texto elaborado já em 1942 no seio da Organização e cujos termos, uma vez adoptados, constituíram o texto da *«Declaração de Filadélfia»* que passou a fazer parte, como anexo, do Acto constitutivo da Organização[130].

A declaração consagra princípios:

- O trabalho não é uma mercadoria;
- A liberdade de expressão e de associação é uma condição indispensável para um progresso constante;
- A pobreza, onde quer que exista, constitui um perigo para a prosperidade de todos;
- Todos os seres humanos, qualquer que seja a sua raça, a sua crença ou o seu sexo, têm o direito de efectuar o seu progresso material e o seu desenvolvimento espiritual em liberdade e com dignidade, com segurança económica e com oportunidades iguais.

Em 1946, por força de um Acordo concluído com a organização das Nações Unidas, a OIT assumiu o estatuto de *Instituição Especializada da ONU.*

[130] O texto em vigor da Constituição da Organização Internacional do Trabalho foi aprovado na 29ª reunião da Conferência Internacional do Trabalho (Montreal – 1946) e tem, como anexo, a Declaração referente aos fins e objectivos da Organização, que fora aprovada na 26ª reunião da Conferência (Filadélfia – 1944).
A Constituição, assim revista, substituiu a adoptada em 1919 e que fora emendada em 1922, 1934 e 1945. Subsequentemente, a Constituição foi revista em 1946, 1953, 1962 e 1972.

Capítulo I
Os Fins da Organização e os Instrumentos da sua Realização

5. Há, antes de mais, que apurar o *objecto* e os *fins* da Organização (Secção 1ª); e, depois, que identificar os *meios institucionais* de que ela dispõe para os realizar (Secção 2ª).

Secção 1ª
Objecto e Fins da OIT

6. A análise do objecto e fins da OIT exige o exame quer do *preâmbulo da Constituição da Organização,* tal como foi elaborado no texto fundador de 1919 (§ 1º), quer da *Declaração de Filadélfia* que ampliou e aprofundou, neste aspecto, a Constituição originária (§ 2º).

§1º O preâmbulo da constituição da OIT

7. Os Autores do *preâmbulo* elaboraram e inseriram aí uma listagem dos principais domínios em que consideravam *«urgente melhorar» as condições do trabalho* tendo em vista alcançar «a *paz e a harmonia universais»*.

Considerando como finalidade atingir a adopção por todos os Estados de *«um regime de trabalho verdadeiramente humano»*, o preâmbulo indica como instrumentos desta finalidade:

- a regulamentação da duração do trabalho;
- o combate ao desemprego;
- a protecção dos trabalhadores contra acidentes de trabalho;

- a segurança social concretizada na atribuição de pensões de velhice e de invalidez;
- a liberdade sindical;
- a formação profissional;
- a protecção de trabalhadores migrantes.

§2º A «Declaração de Filadélfia»

8. Trata-se da *«Declaração relativa aos fins e aos objectivos da OIT»*, adoptada, como dissemos, em 1944, por ocasião da reunião da organização naquela cidade norte-americana e que, anexada à Constituição da OIT, dela passou a fazer parte,

Fundamentalmente, a *Declaração* reafirma os princípios enformadores da Organização, repensados em função da evolução da sociedade internacional em geral e do mundo laboral em particular, que havia ocorrido durante os precedentes 25 anos.

9. Tais princípios, em função dos quais devem ser avaliados os programas de acção e as medidas a adoptar quer no quadro nacional quer na ordem internacional – tanto no plano social como nos domínios económico e financeiro – são, designadamente, os seguintes:

- o trabalho não é uma mercadoria – não pode portanto ser encarado como tal e sujeito às contingências da lei da oferta e da procura sem consideração da eminente dimensão humana das questões que lhe estão ligadas;
- a liberdade de expressão e de associação – nomeadamente a liberdade sindical – é condição irrecusável do progresso;
- a pobreza, onde quer que exista, constitui um perigo para a prosperidade geral; por isso,
- a luta contra ela deve ser conduzida com toda a energia no quadro nacional e mediante um esforço internacional concertado e contínuo, com vista à promoção do bem comum;
- todos os seres humanos, qualquer que seja a sua raça, o seu credo ou o seu sexo, têm o direito de buscar o progresso material e o desenvolvimento espiritual em liberdade, com dignidade, com segurança económica e beneficiando de iguais oportunidades;
- a finalidade central de qualquer política nacional ou internacional deve ser orientada para a realização de condições que permitam alcançar os objectivos da Organização.

10. Tais objectivos, reconsiderados à luz destes princípios, são, designadamente, *o pleno emprego, a melhoria do nível de vida das populações, o desenvolvimento da segurança social*, a *protecção da saúde*, a *igualdade de oportunidades* no domínio da educação e no domínio profissional.

Secção 2ª
A Estrutura Institucional da OIT

11. A OIT foi dotada, pela sua *Constituição*, de uma estrutura institucional original e complexa, que comporta *órgãos principais* (Subsecção 1ª) e *órgãos subsidiários* (Subsecção 2ª).

Antes de os examinar impõe-se, porém, uma breve alusão à composição da OIT (§ preliminar).

§Preliminar – A composição da OIT

12. A OIT é uma Instituição Internacional composta por Estados – quer dos que a constituíram inicialmente quer dos que depois a ela foram aderindo e a refundaram em 1944, em Filadélfia, quer dos que posteriormente, após o termo da II Guerra Mundial, se tornaram seus Membros.

Como Organização universal que é, a OIT está aberta à participação de todos os Estados.

Mais concretamente, são membros da OIT:

- Os Estados que a compunham em 1 de Novembro de 1945;
- Os que, depois disso, sendo membros da ONU, manifestaram a vontade de aderir – pois tanto basta para adquirir a qualidade de Estado-membro *(cf. art. 1º, § 3º, da Constituição da OIT)*;
- Os que, não sendo membros da ONU, tenham solicitado a adesão e hajam sido admitidos por deliberação da Conferência Geral tomada por maioria de dois terços.

Isto implica que, embora a OIT seja uma Instituição *Especializada das Nações Unidas*, a qualidade de membro não depende de prévia admissão na ONU.

A Suíça – por exemplo – foi membro da OIT antes de o ser da Organização das Nações Unidas.

13. A *retirada* dos Estados-membros está também prevista no *art. 1º, § 5º, da Constituição da OIT.* O Estado que pretenda retirar-se deve, porém, fazer um pré-aviso de dois anos.

Os casos de retirada são raros. Entre os que ocorreram contam-se os da África do Sul em 1966, da Alemanha em 1967, do Lesotho em 1971 e dos Estados Unidos em 1977... Mas todos estes Estados retornaram à Organização.

Subsecção 1ª
Os Órgãos Principais da Organização

14. Estão referidos no art. 2º da Constituição da OIT:

- A *Conferência Geral do Trabalho (§ 1º);*
- O *Conselho de Administração (§ 2º);*
- e a *Repartição (Bureau) Internacional do Trabalho (§ 3º)*

§1º A Conferência Geral do Trabalho

15. É o órgão plenário e deliberante da OIT – em cuja composição e competência melhor se espelha o carácter original da Organização – e que detém as competências essenciais da OIT.

1. Composição da Conferência Geral (arts. 3º e segs.)

16. Todos os Estados-membros estão representados na *Conferência Geral* através de *delegações* constituídas não apenas por *dois* delegados de *cada Governo* mas, também, por *um* delegado que representa o *patronato e um* delegado que representa os *trabalhadores* do respectivo país – delegados esses que emanam das respectivas centrais patronais e sindicais na conformidade dos critérios que cada país estabelece.

Os membros de cada delegação gozam, todos, dos mesmos direitos; tomam assento paritariamente na *Conferência Geral* mas, em lugar de emitirem *um voto nacional,* dispõem de inteira liberdade de pronúncia que lhes permite emitir votos divergentes em correspondência com a própria divergência (quando não antagonismo formal) dos respectivos interesses e pontos de vista *(cf. art. 4º da Constituição).*

17. É normal que às sessões da Conferência assistam como *observadores* representantes de Estados não membros ou de outras organizações inter-governamentais ou não governamentais (ONG).

A Conferência, a quem cabe autorizar a presença de observadores, tem tomado a este respeito algumas deliberações polémicas – como quando autorizou que a partir de 1975 participassem nessa qualidade delegados do Congresso Nacional Africano (República da África do Sul) e da Organização de Libertação da Palestina (OLP).

18. A Conferência realiza uma *sessão anual,* normalmente em Junho. Para cada sessão elege (em geral, mas não necessariamente), *entre os delegados governamentais,* um Presidente, e bem assim, um vice-presidente *entre os delegados do patronato* e outro *entre os delegados dos trabalhadores.*

2. Competência da Conferência Geral

19. Cabe essencialmente à Conferência:

a) adoptar *convenções e recomendações,* actos de carácter normativo de que adiante trataremos;
b) controlar a aplicação pelos Estados-membros das normas internacionais do trabalho constantes das *convenções* e *recomendações;*
c) deliberar por maioria de dois terços dos delegados sobre a admissão de novos Estados-membros;
d) aprovar o orçamento da Organização;
e) nomear os juízes do Tribunal Administrativo da OIT;
f) apreciar o relatório do *Director Geral da Repartição Internacional do Trabalho*[131].

§2º O Conselho de Administração

20. É, pela sua composição, um órgão *restrito;* e, dada a natureza das suas atribuições, um órgão de carácter *executivo,*

[131] Alguns destes relatórios são da maior importância quer para o conhecimento íntimo da Organização *(cf. por ex. o Relatório de 1974 sobre «A acção da OIT – problemas e perspectivas»)* quer sobre os grandes temas de que se ocupa e que a preocupam (v., por ex., os Relatórios de 1972 sobre *«A técnica ao serviço da liberdade: o homem e o seu meio»;* de 1973 sobre *«A prosperidade e o bem estar – objectivos sociais do crescimento económico;* etc.). Ou, mais recentemente, em 2006, o Relatório Global "O fim do trabalho infantil: Um objectivo ao nosso alcance".

1. Composição do Conselho de Administração

21. Em virtude de uma alteração do § 2º, do art. 7º, da Constituição da OIT, feita em 1972, o número de membros do Conselho é de 56.

Destes, 10 representam os 10 mais importantes Estados industriais, designados segundo critérios determinados pelo próprio Conselho de Administração *(art. 7º, § 2ª e § 3º).*

Sem prejuízo da revisão deste elenco, tais Estados são actualmente a Alemanha, Brasil, China, Estados Unidos da América, França, Índia, Itália, Japão, Reino Unido e Rússia.

Os restantes 46 membros são eleitos, por três anos, pela Conferência Geral: 18 em representação dos Estados-membros; 14 entre os delegados dos trabalhadores e 14 entre os delegados dos patrões. Enquanto aqueles participam em representação dos Estados respectivos, os 28 delegados das duas referidas categorias profissionais agem como representantes do conjunto de delegados da respectiva categoria com assento na Conferência Geral.

22. O Conselho realiza normalmente três sessões em cada ano.

2. Atribuições do Conselho

23. O Conselho orienta superiormente a actividade da Organização. Não funcionando em permanência, age através do *Director-Geral da Repartição Internacional do Trabalho,* que lhe cabe nomear e que exerce as suas funções sob a autoridade do Conselho e na conformidade das *instruções* que *este* lhe transmita *(cf. art. 8º e infra, nº 27).*

É o Conselho de Administração que estabelece a ordem do dia das sessões anuais da Conferência Geral e que deverá, depois, dar seguimento ao que por esta haja sido deliberado.

§3º A Repartição («Bureau») Internacional do Trabalho (BIT)

1. Natureza deste órgão

24. É um órgão permanente previsto nos arts. 8º a 10º da Constituição da ONU. Essencialmente, funciona como Secretariado da Organização (em virtude do carácter não permanente do Conselho de Administração); incumbem-lhe também, para além dessa função *burocrática,* significativos *poderes de execução.*

O «Bureau» é uma vasta administração que emprega 1900 funcionários na sua sede em Genebra e em quarenta escritórios no resto do mundo e recorre ainda aos serviços de cerca de seiscentos especialistas e consultores em missões em todo o mundo.

2. O Director-Geral do BIT

25. O *«Bureau»* é chefiado por um Director-Geral designado, como vimos, pelo Conselho de Administração e que perante este responde quer no tocante à utilização dos fundos da Organização *(art. 15º, § 5º)* quer no que respeita ao conjunto das tarefas a seu cargo.

26. A figura do Director-Geral eleito por 5 anos, avulta no sistema institucional da OIT[132].

Goza, bem como os Directores-Gerais Adjuntos e os Directores Executivos, do estatuto de funcionários internacionais cuja *competência* específica é condição da sua nomeação e cuja *independência* no exercício das suas funções os Estados-membros estão obrigados a respeitar, não procurando influenciá-los de modo algum no desempenho das respectivas atribuições.

3. Atribuições do BTT

27. Incumbe-lhe, designadamente, preparar as reuniões da Conferência Geral (na qual o Director-Geral do BIT funciona como Secretário-Geral) e dar seguimento às suas orientações, sob a direcção do Conselho de Administração *(cf. supra, nº 23)*.

Também ao Director-Geral (pessoalmente ou através de um dos seus Directores-Gerais Adjuntos ou Sub-Directores-Gerais) cumpre assistir o Conselho de Administração *(cf. art. 8º, § 2º, da Constituição da OIT)*.

O BIT surge, pois, como coração e motor da acção da OIT: assegura o funcionamento dos respectivos serviços técnicos e burocráticos que dele directamente dependem, e mantém *delegações permanentes* por todo o mundo – o que, permitindo uma certa descentralização de determinadas actividades, lhe permite manifestar uma presença activa nos domínios em que exerce as suas funções.

[132] O actual Director Geral é o Chileno Juan Somavia, eleito pela primeira vez em 4 de Março de 1999 e que foi eleito em 2008 para o seu terceiro mandato.

Subsecção 2ª
Os Órgãos Subsidiários da OIT

28. Tendo em vista facilitar o pleno cumprimento da missão da OIT, foram instituídos *órgãos subsidiários* e, designadamente, *órgãos de controlo (§ 1º)* e um *órgão jurisdicional* particularmente relevante (§ 2º).

§1º Órgãos de controlo interno

29. Os órgãos que aqui merecem especial exame são aqueles que se ocupam do controlo da observância das normas internacionais do trabalho. Far-lhe-emos a referência adequada a propósito dos procedimentos de controlo *(infra, n.os 56. e segs.).*

§2º O Tribunal Administrativo da OIT

1. Criação do Tribunal

30. O Tribunal Administrativo não havia sido instituído pela Constituição da OIT.

Sucedeu, porém, que em 20 de Setembro de 1927 a Assembleia Geral da Sociedade das Nações (SDN) criou um Tribunal Administrativo desta Organização, ao qual poderiam *também* ter acesso, para defesa dos seus direitos, os funcionários da Repartição Internacional do Trabalho.

O Tribunal poderia pura e simplesmente ter acabado com a extinção da SDN, ou transitado para a esfera da ONU. Mas, na última reunião da Assembleia Geral da SDN, que teve lugar em 18 de Abril de 1946, foi resolvido manter o Tribunal, ligando-o à estrutura da OIT como Tribunal Administrativo da OIT, para ficar na dependência da respectiva Conferência Geral do Trabalho.

Mais tarde, a ONU preferiu instituir um Tribunal Administrativo próprio, que viria a ser criado pela sua Assembleia Geral em 1949[133].

2. Composição e funcionamento

31. O Tribunal Administrativo da OIT é composto por 3 juízes efectivos e três suplentes, de diferentes nacionalidades, nomeados pela Conferência Geral do Trabalho por um período de três anos.

[133] Este Tribunal Administrativo da ONU exerce também a sua jurisdição no âmbito de certas OI subsidiárias da ONU como sejam, por ex., a OACI e a OMG.

Na realidade, o Tribunal, embora incluído no sistema institucional da OIT, não é privativo desta Organização, dado que por força do respectivo Estatuto está aberto a qualquer organização internacional de carácter inter-estatal, que reconheça a sua competência. Nesta conformidade, além de diversas Instituições Especializadas das Nações Unidas (FAO, OMM, UIT, UNESCO...) também outras OI (inclusive algumas organizações regionais) aceitaram a jurisdição do Tribunal Administrativo da OIT.

32. O Tribunal tem uma sessão ordinária anual e, eventualmente, sessões extraordinárias. É competente para anular medidas adoptadas relativamente aos recorrentes, funcionários das OI sujeitos à sua jurisdição e bem assim para lhes atribuir, sendo caso disso, uma indemnização pelos prejuízos sofridos.

33. A decisão proferida é definitiva para o funcionário recorrente; mas, por força do art. XII do Estatuto do Tribunal, não o é para a OI parte no litígio, que pode dirigir-se ao Tribunal Internacional de Justiça a solicitar um parecer sobre a validade da decisão proferida pelo Tribunal Administrativo.

Capítulo II
Atribuições e Competências da OIT

34. A OIT exerce um papel operacional de grande relevância prática que se traduz numa *estreita cooperação com os* Estados-membros, aos quais presta adequada assistência técnica, em particular no tocante à correcta aplicação das regulamentações internacionais em matéria de trabalho (Secção 1ª).

Cabe-lhe, por outro lado, exercer a *competência normativa* relativamente à adopção das regras a observar no domínio laboral, o que implica a consideração de difíceis, complexas e relevantes questões de índole económica e de carácter social (Secção 2ª).

Cumpre-lhe, finalmente, proceder ao *controlo da aplicação* das normas adoptadas no seu seio (Secção 3ª).

Secção 1ª
A Cooperação com os Estados-Membros

§1º O papel operacional da OIT

1. A logística utilizada

35. A OIT contribui, nos mais diversos domínios e em todos os continentes, para o desenvolvimento social dos Estados-membros – cooperando mesmo com os poucos que não são seus membros.

Este vasto esforço de cooperação é assegurado por cerca de 1900 funcionários afectos a tarefas da sede (fixada em Genève, Suíça) e por centenas de peritos que trabalham como agentes temporários em missões de duração limitada.

O enquadramento e utilização destes efectivos é feito através dos *Bureaux* regionais da organização, instalados por todo o mundo em locais estrategicamente seleccionados (Adis-Abéba – na Etiópia, Bagdad – no Iraque, Beirute – no Líbano, Istambul – na Turquia – isto para referir apenas uma região do globo).

Foram também criados serviços de informação em todas as capitais dos Estados-membros.

2. As actividades desenvolvidas

36. A actividade fundamental que a OIT desenvolve no exterior consiste na implementação *de programas de formação de quadros* e de *mão-de-obra local* tendo em vista não só preparar pessoal competente para exercer uma actividade profissional específica como também – e sobretudo – para formar formadores.

Estas actividades da OIT subsumem-se a temas de importância global, cuja urgência varia. Mais recentemente a OIT virou-se para *«as políticas de emprego com o objectivo de definir melhor a sua contribuição para a justiça social no âmbito de uma globalização justa, como parte de uma abordagem integrada ao trabalho decente»*[134]. Outro tema que tem marcado fortemente a acção da OIT é o combate ao trabalho infantil.

37. Algumas acções realizadas pela OIT são financiadas pelo orçamento da Organização; outras beneficiam, designadamente, de contribuições dos Estados industrializados.

Também no domínio da *cooperação técnica* a acção da OIT se tem manifestado em todos os continentes e regiões. Esta cooperação, durante muito tempo orientada para os países do Terceiro-Mundo, incidiu nos últimos anos da década de 80 e primeiros da década de 90 nos países da Europa de Leste.

Diversas actividades da OIT são realizadas em cooperação com outras organizações da constelação das NU e nomeadamente a FAO, o PNUD, e a UNESCO – e bem assim com organizações de carácter regional com destaque para as Comunidades Europeias[135].

§2º Os instrumentos da cooperação

38. Tendo em vista as suas actividades de formação de pessoal qualificado, a OIT criou dois órgãos subsidiários em que se apoia no cumprimento da sua missão neste particular domínio:

[134] Relatório do Director-Geral para 2010 – Recuperação económica e crescimento com trabalho decente.

[135] O apreço que a acção da OIT merece é atestado pela atribuição, em 1969, do Prémio Nobel da Paz.

- O *Centro Internacional de Aperfeiçoamento Técnico e Profissional,* sediado em Turim (Itália) habilitado a receber estagiários; e
- O *Instituto Internacional de Estudos Sociais,* sediado em Genève (Suíça), que tem por missão proceder a trabalhos de investigação, organizar cursos, seminários e ciclos de estudos quer na sua sede quer noutros locais.

A obra de cooperação técnica realizada pela OIT tem contribuído significativamente para a melhoria do nível de vida e das condições de trabalho daqueles que são os primeiros destinatários e beneficiários do seu esforço – os trabalhadores por conta de outrem. E essa cooperação tem-se manifestado antes de mais através dos chamados *«Conselheiros Regionais sobre normas internacionais»* no tocante à aplicação efectiva das *Convenções e Recomendações* – isto é, das normas internacionais sobre matéria laboral emanadas da OIT e de que vamos tratar de seguida.

Secção 2ª
A Competência Normativa da OIT

39. Vamos examinar, antes de mais, o *processo de adopção das normas internacionais (Subsecção 1ª)* e, seguidamente, *o produto da actividade normativa* a cargo da *OIT (Subsecção 2ª).*

Subsecção 1ª
O Processo de Adopção das Normas

40. O processo de produção normativa no quadro da OIT é longo e complexo – garantindo, no entanto, um estudo aprofundado dos problemas a enfrentar e das soluções que comportam.

No processo intervém o *Conselho de Administração, o BIT* e a *Conferência Geral do Trabalho* – e todas estas intervenções são da maior relevância.

Vejamos.

§1º O papel do Conselho de Administração

41. O Conselho de Administração desempenha o papel de órgão motor da engrenagem de produção normativa: agindo por sua própria iniciativa ou por iniciativa de um Estado-membro, de um organismo profissional, de uma organização internacional ou da Conferência Geral da OIT, cumpre-lhe examinar as questões a inscrever na ordem do dia da Conferência Geral.

Como vimos *(supra nº 23)* é ao Conselho de Administração que cabe estabelecer a ordem do dia das sessões anuais da Conferência Geral. Consequentemente, o Conselho ocupa uma posição central, incontornável, no processo de decisão da OIT, como intermediário forçado que é entre as propostas que por ele passam e o órgão plenário deliberativo a quem cabe adoptar as *convenções ou regulamentações* da OIT.

§2º O papel do BIT

42. Mas o Conselho de Administração não pode dispensar o apoio qualificado do órgão técnico que é o BIT. Por isso, as propostas recebidas e examinadas pelo Conselho são transmitidas ao BIT que é incumbido de elaborar sobre elas um relatório aprofundado que aborda, nomeadamente, o estado do direito e da prática relativos à matéria em apreço.

Sobre as questões estudadas, o BIT solicita a todos os Estados-membros respostas a questionários que lhes dirige; e, tendo em conta as respostas recebidas, elabora um projecto que deverá servir de base aos trabalhos da Conferência Geral.

§3º O papel da Conferência Geral

43. Chamada a pronunciar-se sobre o projecto que lhe é submetido pelo BIT, a Conferência Geral vai abordá-lo faseadamente, de forma que são necessárias pelo menos duas sessões anuais para chegar a uma conclusão final:

- Antes de mais, o projecto elaborado pelo BIT é discutido pela Conferência Geral que a partir dele elabora um ante-projecto de normas a adoptar;
- Este ante-projecto é submetido à apreciação dos Estados-membros, cujas observações são tomadas em conta pelo BIT com vista à elaboração de um novo texto:
- Na sessão anual seguinte, o projecto é apreciado pela Conferência Geral que adoptará o acto correspondente – se assim o deliberar por maioria de dois terços dos delegados presentes (sem distinção entre delegados governamentais e delegados das categorias sócio-económicas representadas na Conferência patrões e trabalhadores);
- O acto correspondente ao projecto pode apresentar-se sob a forma de uma *convenção* ou de uma *recomendação.*

Subsecção 2ª
Tipologia dos Actos Adoptados pela Conferência Geral

44. Não é indiferente a denominação do acto adoptado pela Conferência Geral. A escolha a que procede é de grande relevância porque a natureza e os efeitos jurídicos das *convenções* e das *recomendações* não são idênticos.

§1º As Convenções Internacionais do Trabalho

45. São actos extremamente originais quer pela sua natureza jurídica e modo de adopção quer pelos particularismos da sua entrada em vigor e do controlo da sua aplicação.

1. A natureza jurídica das convenções

46. As convenções são tratados internacionais. É certo que os Estados não intervêm, como tais, na sua elaboração –já que as convenções são adoptadas no âmbito da Conferência Geral da OIT, isto é, de um órgão de composição tripartida em que os Estados membros dispõem apenas de metade dos votos *(cf. supra nº 16);* pelo que pode suceder que, aprovada por dois terços dos delegados presentes na conferência, uma convenção seja adoptada com o voto desfavorável da maioria dos Estados representados. Mas, para que uma convenção adquira força obrigatória num dado Estado-membro exige-se que ela seja *ratificada,* como acontece com a generalidade das convenções internacionais.

47. Uma vez ratificada, a sorte da convenção não está dependente do vínculo que liga um Estado à *OIT: a retirada* da Organização não dispensa o Estado que se retira da observância da convenção. E também a *denúncia* da convenção só pode ocorrer nas condições que a própria convenção haja previsto.

48. As convenções da OIT apresentam ainda, em relação à generalidade das convenções internacionais, um relevante traço distintivo: um Estado não é, evidentemente, obrigado a ratificar uma convenção adoptada pela Conferência Geral; mas, por força do *art. 19º, § 5º, da Constituição* da *OIT,* as autoridades governamentais não podem ignorá-la, visto que estão obrigadas:

a) a submetê-la para *ratificação* (aprovação) ao órgão nacional competente para a conceder (no caso português, em razão da matéria de que se trate, o próprio governo ou a Assembleia da República); e

b) na *hipótese de a ratificação da convenção ser obtida,* a comunicá-lo ao Director-Geral do BIT que assim funciona como depositário dessas comunicações de ratificação;

c) e a apresentar-lhe um relatório sobre as medidas de aplicação da convenção ratificada, que hajam sido adoptadas *(cf. o art. 22º da Constituição da OIT);*

d) no caso de *não ratificação,* as autoridades nacionais competentes estão obrigadas a transmitir ao Director-Geral do BIT um relatório em que exponham as dificuldades que determinaram o atraso ou impediram a ratificação da convenção; e a relatarem ao Director-Geral, periodicamente, *sobre* o estado da legislação *e* sobre a prática nacional relativamente à matéria que é objecto da convenção;

e) De igual modo as autoridades governamentais devem transmitir cópia desses relatórios às organizações sócio-profissionais (centrais patronais e centrais *sindicais)* – o que *robustece* o sistema de controlo confiado à OIT na medida em que esta poderá dispor das observações que sobre tais relatórios essas organizações queiram transmitir-lhe.

Isto é: a adopção pela *Conferência* Geral da OIT de uma *convenção* internacional do trabalho não implica para os Estados-membros uma *obrigação de resultado* traduzida na ratificação e aplicação da Convenção; mas implica claras e iniludíveis *obrigações de comportamento.*

2. O processo de revisão das convenções

49. Uma convenção internacional do trabalho pode, naturalmente, perder actualidade por se haverem modificado, ao longo dos anos, as circunstâncias em que a sua adopção haja ocorrido – impondo-se por isso proceder à sua adaptação às condições dos novos tempos.

A constituição da OIT previu o processo de revisão que obedece à tramitação, já examinada, da adopção das convenções – com o particularismo de que a convenção revista continua paralelamente em vigor, só deixando de ser aplicável aos Estados que ratifiquem a nova convenção à medida que tais ratificações ocorram.

E claro que a convenção antiga deixa de estar aberta à ratificação dos Estados que a não tenham ratificado antes da adopção da nova convenção.

§2º As Recomendações

50. As *recomendações* são adoptadas pela Conferência-Geral segundo os trâmites previstos para as *convenções*. Têm, porém, *natureza jurídica muito diferente* das convenções, embora delas resultem para os Estados-membros obrigações cujo cumprimento está sujeito ao *controlo da Organização.*

1. Natureza jurídica das recomendações

51. Não obstante o processo de adopção a que obedecem – idêntico ao previsto para as convenções – não são assimiláveis a acordos internacionais; não estão, por isso, sujeitas a ratificação pelos Estados-membros; e, tal como a sua denominação indica, são actos desprovidos de efeito obrigatório, cuja finalidade é, antes, a de fornecer orientações que os Estados devem observar na condução da sua acção na ordem interna e, nomeadamente, na adopção de legislação que se pretende seja conforme às concepções perfilhadas no seio da Organização *(cf. art. 19º, § 6º, da Constituição da OIT).*

As *recomendações* surgem, frequentemente, a antecipar futuras convenções – isto é, num momento ou em circunstâncias em que uma *convenção* (obrigatória) não é ainda considerada possível ou oportuna.

52. Mas, desprovida embora de natureza obrigatória, a *recomendação* implica para os Estados determinadas obrigações, designadamente:

- de a submeter, no prazo de um ano – ou, o mais tardar, de 18 meses – às autoridades nacionais competentes tendo em vista a adopção, por estas, de eventuais medidas internas de aplicação da recomendação;
- de comunicar ao Director-Geral do BIT as diligências feitas e o seguimento que tiveram;
- de periodicamente relatar ao Director-Geral, em datas determinadas, o estado da legislação nacional sobre a matéria que é objecto da recomendação.

Note-se – para sublinhar melhor a diferença entre a *convenção* e a *recomendação* – que enquanto aquela é instrumento da *uniformização do direito* sócio-laboral nos Estados que a ratifiquem e que assim ficam sujeitos às disposições comuns constantes da convenção, a *recomendação* surge como instrumento da *aproximação das legislações* dos Estados que aceitem dar-lhe seguimento, implementando-a mais ou menos fielmente na ordem jurídica interna. Poderíamos dizer que a recomendação é um acto que pela sua natureza faz lembrar as directivas comunitárias *(cf. o art. 249º do Tratado CE) com a* diferença de que a recomendação da OIT, não obrigando quanto à forma e aos meios de a implementar ou transpor para o ordenamento nacional, não obriga sequer quanto ao resultado a alcançar: atingi-lo ou não, atingi-lo em maior ou menor grau ou pura e simplesmente recusá-lo, depende da vontade soberana de um Estado que se não vê confrontado – seja qual for a posição que haja assumido na Conferência Geral da OIT – com um acto de carácter vinculativo.

2. O processo de controlo da aplicação das recomendações

54. A OIT estabeleceu um procedimento de controlo do comportamento dos Estados em face das recomendações por ela aprovadas, semelhante ao previsto para as *convenções (cf. infra n.os 56 e segs.).*

§3º Outros actos adoptados pela Conferência Geral

55. Além *das convenções e recomendações, a* Conferência *Geral* pode ainda adoptar, para responder a questões suscitadas no seu seio e que justifiquem a sua intervenção, actos de diferente designação e natureza, melhor adaptados aos problemas que se propõe enfrentar e que podem não justificar – ou não justificar ainda, por não estarem suficientemente equacionados – a aprovação de uma convenção ou, mesmo, de uma recomendação.

Deparamos, assim, com actos denominados *«declarações»* ou *«resoluções».*

Trata-se de actos de alcance pouco preciso, em que a Organização se pronuncia sobre questões complexas que ainda não surgem suficientemente amadurecidas para poderem ser objecto de um acto normativo constringente.

Secção 3ª
Os Procedimentos de Controlo da Observância das Normas Internacionais do Trabalho

56. Uma das actividades fundamentais da OIT, a par do seu papel de legislador internacional no domínio do trabalho, é a relativa à *aplicação das normas por ela adoptadas* (Subsecção 1ª) e, em particular, das *convenções ratificadas* (Subsecção 2ª). Um domínio particular da acção fiscalizadora exercida pela OIT respeita ao controlo do *exercício da liberdade sindical* (Subsecção 3ª).

Subsecção 1ª
O Controlo do Comportamento dos Estados

57. Este controlo é feito, antes de mais, através do exame dos relatórios fornecidos pelos Estados-membros da OIT. Mas em virtude da impossibilidade em que a Conferência Geral e mesmo o Conselho de Administração se acham, dada a sua natureza de órgãos não permanentes da Organização responsáveis pelo controlo, de se ocuparem de tal exame, foram instituídos para o efeito órgãos auxiliares e, designadamente, a *Comissão de Peritos (§ 1º)* e a *Comissão da Aplicação das Convenções e Recomendações (§ 2º)*.

§1º A Comissão de Peritos

1. Composição da Comissão

58. Trata-se de um órgão de natureza quase-jurisdicional que foi criado em 1926, com carácter de permanência.

A Comissão é composta por 19 membros nomeados pelo Conselho de Administração sob proposta do Director-Geral do BIT, por um período de 3 anos renovável uma ou mais vezes.

Os membros da Comissão são personalidades de nacionalidade diferente, oriundas da administração pública ou dos meios jurídico e universitário dos Estados-membros, escolhidas em razão da sua particular competência e independência em face dos governos – qualidades pessoais que se procura assegurar através do processo de nomeação dessas personalidades e das condições em que exercem a sua missão.

Esta missão consiste em estudar os relatórios nacionais dirigidos à OIT, tendo em vista proceder a uma avaliação prévia da correspondência entre as normas adoptadas pela Conferência Geral e a acção que, em face delas, foi desenvolvida pelos Estados.

2. Missão da Comissão

59. A Comissão tem mais precisamente por missão examinar, para apuramento da forma porque os Estados cumprem as suas obrigações:

- as condições em que as convenções estão a ser aplicadas pelos Estados que as ratificaram;
- se, não tendo ainda sido ratificadas, tais convenções foram submetidas pelas autoridades governamentais ao órgão nacional competente para as ratificar;

- quais as razões, expostas pelos Estados, que obstaram à submissão das convenções ao processo de ratificação ou, no caso de essa ratificação ter sido proposta, que obstavam à sua efectivação;
- qual o seguimento ulterior dispensado às convenções não ratificadas e às recomendações.

No fim de contas, procura-se apurar se os actos normativos adoptados no seio da OIT foram objecto de adequada atenção por parte dos Estados-membros – isto é, se estes acataram ou não as obrigações de comportamento que sobre eles impendem.

3. Procedimento de exame dos relatórios nacionais

60. Tal procedimento passa por diversas fases:

- Antes de mais, os Serviços do BIT preparam dossiers, destinados a informar os peritos, sobre o relatório ou relatórios emanados de um dado Estado-membro e, bem assim, sobre o estado da respectiva legislação relativamente à matéria que é objecto de uma dada convenção;
- Os membros da Comissão de Peritos analisam esse dossier e sobre ele exprimem a sua opinião por forma a habilitar a Comissão Tripartida de Peritos (*infra*, nº 61) a estabelecer, em termos jurídicos e técnicos, um relatório que vai ter uma dupla finalidade: por um lado, tal relatório será submetido à Conferência Geral e dele se servirá a Comissão Tripartida; por outro, o relatório servirá para, em face do seu conteúdo e das conclusões que a Comissão de Peritos considere pertinente extrair dele, justificar a atitude ulterior desta Comissão, que pode traduzir-se:
  a) na verificação, pura e simples, de que a aplicação das normas é satisfatória ou que foi dado seguimento às convenções ou recomendações na conformidade das obrigações que em relação a tais actos impendem sobre os Estados-membros; ou
  b) na decisão de formular um *«pedido directo»* ao governo em causa no sentido de que este, no seu relatório seguinte, forneça as informações que a Comissão de Peritos julgue necessárias para se poder pronunciar; ou
  c) na decisão de dirigir ao governo em causa *«observações»* quando a Comissão verificar que a legislação nacional não é conforme às normas internacionais ou quando esse governo tenha omitido a apresentação do respectivo relatório ou de responder ao *«pedido*

directo» referido em *b)*. Estas *«observações»* serão ulteriormente tornadas públicas; ou ainda,

d) na solicitação de *«contactos directos»* entre o Director-Geral do BIT e o governo do Estado em causa, tendo em vista a resolução de dificuldades específicas que hajam sido verificadas ou, em termos mais amplos, a adaptação da legislação nacional às normas internacionais.

§2º A Comissão Tripartida

61. Trata-se de um órgão subsidiário que emana da Conferência Geral e funciona paralelamente a este órgão plenário, durante as respectivas sessões.

Cumpre à *Comissão Tripartida* examinar as situações detectadas no relatório da Comissão de Peritos, que esta não haja podido resolver pela forma anteriormente indicada.

Os Estados-membros postos em causa no relatório da Comissão de Peritos podem ser solicitados a explicar-se, tendo em vista sanar as dificuldades verificadas. Se tal não for conseguido, o caso pode transitar para o nível da Conferência Geral, mediante relatórios da Comissão Tripartida que chamará a atenção do órgão plenário para o problema suscitado e que no seu âmbito não foi possível solucionar.

O papel fundamental da Comissão Tripartida é, pois, o de apreciar o relatório da Comissão de Peritos, assinalar o menosprezo das normas internacionais imputado a este ou àquele Estado-membro e de, através da publicidade dada à situação de incumprimento, exercer uma forma de pressão política sobre os Estados transgressores[136].

Subsecção 2ª
O Sistema de Recursos no Caso de Não Aplicação de Convenções Ratificadas

62. No caso particular de inobservância por um Estado de uma convenção que tenha sido objecto de ratificação, a Constituição da OIT prevê outras modalidades de controlo que se traduzem na possibilidade do acesso dos interessados institucionais a certas vias de recurso.

[136] As estatísticas revelam que, não obstante a OIT estar privada de um poder de coacção, o sistema de controlo descrito se tem revelado eficaz em cerca de 60% dos casos.

Esses interessados, habilitados a denunciar o incumprimento de um Estado, são:

- organismos profissionais;
- qualquer Estado-membro da OIT;
- o Conselho de Administração da OIT.

As vias de recurso que sobre certos aspectos apresentam analogia com um recurso contencioso em que o Conselho de Administração da OIT desempenha um papel quase jurisdicional são as *reclamações* (*§ 1º*) e as *queixas* (*§ 2º*).

§1º As reclamações

63. Por força do art. 24º da Constituição da OIT somente uma organização profissional de trabalhadores ou associação patronal, ainda que não seja considerada como a mais representativa (portanto um sujeito de direito interno), pode apresentar uma reclamação contra qualquer Estado-membro, acusando-o de não ter assegurado de forma satisfatória a aplicação de uma convenção por ele ratificada.

Inicia-se assim um processo cuja tramitação obedece a um Regulamento minucioso elaborado já em 1932 pelo Conselho de Administração.

1. Admissibilidade da reclamação

64. A admissibilidade da reclamação supõe a legitimidade do reclamante, aferida em face do indicado art. 24º da Constituição da OIT; e supõe igualmente que duas condições de fundo se mostrem preenchidas:

a) a reclamação deve ter por objecto a imputação ao Estado-membro em causa da falta de aplicação de uma dada convenção da OIT;

b) o incumprimento denunciado supõe que esse Estado tenha ratificado a convenção, pois só neste caso esta o vincula e é, portanto, legítimo falar em incumprimento.

2. A tramitação da reclamação

65. O Conselho de Administração da OIT, uma vez recebida a reclamação que lhe é dirigida, designa no seu seio um Comité incumbido de instruir o processo e de lhe apresentar um relatório.

Este Comité (tripartido – isto é, constituído por representantes de Estados, das organizações de trabalhadores e das associações patronais) não incluirá nenhum membro nacional do Estado que é visado pela reclamação nem nenhum membro que seja delegado do organismo nacional de que a reclamação emana.

O Comité deverá, antes de mais, verificar se a reclamação é *admissível*, isto é, se satisfaz às *condições* acima *mencionadas*. *Se entende* que nada obsta a que seja recebida, convidará o Estado visado a produzir uma *declaração* sobre a reclamação apresentada, indicando-lhe prazo para isso. Se for apresentada uma *declaração* julgada satisfatória, o processo termina. Se nenhuma *declaração* for produzida ou se, apresentada, for considerada insatisfatória, o Conselho de Administração no seu conjunto passa a ocupar-se do caso, sendo o Estado visado advertido de que poderá designar um delegado para participar, sem direito de voto, na discussão.

Sempre que o Conselho de Administração considerar a reclamação fundada, esta é publicada no Boletim Oficial do BIT acompanhada da resposta (declaração) do Estado em causa.

Mas o Conselho de Administração pode ir mais longe e, com base na reclamação apresentada, dar início ao processo de queixa[137].

§2º As queixas

66. O *processo de queixa* está previsto nos arts. 26º a 34º, da Constituição da OIT.

1. Legitimidade para deduzir a queixa

67. Ao contrário do que sucede com as *reclamações*, o direito de apresentar uma queixa é exclusivo de sujeitos de direito internacional, que podem ser:

- Um Estado-membro, agindo contra outro Estado-membro – sob condição de que ambos tenham ratificado a convenção de cujo menosprezo este último é acusado;
- O Conselho de Administração da OIT, agindo por sua própria iniciativa, nomeadamente após ter julgado fundada uma reclamação *(supra nº 65)*, ou após ter sido solicitado a agir por um delegado à Conferência Geral.

[137] Estas reclamações são raras. A primeira ocorreu em 1927 (União dos Marinheiros Japoneses contra o Japão) e, entre esta e a última que foi apresentada, não houve mais do que dúzia e meia.

2. A tramitação da queixa

68. Instaurada a *queixa*, o Conselho de Administração pode:

- Transmitir a queixa ao Estado visado a fim de que o respectivo governo tenha ensejo de fazer sobre ela uma *declaração* que julgue apropriada;
- Constituir uma *Comissão de Inquérito* incumbida de elaborar um relatório sobre a pertinência da acusação e recomendar medidas adequadas.

Note-se que os membros da Comissão podem ser personalidades exteriores à OIT. Assim, no processo baseado em queixa do Gana contra Portugal, fundado na inobservância da Convenção nº 105 relativa à abolição do trabalho forçado, a Comissão de Inquérito incluía um diplomata suíço, um juiz senegalês e um antigo juiz do Tribunal Internacional de Justiça, de nacionalidade uruguaia.

Compete à Comissão de Inquérito apurar os factos (para o que dispõe de poderes muito amplos – designadamente o de proceder a verificações «in loco» como sucedeu no já referido caso que opôs o Gana a Portugal), ouvir as partes e inquirir testemunhas.

3. A apreciação da queixa e as suas implicações

69. No termo da sua indagação, a Comissão de Inquérito publica, através do Director Geral do BIT, o seu *relatório*, perante o qual o Estado ou Estados em causa podem tomar uma de duas atitudes: ou de se conformar com as conclusões e recomendações da Comissão; ou de declarar que se lhes opõem e, neste caso, declarar se pretendem submeter o caso ao Tribunal Internacional de Justiça.

Na ausência de qualquer desses comportamentos e, portanto, de falta de acatamento das conclusões da Comissão, o Conselho de Administração da OIT pode *«recomendar à Conferência a adopção das medidas que lhe pareçam oportunas para assegurar a execução das recomendações da Comissão»*.

Os processos de queixa não abundam, mas não se pode dizer que sejam raros (cerca de duas dúzias até agora).

Entre os casos registados há três em que Portugal se viu envolvido e que conduziram à constituição da Comissão de Inquérito:

- a já referida queixa do Gana contra Portugal, em 1961;
- a queixa de Portugal contra a Libéria (1961), fundada na inobservância da Convenção nº 29 sobre trabalho forçado; e

- a queixa da CGTP (Confederação Geral dos Trabalhadores Portugueses) contra Portugal em 1983.

Subsecção 3ª
O Processo de Controlo em Matéria de Liberdade Sindical

70. O preâmbulo da Constituição da OIT refere expressamente, entre os objectivos da Organização, o de assegurar o direito à *liberdade de associação sindical.*

Como a Conferência Geral havia adoptado, em 1948, a Convenção nº 87 sobre a liberdade sindical e a protecção do direito sindical, em 1950 foi adoptado um processo destinado a controlar a sua observância, processo esse mais amplo que os relativos à reclamação e à queixa, a que aludimos na Subsecção precedente,

71. As queixas, em matéria relativa à liberdade sindical, apresentam uma originalidade que convém sublinhar:

a) Por um lado podem ser dirigidas contra Estados não membros da OIT. Neste caso devem ser apresentadas ao Conselho Económico e Social da ONU que as transmitirá ao Conselho de Administração da OIT.
b) Podem, também, ser dirigidos contra qualquer Estado-membro, mesmo que este não seja parte na Convenção sobre liberdade sindical cuja falta de aplicação é denunciada.
c) O mecanismo instituído comportou a criação pelo Conselho de dois órgãos – a Comissão de Investigação e de Conciliação e o Comité de Liberdade Sindical.

§1º O Comité de Liberdade Sindical

72. Este órgão é uma emanação do Conselho de Administração e, por conseguinte, um órgão de constituição tripartida.

É composto por nove membros escolhidos pelo Conselho de Administração no seu seio – três por cada grupo de delegados (dos Governos nacionais, dos trabalhadores e dos patrões), sob a presidência de uma destacada personalidade de indiscutível autoridade e prestígio internacional.

Incumbe ao Comité proceder à instrução preliminar do processo, com base na queixa apresentada e na resposta do Governo visado.

O Comité está, porém, habilitado a realizar inquéritos *«in loco»*, a ouvir as partes, a solicitar-lhes elementos de informação ou documentos adicionais.

Este inquérito dito *preliminar* revelou-se muito útil e eficaz, porque o Comité encerra-o mediante uma decisão:

- que ponha termo ao processo com fundamento na *inadmissibilidade da queixa* (em razão da insuficiência da sua fundamentação ou do seu carácter político);
- que declare a *queixa admissível e fundada,* propondo as sugestões que a OIT deverá fazer ao Governo acusado; ou
- que recomende ao Conselho de Administração que transmita o caso à Comissão de Investigação e de Conciliação.

O Comité acabou por se converter num órgão de carácter quase jurisdicional – dada a forma por que conduz o processo de inquérito e os termos em que formula a sua decisão. Tem desenvolvido uma enorme actividade, intervindo em centenas de casos e produzindo assim uma abundante e prestigiada jurisprudência sobre a matéria de que se ocupa.

§2º A Comissão de Investigação e de Conciliação

73. Esta Comissão é composta por dez personalidades escolhidas pelo Conselho de Administração em razão da sua independência e competência. Funciona em regra por secções de 3 ou 5 dos seus membros.

Como vimos, o *Comité de Liberdade Sindical* pode propor ao Conselho de Administração que confie um caso a esta Comissão – que passa, portanto, a ocupar-se dele por decisão do Conselho tomada sempre – convém sublinhá-lo –, mediante prévio acordo do Governo interessado. Na falta de acordo, a recomendação daquele Comité não poderá ter seguimento (e, na prática, poucas vezes tem).

Quando intervenha, a Comissão encerra o processo com um relatório transmitido ao Conselho de Administração e às partes (entidade queixosa e Estado visado pela queixa) e destinado a publicação.

O relatório não culmina, porém, em conclusões obrigatórias.

Consequentemente, cabe às partes interessadas tirar dele as consequências pertinentes e encontrar, com base nelas, uma forma de *«resolver, por via de acordo, os problemas pendentes»*[138].

[138] Fórmula extraída do Relatório da Comissão elaborado em 1965 no processo relativo ao respeito dos direitos sindicais no Japão.

§3º O controlo da aplicação de Convenções adoptadas fora do quadro da OIT

74. Os resultados positivos do controlo da aplicação de convenções da OIT, levado a cabo pelos seus bem estruturados e rodados órgãos, levou a que outras Organizações Internacionais pusessem a cargo desta o controlo de convenções concluídas no seu seio e nas quais elas próprias prevêem a intervenção directa da Comissão de Peritos da OIT.

Assim, por exemplo:

a) O *Código Europeu de Segurança Social*, adoptado pelo Conselho da Europa, prevê a cooperação entre este e a OIT, tendo em vista o controlo da sua aplicação. Para este efeito, os relatórios que os Estados-membros são obrigados a dirigir ao Conselho da Europa na conformidade desse *Código* são transmitidos pelo Secretário-Geral do Conselho ao BIT, que os submete a exame da Comissão de Peritos cujas conclusões são, depois, comunicadas ao Conselho da Europa;

b) Também o *Pacto das NU relativo aos direitos económicos, sociais e culturais*, adoptado em 1966 pela Assembleia Geral da ONU, impõe aos Estados que o subscreveram a obrigação de apresentar relatórios sobre o seu cumprimento. Por força do art. 18º desse Pacto e de uma Resolução aprovada em 1976 (ano da entrada em vigor do Pacto) pelo Conselho Económico e Social, é a OIT que assegura o exame desses relatórios. Tais relatórios são submetidos à Comissão de Peritos cujas conclusões são incluídas no relatório que o Conselho de Administração da OIT deve apresentar ao Comité Económico e Social da ONU sobre os progressos registados na observância das disposições do Pacto relacionadas com a competência da OIT;

c) De igual modo, outras Convenções prevêem a participação da OIT nos processos de controlo da respectiva aplicação, como é o caso da *Convenção das Nações Unidas sobre a Eliminação de Todas as Formas de Discriminação em Relação às Mulheres, da Carta Social Europeia* e bem assim da *Convenção Internacional Sobre a Protecção dos Direitos dos Trabalhadores Migrantes e dos Membros da Respectiva Família*, adaptada pela Assembleia Geral da ONU em Dezembro de 1990.

Bibliografia

DREYUS, S., *«Droit des relations internationales»*, Cujas, 4ª ed. pp. 286-305.

GHEBALI, V. Y., *L'organisalion intrnationale du travail*, Genève, Georg, 1987, 332 p.

— *«Un système de controle internalional; la mise en oeuvre des conventions internationales du Travail»*, *R.C.A.D.I.*, Vol. 123, 1968 – I, pp. 315-408.

— *«Les méthodes de la protection Internationale de la liberté syndicale»*, Vol. 144, 1975 – I., pp. 77-138.

— *«Les Commissions d'enquête de l'O.I.T»*. *R.G.D.I.P.*, 1987, nº 3, pp. 847-879.

JOHNSON, G. A., *The International Labour Organisation*, London, 1970.

LANDY, E. A., *The Effectiveness of International Supervision, Thirty Years of ILO. Experience*, London. 1966.

MAHAIM, E., *«L'Organisation Permanente du Travail»*, *em R. der C.*, Vol. 4 (1924), pp. 69-221.

MAUPAIN, F., *«La reforme de A.F.D.I.»*, 1987, pp. 478-497.

MATHIEU, J.-L., *Les Institutions spécialisées des Nations Unies*. Ed. Masson, 1977, pp. 248-262.

MCMAHON, J. F., *«The Legislalive Technique of the I.L.O. VII Interpretation»*, em B. Y, 1965-66, pp. 85-101.

MONTCEAU, *M., L'organisation International du travail*, Colecção *«Que sais-je?»*, PUF, 3ª ed, p. 125.

SCELLE, G., *L'Organisation Internationale du Travail et te B.L.T.*, Paris, 1930.

SULKOWSKI, J., *«The Competence of the International Labour Organisation under the United Nations system»*, em *AJLL*, Vol. 45 (1951), pp. 286-313.

VALTICOS, N., *«L'Organisation Internationale du Travail et les Droits de l'Homme en 1968»*, em *Revue des Droits de l'Hommne l'Human Rights Journal*, 1969, pp. 113-138.

VALTICOS, N. e WOLF, F., *«L'O.I.T. et les droits de L'homme»*, Número especial da *Revue des Droit de l'Hommne*, nº 4, Dezembro 1971.

VALTICOS, N., F. *«La Commission d'investigation et de conciliation en matière de liberte syndicale et le mécanisme de protection internationale des droits syndicaux»*, 1967, pp. 445-468.

WOLF, F., *«Le Tribunal administratif de l'O.I.T (origine et évolution)»*, *Etudes et documents du Conseil d'Etat*, 1969, pp. 33-72;

— *«The Problem of Universal Membership in the International Labour Organisation»*, em *Oesten; Z. Off. Recht.*, Vol. 5 (1952), pp. 70-100.

— *Un système de controle international: la mise en oeuvre des conventions internationales du travail»*, em *R. des C., 1968-1* (123), pp. 311-407.

WOLF, F., *«L'Organisation internationale du Travail et l'évolution de la legislation syndicale en Espagne»*, em *Homenaje al Profesor Miaja de la Muela*, Tomo II, Madrid 1979, pp. 793-812.

WOLF, F., *«Aspects judiciaires de la protection internationale des Droits de L'homme par P.O.I.T»*, em *Revue des Droits de l'Homme-l'Human Rights Journal*, Vol. 1V-4, 1971, pp. 773-838.

— *«L'Organisation international du Travail, sa composition et les transformations étatiques»*, en *Comunicazioni e Studi*, Vol. 9 (1957), pp. 46-71.

YAMNOPOULUS, D., *La protection Internationale de la Liberté Syndicale. La Commission d'investigation et de conciliation en matière de liberté syndicale de l'Organisation International da Travail*, Paris 1973.

V. também no Annuaire Français de Droit International, a crónica anual intitulada *«Jurisprudente du Tribunal Administratif de l'O.I.T»*.

SUBTÍTULO III
A ORGANIZAÇÃO MUNDIAL DAS NAÇÕES UNIDAS PARA A EDUCAÇÃO, A CIÊNCIA E A CULTURA – UNESCO

PLANO GERAL DO SUBTÍTULO III

Capítulo I
A Criação da UNESCO e os seus Objectivos

Secção 1ª
A Criação da UNESCO

§1º Os antecedentes da UNESCO

1. A iniciativa da criação de uma organização internacional incumbida de promover a cooperação no domínio cultural remonta à época da SDN[139]. Com efeito, entre outros organismos autónomos criados por iniciativa de diversos Estados mas colocados sob a égide dessa Organização (na conformidade do art. 24 do respectivo Pacto) conta-se o *Instituto Internacional de Cooperação Intelectual,* instituído em 1925 e sediado em Paris.

Em 1931 a própria SDN *criou* a *Organização de Cooperação Intelectual,* à qual esse Instituto ficou ligado.

A partir de 1942 passou a realizar-se, com a regularidade permitida pelas circunstâncias da guerra, uma Conferência dos Ministros da Educação das potências aliadas, que estudou a criação de uma organização internacional incumbida do sector da educação. A instituição da UNESCO radica neste propósito, a que em 1945 foi possível dar expressão concreta.

§2º A Conferência de Londres de 1945

2. Em 16 de Novembro de 1945, os representantes de 44 Estados reunidos numa conferência em Londres decidiram criar a UNESCO – que diversamente dos organismos que a antecederam, estreitamente dependentes da SDN em cujo âmbito funcionaram, foi concebida como uma verdadeira Orga-

[139] Sociedade das Nações.

nização Internacional composta por Estados e dotada de grande autonomia – sem prejuízo da sua inserção, como tantas outras, na constelação onusiana – o que se compreende: a UNESCO foi desde o início encarada pelos seus fundadores como mais uma organização de carácter universal ao serviço da paz.

Segundo Clement Attlee, então primeiro-ministro britânico, *«as guerras começam por nascer no espírito dos homens»*. Nesta conformidade, o preâmbulo do acto constitutivo da nova Organização proclama que *«é no espírito dos homens que devem ser erguidas as defesas da paz»*.

Mas a existência de tais laços com a ONU em nada afecta a autonomia jurídica e funcional da UNESCO – equiparável à de outras organizações que, como ela, *se* inseriram no sistema das Nações Unidas.

A convenção multilateral adoptada na conferência de Londres designada *«Acto Constitutivo da Organização das Nações Unidas para a Educação, a Ciência e a Cultura»* entrou em vigor após ser ratificada por 20 Estados participantes, em 4 de Novembro de 1946, e a UNESCO iniciou actividades na sua sede, estabelecida em Paris[140/141].

§3º A UNESCO como instituição especializada da ONU

3. Os arts. 7º e 10º do acto constitutivo da UNESCO previam já o estabelecimento de ligações com a ONU.

Por um acordo concluído entre as duas organizações em 14 de Dezembro de 1946, a ONU reconheceu à UNESCO a qualidade de instituição especializada das NU, sendo explicitados num acordo os laços particulares que passariam a existir entre elas.

Secção 2ª
Os Objectivos da UNESCO

4. Embora qualificada como *«Instituição especializada»*, a UNESCO tem um campo de actividade tão vasto que o seu objecto está longe de ser especial[142].

[140] *O Acordo de sede* entre a Organização e a França só viria, no entanto, a ser concluído em 2 de Julho de 1954, para entrar em vigor em 23 de Novembro de 1955.

[141] *Sede:* 7, Place de Fontenoy – 75352, Paris, France, Fax do Centre d'information et de documentation – (33) (1) 40650029.

[142] Os objectivos da UNESCO e a sua acção passaram a enquadrar-se também nos Objectivos de Desenvolvimento do Milénio, especificados na Declaração do Milénio adoptada em 2000 por todos os Estados Membros da Assembleia Geral das NU. Estes objectivos, a atingir até 2025, visam:
– a erradicação da pobreza extrema e da fome;

Intervém em tantos domínios, de forma tão incisiva ou difusa, procurando exprimir no seu seio tantas preocupações comuns aos Estados e aos povos, que um seu Director-Geral se julgou habilitado a afirmar que ela era a *«consciência do mundo»*.

Que objectivos lhe foram assinalados no seu acto constitutivo (§ 1º)? De que meios dispõe para os realizar (§ 2º)?

§1º Objectivos multiformes e vagos

5. Segundo o art. 1º do acto constitutivo, a Organização tem como objectivo contribuir para a manutenção da paz e da segurança, estreitando a colaboração entre as nações através da educação, da ciência e da cultura, a fim de assegurar o respeito universal pela justiça, pela lei, pelos direitos do Homem e pelas liberdades fundamentais, sem distinção de raça, de língua ou de religião, que a Carta das Nações Unidas reconhece a todos os povos; favorecer o conhecimento e a compreensão mútua entre as nações, mediante o seu apoio aos órgãos de informação; promover a educação *popular e* a difusão da *cultura;* ajudar *ao progresso e à difusão* do saber...

Se abstrairmos dos meios ou instrumentos de que a UNESCO se serve para atingir as vastas e vagas finalidades apontadas, poderemos dizer que a formulação do seu objecto poderia com reduzidas acomodações ser inscrito no pacto de qualquer outra instituição especializada (OIT, FAO, etc.) do sistema das NU.

Tendo em conta a interdependência dos problemas, cada vez mais complexos, com que se defronta a comunidade internacional, os responsáveis pelos destinos da UNESCO não deixaram de aproveitar a definição tão ampla e flexível das suas finalidades para alargar constantemente o leque das suas acções. Nesta via, a UNESCO é apenas travada pela inexorável limitação dos meios financeiros que os Estados-membros aceitam facultar-lhe; e bem assim por preocupações imediatas – económicas e políticas – dos Estados, que os não disponibilizam para aprofundar a sua colaboração com a UNESCO na pros-

– a educação primária universal;
– a redução da mortalidade infantil;
– a melhoria da saúde materna;
– o combate ao HIV/SIDA, à malária e outras doenças endémicas em certas regiões do mundo;
– a sustentabilidade ambiental;
– o desenvolvimento de uma parceria global para o desenvolvimento.

Foram estabelecidos objectivos quantificados para cada uma das acções a desenvolver e, por via do «Consenso do Monterrey» (Março 2002) fixados mínimos para a cooperação dos países mais doadores, mais ricos.

secução de objectivos que supõem a prática quotidiana da generosidade e da solidariedade e a abstracção de interesses de curto prazo dificilmente compatíveis com a visão de um futuro melhor para toda a Humanidade.

Mas a UNESCO não tem renunciado a agir e, mobilizando energias, recursos, imaginação e boas vontades, tem sabido realizar, sobretudo nos domínios da educação e da cultura, uma acção a todos os títulos meritória.

§2º Os instrumentos de realização dos objectivos da Organização

1. O sistema institucional

6. Para poder realizar os seus objectivos, a UNESCO foi antes de mais dotada de um aparelho institucional adequado. A par de um *órgão plenário,* composto por todos os Estados, colocados em pé de igualdade – e que exprime o carácter democrático da Organização – foi instituído também um *órgão restrito,* composto por delegados governamentais (embora eleitos pelo *órgão plenário* a título pessoal). O órgão dinâmico, motor da engrenagem, é no entanto, o Secretariado da UNESCO, chefiado por um Director-Geral que é uma destacada personalidade de cuja capacidade de iniciativa e de acção depende em larga medida o êxito dos esforços da Organização.

Teremos ocasião de, adiante, abordar mais de perto este ponto.

2. Os planos de médio prazo

7. Desde 1976 que a prossecução dos objectivos da organização tem sido orientada e disciplinada por planos de médio prazo (6 anos).

Nesse ano de 1976, a Conferência Geral da UNESCO reuniu-se em Nairobi e aprovou o *«primeiro plano a médio prazo»* (para o período 1977-1982), em que estavam contempladas as grandes áreas de acção da Organização, os grandes temas ou problemas em que os seus objectivos se analisam: a *«promoção dos direitos do Homem»* (Problema 1); o *«reforço, da paz»* (Problema II); o *«homem como centro do desenvolvimento»* (Problema III); a *«aplicação da ciência e da técnica no interesse do homem e da sociedade»* (Problema IV); *«a acção educativa para responder às necessidades do indivíduo e às exigências da sociedade na perspectiva da educação permanente e no quadro do desenvolvimento económico, social e cultural»* (Problema V); *«melhoria quantitativa das oportunidades de que dispõem certos grupos para realizar o seu potencial individual e social»* (Problema VI); *o «homem e o seu ambiente»* (Problema VII); a *«população»* (Problema VIII); *«comunicação entre as pessoas e entre os povos»* (Problema IX); *«transferência e troca de informações»* (Problema X).

8. O *«segundo plano de médio prazo»*, aprovado para o período 1984-1989, não era menos amplo e ambicioso: procurou definir de novo o *«quadro conceptual, as finalidades e as estratégias de acção da organização»* para os seis anos da sua aplicação. Esta acção repartia-se por 13 grandes temas que iam desde a *«reflexão sobre os problemas mundiais e estudos prospectivos»*, até às questões relativas *«à paz, à compreensão internacional, liberdade dos povos e aos direitos do Homem»* – *um* amplo *conjunto* de temas *genéricos* de fronteiras *muito* vagas, *um* conjunto de caixilhos de geometria variável em que a imaginação dos órgãos da UNESCO podia, praticamente, incluir qualquer questão de interesse para a Humanidade.

9. O *«terceiro plano a médio prazo»* adoptado pela Conferência Geral para o período 1990-1995 continuou a definir em termos extremamente genéricos e permissivos as áreas de acção da Organização: *a educação e o futuro; a ciência ao serviço do progresso e o ambiente; a comunicação ao serviço da humanidade; as ciências sociais e humanas face a um mundo em renovação; a contribuição da UNESCO para os estudos prospectivos e para as estratégias relativas ao desenvolvimento; contribuição da UNESCO para a paz, para os direitos do Homem e para a eliminação de todas as formas de discriminação...*

10. O plano a médio prazo para 2008-2013 foi elaborado tendo em consideração a definição da *missão* que orienta a UNESCO: "Enquanto agência especializada do Sistema UN, a UNESCO contribui para a construção da paz, a redução da pobreza, desenvolvimento desfavorável e um diálogo intercultural através da educação, do desenvolvimento da ciência, da cultura, da comunicação e da informação".

Este Plano define cinco funções prioritárias que a UNESCO deverá desempenhar em prol da comunidade internacional:

i) Ser um laboratório de ideias, incluindo capacidade de previsão;
ii) Um centro de estabelecimento de regras standard;
iii) Um centro de intercâmbio e compensação;
iv) Um promotor de competências dos Estados Membros nas áreas de competência da UNESCO;
v) Um catalisador da cooperação internacional.

Os dois principais vectores de actividade neste plano 2008-2013 dirigem-se à África e à igualdade de género.

11. Formulações vagas como estas dão para tudo e estão, em alguma medida, na origem da acção extravagante, da indisciplina orçamental, dos insucessos e consequentemente das críticas acerbas de alguns Estados, sobretudo de grandes contribuintes – EUA e Reino Unido – que chegaram a retirar-se da organização (tendo posteriormente reintegrado a Organização) como forma *de* protesto contra a forma como esta conduzia os seus destinos, dominada como estava pela esmagadora maioria de países do 3º mundo e por um Director-Geral que exprimia o entendimento desses países em relação ao papel da UNESCO.

O actual Director-Geral, a Búlgara IRINA BOKOVA tem vindo a acentuar nos seus discursos e desde logo, na «definição de missão» que tornou público em 2009 a necessidade de dar relevância à Organização, tendo afirmado recentemente[143] que «começámos a trabalhar com vigor, entusiasmo e ideias novas. (...) Espero poder afirmar uma mensagem forte para o mundo de que a UNESCO é relevante e pode desempenhar eficazmente as suas funções nas áreas da educação, da ciência, da cultura e da Comunicação».

[143] Discurso de 13 de Julho de 2010, por ocasião da posse dos altos quadros dirigentes da UNESCO.

Capítulo II
A Composição e a Estrutura Institucional da UNESCO

11. A UNESCO é uma organização de carácter intergovernamental, *de vocação universal, de que em princípio* só Estados soberanos podem *ser* membros de pleno direito (Secção 1ª). Para a realização dos seus objectivos, a UNESCO dotou-se de uma sólida *estrutura institucional* que a habilita a agir com apreciável eficácia (Secção 2ª).

Secção 1ª
Composição da Organização

12. Importa aqui apurar *como se adquire* (§ 1º) e *como se perde* (§ 2º), a qualidade de Estado-membro.

§1º Aquisição da qualidade de Estado-membro

13. O acto constitutivo prevê duas categorias de membros da Organização[144]: os *Estados-membros originários* que na Conferência de Londres de Novembro de 1945 participaram na criação da UNESCO, cujo estatuto é idêntico ao dos *Estados posteriormente admitidos;* e os *membros associados*[145].

14. Esta última categoria (de membros associados) permite que participem nos trabalhos da UNESCO, com um estatuto particular, certos *«terri-*

[144] 193, em 2010.
[145] 7, em 2010.

tórios ou grupos de territórios que não assumem eles próprios a responsabilidade pela condução das suas relações externas» e beneficiam apenas de uma autonomia (ou soberania) limitada. Cabe à Conferência Geral, sob recomendação do Conselho Executivo, decidir sobre a admissão de *membros associados* e definir o seu estatuto, determinando a extensão dos respectivos direitos e obrigações – obrigações e direitos mais limitados que os impostos ou reconhecidos aos membros de pleno direito.

São membros associados as Antilhas Neerlandesas, Aruba, as Ilhas Virgens Britânicas, as Ilhas Cayman, Faroes, Macau e Tokelau.

15. Para um Estado (na plena acepção do DIP) se tornar membro de pleno direito da UNESCO basta que, sendo membro da ONU, o solicite. Mas o facto de um Estado não ter sido admitido na ONU não impede que a UNESCO o aceite como seu membro[146].

§2º Perda da qualidade de Estado-membro

16. Antes de mais, a perda da qualidade de Eslado-membro resultará de uma decisão, tornada livremente pelo próprio Estado, *de* se retirar da Organização, cujo estatuto admite *e* regulamenta o procedimento de *retirada.*

Com efeito, por força do art. 11 do acto constitutivo da UNESCO, o Estado que deseje abandonar a Organização apenas é obrigado a dirigir-lhe um pré-aviso de um ano contado a partir do dia 31 de Dezembro do ano que estiver em curso e a notificar o Director-Geral da UNESCO da sua decisão de se retirar[147].

17. Ao longo do tempo vários Estados fizeram uso do seu direito de retirada: a Checoslováquia, a Hungria e a Polónia no princípio dos anos 50, Portugal em 1972, a África do Sul em 1956, os E.U.A. em 1984, o Reino Unido e

[146] A Suíça foi admitida como membro da UNESCO sem o ser da ONU; o mesmo aconteceu com a Alemanha de Leste (R.D.A.), com as duas Coreias, e com os dois Yémens.

[147] A necessidade deste pré-aviso está sobretudo relacionada com razões orçamentais: tem-se em vista acautelar na medida do possível o impacto financeiro negativo decorrente da retirada de listados que sejam importantes contribuintes, como era o caso dos E.U.A. Mas estas razões não são as únicas: há também que providenciar quanto aos funcionários da Organização detentores da nacionalidade do Estado que se retira e *que* por este facto vêem posta em causa a qualidade que lhes permitiu *o* ingresso na Organização. Note-se, porém, que quando da retirada dos E.U.A. (1984), a UNESCO decidiu que, atento o estatuto de funcionários internacionais dos cidadãos norte-americanos, a sua situação não deveria ser afectada.
É claro que a UNESCO contava com um pronto regresso dos EU, o que veio a verificar-se logo em 1987.

Singapura em 1985. Mas a superação ulterior das razões que haviam ditado estas retiradas permitiram que todos esses Estados viessem rapidamente a retomar o seu lugar no seio da Organização.

A retirada da UNESCO por parte dos EUA ocorreu como forma de protesto contra o modo como o seu Director-Geral de então, Amadou-Mahtar M'Bow[148], desempenhava a sua missão, orientando as acções e recursos da UNESCO em termos unidireccionais e revelando, segundo as acusações então feitas, uma certa parcialidade e reduzido espírito de economia.

Esse abandono, seguido do Reino-Unido que invocava razões do mesmo tipo, provocou grave crise e sérias dificuldades financeiras, dado que esses dois Estados e sobretudo os EUA asseguravam uma significativa parcela das receitas da organização.

A crise só viria a ser ultrapassada com a substituição do Director-Geral M'Bow pelo espanhol Federico Mayor Zaragoza, eleito pela Conferência Geral em 1987.

Secção 2ª
A Estrutura Institucional da UNESCO

18. Por força do art. III do acto constitutivo, a estrutura orgânica da UNESCO comporta dois órgãos representativos dos Estados – A Conferência-Geral e o Conselho Executivo (§ 1º) e um órgão técnico-burocrático, o Secretariado (§ 2º).

§1º A Conferência-Geral

1. Natureza do órgão

19. A Conferência-Geral é o órgão plenário da organização, composto de delegados de Estado-membros (ou seja, os 44 Estados que em 1945 criaram a Organização e todos os demais que posteriormente a ela aderiram). Na prática, são membros da UNESCO todos os Estados do planeta e mesmo alguns que não sendo membros da ONU em virtude da sua soberania limitada (como é, por ex., o caso do Mónaco) foram aceites como membros da UNESCO.

Cada Estado, seja qual for o número de delegados que o representem no seio da UNESCO (no máximo 5 delegados por cada Estado) dispõe de um só voto – o que assegura o respeito do princípio da igualdade dos Estados.

[148] Que foi Director-Geral entre 1974 e 1987.

2. Reuniões da Conferência-Geral

20. A Conferência-Geral reúne em princípio de dois em dois anos, na sua sede em Paris ou em qualquer outra cidade e país onde na reunião procedente haja decidido reunir-se.

As suas deliberações são tomadas em regra por maioria simples, sem prejuízo das disposições que expressamente prevêem a exigência de uma maioria qualificada (dois terços).

3. O Presidente e a Mesa da Conferência-Geral

21. A Conferência elege, em cada sessão, o seu Presidente e a Mesa da Conferência-Geral, que exercem as suas funções até à reunião seguinte. O Presidente, além de dirigir os trabalhos da Conferência com o apoio da Mesa, participa por diversas formas no funcionamento da organização *e*, nomeadamente, assistindo aos trabalhos do Comité Executivo.

4. As competências da Conferência-Geral

22. *a)* Cabe à Conferência-Geral, no âmbito das amplas competências que lhe estão atribuídas, definir e orientar a actividade da organização e aprovar os programas de acção que ao Conselho Executivo cumpre apresentar-lhe.

b) Incumbe-lhe igualmente apreciar quer os relatórios que os Estados-membros, em cumprimento do art. VIII do acto constitutivo, devem apresentar periodicamente a dar conta das suas actividades nos domínios que interessam à UNESCO, quer os relatórios sobre o seguimento em cada Estado-membro das «recomendações ou convenções» adoptadas pela Conferência-Geral no âmbito do processo de controlo previsto no art. IV-B-6.

c) É também da competência da Conferência-Geral decidir sobre a admissão dos novos membros e bem assim, sob recomendação do Conselho Executivo, convidar «observadores» a assistir a determinadas reuniões[149], nomear o Director-Geral da UNESCO, estabelecer o orçamento da organização, etc.

[149] É o Conselho Executivo, com efeito, que elabora a lista dos observadores a convidar. Na prática da UNESCO figuram nesta lista certos micro-Estados (Santa Sé, Lichtenstein, Brunei, Ilhas Salomão, Nauru. etc.), certas OI (Liga dos Estados Árabes, OUA, CE, Conselho da Europa, Organização Ibero-Americana para a Educação, Ciência e Cultura, que mantém junto da UNESCO representantes ou observadores permanentes) e ainda certas entidades para-governamentais (movimentos de libertação nacional e em particular a Autoridade Palestiniana que desde 1986 mantém junto da UNESCO uma «missão *de observadores*» permanente, com acesso a todas as reuniões de carácter internacional e em particular àquelas que interessam ao mundo árabe).

§2º O Conselho Executivo

23. O Conselho Executivo é composto por 58[150] membros *«eleitos pela Conferência-Geral de entre os delegados»* dos Estados-membros. Os delegados eleitos devem ser de diferente nacionalidade, o que assegura a participação, através deles, de 58 Estados e permite garantir melhor a expressão das diferentes concepções e pontos de vista. Nesta conformidade, os membros do Conselho são eleitos tendo em conta, por um lado, a sua competência específica e, por outro, *«a diversidade das culturas e uma representação geográfica equitativa»*.

24. Na prática, o sistema constituído repartiu os Estados por 6 grupos:

- O grupo I – a Europa, e Israel;
- O grupo II – a América do Norte;
- O grupo III – a América Latina e as Caraíbas;
- O grupo IV – a Ásia e o Pacífico;
- O grupo V – a África;
- O grupo VI – os Estados Árabes

Ainda para reforçar essa representação diversificada das diferentes regiões, povos e culturas, o mandato dos membros do Conselho, que é de 4 anos, não pode ser renovado imediatamente – isto é, ninguém pode desempenhar dois mandatos seguidos.

O sistema instituído, se por um lado garante a relativa independência dos membros do Conselho eleitos a título pessoal, não priva este órgão do seu marcado carácter intergovernamental – pois só podem ser eleitos delegados dos Estados.

25. Essencialmente, cabe ao Conselho Executivo executar os programas de acção aprovados pela Conferência-Geral, à qual o Conselho pode dirigir *recomendações* relativamente a matérias que são da competência do órgão plenário – nomeadamente admissão de novos membros, estabelecimento do orçamento, definição do programa de trabalho da Organização e também *propostas*, designadamente sobre a nomeação do Director-Geral da UNESCO.

Mas também os Estados podem ser admitidos como observadores. Quando os EUA e o Reino Unido se retiraram da UNESCO, em protesto contra a forma por que os destinos da organização estavam a ser conduzidos (em particular pelo seu Secretário-Geral), esses dois Estados foram aceites na qualidade de observadores.

[150] Desde 1995.

26. O Conselho reúne ordinariamente duas vezes por ano e uma terceira, no ano em que há sessão da Conferência-Geral, após a reunião desta. Mas em caso de necessidade, o Conselho pode reunir-se extraordinariamente.

Secção 3ª
O Secretariado

§1º O carácter internacional do Secretariado e dos seus funcionários

27. O Secretariado é um órgão de carácter técnico-burocrático, chefiado por um *Director-Geral.*

Os funcionários que nele trabalham são contratados a título individual em função das suas qualificações profissionais e beneficiam do estatuto de funcionários internacionais. São recrutados numa base geográfica tão ampla quanto possível – o que significa que a organização deve esforçar-se por contratar pessoal proveniente de todos os Estados-membros.

28. O *carácter internacional do Secretário e* a independência deste órgão em face dos Estados-membros implicam para os funcionários da organização obrigações de discrição e de integridade. Por força do art. VI, 5 do acto constitutivo, os funcionários *«não solicitarão nem aceitarão instruções de nenhum Governo ou de qualquer autoridade estranha à organização, devendo abster-se de qualquer acto que possa comprometer a sua condição de funcionário internacional».*

Para garantia da independência que assim se pretende impor aos funcionários, os Estados-membros estão, por seu turno, obrigados a *«respeitar o carácter internacional das funções do Director-Geral e do pessoal»*, e a *«não tentar influenciá-los no desempenho das suas tarefas».*

§2º O Director-Geral

29. O Director-Geral é um elemento central e de algum modo dominante da Organização.

É eleito pela Conferência-Geral por proposta do Conselho Executivo, por um período de seis anos. Este mandato pode ser renovado uma ou mais vezes, o que assegura a estabilidade do órgão que ele dirige.

Cabe-lhe nomear ele próprio os seus colaboradores mais directos (o Director-Geral adjunto e os seus sub-directores gerais) e bem assim todos os outros funcionários da UNESCO.

30. Como *«mais alto funcionário da Organização»* (art. VI do acto constitutivo), o Director-Geral participa, sem voto, na reunião dos diversos órgãos da UNESCO (incluindo a Conferência-Geral e o Conselho Executivo).

Responsável directo pelo funcionamento e pela acção das engrenagens da UNESCO, cabe-lhe apresentar *periodicamente um relatório quer* aos Estados-membros quer ao Conselho Executivo ao qual pode igualmente *submeter* propostas. Incumbe-lhe igualmente elaborar *um projecto* e programa de trabalho e um ante-projecto de orçamento a submeter, um e outro, ao Conselho Executivo.

§3º As estruturas regionais da UNESCO

31. A UNESCO tem procurado descentralizar as suas actividades, mediante a criação de organismos regionais responsáveis localmente pela execução de certos programas operacionais.

Entre estas estruturas regionais destacam-se os *Bureaux Regionais de Educação e os Bureaux Regionais de Ciência e Tecnologia* que foram criados nas diversas zonas do globo que para este efeito foram considerados pela UNESCO (América Latina e Caraíbas, Ásia e Pacífico, África e Países Árabes).

Capítulo III
A Acção da UNESCO

32. A UNESCO exerce, no vasto domínio que lhe foi assinalado na definição estatuária do seu objecto, uma importante e multiforme actividade, que assume formas diversas, entre as quais distinguiremos a sua *acção normativa* (Secção 1ª) *e* a sua *acção de coordenação, de impulso e de cooperação* (Secção 2ª). Para o desenvolvimento destas acções, a UNESCO dispõe *de* meios financeiros que, embora escassos tendo em conta a dimensão das suas ambições, são importantes (Secção 3ª).

Secção 1ª
A Acção Normativa da Organização

33. Fundamentalmente, segundo um processo que é sempre o mesmo (§ 1º), a UNESCO adopta *convenções – procedimento* que lembra o sistema existente no seio da OIT. Mas, embora desprovidos de força jurídica obrigatória, outros actos que adopta, tais como as *recomendações* e as *declarações,* assumem relevante importância (§ 2º).

§1º O processo de adopção dos actos da Organização

34. Em qualquer dos casos, o trabalho preparatório, de carácter eminentemente técnico, é feito ao nível do *Secretariado* e, mais precisamente, da sua *Repartição de Normas Internacionais* que consulta os governos dos Estados-membros.

Os projectos de textos aí produzidos, são depois submetidos à *Conferência-Geral à* qual cabe adoptar o acto correspondente.

§2º Tipologia dos actos adoptados

1. Convenções

35. As *convenções* da UNESCO são adoptadas pela Conferência-Geral por maioria de 2/3 dos delegados e dirigidas aos Estados-membros que ficam obrigados a submetê-las, para fins de apreciação interna, no prazo de um ano, à autoridade nacional competente para o efeito e a informar a Conferência--Geral do seguimento dado a essas convenções.

Isto é, embora não vinculativas por si mesmas quanto às normas delas constantes, as convenções dirigidas aos Estados-membros criam para estes uma *obrigação de comportamento,* embora não uma *obrigação de resultado* – pois os Estados não ficam obrigados a adoptá-las na ordem interna, mas apenas a pôr em marcha os mecanismos do direito interno habilitados a decidir sobre a sua adopção (aprovação). E claro que, se forem aprovadas, as convenções passam a vincular o Estado respectivo, como direito internacional derivado que são *(cf. pelo que toca a Portugal, o nº 3 do art. 8º da Constituição).*

36. Note-se que a par das *convenções* aprovadas pela Conferência-Geral da UNESCO há que referir as *convenções adoptadas pelos Estados-membros no seu seio, isto é, no quadro* de conferências diplomáticas convocadas pela Organização, por ela organizadas e reunidas sob a sua *égide*[151].

Os resultados deste duplo esforço de produção normativa são abundantes: no seio da UNESCO ou sob a sua égide, foram até agora adoptadas três ou quatro dezenas de importantes convenções, relativas às diversas áreas de que a Organização se ocupa: *direitos de autor, protecção dos bens culturais em caso de conflito, luta contra a discriminação no ensino, tráfico de bens culturais, protecção do património mundial, reconhecimento de estudos, de diplomas e de graus académicos* – e tantas outras, cujo acento tónico é o da procura de soluções para problemas actuais. Em 2005, a UNESCO promoveu, por ex., a Convenção para a Protecção e a Promoção da Diversidade Cultural, numa época em que a globalização põe em risco crescente as expressões culturais minoritárias ou marginais.

2. Declarações e Resoluções

37. São actos através dos quais a Conferência-Geral da UNESCO define princípios e orientações que embora desprovidos de força obrigatória assumem por vezes um relevante significado dada a importância das matérias

[151] Sob o processo de elaboração de convenções internacionais sob os auspícios da OI. V. Nguyen Quoc Dinh, *«Droit International Public»,* 5ª ed., LGDJ, 1994, pp. 163 e segs.

sobre que incidem e o guião que constituem para os Estados-membros no seu esforço para corresponder às finalidades da Organização. Tais são, por ex., as *Declarações* relativas aos princípios da *cooperação cultural internacional,* adoptadas em 1996; a *Carta Internacional da Educação Física e do Desporto,* adoptada em 1978; a Declaração sobre a *rádio-difusão por satélites* (1972) e bem assim a Declaração relativa *à raça e aos preconceitos racionais,* adoptada em 1976, que viria a ser completada por uma resolução tendente a promover a sua implementação, ou, a importante Declaração Universal sobre a Bioética e os Direitos do Homem, de 2005.

3. Recomendações

38. A UNESCO adopta também recomendações que, como a designação do acto indica, não têm carácter vinculativo para os Estados destinatários. Este instrumento de acção é utilizado numa altura em que por falta de vontade dos Estados não haja ainda condições para adoptar um acto de carácter constringente, como é a convenção.

A UNESCO tem adoptado dezenas de *recomendações* sobre os mais diversos temas: *discriminação no domínio do ensino, protecção da beleza das paisagens, prevenção dos bens culturais* postos em risco em virtude da realização de obras públicas, *salvaguarda da cultura popular etc.* ou, uso recentemente a Recomendação sobre a promoção e mais do multilinguismo e o acesso universal ao Ciberespaço (2003).

Secção 2ª
Acção de Coordenação, de Impulsão e de Cooperação

39. A UNESCO desempenha à escala mundial um importante papel em todos os domínios atinente ao fomento da educação e da cultura.

Esse papel desempenha-o a Organização no plano da coordenação da acção dos Estados (§ 1º), no da cooperação com outras instituições internacionais (§ 2º) e no da impulsão de certas acções nacionais e internacionais que interessam aos objectivos que prossegue.

§1º Acção de coordenação

40. A coordenação a cargo da UNESCO ocorre no quadro da realização de certos projectos internacionais que executados embora num dado quadro nacional (ou plurinacional), interessam sem dúvida a toda a comunidade internacional (à Humanidade), cujo património cultural se impõe salvaguardar.

Essa acção de coordenação implica, normalmente, a conclusão de convenções internacionais que orientam e disciplinam a acção colectiva a desenvolver sob o patrocínio da UNESCO.

41. Entre as realizações mais espectaculares, bem-sucedidas e conhecidas, resultantes de múltiplos esforços de cooperação internacional coordenados pela UNESCO contam-se, por exemplo:

- A recuperação dos templos de Abou Simbel, de Philae e de diversos monumentos construídos na Núbia, em territórios egípcio e sudanês que estariam condenados a ficar submersos pelas águas da barragem de Assuan. Durante 20 anos (1960-1980) decorreram complexos trabalhos que implicaram a desmontagem dos templos, mediante o corte das rochas em que estavam inseridos, e a sua reconstrução a uma cota superior ao nível máximo da água da albufeira. A realização do projecto exigiu a conclusão de acordos entre a UNESCO e os dois países directamente interessados (o Egipto e o Sudão) e bem assim com os Estados que se dispuseram a financiar os trabalhos *e* que confiaram à Organização a missão de controlar a utilização dos recursos financeiros disponibilizados para o efeito.
- O templo budista Borobudur, na Indonésia, obra prima de arte religiosa de fins do VIII Século, foi restaurado mediante trabalhos que duraram cerca de 10 anos e exigiram a cooperação de 27 Estados e diversas organizações internacionais.
- A salvaguarda do Parthenon, em Atenas, de Moenjodar (antiquíssima cidade, 4500 anos a.C.) no Paquistão, e de Veneza, muito devem também à UNESCO, cuja acção neste domínio da protecção do património artístico se tem estendido a todo o mundo: no Bangladesh (salvaguarda dos sítios de Paharpur e de Bagerhat, locais de implantação de um centro budista edificado cerca de 780); na América do Sul (preservação de vestígios das missões de Jesuítas na zona em que a Argentina, o Brasil e o Paraguai viriam a estabelecer as suas fronteiras estatais; na Mauritânia; em Marrocos (Fez); na Turquia, no Nepal, no Vietname, no Senegal (Ilha de Goreia), na Tailândia, na Guatemala, em Cuba...

42. Envolvida assim numa alta missão que tem como quadro físico a totalidade do planeta, a UNESCO promoveu a elaboração de um programa ambicioso sobre a «*Protecção do Património Mundial Cultural e Natural*» no âmbito de uma Convenção adoptada pela Conferência-Geral em 1972 e que entrou em vigor em 1975[152].

A maior parte dos Estados-membros estão convencionalmente ligados a esse programa. E um Comité de 21 Estados, eleitos pela Conferência, assumiu a missão de elaborar uma lista dos bens culturais que, entre os propostos pelos diversos Estados-membros, passaram a constituir património mundial sujeito a protecção. O mesmo Comité estabeleceu uma *segunda* listagem do *Património Mundial em Perigo, constituído* por bens ameaçados de desaparecimento ou de rápida degradação.

Os Estados-membros, na conformidade do seu dever de cooperação com a Organização, estão obrigados a apresentar a esse Comité relatórios periódicos sobre os sítios incluídos nas listas do património mundial, pelos quais são responsáveis.

§2º Acção de cooperação

43. A cooperação de que se trata aqui é organizada entre a UNESCO e outras instituições tendo em vista realizações comuns, no quadro das respectivas competências, tanto de nível regional como de âmbito universal.

Tal é o caso:

- da criação, em conjunto com a Organização Mundial da Propriedade Intelectual (OMPI), de grupos de peritos encarregados de estudar problemas diversos como, por ex., o da reprodução privada, não autorizada, de gravações, de emissões ou de documentos impressos, e bem assim dos direitos de autor da radiodifusão por satélites de comunicação.
- da conclusão de um acordo de cooperação entre a UNESCO e a ALECSO *(Organização Árabe para a Educação, a Cultura e a Ciência)*, que prevê encontros periódicos e a elaboração em comum de programas de cooperação de duração bienal.

Foi neste quadro da cooperação que a UNESCO, conjuntamente com a OMS *(Organização Mundial de Saúde) e* com o PNUE *(Programa das NU para o Ambiente)*, promoveu a Conferência das Nações Unidas sobre o Ambiente e o Desenvolvimento que se realizou no Rio de Janeiro em 1992.

[152] A UNESCO classificou até hoje como Património Cultural da Humanidade 878 sítios em 145 Estados Membros.

§3º Acção de impulsão

44. Embora não respondendo por determinadas iniciativas concretas, a UNESCO impulsiona-as e encoraja-as, tal como apoia numerosas acções de âmbito nacional ou internacional que considera conducentes à realização da sua finalidade.

Nesta linha de trabalho – e a título de exemplo:

- a Organização favoreceu a adopção de programas de acção a levar a cabo por diversos Estados-membros, no plano regional ou a nível geral;
- promoveu a criação do Comité Intergovernamental para a Informática, tendo em vista a definição das grandes orientações neste domínio específico;
- promoveu igualmente, em 1990, a *Conferência Mundial Sobre a Educação Para Todos,* na Tailândia, seguida da elaboração de uma *Estratégia Para o Desenvolvimento Internacional;*
- cria órgãos *ad hoc* e favorece e apoia o funcionamento de organismos intergovernamentais concebidos como instrumentos da cooperação nos domínios que constituem o seu objecto estatutário (tal foi o caso do Comité do Património Mundial, a que fizemos já referência, que tem por missão a classificação dos bens culturais nacionais e a sua inserção na lista do património mundial).

Secção 3ª
Os Meios Financeiros

45. Os meios financeiros da UNESCO estão regulados no Artigo IX – Orçamento – do Acto Constitutivo.

Compete à Conferência Geral, em cada dois anos, aprovar o Orçamento e fixar a comparticipação financeira de cada Estado Membro, independentemente do acordo a estabelecer com a Organização das Nações Unidas sobre a possibilidade de financiamento do orçamento da UNESCO.

Para os anos de 2010-2011, o Orçamento da Organização atinge 653 milhões de dólares, aproximadamente em excesso de 500 milhões[153] de Euros, acrescidos de 460 milhões de dólares de recursos extra-orçamentais.

Deste montante total, cerca de 360 milhões de dólares estão destinados a programas sectoriais, de entre os quais deve ser destacada a «educação» com

[153] No ano de 2010 tem ocorrido uma queda constante do Euro face ao Dólar.

uma dotação de cerca de 119 milhões de dólares, ou o apoio às ciências naturais com cerca de 60 milhões de dólares; a outra grande rubrica sectorial é a cultura com 54 milhões de dólares.

Deverá ser notado que as dotações orçamentais são em muitos casos complementadas com recursos extra-orçamentais, que são fundos já recebidos ou firmemente comprometidos ao abrigo de diversos programas de cooperação. No caso da promoção das ciências naturais, por ex., os recursos extra-orçamentais triplicam os recursos orçamentais.

São, em todo o caso, montantes muito escassos para as ambições da UNESCO.

Bibliografia

BESTERMANT. T., UNESCO, *Peace in Minds of Men.* London, 1951.

DKEYFUS Simone, *Droit des relations internationales,* 4ª ed. Cujas, pp. 307 a 319.

FISCHER, G., «UNESCO. Accord relalif au siège», em *A.F.D.I.,* 1955, pp. 393-406.

GOY, N., *«Les régions établies par l'UNESCO eu vue de l'exécution des activités regionales»,* em *A.F.D.I.* 1974 (20), pp. 613-625.

KOLASA, J., *International Intellectual Cooperation (the League Experience and Beginings of UNESCO),* Wrodaw, 1962.

LAVES, W. H. C., y THOMSON, G. A., UNESCO, *Purpose Progress,* Bloomington, 1957.

LEFRANC. O., *«Les problemes juridiques poses devant la XXII session de la Conférence Générale de l'UNESCO (nov.-dec. 1962)»,* em *A.F.D.L.* 1962, pp. 639-675.

MATHIEU. Jean-Luc, *Les Institutions spécialisées des Nations Unies,* Ed. Masson, 1977, pp. 217-247.

SEWELL, J. R., *UNESCO and World Politics. Engaging in International Relations,* Princetown, 1975.

SMETS, P. F. y MERTENS. P., «Le treaty-making power de l'UNESCO», em *R.C.D.I.P.,* Vol. 70 (1966), pp. 916-960.

THOMAS, J., *UNESCO,* Paris, 1962.

TOUSCOZ, J., *La cooperation scientifique internationale.* Paris, 1973.

TRIPP, B. M. H., «UNESCO in perspective», em *International Conciliation,* núm. 497 (Março 1954), pp. 323-383.

– UNESCO – *Comprendre pour agir – l'UNESCO face aux problèmes d'aujourd'hui et aux défis de demain,* 1977, p. 386.

SUBTÍTULO IV
Instituições Especializadas com Acção nos Domínios Monetário e Financeiro

Vamos neste Subtítulo estudar o FUNDO MONETÁRIO INTERNACIONAL – FMI (CAPÍTULO I), e o grupo do BANCO MUNDIAL, Banco Internacional para a Reconstrução e Desenvolvimento – BIRD (CAPÍTULO II).

PLANO GERAL DO SUBTÍTULO IV

CAPÍTULO I
O FUNDO MONETÁRIO INTERNACIONAL (FMI)

Capítulo I
O Fundo Monetário Internacional (FMI)

Pelos Prof. Doutor Manuel Porto[154] e Dr. Victor Calvete[155]

1. Antecedentes
1.1. O sistema monetário internacional desde finais do século XIX até à IIª Grande Guerra

Desde finais do século até ao início do século XX (c. 1880-1914) o sistema monetário internacional pôde assentar nos mecanismos automáticos do padrão-ouro[156]. Trata-se de sistema em que, a nível interno[157] a emissão de notas é coberta por reservas de ouro, que garantem a sua conversão a uma taxa

[154] Professor Catedrático da Faculdade de Direito da Universidade de Coimbra.

[155] Assistente da Faculdade de Direito da Universidade de Coimbra.

[156] Para uma revisão das interpretações do padrão-ouro desde o século XVIII, ver Bordo (1984). Para uma análise das razões que levaram à generalização do padrão-ouro na década de 1870, ver Flandreau (1995). Para uma análise dos seus bons resultados durante tanto tempo, Bayoumi/Eichengreen (1995). Entre nós, ver ainda Ribeiro (1962-1963, pp. 202-210) e Laranjeira (2000, pp. 40-47).

[157] O padrão-ouro *internacional*, a que nos referiremos a partir daqui, depende da adopção, *a nível nacional*, do padrão-ouro ou, pelo menos, de um padrão-espécie bimetálico. Em padrão-espécie «a promessa de fixar o preço da moeda de um país em termos de ouro, prata ou ambos, constitui a regra básica.» (Bordo/Schwartz, 1995, p. 32) – o que permite a conversão de moedas umas nas outras a uma taxa fixa, *dada pela relação entre o seu conteúdo metálico* [que, simplificadamente, se dirá em texto depender apenas do peso e não também do «toque». Em meados do século passado, antes da primeira adesão de Portugal ao padrão-ouro, em 1854, circulavam entre nós 36 tipos diferentes de moedas, de diferente pureza metálica: 916/1000 (toque inglês), 900/1000 (toque francês) e 835/1000 (toque espanhol) – pelo menos (cfr. Reis, 1995, p. 207)].
«Como um padrão internacional, a regra chave era a manutenção da convertibilidade em ouro à paridade estabelecida» (Bordo/Schwartz, 1995, p. 34), como se refere a seguir.

fixa, e há liberdade de cunhagem, de importação e de exportação do metal. O pagamento das transacções internacionais – ou a mera conversão de moedas – faz-se à taxa de câmbio decorrente da relação entre o peso de ouro escolhido para base do sistema monetário de cada economia, com a oscilação delimitada pelos *pontos de entrada e de saída de ouro.* Estes determinam-se, para cada par de moedas, pelos custos de transferência de ouro, entre ambas as economias, em quantidade equivalente à envolvida na operação cambial. Respeitando-se as *regras do jogo,* um pais que perdesse[158] ouro deveria limitar a quantidade de notas em circulação, provocando com isso alguma descida de preços internos (e alguma subida nas suas taxas de juro), ao passo que a quantidade de moeda em circulação aumentaria no país a que o ouro afluísse, provocando alguma subida de preços (e diminuição das taxas de juro). Em resultado, o padrão-ouro asseguraria o tendencial reequilíbrio das balanças de pagamentos, já que o país que perdia ouro diminuía as importações, aumentava as exportações e atraía capitais, enquanto o país que ganhava ouro aumentava as importações, diminuía as exportações e perdia capitais.

Além desta vantagem, o padrão-ouro proporcionava estabilidade cambial, minimizando o risco das transacções internacionais, e induzia a uma disciplina exógena na emissão de moeda. No fundo, a oferta de moeda dependia da posição da balança de pagamentos, aumentando quando esta era superavitária e diminuindo quando era deficitária. Isso implicava, todavia, sacrifícios pesados para a economia deficitária, obrigada a suportar um processo de deflação, e induzia inflação na economia superavitária (o reequilíbrio externo lograva-se com instabilidade interna). Dependendo da livre importação e exportação de ouro, era evidentemente incompatível com situações de guerra, razão pela qual foi abandonado em 1914. O reconhecimento dos méritos do sistema – e a nostalgia por uma perdida «idade de ouro» – levaram a várias tentativas da sua reintrodução no período que mediou as duas guerras mundiais.

Porém, salvo por um curto período (1926-1931)[159] o padrão-ouro não pôde ser restabelecido – nem sequer na forma mitigada de *Gold Exchange Standard,*

[158] Os países perderiam ouro sempre que a oferta da sua moeda excedesse a sua procura num qualquer mercado exterior, de forma a que o câmbio dessas duas moedas se afigurasse menos vantajoso do que a conversão em ouro da moeda nacional e a sua exportação para o outro país, onde, pela sua venda a peso, se obteria uma maior quantidade dessa outra moeda.

[159] Os Estados Unidos já tinham regressado à convertibilidade em 1919, e a Alemanha fê-lo em 1924, o Reino Unido em 1925, a França em 1926 e, em pouco tempo, mais de 40 países seguiram o seu exemplo, embora abandonando, excepto os EUA, a cunhagem de moedas de ouro. A impossibilidade de a praça financeira londrina continuar a ser o único centro de compensação das transacções internacionais, como o fora antes da guerra, e a reposição, em muitos casos, das pa-

proposto na Conferência de Génova[160] sucedendo-se as desvalorizações competitivas, regressando-se ao bilateralismo (acordos de *clearing* e *barter trade)* e, em consequência, contraindo-se o comércio internacional.

Em 1936 foi celebrado o *Acordo Tripartido* entre os Estados Unidos, o Reino Unido e a França – a que posteriormente aderiram a Bélgica, a Holanda e a Suíça – estabelecendo um registo internacional de paridades entre as moedas dos países participantes e acordando em excluir desvalorizações competitivas. As tensões na Europa – e o eclodir do segundo conflito mundial em Setembro de 1939 impediram o alargamento do acordo[161].

1.2. As negociações anglo-americanas durante a IIª Grande Guerra

Face à manifesta impossibilidade do regresso ao padrão-ouro no pós-guerra, a resolução das questões monetárias internacionais passava necessariamente por um acordo internacional[162], desejavelmente de grande amplitude: sem um conjunto de regras consensuais e credíveis, seriam inevitáveis as consequências negativas nos outros países das opções que cada um tomasse em matéria cambial.

As primeiras negociações entre americanos e ingleses em assuntos financeiros com implicações no pós-guerra prenderam-se com o princípio do *lend-lease* anunciado em Janeiro de 1941 pelo Presidente Roosevelt[163], negociações essas que proporcionaram um novo contacto entre John Maynard/Keynes e

ridades fixadas nesse período – gerando a sobreavaliação de várias moedas – são apontadas entre as razões do insucesso: em 21 de Setembro de 1931 a Grã-Bretanha abandonou a convertibilidade, seguindo-se-lhe a generalidade dos outros países.
Portugal, que fora o primeiro país a seguir a Grã-Bretanha na adopção da convertibilidade da moeda em ouro (29 de Julho de 1854) e que a abandonara «provisoriamente de um ponto de vista legal, mas definitivamente para todos os fins práticos, em 1891» (Mata/Valério, 1995, p. 261), foi o último a aderir ao padrão-ouro no pós-Iª Grande Guerra – por decreto de 9 de Junho de 1931, para vigorar a partir de 1 de Julho seguinte. Sobre os 82 dias de convertibilidade do escudo, ver Santos (1995).

[160] Essa conferência, realizada em 1922, sob a égide da Sociedade das Nações, endossou a proposta britânica de concentrar as reservas de ouro em países que assegurassem a convertibilidade, podendo os outros constituir as suas reservas com as moedas dos primeiros.

[161] Sobre o período coberto neste ponto v. Eichengreen (1999, pp. 17-144).

[162] Ou, pelo menos, era assim que se pensava à época, em face dos maus resultados da descoordenação subsequente à Iª Guerra Mundial. Em boa verdade, porém, a livre flutuação cambial poderia proporcionar um regime monetário internacional tão *económico* em regras e intervenções centralizadas quanto o padrão-ouro. A aparente inexistência de alternativa à concertação internacional – decorrente do reconhecimento da impossibilidade de reestabelecer, ao menos *de pronto,* o padrão-ouro – não era, portanto, estrutural: era tão só circunstancial.

[163] O «*Lend-Lease Act*», aprovado em 11 de Março de 1941, permitia ao Presidente americano negociar uma forma de «compensação» distinta do pagamento dos bens fornecidos pelos EUA. Em Agosto

Henry Dexter White[164], os arquitectos das futuras propostas inglesas e americanas que iriam estar na origem da Conferência de Bretton Woods[165].

1.3. O Plano Keynes

Em 8 de Setembro de 1941 Keynes fez circular no Tesouro britânico um memorando intitulado *Propostas para uma União Monetária Internacional* onde propunha a criação de um *Banco de Compensação Internacional* que centralizaria todos os pagamentos internacionais (que passariam a ser um exclusivo do banco central de cada país ou área monetária). O *Banco de Compensação Internacional* criaria a sua própria moeda – em relação à qual todas as restantes teriam um valor fixo – moeda essa que seria distribuída pelos países participantes, à razão de metade da média da soma das importações e exportações no último quinquénio. Um país poderia adquirir maiores quantidades dessa moeda – com ouro – mas não poderia utilizá-la senão em transferências para as *Contas de Compensação* de outros países. As *Contas de Compensação* em débito pagariam juros, as que excedessem a sua quota em mais de 25% ou 50% teriam 5% ou 10%, respectivamente, desse excesso anual transferido para o Fundo de Reserva, cuja utilização estaria na discricionariedade do Conselho de Governadores. Saldos devedores (credores) poderiam levar à desvalorização (revalorização) da respectiva moeda[166].

Uma versão revista e mais elaborada do seu plano foi divulgada em 18 de Novembro, tomando-se, a partir de então, o centro das discussões no seio da administração britânica[167]. Uma nova formulação surgiu em 15 de Dezembro de 1941[168], vindo a ser incluída, com adaptações do seu autor, num memorando (impresso) do Tesouro sobre Problemas Económicos e Monetários Externos[169], discutido em 31 de Março de 1942 no Comité sobre Problemas de Reconstru-

de 1945, porém, o Presidente Truman pôs abruptamente termo a essa prerrogativa que, portanto, teve uma diminuta expressão no pós-guerra (cir. Kahn, 1976, pp. 5 e 8).

164 Embora as negociações estivessem, na parte americana, centradas no Departamento de Estado e não no do Tesouro, a que White estava ligado.

165 Para referências às posições de outros países v. James (1996, pp. 43-45). Horsefield (1969, Vol. III, pp. 97-127) publica o Plano Francês, o Plano Canadiano e o *Key Currency Plan* do prof. William. Sobre outras propostas ver Horsefield (1969, Vol. l, pp. 16-18 e 37-40).

166 Keynes (1980a, pp. 33-40).

167 A moeda do Banco Internacional de Compensarão era aí referida como *grammor*.

168 A nova unidade monetária recebeu aí a designação de *bancor:* Jacob Viner sugeriu, posteriormente, que fosse denominada *mandor* e Keynes no seu discurso inaugural (a 12 de Maio de 1943) na Câmara dos Lordes, apelou a outras sugestões.

169 A epígrafe dessa parte do memorando era: *Plano para uma União Monetária (ou de Compensação) internacional.*

ção, do Gabinete de Guerra. Em Agosto seguinte as *Propostas para uma União de Compensação Internacional* foram enviadas para Washington[170], e posteriormente o Governo britânico decidiu fazer divulgar uma sua última versão como *Livro Branco sobre a União de Compensação*, recebido no Parlamento em 7 de Abril de 1943[171]. Na sua essência, correspondia inteiramente à proposta original, ainda que a sanção proposta para os países com saldos credores fosse agora idêntica à aplicável aos países com saldos devedores: o pagamento de juros (1% sobre os montantes que excedessem, a crédito ou débito, um quarto da quota atribuída, e mais 1% sobre os montantes médios em excesso, a crédito ou débito, de metade da sua quota).

No Preâmbulo, resumia-se a proposta de Keynes:

> *A proposta traduz-se no estabelecimento de uma União Monetária, aqui designada* União de Compensação Internacional, *baseada em moeda-bancária internacional, designada (digamos) bancor com um valor fixo (mas não inaltera-velmente) em ouro e aceite como equivalente do ouro pela Commonwealth britânica, os Estados Unidos e todos os outros membros da União, para efeitos de regularização de pagamentos internacionais. Os bancos centrais de todos os Estados membros (e também de não-membros) teriam contas na União de Compensação Internacional através das quais poderiam regularizar as suas transacções mútuas ao valor definido para as suas moedas face ao banco. Os países que tivessem uma balança de pagamentos favorável com o resto do mundo no seu todo encontrar-se-iam na posse de uma conta em crédito na União de Compensação, e aqueles que tivessem uma balança de pagamentos deficitária teriam uma conta em débito. Seriam necessárias medidas (...) para evitar a acumulação de saldos credores e devedores ilimitados, e o sistema falharia no longo prazo se não possuísse suficiente capacidade de restabelecimento dos equilíbrios.*
>
> *A ideia subjacente a uma tal União é simples: consiste na generalização do princípio essencial da banca tal como é exibido em qualquer sistema fechado. Tal princípio é o da necessária equivalência entre créditos e débitos. Se nenhum crédito puder ser transferido para o exterior do sistema de compensação, mas apenas movimentado no seu interior, a União nunca terá dificuldades em honrar os cheques sacados sobre ela. Pode adiantar o que entender a cada um dos seus membros com a certeza de que tais montantes só podem ser transferidos para a conta de compensação de outro membro. A sua única tarefa será zelar*

[170] Keynes (1980a, pp. 168-195). A comparação das diferenças entre a versão intermédia remetida para os EUA – e para White – e as versões imediatamente anterior (a 5ª, de princípios de Agosto) e posterior (a 6ª, de 3 de Novembro de 1942) pode ver-se em Keynes (1980a, pp. 449-458). Aí se refere (p. 196) que Keynes e White já tinham mantido uma longa troca de impressões sobre os seus planos em 23 de Outubro de 1942, durante uma visita do Secretário de Estado do Tesouro americano Henry Morgenthau a Londres.

[171] Além de um novo prefácio (Keynes, 1980a, pp. 233-237), incluía alterações em relação à cópia de 9 de Novembro de 1942.

pelo cumprimento das regras por parte dos seus membros e garantir que os adiantamentos feitos a cada um sejam prudentes e avisados para a União no seu conjunto.

1.4. O Plano White

Aproximadamente na mesma altura em que Keynes preparava a primeira versão do seu plano, as propostas americanas para a criação de um novo regime financeiro internacional no pós-guerra começavam a tomar forma no trabalho de Harry Dexter White, que entrara no Departamento do Tesouro em 1934 a convite de Jacob Viner. Em Julho de 1942 Keynes acedeu a uma das suas versões iniciais[172] comentando depois que «raramente se sentira simultaneamente tão aborrecido e tão interessado»[173]. White concebera duas instituições – *um Fundo de Estabilização* e um *Banco* –, e uma unidade de conta – *Unitas* – que servia como padrão para estabelecer a cotação das moedas participantes e permitia aumentar a disponibilidade de divisas dos países aderentes (um país podia obter *unitas* nos limites da subscrição da sua quota e, ainda, vendendo ouro ou quantidades adicionais da sua moeda ao Fundo, ou exigindo a conversão nessa unidade de conta das quantidades de moeda estrangeira acumuladas)[174]. O *Banco* poderia organizar e financiar uma *Agência Internacional de Estabilização de Mercados,* embora tivesse mais semelhanças com outra instituição proposta pelos britânicos: o *Board for International Investment*[175]. Por sua vez, o *Fundo de Estabilização* correspondia, *grosso modo,* ao *Banco de Compensação Internacional* gizado por Keynes.

[172] Horsefield (1969, Vol. 1, pp. 10-14) encontra as origens do Plano White no falhado Banco Inter-Americano, cuja convenção constitutiva foi assinada em Maio de 1940 pelos Estados Unidos, mas não ratificada. Circunscrevendo essa influência às propostas de White sobre o que veio a ser o Banco Mundial, Bordo/Schwartz (2001) fazem remontar ao *Exchange Stabitization Fund* americano, criado pelo *Gold Reserve Act* de 31 de Janeiro de 1934, as suas ideias sobre o Fundo de Estabilização.

[173] Keynes (1980a, p. 159). Mais tarde referiu que o Plano White estava redigido em *cherokee.*

[174] Naturalmente a aquisição de *unitas* com ouro ou por conversão de divisas estrangeiras não aumentava a liquidez internacional: a conversão da quota e a aquisição com moeda nacional sim. O valor do *unitas* era tendencialmente invariável em relação ao ouro, podendo ser convertido neste ou adquirido com ele. Como Viner reconheceu (carta a Keynes de 12 de Julho de 1943, publicada em Keynes. 1980a, pp. 326 e ss.), «excepto como designação de uma quantidade especificada de ouro, *unitas* não tem significado.»

[175] Tal como proposto pelos Profs. Hansen e Gulick (cfr. Keynes, 1980s. p. 59). A partir da sua 2ª versão, o Plano Keynes passou a incorporar a interligação de funções de compensação de créditos e débitos de diferentes países, com intervenções autónomas na economia internacional, ainda que indirectas (como as que resultariam da abertura de *Contas de Compensação,* ou transferência de fundos, a favor de outras instituições internacionais com funções de reconstrução, investimento, ou estabilização de preços de mercadorias transaccionadas internacionalmente, instituições que estavam a ser separadamente consideradas pela administração britânica).

Quando o Governo britânico decidiu publicar o Plano Keynes como um *white paper*, o Secretário do Tesouro americano Henry Morgenthau sugeriu a publicação do plano do seu assistente. O Presidente Roosevelt recusou a sugestão, mas a divulgação de um sumário do Plano White num jornal londrino no dia 5 de Abril de 1943 fê-lo mudar de ideias: no dia 7 desse mês o Plano White foi publicado em Washington[176]. Os propósitos afirmados para o estabelecimento de um *Fundo de Estabilização Internactional* eram os seguintes:

> *Ajudar a estabilizar as taxas de câmbio das moedas das Nações Unidas e dos países a elas associados.*
>
> *Diminuir os períodos de desequilíbrio das balanças de pagamentos dos países membros e minorá-los.*
>
> *Ajudar a criar condições para que se desenvolva um fluxo fluente de comércio externo e de capital produtivo entre os países membros.*
>
> *Facilitar a efectiva utilização dos créditos estrangeiros bloqueados que se acumularam em certos países em consequência da situação de guerra.*
>
> *Reduzir o uso de restrições cambiais, acordos de compensação bilaterais, taxas de câmbio múltiplas e práticas cambiais discriminatórias tais que embaracem o comércio mundial e o fluxo internacional cie capital produtivo.*

Imediatamente antes tinham-se delineado os contornos do Fundo:

> *O Fundo de Estabilização Internacional das Nações Unidas e Associadas é proposto como uma instituição permanente para a cooperação monetária internacional. Os recursos do Fundo hão-de estar disponíveis sob salvaguardas adequadas à manutenção da estabilidade cambial, enquanto proporcionam aos países membros tempo para corrigir os desajustamentos das suas balanças de pagamentos sem terem de recorrer a medidas extremas, destrutivas da prosperidade internacional. Os recursos do Fundo não hão-de ser usados para prolongar uma posição internacional basicamente desequilibrada.*
>
> *Pelo contrário, o Fundo há-de influir na indução dos países à prossecução de políticas desenhadas para um regresso ordeiro ao equilíbrio.*
>
> *O Fundo há-de lidar apenas com os governos membros e suas agências financeiras, e não há-de intrometer-se nos canais normais de condução do comércio e finanças internacionais. O Fundo está concebido para fornecer instrumentos adicionais para o funcionamento com êxito das instituições cambiais estabelecidas e para libertar o comércio internacional de restrições danosas.*

[176] Horsefield (1969, Vol. III, pp. 82-83-96) publica a primeira versão mimeografada do plano, datada de Abril de 1942, e a versão, revista em Julho de 1943, da que foi publicada em Abril.

1.5. A comparação dos dois planos

Em 18 de Fevereiro de 1943 Keynes elaborou uma comparação detalhada do seu plano e do *de* White, revista e circulada em 1 de Março seguinte[177], concluindo que a diferença de base residia na concepção americana do Fundo de Estabilização como uma instituição de subscrição com «responsabilidade limitada» e na concepção britânica de uma União de Compensação com largo recurso ao crédito. Dessas divergentes concepções decorriam, além da diferente natureza do *bancor* e do *unitas,* seis consequências distintas:

1. Para White, as quotas iniciais obtinham-se por subscrição de capital. Para Keynes eram geradas pela criação de crédito internacional.
2. Para White, as quotas representavam um direito de aquisição de moedas dos outros membros. Para Keynes representavam a possibilidade de saque numa conta internacional.
3. Para White, os agentes económicos podiam continuar a realizar operações cambiais para financiar transacções correntes. Para Keynes, todas as transacções internacionais de moeda teriam de ser centralizadas na União de Compensação.
4. Para White, previa-se, em princípio, o controlo sobre movimentos de capitais mas, de facto, recorria-se apenas a medidas de correcção *ex post.* Para Keynes, o controlo sobre movimentos de capitais implicava um escrutínio prévio de todas as transacções, e acções preventivas.
5. Para White, só os países em défice eram sancionados. Para Keynes, as sanções eram repartidas entre os países em défice e os superavitários.
6. Para White estava em causa partilhar uma pequena parcela das reservas de divisas existentes. A Keynes parecia necessário fazê-las crescer substancialmente.

1.6. A «declaração conjunta»

Enquanto os americanos iniciavam a divulgação e discussão do seu plano com outros países, os ingleses faziam outro tanto com o seu[178]: depois dos países

[177] Keynes (1980a, pp. 215-226). As versões em confronto eram a resultante da *oitava* revisão do texto americano que Keynes recebera pela primeira vez em Julho de 1942 e a versão do seu texto que antecedeu a sua publicação como *white paper*; e que resultou de discussões com os representantes dos territórios dependentes da Coroa Britânica.

[178] Na sua correspondência, Keynes (1980a, pp. 283-284) refere que, tanto quanto era do seu conhecimento, a maioria dos países preferia o seu plano mas, uma vez que os americanos se recusavam sequer a considerá-lo nas discussões com terceiros países, admitiam aderir ao plano americano como forma de evitar o vazio. Noutra carta, porém, White refere a Keynes que os americanos deram por findos os encontros bilaterais (com delegados de duas dezenas e meia de países) e discussões

e domínios da *Commonwealth*, os russos, os chineses e os outros aliados receberam igualmente cópias do projecto. Em 26 de Fevereiro de 1943, Keynes apresentou o «bebé» aos representantes das potências aliadas, formulando votos de que fosse apenas o primeiro da «família» uma vez que além das questões monetárias haveria que considerar:

- as da regularização do abastecimento e estabilização dos preços dos produtos primários;
- a da política comercial; e
- a da criação, ou não, de uma instituição para o investimento internacional.

Em Julho/Agosto de 1943 os britânicos sugeriram aos americanos conversações formais bilaterais sobre os três primeiros itens. Tais conversações vieram a ter lugar *em* Washington em Setembro e Outubro seguintes e culminaram na divulgação de um *Joint Statement by Experts on the Establishment of An International Monetary Fund*, em Abril de 1944[179].

O *Joint Statement* divulgado em Londres, no dia 22 de Abril, sob a forma de um Livro Branco, era antecedido por um prefácio de Keynes intitulado *Notas Explicativas dos Peritos Britânicos sobre a Proposta de um Fundo Monetário Internacional*, onde se assinalavam as diferenças e as semelhanças em relação ao Livro Branco sobre as *Propostas para uma União de Compensação Internacional:*

- enquanto nestas eram os países membros que mantinham contas na União e nela possuíam saldos credores e devedores, no FMI é este que mantém contas nos países membros;
- enquanto na União o saque de recursos por parte de um país fazia diminuir a sua conta nela e aumentar a conta de outro, no FMI essa mesma operação traduz-se num aumento da posição credora do Fundo em relação a esse país e na sua diminuição face aos restantes;

colectivas (com participação mais alargada) sobre o seu plano acrescentando: *«in almost every case the more important provisions in the Clearing Union draft were also considered»* (Keynes, 1980a, p. 335).

[179] Publicado em Horsefield (1969, Vol. III, pp. 128-135) e em Keynes (1980a, pp. 469-477). Como aqui se refere (p, 392), a versão da «declaração conjunta» existente à data do encerramento das conversações (em 9 de Outubro de 1943) passou por sete rearranjos até ser divulgada (em Abril do ano seguinte). Só na última versão se obteve o acordo para suprimir a referência à unidade monetária proposta por White *(unitas):* até ao último momento a parte britânica procurou diversas formas de *monetarizar* essa unidade de conta, sem sucesso. Sobre a evolução de ambos os planos até à Declaração Conjunta v. Horsefield (1969, Vol. I, pp. 26-53).

- notando que uma e outra construção se equivaliam e que o acordo sobre a segunda se tomara mais fácil, dispensava-se a introdução de uma nova unidade internacional, que só seria indispensável na primeira lógica;
- em vez de se estipular que só os bancos centrais poderiam efectuar transacções com a União, estabelecia-se que o FMI só poderia relacionar-se com os bancos centrais;
- embora as disponibilidades financeiras propostas para o Fundo (8 mil milhões de dólares) fossem apenas uma fracção das que eram previstas para a União (25 mil milhões de dólares), havia a possibilidade de as fazer aumentar por acordo dos países membros e o propósito de as não usar para financiar a reconstrução, as dívidas de guerra ou a ajuda internacional (para o que seriam criadas instituições próprias e disponibilizados meios específicos);
- a forma de alteração das paridades entre as moedas, desconsiderado na União, era sujeita a uma *apreciação judicial* por parte do Fundo, mantendo-se o princípio de que tal matéria não podia depender unicamente do juízo de cada país;
- as disposições sobre livre convertibilidade das moedas (relacionadas com transacções correntes) eram apresentadas como idênticas, tal como sublinhava o análogo propósito que animava as disposições das duas propostas sobre a necessidade de os países credores fazerem esforços de correcção dos seus excedentes e de evitar que os países devedores esgotassem desnecessariamente os seus recursos junto do FMI.

A conclusão final, deliberadamente intencionada a demover reservas no Parlamento e nos *media* – com cujos membros Keynes se reuniu antes dos debates de 10 de Maio (Câmara dos Comuns) e de 23 de Maio de 1944 (Câmara dos Lordes, onde voltou a intervir) –, era a de que *«In most other respects the general aims and purposes of the new scheme are the same as those set forth in (...) the Clearing Union Proposals»*[180]

2. A Criação do FMI

2.1. Preparativos e negociações de Bretton Woods

O Governo americano convidou outros 44 países para se fazerem representar na Conferência Económica e Monetária das Nações Unidas e Associadas a ter lugar a partir de 1 de Julho de 1944 na localidade de Bretton Woods, no estado

[180] Keynes (1980a, pp. 441-442). Sobre estes eventos, mas na perspectiva «do processo de construção da ordem comercial internacional», veja-se Castro (1992, pp. 11-39).

de New Hampshire. Para simplificar os trabalhos, um número mais limitado de países foi convidado para uma conferência em Atlantic City[181], destinada a preparar uma versão preliminar dos textos a discutir nas três Comissões da Conferência: sobre o FMI, sobre o Banco Internacional de Reconstrução e Desenvolvimento (veja-se o que se escreve sobre este no próximo Capítulo) e sobre Outras Medidas de Cooperação Financeira Internacional[182]. As discussões seriam *ad referendum* (*i.e.* sob reserva de aprovação pelos governos respectivos) e deveriam encerrar a 19 de Julho (acabaram por ser prolongadas até 22 de Julho).

Previamente decidida a opção pelas soluções do Plano White, os pontos em discussão eram ou técnicos ou políticos. A 10 de Julho, a contenda entre americanos e ingleses sobre a localização de ambas as instituições – os primeiros propondo que tivessem sede no país que possuísse nelas a maior quota, os segundos defendendo que tal questão devia ser resolvida na primeira reunião de cada uma, reunião essa a ter lugar no país com maior quota – foi adiada. Após contactos com o Governo britânico e com o Governo americano, a delegação inglesa acabou por retirar a sua contra-proposta, embora formulasse uma reserva quanto à necessidade de ter em conta a localização das restantes organizações internacionais que estavam em preparação.

Quanto aos montantes das quotas a subscrever por todos e cada um dos países[183], também prevaleceu a posição americana inicialmente definida em

[181] O propósito americano era o de formarem uma «Comissão de Redacção» com o Reino Unido, a URSS, a China, o Canadá, a Bélgica, a Checoslováquia, o Governo Francês no exílio, o Brasil e o México. As reuniões em Atlantic City começaram logo no dia seguinte ao da chegada (23 de Junho) das delegações que embarcaram no *Queen Mary*, em Londres (as da Índia, Bélgica, China, Checoslováquia, Holanda, Noruega e Polónia, que estiveram envolvidas no chamado *«boat draft»*) e duraram até ao dia 30 de Junho.

[182] A presidência da Iª Comissão foi atribuída a White e a da IIª a Keynes. A IIIª Comissão, presidida pelo Ministro das Finanças do México, veio, por proposta da Noruega e de outros países europeus, recomendar a liquidação do Banco de Pagamentos Internacionais (com sede em Basileia, na Suíça) que aceitara entregar à Alemanha o ouro checo aí depositado, após a ocupação da Checoslováquia pelas tropas alemãs. Por influência inglesa, a liquidação do BIS foi remetida para "o mais cedo possível", em vez de preceder o novo sistema económico internacional. Em resultado, funciona ainda hoje e tornou-se mesmo, até ao nascimento do Banco Central Europeu, o fórum dos governadores dos bancos comunitários.

[183] Como se verá depois (*infra*, 5.5.1.), a quota de cada país limita o montante dos financiamentos que pode receber do FMI. O valor das quotas determina também o montante de votos que cabem a cada país, à razão de 250 votos de base por país e mais um voto por cada 100 mil dólares (posteriormente 100 mil Direitos de Saque Especiais) de quota. Nos termos da Resolução aprovada em Abril de 2008 (cfr. *infra* 4.5 e 5.5) os votos base triplicarão (passando a caber 750 a cada participante, independentemente do capital subscrito, para contrabalançar a sua diluição resultante do crescimento do capital do FMI: de 11% no início tinham caído para apenas 2%).

torno de quatro condições: um valor máximo de oito mil milhões de dólares, dos quais a URSS devia ter 10%, cabendo à China o quarto lugar, e não podendo a soma agregada das posições da *Commonwealth* britânica exceder a dos Estados Unidos. A *«rather complicated formula»*[184] encontrada para dar satisfação a estas pretensões «tomava em conta 2% do rendimento nacional em 1940, mais 5% dos activos em ouro e em dólares em 1 de Julho de 1943, mais 10% da variação mais forte das exportações entre 1934 e 1938, mais 10% da média anual das importações durante o mesmo período»[185].

Graças à previsão de que o país membro que fixasse o valor da sua moeda em ouro ficaria desobrigado da manutenção da paridade da sua moeda em relação às restantes – incluída nos Estatutos do Fundo *«almost as an afterthought»* (Artigo IV-4 (b)) –, dos acordos de Bretton Woods resultou um *«assymmetrical exchange rate system in which the United States was responsible for the dollar price of gold and the other currencies were responsible for the dollar price of their currencies»*[186].

[184] Cohen (1991, p. 245).

[185] Em resultado da sua aplicação, o montante inicial excedia em 800 milhões de dólares o valor máximo desejado pelos EUA, cabendo a estes 2750 milhões (31,3%). Face à posterior não ratificação dos acordos por parte da URSS – que só no próprio dia de encerramento da conferência autorizara a sua delegação a assinar a acta final –, a quem foi oferecida a terceira posição no Fundo, com 1200 milhões de dólares (apenas menos 100 do que a Grã-Bretanha) o valor desceu para 7600 milhões de dólares, aumentando a percentagem da quota americana (36,2%). Cfr. Lelart (1997, p. 54). A fórmula usada na atribuição de novas posições no FMI foi sendo complementada (e corrigida) por outras fórmulas, não menos arrevezadas. Nos documentos oficias do Fundo aparece deste modo:
$Ql = (0{,}01Y + 0{,}025R + 0{,}05P + 0{,}2276VC)\ (1 + C/Y)$, em que:
Y = Produto Interno Bruto, a preços correntes, de um ano recente (último, antepenúltimo..., consoante os dados disponíveis).
R = média, para 12 meses, das reservas em ouro, divisas, DSE e posições de reserva no FMI para o ano escolhido.
P = média anual de pagamentos correntes (bens, serviços, rendimentos e transferências privadas) para um período recente de 5 anos.
C = média anual de receitas correntes (bens, serviços, rendimentos e transferências privadas) para um período recente de 5 anos.
VC = variabilidade das receitas correntes, definidas como o desvio padrão em relação à média móvel do quinquénio central para um período recente de 13 anos.
Só em 2008 os Governadores do FMI aprovaram uma nova (e única) fórmula para a determinação das quotas dos países membros (cfr. *infra*, p. 533, nota 1). Até aí, as inegáveis deficiências da fórmula original tinham sido remediadas através da junção de outras 4 fórmulas, sujeitas a "normalização", de modo a que:
For each of the four non-Bretton Woods formulas, quota calculations are multipied by an adjustement factor so that the sum of the calculations across members equals that derived from the Bretton Woods formula. The calculated quota of a member is the higher of the Bretton Woods calculation and the average of the lowest two of the remaining four calculations (after adjustement).

[186] Mundell (1995, p. 23).

2.2. A conferência de Savannah e o início das actividades

A Acta Final dos Acordos de Bretton Woods, com os resultados do labor das três comissões, foi aprovada e assinada no dia 22 de Julho, sob pressão[187], e devia ser ratificada até 31 de Dezembro de 1945. A sua entrada em vigor dependia de aquela abranger países que representassem, pelo menos, 65% das quotas. Ambas as condições foram preenchidas[188].

Uma vez que a Conferência de Bretton Woods não chegara a estabelecer regras de funcionamento para as duas instituições, ficara agendada uma nova conferência para o efeito, nos EUA. Teve lugar em Savannah, Geórgia, entre 8 e 18 de Março de 1946, e só nas vésperas do seu início foi divulgado que a intenção americana era estabelecer a sede de ambas as instituições em Washington e não em Nova Iorque, como era esperado[189].

[187] O hotel onde decorria a conferência tinha outros compromissos, de modo que no momento da assinatura não estavam sequer disponíveis os textos de todos os artigos na sua forma final. Isso contribuiu para o tardio diagnóstico de alguns problemas de interpretação, designadamente o do artigo VIII dos Estatutos do Fundo, que envolveu repetidas diligências britânicas e constituiu uma demorada fonte de preocupação para Keynes (cfr. Keynes, 1980b, pp. 113-185). Em Gold (1962, 1982, 1986, 1989) pode perceber-se porquê: a maioria dos casos que envolveram a aplicação dos Estatutos do Fundo em tribunais nacionais ou internacionais teve a ver com as suas disposições e constitui o tema central da maioria dos artigos aí publicados.

[188] Keynes foi nomeado para director-executivo do FMI e do BIRD em representação da Grã-Bretanha e White esteve indigitado para ser o primeiro director-geral do FMI, mas (certamente também por isso) o Governo americano acabou por considerar que a presidência do Banco era mais importante e que White não tinha o perfil adequado para esse lugar. Ironicamente, White – o principal arquitecto do que Cohen descreveu como «*an implicit bargain*» nos termos da qual «*America's allies acquiesced in a hegemonic system that accorded the United States special privileges to act abroad unilaterally to promote U.S. interests. The United States, in turn, condoned its elites use of the system to promote their economic prosperity, even if this happened to come largely at the expense of the United States*» (1991, pp. 248-249) e, portanto, do quadro da supremacia internacional americana – foi obrigado a responder perante o Comité de Actividades Anti-Americanas em 13 Agosto de 1948, tendo falecido a 16. Rees (1973) é a principal biografia de White e inclui a transcrição da comunicação rádio-televisiva do ex-Presidente Truman sobre o caso White, em Novembro de 1953, em sequência da revelação pelo *Attorney General*, de que White teria sido «um espião russo» (cfr. *infra* Banco Mundial, p. 562, nota I) e também a sua declaração de que quando nomeou White para director-executivo de ambas as instituições, numa altura em que já estava ao corrente da investigação do FBI sobre ele, o fez para evitar um "mal" maior "*it was originally planed that the United States would support Mr. White for the election to the top managerial position in the International Monetary Fund – that of managing director – a more important post than that of a member of the board of executive directors*" (Rees, 1973, p. 367).

[189] Tal decisão foi imputada ao *National Advisory Council*, criado pelo Congresso americano aquando da aprovação do *Bretton Woods Act* e formado pelos Secretários do Tesouro, do Comércio e de Estado e pelos presidentes do Conselho da Reserva Federal e do Banco de Exportações e Importações. Keynes nada pôde fazer para evitar uma tal decisão, mas de regresso a Inglaterra chegou a preparar a defesa do abandono do FMI e do BIRD. Persuadido a não o fazer para não pôr em risco o

Em 1 de Março de 1947 o Fundo Monetário Internacional iniciou as suas operações em Washington, no chamado triângulo federal, delimitado pela Casa Branca, o Departamento do Tesouro e o Gabinete dos Governadores da Reserva Federal[190].

3. O FMI e a evolução do sistema monetário internacional[191]

Nos termos do Artigo IV dos Estatutos do FMI, tal como aprovado em Bretton Woods, todos os países membros tinham a obrigação de colaborar com o Fundo na promoção da estabilidade cambial. Para tal previa-se a fixação de uma paridade oficial para cada moeda em *ouro ou em dólares americanos de peso e título em vigor a 1 de Julho de 1944*[192], paridade essa que só poderia ser excedida até mais ou menos 1% nos mercados cambiais. Previa-se igualmente que a estabilização da cotação de uma moeda em relação ao ouro – afinal, a sua convertibilidade em ouro à paridade fixada – a desobrigava da manutenção da margem de oscilação em relação às restantes[193]. Como cerca de 2/3 das reservas mundiais de ouro detidas pelos bancos centrais pertenciam, à época, aos Estados Unidos[194], só estes poderiam ter assumido, como fizeram em 10 de Dezembro de 1946, a obrigação de conversão da sua moeda em ouro – estabelecida à razão de 35 dólares por onça. Em consequência, a margem de oscilação de 1% do dólar em relação a cada uma das restantes moedas tornou-se encargo destas: os respectivos bancos centrais ficavam implicitamente obrigados a vender a sua moeda no mercado, comprando dólares (e, ou, a descer as suas taxas de juro, de forma a tornar menos atractiva a detenção de activos na sua moeda) quando ela se valorizava face ao dólar, e ficavam igualmente obrigados a comprar a sua moeda no mercado, vendendo dólares (e, ou, a subir as suas taxas de juro, de forma a tomar mais atractiva a detenção de activos na sua moeda) quando ela perdia valor face ao dólar[195].

empréstimo americano negociado entre Setembro e Dezembro de 1945, no valor de 3750 milhões de dólares, apresentou um relatório ambíguo sobre os resultados da conferência.

190 Keynes não participou nessa fase inicial: faleceu a 21 de Abril de 1946, vítima de doença de coração.

191 Para uma panorâmica da matéria deste ponto veja-se Eichengreen (1999, pp. 145-291).

192 Uma onça de ouro (31,1 gramas) valia 35 dólares, nos termos do *Gold Standard Act* de Janeiro de 1934.

193 A redacção inicial do referido Artigo IV pode ver-se em Meier (1974, pp. 35-37) ou em Horsefield (1969, Vol. III).

194 Em 1984 as reservas americanas de ouro representavam menos de 1/4 do total (cfr. Holland, 1994, p. 39).

195 Como Robert Mundell mostrou em 1969, num mercado com *n* países e moedas, não é possível existirem *n* taxas de câmbio independentes e, consequentemente, *n* políticas de câmbios indepen-

Um tal sistema de câmbios fixos obrigava os países membros a assegurar a convertibilidade da sua moeda perante os bancos centrais dos restantes países que a detivessem e, no decurso de transacções correntes, também perante quaisquer agentes económicos[196], e continha dois mecanismos de ajustamento: um geral – a possível valorização ou desvalorização do ouro (a ser inicialmente decidida por uma maioria simples que integrasse todos os países com, pelo menos, 10% do valor das quotas do Fundo e, a partir da 1ª Emenda dos Estatutos, só por 85% dos votos) – e outro singular – a alteração de paridade de uma moeda *«para corrigir um desequilíbrio fundamental»* (que, até ao limite acumulado de 10% não podia levantar objecções do Fundo, e que a partir desse valor carecia de acordo – a dar no prazo de três dias quando excedesse 20% e num prazo mais alargado acima de tal percentagem)[197].

O sistema contemplava, portanto, a *correcção de desequilíbrios de balanças de pagamentos* através de reajustes de paridades e a *obtenção,* a curto prazo, *de meios de pagamento sobre o exterior mercê da* possibilidade de converter a moeda nacional em divisas através do mecanismo dos *direitos de saque*[198]. O terceiro problema posto a todos os sistemas monetários internacionais – a *disponibilização de uma moeda internacional* – foi resolvido através do reconhecimento *de facto* desse estatuto ao dólar americano.

O Plano Marshall (1948-1952) contribuiu para o crescimento da liquidez internacional, disponibilizando dólares às economias europeias e aliviando o Fundo de tal missão[199]. A reabertura do mercado de capitais de Nova Iorque e

dentes. Com a generalidade dos países a estabilizarem o valor da sua moeda em relação ao dólar, comprando e vendendo dólares, era desnecessário que os EUA o fizessem – o *benign neglect* que o Artigo IV 4 (h) dos Estatutos originais permitia a quem fixasse o valor da sua moeda em ouro. Cfr. Kenen (1994, pp. 235-236) e, sobre a origem da expressão «negligência benigna», Volcker/Gyohten (1993, pp. 89-90).

[196] Os Estatutos do Fundo ressalvavam a possibilidade de se exercerem todos os controlos necessários à regularização dos movimentos internacionais de capitais desligados de transacções comerciais (Artigo VI) e previam a manutenção de restrições aos pagamentos e transferências respeitantes a tais transacções durante um «período de transição» de duração variável para os diferentes países (Artigo XIV).

[197] À parte uma desvalorização mais ou menos generalizada, desencadeada pela alteração da paridade da libra (em 1949) e pela necessidade de reajuste às condições do pós-guerra, de uma dupla desvalorização do franco (em 1957 e 1958) e da decisão do Canadá de deixar flutuar a sua moeda (entre 1950 e 1962), não houve alterações da paridade das moedas dos países desenvolvidos até ao fim do sistema de Bretton Woods.

[198] Sobre estes *drawing rights* normais, ver *infra,* 5.5.1.A.

[199] O primeiro saque do FMI (pela França) ocorreu em 8 de Maio de 1947. Em 1948, a França e a Grã-Bretanha repartiram os principais financiamentos. Em 1949 estes decaíram para cerca de 100 milhões de dólares, não tendo havido saques do FMI em 1950. Entre 1951 e 1955 os montantes

as despesas militares americanas (com bases permanentes e intervenções localizadas – guerras da Coreia e do Vietname) desempenharam o mesmo papel. Em Outubro de 1961, reflectindo o excesso de oferta de dólares, o preço do ouro no mercado londrino atingiu os 40 dólares/onça. Em Novembro seguinte iniciaram-se as intervenções disciplinadoras dos Estados Unidos e de outros sete países, através de vendas de ouro, dando origem à chamada *«pool do ouro»* que se manteve (com o abandono da França em 1967) até ao encerramento do mercado, em Março de 1968[200].

A reforma do sistema monetário internacional torna-se inadiável e surge a 1ª Emenda dos Estatutos do FMI.

Em 15 de Agosto de 1971, pressionado pelos crescentes pedidos de conversão de dólares em ouro por parte dos bancos centrais[201], pelo défice da balança de pagamentos[202] e pelos movimentos especulativos[203], o Presidente Nixon anuncia o fim da convertibilidade do dólar em ouro, pondo termo ao eixo do sistema de Bretton Woods – antes de a introdução dos Direitos de Saque Especiais poder contribuir para a sua salvaguarda[204]. Várias moedas

obtidos junto do Fundo ficaram abaixo dos 100 milhões de dólares/ano e beneficiaram apenas países em desenvolvimento. Entre 1947 e 1951 (um período equivalente ao do Plano Marshall) os saques sobre o FMI totalizaram 812 milhões de dólares, não muito mais do que os financiamentos do Banco Mundial – cfr. *infra,* p. 570, nota 1.

[200] A partir dessa data passou a existir um «duplo mercado do ouro»: por um lado, o governo americano continuava a comprar e a vender ouro aos bancos centrais dos restantes países a 35 dólares/onça, mas não para repor quantidades de ouro que tais bancos cedessem ao sector privado. Por outro lado, os países ainda ligados à *«pool do ouro»* anunciaram a sua intenção de deixar de adquirir ouro aos produtores e também de abandonar qualquer uso não puramente monetário para as suas reservas. Ao lado desse mercado «oficial» passava a existir um mercado «livre», em que a procura e a oferta de ouro regulava o seu preço.
Para uma *insiders view* sobre a *«Gold Pool»* e o seu fim, ver Solomon (1977, *maxime* pp. 114-127).

[201] Embora as reservas de dólares franceses – país que liderou o processo de conversão – tivessem diminuído brutalmente, em consequência da instabilidade económica resultante dos eventos do Maio de 68 (cfr. Pascallon, 1989, pp. 138-139).

[202] Só no primeiro trimestre de 1971 a balança de pagamentos americana registou um déficit superior ao défice anual de todos os anos anteriores e as previsões divulgadas apontavam para que no final do ano se registasse o primeiro défice da balança comercial americana desde 1893.

[203] A conversão de activos em dólares em outras moedas obrigou o *Bundesbank* a anunciar, em 10 de Maio de 1971, que deixaria flutuar o valor da sua moeda de acordo com a procura e a oferta; na véspera tinham tido de adquirir mil milhões de dólares no mercado para evitar a valorização do marco – mais ou menos a mesma quantidade que tiveram de comprar *na primeira hora de funcionamento do mercado* desse dia (cfr. Kenen, 1994, p. 236). Nos dias seguintes, o florim holandês seguiu o marco alemão, o xelim austríaco revalorizou-se 5% e o franco suíço 7%. Tais medidas levaram à antecipação de novas valorizações face ao dólar, aumentando a fuga à moeda americana.

[204] Mundell (1995, p. 23). Cfr. *infra* 4.1.

entram em flutuação. Após negociações bilaterais generalizadas que culminaram num encontro entre os Presidentes americano (Nixon) e francês (Pompidou) nos Açores, em 13-14 de Dezembro de 1971, celebra-se o Acordo Smithsoniano, em Washington, em 18 de Dezembro, alargando as margens de flutuação das paridades reajustadas para 2,25% para mais ou para menos em relação ao novo valor do dólar (38 dólares/onça)[205].

Considerando as margens de oscilação do novo sistema excessivamente alargadas (4,5% de afastamento instantâneo entre duas moedas, 9% de afastamento teórico em dois momentos diferentes) os países da Europa comunitária criaram, em 22 de Abril de 1972, uma zona de estabilidade cambial limitada, reduzindo para metade o afastamento máximo instantâneo entre as moedas participantes, um arranjo conhecido como «*a serpente dentro do túnel*» (do dólar). Em Fevereiro seguinte o dólar é forçado a nova desvalorização (42,22 dólares por onça de ouro) e a generalidade das moedas deixa de respeitar as margens de flutuação que o Acordo Smithsoniano lhes consentia em relação à paridade central comunicada, inaugurando o período do «*não-sistema*». Como se verá (*infra*, 4.2.), só em Abril de 1978 é que a 2ª Emenda aos Estatutos do FMI redefiniu as suas competências e desobrigou os Estados-membros da obrigação de manter a estabilidade cambial, muito embora o Directório Executivo do Fundo tivesse aprovado, em 13 de Junho de 1974, orientações para a gestão das taxas de câmbio flutuantes.

Os anos seguintes foram para o Fundo um «período turbulento»[206]: os Acordos do Plaza (22 de Setembro de 1985) para fazer baixar gradualmente o valor do dólar foram obtidos pelo G-5[207] e as decisões das questões mone-

[205] Para duas *insider's views* sobre esta sequência de eventos, cfr. Volcker/Gyohten (1993, *maxime* pp. 87-131). Ver também de Vries (1976, Vol, I, pp. 517-566) e James (1996, pp. 228-259).
Segundo Mundell (1995, p. 24) o Acordo Smithsoniano falhou por um erro de diagnóstico: «*the basic problem was an incorrect relationship between all currencies and gold, but it was treated as a problem between the dollar and other currencies.*»

[206] Williams (1994, p. 61), onde nota o falhanço do Fundo na prevenção do colapso do sistema de câmbios fixos cuja supervisão ditou o seu estabelecimento e o risco de extinção que chegou a correr como consequência da progressiva marginalização a que foi votado pelas intervenções do G-10. No mesmo sentido ver Mundell (1995, pp. 41-42). Sobre o G-10, cfr. *infra*, p. 515, nota 2.

[207] Alemanha, Estados Unidos, França, Grã-Bretanha e Japão. Sobre a sua origem no *Library Group*, reunido na Casa Branca (a 4), a convite do Secretário do Tesouro norte-americano George Shultz, ver James (1996, pp. 226-267). Quando, em 1974, dois dos seus membros (Giscard d'Estaing e Helmut Schmidt) se tornaram líderes dos seus países, transportaram para outro plano a anterior colaboração, dando origem ao G-7.

tárias internacionais transitaram progressivamente para o G-7[208] ou para instâncias regionais. A crise da dívida dos países do Terceiro Mundo, nos anos 80, o desmoronar das economias de direcção central na década de 90 e as crises financeiras na primeira década do Século XXI proporcionaram, porém, uma nova relevância ao Fundo. Também a criação do euro, num espaço que constitui o maior bloco económico e comercial do mundo, teve naturalmente implicações no sistema monetário internacional.

Nas palavras de um director-geral do FMI, Michel Camdessus[209], trata-se do *«most important»* e *«most promising monetary development in the post-Bretton Woods period»*, *«without precedent in the history of IMF»*[210].

Para além de implicações em relação à política geral a seguir, sendo de esperar que a existência de uma segunda moeda com expressão mundial constitua um factor de estabilidade[211], põem-se problemas de representação[212], em especial o problema de saber se os países participantes do euro deixam de ter participação própria e separada no FMI.

Trata-se de problema que não se levanta face ao que consta dos Estatutos, dispondo estes que a participação é por países. Mas para além disso tem sentido que assim aconteça, dado que, embora havendo uma política monetária única, continuam a caber a cada país a política orçamental e políticas de ajustamento em que o FMI está igualmente empenhado.

Aliás há já a experiência de o Luxemburgo participar separadamente da Bélgica, apesar da união monetária que os une, como não podia deixar de

[208] Os países referidos na nota anterior, mais a Itália, reunidos pela primeira vez a nível de chefes de Estado e de Governo em Rambouillet, em Novembro de 1975 e com o Canadá, a partir da Cimeira de Porto Rico, em Maio de 1976. Ver James (1996, pp. 269-270 e 278).

[209] Em funções entre 1987 e 2000, sucedendo a outro francês, Jacques de Larosière (1978-1987). Anteriormente tinham exercido as mesmas funções Ivan Roth, sueco (1951-1956), Camille Gutt, belga (1946-1951), Per Jacobsen, sueco (1956-1963), Pierre-Paul Schweitzer, francês (1963-1973) e H. Johannes Witteveen, holandês (1973-1978). A substituição de Camdessus, que deixou o Fundo em Fevereiro, foi rodeada de controvérsia e acrimónia, tendo levado à não eleição do candidato europeu primeiro apresentado (Caio Koch-Weser). Só em Maio de 2000 Horst Kohler, anterior presidente do BERD, iniciou funções como director-geral, abandonando-as abruptamente em 4 de Março de 2004 ao ser indigitado para a presidência da Alemanha. Sucedeu-lhe, em 7 de Junho desse ano, Rodrigo de Rato y Figaredo, espanhol, que também não terminou o mandato, cessando funções em 31 de Outubro de 2007. Desde essa data o director-geral do FMI é o francês Dominique Strauss-Khan. Cf. *infra*. Banco Mundial, p. 562, nota 1.

[210] Também citado por Maystadt (1997, p. 146), que aborda (prospectivamente) os reflexos da introdução do Euro nos DSE, na vigilância a exercer sobre os países da zona euro e no acesso destes ao financiamento do Fundo.

[211] Cfr. Porto (2009, p. 350).

[212] Thygesen (2000, pp. 50-51), Cavaco Silva (1999, pp. 76-77) e Porto (2009, pp. 503-506).

ser, tendo-se especialmente em conta a existência de situações orçamentais totalmente diferentes.

Face ao modo como estão estabelecidas as quotas haveria além disso uma perda de posição dos países Europeus. Não lhes conviria pois, também por isso, tentar promover uma alteração do que está disposto nos Estatutos. Não deixarão de qualquer modo de ter posições comuns conducentes a uma desejável estabilidade monetária mundial, podendo passar a beneficiar-se da existência de duas moedas de peso equivalente em termos internacionais (Porto, 1999) – o que implica uma recomposição dos DSE[213].

4. Alterações estatutárias

4.1. A primeira emenda dos Estatutos: os Direitos de Saque Especiais *(DSE)*

Na viragem da década de 50, Robert Triffin formulou o que ficou conhecido como *o dilema de Triffin*[214]: ou os Estados Unidos continuavam, através do défice da sua balança de pagamentos, a proporcionar o crescimento da liquidez mundial que alimentava o crescimento das transacções internacionais – e acabariam por provocar uma *crise de confiança* na sua moeda, face à inevitável insuficiência das reservas de ouro que era suposto assegurarem a sua conversão; ou travavam o défice da sua balança de pagamentos e, consequentemente, a expansão da liquidez mundial – e acabariam por provocar uma *crise de liquidez*. Se inicialmente o *problema dólar* fora este – o da sua insuficiência *(o dollar gap)* – podia bem transformar-se num problema de excesso *(o dollar glut)*.

Ciente disso, o Grupo dos Dez (G-10)[215] encetou, em 1963. a discussão dos diferentes planos de reforma monetária[216], acabando por endossar a proposta

[213] Cfr. *infra*, p. 517, nota 1. Em 1 de Janeiro de 1999 os quantitativos de marcos alemães e francos franceses que integravam o cabaz foram convertidos em euros à taxa de câmbio fixada pelo Conselho Europeu em 31 de Dezembro de 1998 (0,2280€ + 0,1239€). Em 1 de Janeiro de 1996 o quantitativo de dólares do cabaz (0,582) cor respondia a 39%, cabendo 21% ao marco (0,446), 18% ao iene (27,20), 11% ao franco (0,813) e outro tanto à libra inglesa (0,105).
Em 1 de Janeiro de 2001 esses quantitativos passaram para 0,577 USD (45%), 0,426€ (29%), 21,00 ienes (15%) e 0,098 libras (11%). A 1 de Janeiro de 2006, o dólar passou a ter um peso de 44%, o euro de 34% e o iene e a libra de 11% cada, voltando o cabaz a ser revisto em finais de 2010.

[214] Atribui-se normalmente ao seu livro de 1960 *Gold and the Dollar Crisis* a formulação do dilema, mas este reproduz artigos *e* tomadas de posição anteriores – designadamente um testemunho perante o *Joint Economic Committee*, em 28 de Outubro de 1959 – onde o diagnóstico já fora feito.

[215] O G-10 resultou de uma iniciativa de Robert V. Roosa, Sub-Secretário do Tesouro americano durante a administração Kennedy, no sentido de alargar os recursos que poderiam ser postos à disposição dos países. A Alemanha, a Bélgica, o Canadá, os Estados Unidos, a França, a Holanda, a Itália, o Japão, o Reino Unido e a Suécia comprometeram-se a disponibilizar, em condições de

da criação internacional de reservas que haveria de levar à criação dos *Special Drawing Rights*. Em 28 de Setembro de 1965, em comunicado emitido por ocasião da Assembleia do FMI, o G-10 defende «a criação deliberada de um instrumento de reserva» – criação que lhe fora, de facto, confiada e de que se encarrega o então presidente do *Bundesbank*, Otmar Emminger. O Conselho de Ministros do G-10, reunido em Haia entre 25 e 26 de Julho de 1966, aprova na generalidade o seu relatório, embora com reservas francesas. Na Assembleia do FMI que teve lugar em Setembro de 1967, no Rio de Janeiro, a criação de Direitos de Saque Especiais foi aprovada e, na sequência de idêntica aprovação pelo G-10 (29-30 de Março de 1968, em Estocolmo), em 31 de Maio de 1968, por voto por correspondência dos Governadores do FMI, os Estatutos do Fundo Monetário Internacional foram alterados pela primeira vez, entrando essa 1ª Emenda em vigor em 28 de Julho de 1969, quando 3/5 dos países com 4/5 dos votos confirmaram a sua aceitação[217].

mercado, pelo menos 100 milhões de dólares cada, no que ficou conhecido como *General Arrangements to Borrow;* e que, vencida a resistência inicial do FMI – que via no G-10 um directório paralelo, passaram a ser administrados pelo Fundo (cfr, *infra* 5.3).

[216] Em Outubro desse ano, à margem da Assembleia Anual do FMI, o G-10 decidiu empreender um exame aprofundado do sistema monetário internacional e especialmente das suas necessidades futuras de reservas e crédito. O comité formado para o efeito, dirigido por Roosa, nomeou um grupo de trabalho para o estudo da criação de um instrumento de reserva que analisou minuciosamente as diferentes propostas veiculadas. Uma descrição pormenorizada dos eventos que levaram à 1ª Emenda dos Estatutos do Fundo pode ver-se em Solomon (1977, pp. 63-85 e 129-150). Uma apreciação dos diferentes planos em debate pode ver-se em Machlup (1966, pp. 282-373).

[217] Além da criação dos DSE (Art. XV) a 1ª Emenda alterou o Art. V dos Estatutos para estabelecer a obrigação de o Fundo recorrer, na utilização dos seus recursos, a políticas específicas de auxílio aos membros com dificuldades de balança de pagamentos e a estabelecer garantias adequadas a tal utilização – o que constituiu consagração estatutária da prática da «condicionalidade» já antes adoptada e que se viria a reforçar ao longo de anos (cfr. Blardone, 1990, pp. 33-34 e 43-46, que enuncia «as doze regras da condicionalidade» fixadas em 1979 numa decisão do directório executivo. Sobre a evolução da condicionalidade – ligada a menos de 1/4 dos financiamentos do Fundo na 2ª metade da década de 70, e a 3/5 na 1ª metade da década de oitenta, continuando a expandir-se até ao final da década –, ver Boughton (2001), cap. 13 e James. 1996, pp. 322-328). Um tal reforço da condicionalidade ficou também a dever-se à alteração dos beneficiários do Fundo: se inicialmente se podia supor que as políticas destes se conformariam, nas suas grandes linhas, com as que seriam recomendadas pelo FMI, a partir de certa altura uma tal presunção deixou de ser possível até porque, com o fim do sistema de Bretton Woods, também aumentou a margem da sua actuação discricionária. Para uma visão da condicionalidade na perspectiva da *public choice,* veja-se Vaubel (1991) e Willett (2002). Ligando a condicionalidade à função de vigilância ver Guitián (1992) – cfr. *infra,* 5.5.3.
Em Setembro de 2002 o Directório Executivo do FMI aprovou as Linhas de Orientação sobre Condicionalidade, substituindo as fixadas em 1979. Os novos princípios enformadores da condicionalidade são: controlo nacional *(«ownership»),* parcimónia, adequação às circunstâncias *(«tailo-*

Em 1970 foram distribuídos 3,3 mil milhões de direitos de saque especiais e em 1971 e 1972 mais 3 mil milhões em cada ano[218]. Com o fim da *convertibilidade* do dólar (15 de Agosto de 1971) e o fim do sistema de câmbios fixos (princípios de 1973)[219] o papel dos DSE no sistema monetário internacional foi profundamente alterado, chegando o Comité dos Vinte (de que se falará a seguir) a propor, em 1974, que se tornassem o principal activo de reserva internacional. Apesar disso, antes da recente distribuição (cfr. *infra*, 4.4.) só no triénio de 1979-1981 voltou a haver emissão de DSE[220].

À altura da sua criação eram apenas uma forma de liquidez suplementar, atribuída aos Estados proporcionalmente à sua quota de subscrição no FMI,

ring»), coordenação com outras instituições e clareza – cfr. PDRD, 2001a. Em Março de 2005 foi divulgada a Revisão das Linhas de Orientação sobre Condicionalidade aprovadas em 2002. Os princípios anteriormente adoptados mantiveram-se tendo a condicionalidade transitado de áreas não nucleares para a gestão económica – nos programas a cargo do Mecanismo de Crescimento e Redução da Probreza (cfr. *infra* 5.5.1., p. 541) – e para as vulnerabilidades – nos programas financiados pela Conta de Recursos Gerais. O número de condições estruturais não declinou, mas a sua formulação tornou-se mais clara.
A garantia de que as condições fixadas (ou assumidas) são cumpridas é dada pela cedência gradual dos montantes envolvidos no financiamento, pela obrigação de adoptar *Acções Prévias* à aprovação do crédito, pela fixação de *Critérios de Perfomance, Alvos Indicativos*, ou *Padrões Estruturais (Structural benchmarks)*, e pela *Revisão do Programa*, que permite avaliar o cumprimento das metas estabelecidas ou re-ajustá-las em função da sua evolução.
Em 2007, o Gabinete de Avaliação Independente (cfr. *infra*, 5.2., *in fine*) procedeu a uma análise da condicionalidade estrutural aplicada aos programas do FMI e formulou um conjunto de recomendações discutidas no Directório Executivo em Maio de 2008. Sobre as outras alterações estatutárias introduzidas pela 1ª emenda ver de Vries (1976, Vol. I, pp. 253-260).

218 Sobre as razões destes montantes e do período de distribuição v. de Vries (1976, Vol. I, pp. 209-233). Portugal foi um dos únicos sete países do FMI que não aderiu então à chamada Conta dos Direitos de Saque Especiais. Sobre os DSE, cfr., por exemplo, Byrne (1985), Pascallon (1989, pp. 170-193) e Lelart (1995, pp. 32-59), Os DSE tinham um valor unitário igual ao dólar, igualdade que se manteve até 1974, passando então o seu valor a ser definido pelo cabaz de moedas dos países com mais de 1% das exportações mundiais – 16 países. Em 1978, apesar de esse número ter subido para 18, foi decidido proceder à substituição de moedas (da Dinamarca e África do Sul pelas da Arábia Saudita e Irão) sem aumentar o seu número e em 1981 restringiu-se a 5 o número de moedas do cabaz reponderando-se o peso de cada uma a cada cinco anos. Em Outubro de 2000 o método de selecção das moedas e de ponderação do seu peso relativo foi alterado para se ajustar à introdução do euro e ao papel crescente deste nos mercados financeiros internacionais: a partir de Janeiro de 2001 passou a incluir 4 moedas (dólar, euro, libra e iene), com o euro a tomar o lugar do marco e do franco, com um peso menor (à altura, já que tal depende das taxas de câmbio para o dólar, ao meio dia, no mercado de Londres) do que o que cabia à soma das duas moedas na primeira composição «restrita» do cabaz: 23% (contra 19%+13% em 1981). Cfr. *supra*, nota 4 da p. 514.

219 *Supra*, 3, p. 513.

220 Cerca de 4 mil milhões de DSE em cada um dos anos do triénio.

tendo a decisão de os emitir de ser aprovada por 85% dos votos. A sua mobilização fazia-se até ao limite do montante atribuído mas, caso no quinquénio terminado a cada trimestre civil excedesse 70% do montante global, o país em causa teria de proceder ao «reembolso» desse excesso[221].

A utilização dos DSE permitia obter moeda de outros países – desde que estes tivessem igualmente participado na sua emissão – mas apenas até ao ponto em que acumulassem por essa via uma quantidade escritural de DSE equivalente ao dobro da que lhes fora atribuída[222]. A nomeação dos países receptores de DSE – por troca da sua moeda ou de divisas – era feita pelo FMI e, uma vez que obrigava ao pagamento de juros em relação aos montantes que excedessem a parcela resultante da distribuição, era feita preferentemente de entre os países que tivessem anteriormente utilizado parte dos seus saldos de *DSE.*

4.2. O fim da estabilidade cambial e a Segunda Emenda

Perante o fim da convertibilidade do dólar em ouro, a Assembleia Anual do FMI, reunida em Washington em Outubro de 1971, encarregou o Directório Executivo de preparar um relatório sobre a reforma do sistema monetário internacional. Em Julho do ano seguinte foi decidida a constituição de um Comité da Assembleia dos Governadores para a Reforma do Sistema Monetário Internacional e Questões Conexas, cuja primeira reunião coincidiu com a Assembleia Anual do FMI em Setembro de 1972.

Esse Comité, conhecido por Comité dos Vinte[223], instituiu, por sua vez, um Comité de Suplentes para preparar um plano de reforma, cuja primeira

[221] Embora muito mais flexível do que uma obrigação de imobilização de 30% dos montantes atribuídos, obrigava a cálculos extremamente complicados. Em 1 de Janeiro de 1979 tal obrigação «de recomposição» foi reduzida para 15% e acabou por ser suprimida a partir de 30 de Abril de 1981.

[222] Eram as chamadas transacções «com designação». Além destas só eram inicialmente admitidas transacções «com o Fundo», isto é, mobilizações de DSE para cumprir obrigações com o FMI, e transacções «por acordo», isto é, troca de DSE por moeda com outro país membro – mas estas eram limitadas à recompra da moeda nacional detida por outro país e às operações que o Fundo autorizasse, em termos gerais ou casuisticamente. Em 1976, por decisão do Directório Executivo do Fundo, as transacções «por acordo» foram liberalizadas em quanto visassem restabelecer os montantes inicialmente distribuídos. A 2ª Emenda dos Estatutos tomou-as incondicionais.

[223] O Comité incluía um representante de cada país do G-10 (cfr. *supra,* nota 2 da p. 515) e dos seguintes países: Argentina, Austrália, Brasil, Etiópia, índia, Indonésia, Iraque, Marrocos, México e Zaire. Cada representante (a nível ministerial) nomeou dois associados e dois suplentes. A instituição do Comité de Suplentes transferiu para estes, que se reuniam de dois em dois meses, o trabalho essencial. Deste grupo faziam parte, designadamente, Paul Volcker (EUA), Otmar Emminger (RFA) – autor do relatório-base sobre a criação dos DSE – e Rinaldo Ossola (Itália) – que já liderara o grupo de trabalho constituído para o estudo da criação de um instrumento de reserva (cfr. *supra,* nota 3 da p. 515).

versão veio a ser apresentada em Setembro de 1973 na Assembleia Anual do Fundo, em Nairobi[224], e cuja versão final foi apresentada aos governadores do FMI dentro do prazo estabelecido de dois anos[225].

Face ao choque petrolífero, ao aumento da inflação em praticamente todas as economias e aos desequilíbrios das balanças de pagamentos, o Comité dos Vinte decidiu, em Janeiro de 1974, não levar por diante qualquer reforma proposta pelo Comité de Suplentes. Na Assembleia Anual do FMI, em Outubro desse ano, em Washington, foi decidido, sim, prolongar a experiência do Comité dos Vinte, criando um *Comité Intercalar* com idêntica composição, bem como um *Comité de Desenvolvimento*[226], aumentar as quotas (em média 32,5%, com alterações significativas nas detidas pelos países da OPEP e dos EUA, ficando estes com menos cerca de 20% da sua anterior posição), abolir o preço oficial do ouro (deixando funcionar o mercado) e reajustar as reservas de ouro do FMI[227].

Sobre a actividade do Comité dos Vinte e do seu Comité de Suplentes, ver Solomon (1977, pp. 235-266).

[224] Em Nairobi desenharam-se os pontos de acordo – substituição do ouro pelos Direitos de Saque Especiais (a origem da designação estava desfasada de conteúdo e remonta às pretensões francesas de ter nestes apenas um alargamento dos pré-existentes direitos de saque – que, como estes, deviam ser reembolsados); reforço das competências e capacidade de intervenção do FMI; definição de um sistema de câmbios relativamente fixos (com uma margem de oscilação para corrigir desequilíbrios transitórios e com a possibilidade de reajustes em função de critérios objectivos para fazer face a desequilíbrios estruturais) como objectivo ideal – e os pontos de desacordo. Em vista dos resultados, o Comité dos Vinte criou quatro grupos de trabalho, encarregues de estudarem quatro problemas: ajustamento da balança de pagamentos, convertibilidade, liquidez internacional e auxílio ao desenvolvimento.

[225] Para uma recolha de textos oficiais, de extractos das negociações e das tomadas de posição dos principais intervenientes até à Assembleia dos Governadores do FMI em 1973, veja-se Meier (1974, pp. 249-301) ou de Vries (1976, Vol. II).

As recomendações do Comité dos Vinte incluíam:

a) Criação de um «fundo petrolífero» financiado por oito países produtores de petróleo (Abu Dhabi, Canadá, Irão, Koweit, Líbia, Omã, Arábia Saudita e Venezuela) em favor dos países mais afectados pelo aumento dos preços do petróleo;

b) Alteração do valor dos DSE: em vez de calculado por referência ao ouro seria calculado por referência a um cabaz de moedas;

c) Criação de um fundo dentro do Fundo para auxílio ao desenvolvimento;

d) Estabelecimento de um código de conduta para a flutuação cambial;

e) Apelo aos países do FMI para não recorrerem a práticas discriminatórias;

f) Criação de um novo Comité, em Substituição do Comité dos Vinte;

g) Criação de uma comissão ministerial conjunta FMI/BIRD.

[226] Estas duas instâncias correspondem às propostas do Comité dos Vinte. Sobre elas, cfr., *infra*, 5.2.

[227] Para o efeito foi decidido conservar 2/3 das reservas de ouro como garantia das operações do FMI e dividir o restante (50 milhões) em duas partes iguais: uma a devolver aos países membros

É o Comité Intercalar que em reuniões sucessivas (Paris, 10-11 de Junho de 1975; Washington, 1-5 de Setembro; Kingston, 7-8 de Janeiro de 1976), articuladas com encontros de participação mais limitada (Alemanha, Estados Unidos, França, Itália, Japão e Reino Unido) e com reuniões do G-10 (Dezembro de 1975) prepara a segunda reforma dos Estatutos, que ficou conhecida como Acordos da Jamaica (por causa da reunião decisiva, em Kingston, onde o Directório Executivo do FMI ficou mandatado para redigir o texto do projecto da Segunda Emenda aos Estatutos até 31 de Março de 1976, de forma a submetê-la a aprovação dos Governadores do FMI até 30 de Abril seguinte, por voto por correspondência, em simultâneo com a sexta revisão geral de quotas)[228].

Em 1 de Abril de 1978, depois de ratificadas as alterações aos Estatutos do FMI por 3/5 dos membros (80 países) e representando aqueles 4/5 dos votos, as emendas entraram em vigor, legitimando-se *de jure* a liberdade de escolha de regimes cambiais – já existente na prática – atribuindo-se ao FMI poderes para a sua supervisão até que, por decisão tomada por 85% dos votos, se regressasse a um regime de estabilidade cambial generalizado, determinando-se a transformação da *gold tranche* em *reserve tranche* e o reajuste das reservas de ouro na posse do FMI[229], alargando-se o uso dos direitos de saque especiais[230], consagrando-se estatutariamente os arranjos de *stand by*[231] e fixando-se expressamente limites temporais para o reembolso dos empréstimos concebidos.

que o tinham entregue para subscrição da sua quota e outra a ser colocada no mercado para que da sua venda resultasse um fundo de auxílio aos países menos desenvolvidos.
Entre Dezembro de 1999 e Abril de 2000 o FMI vendeu 12,9 milhões de onças de ouro ao Brasil e ao México, ao preço de mercado, e recuperou-as, ao mesmo preço, como pagamento das dívidas daqueles países. A diferença entre o valor contabilístico do ouro transacionado e o seu preço de venda serviu para reforçar a participação do FMI na *Iniciativa Países Pobres Mais Endividados* – cfr. *infra*, Banco Mundial, p. 581, nota 1 –, mantendo intactas as suas reservas.

228 Sobre esta sucessão de eventos e o seu contexto, entre 1974 e 1976, e sobre as questões em discussão, ver Solomon (1977, pp. 302-338).

229 Cfr. *supra*, nota 3 da página anterior e Artigo III, Secção 3, dos Estatutos do Fundo.

230 Por um lado, liberalizando-se as transacções «por acordo» (cfr. *supra* nota 4 da p. 518), por outro prevendo-se a possibilidade de o Fundo determinar a utilização de DSE em utilizações «novas» e perante «entidades oficiais», em consonância com a «enfática afirmação, feita por duas vezes na revista versão do acordo do FMI, do objectivo de transformar o direito de saque especial no principal activo de reserva do sistema monetário internacional (artigos VIII, secção 7 e XXII)» (Pitta e Cunha, 1979, p. 8, n. 15).

231 Cfr. *infra*, nota 3 da p. 535.

4.3. A Terceira Emenda: sanção por incumprimento das obrigações dos Estados-membros

Comparada com as anteriores, a Terceira Emenda parece trivial: traduziu-se na possibilidade de suspender os direitos de voto, os direitos de saque e os restantes direitos dos países membros não cumpridores das suas obrigações financeiras para com o Fundo, e resultou de uma proposta do Comité Intercalar ao Directório Executivo, formulada em Maio de 1990, a par com a aprovação pelo mesmo comité de um aumento geral das quotas em 50%[232].

A entrada em vigor da subsequente revisão de quotas – a nona –, que as aumentou no montante acordado pelo Comité Intercalar, ficou dependente desta alteração, por imposição americana: as declarações de «inelegibilidade para a utilização dos recursos do Fundo», que desde 1985 eram a única forma de fazer face ao incumprimento reiterado das obrigações financeiras assumidas perante o FMI, revelavam-se insuficientes para inverter a tendência para não proceder ao reembolso dos empréstimos anteriormente obtidos. Uma vez que os empréstimos concedidos pelo Fundo a alguns países excediam manifestamente a sua capacidade para os pagar[233], a não adopção de outras medidas aumentaria o incentivo para que outros países cessassem os seus pagamentos[234]. Em Novembro de 1992 o Directório Executivo do FMI declarou que os

[232] Nona revisão, aprovada pela Assembleia de Governadores em 28 de Junho de 1990. Na Oitava (1983) o aumento foi de 47,5%. Na Sétima (1978), foi de 50,9%. Nas Sexta (1976), Quinta (1970) e Quarta (1965) houve aumentos entre os 30 e os 35%. Nas Primeira (1950), Segunda (1955), Terceira (1960), Décima (1995), Décima Segunda (2004) e Décima Terceira (2008), não foi decidido qualquer aumento. Até agora o maior aumento percentual (60,7%) ocorreu na revisão extraordinária de 1958-59. A Décima Primeira (1998) aumentou as quotas em 45%. Em 2001 houve uma revisão *ad hoc* para alterar a quota da República Popular da China, na sequência da integração de Hong-Kong (e Macau). A partir de 2008 as revisões *ad hoc* serão necessariamente incorporadas nas revisões quinquenais de quotas, que passam a ter como critério, não apenas o da adequação dos fundos do FMI à sua actividade, mas também a reposição de cada país na hierarquia do Fundo em função da sua evolução económica, tal como reflectida na nova fórmula de cálculo das quotas. A Décima Quarta revisão de quotas está neste momento em curso, tal como o pacote de reformas quanto a quotas, representação e financiamento, que foi aprovada pela Assembleia de Governadores do Fundo em Abril de 2008. (Sobre isso, v. 4.5.).

[233] Segundo Bakker (1996, p. 12), «*for twelve countries, among them Guyana, Mozambique, Nicaragua, Tanzania and Uganda, even if 90 per cent of their non-multilateral debt were forgiven their remaining debt ratio would be at an unsustainable level of over 200 per cent of annual exports of goods and services*» – cfr. também Vaubel (1991, p. 209).

[234] Apesar das novas sanções, o montante de pagamentos em dívida ao Fundo atingia cerca de 3 mil milhões de DSE em 1995.

requisitos para a Nona Revisão Geral das Quota[235] estavam preenchidos, após ter adoptado formalmente a terceira emenda aos estatutos[236].

4.4. A Quarta Emenda: equalização da distribuição de direitos de saque especiais

Em Setembro de 1997 a Assembleia de Governadores do FMI aprovou a quarta emenda aos Estatutos, alterando o seu Artigo XV e introduzindo um novo anexo (M) no sentido de proporcionar o nivelamento percentual de todos os participantes no Departamento de Direitos de Saque Especiais em 19 de Setembro de 1997, bem como de todos os que se tornaram membros posteriormente a essa data[237]. Tal alteração entrou em vigor em Agosto de 2009, quando os EUA ratificaram uma reforma que tinham travado durante uma década, e foi justificada, sobretudo, por razões de equidade, já que a alguns países nunca tinham sido distribuídos, gratuitamente, DSE[238], outros só tinham beneficiado de uma das emissões e outros, ainda, tinham visto diminuir acentuadamente a razão entre a quota subscrita e a atribuição de DSE.

Embora limitada ao mínimo denominador comum, tal alteração duplicou o montante de DSE emitidos, passando de um total de 21,43 para 42,87 mil milhões.

4.5. A futura Quinta Emenda: reforço da posição dos países em desenvolvimento e transição

Mais rápido desfecho deve ter a alteração estatutária pressuposta pela reforma conhecida por «*Quota and Voice*» e que culminou com a aprovação, em 28 de Abril de 2008, de um pacote de alterações institucionais[239]. Estas requerem

[235] Só com esta revisão de quotas é que o Reino Unido perdeu o seu lugar histórico de segundo maior subscritor do FMI, passando para o terceiro lugar *ex aequo* com a França. Na mesma ocasião o Japão passou para o segundo lugar transitoriamente *ex aequo* com a Alemanha. Os cinco directores-executivos nomeados dispõem actualmente (Abril de 2008) das seguintes percentagens de votos: 16,77% para os EUA (371 743 votos), 6,02% para o Japão (133 378 votos), 5,88% (130 332 votos) para a Alemanha, e 4,86% para a França, e outro tanto para o Reino Unido (107 635 votos cada).

[236] Até meados de 1998 o Directório Executivo do FMI discutiu uma eventual nova emenda para alargar as competências do Fundo à obtenção (e vigilância) da livre circulação de capitais. A evolução da situação internacional adiou-a *sine die*.

[237] Cada membro recebeu uma atribuição de DSE de forma a que a atribuição cumulativa líquida totalizasse 29,315 788 813% da sua quota.

[238] É o caso dos membros do FMI que aderiram posteriormente à última atribuição de DSE, em 1979-1981.

[239] Em grande medida tais alterações eram a concretização das linhas definidas na Assembleia de Governadores realizada em Singapura em Setembro de 2006 e foram aprovadas por 92,9% do

alterações estatutárias no triplicar de votos base (de 250 para 750), destinado a reforçar a posição dos Países de Baixos Rendimentos[240], na introdução da automaticidade da alteração das quotas e na nomeação de um 2º director-executivo adjunto para cada um dos directores-executivos que sejam eleitos por circunscrições eleitorais que agreguem maior número de países.

5. Organização e Funcionamento

5.1. Objectivos

O Artigo I dos Estatutos aprovados em Bretton Woods punha a cargo do FMI a promoção da cooperação internacional em assuntos monetários, o aumento do emprego e do rendimento real através da expansão e do equilíbrio do comércio internacional, a estabilidade cambial, a multilateralização do sistema de pagamentos (para transacções correntes), o seu financiamento temporário (sob salvaguardas adequadas) e o contributo para a correcção dos desajustes da balança de pagamentos. Tais objectivos declarados não mudaram, embora as funções do Fundo se tenham alterado profundamente:

- originariamente, o Fundo não tinha possibilidade de criar moeda: limitava-se a trocar por moedas internacionalmente aceites as moedas dos países membros. Depois da 1ª Emenda dos Estatutos o FMI deixou de ser um mero *posto de câmbio* para se tornar num verdadeiro *banco,* criando créditos sem contrapartida – os Direitos de Saque Especiais;
- originariamente, o Fundo fazia respeitar o compromisso de estabilidade cambial assumido por cada país-membro ao comunicar-lhe a paridade central da sua moeda face ao ouro ou ao dólar (com um desvio tolerado de 1%, para cima ou para baixo, e com procedimentos específicos para alteração dessa paridade). Depois da 2ª Emenda dos Estatutos, as actividades de «vigilância» do Fundo alargaram-se a toda a política cambial dos Estados-membros e às opções da política económica com implicações no valor da moeda: de árbitro de um *sistema de câmbios estáveis* passou a árbitro de um *sistema estável de câmbios;*
- originariamente, o Fundo prestava assistência financeira de curto prazo. Depois dos choques petrolíferos na década de 70 e da crise da

total de votos na Assembleia de Abril de 2008. Em Março de 2010 tinham recolhido a adesão final de 65 membros, representando 70% do total de votos necessários (são precisos pelo menos 112 membros e 85% do total de votos para entrar em vigor).

[240] Os votos base foram sendo diluídos em prejuízo dos países com menores participações no FMI. O objectivo é que passem a representar 5,502% da soma total de votos de todos os membros (cfr. supra, nota 2 da p. 505).

dívida na década de 80, passou *de uma intervenção conjuntural* a uma *intervenção estrutural,* alargando os mecanismos de financiamento e estendendo o seu prazo.

5.2. Orgânica

O Artigo XII do Estatutos do FMI prevê a existência de *uma Assembleia de Governadores,* de um *Directório Executivo* e de um *director-geral.* Admite também a constituição de um *Conselho* se, e quando, a Assembleia decidir (por maioria qualificada: 85% dos votos totais) dar execução às disposições do Anexo D.

A *Assembleia de Governadores* (ou Assembleia Geral do FMI, ou Assembleia Anual) é constituída pelos Ministros das Finanças ou pelos Governadores dos bancos centrais dos países participantes e reúne anualmente[241], duas vezes consecutivas em Washington e a terceira num outro país membro. Cabe-lhe deliberar sobre alterações aos Estatutos, aprovação e alteração de regulamentos[242], admissão de novos membros[243], aumento de quotas[244], atribuição de direitos de saque especiais[245], aprovação de contas de exercício (que decorre entre 1 de Maio e 30 de Abril seguinte), eleição dos directores executivos e fixação de remunerações. Cada país nomeia um governador e um suplente[246], que só pode votar na ausência do titular.

O *Directório Executivo* – normalmente designado entre nós por *Conselho de Administração* – é actualmente formado por vinte e quatro directores executivos[247], dos quais oito em representação de outros tantos países: os seis com

[241] A Assembleia Geral é organizada conjuntamente pelo FMI e pelo Banco Mundial.

[242] Referem-se à aprovação de regulamentos pela Assembleia de Governadores as alíneas *f)* e *g)* da Secção 2 do Artigo II dos Estatutos do Fundo.

[243] O FMI iniciou o seu funcionamento em 1 de Março de 1947, com 39 membros e conta actualmente com 187 membros – a quase totalidade dos países do mundo (as excepções mais notáveis são Cuba, Coreia do Norte e Taiwan – que cedeu o seu lugar à República Popular da China em 1980).

[244] Cfr. *supra,* nota 1 da p. 522. O artigo III dos Estatutos do FMI contempla uma revisão quinquenal das quotas dos membros por parte da Assembleia de Governadores, embora não necessariamente o seu reajuste, que, no entanto, passará a ocorrer a partir da entrada em vigor da Quinta Emenda aos Estatutos (*supra,* 4.5.).

[245] Cfr. *supra* 4.1. e 4.4.

[246] No caso português, o Governador e o Vice-Governador do Banco de Portugal. Em todo o caso, um ou mais membros da delegação de cada país à Assembleia podem ser designados governadores substitutos temporários.

[247] A cada ano par, o Directório Executivo tem de votar, por maioria de 85% dos votos, a manutenção da sua constituição: se (ou quando) essa maioria falhar, a sua formação reverterá para duas dezenas. Por outro lado, a recorrência das votações abre a possibilidade de se aumentar o número de directores-executivos e, também, de se fazer a consolidação da representação dos diferentes países do Euro (ou da EU) num único dírector-executivo (Cfr. *supra,* 3., *in fine*).

maiores quotas (EUA, Japão, Alemanha, Reino Unido, França e Arábia Saudita), a República Popular da China (o oitavo maior subscritor *ex aequo* com o Canadá) e a Rússia (o décimo)[248]. Os restantes dezasseis são eleitos por grupos de países, compreendendo estes um mínimo de quatro e um máximo de vinte e quatro países. O seu mandato é de dois anos, sem prejuízo de se determinarem outras formas de rotação no exercício do cargo. Cada director tem um substituto escolhido por si (no caso de administradores eleitos, geralmente de um outro país do grupo que o elegeu) e um conjunto de assessores. Os directores executivos reúnem formalmente pelo menos três vezes por semana e é a eles que compete controlar a gestão corrente do FMI.

O *director-geral*, tradicionalmente europeu[249], preside ao Directório Executivo, que o elege sob proposta de dois directores-executivos de entre os que o não sejam (nem sejam Governadores para efeitos da Assembleia Geral). Não tem direito de voto no Directório (excepto em caso de empate), nem naquela.

É a ele e aos seus adjuntos (desde 1994 há três lugares de *«deputy managing director»)*[250] que compete a condução diária da actividade do FMI[251].

Embora o *Conselho* previsto no Anexo D não tenha sido instituído, foi criado um *Comité Intercalar* na Assembleia de Governadores que teve lugar em Washington em 1974 e que resultou da institucionalização do já referido «Comité dos Vinte». Nele tomam parte os governadores designados por todos os países, ou grupos de países, que nomeiam ou elegem um director executivo e ainda um certo número de «associados», de forma a permitir uma participação mais alargada de Estados-membros nas reuniões, que têm lugar duas

[248] Note-se que só os cinco primeiros são nomeados, sendo considerados «eleitos» os directores executivos da Arábia Saudita – que ocupa um lugar no directório executivo desde 1978, ao abrigo da regra que permite aos dois membros com as maiores posições credoras perante o Fundo durante os dois anos anteriores dispor de um representante no directório executivo (cfr. Ray, 1992, p. 12) –, da República Popular da China e da Rússia.

[249] Fora esse o acordo não escrito de repartição de influência entre os americanos e ingleses saído de Bretton Woods (cfr. *supra*, nota 3 da p. 507).

Depois da recusa do candidato europeu inicialmente apresentado em 2000 (cfr. *supra*, nota 4 da p. 513) tal regime passou a concitar maior oposição, tendo o Directório Executivo decidido, em 12 de Julho de 2007, que os candidatos deveriam ser avaliados pelo seu mérito, e não pela sua nacionalidade.

[250] Um lugar de *deputy managing director* fora criado em 1949 e logo ocupado por um alto ex-funcionário do Tesouro norte-americano.

[251] Em Abril de 2008 tinha cerca de 2900 funcionários, de 143 nacionalidades, mas em resultado da reorganização interna promovida pelo seu director-geral Dominique Strauss-Kahn, 380 lugares teriam de ser extintos. Para facilitar esse processo foi prevista uma fase de rescisão voluntária e antecipação de reforma. Em 2010 eram apenas 2360, provenientes de 146 países.

vezes por ano. Cabe-lhe a formulação das orientações gerais do Fundo[252]. Em 30 de Setembro de 1999 o Directório Executivo aprovou a transformação deste Comité em *Comité Monetário e Financeiro Internacional,* reforçando o seu papel e prevendo explicitamente reuniões preparatórias das duas sessões anuais, a cargo dos próprios Governadores ou dos seus delegados.

Desde 1974, existe um *Comité Ministerial Conjunto dos Conselhos de Governadores do Banco* (Mundial) e *do Fundo* (Monetário Internacional) *Relativo à Transferência de Recursos Reais para os Países em Vias de Desenvolvimento,* abreviadamente designado *Comité de Desenvolvimento*[253], comum a ambas as instituições. Reúne duas vezes por ano e alargou a sua área de intervenção a questões ambientais e de comércio internacional. Desde Julho de 2001 existe também um Gabinete de Avaliação Independente (IEO – *Independent Evaluation Office),* criado em conexão directa com o Directório Executivo para complementar a avaliação feita internamente pelo Fundo[254].

5.3. Meios financeiros

O primeiro recurso do Fundo é resultante da subscrição e revisão (em princípio, quinquenal) das quotas dos países membros. Até 1978 tais subscrições ou aumentos faziam-se em ouro (1/4) e em moeda (3/4) nacional[255]. Após a 2ª Emenda dos Estatutos, passaram a ser subscritas, nas mesmas proporções, em Direitos de Saque Especiais ou moedas fortes, e em moeda nacional. A partir de meados da década de 70 procurou manter-se uma relação de 5% entre o montante global das quotas e o valor do comércio mundial[256].

[252] Sobre o nascimento e evolução do *Interin Committee* até finais de 1985 ver de Vries (1986, pp. 158-168).

[253] Cfr. *supra* p. 520. Nele têm assento os Ministros das Finanças *(«or other officials of comparable rank»)* dos países que nomeiam ou elegem um director executivo.

[254] O primeiro relatório do Gabinete – *Evaluation of Prolonged Use of IMF Resources* – foi publicado pelo FMI em 2002. Os relatórios estão disponíveis em www.imf.org/external/np/

[255] Como se viu *supra* nota 3 da página 520, parte das reservas de ouro do Fundo foi devolvida aos subscritores e parte vendida em benefício dos países em desenvolvimento, mantendo o Fundo o restante como reserva de solvabilidade: 103,4 milhões de onças de ouro. Em 8 de Abril de 2008, o Directório Executivo do Fundo deliberou proceder à venda de cerca de 12% dessas reservas (12,97 milhões de onças) (ou seja, 403,3 toneladas) no quadro das alterações ao seu modelo de funcionamento. Em Outubro e Novembro mais de metade desse valor foi adquirido pelos bancos centrais da Índia, das Ilhas Maurícias e do Sri Lanka. As vendas no mercado foram iniciadas em Fevereiro de 2010. (cfr. *infra,* 5.5.).

[256] Bakker (1996, p. 18). Entre 1950 e 1975 a relação do valor das quotas com o valor das importações mundiais anuais passou de 1/8 para cerca de 1/20 – Holland (cfr. 1994, p. 38). Sobre as anteriores revisões de quotas cfr. *supra* nota 1 da p. 522.

Em 1962 o Fundo «anexou» os *General Arrangements to Borrow*, criados pelo – e, de certa forma, criadores do – Grupo dos Dez[257] por forma a que as necessidades de financiamento junto do FMI, por parte de um ou mais destes países, não desequilibrassem a sua estrutura financeira.

Tais Acordos (GAB) passaram, em 1983, a poder beneficiar outros países, aumentando os montantes globais mobilizáveis para 17 mil milhões de DSE[258]. Na sequência da crise de pagamentos mexicana, a cimeira do G-7 de Junho de 1995 apelou à duplicação dos montantes então estabelecidos e assim, em 27 de Janeiro de 1997, o Directório Executivo do FMI aprovou os *New Arrangements to Borrow* (NAB), que passaram a constituir *«the first and principal recourse in the event of a need to provide supplementary resources to the IMF»*, nos termos dos quais 25 países se comprometeram, por um período de cinco anos contados a partir de 17 de Novembro de 1998, a disponibilizar, em condições de mercado, um total de 34 mil milhões de DSE, caso o FMI deles careça[259]. Em Fevereiro de 2003 o Banco Central do Chile juntou-se aos NAB e os acordos foram renovados em Novembro de 2003, por um período de cinco anos. Em Novembro de 2007 foram prolongados por mais 5 anos, contados a partir de Novembro de 2008. Nos termos de uma decisão do Directório Executivo de Abril de 2010, porém, os NAB foram alargados para 367,5 mil milhões de DSE, mais que duplicando os recursos ao dispor do FMI[260].

Durante os primeiros 30 anos de funcionamento o FMI só distribuiu financiamentos a partir dos seus recursos, mas a crise petrolífera de 1973, a multiplicação de *facilities* e a sua expansão bem para além do valor das quotas obrigou ao recurso ao crédito junto de um número limitado de países. Embora

[257] Cfr. *supra*, nota 2 da p. 515. Em 1964 a Suíça associou-se aos Acordos Gerais de Empréstimo, embora à altura não fosse ainda membro do FMI. Passou a participante dos GAB em 1984.

[258] A que se somavam mais mil e quinhentos milhões de DSE, disponibilizados pela Arábia Saudita ao abrigo de um acordo paralelo. A última renovação quinquenal dos GAB já assegurou a sua continuidade, a partir de Dezembro de 2008. Foram activados 10 vezes até Maio de 2008, a última das quais em Julho de 1998.

[259] Apesar de os NAB não tomarem o lugar dos GAB, o montante de financiamento de ambos não se adiciona: no total, a soma de recursos disponibilizada ao FMI em caso de necessidade não excederia os 34 mil milhões de DSE. Os NAB só foram activados uma vez: para financiar o Acordo de *stand by* com o Brasil, em Dezembro de 1998.

[260] Não apenas pelo aumento das verbas comprometidas pelos já signatários, mas também pela adesão de mais 13 países (incluindo Portugal). Em Abril de 2010, o equivalente em dólares era de 588,6 mil milhões, mas ainda dependia de duas condições: a primeira consiste na alteração do acordo original do NAB por parte dos nele intervenientes; a segunda consiste no cumprimento das formalidades jurídicas internas dos prospectivos novos financiadores potenciais.

admitido nos Estatutos, o recurso ao crédito nos mercados internacionais só recentemente foi posto em prática, em parte para não induzir alguns países membros a reduzir as suas contribuições para o Fundo, visto que passaria a existir a alternativa do recurso ao mercado, em parte para manter uma clara linha de demarcação do Banco Mundial, que a ele recorre.

5.4. Formas de intervenção

As formas de intervenção do Fundo e a panóplia de medidas à sua disposição foram-se alargando ao *longo* dos anos. Pode distinguir-se a intervenção *financeira* da intervenção *técnica*, sendo certo que uma e outra estão relacionadas e que parte dos financiamentos envolve uma componente «técnica» de aconselhamento ou mesmo de imposição de soluções que pode ser vista como uma versão extrema dos procedimentos de «vigilância» que constituem outra forma de intervenção do Fundo[261].

5.5. Desenvolvimentos recentes

Actualmente está em curso outra reforma a que decorre da concretização das recomendações do Relatório Crockett, consubstanciadas na decisão do Directório Executivo de vender o ouro recebido após a 2ª Emenda aos Estatutos[262] que se articula com outras que, no ínterim fizeram também o seu curso, designadamente as relacionadas com o novo quadro de financiamento (*supra*, 5.3.), o novo quadro orçamental e o aperfeiçoamento das actividades de supervisão (*infra*, 5.5.3)[263].

[261] Referindo-se às «*three main lines of activity*» do Fundo («*surveillance and analysis, lending, and technical assistance*»), ver Fisher (1995, pp. 174-179) e as publicações do Fundo.

[262] Cfr. *supra*, nota 4 da p. 528.

[263] Na mesma altura (Setembro de 2006) fora aprovada uma revisão *ad hoc* das quotas dos quatro países mais sub-representados em resultado da aplicação das fórmulas de cálculo então em vigor (cfr., *supra*, p. 506, nota 2): a República Popular da China, a Coreia do Sul, o México e a Turquia – cujo peso passou de 5,41% para 7,07% do total.

Na sua proposta de 28 de Março de 2008, o Directório Executivo recomendou um 2º *round* de revisão *ad hoc* de quotas, para os países mais sub-representados à luz dos novos critérios, nos seguintes termos: todos os que pudessem beneficiar de uma subida de quotas seriam elegíveis para a subscrever, mas tal subida seria feita de modo a que se *uniformizasse a proporção do afastamento entre o cálculo pré-Singapura e o cálculo resultante do novo método para todas as economias* (o que reconduziria a subida *ad hoc* prévia daquelas quatro economias a um movimento comum). A mais desse princípio geral aplicar-se-iam três outras condições: a da renúncia de alguns países desenvolvidos à realização dos aumentos que lhes coubessem (de modo a que descessem ao mesmo grau de sub-representação geral); a de um mínimo de aumento nominal de 40% para as economias que apresentem um PIB medido em PPC substancialmente superior (*ie:* superior a 75%) ao que servia

Em Maio de 2006 foi nomeado um Comité de Sábios *(Committee of Eminent Persons)* para analisar as receitas e os custos de funcionamento do FMI. O relatório final (designado com o nome do seu líder, Andrew Crockett, presidente do JP Morgan Chase International e antigo director-geral do Banco de Pagamentos Internacionais), entregue em 31 de Janeiro de 2007, desaconselhava a continuação da dependência das margens de intermediação na contracção e fornecimento de crédito para financiar tudo o mais: a vigilância bilateral e multilateral, a prevenção de crises, a investigação e a preparação de estatísticas, a assistência técnica e a acumulação de reservas. Sugeria, a mais da identificação de diferentes tipos de gastos (intermediação no crédito, provisão de bens públicos e serviços bilaterais), com a inerente ligação das responsabilidades pelos seus respectivos custos, a liberalização das decisões de investimento das suas reservas, a mobilização de fundos postos à disposição do FMI em investimentos dotados de liquidez e o recurso ao crédito com objectivo de o afectar a investimentos. Em alternativa, ou cumulativamente, recomendava a constituição de um fundo de investimento, eventualmente alimentado pela venda de ouro (rodeada dos necessários cuidados para não afectar o seu valor de mercado). A estratégia de diversificação de receitas foi adoptada pelo Directório Executivo do Fundo em Abril de 2008, com o aplauso do seu director-geral Dominique Strauss-Kahn.

A este reforço de receitas corresponde uma projectada redução de despesas de funcionamento de 14% até 2011 (de um orçamento de 922 milhões de US dólares em 2008 para um de 796 milhões em 2011).

O objectivo desta estratégia é recentrar o Fundo no apoio aos países de baixos rendimentos, reforçar a vigilância multilateral, afirmar a vigilância bilateral, aumentar a capacidade de intervenção e modernizar o Fundo. E, naturalmente, eliminar os défices de funcionamento que atingiriam 400 milhões de USD no ano económico de 2010 se nada fosse feito.

para os cálculos da quota pré-Singapura; e, atendendo à muito larga sub-representação da China, Coreia do Sul, México e Turquia, um aumento adicional mínimo de 15%. Parece ter prevalecido a ligação desse ajustamento ao decorrente do aumento de votos-base, pelo que essa nova fórmula só operará após a triplicação destes – que, por seu turno, depende do completar do processo de ratificação da emenda aos Estatutos do FMI –, ou, mesmo, só no quadro da próxima Revisão Geral de Quotas.

Da aplicação da nova fórmula de cálculo das quotas[264] decorrerá um aumento da quota de 54 países[265]. Da sua combinação com a triplificação de votos-base[266] vai resultar um reforço da posição de 135 dos 187 países participantes, com uma transferência do inerente poder de decisão[267]. No mesmo sentido de dar *Voz* aos países que mais recorrem ao Fundo, outras duas medidas foram igualmente adoptadas em 2006 pela Assembleia de Governadores:

- os votos-base passarão a crescer na medida do crescimento das quotas, de forma a atenuar a sua progressiva erosão;
- serão providenciados recursos adicionais aos directores executivos que sejam eleitos por (e, consequentemente, representem) mais de 19 países[268], alteração cuja expressão máxima será a nomeação de um segundo director-executivo substituto (por cada)[269].

[264] *Supra,* p. 506 e nota 2 dessa página já se referiram as anteriores fórmulas. A nova fórmula é a seguinte:
CQS = (0.5* Y *0,3* O + 0,15* V + 0,05* R)K
Em que CQS *(Calculaled Quota Share)* poderia ser traduzido por *Parcela Compulada da Quotae.*
Y = média do PIB para três anos, calculada em termos de taxas de câmbio de mercado (com um peso de 60%) e em termos de paridades de Poder de Compra (com peso de 40%).
O = média anual da soma dos pagamentos e das receitas correntes (bens, serviços, rendimentos e transferências) num período de 5 anos.
V = variabilidade das receitas correntes e dos fluxos líquidos de capitais (medida como o desvio padrão da tendência do período central de três anos num período de 13 anos).
R = média anual das reservas oficiais (divisas, DSE, posição de reserva no Fundo e ouro).
K = factor de compressão de 0,95. Este factor é aplicado às parcelas de quotas calculadas sem compressão, que são re-escaladas de modo a obter-se a soma de 100.

[265] A variação agregada das quotas desses 54 membros é de 4,9%, mas a Coreia do Sul tem uma variação de 106%, Singapura 63%. Turquia 51%, República Popular da China 50% e Índia, México e Brasil 40% cada. Mesmo assim, tais países ainda ficam tão sub-representados que, numa segunda ronda, terão de beneficiar de um aumento de 15%.

[266] Como já referido *supra,* p. 505, nota 2, os votos-base, que serão atribuídos a cada participante independentemente do capital subscrito, passam de 250 para 750.

[267] Eventualmente potenciada pela não subscrição integral do aumento de quota a que diversos países desenvolvidos teriam direito. A Alemanha, a Irlanda, a Itália, o Japão e os Estados Unidos teriam dado já o seu acordo a não subscrever na totalidade o aumento de posição que lhes venha a ser atribuído.

[268] É o caso dos dois directores executivos que representam países africanos.

[269] Estas medidas têm sobretudo impacto no re-equilíbrio do poder das instâncias de decisão do Fundo e – embora tenham suscitado muitas críticas, por serem excessivamente moderadas –, acabaram por recolher o consenso como um primeiro passo na necessária evolução do FMI no sentido da valorização da participação das economias mais dinâmicas (através da simplificação e alteração da fórmula de cálculo da quota de cada país e da sua ligação às revisões quinquenais) e da travagem da erosão da influência dos países de menor dimensão (através do reforço dos votos-

5.5.1. Tipos de financiamento

Dentro dos mecanismos financeiros é possível distinguir mecanismos especializados quanto aos destinatários ou quanto à natureza da causa do desequilíbrio a corrigir – dos mecanismos gerais ou comuns, que não excluem quaisquer destinatários ou qualquer origem dos problemas de balança de pagamentos que levam o Estado-membro a recorrer ao Fundo, e que estão sujeitos ao pagamento de um juro de mercado *(basic rate)*, calculado a partir de instrumentos financeiros de curto prazo dos 5 países cujas moedas integram os DSE[270].

A) Os mecanismos financeiros de base, ou ordinários, incluem hoje a *tranche-reserva, as tranches* de crédito, os acordos de *stand by* e os mecanismos alargados de crédito.

- As *tranches* correspondem cada uma a 1/4 da quota subscrita por um país, designando-se a primeira por *tranche-ouro*[271] (actualmente dita *tranche-reserva,* de utilização incondicionada e não sujeita a reposição) e as restantes por tranches-crédito, de acesso mais exigente[272].

-base e da sua oscilação com os futuros aumentos de quota, e também mediante o reforço de meios afectos aos dois administradores-executivos eleitos pelos países africanos).

[270] Em cada ano (o ano económico do FMI vai de 1 de Maio a 30 de Abril seguinte) é fixado um coeficiente de majoração da taxa de juro dos DSE, que é calculada semanalmente. Nos acordos de *stand by,* no mecanismo alargado de crédito e no mecanismo suplementar de reserva acresce o pagamento de uma sobretaxa. Neste último caso pode ser fixada entre 3% e 5%, e sobe meio ponto percentual ao fim do primeiro ano e, depois, a cada seis meses, para incentivar o reembolso antecipado. Nos primeiros dois casos a variação da sobretaxa depende dos montantes em dívida: é de 1% acima dos 200% da quota e de 2% acima dos 300%.
Sobre a comissão de serviço cfr. nota 1 da p. 536.

[271] Por corresponder à parcela da quota de cada país inicialmente subscrita em ouro (25%, com o limite de 10% das reservas de ouro do país aderente). Com a substituição da obrigação original de subscrição desse quantitativo em ouro por igual parcela de Direitos de Saque Especiais ou moeda forte, introduzida em 1978, perdeu tal designação.
Ao contrário do que acontece nas *tranches-crédito,* a mobilização da tranche-reserva é automática e não está sujeita ao pagamento de comissões ou juro. Também se designa *tranche-reserva o* quantitativo em que a quota de cada país excede os activos do FMI na sua moeda. Essa parcela é livremente mobilizável desde que a sua balança de pagamentos se apresente deficitária. Designa-se, por vezes, por *«super-gold tranche»* a parcela da quota de um país subscrita na sua moeda nacional e cedida pelo FMI a outro país membro, a troco da moeda deste: cfr. Cohen (1991, p. 245).

[272] O recurso à primeira *tranche-crédito* exige um programa envolvendo «um esforço razoável de reajustamento» enquanto que o recurso às restantes (ditas *«upper credit tranches»)* já está associado à celebração de um *acordo* de *stand by* ou a um mecanismo alargado de crédito, ficando dependentes os saques dos montantes acordados do cumprimento dos créditos de comportamento *(performance)* estabelecidos.

- Os acordos de *stand by*, introduzidos na década de 50 mas só referidos nos Estatutos do Fundo a partir da 2ª Emenda (1978)[273], foram inicialmente concebidos como uma forma de apoio a políticas de estabilização conjuntural de muito curto prazo (a duração dos acordos era, até 1953, de apenas 6 meses) baseada nas *tranches-crédiio.* Posteriormente viram o prazo de acesso aos fundos alargado (actualmente, de 12 a 24 meses, em regra) e reforçados os quantitativos envolvidos através dos mecanismos alargados de crédito que podem atingir 200% do valor da quota por ano até um máximo de 600%. O reembolso deve ter lugar no prazo de 27 meses a 4 anos[274], sendo devidas comissões – tanto pelos montantes efectivamente utilizados como pelos unicamente imobilizados[275].
- O mecanismo alargado de crédito *(extended fund facility)*[276] foi disponibilizado pelo Fundo a partir de Setembro de 1974 para auxiliar países em dificuldades a resolver problemas estruturais da sua economia. Permitia o alargamento do prazo de disponibilidade de fundos (3 anos), do prazo de reembolso (entre 4 e 8 anos – posteriormente convertidos para 4, 5 e 7) e dos montantes obtidos (que, cumulados com os acordos de *stand by*, podiam atingir 165% da quota de cada país). Ficou sujeito a um regime de condicionalidade e vigilância reforçadas. Ainda vigora, sendo especialmente adequado aos países que deixam de ter acesso ao mecanismo de crescimento e redução da pobreza.

[273] Definidos na alínea *b)* do Artigo XXX como «a decisão do Fundo segundo a qual se assegura a um membro o direito de poder efectuar compras à conta «Recursos Gerais», de acordo com os termos da decisão, durante um determinado período e até uma dada importância». Mais do que um financiamento, os acordos de *stand by* são uma forma de lhe ter acesso.

[274] Desde Novembro de 2000 está em vigor a distinção entre *«obligation schedule»* e *«expectation schedule»*, excepto para a assistência de emergência e para o mecanismo de crescimento e de redução de pobreza. Como é suposto que os empréstimos sejam liquidados no «prazo esperado» devendo o país impossibilitado de o fazer pedir ao Directório Executivo a sua extensão até ao termo do «prazo obrigatório», indicaremos o primeiro. Se considerássemos o segundo, a duração dos acordos de *stand by* oscilaria entre 39 meses e 5 anos.

[275] Todas as operações financiadas pelos Recursos Gerais do Fundo pagam uma comissão de serviço de meio ponto percentual. Se não tiver havido utilização efectiva dos financiamentos disponibilizados (*v. g.* no quadro de um acordo de *stand by*) é devida apenas uma comissão de imobilização de 0,25% ao ano até 100% da quota e de 0,1% para valores superiores, cobrada em todas as operações, mas devolvida nas concretizadas.

[276] A tradução de *facility* por «mecanismo» não é ideal, mas havendo uma *«facility»* designada *«mechanisn»* fica mais justificada.

O mecanismo de financiamento suplementar *(suplementary financing facility)* vigorou entre 1979 e 1982 e permitia o acesso a montantes que excediam os que resultavam dos limites da quota parte dos Estados-membros, tornados insuficientes face à dimensão dos desequilíbrios das balanças de pagamentos. Esgotados, a partir de 1981, os fundos obtidos por empréstimos junto dos países excedentários, o Fundo adoptou uma política de acesso alargado *(policy of enlarged access)* aos recursos do Fundo, de forma a continuar a proporcionar aos países-membros acesso a montantes suplementares – isto é, para além dos que resultariam das *tranches* de crédito e dos mecanismos alargados de crédito – no quadro dos acordos de *stand by* que os disponibilizassem, condicionalmente e sob a vigilância do Fundo. Teve início em Maio de 1981 e cessou em Novembro de 1992 com a entrada em vigor da Nona Revisão Geral de Quotas.

B) Os mecanismos especiais são de dois tipos: *a)* criados para fazer face a um problema específico ou *b)*, criados para financiar um certo tipo de países.

a) Mecanismos com fins específicos:

Os mecanismos de financiamento compensatório *(compensatory financing facilities)* visaram atenuar os efeitos negativos das flutuações económicas em países muito dependentes de receitas sujeitas a variações cíclicas[277]. O reembolso devia ter lugar entre 27 meses e 4 anos.

- Os mecanismos de financiamento compensatório e de imprevistos *(compensatory and contingency financing facilities)* são uma versão intermédia dos anteriores mecanismos. Introduzidos em Agosto de 1988 permitiam, ao contrário dos anteriores, que só funcionavam *a posteriori*, preparar as economias para uma eventual variação das condições que afectassem as suas exportações, pondo em risco as suas receitas, permitindo igualmente financiar a manutenção de programas de ajustamento em curso perturbados por choques externos. A partir de Fevereiro de 2000 o elemento de financiamento de imprevistos *(contingency)* deixou de poder ser utilizado regressando-se, neste ponto, ao modelo inicial.

[277] Assim, em 1963 foram criados apoios para fazer face à quebra de preços internacionais de bens, em 1979 para fazer face à quebra das remessas dos emigrantes e das receitas de serviços (viagens e turismo, designadamente) e em 1981 para fazer face à alta do preço dos cereais. Em Novembro de 1990 o Directório Executivo aprovou uma expansão temporária dos mecanismos de financiamento em benefício dos países afectados pela crise no Médio Oriente. Sobre os contornos e evolução dos mecanismos de financiamento compensatório veja-se Cheney/Everaert (1994).

- O mecanismo de financiamento de *stocks* reguladores *(buffer stock financing factlity)* foi introduzido em 1969 para financiar as obrigações de aprovisionamento no quadro dos acordos de estabilização de preços. Foi eliminado em Fevereiro de 2000 depois de um longo período de não utilização.
- Os mecanismos petrolíferos *(oil facilities)* foram criados com empréstimos do FMI junto dos países exportadores de petróleo para ajudar os países importadores a lidar com os desequilíbrios da sua balança de pagamentos resultantes do choque petrolífero de 1973. Funcionaram entre Setembro de 1974 e Maio de 1976 em benefício de 55 países (entre os quais Portugal).
- O mecanismo de transformação sistémica *(systemic transformation facility)* foi criado, com carácter temporário (até Abril de 1995), em Abril de 1993, para proporcionar assistência financeira aos países em transição com problemas de balança de pagamentos em resultado da alteração da natureza dos seus fluxos comerciais (enquanto membros do bloco socialista, a parte mais significativa das suas transacções fazia-se a preços administrados, entretanto convertidos em preços de mercado). Devia ser liquidado pelos países beneficiários num prazo compreendido entre 4,5 e 10 anos.
- Os fundos de apoio à estabilização cambial *(support for currency stabilization funds)* foram concebidos em Setembro de 1995 no âmbito de acordos de *stand by* ou do mecanismo alargado de crédito de forma a, durante um período transitório e preenchidas certas condições, credibilizar a estratégia cambial adoptada pelo país beneficiário. No âmbito da revisão das formas de financiamento do FMI foram suprimidos em Abril de 2000.
- O mecanismo de financiamento de emergência *(emergency financing mechanhism)* foi igualmente criado pelo Directório Executivo em Setembro de 1995 para permitir uma resposta pronta do FMI sem prejuízo da condicionalidade de apoio. Foi usado 4 vezes em 1997 e uma em 1998. Como os acordos de *stand by,* designa um procedimento.
- A assistência de emergência *(emergency assistance)* começou por ser disponibilizada aos países abalados por catástrofes naturais, traduzindo-se numa imediata disponibilização de 25% da quota do país atingido até lhe ser possível estabelecer um acordo com o FMI. Em Outubro de 1995 o Directório Executivo resolveu alargá-la a situações bem definidas de pós-guerra. O prazo de pagamento pode variar entre 39 meses e 5 anos.
- O mecanismo suplementar de reserva *(supplemental reserve facility)* visa fazer face a dificuldades excepcionais de balança de pagamentos decor-

rentes de quebras abruptas de confiança no mercado. Sendo tais problemas de curto prazo, o reembolso faz-se entre 2 anos e 2 anos e meio. Foi criado em Dezembro de 1997.

- Em 23 de Abril de 1999 o Directório Executivo do Fundo decidiu instituir, por um prazo inicial de dois anos, linhas de crédito de contingência *(contingent credit lines)* para permitir que os países que conduzissem políticas económicas consideradas adequadas – traduzidas, designadamente, numa avaliação positiva ao abrigo do Artigo IV – escapassem ao contágio de problemas financeiros alheios. Salvo circunstâncias excepcionais tal crédito «preventivo» oscilaria entre 300 e 500% da quota do beneficiário, constituindo uma extensão do mecanismo suplementar de reserva, e como ele sujeito a uma sobretaxa de 3,5 a 5% acima da taxa de juro normal das operações «activas» do Fundo em função da duração do empréstimo. Em 2000 o acesso a este mecanismo foi simplificado, mas continuou por utilizar até 2003, expirando em Novembro desse ano por não ter obtido os 85% de votos necessários para a sua renovação por um período adicional.
- Em Abril de 2004 foi criado um novo quadro de intervenção para os financiamentos disponíveis: o Mecanismo de Integração no Comércio *(Trade Integration Mechanism)*, destinado a ajudar países que sofram desequilíbrios nas suas balanças de pagamentos em resultado da liberalização comercial resultante da desmobilização pautal promovida pela Organização Mundial Comércio ou por esquemas de integração regional, da extinção de quotas do Acordo Multifibras, ou da supressão de subsídios agrícolas (com a ressalva de que não cobre efeitos da liberalização comercial «própria», e resultante da supressão ou redução das suas barreiras comerciais). Permite o mais rápido e fácil acesso a mais fundos de mecanismos em utilização, ou o acesso a outros, e pode ser acedido com base numa previsão de evolução da balança de pagamentos (e não apenas após a deterioração desta).

b) Mecanismos selectivos ou não sujeitos ao princípio da uniformidade[278].

- Entre 1975 e 1984 o Fundo geriu um montante de 116 milhões de direitos de saque especiais, obtido junto dos países da Organização dos Paí-

[278] Além do princípio da *uniformidade de tratamento* é corrente imputar ao FMI outros três princípios operacionais: o da *universalidade*, segundo o qual o FMI é uma organização aberta a *todos os* países; o da *neutralidade*, segundo o qual o FMI não toma partido por qualquer país ou grupo de países, devendo procurar sempre o equilíbrio entre os interesses nacionais e os da comunidade internacional no seu todo; e o *da flexibilidade*, ou sensibilidade para atender às especificidades de cada membro.

ses Exportadores de Petróleo, destinado a auxiliar os países que, sendo obrigados a recorrer aos mecanismos petrolíferos, tivessem maiores dificuldades em fazer face às taxas de juro de tais mecanismos.

- Em Dezembro de 1980, o Fundo abriu, em benefício dos países mais pobres, uma conta de bonificação do mecanismo de financiamento suplementar, com 750 milhões de direitos de saque especiais, destinada a cobrir a diferença entre os encargos normalmente cobrados pelo Fundo e os juros de mercado a que eram cedidos os montantes disponibilizados pelo mecanismo de financiamento suplementar.
- Entre Maio de 1976 e Março de 1981 o Fundo usou os montantes obtidos pela venda de parte dos seus *stocks* de ouro e afectos a um «fundo de desenvolvimento» para fornecer uma ajuda especial aos países em vias de desenvolvimento com programas de ajustamento no quadro de um acordo *ad hoc*. Esgotados tais montantes em 1983, foi possível, no entanto, criar um «Mecanismo de ajustamento estrutural» essencialmente com o reembolso dos montantes emprestados (2,2 mil milhões de direitos de saque especiais).
- O mecanismo de ajustamento estrutural *(structural adjustment facility)* foi criado em Março de 1986 em benefício dos países mais pobres de entre os Países Menos Avançados (na classificação do Banco Mundial) – e também da República Popular da China e da Índia[279] tendo estes anunciado a intenção de não fazer uso deste mecanismo – deixando um universo de 61 menos 2 países como potenciais beneficiários. O objectivo deste mecanismo – que permitia a obtenção de um montante igual a 70% da sua quota ao longo de três anos (20% no primeiro, 30% no segundo e 20% no terceiro), a uma taxa de juro de 0,5% e com um prazo de reembolso entre 5 anos e meio e 10 anos – era auxiliar os países beneficiários a resolver os seus problemas de balança de pagamentos pondo em execução «programas quadro de política económica» *(policy framework papers)*, elaborados pelos decisores de política económica nacionais assistidos por missões do FMI e do Banco Mundial, com objectivos quantitativos e qualitativos para um período de três anos. Terminou em Dezembro de 1995, tendo sido gasto um total de 1,8 mil milhões de DSE durante a sua vigência.
- O mecanismo de ajustamento estrutural reforçado *(enhanced structural adjustment facility)* foi criado em Dezembro de 1987 com recurso a

[279] Afinal, o conjunto de países que se qualificam para receber fundos da Associação Internacional para o Desenvolvimento (cfr. *infra*, Capítulo II, 8.2).

empréstimos, a taxas reduzidas, junto dos países mais ricos, que permitiram disponibilizar 6 mil milhões de direitos de saque especiais em benefício dos mesmos países que eram elegíveis para receber financiamento do mecanismo de ajustamento estrutural[280]. Os objectivos deste mecanismo são os mesmos daquele, somando-se os seus recursos (um total de 8,7 mil milhões de direitos de saque especiais) e mantendo-se as condições, excepto no que respeita aos limites de recurso a um e outro – neste caso, de 140% (185% em casos limite) da quota do país beneficiário tal como resultante da 11ª Revisão Geral de Quotas – e distinguindo-se também pelo reforço da vigilância e condicionalidade no uso dos montantes disponibilizados através deste mecanismo[281]. Em Fevereiro de 1994 começou a funcionar a nova versão, renovada e alargada, deste mecanismo, a que tinham acesso 80 países.
Os fundos usados para financiar o ESAF eram administrados pelo FMI, à margem dos seus recursos gerais, num fundo próprio.

– Em 1999, o ESAF deu lugar ao Mecanismo de Crescimento e Redução da Pobreza *(Poverty Reduction and Growth Facility)* para tornar centrais esses objectivos nos financiamentos do FMI a países de baixos rendimentos. Os empréstimos continuam sujeitos às mesmas condições de juro e duração dos mecanismos de ajustamento estrutural e aos limites do mecanismo de ajustamento estrutural reforçado, embora haja uma diferenciação consoante se trate da primeira vez que se acede a tal financiamento, ou das seguintes (caso em que o montante disponibilizado no primeiro triénio vai diminuindo) mas diferem de uns e outros pela sua maior participação pública, controlo nacional, e maior ênfase na pobreza e nos impactos sociais das medidas a adoptar, sendo articulados em função do Relatório Estratégico de Redução de Pobreza *(Poverty Reduction Strategic Paper)* preparado pelos governos nacionais com participação da sociedade civil e dos parceiros de desenvolvimento incluindo o Banco Mundial.
Através de um fundo administrado peio FMI – o PRG *Trust* – são obtidos fundos às taxas de mercado, sendo o diferencial entre essas e a que é cobrada aos beneficiários (0,5%) suportada pelos recursos do FMI e por dadores nacionais ou institucionais.

[280] Em Abril de 1992, mais 11 países de baixos rendimentos passaram a ser elegíveis para esse efeito, elevando para 72 o número dos potenciais beneficiários deste mecanismo.

[281] Sobre estes dois últimos mecanismos, ditos *«administred facilities»*, cfr. Landell-Mills (1992), Holland (1996, pp. 123-124) e Andrews (1998). Sobre os diversos mecanismos de apoio financeiro, cfr. Labisa (1995, pp. 89-96).

Em Agosto de 2007 havia 78 países[282] elegíveis para financiamento deste mecanismo, de acordo com os critérios de acesso a financiamentos da Agência Internacional de Desenvolvimento[283].

- Desde Janeiro de 2010, o mecanismo Alargado do Crédito *(Extended Credit Facility)* substitui o anterior Mecanismo de Crescimento e Redução da Pobreza. É isento de juros, tem um período de graça de 5 anos e meio e uma duração de 10.
- Em Novembro de 2005 o Directório Executivo do FMI aprovou a constituição de um Mecanismo de Choques Exógenos *(Exogenous Schocks Facility)* no quadro do PRGF *Trust*. São considerados "choques exógenos" todos os eventos com impacto significativo na economia de um país que escapam ao controle do seu governo, sejam alterações de preços, catástrofes, conflitos, ou crises em países vizinhos. A diferença deste mecanismo em relação aos mecanismos de financiamento compensatório e à assistência de emergência é a sua natureza mais *"concessional"*: segue o Regime do Mecanismo de Crescimento e de Redução da Pobreza (taxa de juro anual de 0,5%, necessidade de adopção de uma estratégia de redução de pobreza, financiamento pelo PRGF *Trust)* mas com algumas diferenças (um a dois anos mais curto do que o mecanismo análogo, limite de acesso anual fixado em 25% da quota, com um limite acumulado de 50%, salvo circunstâncias excepcionais), e, dada a sua natureza, pode ser de acesso imediato. Tal como PRGF, a diferença entre juros cobrados aos beneficiários e juros pagos aos financiadores é coberta por fundos próprios do FMI e por contributos de países dadores, que tanto podem afectá-los a uma das modalidades do PGRF – *ESF Subsidy Account,* como não distinguir entre elas.
- Desde Janeiro de 2010, o *Stand by Credit Facility* substitui em larga medida o Mecanismo de Choques Exógenos, a taxas de juro zero e com um prazo de 8 anos, dos quais 4 em período de graça.
- Também desde Janeiro de 2010 funciona o Mecanismo Rápido de Crédito *(Rapid Credit Facilty)* de 10 anos de duração e 5 anos e meio de graça, isento de juros e sujeito a condicionalidade aligeirada.
- Ao contrário dos anteriores mecanismos, a Linha Flexível de Crédito *(Flexible Credit Line)* está direccionada para economias "consistentes". Serve sobretudo para prevenir eventuais necessidades (mantendo-se aberta entre 6 meses e um ano) e podendo ser acedida pelo montante

[282] Dos quais um, o Zimbabué, não podia beneficiar por se encontrar em atraso nas suas obrigações com o PRGF *Trust.*

[283] Sobre a AID, cfr. *infra* pp. 578-583. Sobre esses critérios ver p. 579, nota 2.

integral, que não está sujeito a limite pré-estabelecido, nem fica sujeito a condições. Em caso de acesso aos fundos o prazo de reembolso pode variar entre 39 meses e 5 anos.

- Em Setembro de 1996, os Comités Intercalar e de Desenvolvimento aprovaram uma iniciativa conjunta do FMI e do Banco Mundial para com os países altamente endividados[284].

5.5.2. Formas de assistência técnica

Além da assistência técnica envolvida na preparação dos objectivos qualitativos e quantitativos a que ficam sujeitos certos financiamentos, dos programas de ajustamento e programas quadro de política económica, o Fundo presta assistência técnica especializada gratuita[285] aos membros que o solicitem, mormente nos domínios da política macroeconómica, monetária e cambial, da estatística macroeconómica e financeira, da gestão da dívida externa, da reforma fiscal e do reforço do sistema financeiro[286], através do envio de missões de especialistas do Fundo ou da integração de pessoal especializado ligado ao FMI (ou contratado para o efeito) nas equipas de reforma, por períodos mais ou menos alargados.

Outra forma de assistência ao desenvolvimento são as acções de formação proporcionadas pelo Fundo através do *IMF Institute,* criado em 1964 e que funciona na sede, em Washington, e dos seus institutos regionais de formação[287].

[284] Sobre a Iniciativa Países Pobres Mais Endividados (HIPC *Initiative*) cfr. *infra* p. 581, nota 1. A participação do FMI nessa iniciativa faz-se através do mecanismo de ajustamento estrutural reforçado, mas em condições mais favoráveis, proporcionadas por um fundo ESAF-HIPC criado em Fevereiro de 1997 e faz-se hoje através do mecanismo de crescimento e redução de pobreza, que está isento de comissões de serviço e de imobilização e tem um prazo de pagamento entre 5 anos e meio e 10 anos.

[285] Cerca de 1/4 dos custos com a assistência técnica proporcionada pelo Fundo é suportada por outras entidades (Programa de Desenvolvimento das Nações Unidas, Banco Mundial, Suíça, Japão, União Europeia).

[286] Designadamente quanto à estrutura e intervenções do Banco central do país em causa, que, em 1964, estiveram na base do desenvolvimento desta área de actuação do Fundo, com o apoio prestado aos novos países africanos nesse domínio. Outra forma de apoio *é* a colocação de elementos de ligação ao Fundo nos países com reformas em curso que o solicitem. Há também quatro centros de assistência técnica regional: o do Pacífico, estabelecido em 1993 nas ilhas Fiji e financiado também pelo Banco de Desenvolvimento Asiático, o Japão, a Austrália e a Nova Zelândia; o das Caraíbas, criado nas ilhas Barbados em 2001, co-financiado pelos países beneficiários, o Banco de Desenvolvimento Inter-Americano, o Programa de Desenvolvimento das Nações Unidas e vários países desenvolvidos; e os dois centros-africanos: o de leste (Tanzânia, 2002), e o do oeste (Mali, 2003) financiados por países desenvolvidos.

[287] *Joint Viena Institute,* o *IMF-Singapore Training Institute,* o *Joint China-IMF Training Program (Dalton),* o *Joint África Institute (Tunísia),* o *Joint IFM Arab Monetary Fund Regional Training Program* (Emirados Árabes Unidos) e o *Joint Regional Training Center for Lati» America* (Brasil).

Finalmente, o FMI conduz o seu próprio programa de investigação sobre problemas e políticas de ajustamento económico, de forma a poder prestar a melhor assistência técnica aos países membros que a ela recorrem[288].

5.5.3. Vigilância

A alteração introduzida no artigo IV dos Estatutos do Fundo em 1976, em vigor desde Abril de 1978, nos termos vistos, cometeu-lhe a «firme vigilância» sobre as políticas cambiais dos Estados membros, estando estes obrigados a colaborar com o Fundo, e entre si, para garantir «um sistema estável de taxas de câmbio»[289].

Em resultado de uma decisão do Directório Executivo de 29 de Abril de 1977 – cujos parâmetros são bienalmente revistos –, o Fundo organiza consultas anuais com os países membros – as «missões do Artigo IV» – e examina periodicamente a evolução das suas taxas de câmbio. As «missões do Artigo IV» têm significados diferentes consoante o país visitado seja receptor de financiamentos do Fundo, ou não. No primeiro caso, o relatório da missão – que aborda todos os aspectos das políticas macroeconómicas internas e que, mais recentemente, cobre também algumas políticas microeconómicas – é discutido com os responsáveis políticos nacionais e analisado pelo Directório Executivo do Fundo, e condiciona as opções dos decisores nacionais e a atitude do Fundo no acompanhamento dos financiamentos sujeitos a condicionalidade. No segundo caso o relatório tem a mesma tramitação mas, compreensivelmente, menos impacto na condução das políticas económicas nacionais, excepto onde possa alterar a atitude dos agentes económicos para com esse país[290]. O enviesamento de efeitos é agravado por a pressão para a correcção dos desequilíbrios recair essencialmente sobre as economias deficitárias. Ambas as assimetrias têm sido alvo de críticas recorrentes que subiram de tom porque o *Global Financial Stability Report* publicado pelo

[288] Sobre estas diversas formas de assistência técnica, ver Nowzad (1992, pp. 15-17).

[289] Segundo Guitián (1992), «*The IMF is primarly a surveillance institution*». Sobre as origens do termo no FMI (o relatório final do Comité dos Vinte de Junho de 1974, de onde passou para o artigo IV, tal como resultante da Segunda Emenda) e sobre a sua evolução, ver Boughton (2001, cap. 2). Sobre a assimetria na sua aplicação aos países-membros, veja-se o seu cap. 3. Entre nós, cfr. especialmente Paz Ferreira (2004, pp. 278-280).

[290] Em 25 de Abril de 1997 o Directório Executivo aprovou a emissão de Comunicados à Imprensa no termo das consultas ao abrigo do Artigo IV, de forma a divulgar ao público as opiniões do FMI, antes reservadas. Actualmente, 9 em cada 10 países dá assentimento a essa divulgação.

FMI *«apenas 10 meses antes da crise "subprime" se tornar globalmente visível»*[291] ter ignorado o assunto, e o seguinte, publicado em Abril de 2007 – 3 meses antes de o problema se tornar evidente –, considerar ainda que «Em termos gerais, o mercado hipotecário norte-americano tem-se mantido sólido, apesar de o segmento do *"subprime"* se ter deteriorado um pouco mais rapidamente do que se esperava»[292] e concluir que a «a maioria dos investidores com exposição às hipotéticas *"subprime"*, através de estruturas securitizadas, não corre risco de perdas»[293].

Depois da forçada nacionalização do Banco Northern Rock, em Inglaterra, e da derrocada do Bear Sterns americano, a edição de Abril do mesmo relatório do FMI calculava que as perdas decorrentes da crise no mercado de crédito atingissem os 945 mil milhões de dólares.

À luz desta experiência o FMI adoptou um relatório sobre *«The Recent Financial Turmoil – Initial Assessment, Policy Lessons, and Implications for Fund Surveillance»*, preconizando um reforço dessa sua actividade *(«better focused and more timely»)*. Em Junho de 2007, o Directório Executivo do Fundo aprovou uma revisão das regras de 1997 *("Decision Bilateral Surveillance over Members' Policies")* que introduz como conceito operacional a necessidade de salvaguarda da "estabilidade externa" e alarga e precisa os contornos da vigilância do Artigo IV.

A «vigilância» cobre ainda as missões (semestrais) de preparação dos *Regional Economic Outlook Reports* e do *World Economic Outlook* – que serve de referência às discussões económicas no âmbito do G-7/G-8[294], onde o FMI se encontra representado, em algumas sessões, pelo seu director-geral – e quatro outras formas de colaboração do FMI com os países membros:

– medidas de precaução *(precautionary arrangements)*, nos termos das quais os países membros celebram acordos de *stand by* com o Fundo, não com o objectivo de utilizarem os fundos disponibilizados mas sim de

[291] Hector R. Torres, «O FMI poderia ter evitado esta crise?», Jornal de Negócios de 9 de Abril de 2008. O A. é director executivo do FMI.

[292] *Global Financial Stability Report* de Abril de 2007, p. 2. Mantivémos a tradução da versão portuguesa do artigo de H. Torres.

[293] *Idem*. p. 7.

[294] Desde a Cimeira de Birmingham, em 1998, a Rússia passou a membro de direito do grupo, participando também nas discussões económicas, e não apenas no fim destas. O G-8 não substituiu, porém, o G-7, continuando ambos os grupos a emitir diferentes comunicados. Sobre a iniciativa do G-8 de cancelamento da dívida externa dos países mais pobres, cfr. *infra*, nota 1 da p. 581, *in fine* (p. 582).

obterem a caução do Fundo para as políticas económicas que visam aplicar e reforçar a confiança na evolução da sua economia;

- vigilância acrescida *(enhanced surveillance)*, que foi introduzida em 1985 para facilitar o reescalonamento das dívidas com os bancos comerciais e não implica um endosso das políticas adoptadas;
- acompanhamento *(informal monitoring)*, que permite uma colaboração mais estreita entre o país interessado e o FMI na base de um quadro de objectivos quantificados preparado pelo primeiro com o apoio dos técnicos do segundo. Também não implica um endosso *formal* por parte do FMI;
- avaliação do sector financeiro *(Financial Sector Assessment Program)* lançado em parceria com o Banco Mundial, em 1999 (na sequência da crise financeira asiática), visa a prevenção de problemas através do diagnóstico de vulnerabilidades e da proposta de medidas que as minorem, designadamente estimulando a observância de *standards* internacionalmente aceites. Os seus resultados são incorporados nos restantes procedimentos de vigilância do FMI – que é o único responsável pelos programas referentes a países industrializados – e pelo Banco Mundial, nas suas actividades. Para centrar melhor as tarefas de vigilância, são elaboradas agendas de vigilância específicas para cada país, com os objectivos prioritários de acompanhamento a médio-prazo.

6. O FMI e Portugal

Só pelo Decreto-Lei nº 43 338, de 21 de Novembro de 1960, Portugal aprovou para adesão o Acordo Relativo ao Fundo Monetário Internacional[295], subscrevendo uma quota de 60 milhões de dólares, posteriormente convertida em Direitos de Saque Especiais e sucessivamente elevada até 867,4 milhões de DSE, a que correspondem 8924 votos. O director executivo eleito pelo grupo em que Portugal se integra – e que inclui também a Albânia, a Grécia, a Itália, Malta, São Marino e Timor-Leste – representa 4,10% dos votos totais.

Entre 1975 e 1984, Portugal efectuou onze saques junto do FMI (com recurso *à tranche-ouro* em 1975 *e* 1983, *às Oil Facilities* em 1975 e 1976, às *Com-*

[295] As Primeira, Segunda, Terceira e Quarta Emendas ao acordo relativo ao Fundo foram aprovadas entre nós pelo Decreto-Lei nº 501/75, de 12 de Setembro, pela Resolução da Assembleia da República nº 8-A/78, publicada em 20 de Janeiro de 1978 (como Lei nº 3/78: cfr. a declaração de rectificação no *Diário da República,* Iª Série, de 3 de Fevereiro de 1978), pela Resolução da Assembleia da República nº 15/91, publicada a 26 de Junho, e pela Resolução da Assembleia da República nº 8/99, publicada a 24 de Fevereiro de 1999 (com uma referência, por lapso, ao Decreto-Lei nº 41 338), respectivamente.

pensatory Financing Facilities em 1976, 1977, 1983 e 1984, e às *tranches* de crédito em 1977, 1983 e 1984, num total de cerca de 895 milhões de DSE, plenamente reembolsados). Os pontos mais marcantes das relações entre Portugal e o FMI foram as negociações de dois acordos de *stand by* com o FMI. O primeiro foi celebrado em Maio de 1978 com a assinatura de uma Carta de Intenções relacionada com um financiamento no valor de 57,35 milhões de DSE para o período entre Abril de 1978 e Março de 1979. A principal preocupação era conter os défices das balanças de transacções correntes e de operações não monetárias através de um conjunto de medidas restritivas nos planos fiscal, monetário e de rendimentos, o que foi conseguido com êxito: em 1979, ambas as balanças apresentavam excedentes. A utilização dos fundos disponibilizados pelo FMI não chegou a ocorrer, embora os efeitos «catalisadores» da possibilidade de recorrer a eles – e, em consequência, a disciplina que implicavam – facilitasse o acesso aos mercados internacionais de colocação de dívida. O segundo acordo foi formalizado com uma Carta de Intenções datada de 20 de Junho de 1984[296].

Mais recentemente avulta a participação de Portugal na nova configuração dos NAB[297] e a possibilidade, face à crise financeira de finais de 2010, de ter de voltar a recorrer ao seu apoio.

7. Avaliação

Se é verdade que a substituição de um regime baseado em taxas de câmbio fixas – como era o sistema de Bretton Woods, posto que dotado de *cláusulas de escape* – por um regime baseado em taxas de câmbio flutuantes – o *não-sistema* – diminuiu drasticamente a importância da actuação do FMI como instância de regulamentação e controlo de aplicação das normas[298], é também verdade

[296] O texto da primeira Carta de Intenções encontra-se publicado no nº 2 do Vol. II da revista *Economia* (Maio de 1978), em anexo a Pitta e Cunha (1980), em *Organizações Internacionais Económicas – Tratados Institutivos e Documentos,* editado por A. Martins da Cruz, *et al.*, Universidade Lusíada, 1991; e em Walter Marques, *Política Monetária*, 2ª ed. *revista, Publicações* Europa-América, Mem Martins, 1986, pp. 282-286, e *Moeda e Instituições Financeiras*, 2ª ed., Dom Quixote, Lisboa, 1998, pp. 619-625. O texto da segunda pode ver-se nestas duas obras de Marques (pp. 287-292 e 626-633, respectivamente).

[297] Cfr. *supra*, p. 530, nota 1.

[298] Sobre a aplicação da «*rules-cum-escape-clauses view*» ao sistema de Bretton Woods no quadro de uma «*rules-versus-discretion theory*» segundo a qual a flutuação de câmbios e um arranjo temporário a que se recorre quando a economia mundial é atingida por «*large enough shocks*», mas que na ausência destes os países dão preferência a câmbios fixos, ver Giovannini (1992). James (1996, p. 586) retrata a evolução do sistema monetário internacional desde Bretton Woods como «a *movement away from rules and toward cooperation*».

que a evolução subsequente reintroduziu uma dimensão de *law enforcement* na sua actuação[299].

Mais significativas são as transformações de sentido e objectivos apontados por Stiglitz (2002, p. 49): o FMI foi criado no pressuposto de que o mercado funcionava mal – e pretende agora impor a supremacia do mercado; o FMI visava aumentar as probabilidades de adopção de políticas expansionistas – e tornou-se num instrumento de aplicação de políticas restritivas. Uma tal mudança de políticas, combinada com a supremacia dos países desenvolvidos numa instituição que actua sobretudo em países em vias de desenvolvimento originou uma crise de legitimidade que as alterações institucionais em curso ainda não resolvem.

Enquanto *«lender of last resort»*, o Fundo teve quase sempre um papel mais *qualitativo* do que *quantitativo*, servindo os fundos por ele disponibilizados mais como catalisadores de outros financiamentos – ou garantia para outros credores dado o regime de condicionalidade a que ficavam subordinados[300]. No que concerne aos objectivos a atingir deu-se uma evolução no sentido de uma parte substancial dos financiamentos visarem modificações estruturais nas economias receptoras – e não apenas permitirem fazer face a dificuldades conjunturais de balança de pagamentos, como inicialmente[301], com isso

[299] O aligeiramento das obrigações de conduta decorrentes do desaparecimento do sistema de câmbios fixos de Bretton Woods acabou por se transformar num alargamento das competências do Fundo: por um lado, a actividade de *vigilância* teve de passar a cobrir os objectivos e instrumentos do política económica interna que potencialmente afectassem as taxas de câmbio; por outro lado, o aumento da discricionariedade na condução de políticas internas obrigou ao reforço da *condicionalidade* (cfr. *supra*, nota 4 da p, 333). Porém, para os países que não carecem de apoio do Fundo e, portanto, são imunes à condicionalidade, *«surveillance is too grand a term»* (Corden, 1994, p. 480) – o que é dizer que a função de *law enforcement* do Fundo se tomou mais assimétrica. Segundo Williams (1994, p. 65): *«the Fund continues to impose high conditionalily on deficit countries whilst ignoring the problems caused for the world economy by surplus countries and the US deficit.»*

[300] Ray (1992, pp. 2 e 5).

Dada a desproporção entre os recursos do Fundo e as potenciais necessidades de financiamento dos países membros, compreende-se que na maior parte dos casos lhe esteja reservado apenas um papel de *pivot*. Em situações de crise, porém, seria desejável que o Fundo tivesse capacidade de resposta imediata – como só se reconheceu na sequência da crise financeira desencadeada em 2007.

[301] Até 1974 o FMI distinguia apenas três tipos de défice: os auto-reversíveis (resultantes de condições meteorológicas, naturais ou sociais passageiras), os resultantes de um excesso de procura interna e os resultantes de um «desequilíbrio fundamental» (devendo estes últimos ser corrigidos com reajustes da taxa de câmbio). Para lhes fazer face previam-se programas de estabilização a curto prazo.

A partir de Setembro de 1974 – com a criação do mecanismo alargado de crédito – passou a admitir-se um quarto tipo de défice: o défice estrutural, caracterizado por crescimento diminuto e

se expondo ainda mais às críticas de diversos sectores[302], na medida em que tais modificações podem ser sempre discutíveis e implicam amiúde grandes sacrifícios sociais. Trata-se aí de juízos comuns ao Banco Mundial (ver *infra*) dada a convergência de políticas de financiamento e a *cross-conditionality*[303] registada na actuação de ambas as instituições[304]. Em resposta, as intervenções do Fundo passaram a incorporar, mais recentemente, uma maior sensibilidade às consequências sociais das políticas de ajustamento adoptadas como contrapartida de tais financiamentos[305].

Um tema recorrente na discussão da actuação do Fundo é o do risco ético *(moral hazard)*, ou seja, do aumento dos riscos que se pretendem evitar. A preocupação com tal efeito perverso é geral[306], mas no caso do FMI passa pelo possível incentivo que a sua actividade de financiamento pode representar para a criação de condições favoráveis ao aparecimento de crises (quer nos

fragilidade da balança de pagamentos, para o qual se passaram a admitir programas de ajustamento estrutural (cfr. Blardone, 1990, pp. 47-51).

302 Com uma crítica à política seguida pelo Fundo na Coreia – onde, em todo o caso, foi possível completar as formalidades dos mecanismos de financiamento de emergência em duas semanas – ver Feldstein (1998), que, porém, não chega aos extremos de outros críticos, que clamam que *«the world would be better off without the IMF»* nesta linha ver Chossudovsky (1996). Para um elenco de perspectivas críticas sobre o FMI, veja-se Williams (1994, pp. 51 e 85-88), e para uma análise crítica na lógica da *Public Choice* ver Vaubel (1991). Outros críticos ásperos das políticas definidas pelo Fundo são Krugman (1998) e Stiglitz (2002 e 2003).

303 *«In practice this cam to mean thal the Bank would not agree lendingfor development projects with borrowing countries unless they had previously subscribed to an adjustement package with the Fund. (...) Therefore, instead of the distinct roles for the Fund and the Bank dearly envisaged by the Bretton Woods agreement, development countries increasingly were made a single offer which they could not afford to refuse.»*

304 Ainda que nem sempre as análises de ambas coincidem: para uma embaraçosa divergência do FMI na avaliação da situação na Etiópia, em 1997, ver Stiglitz, 2002, pp. 63-66.

305 Sobre o papel do FMI, v. Stiglitz, 2002, Caps. IV e V. No quadro dos programas de ajustamento estrutural o Fundo passou a pôr em prática, em colaboração com o grupo do Banco Mundial, sistemas de intervenção rápida sob a forma de «programas de alimentação directa» a favor das camadas mais pobres da população (cfr. Blardone, 1990, pp. 64-66) e a «analisar com as autoridades nacionais a incidência do ajustamento nas populações mais pobres e preparar medidas tendentes a limitar os efeitos das reformas sobre estes grupos sociais» – (Lelart, 1997, p. 124). Uma avaliação da actividade do Fundo e do Banco Mundial que conclui pela desejável manutenção do *status quo* pode ver-se em Fisher (1995), ao passo que a defesa da fusão do FMI com o Banco Mundial com transferência de funções do Fundo para a OCDE e para o Banco de Pagamentos Internacionais, de forma a evitar sobreposições e duplicações, pode encontrar-se em Schieler (1995). Sobre a natureza pública do bem fornecido pelo Fundo e as possíveis ineficiências geradas pela sua posição monopolista, ver Von Hagen (1995).

306 *«Moral hazard is a pervasive feature of insurance and other of risk sharing. It arisis when the provision of insurance increases the probability of the event being insured against, usually because it diminishes the incentives for the party to take preventive actions»*. Lane/Phillips, 2000, p. 4. Cfr. Moreira, 2001, pp. 68-71.

países que serão depois *amparados* pelo FMI, quer nos seus credores) *sem que tal se confunda com a intencional e desejável consequência de minorar os danos económicos reais de uma crise.* Embora a discussão se mantenha, e seja teoricamente interessante, não põe em causa a actuação do Fundo.

Por fim, é de sublinhar a importância do Fundo enquanto instância consultiva, quer a nível nacional (concepção e aplicação de programas de estabilização e ajustamento nacionais, apoio técnico especializado, formação de quadros, análises periódicas da situação económica), quer a nível internacional (além *da coordenação* de interesses, a nível do seu directório executivo, quanto aos rumos a seguir pela instituição – influenciada pelos EUA ao ponto de a Administração Reagan o ter considerado *«a convenient conduit for U.S. influence»* o FMI reinventou-se com a crise da dívida dos anos 80, com a transição das economias de leste nos princípios da década de 90, em que passou a ter um papel crucial, e com a crise financeira internacional dos finais da primeira década do Século XXI, vindicando a asserção de Haberler de que *«international institutions may change their names or loose their function but never die»).*

A crise asiática iniciada na Tailândia em Julho de 1997, a subsequente derrocada da economia russa e as tensões acumuladas nas economias de todo o mundo recolocaram a questão da *arquitectura do sistema monetário internacional* na primeira linha das discussões económicas[307].

O decurso do tempo – e a crise do «subprime» – provaram que Kenen/ Swoboda (2000a, p. 3) tinham razão: *«Interest in reforming the international monetary and financial system, like recent capital flows to emerging markets, tends to come in waves. It surges with crises and ebbs when calm returnes, even temporarely».* O primeiro autor *(et al,* 1994, p. 1) escrevera, apenas seis anos antes: *«The reform of the international monetary system has not been on the political agenda for many years».*

8. Publicações

Têm um grande relevo os dados estatísticos[308], as análises e os estudos económicos e projecções sobre a economia internacional fornecidos pelo Fundo, e com um âmbito de cobertura inigualável. São de destacar:

[307] Não só na 54ª Assembleia anual do FMI e do Banco Mundial realizada em Washington em Outubro de 1998 – e na cimeira do G-7 e no encontro do G-22 realizados à sua margem – mas também na agenda política interna dos diferentes países e na sua imprensa. Veja-se, por ex., o artigo de Sousa Franco no *Expresso* de 20 de Novembro de 1998 («A refundacão do FMI»). O primeiro dos *Geneva Reports on the World Economy* (Gregorio *et al.* 1999), passa em revista as diferentes propostas de reforma do FMI e sugere outras. Ver também Kenen/Swoboda (2000, pp. 291-392 e 416-427).

[308] As *International Financial Statistics,* publicadas mensalmente, recolhem dados sobre a economia e finanças dos países membros; as *Balance of Payments Statistics* e as *Direction of Trade Statistics* são

- *The World Economia Outlook* (Perspectivas Económicas Mundiais), publicado em Abril e Outubro, que contém uma análise pormenorizada das perspectivas de evolução económica mundial;
- *The IMF Annual Report,* publicado em Setembro, que faz a revisão das tendências de evolução em matérias cambiais e de balança de pagamentos, além de relatar as actividades do Fundo;
- *The IMF Survey,* que dá conta das intervenções do Fundo e das tendências económicas e financeiras;
- Os relatórios anuais especializados sobre sistemas cambiais e de restrições aos pagamentos, mercado de capitais internacionais, reescalonamento das dívidas, créditos à exportação e matérias primas.

Em cooperação com o Banco Mundial, o Fundo edita, duas vezes por ano, o *Global Finance Stability Report,* resultado do seu programa conjunto de avaliação financeira, e trimestralmente o jornal *Finance and Development,* com artigos de análise ou informação sobre ambas as organizações e, para além de outras edições, publica várias importantes séries: *IMF Occasional Papers, IMF Working Papers, IMF Papers on Policy Analysis and Assessment, IMF Staff Country Reports, IMF Economic Issues* e *IMF Economic Reviews.*

Bibliografia

ANDREWS, David. 1998 – *Destilling the lessons from the ESAF Reviews,* vvvvw.imf.org

AKKER, Age EP., 1996 – *International Financial Institutions,* Longman, London.

BAYOUMI. Tamim; EICHENGREEN, Barry, 1995 – *The stability of the gold standard and the evolution of the international monetary system,* CEPR Discussion Paper nº 1248, London.

BI.ARDONE, Gilbert, 1990 – *Le Fonds Monétaire International – L'ajustement et les coûts de l'homme,* Les Editions de UÉpargne, Paris.

BORDO, Michael D., 1984 – «The Gold Standard: The Traditional Approach» em Michael D. Bordo/Arma J, Schwartz, *A Retrospective on the Classical Gold Standard,* 1821-1931, (eds.) The University of Chicago Press, Chicago, pp. 23-113.

BORDO, Michael D., SCHWARTZ, Anna J., 1995 – «*Taxas* de câmbio fixas enquanto regra contingente em países centrais e periféricos – Evidência do período 1880-1990», em Macedo *et al,* eds., (1995), pp. 29-110.

— 2001 – *From the Exchange Stabilization Fund to the International Monetary Fund,* NBER Working Paper nº 8100, Cambridge (US).

BOUGHTON, James M., 2001 – *Silent Revolution – The International Monetary Fund 1979-1989,* IMF, Washington.

publicações mensais monotemáticas que aparecem compiladas anualmente; anualmente é editado também o *Government Finance Statistics Yearbook.*

BYRNE, William J., 1985 – «Evolution of the SDR, 1974-1981» em Adams, John (ed.) *The Contemporary International Economy: A Reader*, 2ª ed., St. Martin's Press, New York, pp. 340-350.

CASTRO, Armando de, 1992 – «O sistema de Comércio Internacional Contemporâneo» em Armando de Castro *et al.*, eds., *Política Comercial*, Vol. I, CEDIN/ISEG/UTL, Lisboa.

CAVACO SILVA, Aníbal 1999 – *União Monetária Europeia – Financiamentos e Implicações*, Verbo, Lisboa/São Paulo.

Centro de Estudos Fiscais da Direcção-Geral das Contribuições e Impostos (1965) – *Fundo Monetário Internacional/Banco Mundial*, Ministério das Finanças, Lisboa.

CHENEY, David M., EVERAERT, Luc D., 1994 – *Promoting Economic Stability – The IMF's Compensatory and Contingency Financing Facility*, International Monetary Fund, Publication Services, Washington.

CHOSSUDOVSKY, Michel, 1996 – *The Globalisation of Poveriy – Impacts of IMF and World Bank Reforms*, Zed Books, Third World Network, London.

COHEN, Benjamin J., 1991 – «A Brief History of International Monetary Relations» em Jeffry A. Frieden/David A. Lake, eds.), *International Political Economy – Perspectives on Global Power and Wealth*, 2ª ed., pp. 234-254; constitui o Capítulo 3 de *Organizing the World's Monety – The Political Economy of International Monetary Relations*, livro do A. editado por Basic Books, Inc., Publishers, New York, 1977, pp. 75-107.

CORDEN, W. Max, 1994 – «International Monetary Fund», em *The New Palgrave Dictionary of Money & Finance*, Macmillan, London, pp. 479-482.

DE VRIES, Margaret Garritsen 1976 – *The International Monetary Fund 1966-1971, The System under Stress* – Vol. II: Documents, IMF, Washington D. C., 1976,

— 1986 – *The IMF in Changing World, 1945-1985*, IMF Washington D. C.

ECHENGREEN, Barry, 1999 – *A Globalização do Capital – Uma História do Sistema Monetário Internacional*, Bizâncio, Lisboa.

FELDSTEIN, Martin, 1998 – «Reforme-se o FMI», em *Economia Pura*, nº 3, Julho, pp. 34-40; tradução de «The IMF Errors», em *Foreign Affairs*, March/April 1998, pp. 20-33.

FISHER, Stanley, 1995 – «The IMF and the World Bank at Fifty», em Genberg (1995), pp. 171-200.

FLANDREAU, Marc, 1995 – *An essay on the emergence of the internacional gold standard 1870-80*, CEPR Discussion Paper nº 1210, London.

GENBERG, Hans (ed.) 1991 – *The International Monetary System – Its Institutions and its Future*, Springer, Berlin.

GIOVANNINI, Alberto. 1992 – *Bretton Woods and its precursors: rules versus discretion in the history of international monetary regimes*, Centre for Economic Policy Research, Discussion Paper nº 661, London.

GREGORIO, Jose/EICHENGREEN, Barry/ITO, Takatoshi/Wyplosz, Charles, 1999 – *An Independent and Accountable* IMF, ICMBS/CEPR, Geneva/London.

GUITIÁN, Manuel, 1992 – «The unique nature of the responsabilities of the IMF». IMF Pamphlet Series, nº 46, IMF, Washington.

HAROLD, James (1996) – *International Monetary Cooperation Since Bretton Woods*, IMF/Oxford University Press, Washington/Oxford.

HOLLAND, Stuart, 1994 – *Towards a New Bretton Woods Alternatives for the Global Economy*, Spokesman, Nottingham.

HORSEFIELD, J. Keith 1969 – *The International Monetary Fund 1945-1965 – Twenty Years of International Monetary Cooperation, Vol. I: Chronicle;* Vol. II: *Analysis* (com Margaret G. de Vries e outros); vol III: *Documents,* IMF, Washington. IMF, 2007 – *Global Financial Stability Report – Market Development and Issues,* April, Washington.

KAHN, Richard, 1976 – «Historical Origins of the International Monetary Fund», em A. P. Thirlwall, (ed.), *Keynes and International Monetary Relalions (The Second Keynes Seminar held at the University of Kent at Canterbury 1974),* St. Martin's Press, New York.

KENEN, Peter B., 1994 – «Bretton Woods System» em *The New Palgrave Dictionary of Money & Finance,* Macmillan, London. pp. 233-237.

KENEN, Peter B.; SWOBODA, Alexander K. eds. 2000 – *Reforming the International Monetary and Finance System,* IMF, Washington D. C.

— 2000a – «Overview», em Kenen/Swoboda (2000).

KENEN, Peter B.; PAPADIA, Francesco; SACACOMANNI, Frabizio, 1994 – «Introduction» – *The International Monetary System, Cambridge University Press,* Cambridge.

KEYNES, John Maynard, 1980a – *The Collected Writtings of John Maynard Keynes, vol. XXV, Activities 1940-1944 – Shaping the Post-War World – The Clearing Union,* MOGGRIDGE, Donald, (ed.) Macmillan/Cambridge University Press for the Royal Economic Society, London.

— 1980b – *The Collected Writings of John Maynard Keynes, vol. XXVI Activities 1941-1946 – Shaping the Post-War World Bretton Woods and Reparations,* MOGGRIDGE, Donald, (ed.) Macmillan/Cambridge University Press for the Royal Economic Society, London.

KRUGMAN, Paul, 1998 – «Saving Asia: It's time to get radical», Fortune 7 de Setembro.

LABISA, António dos Santos, 1995 – *Manual de Organismos Internacionais,* Banco de Portugal, Lisboa.

LANDELL-MILLS, Joslin, 1992– *Helping the Poor – the IMF's New Facilities for Structural Adjustement,* External Relations Department International Monetary Fund, Washington.

LANE, Timothy; PHILLIPS, Steven, 2000 – *Does IMF Financing result in moral hazard?,* IMF Working Paper W P/00/16 8, IMF, Washington.

LELART, Michel, 1995 – *Le Fonds monétaire international,* 2ª ed., Presses Universitaires de France, Paris.

LELART, Michel, 1997 – *O Sistema Monetário Internacional,* Terramar, Lisboa.

LARANJEIRO, Carlos, 2000 – *Lições de Integração Monetária Europeia,* Almedina, Coimbra. Reimpressão: 2009.

MACEDO, Jorge Braga de; EICHENGREEN Barry; REIS, Jaime, (eds.) 1995 – *Convertibilidade cambial – Conferência Comemorativa do 140º Aniversário, da Adesão de Portugal ao padrão-Ouro – Convento da Arrábida – 3-4 de Junho de 1994,* Banco de Portugal/Fundação Luso-Americana para o Desenvolvimento, Lisboa.

MACHLUP, Fritz, 1966 – «Plans for Reform of the International Monetary System», em *International Monetary Economics – Collected Essays by Fritz Machlup,* George Allen & Unwin Ltd., London, pp. 282-366 (versão revista e alargada da que foi publicada com o mesmo título em 1962).

MATA, Eugénia; VALÉRIO, Nuno, 1995 – «Estabilidade monetária, disciplina orçamental e desempenho económico em Portugal desde 1854», em Macedo *et al.* (1995), pp. 259-284.

MAYSTADT, Philippe, 1997 – «Implication of EMU for the IMF», em Masson, Paul RJ Krueger, Thomas H./Turtelboom, Bart G. *(eds.) EMU and the International Monetary System,* IMF, Washington, pp. 146-153.

MEIER, Gerard M., 1974 – *Problems of a World Monetary Order,* Oxford University Press, London, pp. 23-24.

MOREIRA, Marcílio M.; 2001 – «O Sistema Financeiro Internacional: uma nova arquitectura?», em *Globalização, Desenvolvimento e Equidade,* Fundação Calouste Gulbenkian/ Publicações Dom Quixote, 2001, pp. 57-73.

MUNDELL, Robert, 1995 – *«Prospects for the International Monetary System and its Institutions»,* em Genberg (1995), pp. 21-46.

NOWZAD, Bahram, 1992 – *Promoting Development – The IMF's Contribution,* External Relations Department, International Monetary Fund, Washington.

PASCALLON, Pierre, 1989 – *Le Systéme Monétaire International – Théorie et Réalité,* 2ª ed., Les Editions de L'Epargne, Paris.

PAZ FERREIRA, Eduardo, 2004 – *Valores e Interesses – Desenvolvimento Económico e Política Comunitária de Cooperação,* Almedina, Coimbra.

PITTA E CUNHA, Paulo de, 1980 – «A influência do FMI na orientação das políticas cambiais e na formulação de programas de estabilização», separata do Boletim da Faculdade de Direito. Número Especial. *Estudos em Homenagem ao Prof. Doutor J. J. Teixeira Ribeiro,* IV Vária, Coimbra (pp. 463-494 do Boletim).

PORTO, Manuel, 2009 – *Economia – Um texto introdutório,* 3ª ed., Coimbra, Almedina.

— 2002, «The Euro and the Regional Blocs», *In: Conference l'Euro et le Monde – The Euro and the World,* Coimbra, Julho 1998, Almedina Coimbra, pp. 179-187.

— 2002, «The evolution of the *Rapport de Forces* at World level», em PITTA E CUNHA, Paulo/PORTO, Manuel (eds.), *O Euro e o Mundo,* Almedina, pp. 281-298.

— 1999, «As implicações externas do Euro», *In: Aspectos Jurídicos e Económicos da Introdução do Euro,* Instituto Europeu da Faculdade de Direito da Universidade de Lisboa, pp. 215-229.

RAY, Esha, 1992 – *Funding the IMF– Why an Increase in Quotas?,* External Relations Department/International Monetary Fund, Washington.

REES, David, 1973 – *Harry Dexter White – A Study in Paradox,* Macmillan, London.

REIS, Jaime, 1995 – «Portugal: o primeiro a aderir ao padrão-ouro, Julho 1854», *In:* Macedo *et al.* (1995), pp. 233-258.

RIBEIRO, J. J. Teixeira, 1962-1963 – *Economia Política,* Lições ao 3º Ano Jurídico 1962-63, policopiado, Coimbra.

SANTOS, Fernando Teixeira, 1995 – *E o último a aderir ao padrão-ouro, Julho-Setembro 1931, In:* Macedo, *et al.* (1995), pp. 231-258.

SCHIELER, Max, 1995 – *Comentário a Fisher (1995) em Genberg* (1995), pp. 201-209.

SOLOMON, Robert, 1977 – *The International Monetary System, 1945-1976 – An insider's view,* New York: Harper & Row, Publishers.

STIGLITZ, Joseph, 2002 – *Globalização. A Grande Desilusão,* Terramar, Lisboa.

— 2003 – «Dealing with debt. How to reform the global financial system». Harvard International Review, Spring, pp, 54-59.

THYGESEN, Niels, 2000 – «Evoluting ambitions in Europe's monetary unification», *In:* ARTIS, Michael; WEBER, Axel; HENNESSY, Elizabeth (eds.), *The Euro – A challenge and opportunity for financial markets,* Routledge, London, New York: 29-56.

VAUBEL, Roland, 1991 – «The Political Economy of the International Monetary Fund: A Public Choice Analysis» *In:* VAUBEL, Roland/WILLETT, Thomas D. (eds.), *The Political Economy of International Organizations –A Public Choice Approach,* Westview Press, Boulder, pp. 204-244.

VOLCKER, Paul; GYOHTEN, Toyoo, 1993 – *Changing Fortunes, A Roda da Fortuna – Os Dinheiros do Mundo e o Declínio da Supremacia Americana,* Lisboa; Edições Dom Quixote.

VON HAGEN, Jurgen, 1995 – *Comentário a Fisher,* em Genberg (1995), pp. 209-215.

WILLIAMS, Marc, 1994 – *International Economia Organizations and the Third World,* New York: Harvester Wheatsheaf.

WILUAMSON, John, 1985 – «On seeking to improve IMF conditionality», *In:* ADAMS (1985), pp. 351-358.

WILLETT, Thomas D., 2002 – «Toward a broader Public-Choice Analyses of the International Monetary Fund»; *In:* ANDREWS, David M./HENNING, C. Rondall/PAULY, Louis W. (Eds.), *Governing the Worlds Money,* Cornell University Press, Ithaca/London: pp. 60-77.

Capítulo II
O Grupo Banco Mundial

1. Formação

Tal como o Fundo Monetário Internacional (ver *supra* FMI), o Banco Mundial (IBRD, ou BIRD, Banco Internacional de Reconstrução e Desenvolvimento)[309] foi criado na Conferência de Bretton Woods (New Hampshire), que decorreu entre os dias 1 e 22 de Julho de 1944. Assim se concretizou em boa parte uma ideia que se foi formando ou reforçando durante a 2ª Guerra Mundial, com a noção clara de que os horrores por que estava a passar-se eram em grande medida a consequência dos maus resultados económicos e dos nacionalismos a que tinha levado a falta de abertura entre as economias. Sendo necessário lançar de imediato as bases da reconstrução dos países, foram idealizadas organizações vocacionadas para os propósitos julgados indispensáveis, *v. g.* o Fundo Monetário Internacional (FMI) para a liberalização e a facilitação dos pagamentos internacionais e o Banco Mundial para o fomento das economias. Tendo-se em vista directamente a liberalização das trocas comerciais foi idealizada ainda a Organização Internacional do Comércio, mas a evolução das circunstâncias na política americana e internacional[310] não permitiu

[309] A designação de Banco Mundial, mais comummente utilizada, pode circunscrever-se ao BIRD, tal como de um modo geral fazemos neste artigo, ou abranger alguma mais ou a totalidade das instituições do Grupo (considerando conjuntamente o BIRD e a AID, não as demais, ver o sítio do Banco na *Internet* e, por ex., Sabourin, 1994, p. 119, George e Sabelli, 1994, p. 12, ou Christin, 1995, p. 6; considerando ainda a SFI, ver Bakker, 1996, p. 44, e Kapur, Lewis e Webb, 1997).

[310] Em especial a morte do Presidente Franklin D. Roosevelt, em 12 de Abril de 1945, com a ascensão à presidência do Vice-Presidente Harry S. Truman, que levou a importantes alterações na Administração e na política americanas (a 'doutrina Truman' foi defendida perante o Congresso em 12 de Março de 1947), quando se constatava em várias áreas o avanço da União Soviética. (Numa outra linha de explicação, mais institucional, ver Dam, 1977.)

a concretização deste projecto, ficando como sucedâneo política e economicamente mais homogéneo e geograficamente mais limitado (na época) a criação do GATT *(General Agreement on Tariffs and Trade, Acordo Geral sobre Impostos Alfandegários e Comércio)*, formado inicialmente por 24 países (ver, *supra*, Organização Mundial do Comércio)[311].

A proposta inicial para a formação de um «Banco para a Reconstrução e o Desenvolvimento das Nações Unidas e Associados» foi apresentada no seio da Administração americana, por Harry Dexter White, em 4 de Agosto de 1943. A ela se refere John Maynard Keynes numa carta de 8 de Outubro seguinte: *«I enclose some cuttings from the Press on the world bank-scheme, which is described in one of the papers as my brain child, which in all the circumstances is pretty bad luck»* (com comentários à proposta e a sua contra-proposta ver Keynes, 1980a, pp. 419-27 e 1980b, pp. 49-54).

Foi todavia decisivo, depois, o empenho do economista inglês para que o Banco fosse criado, face a negociadores preocupados fundamentalmente com a criação e a entrada em funcionamento do FMI. *«In fact, it was only thanks to the preparations undertaken by the British, which is to say by Lord Keynes, and to Keynes's own tenacity, that such a bank was considered by the conferente at all»* (George e Sabelli, 1994, p. 26)[312]. Mesmo tendo-se em conta uma natural influência americana na configuração do que veio a ser aprovado não é pois justa a afirmação de que *«the bank that emerged was essentially an American creation»* (Williams, 1994, p. 103; Peet, 2007, p. 164; cfr. Mason e Asher, 1972, p. 13)[313].

[311] Em paralelo com estas instituições de âmbito mundial foram criadas na Europa a UEP (União Europeia de Pagamentos), a que se seguiu o AME (Acordo Monetário Europeu), e a OECE (Organização Europeia de Cooperação Económica), os primeiros visando a multilateralização dos pagamentos e a última simultaneamente a gestão da ajuda Marshall e o afastamento dos impostos alfandegários e das restrições quantitativas entre os países membros (com o nome, naturalmente alterado para OCDE, Organização de Cooperação e Desenvolvimento Económico, quando do alargamento a países não europeus, com alguma alteração também nos propósitos a prosseguir). As circunstâncias da Europa justificavam aliás intervenções próprias nestes domínios (ver Pitta e Cunha, 1993, pp. 88-9, e Porto, 2009a. pp. 29-35, bem como a bibliografia aí citada).

[312] No reconhecimento do seu papel *(«for this institution, Keynes was the founding father»)*, *«throughout the conferente that led to its birth, he was hononred as the Bank's undisputed ancestor – Harry Dexter White, along with many others, received polite acknowledgement but no standing ovations»* (George e Sabelli, 1994, p. 35).

[313] Assim acontece na linha do esquecimento total a que Keynes está condenado na instituição para a qual tanto contribuiu (sem ele *«could well have failed to see the light of the day»*: George e Sabelli, loc. cit., p. 31). De facto, *«one might expect to see Keynes, portrait proudly and prominently displayed at the Banks headquarters. Not only is there no picture but his name has absolutely and utterly disappeared from the Banks canon. He is never referred to, his work is never mentioned; he has vanished down a kind of Orwellian memory hole»* (*loc. cit.*, p. 35).

O acordo constitutivo do Banco entrou em vigor em 27 de Dezembro de 1945, tendo as actividades começado em Junho de 1946, com 41 países (face ao atraso na formalização de outros 4 que estavam comprometidos como membros fundadores).

2. Objectivos

Antes de vermos os objectivos estabelecidos nos Estatutos valerá a pena recordar a dificuldade que suscitava a criação de uma entidade como o Banco Mundial.

Comparando-o com o FMI, compreende-se que houvesse menos reservas em relação a uma instituição de liberalização dos pagamentos, não requerendo entradas de capital tão vultuosas da parte dos países fundadores.

Para a ultrapassagem desta dificuldade foram decisivos o empenho de Keynes, referido há pouco, bem como a apresentação de uma fórmula pouco exigente de afectação de fundos (vê-la-emos em 4.), que afastou as resistências que se levantavam; mesmo sabendo-se que também os países ricos são beneficiados com o crescimento dos mais atrasados (ou destruídos pela Guerra), não só pela estabilidade política assim conseguida como pela criação de um mercado alargado para o escoamento dos seus produtos[314].

Tendo-se chegado ao acordo necessário, foram fixados os objectivos seguintes (Artigo I do Acordo Constitutivo[315]):

i) Auxiliar a reconstrução e o desenvolvimento dos territórios dos membros, facilitando o investimento de capitais para fins produtivos, inclusivamente para restaurar as economias destruídas ou desorganizadas pela guerra, readaptar os meios de produção às necessidades do tempo de paz e encorajar o desenvolvimento dos meios de produção e dos recursos nos países menos desenvolvidos;

ii) Promover os investimentos privados no estrangeiro, através de garantias ou participações em empréstimos e outros investimentos realizados por capitalistas particulares e, na falta de capitais privados

[314] Nas palavras de Paz Ferreira (1995, p. 62), havendo «um grande consenso quanto à necessidade da existência de uma instituição com as características do Fundo e à possibilidade da sua criação», tratava-se de «sentimentos que não eram extensíveis ao Banco Mundial, face à aparente dificuldade que representava a escassez de capitais disponíveis e a potencial multidão de candidatos à sua aplicação».

[315] Aprovado para a adesão de Portugal pelo Decreto-Lei nº 43 337, de 21 de Novembro de 1960, e republicado em Anexo à Resolução da Assembleia da República nº 4/89 (*Diário da República*, 1ª Série, de 24 de Fevereiro de 1989) com a aprovação de emenda aos Estatutos originais.

disponíveis em condições razoáveis, suprir o investimento privado, fornecendo, em condições apropriadas, meios de financiamento para fins produtivos provenientes do seu próprio capital, de fundos que reunir e dos seus outros recursos;

iii) Promover o desenvolvimento equilibrado a longo prazo do comércio internacional e a manutenção do equilíbrio das balanças de pagamentos, encorajando os investimentos internacionais, com vista ao desenvolvimento dos recursos produtivos dos membros, e auxiliar, desta forma, o aumento da produtividade, a elevação do nível de vida e a melhoria das condições de trabalho nos seus territórios;

iv) Ordenar os empréstimos que outorgue ou as garantias que conceda aos empréstimos internacionais provenientes de outras origens, de forma a dar prioridade aos projectos mais úteis e urgentes, qualquer que seja a sua dimensão;

v) Conduzir as suas operações tendo em conta os efeitos dos investimentos internacionais sobre a situação económica dos territórios membros e, durante os primeiros anos do pós-guerra, auxiliar a transição progressiva da economia de guerra para a economia de paz.

3. Orgânica

As instituições básicas do Banco Mundial são o *Conselho de Governadores,* o *Conselho dos Administradores* (*Directores Executivos,* na versão oficial portuguesa) e o *Presidente.*

O primeiro é formado por um representante de cada país membro geralmente o Ministro das Finanças ou do Planeamento (ou, ainda, do Desenvolvimento), havendo um membro-substituto de cada um deles. Reunindo uma vez por ano, compete em exclusivo ao Conselho de Governadores: tomar decisões de fundo, como de alterações dos Estatutos, de adesão de novos membros ou de aumento do capital; a fixação das remunerações dos Directores Executivos e do Presidente; bem como aprovar as contas dos exercícios (que, diferentemente do que ocorre no FMI, vão de 1 de Julho a 30 de Junho do ano seguinte) e a aplicação dos resultados.

O *Conselho de Governadores* reúne simultaneamente com a Assembleia do FMI (sendo o Presidente do Conselho de Governadores do Banco também Presidente da Assembleia de Governadores do Fundo). Quanto ao local, está estabelecido que duas de cada três reuniões são em Washington, sede da organização, sendo a terceira numa outra localidade de um dos países membros. Pode haver ainda reuniões extraordinárias, a solicitação de cinco Estados membros ou de Estados reunindo um quarto dos votos; e votos expressos sem ser em reunião, quando necessário, de acordo com um procedimento estabelecido.

As decisões são tomadas por maioria, tendo cada Governador o número de votos de acordo com a quota que representa (sobre o seu valor actualizado ver *www.worldbank.org*).

A gestão corrente compete ao *Conselho dos Administradores*, formado actualmente pelo Presidente e por 24 Directores Executivos (cada um com um substituto), 5 nomeados pelos Estados com as quotas maiores, Estados Unidos, Japão, Alemanha, França e Reino Unido, 3 necessariamente da Rússia, da Arábia Saudita e da China e os restantes 16 eleitos por grupos de países. Portugal participa na eleição do 11º Director Executivo, com a Itália, a Grécia, a Albânia, Malta, São Marino e Timor-Leste (sendo o Director Executivo efectivo um italiano e cabendo a Portugal um Director Executivo substituto). Dispõe dos 56 705 votos correspondentes ao grupo, que representam 3,51% do total.

O Presidente, por seu turno, é eleito pelos Directores Executivos, sob proposta de um deles. Exerce uma função que se foi afirmando ao longo dos anos, depois de algumas «disputas» de poder com estes. Com o decorrer dos anos o Presidente, apoiado por serviços próprios (ver Christin, 1995, p. 23) e, actualmente, três «managing directors», passou a definir de facto as grandes linhas da actuação do Banco (vê-lo-emos reflectido em 6.), para além de naturalmente lhe caber a gestão interna – para uma análise do «centro do poder» na instituição ver Kapur (2002).

Foi aliás a previsão do papel liderante que passaria a ter o Presidente, com um relevo político maior numa instituição de fomento económico do que numa instituição de liberalização dos pagamentos (como o FMI), que levou os Estados Unidos a fazer pesar a sua influência no sentido de se «criar a tradição» de ser (ter sido) sempre um cidadão seu – escolhido pelo governo – a exercer o lugar (deixando-se para os europeus a tradição de exercerem o cargo de Director-Geral do FMI)[316].

[316] O menor «perfil» de White para o exercício destas funções do que para as funções de Director-Geral do FMI, quando começou a cair em desgraça pelas suas alegadas ligações a comunistas (ver *supra*, p. 508, nota 3 da página anterior), terá contribuído para que os americanos tivessem preferido a opção mencionada no texto, «explicando» melhor que não fosse ele o escolhido.
Tal como aconteceu no FMI, também o Banco criou um Grupo de Trabalho para rever o processo de selecção do seu líder, tendo os dois grupos divulgado um Relatório Conjunto Preliminar, em 25 de Abril de 2001, no sentido de envolver mais directamente as instituições na escolha, até agora feita do exterior. As propostas de definição do perfil dos candidatos no Conselho dos Administradores, da criação, a partir deste, de um *Advisory Group*, para conduzir o processo, e de procedimentos e

4. Meios financeiros

Conforme se referiu atrás, em especial no momento da criação, era muito difícil a constituição do capital mínimo correspondente às ambições do Banco: estando em causa não só a promoção dos países mais atrasados como, de imediato, a reconstrução de países arrasados pela Guerra.

Foi por isso decisiva a sugestão referida, no sentido de uma parcela muito significativa do capital subscrito não ser exigível, senão em determinadas circunstâncias. Mais concretamente, as subscrições de capital foram divididas em dois blocos: um primeiro pago[317], correspondente a 20% das acções, e um segundo, correspondente aos outros 80%, cuja realização poderá ser solicitada no caso de o Banco ser chamado a assumir compromissos de financiamentos no mercado dos capitais ou de garantias prestadas[318] (com o decorrer dos anos a exigência foi aliás diminuindo, chegando-se a um nível de realização das quotas de cerca de 3% – 6% para o aumento de capital de 2010). Cfr. *infra*.

Conseguiu-se assim a adesão indispensável dos países fundadores e que um esforço financeiro de 10,7 mil milhões de dólares tivesse possibilitado aplicações de 407,4 mil milhões[319]. Em Abril de 2010, o Conselho de Governadores do Banco aprovou um aumento do seu capital em mais de 86 mil milhões de dólares (o primeiro em mais de 20 anos), e alterações na distribuição dos votos, de modo a reforçar a sua solidez financeira e aumentar a participação dos países em desenvolvimento.

O alargamento do campo de actuação do Banco é naturalmente conseguido com o recurso ao mercado de capitais, em condições normais, apenas com o benefício de, com a garantia proporcionada pelo Banco (AAA), se conseguir uma taxa inferior à que teria de ser paga por outros intermediários financeiros. Tendo atingido um máximo em 1998 durante a crise financeira asiática (28 mil milhões), cifra-se normalmente entre 10 e 15 mil milhões de

requisitos para a escolha mereceu o apoio do Conselho dos Administradores do Banco mas não uma decisão formal.

Para um depoimento recente sobre o papel dominante do G-7, e em especial dos EUA, no Banco, ver Ritzen, 2005, pp. 99-104.

[317] Em ouro ou dólares dos Estados Unidos e o restante nas moedas dos próprios países (tendo-se admitido ainda uma dilação para os países mais danificados pela Guerra).

[318] Assim, como se escrevia na proposta britânica redigida por Keynes, *«whilst the bulk of the funds will have to be found by creditar countries, it is reasonable that all members should contribut to guaranteeing the risks of international investment to an extent proportionate to their subscription, for they will all have obtained the benefit of releasing these large sums for the expanxion of international trade»* (Keynes, 1980b, p. 54).

[319] Uma «verdadeira bagatela», *a bargain*, na apreciação de Kenneth Lay (1995, p. 209; cfr. Paz Ferreira. 2004, p. 235). Como seria de esperar, o modelo veio a ser copiado por outros bancos de desenvolvimento («regionais»).

dólares mas a crise financeira despoletada nos EUA em 2007 levou a novos máximos (33 mil milhões em 2008, cerca de 40 em 2009).

5. Formas de apoio

5.1. O Banco Mundial dá apoio (v. *g.* apoio financeiro) apenas aos países membros e em termos «oficiais»: a projectos dos Estados ou com garantias dadas pelos Estados ou pelos Bancos centrais, estando o apoio ao sector privado cometido à *Sociedade Financeira Internacional* (ver 8.1).

Não exigindo outro tipo de garantias, nos contratos de empréstimo é todavia consagrada a cláusula de *negative pledge:* com a qual se evita que, enquanto não estiverem extintas as obrigações decorrentes dos empréstimos, os mutuários criem preferências a favor de outros credores, alterando a posição relativa do Banco (ver Pessoa Jorge, 1983, e Paz Ferreira, 1995, p. 88, ou 2004, p. 242).

O Banco possui dois tipos básicos de empréstimos: os empréstimos para investimento[320], que nas últimas décadas representaram cerca de 3/4 do total – concedidos como *loans* através do Banco, ou como *credits* através da Associação Internacional para o Desenvolvimento (cfr. *infra,* 8.2.), e os empréstimos de desenvolvimento *(Development policy loans),* que evoluíram de empréstimos concedidos para viabilizar reformas macroeconómicas (*vg.* agricultura ou comércio externo) para a obtenção de ajustamentos estruturais e sectoriais.

Estes últimos foram ganhando importância à medida que, como se verá adiante, o Banco passou a julgar indispensáveis alterações estruturais nas economias, com frequência condicionando a concessão de empréstimos à sua concretização. No caso dos empréstimos de ajustamento estrutural (SAL's, *structural adjustment loans)* pretende-se encaminhar o conjunto das economias para as regras do mercado, incluindo a privatização de serviços e empresas públicas e, em geral, a redução da presença do Estado na vida económica (ver *infra,* 6.4.). No caso dos empréstimos de ajustamento sectorial (SECAL's, *sectorial adjustment loans),* tal como o nome indicia, visa-se a reestruturação de sectores julgados de importância determinante para a liberalização das economias.

Uns e outros são empréstimos especialmente atractivos pela facilidade de utilização dos fundos *(quick disboursing)*[321].

[320] Que assumem diferentes modalidades, não se restringindo já a capital físico (há empréstimos para assistência técnica ou para situações de recuperação de emergência), mas só são libertados com a despesa realizada, em muitos casos na sequência de concursos públicos.

[321] Tendo aparecido numa época de agravamento das dívidas externas dos países menos desenvolvidos, surgiu naturalmente a crítica de que quem determina a política do Banco está fundamentalmente preocupado com as cobranças dos países credores... Sobre estes empréstimos «institucionais»

Desde 2004 deram lugar aos ditos *empréstimos de desenvolvimento,* libertados por *tranches* em função do cumprimento de condições previamente estipuladas (alterações legislativas, obtenção de certos resultados, adopção de certos procedimentos ou indícios de evolução para uma situação macroeconómica satisfatória). A determinação do uso deste tipo de empréstimos – de prazo mais reduzido (de 1 a 3 anos) – depende da avaliação feita no quadro da Estratégia de Assistência ao País *(Country Assistance Strategy)* – e requer «um quadro macro-económico apropriado». Este pode resultar de um programa do FMI em curso, ou passar pela consulta ao Fundo para avalizar a sua evolução macroeconómica. Aberto um período de consulta e participação, preparam-se as estratégias de desenvolvimento em função das quais serão concedidos os empréstimos (do Banco ou da IDA) – excepto em situações excepcionais de crise ou de conflito, em que são sujeitos à aprovação do Conselho dos Administradores, relegando-se essas considerações para ocasião mais oportuna.

Em todos os casos, os empréstimos são concedidos com um juro de mercado[322] (os recursos concedidos têm de ser reembolsados), sendo os regimes especiais de empréstimos deixados para a AID (ver 8.2). Dados os propósitos de desenvolvimento do Banco, entre as operações passivas e activas havia apenas um diferencial *(spread)* de 0,5%[323], com o qual eram cobertas as despesas administrativas e foram conseguidos lucros. Os empréstimos negociados a partir de 31 de Julho de 1998 estavam contudo sujeitos a diferentes regras: o *spread* subiu para 0,75% e passou a ser paga uma taxa de 1% no momento em que o empréstimo era disponibilizado (mantendo-se a anterior taxa de serviço de 0,75% – normalmente reduzida para 0,25%). Em Setembro de 2007 o Conselho dos Administradores resolveu simplificar e tornar mais atractivas as condições de recurso ao Banco (que já tinham sido atenuadas em 2005 e 2006), fixando o *«front end fee»* em 0,25% do montante do empréstimo, reduzindo o *spread* para 0,30% e fixando em 0,05% o prémio de risco, mas o posterior agravamento da situação financeira mundial determinou o retorno às anteriores condições, embora com alterações muito significativas no *menu* de produtos financeiros disponibilizados pelo Banco Mundial.

e as suas novas modalidades *(Programatic Srutuural Adjustement Loans, Special Structural Adjustament Loans, Rehabilitation Loans, Debt Reduction Loans)* ver Paz Ferreira, 2004, pp. 247-248.

[322] Com alguma diferenciação apenas desde Julho de 1982: cfr. Schiavone (1997, p. 146).

[323] Para países que já se encontrassem em pagamento de anteriores empréstimos, o *spread* podia diminuir 0,25%. Previa-se que no ano fiscal de 1999 essa redução fosse apenas de 0,05%, mas a aplicação das novas regras, referidas a seguir no texto, repôs a anterior redução para os novos empréstimos.

Os empréstimos não poderão exceder 100% do capital subscrito, acrescidos dos recursos e dos excedentes do Banco[324] e são geralmente de 10 a 20 anos, com um «período de graça» de 4 anos.

Numa preocupação crescente pela racionalização e a eficácia na sua intervenção, há especiais cuidados no modo como são apresentadas e apreciadas as candidaturas e acompanhados os financiamentos (sobre as várias fases a seguir ver Labisa, 1995, pp. 113-5, Saunier, 1996, pp. 7-12, ou Paz Ferreira, 1995, pp. 83-5, e 2004, pp. 243-247, bem como as publicações – manuais – do próprio Banco aqui referenciadas)[325].

Pode dizer-se que há uma filosofia na concessão dos empréstimos que distingue o Banco Mundial da generalidade dos bancos, inaugurando-se, na expressão de Lateef (1995, p. 10), «a *new lending paradigm*», na linha da preocupação básica pelo desenvolvimento há pouco referida.

Assim se compreende que os empréstimos se limitem a países abaixo de determinado nível de rendimento *per capita* (de qualquer modo acima dos visados pela AID: ver *infra*, em 8.2.) e quando o capital necessário não possa ser obtido em condições mais favoráveis no mercado. Por ter excedido esse limite, desde 1989 Portugal deixou de poder beneficiar de financiamentos do Grupo, depois de, a partir de 1963, data do primeiro empréstimo (para investimentos no sector hidro-eléctrico), ter tido um total de 35 financiamentos, num montante de mais de mil milhões de dólares. Completou assim o chamado processo da «graduação»[326].

O *new lending paradigm* integra várias componentes, incluindo a avaliação dos projectos, a abertura obrigatória de concursos públicos, o acompanhamento *(monitoring)* da utilização dos recursos, com eventuais «correcções» a meio, e desde 1970 também uma avaliação *ex-post* dos investimentos apoiados.

[324] Distingue-se assim o Banco Mundial do que é comum na prática bancária, com graus de cobertura que podem ficar na casa dos 10 a 20%. Outros elementos distintivos são a ausência de depósitos e a prevalência de critérios de desenvolvimento, não de rentabilidade financeira ou de segurança do mutuante, nos empréstimos concedidos.

[325] Em Setembro de 1993 o Conselho dos Administradores criou um Painel de Inspecção *(Inspection Panel)*, formado por três especialistas independentes nomeados por períodos de 5 anos, não renováveis, para garantir a adequação dos projectos apoiados pelo Banco às regras e políticas deste. A sua intervenção ocorre a pedido de qualquer grupo de pessoas que se considere prejudicado por um qualquer desses projectos. Tal iniciativa foi vista como uma resposta à polémica gerada à volta dos projectos de construção de barragens e canais de irrigação no rio Narmada (Índia): cfr. Peet (2008, pp. 196-201).

[326] O processo de «graduação» ocorre quando um país atinge um determinado rendimento *per capita* ano, deixando de poder beneficiar de empréstimos do Banco. Cfr. o que se escreve *infra*, p. 579, nota 3, para o processo de «graduação» da AID. O último país a completar o processo de graduação do Banco foi a Eslováquia, em Maio de 2004.

Os cuidados a ter em conta foram acompanhando a evolução da filosofia do banco (referida em 6.), bem como os contributos que foram sendo dados pela ciência económica. Assim, numa linha micro-económica, nos anos 70 foram especialmente relevantes os contributos dados para a técnica de avaliação de projectos com a consideração de preços e custos «contabilísticos» *(shadow prices and costs)*, medindo-se a rentabilidade não só financeira como também económica e social. A par de um método de avaliação de peritos do próprio Banco (Squire e Van der Tak, 1977), um método promovido pela OCDE (Little e Mirrlees, 1974) mereceu igualmente a atenção do BIRD (World Bank, 1991). Uma avaliação em termos macro-económicos (referida também por Christin, 1995, pp. 76-86) confunde-se em boa medida com a problemática do ajustamento estrutural.

5.2. Para além da concessão de empréstimos, isoladamente ou acompanhando outras entidades, é de sublinhar o apoio de consultadoria do Banco à preparação de projectos não financiados por si.

Trata-se de apoio que é dado tanto em relação a projectos em concreto como, de um modo geral, à formação de quadros (ver 5.5.) e à divulgação de técnicas de preparação e análise (recorde-se 5.1.).

5.3. Sujeito naturalmente às críticas que veremos adiante, o Banco Mundial tem vindo a assumir também um papel crescente de «aconselhamento» macro-económico, *vg.* em relação a políticas de ajustamento estrutural (recorde-se 5.1. e veja-se *infra*, 6.4.).

De um modo mais *soft* Lateef (1995, p. 11) chama-lhe «diálogo político», mas dada a dependência *de facto* ou *de jure* dos financiamentos em relação à concretização destas políticas (com razoabilidade e, ou custos sociais, em alguns casos discutíveis), há quem julgue que se trata de uma ingerência abusiva e nefasta nas políticas nacionais (cfr. por ex. Guitián, 1994).

Fazendo um juízo favorável (trata-se de questão considerada em 7.), nas palavras do mesmo autor *«frequently it is the Bank's contribution to shaping its borrowers policies, rather than the financing it provides, that has the stronger impact on the country's overall performances over the long term»*[327].

[327] Numa linha também claramente favorável, mas numa época em que estava ainda em causa fundamentalmente o apoio à elaboração de projectos, Rotberg (1981, pp. 11-2) afirmava não ter «dúvidas de que, para alguns mutuários, é essa *pool* de inteligência e objectividade dos conselhos técnicos do Banco que contam tanto como a transferência efectiva de recursos».

5.4. O Banco tem vindo também a promover investigação de base com relevo para as políticas a serem seguidas[328].

Assim acontece relativamente a temas como o sub-desenvolvimento, a dívida dos países mais atrasados, o financiamento do desenvolvimento, a pobreza, o ambiente ou ainda a liberalização do comércio mundial[329]).

Trata-se de investigação que está em boa medida reflectida na actividade editorial do Banco (mencionada em 9.) e que está na origem da sua redefinição como um *«knowledge bank»*[330].

5.5. Por fim, numa linha já antiga assume um grande relevo a formação de quadros. Trata-se de tarefa especialmente cometida ao instituto de Desenvolvimento Económico (IDE ou EDI, *Economic Development Institute),* criado em 1955[331], que, integrado no *World Bank Institut* em 1999, funciona como uma escola de quadros, com a organização de seminários de formação tanto em Washington como no exterior: estando as acções a cargo de quadros do Instituto e de especialistas contratados para o efeito.

6. Evolução

Tendo entrado em funcionamento em 25 de Junho de 1946, nas condições referidas, com 41 países, a participação foi aumentando ao longo das mais seis décadas já decorridas. Tratou-se de um aumento por «vagas»: nos anos 60 com antigas colónias recém-chegadas à independência, principalmente de África (passando-se de 68 países em 1960 para 113 em 1970); nos anos 70 e 80 fundamentalmente com pequenos países das Caraíbas e do Pacífico (chegando-se a 148 membros em 1985); e já nos anos 90 fundamentalmente com os países do antigo bloco soviético (a Federação Russa aderiu ao BIRD e à AID em 1992), em alguns casos resultantes da divisão de Estados anteriores (chegando-se aos 187 actuais). A própria Suíça, sempre avessa a assumir

[328] Christin distingue esta actividade no cap. IV do seu livro (1995), intitulado: *«La Banque Mondiale: un centre d'analyse et de réflexion et une unité de coordination sur le développement à l'echelle planétaire»*.

[329] Num projecto especialmente vasto, sobre os efeitos das políticas de liberalização e sobre as políticas de ajustamento que deverão acompanhá-las, procedeu-se à análise comparada das experiências de 19 países (Papageorgiou, Choksi e Michaely, 1990), tendo o estudo do caso português sido feito por Macedo, Corado e Porto (1988).

[330] Krueger (1998, p. 41) refere que só nos anos 70 a investigação teórica realizada no Banco começou a ser importante, se bem que a recolha e compilação de dados já viesse de trás.

[331] Beneficiando da colaboração das Fundações Ford e Rockfeller. O instituto foi, pois, pioneiro em relação às outras instituições do Grupo (cfr. Paz Ferreira, 2004, p. 248).

responsabilidades internacionais, aderiu em 1992, antes de se tornar membro das Nações Unidas.

Actualmente só não são membros do Banco, como excepções de maior relevo, Cuba, a Coreia do Norte e a República da Formosa (que saiu como condição para a entrada da República Popular da China, em 1980).

Ao longo do período decorrido podem distinguir-se várias fases na filosofia e no modo de actuação do Banco Mundial,

6.1. Numa primeira fase, a fase da reconstrução logo a seguir à Guerra, estava em causa fundamentalmente um problema de financiamento a países de tradição industrial: tendo a França sido o maior beneficiário, com um montante de 250 milhões de dólares (de uma parcela de 496 milhões de dólares concedidos à Europa Ocidental), montante que em termos reais até agora não foi atingido de novo.

Até 1954 foram afectadas à Europa mais de 50% das verbas totais.

O papel do Banco foi perdendo todavia relevo aqui face ao muito maior volume de verbas da ajuda Marshall[332], deixando além disso o apoio de ser necessário à medida em que as economias se iam reconstruindo.

Na fase inicial da actividade do Banco assumiu também um grande relevo a ajuda ao Japão, país que, contudo, passado pouco tempo, com o crescimento conseguido, passou a ser um dos fornecedores mais importantes de meios financeiros (cfr. Doggart, 1995).

6.2. Ainda nos anos 50 e principalmente nos anos 60[333] houve naturalmente uma mudança sensível na política do Banco, passando-se prevalentemente para a promoção de países menos desenvolvidos, com a América Latina a absorver a parcela mais significativa dos fundos: dois terços na década de 60 (os primeiros empréstimos fora da Europa haviam sido concedidos ao Chile em 1948).

[332] Eichengreen (1999, p. 167) recorda que «o total dos seus compromissos europeus entre Maio de 1947, quando foi feito o seu primeiro empréstimo, e o fim de 1953, um período correspondente ao do Plano Marshall ascendeu a apenas 753 milhões de dólares, ou pouco mais de 5 por cento da ajuda Marshall». Cfr. *supra*, p. 510, nota 4.

[333] Numa distinção mais «decomposta» por décadas, Lateef (1995, pp. 12-3) distingue uma concessão de empréstimos a projectos *bankable* nos anos 50, de uma perspectiva de agência de desenvolvimento nos anos 60, mesmo antes da presidência de McNamara.

6.3. Depois foi especialmente marcante a eleição para Presidente, em 1968, do ex-Secretário de Estado americano Robert McNamara[334], promovendo alterações muito significativas na filosofia e no modo de actuação. Tendo sido reeleito duas vezes, exerceu o cargo até 1981, em termos tais que se justificará que se diga que *«impressed his stamp on the World Bank and transformed its culture»* (George e Sabelli, 1994, p. 37)[335].

Compreensivelmente, a sua gestão foi em grande medida determinada pela circunstância de se tratar de um político, depois de ter sido feita por banqueiros profissionais; numa mudança que ficou marcada por uma muito maior preocupação social com o desenvolvimento e por uma ambição que levou a um recurso muito mais acentuado aos mercados financeiros, multiplicando-se por cinco o valor das operações de endividamento do Banco (sem que perdesse por isso a imagem adquirida de devedor muito sólido). Sendo a média anual de empréstimos no valor de menos de um milhar de milhões de dólares na época pré-McNamara (953,5 milhões em 1968), subiu para 12,4 milhares de milhões em 1981, último ano da sua presidência (de 62 para 266 projectos financiados).

Na aplicação de um volume muito maior de fundos o Banco deixou de se limitar à aprovação (em maior número) de projectos que lhe eram apresentados, tendo passado ele próprio a ter a iniciativa de identificar projectos a realizar nos Estados-membros.

Em termos substanciais, a Administração McNamara ficou caracterizada por uma preocupação prioritária com a problemática da pobreza[336], reflectida em duas linhas estratégicas básicas (cfr. Williams, 1994, pp. 115-7): a da

[334] Antes exerceram este cargo Eugene Mayer (18 de Junho a 18 de Dezembro de 1946), John McCloy (17 de Março de 1947 a 30 de Junho de 1949), Eugene Black (1 de Julho de 1949 a 31 de Dezembro de 1962) e Georges Woods (1 de Janeiro de 1963 a 31 de Março de 1968).
A McNamara seguiram-se Alden W. Clausen (1 de Julho de 1981 a 30 de Junho de 1986), Barber Conable (1 de Julho de 1986 a 31 de Agosto de 1991), Lewis Preston (1 de Setembro de 1991 a 30 de Maio de 1995), James D. Wolfensohn (1 de Junho de 1995 a Maio de 2005) e, com controvérsia à entrada e à saída, Paul Wolfowitz (1 de Junho de 2005 a 30 de Junho de 2007), que deu lugar a Robert B. Zoellick que, tal como o seu antecessor, ocupara vários cargos no Governo americano.

[335] Podendo falar-se também numa «refundação do banco» (cfr. Paz Ferreira, 1995, p. 69), ou no *"McNamara's Bank"* (cfr. Ritzen, 2005, p. 109, *apud* Joehen Kraske).

[336] Com o lançamento, no decurso da reunião do Conselho dos Governadores de Nairobi (1973), do conceito de «pobreza absoluta», em que viveria 40% da população dos países em desenvolvimento: «um insulto à dignidade humana».
De novo nas palavras de George e Sabelli, McNamara *«even 'invented' the poor»* (1994, p. 38; ver também Paz Ferreira, 1995, p. 70, e 2004, p. 261).

satisfação das necessidades básicas *(basic needs approach)*[337], requerendo um investimento prioritário no capital humano; e o desenvolvimento rural, tendo os meios financeiros a ele destinados quase decuplicado entre 1968 e 1981.

Estas novas preocupações tiveram naturalmente implicações na quantidade e na qualificação dos seus quadros: tendo o número total de funcionários aumentado de 767 em 1968 para 2252 em 1981 (dez anos depois já era de 3776, sendo agora mais de 10 000), em grande parte dos casos com a preparação adequada para as novas preocupações e a nova filosofia de actuação do Banco.

6.4. Acabando aquando do triunfo do *Reaganismo*, a Presidência de McNamara foi então alvo de críticas duras (cfr. Birch e Biersteker, 1993 e Paz Ferreira, 1995, p. 70, e 2004, pp. 261-2), tanto de direita como de esquerda, que apontaram a falta de resultados positivos, a ausência de orientação das economias num sentido (mais) de mercado, as consequências ambientais de alguns projectos e o contributo dado para o endividamento dos países em desenvolvimento («desconhecendo-se» que este resultou em grande medida de outras causas, desde as crises do petróleo).

É em tal quadro que se explica que se caminhasse a partir de então para as «políticas de ajustamento estrutural»[338], como se disse, visando a modificação das políticas económicas dos países com projectos a financiar: incluindo no *menu* a liberalização interna e externa (*v. g.* do investimento estrangeiro), a redução das despesas públicas e as privatizações, bem como ainda medidas nos campos cambial e monetário, com desvalorizações (visando a promoção das exportações) e o aumento das taxas de juro.

Passou-se assim para uma exigência de «condicionalidade» que aproximou o Banco do FMI, tendo na sua base juízos, e levando a «sugestões» de intervenção, que punham naturalmente em causa o seu apoliticismo tradicional.

6.5. Nos anos 90, a par do «apoio» estrutural, ganharam relevo assinalável as preocupações ambientais, com o objectivo de se conseguir um desenvolvimento sustentado (ver o cap. 8 de George e Sabelli, 1994), e de novo preocupações sociais (em 31 de Março de 1997 foi aprovado por unanimidade o chamado *Strategic Compact*, um plano de reforma destinado a recentrar o Banco na redução da pobreza). Também já sob a égide de Wolfensohn ope-

[337] Numa linha seguida também pela Organização Internacional do Trabalho (OIT): ver Hunt (1989).

[338] Foi, contudo, ainda com McNamara, em 1980, que se concederam os primeiros «empréstimos para ajustamento estrutural» (SAL) (ver Williams, 1994, p. 117).

rou-se a descentralização do Banco, fixando 30% dos seus quadros nos países onde intervém (Ritzen, 2005, p, 109, e *www.worldbank.org)*, e inaugurou-se uma nova política de colaboração com as ONG e com os governos nacionais (a *«ownership»* das estratégias de redução de pobreza).

Outros focos de intervenção do Banco são a luta contra a corrupção e, de novo, o auxílio à reconstrução de países devastados por conflitos ou catástrofes naturais[339].

6.6. No mandato de Robert Zoellick[340] a ênfase na alteração estrutural dos beneficiários dos *loans* foi transferida para a alteração das condições destes, que passaram a incorporar mecanismos facultativos de protecção dos riscos de câmbio, de alterações de taxas nos mercados, de volatilidade de preços dos bens transaccionáveis, das alterações climáticas ou de catástrofes.

7. Avaliação

Numa avaliação da acção do Banco será justo reconhecer o papel desempenhado ao longo de mais de meio século de actividade, tendo contribuído para as melhorias económicas e sociais que foram conseguidas (com alguns indicadores impressivos ver Lateef, 1995, pp. 2-45, sublinhando que *«the past fifty years have seen dramatic, imprecedent gains for developing countries»)*. Trata-se de melhorias para as quais contribuíram seguramente os projectos financiados pelas diferentes entidades do Grupo[341], em muitos casos em associação e complemento de instituições financeiras nacionais ou regionais, como são os casos do Banco Inter-Americano de Desenvolvimento para a América Latina, do Banco Asiático de Desenvolvimento, do Banco Africano de Desenvolvimento ou ainda do BERD (Banco Europeu de Reconstrução e Desenvolvimento) para os PECO (Países da Europa Central e Oriental).

Tratou-se, todavia, de progressos muito desigualmente repartidos, com alguns países da Ásia a terem crescimentos espectaculares mas, pelo contrário, continuando a África sub-Sahariana (a par de países de outras áreas) a ter indicadores muito baixos. São de assinalar de qualquer modo, mesmo aqui, progressos assinaláveis em alguns domínios, por exemplo na produção agrícola, na linha de uma das novas vertentes consideradas pelo Banco.

[339] Falando-se mais recentemente em «reinvenção do Banco Mundial» (ver Pincus e Winters, 2002, pp. 1-25; com uma análise da Presidência Wolfensohn, ver Rich, 2002).

[340] Cfr. *supra*, nota 2 da p. 571.

[341] Lateef (loc. cit.) não deixa de acrescentar que *«the lion's share of credit goes to the countries themselfs»*; mas serão indissociáveis, em todos os casos, os contributos externos e internos que foram dados. Cfr. Porto, 2009b, pp. 35 e ss.

A *green revolution* não deixou, todavia, de ser passível de críticas, pelo menos numa primeira época, tendo levado a processos produtivos capital-intensivos, agravadores de desigualdades sociais e delapidadores de recursos naturais (ver George e Sabelli, 1994, caps. 5 e 10). Uma melhor adequação às condições locais, no quadro da política de promoção rural, levou já depois a resultados mais favoráveis.

As críticas hoje em dia mais sensíveis, ocupando uma vasta literatura, são, contudo, as críticas às políticas de ajustamento estrutural ou sectorial.

Pode desde logo perguntar-se se casos de êxito anteriores foram consequência deste tipo de políticas. A polémica tem-se levantado em relação ao «milagre» asiático, sublinhado numa publicação do Banco com o título elucidativo de *The East Asian Miracle* (World Bank, 1993) (ver, todavia Rodrik, 1994), não parecendo que tenham tido êxito idênticas políticas seguidas em outras áreas (*v. g.* em países de África)[342] impondo-se às populações sacrifícios exagerados.

Trata-se de circunstância que acentua um outro melindre de tais políticas: constituírem, com a «condicionalidade»[343] (dependendo a concessão dos apoios financeiros da sua adopção), uma ingerência política do Banco que muitos consideram inaceitável, numa crítica comum ao FMI[344].

Na vastíssima literatura de crítica muito negativa que tem vindo a ser publicada podem referir-se, a título meramente exemplificativo, Mosley *et al.* (1991), Nifzigen (1993), Birch e Biersteker (1993)[345], Chossudovsky (1997), com o título sugestivo *The Globalisation of Poverty...*, Peet (2007), ou ainda, com

[342] Estando, todavia, Moçambique, um dos beneficiados da iniciativa conjunta do Banco Mundial e do FMI para os Países Pobres Mais Endividados (ver *infra* nota 1 da p. 581) a ser uma feliz excepção (ver Paz Ferreira, 2004, p. 234, nota 47, e AA. aí citados).

[343] Um documento do *Operations Policy and Country Services* (World Bank, 2004) dá conta de como o debate sobre a «condicionalídade» no FMI se transferiu para o Banco Mundial e das sucessivas revisões que a sua condicionalidade sofreu. Em resultado, o número médio de condições impostas num *«policy based loan»* desceu de 35, nos finais dos anos 80, para 15, no ano financeiro de 2004 (exepcão feita nos anos de 92-93, em que subiu para mais de 40). Incluindo o número de *«benchmarks»* indicativos, teria passado de uma média de 60 para 39, no mesmo período (p. 12).

[344] A participação maior dos Estados Unidos no capital social bem como a sua presidência permanente suscitam também naturalmente a crítica de alguns, dizendo que se trata de um instrumento ao serviço do poderio desse país (ver Tamames, 2000, p. 131); ou que se trata de um instrumento ao serviço dos países mais desenvolvidos.

[345] Dizendo estes (p. 43) que «as suas recomendações para reformas políticas conduziram o Banco muito para além do papel técnica e politicamente neutral que reclama para si», acrescentando que a «insistência numa mudança do papel do Estado na economia tem implicações políticas de longo alcance, algumas das quais atingem o núcleo central de algumas questões críticas acerca da natureza do Estado» (cfr. Paz Ferreira, 1995, p. 71).

um impacto apreciável Stiglitz (2002), e a confluência de críticas em *www.brettonwoodsproject.org*.

Compreensivelmente, a defesa do Banco tem sido feita, em grande medida, em textos por ele publicados, com a preocupação de mostrar que as suas decisões são baseadas em *«sound technical and economic criteria»)* (World Bank, 1994[346]. Mais recentemente, é de reconhecer o mérito das políticas novas e renovadas que têm vindo a ser seguidas (ver Pincus e Winters, eds., 2002).

Em síntese, será de reconhecer que a aplicação imponderada de receitas gerais foi, por vezes, a causa principal de alguns maus resultados e das reacções negativas que têm aparecido, havendo casos em que as políticas de ajustamento estrutural são indicadas e outras em que não o são. Têm de tirar-se pois as inferências devidas, em relação à intervenção de uma instituição que tem, de todo o modo, um papel de facto insubstituível na promoção do desenvolvimento.

8. Outras Instituições do Grupo

Em vez de alargar a actuação para outros campos, foi julgada preferível a criação de outras organizações para intervenções determinadas, no leque vasto dos objectivos a atingir. Tal como só membros do FMI podem ser membros do BIRD, por seu turno só membros deste podem ser membros das instituições agora em referência.

8.1. A Sociedade Financeira Internacional (SFI)

Por ordem cronológica, foi a primeira organização a ser criada, em 25 de Maio de 1955, tendo entrado em funcionamento em 20 de Julho de 1956. Tem actualmente 182 membros.

Dirigindo-se os financiamentos do Banco Mundial ao sector público, a SFI aparece com a preocupação de fornecer apoio financeiro ao sector privado, com empréstimos ou com a participação no capital das empresas; relevando ainda a assistência técnica que pode prestar (cfr. Sabourin, 1994, pp. 141-2).

[346] Uns anos antes, quando as políticas de ajustamento estrutural estavam a dar os primeiros passos, Rotberg escrevia (1981, pp. 11-2): «Penso que é justo dizer que os mutuários acreditam no Banco Mundial. Eles acreditam na sua objectividade e no seu empenho em simplesmente fazer as coisas correctas. Os mutuários querem manter um relacionamento com uma instituição que não liga laços políticos aos empréstimos e que tem um grupo de profissionais competentes, cujo papel é de tomar decisões estritamente de ordem económica e financeira».

Trata-se de intervenções em que a Sociedade, segundo o Acordo Constitutivo[347]:

a) Auxiliará, em associação com o capital privado, o financiamento da criação, melhoria e expansão de empresas produtivas do sector privado de modo a contribuir para o desenvolvimento dos países membros; esses investimentos serão efectuados sem garantia de reembolso pelo Governo membro interessado e apenas nos casos em que se não encontre disponível capital privado suficiente em condições razoáveis;
b) Procurará reunir oportunidades de investimento, capital privado nacional e estrangeiro e experiência de direcção;
c) Procurará estimular e ajudar a criar as condições que orientem o fluxo do capital privado nacional e estrangeiro para investimentos produtivos nos países membros.

Na sua actuação a SFI obedece aos princípios: do *catalisador,* de acordo com o qual procura dinamizar e associar os investidores privados; do *negócio,* de acordo com o qual assume os riscos do sector privado (não dispondo de garantias especiais); e da *contribuição especial,* de acordo com a qual só participa quando acrescenta algo de novo, *v. g.* levando ao investimento num país de grande risco ou num sector que de outro modo não iniciaria a sua actividade (ver Paz Ferreira, 2004, p. 252).

Na sua orgânica, compreensivelmente muito ligada à orgânica do Banco (sendo comuns os Conselhos e o Presidente), tem um Vice-Presidente e quadros de pessoal próprios e dispõe de autonomia jurídica e financeira. Tem não apenas um número diferente de países mas também diferentes participações de capital: no quadro das reformas referidas *supra* (6.) a participação dos países em desenvolvimento e em transição passará para 39,48% (e quanto que será de 47,19% no caso BIRD).

A SFI constitui a mais importante fonte de investimento no sector privado dos países menos desenvolvidos; tendo desde a sua entrada em funcionamento, em 1956 (com um capital autorizado de 100 milhões de dólares), cometido mais de 64 milhares de milhões de dólares de recursos próprios e promovido a canalização de mais 27 mil milhões, com o que ajudou 3760 empresas de 147 países (relevando também a sua actividade de apoio técnico).

[347] Aprovado para a adesão de Portugal pelo Decreto-Lei nº 46 970, do 24 de Abril de 1966 e republicado em Anexo à Resolução da Assembleia da República nº 17/94 (*Diário da República,* 1ª Série, de 2 de Abril de 1994), com a aprovação de uma emenda.

8.2. A Associação Internacional para o Desenvolvimento (AID)

Trata-se de organização com objectivos mais próximos dos objectivos do BIRD, de apoio ao sector público, tendo agora 170 membros.

A sua criação, em 1960 (em 24 de Setembro), foi determinada pela constatação de que, sendo os capitais do BIRD obtidos no mercado de capitais, juros capazes de cobrir os encargos respectivos não poderiam ser suportados pelos países mais desfavorecidos[348]. Os primeiros empréstimos, concedidos às Honduras, à Índia, ao Sudão e ao Chile, foram aprovados em 1961.

Nos termos do Artigo I do Convénio Constitutivo[349] compete-lhe «promover o desenvolvimento económico, aumentar a produtividade, melhorando dessa forma o nível de vida em regiões menos desenvolvidas do mundo cujos países sejam membros da Associação e em particular prestando-lhes auxílio financeiro de modo a satisfazerem as suas necessidades básicas de desenvolvimento, em termos mais flexíveis e com reflexos menos gravosos na balança de pagamentos do que os originados por empréstimos convencionais, favorecendo desse modo a prossecução dos objectivos de desenvolvimento do BIRD e complementando as suas actividades».

A decisão de financiar os projectos através da Associação ou do Banco depende do nível de desenvolvimento dos países: havendo países que, pelo seu escasso desenvolvimento, apenas são financiados pela AID[350], outros que

[348] Foi criada por iniciativa do Senador democrata norte-americano Mike Monroney e do Presidente Dwight D. Eisenhower, como forma de os *have* do mundo ajudarem os *have-not:* mas foi desejado que os financiamentos fossem concedidos de acordo com a disciplina de um banco, devendo por isso ser «parte» do Banco Mundial (datando a proposta americana de 29 de Setembro de 1959). Cfr. Kapur, Lewis e Webb, 1977, Vol. I. pp. 1119-60.

[349] A versão portuguesa está em Anexo à Resolução da Assembleia da República nº 33/92 *(Diário da República*, 1ª Série, de 17 de Dezembro de 1992).

[350] A elegibilidade para os financiamentos da AID depende do rendimento *per capita,* periodicamente actualizado. Para o ano financeiro de 2010 serão elegíveis países com um rendimento *per capita* inferior a 1135 US dólares/ano (considerando o rendimento de 2008) – que marca o *«operational cut off»* – e a 1855 US dólares/ano – que marca o *«histórical ceiling»* de participação na IDA. Em todo o caso, como a alocação de recursos se faz em atenção às necessidades dos países, a um índice de Alocação de Recursos da IDA, baseado na Avaliação Institucional e das Políticas de cada País, e às prioridades definidas nas decisões de refinanciamento *(v. g.* África sub-Sahariana), os fundos tendem a ser canalizados para os países de mais baixos rendimentos (500 USD *per capita* ou menos). Note-se que o critério principal de repartição dos recursos disponíveis e o dos resultados obtidos na adopção de políticas de crescimento económico e redução de pobreza, com base em 16 critérios de desempenho (agrupados em 4 áreas: Gestão económica, Políticas estruturais, Políticas para a Inclusão Social e a Equidade, Instituições e Administração do Sector Público) no chamado *Country Policy and Institutional Assessment,* cujos resultados passaram, desde 2005, a ser tornados públicos.

podem ter simultaneamente financiamentos do Banco[351], e ainda alguns que poderão recorrer apenas a este último (mesmo então têm de ser países abaixo de determinados valores de rendimento *per capita:* recorde-se p. 579, nota 2). Actualmente podem obter apoios financeiros da AID 79 países (39 de África, 12 da Ásia Oriental, 8 da Ásia do Sul, 9 da Europa e Ásia Central, 9 da América Latina e Caraíbas[352], 2 do Médio Oriente e Norte de África), onde cerca de 1,5 mil milhões de pessoas vivem com menos de 2 dólares por dia[353]. Para um retrato da situação nos países mais pobres, pode ver-se Porto (2009a, pp. 530-532).

A ajuda proporcionada pela AID não se reveste, como vimos já, das características de um contrato remunerado através do pagamento de uma taxa de juro, tal como sucede com as operações do Banco. Trata-se antes de «créditos» que apenas originam o pagamento de uma comissão de serviço de 0,75 por cento. Procurando marcar a diferença entre um e outro caso, diz-se na terminologia inglesa que enquanto da parte do Banco se trata de *loans,* da parte da AID trata-se de *credits* ou *grants.*

O prazo de vida desses financiamentos é muito longo – cinquenta anos (para os concedidos até Junho de 1987). Desde então oscila entre os trinta e cinco e os quarenta anos, conforme o estádio de desenvolvimento do país mutuário, havendo um período de graça de dez anos e sendo depois gradual a amortização.

Dada a pequena (quase nula) remuneração conseguida, os financiamentos da AID não podem ser feitos com o recurso aos mercados de capitais, apenas

[351] São os chamados *blend countries,* um conjunto de 15 países que se podem financiar simultaneamente junto da AID e do Banco Mundial. Há também um processo de «graduação» da AID, completado até ao presente por 35 países, cinco dos quais (Coreia do Sul, Botswana, República Popular da China, Egipto e Turquia) se tornaram doadores e 11 dos quais reverteram a graduação (dos quais três repetiram já a graduação).

[352] Neste número estão incluídos os 15 *blend countries,* 10 pequenas economias insulares (estes dois grupos têm quatro países em comum), e quatro países «inactivos» (Myamar, Somália, Sudão e Zimbabué). O número de países abaixo do limiar de rendimento *per capita* definido para limitar as intervenções da AID e, portanto, menor. Acrescente-se que a classificação dos países em qualquer das três categorias (baixos, médios e altos rendimentos) é feita anualmente, em 1 de Julho, e mantém-se durante todo o ano económico, qualquer que seja, durante ela, a evolução dos rendimentos de cada país.

[353] Segundo a versão prévia para discussão do 14º Refinanciamento da AID (IDA, 2004) os países seus beneficiários fizeram diminuir, entre 1981 e 2001, o número de pessoas que vivia com menos de um dólar por dia em quase 500 milhões, enquanto a esperança de vida passou de 54 para 59 anos nesses países. Ainda assim, há aí 700 milhões de pessoas a viver com menos de 30 dólares por mês, e a natalidade infantil até aos cinco anos é de 121 por cada mil nascimentos (comparando com 7 por mil nos países de maiores rendimentos).

podendo ser efectuados através de capitais próprios, designadamente das transferências do BIRD – e, a partir do 15º refinanciamento, também da SFI – e das quotas dos Estados membros que foram efectivamente pagas. Estando todas as quotas já esgotadas há muito, o problema fundamental da Associação é a reconstituição dos recursos; vindo naturalmente a maior parte do capital dos países mais ricos (em alguma medida também de países de desenvolvimento intermédio, alguns deles possíveis beneficiários do Banco Mundial).

Os países doadores têm vindo a ser chamados a reconstituir os fundos de três em três anos: da última vez, o 15º refinanciamento, deliberado em Dezembro de 2007, em Berlim, permitiu a obtenção de um total de 41,6 mil milhões de dólares, correspondendo 25,1 mil milhões a dádivas dos 45 países dadores. O 16º refinanciamento está actualmente a ser negociado e inclui a proposta de tornar permanente a «*Crisis Response Window*» criada em Dezembro de 2009.

Na sua actividade de mais de 47 anos a AID concedeu financiamentos no montante total de cerca de 207 mil milhões de dólares, a uma média de 14 mil milhões por ano nos últimos anos, cerca de metade (56% até 2009) canalizados para África[354].

[354] A AID é ainda a instituição mundial que mais tem feito na luta contra a SIDA, com um apoio de mais de 1,6 milhar de milhões de dólares gastos no tratamento e prevenção da epidemia no quadro da UNAIDS, e mais mil milhões de dólares, só em 2002, para financiar o programa multinacional HIV-AIDS (MAP).
Merece especial destaque a *Iniciativa Países Pobres Mais Endividados* [IPPME] *(Heavily Indebted Poor Countries Initiative)*, lançada pelo Banco Mundial e pelo FMI e aprovada pelos seus membros em 1996, em beneficio de 32 países com um rendimento *per capita* inferior a 695 US dólares/ano em 1993 e com uma relação dívida/exportações superior a 220%, ou uma relação dívida/PNB superior a 80%, bem como de 9 países beneficiários do reescalonamento da dívida proporcionado pelo credores do *Clube de Paris* (concedendo designadamente, de acordo com as *condições de Nápoles*, uma redução até 67% do valor pendente da dívida exigida). Nos seus termos, os serviços do Banco Mundial e do FMI, em conjunto com os representantes do país interessado, calculam o nível de endividamento sustentável deste (em geral dentro dos *ratios* 200-250% dívida/exportações e 20-25% serviço da dívida/exportações) no chamado *ponto de decisão* – que requer que o país venha seguindo, durante três anos, programas de ajustamento e reforma patrocinados pelo FMI e pelo Banco Mundial. Caso o nível de endividamento do país exceda esses valores tendo em conta todos os mecanismos aplicáveis de redução da dívida, torna-se elegível para a iniciativa. Esta permite reduzir o montante da dívida para esses valores sustentáveis no chamado ponto de conclusão. Este momento é suposto distar, tipicamente, três anos do ponto de decisão. Em 2007, 22 países (dos quais 19 Africanos) tinham já passado o ponto de conclusão, 9 (dos quais 7 africanos) encontravam-se entre um e outro e havia outros 10 (dos quais 7 africanos) que ainda esperavam poder ser considerados como beneficiários, mesmo após o termo do programa, em 31 de Dezembro de 2006.
Cerca de 46% da redução de dívida aprovada no quadro desta iniciativa foi coberta pelos credores «multilaterais», cabendo as maiores quotas (20% e 9% do total, respectivamente), ao Banco Mundial e ao FMI que, para o efeito, criaram um Fundo especial, colocado sob a administração da AID.

Dada a dependência e similitude de objectivos, a AID está muito estreitamente ligada ao Banco: havendo mesmo quem (Mason e Asher, 1972, p. 38) a considere uma *«elaborate fiction»* (embora reconhecendo, sem que *«too much time be spent in detailing the organization»*, que *«certain features» «are worthy of mention»)*.

É de facto comum (ao BIRD) toda a estrutura organizacional. Mas naturalmente que, sendo diferentes o número de membros e as quotas, são também diferentes os direitos de voto – que, nos termos das reformas referidas *supra* (4.), passaram a caber em 45,95% às economias em desenvolvimento e em transição (em vez dos 40,1% anteriores); sendo também naturalmente diferentes, como se viu, a fonte e a estrutura dos recursos de que dispõe.

Em Março de 2007, o Banco Inter-Americano de Desenvolvimento juntou-se ao Fundo Africano de Desenvolvimento no perdão de 100% dos créditos elegíveis sobre os países beneficiários da iniciativa que ultrapassassem o seu ponto de conclusão.
Durante os seus primeiros três anos de vigência só sete países tinham preenchido os critérios de necessidade (nos termos vistos) e mérito (registo prévio de políticas adequadas e adopção de reformas) para se qualificarem para a iniciativa. Assim, em 1999 foi reformulada. Na *IPPME alargada* a redução da dívida é maior, o ponto de conclusão passou a depender apenas da adopção das reformas necessárias à promoção de um crescimento mais rápido e da redução da pobreza e introduziu-se uma redução de dívida intercalar para que as verbas de outro modo destinadas ao seu pagamento fossem afectas à redução da pobreza. No âmago da *IPPME alargada* estão os Planos Estratégicos de Redução da Pobreza *(Poverty Reduction Strategy Papers)*, adoptados pelo país beneficiário com a participação da sua sociedade civil, organizações não-governamentais, países dadores e instituições internacionais, com o apoio do FMI e do Banco Mundial. Até à revisão de Setembro de 2004 as conselhos de administradores de ambas as instituições tinham de endossar explicitamente os Planos (40, até essa data), Nos novos moldes há apenas uma Nota de Aconselhamento das equipas do FMI e do Banco Mundial *(Joint Staff Advisory Note)*, embora com propósitos idênticos.
Os *Poverty Reduction Strategy Papers* bem como os documentos anteriores (planos intercalares, versões preliminares, notas) e posteriores (relatórios de acompanhamento) podem ser consultados no site do BIRD.
Cfr. *supra*, p. 541, o que se escreve sobre o Mecanismo de Crescimento e Redução de Pobreza, através do qual o FMI financia os países com planos estratégicos de redução de pobreza. Em Julho de 2005 o G-8 prometeu anular completamente a dívida externa dos 14 países da África sub-Sahariana com maiores progressos no quadro da Iniciativa PPME, com mais 10 países a serem considerados potenciais beneficiários, e a Nigéria a obter um acordo especial de cancelamento e recompra de dívida.
Vários *Low Income Countries Under Stress* (LICUS) – agora redesignados «listados frágeis» (17 em 2003, 26 em 2006) – não puderam beneficiar da Iniciativa, por não cumprirem as suas exigências. Daí que, a partir de 2002, o Grupo do Banco Mundial tenha começado a preparar alternativas. Em 2004 foi criado, a partir dos lucros do Banco, um *Trust Fund* para os LICUS, reforçado em 2006 e 2007, e que recolhe também donativos de diversos países e agências da Nações Unidas.
Os projectos que financia são por vezes participados por outras entidades.

8.3. O Centro Internacional para a Resolução de Diferendos Relativos a Investimentos (CIRDI)

Criado em 1966 (14 de Outubro, data da entrada em vigor da Convenção), o CIRDI tem como objectivo promover a arbitragem e a conciliação entre os investidores estrangeiros e os países de acolhimento[355]. Entendeu-se que um instituto desta natureza seria mais adequado, podendo aliás evitar-se o desgaste provocado pela intervenção pessoal do Presidente em disputas anteriores. Foi entendido, ainda, que com uma entidade desta natureza há um incentivo acrescido ao investimento internacional.

A convenção foi assinada até agora por 155 Estados, dos quais 144 depositaram os instrumentos de ratificação, tornando-se partes.

Na sua estrutura o CIRDI tem um Conselho de Administração e um Secretariado. O primeiro, presidido pelo Presidente do CIRDI (que é o Presidente do Banco Mundial), tem um representante de cada país que ratificou o acordo (salvo indicação diferente, o membro que faz parte do Conselho de Governadores do Banco). Para Secretário Geral, com poderes de representação, direcção e administração, tem sido sempre eleito o Vice-Presidente Secretário do BIRD. O *staff* é facultado pelo Departamento Jurídico do Banco, constando ainda do orçamento deste as despesas do CIRDI.

Embora o recurso ao CIRDI seja facultativo, quem a ele recorre não pode deixar de estar vinculado depois às decisões tomadas.

Entretanto vai ganhando relevo a remissão para a sua jurisdição de códigos de investimento, de acordos multilaterais e de acordos bilaterais (assim acontece já com mais de 900 acordos).

Até 31 de Dezembro de 2009 foram decididos 305 pedidos de conciliação e arbitragem.

Ultimamente o CIRDI tem vindo a desenvolver também uma importante tarefa de investigação e informação, na área do direito internacional dos investimentos directos.

8.4. Agência Multilateral para a Garantia dos Investimentos (AMGI)

Trata-se do membro mais recente do Grupo, mas que hoje já tem 175 membros.

A sua criação, em 1988, foi determinada pela necessidade de se dar cobertura ao chamado «risco político» (de guerras, perturbações sociais, expropria-

[355] A Convenção relativa à Resolução de Diferendos Relativos a Investimentos entre Estados e Nacionais de Outros Estados foi aprovada por Portugal, para ratificação, pelo Decreto-Lei nº 15/84, de 3 de Abril. Além da Convenção, o funcionamento do CIRDI é determinado por alguns regulamentos.

ções, etc.), em especial em países em relação aos quais é maior a sensibilidade a tal risco. Tem, além disso, um papel de promoção e acolhimento do investimento estrangeiro.

O capital inicial, de mil milhões de dólares em direitos de saque especiais (204,7 milhões realizados), foi formado com as contribuições dos países membros, de acordo com a sua capacidade económica. Em 1999 foi decidido aumentar esse capital em 850 milhões de dólares, considerando o recebimento de 150 milhões do Banco Mundial.

Os investidores requerem os seguros junto da Agência, que antes de os conceder faz uma avaliação tendo em conta a qualidade *(soundness)* dos investimentos e a sua adequação ao desenvolvimento dos países a que se destinam.

A AMGI concluiu, até ao final do ano fiscal de 2009 (Junho), 952 contratos de garantia em mais de 100 países, com o valor total de 21 milhares de milhões de dólares.

Na sua estrutura, sendo uma realidade jurídica própria, tem um Conselho de Governadores, um Conselho dos Administradores e um Presidente – o Presidente do Banco Mundial que preside a ambos os Conselhos[356].

9. Publicações

O Banco Mundial tem uma política editorial muito activa, com as publicações divulgadas num *Index* anual, com actualizações através de um boletim bimestral *(Publications Update)*.

Trata-se de publicações que vão desde os *Estatutos* do Banco ou do *Relatório Anual* à divulgação de investigações temáticas, nas áreas do desenvolvimento rural, do ambiente, dos mercados públicos e em muitos outros.

Também anualmente é publicado, em associação com o FMI, o *Global Monitoring Report* que avalia a evolução das políticas de desenvolvimento em vista à concretização dos Objectivos de Desenvolvimento do Milénio (até 2015), tal como definidos na Cimeira do Milénio das Nações Unidas, em Setembro de 2000, e endossados no Consenso de Monterrey (Março de 2000).

Entre as publicações não periódicas contam-se os *World Bank Discussion Papers, Industry and Finance Studies, Country Studies* e *Commodities Studies.*

Entre as publicações periódicas podem distinguir-se duas revistas, a *World Bank Economic Review* e o *World Bank Research Observer;* ou ainda por exem-

[356] Com uma análise mais desenvolvida da AMGI ver Shibata (1988) ou ainda por exemplo Christin (1995, pp. 119-22, com uma crítica ao sentido da cobertura de riscos políticos), ou Bakker (1996, pp. 47-8). Entre nós, ver Neves (2001).
O acordo institutivo da AMGI está publicado em Anexo à Resolução do Conselho de Ministros nº 12-A/88 (*Diário da República,* 1ª Série, de 26 Maio de 1988).

plo o *World Bank Atlas,* as *World Bank Research News* ou as *World Debt Tables.* Em colaboração com o FMI é publicada trimestralmente a revista *Finance & Development.*

Entre as publicações das demais instituições do Grupo pode distinguir-se por exemplo uma revista do CIRDI, *ICSID Review – Foreign Investment Law Journal.*

Bibliografia

BAKKER, Age F.P., 1996 – *International Financial Institutions,* Longman, Londres e Nova Iorque.

BIRCH, Melissa e BIERSTEKER, Thomas, 1993 – *The World Bank,* em Biersteker, Thomas (ed.). *Dealing With International Negotiations and Adjustment Bargaining,* Westview Press.

CROSSUDOYSKY, Michel, 1997 – *The Globalisation of Poverty. Impacts of IMF and World Bank Reforms,* Zed Books, Third World Network, Londres.

CHISTIN, Ivan, 1995 – *La Banque Mondiale,* Presses Universitaires de France (PUF), col. Que Sais-je?, Paris.

DAM, Kenneth W., 1977 – *The GATT: Law and the International Economic Organization,* The University of Chicago Press, Chicago e Londres (Midway reprint, sendo o original de 1970).

DOGGART, Caroline, 1995 – «From Reconstruction to Development in Europe and Japan», em Lateef (ed.), *The Evolving Role of the World Bank.* cit, pp. 37-50.

EICHENGREEN, Barry, 1999 – *A Globalização do Capital – Uma História do Sistema Monetário Internacional,* Bizâncio, Lisboa.

GEORGE, Susan e SABELLI, Fabrizio, 1994 – *Faith and Credit. The World Bank's Secular Empire,* Penguin, Londres.

GUITIÁN, Manuel, 1994 – *Ajustement Structurel et Conditionalité,* em Walrafen *Bretton Woods...,* cit, pp. 345-54.

IDA, 2004 – *Additions to IDA Resources: Fourteenth Replenishment – Drafi for public comment,* International Development Association (November 16).

HUNT, Diana, 1989 – *Economic Theories of Development: An Analysis of Competing Paradigms,* Harvester Wheatsheaf, Hemel, Hempstead.

KAPUR, Devesh, LEWIS, John P. e WEBB, Richard, 1997 – *The World Bank, Its First Half Century,* Brookings Institution, Washington.

KAPUR, Devesh, 2002 – «The Changing Anatomy of Governance on the World Bank», em PINCUS e WINTERS (eds.), cit., pp. 54-75.

KEYNES, John M., 1980a – *The Collected Writings of John Maynard Keynes,* Vol. XXV, *Activities 1940-1944. Shaping the Post-War World: The Clearing Union,* MOGGRIDGE, Donald (ed.), Macmillan/Cambridge University Press, for the Royal Economic Society, Londres.

— 1980b – *The Collected Writings of John Maynard Keynes, vol. XXVI, Activities 1941-1946. Shaping the Post-War World: Bretton Woods and Reparations,* MOGGRIDGE, Donald (ed,), Macmillan/Cambridge University Press for the Royal Economic Society, Londres.

Krueger, Anne O. – 1998 «Whither the World Bank and the IMF?», em *Journal of Economic Literature,* Vol. XXXVI, Dec. 1988, pp. 1983-2020.

Labisa, António dos Santos 1995 – *Organismos Internacionais,* Banco de Portugal, Lisboa.

Lateef, K. Sarwar (ed.), 1995 – *The Evolving Role of the World Bank. Helping Meet the Challengs of Development,* The World Bank, Washington.

Lateef, K. Sarwar, 1995 – «The First Half Century. An Overview», em Lateef (ed.), *The Evolving Role of the World Bank,* cit., pp. 1-36.

Lay, Kenneth G., 1995 – «Mobilizing Private Savings for Development», em Lateef (ed.), *The Evolving Rale of the World Bank,* cit., pp. 209-30.

Lelart, Michel, 1995 – «Bretton Woods. Rèperes pour un Cinquantenaire», em Walrafen (dir.), *Bretton Woods...* cit., pp. 497-563, Paris.

Little, Ian M. e Mirrelees, Jan A., 1974 – *Project Appraisal for Developing Countries,* Heinemann, Londres.

Macedo, Jorge, Corado, Cristina e Porto, Manuel, 1988 – *The Timing and Sequencing of Trade Liberalization Policies; Portugal 1948-1986,* Working Paper nº 114, Faculdade de Economia da Universidade Nova de Lisboa (síntese do relatório sobre Portugal preparado para o projecto referido em Papageorgiou, Choksi e Michaely, 1990).

Mason, Edward e Asher, Robert, 1972 –*The World Bank Since Bretton Woods,* Brookings Institution, Washington.

Mosley, Paul, Harrigan, Jane e Toye, John, 1991 – *Aid and Power: The World Bank and Policy-Based Lending,* Vol. 2, Routledge, Londres.

Neves, Arnaldo, 2001 – «A Agência Multilateral de Garantia aos Investimentos (MIGA): A propósito de uma iniciativa de sucesso no âmbito do "Banco Mundial"», *Lusíada,* n.os 1 e 2, pp. 11-26.

Nifzigen, E. Wayne, 1993 – *The Debt Crisis in Africa,* The John Hopkins University Press, Washington.

Papageorgiou, Demelrios, Choksi, Armeane M. e Michaely, Michael, 1990 – *Liberalizing Foreign Trade in Developing Countries. The Lessons of Experience,* World Bank, Washington (síntese dos volumes publicados pela Basil Blackwell, Oxford, 1990-1991, resultantes do projecto *The Timing and Sequencing of a Trade Liberalization Policy*).

Paz Ferreira, Eduardo, 1995 – «O Banco Mundial Cinquenta Anos depois de Bretton Woods», em *Revista da Banca,* nº 33, Janeiro-Março, pp. 61-94.

— 2004 – *Valores e Interesses. Desenvolvimento económico e política comunitária de cooperação,* Almedina, Coimbra.

Peet, Richard, *et al.,* 2007 – *Uma Trindade Pouco Santa – O FMI, o Banco Mundial e a OMC,* Sururu, Cascais.

Pessoa Jorge, Fernando, 1983 –A «Garantia Contratual da Igualdade de Credores dos Empréstimos Internacionais», em Ministério das Finanças, *Estudos Comemorativos do XX Aniversário do Centro de Estudos Fiscais,* Lisboa.

Pincus, Jonathan R. e Winters, Jeffrey A. (eds.) 2002, *Reinventing the World Bank,* Cornell University Press, Ithaca e London.

Pitta e Cunha, Paulo, 1993 – «O Movimento de Integração Liberal: do Livre-Câmbio do Século XIX ao Multilateralismo dos Nossos Dias», em *Integração Europeia, Estudos de Economia Política e Direito Comunitário*, Imprensa Nacional – Casa da Moeda, Lisboa, pp. 88-9.

PORTO, Manuel Carlos Lopes, 2009a – *Economia. Um texto Introdutório*, 3ª ed., Almedina, Coimbra.

PORTO, Manuel Carlos Lopes, 2009b – *Teoria da Integração e Políticas Comunitárias*, 4ª ed., Almedina, Coimbra.

RICH, Bruce, 2002 – «The World Bank under James Wolfensohn», em PINCUS e WINTERS (eds.), cit., pp. 26-53.

RITZEN, Josef, 2005 –*A Chance for the World Bank*, Anthem Press, London.

RODRIK, Dani, 1994 – *King Kong Meets Godzilla: The World Bank and the East Asian Miracle*, Centre for Economic Policy Research (CEPR), discussion paper nº 944 (April), Londres.

ROTBERG, Eugène H., 1981 – *The World Bank. A Financial Appraisal*, The World Bank, Washington.

SABOURIN, Louis, 1994 – *Organismes Economiques Internationaux*, col. Retour aux Textes, Montreal.

SAUNIER, Philippe, 1996 – «Le Groupe de la Banque Mondiale», em *Organisations Internationales Universelles a Compétences Monétaire et Financière*, Editions du Juris-Classeur, fascículo 135-2, pp. 1-23.

SCHIAVONE, Giuseppe, 1997 – «International Bank for Reconstruction and Development (IBRD)», em *International Organizations: A Dictionaiy*, 4ª ed., pp. 145-50.

SHIBATA, Ibrahim El, 1988 – *MICA and Foreign Investment, the Origins, Operations, Policies and Basic Docutnents of the Multilateral Investment Guarantee Agency*, Martins Nijholf, Dordrecht.

SQUIRE, Lyn e VAN DER TAK, Herman, 1977 – *Analyse Economique des Projects*, Economica, Paris.

TAMANES, Ramón, 2000 – *Estrutura Económica Internacional*, trad. port., Dom Quixote, 5º ed., Lisboa.

WALRAFEN, Thierry (dir.), 1994 – *Bretton Woods, Mélanges pour un Cinquantenaire*, Le Monde Edition, Paris.

WILLIAMS, Marc, 1994 – *International Economic Organization and the Third World*, Harvester/Wheatsheaf, Nova Iorque.

WINTERS, Jeffrey A., 2002– «Criminal Debt», em PINCUS e WINTERS (eds.), cit., pp. 101-130.

WORLD BANK (The), 1991 – *Proceedings of the World Bank Annual Conference on Development Economies*, Washington.

— 1993 – *The East Asia Miracle*, Washington.

— 1994 – *Learning from the Past, Embracing the Future*, Washington.

— 2005 – *Review of World Bank Conditionality: Issues Note*, World Bank (January 24, 2005).

— www.worldbank.org

SUBTÍTULO V
AS UNIÕES ADMINISTRATIVAS E TÉCNICAS

Pelo Dr. João Luiz Mota de Campos

Usamos aqui as expressões *«Uniões Técnicas»* e *«Uniões Administrativas»* para ordenar metodologicamente a abordagem de um conjunto de *instituições especializadas* da ONU *que* foram criadas *e* actuam como verdadeiros *serviços públicos internacionais,* prestando aos Estados-membros valiosos *serviços que* são expressão da cooperação e da solidariedade a que, por razões de sobrevivência no quadro da civilização contemporânea, os Estados se não poderiam furtar.

Aludiremos separadamente às *Uniões Administrativas* (CAPÍTULO I) e às *Uniões Técnicas* (CAPÍTULO II). A distinção entre umas e outras é um tanto arbitrária mas tem na base a ideia dos seus diferentes processos de trabalho – predominantemente administrativo nas primeiras, técnico nas segundas.

PLANO GERAL DO SUBTÍTULO V

CAPÍTULO I
AS UNIÕES ADMINISTRATIVAS

Secção 1ª ORGANIZAÇÕES QUE SE OCUPAM DAS COMUNICAÇÕES INTERNACIONAIS

Subsecção 1ª A UNIÃO POSTAL UNIVERSAL - UPU
§1º Acto constitutivo, composição e atribuições
§2º Estrutura orgânica

Subsecção 2ª A UNIÃO INTERNACIONAL DE TELECOMUNICAÇÕES - UIT
§1º Criação, composição e objecto

1. Antecedentes e actos constitutivos
2. Sede e composição
3. O papel da UIT

§2º Estrutura orgânica da UIT

1. Órgãos não-permanentes
2. Órgãos permanentes

Secção 2º ORGANIZAÇÃO MUNDIAL DA PROPRIEDADE INTELECTUAL (OMPI)
§1º Criação, composição e atribuições

1. Criação
2. Composição e *sede*
3. O papel da OMPI

§2º A estrutura orgânica da OMPI

CAPÍTULO II
AS UNIÕES TÉCNICAS

Capítulo I
As Uniões Administrativas

Neste Capítulo abordaremos com a brevidade que se impõe as Organizações que se ocupam das *comunicações internacionais* (SECÇÃO 1ª) e da *protecção da propriedade intelectual* (SECÇÃO 2ª).

Secção 1ª
Organizações que se Ocupam das Comunicações Internacionais

Agruparemos nesta categoria duas OI: A *União Postal Universal* – UPU (SUBSECÇÃO 1ª) e a *União Internacional das Telecomunicações – UIT* (SUBSECÇÃO 2ª).

Subsecção 1ª
A União Postal Universal – UPU[357]

§1º Acto constitutivo, composição e objecto

1. Acto constitutivo

1. Esta organização é uma das mais antigas instituições inter-estatais já que a Convenção relativa ao Estabelecimento de uma *União Geral dos Correios*

[357] Universal Postal Union.

– Convenção celebrada em Berna (Suíça) – é datada de Outubro de 1874[358]. Esta convenção foi subscrita por representantes de 20 países europeus[359] e depois assinada também por representantes do Egipto *e* dos Estados Unidos.

A *União Geral dos Correios*, que pouco depois (em 1878[360]) se transformou em União Postal Universal, tornou-se um organismo especializado nas Nações Unidas nos termos de um acordo concluído em Julho de 1947, que entrou em vigor um ano depois.

No entanto, a Constituição da UPU tem sido actualizada em sucessivos Congressos. Dos mais recentes Congressos – de Otawa em 1957 e de Viena em 1964 resultou uma substancial alteração estrutural da União, expressa em novo Estatuto[361]; também no Congresso de Tóquio, em 1969, foi assinado um importante Protocolo Adicional que contém modificações à Constituição; e no de Lausana, em 1974, o Estatuto sofreu novos aperfeiçoamentos.

2. Em virtude do Acordo aprovado pela Assembleia Geral das Nações Unidas em 15 de Julho de 1947[362]), que entrou em vigor ao mesmo tempo que a Convenção modificada da U.P.U. (1 de Junho de 1948), esta Organização passou a ser uma Instituição Especializado das N.U.

A sua sede manteve-se em Berna, cidade onde tinha funcionado desde 1874.

3. A União Postal Universal tem relações estreitas com várias outras organizações especializadas das N.U. Assim, colabora intensamente com o Programa das Nações Unidas para o Desenvolvimento (PNUD) e executa projectos em países e para grupos de países, que cobrem praticamente todos os aspectos dos serviços postais, no que dá prioridade às necessidades das administrações de países menos desenvolvidos do ponto de vista postal.

[358] A qual, aliás, havia sucedido à Comissão Internacional dos Correios, constituída em 1863.

[359] Entre os quais Portugal (o texto do Tratado está publicado, em francês e em português, no Diário do Governo de 11 de Junho de 1875).

[360] Portugal foi igualmente signatário da convenção que instituiu esta terceira organização internacional relativa aos correios e que se pode ler, na versão francesa e respectiva tradução, no Diário do Governo de 29 de Março de 1879.

[361] Esse estatuto, juntamente com o Regulamento Geral da Organização, está publicado em francês e em português, em anexo ao Decreto-Lei nº 47 597, de 21 de Março de 1967, que o aprovou para ratificação. Os dois protocolos adicionais à Constituição deste organismo podem ver-se no Diário do Governo de 15 de Junho de 1971 (Decreto-Lei nº 257/71) e no *Diário da República* de 22 de Agosto de 1979 (Decreto nº 89/79).

[362] Publicado em anexo ao Decreto-Lei nº 47 597, de 21 de Março de 1967.

Por outro lado, a U.P.U. mantém estreita ligação com a União Internacional das Telecomunicações no que se refere à elaboração e execução de projectos de assistência técnica conjunta, especialmente no campo da formação profissional.

Tem, além disso, relações de cooperação com outras organizações especializadas das Nações Unidas como a Organização Internacional da Aviação *Civil* (no *que* toca ao *desenvolvimento* do *tráfego aéreo* do correio), a Agência Internacional da Energia Atómica (no que respeita à entrega de substâncias radioactivas por via postal) e a Organização Mundial da Saúde (no que concerne ao transporte de substâncias biológicas perecíveis). Há ainda que mencionar os comités de contacto que têm sido criados com várias outras instituições interestaduais e com organizações internacionais privadas.

2. Composição

4. A UPU é composta por quase todos os membros da ONU (aproximadamente 191)[363] e ainda por outras entidades com estatuto jurídico-internacional – territórios autónomos e micro-Estados.

A U.P.U. está composta por países em que concorra alguma destas circunstâncias:

1. Possuam a *«qualidade de membro na data de entrada em vigor da Constituição»* (art. 2º da Constituição da UPU);
2. Sejam membros das Nações Unidas e declarem querer aderir à União (art, 11º, nº 1);
3. Sejam países soberanos, não membros das N.U., que solicitem a sua admissão em petição acompanhada de declaração formal de adesão à Constituição e Actas da União (art. 11º, n.os 2 e 3) e cuja petição seja aprovada pelo menos por dois terços dos países membros da União (art. 11º, nº 4).

3. Objecto da UPU

5. Segundo o art. 1º, n.os 2 e 3, o objecto da U.P.U. consiste em: *«assegurar a organização e aperfeiçoamento dos serviços postais e de favorecer, neste aspecto, o desenvolvimento da colaboração internacional»*. A U.P.U. *«participará, na medida das suas possibilidades, na assistência técnica postal solicitada»*. Consequentemente, é da

[363] Dos 192 Estados Membros das Nações Unidas, 188 são Membros da UPU. O Membro mais recente (2006) é o Montenegro.

competência da UPU a regulamentação das relações postais e a organização da cooperação internacional tendo em vista favorecer e aperfeiçoar as trocas postais entre os Estados-membros; e bem assim a publicação de informações – úteis e a ligação entre as diversas administrações postais nacionais[364].

Os países que formam a U.P.U. constituem um só território postal para o intercâmbio recíproco de correspondência *e* neste território está garantida a liberdade de trânsito dos objectos postais.

§2º Estrutura orgânica

6. A estrutura orgânica da UPU é muito complexa, encontra-se estabelecida no Capítulo III da Constituição (arts. 13º a 20º) e desenvolvida no Regulamento Geral da URU que *«assegura a aplicação da Constituição e funcionamento da União»* (arts. 101º a 109º).

O sistema institucional da UPU comporta um *Congresso Postal Universal,* um *Conselho Executivo,* um *Conselho Consultivo* e um *Bureau Internacional.*

a) O Congresso Postal Universal

7. É o órgão plenário da Organização, composto por delegados de todos os membros da UPU. Cada Estado dispõe de um voto – mas só pode usá-lo de 5 em 5 anos, quando o Congresso se reúne.

A sua competência é de natureza legislativa, consistindo, portanto, na revisão das convenções internacionais relativas à matéria (Convenção Postal Universal e acordos subsidiários[365]).

Podem também reunir-se *Congressos extraordinários e Conferências administrativas,* a petição ou com o acordo de pelo menos dois terços dos membros *(arts. 15º e 16º da Constituição).*

b) O Conselho Executivo

8. É o órgão restrito da UPU, composto por 41 Estados-membros da Organização, eleitos pelo órgão plenário tendo em conta uma repartição geográfica equitativa dos delegados, que assegura a direcção da Organização durante

[364] A língua de trabalho é o francês.

[365] A Convenção Postal Universal e os Acordos Subsidiários foram aprovados para ratificação pelo Decreto-Lei nº 47 597 (com a rectificação constante do Diário do Governo de 12 de Outubro seguinte), foram alterados conforme textos anexos ao Decreto-Lei nº 257/71, de 15 de Junho, ao Decreto-Lei nº 130/79, de 26 de Novembro, e ao Decreto do Governo nº 71/873, de 30 de Agosto.

os cinco anos que medeiam entre as sessões do Congresso para *«assegurar a continuidade dos trabalhos da União» (art. 17º, nº 1)*.

As funções deste importante órgão são as de «... *coordenação e supervisão de todas as actividades da União»*, para o que se lhe atribui uma série de funções específicas: nomeia, sob proposta do Governo suíço, o Director geral; examina o orçamento anual da UPU, aprova as nomeações dos quadros superiores, examina o parecer anual do *Bureau Internacional* e «... *recomenda à Autoridade de vigilância, se as circunstâncias o exigirem, a autorização para exceder o limite das despesas»* (art. 102º, nº 5, do Regulamento Geral da U.P.U.).

O *Conselho Executivo é* convocado pelo seu presidente e reunir-se-á, em princípio, uma vez por ano sendo o seu Secretariado exercido pelo *Bureau Internacional.*

c) O Conselho Consultivo para Estudos Postais

9. Sucedeu ao Comité Consultivo criado no Congresso de Otawa de 1957 e que funcionou até ao Congresso de Tóquio de 1969. O Conselho Consultivo, cujos membros (40) são eleitos pelo Congresso para o período dos 5 anos seguinte, reúne igualmente uma vez por ano para organizar estudos de grandes problemas que *afectam* as administrações postais em todos os Estados-membros, nos campos operacional e económico e bem *assim* na *esfera* da cooperação técnica. Além disso, proporciona informação e consulta sobre estas matérias e examina problemas de ensino *e* formação que surgem nos países em via de desenvolvimento.

d) O Bureau Internacional

10. É o órgão técnico-burocrático da UPU, que responde pela actividade quotidiana da Organização. Sediado em Berna, serve de instrumento de ligação, informação e consulta às administrações postais dos países membros, proporciona serviços de secretariado aos outros órgãos, promove a assistência técnica e organiza conferências. É dirigido por um Director-Geral.

O *Bureau Internacional* também concebeu e pôs em marcha um projecto mundial de intercâmbio de dados informatizados (EDI) que liga numa rede electrónica de comunicações normalizadas as repartições postais de origem, de trânsito e de destino, as empresas de transportes aéreo *e* de superfície e as autoridades aduaneiras. Esta rede é também a base de um intercâmbio mais rápido e preciso de informação para operações de contabilidade e estatísticas sobre o volume de correio por categorias e lugares de destino. O objectivo visado é o de proporcionar ao maior número possível de países em desenvolvimento a utilização do sistema EDI.

11. As administrações dos correios, obrigadas a oferecer serviços universais a preços acessíveis, estão submetidas a fortes pressões económicas, derivadas da concorrência e do progresso tecnológico. As exigências do mercado internacional forçaram-nas a modificar o respectivo regime jurídico.

Processa-se, por via disso, uma transformação das administrações postais estatais em empresas públicas com grau variável de autonomia, em vias de adaptação a um mercado internacional fortemente concorrencial.

Nesta nova conjuntura económica e tecnológica, a UPU continua a ser o principal vector de cooperação entre os serviços nacionais dos correios e contribui, assim, para a manutenção de uma rede mundial de produtos e serviços.

Subsecção 2ª
A União Internacional de Telecomunicações – UIT[366]

§1º Criação, composição e objecto

1. Antecedentes e actos constitutivos

1. No âmbito das telecomunicações, a cooperação é também muito antiga: em 1865 foi criada em Paris, por Convenção internacional, a *União Telegráfica Internacional* que pela Convenção de Madrid de 1932 se converteu na *União Internacional de Telecomunicações*.

Também por uma Convenção assinada em Berlim em 1906 fora criada a *União Rádio-Telegráfica Internacional*.

As duas organizações fundiram-se em 1934 no seio da UIT.

Reorganizada em 1947 na Conferência de Atlantic City, a UIT aderiu à família das organizações especializadas das Nações Unidas por via de um acordo que entrou em vigor em Janeiro de 1949.

A União Internacional de Comunicações foi objecto de uma nova Convenção – a Convenção de Málaga-Torremolinos de 25.10.1973[367]; e o acto constitutivo da Organização foi uma vez mais revisto e actualizado pela Convenção

[366] International Telecomunications Union – FW.

[367] Previamente, nas Conferências de Buenos Aires (1952), Genebra (1959) e Montreux (1965) haviam sido introduzidas alterações na estrutura institucional da Organização.

Internacional de Telecomunicações assinada em Nairobi em 6.11.1982[368] e que entrou em vigor, reunidas as necessárias ratificações, em 1.1.1984.

Em 1994 foi celebrada em Buenos Aires a Conferência Mundial de Desenvolvimento das Telecomunicações da UIT, em que foi aprovada a Convenção de revisão da Constituição da UIT.

2. Sede e composição

2. Na mencionada Conferência de Atlantic City e por meio dum Acordo concluído com a ONU em 15.10.1947, a UIT assumiu o estatuto de Instituição Especializada das NU. A sede da Organização foi em 1948 estabelecida em Genebra (Suíça), onde se mantém.

3. A Organização é composta por qualquer Estado que manifeste a sua vontade nesse sentido, pelo que o número de membros coincide praticamente com o dos membros da ONU.

3. O papel da UIT

4. Cabe à UIT a responsabilidade pela regulamentação internacional das telecomunicações[369] e bem assim a promoção do desenvolvimento, a melhoria, coordenação e planificação das redes internacionais de telecomunicações e, nomeadamente, das radio-comunicações espaciais. Cabe-lhe ainda realizar e incentivar a assistência e a cooperação técnica e a difusão de informações[370].

5. Mas, para além das já mencionadas, a UIT realiza outras funções (que embora de menor importância merecem ser mencionadas) tais como: distribuição de frequências de rádio e registo das atribuições feitas; eliminação de interferências prejudiciais de umas estações com outras; estabelecimento de taxas o mais baixas possível compatíveis com um serviço eficiente e tendo em conta a necessidade de manter em condições sólidas a administração financeira independente de telecomunicação; a promoção da adopção de medi-

[368] Aprovada para ratificação, por parte de Portugal, pela Resolução da Assembleia da República nº 3187, de 30 de Janeiro (texto em francês e português).

[369] Segundo a Convenção Internacional assinada em Nairobi em 1982, o conceito *«telecomunicações»* aplica-se a qualquer transmissão, emissão ou recepção de sinais, escrita, imagens e sons ou informações de qualquer natureza por fios, rádio, meio óptico ou outros sistemas electro-magnéticos – isto é, telégrafo, telefone ou rádio, e todas as demais aplicações tais como a televisão ou *telex*.

[370] Línguas oficiais – árabe, chinês, espanhol, francês, inglês e russo. Línguas de trabalho – espanhol, francês e inglês.

das com vista a garantir a segurança da vida através da telecomunicação; a realização de estudos e a adopção de recomendações relativas às técnicas e à regulamentação de telecomunicação no espaço; e a recolha e publicação de informação em benefício dos seus membros.

6. No entanto, a partir da conferência internacional de Buenos Aires de 1994, duas passaram a ser as missões fundamentais da UIT:

- Por um lado, fixar os objectivos e estratégias a fim de definir orientações necessárias para responder aos novos desafios no domínio das telecomunicações, sempre em rápida mudança;
- Por outro, adoptar um plano de acção para permitir aos diversos países e aos parceiros destes no sector empresarial elaborar políticas favoráveis ao desenvolvimento de programas de grande envergadura.

A União procura atingir os fins para que foi criada por três vias principais: conferências e reuniões internacionais; publicação de informação e organização de exposições mundiais; e cooperação técnica.

§2º Estrutura orgânica da UIT

7. O sistema institucional da UIT comporta *órgãos permanentes e órgãos não--permanentes.*

1. Órgãos não-permanentes

8. São dois: *a Conferência de Plenipotenciários* e o *Conselho de Administração.*

a) A *Conferência de Plenipotenciários* é formada por delegados de todos os Estados-membros. A cada membro corresponde um voto. A Conferência é o órgão supremo da UIT, mas só reúne de 4 em 4 anos para estabelecer políticas, rever a Convenção Internacional de Telecomunicações e aprovar limites às despesas orçamentais. Os regulamentos mais concretos relativos, por um lado, aos telégrafos e aos telefones e, por outro, à rádio, são objecto de conferências específicas que têm lugar sem periodicidade determinada. Realizam-se ainda conferências especiais de 4 em 4 anos sobre normalização e desenvolvimento das comunicações.

b) O *Conselho de Administração é* um órgão restrito, composto por representantes de 43 Estados-membros eleitos pelo órgão plenário (1 delegado por cada Estado), tendo em conta uma repartição geográfica equitativa.

O Conselho de Administração reúne em sessão anual, cabendo-lhe assegurar a direcção suprema da Organização no intervalo das sessões da Conferência de Plenipotenciários e, nomeadamente, coordenar as actividades dos órgãos permanentes da UIT. É da sua competência assegurar a coordenação eficaz das actividades da União em todas as matérias de política, administração, finanças e aprovação do orçamento anual.

2. Órgãos permanentes

9. São vários os órgãos permanentes da UIT:

- O *Secretário Geral* é eleito pela Conferência, para um mandato *de* cinco anos.

Cabe-lhe dirigir:

- O *Secretariado Geral,* colocado sob a sua autoridade, que é o órgão burocrático da Organização responsável pelos serviços financeiros e técnicos, eleito pela Conferência de Plenipotenciários;
- O *Conselho Internacional de Registo de Frequências Rádio-Telefónicas;*
- O *Comité Consultivo Internacional de Rádio-Comunicações;*
- O *Comité Consultivo Internacional do Telégrafo e do Telefone;*
- *Conferências Administrativas Mundiais* – com competências limitadas a matéria de regulamentações.

Secção 2ª
Organização Mundial da Propriedade Intelectual – OMPI[371]

§1º Criação, composição e atribuições

1. Criação

1. A protecção da propriedade intelectual no quadro internacional tem a sua origem no Congresso de Viena de 1873. A evolução posterior conduziu à criação da *União para a protecção da propriedade intelectual,* também conhecida pela *«União de Paris»,* lugar onde se assinou a Convenção de 20 de Março de 1883 sobre *Brevets e marcas* e foi instituída uma União Internacional para agir no domínio da propriedade intelectual. Poucos anos depois – em 9 de Setem-

[371] World Intellectual Property Organisation WIPO.

bro de 1886 – foi assinada em Berna uma outra Convenção relativa à protecção das obras literárias e artísticas[372], conhecida como a *«União de Berna»*.

2. Ambas as Uniões estavam organizadas em Repartições *(Bureaux)* colocadas, a partir de 1 de Janeiro de 1893, sob uma mesma direcção conhecidas pelas sigla de B.I.R.P.I.

A necessidade de aperfeiçoamento e coordenação de ambas as Uniões levou à criação de um comité consultivo que foi conhecido como *«Comité de Coordenação Inter-uniões»*. Este Comité propôs a criação dum grupo de trabalho cujo mandato comportava a realização dos «trabalhos preparatórios de uma conferência encarregada de rever as estruturas administrativas previstas pela Convenção de Paris e as disposições da Convenção de Roma».

3. Após uma série de vicissitudes e com base nestes antecedentes, foi instituída a actual OMPI[373] pela Convenção assinada em Estocolmo em 14.7.1967, que entrou em vigor em 26.4.1974.

Por um acordo concluído com a ONU em 17.12.1974, a OMPI assumiu o estatuto de *instituição especializada das NU,* na sua sessão de 24 a 27 de Setembro de 1974, estatuto que foi aprovado pela Assembleia Geral das Nações Unidas no dia 17 de Dezembro de 1974 pela Resolução 3.345 (XXIX).

2. Composição e sede

4. A Organização tem a sua sede em Genebra (Suíça) e é composta por um elevado número de Estados (cerca de 184), a que acresce cerca de uma dúzia de *Estados Associados.*

Uma das questões mais discutidas na Conferência de Estocolmo foi a relativa às condições de acesso à nova Organização. Chegou-se finalmente a uma fórmula contida no art. 5º da Convenção, segundo a qual podem ser membros a título permanente os seguintes:

- Qualquer Estado que seja membro de uma das Uniões (União de Paris, Uniões particulares, a União de Berna ou qualquer outro acordo internacional destinado a fomentar a protecção da propriedade intelectual

[372] Portugal aderiu à Convenção de Paris em 1950 e à de Berna, em 1920.

[373] Ainda que a finalidade original da mesma fosse a revisão da Convenção de Berna (Diez de Velasco, *«Instituciones de Derecho Internacional»* p. 205).
Portugal aprovou esta Convenção para ratificação pelo Decreto-Lei nº 9/75, de 14 de Janeiro, em anexo ao qual foram publicados o texto em francês e respectiva tradução em português.

e cuja administração seja confiada à Organização) e adira à Convenção de Estocolmo;

- Qualquer Estado que, sem ser membro duma dessas Uniões, cumpra as seguintes condições:
  a) Ser membro das NU, de alguma das Instituições Especializadas das NU, da Organização Internacional da Energia Atómica ou parte do Estatuto do TPJI; ou
  b) Seja convidado pela Assembleia Geral da OMPI a participar na Organização.

As modalidades para aderir à Convenção de Estocolmo estão estabelecidas com todo o pormenor no seu artigo 14º[374],

3. O papel da OMPI

5. As finalidades da Organização, segundo o art. 3º da Convenção de Estocolmo, são as seguintes:

a) *«Fomentar a protecção da propriedade intelectual* em *todo o mundo por meio da cooperação dos Estados, em colaboração, quando seja caso disso, com qualquer outra Organização Internacional»,* e
b) *«Assegurar a cooperação administrativa entre as nações».*

Os fins enunciados são de carácter muito genérico; mas no artigo seguinte (4º) acham-se enumeradas outras funções mais concretas. Cabe à OMPI, nomeadamente: organizar a protecção da propriedade intelectual a nível internacional, favorecendo para este efeito a cooperação entre os Estados e, nomeadamente, a conclusão e aplicação de Convenções Internacionais neste domínio; a harmonização das legislações nacionais, a assistência técnica e a difusão das informações relativas à protecção das denominações de origem, das marcas de fabrico, das invenções industriais; e *«adoptar as medidas apropriadas para cumprir as finalidades da Organização».*

Do conjunto de fins e funções referidas se deduz que os objectivos da Organização são muito amplos e estão abertos a novas funções que a OMPT poderá desempenhar sem necessidade de reformas radicais da Convenção que a rege dado que a última das funções assinaladas – «adoptar *as medidas*

[374] Para além dos membros anteriormente referidos houve outro tipo de membros temporários ou transitórios: segundo se estipula nos arts. 21º e 24º, al. *a),* da Convenção, seriam aqueles Estados que sendo membros das Uniões não aderissem à Convenção de Estocolmo.

apropriadas para cumprir as finalidades da Organização» – está concebida com uma grande amplitude.

§2º A estrutura orgânica da OMPI

6. O sistema institucional da OMPI comporta os seguintes órgãos:

- *Assembleia Geral* – que é composta por todos os Estados-membros – participantes na Convenção, que sejam membros de uma das Uniões: União de Paris ou União de Berna. Podem participar nesta Organização outros Estados que participem em organizações do Sistema das NU, sejam subscritores do Estatuto do Tribunal Internacional de Justiça ou tenham sido convidados a aderir pela própria Organização através da sua Assembleia. Este é o órgão supremo da OMPI, exercendo funções essenciais tais como nomear o Director-Geral, examinar e aprovar os relatórios deste, elaborar e aprovar o orçamento bienal de despesas comuns às Uniões.
- *Conferência* – composta por todos os Estados-membros – estabelece as políticas básicas e o programa bienal de assistência jurídica e técnica e aprova o orçamento bienal da Organização.
- *Comité de coordenação* (composto por 83[375] membros – os Estados-membros do Comité Executivo da União de Paris e do Comité Executivo da União de Berna, ou de ambos, assim como a Suíça que é membro nato). As principais funções específicas do Comité são as de aconselhar os órgãos da União (Assembleia, Conferência e Director-Geral) sobre questões administrativas e financeiras e outras questões de interesse comum; preparar a ordem do dia da Assembleia e da Conferência, assim como propor a esta última projectos de programas e o orçamento da OMPI; e ainda exercer as demais funções que lhe sejam atribuídas pela Convenção.
- *Comité Permanente Encarregado da informação em matéria de propriedade industrial* que tem por função assegurar *e* favorecer uma estreita cooperação entre os membros da OMPI no domínio da informação relativa à propriedade intelectual.
- *Director Geral* – responsável pelo *Secretariado.*

[375] 41 membros eleitos pela Assembleia da União de Paris; 39 membros eleitos pelo Comité Executivo da União de Berna, 1 membro em representação da Suíça, como país de localização da Sede e 2 membros *ad hoc.*

- *Bureau Internacional* – *(Secretariado)* ao qual compete, além de executar projectos e lançar novos projectos para promover a cooperação no campo da propriedade intelectual, actuar como serviço de informação e ser o depositário dos tratados administrados pelo Organismo. O *Bureau Internacional* está na dependência do Director-Geral.

Capítulo II
As Uniões Técnicas

1. Trataremos aqui, com a brevidade que se impõe, de OI que exercem a sua acção no *domínio dos transportes* (Secção 1ª), no *domínio da saúde* (Secção 2ª), no *domínio da meteorologia* (Secção 3ª), e no *domínio da energia nuclear* (Secção 4ª).

Secção 1ª
Organizações Internacionais com Acção no Domínio dos Transportes

2. Referiremos duas, por ordem de antiguidade: a *Organização Marítima Internacional* – OM1 (Subsecção 1ª), e a *Organização da Aviação Civil Internacional* – OACI (Subsecção 2ª).

Subsecção 1ª
A Organização Marítima Internacional – OMI[376]

§1º Criação, composição e atribuições da OMI

1. Antecedentes e criação da OMI

3. A necessidade de cooperação internacional em matérias de navegação foi sentida há muito tempo. No entanto, a OMI é de criação relativamente recente.

[376] International Maritime Organisation — IMO, na sigla Anglo-Saxónica.

Mas esta Organização não surgiu do nada. Havia antecedentes: em 1914 fora adoptada uma *Convenção sobre a salvaguarda da vida no mar;* e no quadro da SDN havia sido criada e funcionara uma *Comissão Consultiva e Técnica das Comunicações e do Trânsito Marítimo.* Por outro lado, relativamente a esta área, vinha também actuando anteriormente a *Organização das Comunicações e do Trânsito Marítimo,* que preparou algumas conferências internacionais tais como a de Barcelona de 1921 e de Genebra de 1923.

Acresce que uma ampla cooperação tem sido realizada através de organizações de carácter privado tais como o *Comité Marítimo Internacional.*

4. A OMI foi instituída pela Convenção *de* Genebra de 6 de Março de 1948[377], adoptada pela Conferência Marítima das NU nessa cidade, que decorreu de 19 de Fevereiro a 6 de Março. Sob a designação de *Organização Intergovernamental Consultiva da Navegação Marítima (OMCI),* a ONU reconheceu-a desde 1959 como seu instituto especializado no domínio da navegação. Uma resolução aprovada pela Assembleia Geral da ONU, de Novembro de 1975, alterou na medida então julgada necessária a dita Convenção de Genebra[378] que passou a ter como principais funções velar por que a navegação decorra de forma segura e eficiente e controlar a poluição causada pelos navios.

A actual denominação, OMI (que resultou de *resolução* adoptada em 14 de Novembro de 1975) entrou em vigor em 25 de Maio de 1982.

2. Composição e sede

5. São membros da OMI cerca de 169 Estados, a que se acrescentam, como associados, três territórios administrativamente autónomos: Hong-Kong, Macau e Faroes.

A sede da Organização foi fixada em Londres.

6. De entre os membros de pleno direito, há que distinguir os seguintes:

a) Os Estados-membros das Nações Unidas que foram convidados a enviar representantes à Conferência Marítima das Nações Unidas em Genebra de 1948 e que aderiram à Convenção;

[377] Esta Convenção (que entrou em vigor em 17.5.1958) foi aprovada, em Portugal, pelo Decreto-Lei nº 117/76, de 9 de Fevereiro.

[378] Em Portugal, tais alterações foram aprovadas para ratificação, pelo decreto nº 141/79, de 27 de Dezembro, em anexo ao qual são publicados o texto em inglês e a respectiva tradução para português; as alterações posteriormente introduzidas à Convenção instituidora da IMO foram aprovadas para ratificação pelo Decreto-Lei nº 126/82, de 9 de Novembro, que as publica.

b) Os membros das Nações Unidas que ulteriormente aderiram à Convenção nas condições nela previstas;
c) Qualquer outro Estado não compreendido nos grupos anteriores que o solicite através do Secretário Geral da Organização. Será admitido como tal se aderir à Convenção na conformidade do que nesta se prescreve, sob a condição de que beneficie de recomendação favorável do Conselho e o seu pedido seja aceite por 2/3 de membros de pleno direito da OMI.

3. Atribuições

7. A OMI dispõe de competência geral em matéria de navegação marítima, cabendo-lhe, em geral, promover a segurança da vida no mar, facilitar a cooperação entre os Estados-membros e a recolha e troca de informações[379].

Os fins específicos da Organização, explicitados no art. 1º da Convenção, são os seguintes:

a) *«Instituir um sistema de colaboração entre os Governos no campo da regulamentação e dos procedimentos governamentais relacionados com assuntos técnicos que interessem à navegação comercial internacional...»*
b) *«Encorajar o abandono de medidas discriminatórias e das restrições aplicadas pelos Governos que não são indispensáveis à navegação comercial internacional, a fim de pôr os recursos dos serviços marítimos à disposição do comércio mundial, sem discriminação; ...»*
c) *«Examinar de acordo com a parte II, os problemas relativos às práticas restritivas desleais de empresas de navegação marítima;»*
d) *«Examinar todas as questões relativas à navegação marítima que lhe sejam postas por qualquer organismo ou instituição especializada da Organização das Nações Unidas;»*
e) *«Permitir a troca de informações entre Governos sobre as questões estudadas pela Organização».*

§2º Estrutura Orgânica

8. O sistema institucional da OMI comporta uma *Assembleia*, um *Conselho*, um *Comité de Segurança Marítima*, um *Secretariado-Geral* e um *Comité Jurídico*.

a) A *Assembleia* é o órgão plenário da Organização, constituída por todos os Estados-membros, cada um dos quais dispõe de um voto. A Assem-

[379] São línguas de trabalho da Organização, o espanhol, o francês e o inglês.

bleia reúne em sessão de dois em dois anos. Cabe-lhe recomendar medidas para promover a segurança NO mar e evitar e controlar a poluição produzida por embarcações; além disso, vota o orçamento, estabelece o programa de trabalhos e define a política financeira da Organização.

b) O *Conselho* é um órgão restrito, composto por 40 membros, eleitos por dois anos pela Assembleia que na sua escolha deve tomar em conta a repartição geográfica dos eleitos e ponderar também a respectiva importância em termos de comércio marítimo internacional. Segundo o art. 18º da Convenção criadora da OMI: «*Ao eleger os Membros do Conselho, a Assembleia observará os princípios seguintes:*
   a) *Dez serão representantes dos Governos dos Estados com maiores interesses no fornecimento de serviços internacionais de navegação marítima;*
   b) *Dez serão representantes dos Governos de outros Estados com maiores interesses no comércio internacional marítimo;*
   c) *Vinte serão representantes dos Governos de Estados que não tenham sido eleitos nos termos das alíneas* a) *ou* b), *que tenham interesses especiais no transporte marítimo ou na navegação e cuja eleição para o Conselho garanta que aí estarão representadas todas as grandes regiões geográficas do mundo*».

   O Conselho reúne, mediante convocação, sempre que se mostre necessário.

c) *Comité de Segurança Marítima*
   Este Comité está aberto à participação de todos os Estados-membros[380] interessados em colaborar nas suas actividades de carácter técnico dominadas pelo objectivo de promover a segurança da navegação marítima.

d) *Secretário-Geral*
   É nomeado pelo Conselho, para um mandato de 5 anos, incumbindo-lhe responder pela actividade quotidiana da Organização, para o que dispõe do apoio técnico-burocrático do *Secretariado.*

e) *Comité Jurídico*
   Ao qual incumbe dar apoio jurídico aos órgãos da OMI em geral e ao Secretário-Geral em particular.

[380] Depois da reforma de Outubro de 1974 (Res. A. 315 – ES. V).

Subsecção 2ª
A Organização da Aviação Civil Internacional – OACI[381]

§1º Criação, composição e atribuições

1. Acto Constitutivo

1. A OACI surgiu para dar resposta às necessidades da aviação comercial que exigia a adopção duma regulamentação internacional que a tornasse possível através das fronteiras internacionais.

Esta ideia está na origem da *Convenção de Paris de 1919* que criou a União Internacional, colocada sob a autoridade da Sociedade de Nações, com um poder de regulamentar internacionalmente as matérias referentes à aviação civil. Numa fase mais avançada do tráfego aéreo foi adoptada a *Convenção de Varsóvia* de 11 de Dezembro de 1929 que reviu a Convenção de Paris e também, em âmbito regional, a *Convenção Panamericana de La Habana de 1928*, que criou uma União aberta à participação dos Estados americanos.

2. A OACI foi constituída pela *Convenção de Chicago Sobre Aviação Civil Internacional* de 7 de Dezembro de 1944, que entrou em vigor em 4 de Abril de 1947, pelo que entre o momento da sua criação e o início das suas actividades funcionou uma instituição denominada Organização Internacional Provisória da Aviação Civil[382].

Por acordo concluído com a ONU em 13 de Outubro de 1947 a OACI assumiu o estatuto de *«instituição especializada»* do sistema das Nações Unidas.

A sede da Organização foi estabelecida em Montreal (Canadá).

2. Composição

3. Praticamente todos os Estados-membros da ONU, são membros da OACI.

Entre os membros da Organização há que distinguir:

- Os originários: são aqueles que participaram na Convenção de Chicago como subscritores originários.

[381] Internacional Civil Aviation Organisation – ICAO, na sigla Anglo-Saxónica.

[382] Os Estatutos da OACI constam da Convenção sobre Aviação Civil Internacional, aprovada em Portugal, para ratificação, pelo Decreto-Lei nº 36 158, de 17 de Fevereiro de 1947, em cujo anexo figura o seu texto em inglês e na tradução portuguesa.

- Os Estados aderentes, já que a Convenção está aberta à adesão de Estados-membros das NU, aos Estados associados a estes e aos que foram neutrais na Segunda Guerra Mundial *(art. 92º da Convenção).*
- Outros Estados que não entram nas categorias anteriores têm também a possibilidade de aderir já que, segundo se dispõe no art. 93º da Convenção de Chicago, podem ser admitidos com o voto favorável de quatro quintos dos membros da Assembleia a participar *«nas condições que a mesma Assembleia determinar, entendendo-se que em cada caso será necessária a anuência dos Estados que tiverem sido invadidos ou atacados durante a guerra actual*[383] *pelo Estado beneficiário»*[384].

Qualquer Estado poderá retirar-se da Organização mediante pré-aviso de um ano.

Os Estados Membros são correntemente 190.

3. Papel da OACI

4. Cumpre estatutariamente à OACI favorecer o desenvolvimento e regulamentar a navegação aérea, promovendo a conclusão de convenções relativas ao direito aéreo e aos transportes aéreos, o estabelecimento de serviços técnicos destinados a facilitar e melhorar as condições da navegação aérea, tais como serviços meteorológicos, de telecomunicações, de controlo de segurança..., estimulando o aperfeiçoamento da construção de aeronaves, aeroportos e instalações de navegação aérea e prestando assistência técnica nas áreas em que é competente para intervir.

Por outro lado, a OACI tem por mandato assegurar o desenvolvimento seguro e metódico da aviação civil, evitar o desperdício de recursos devido a concorrência desregrada, preservar os direitos de cada parte contratante de operar o transporte aéreo internacional e evitar práticas discriminatórias.

Os objectivos específicos da Organização dirigidos a desenvolver os princípios e técnicas da navegação aérea internacional, bem como outros concorrentes à organização e desenvolvimento do transporte aéreo internacional, estão contidos no art. 44º da Convenção de Chicago.

[383] Segunda Guerra Mundial.

[384] Como pode observar-se, a Segunda Guerra Mundial, ainda em curso enquanto se redigia a Convenção, influiu notavelmente na mesma. Mas actualmente tais discriminações e prescrições estão ultrapassadas – o que tem favorecido a universalidade da Organização.

§2º Estrutura Orgânica da OACI

5. O sistema institucional da OACI comporta:

- A *Assembleia*
- O *Conselho*
- O *Secretário Geral*
- O *Secretariado*
- A *Comissão de Navegação Aérea*

1º *A Assembleia*

6. É o órgão plenário da Organização, composto por todos os Estados-membros, cada um deles dotado de um voto.

Reúne em sessão de três em três anos para examinar o trabalho da Organização, estabelecer o programa de trabalhos para o triénio seguinte, aprovar o orçamento e determinar as contribuições dos países membros.

Para além disso a Assembleia tem poderes de informação, de recomendação, de preparação de convenções internacionais e de sanção, já que pode suspender o direito de voto de qualquer dos seus membros.

2º *O Conselho*

7. É um órgão restrito, composto por 36 Estados eleitos por 3 anos pela Assembleia que deverá ter em conta, nessa eleição, a repartição geográfica dos Estados e ponderar a sua importância relativa em matéria de transporte aéreo.

É um órgão consultivo e deliberativo ao mesmo tempo que de execução das resoluções da Assembleia. Ao Conselho correspondem poderes de informação, de recomendação, de regulamentação e inclusive de arbitragem. Relativamente a esta última função, o art. 4º da Convenção prescreve: *«Se um diferendo entre dois ou mais Estados contratantes, relativamente à interpretação ou aplicação desta Convenção e seus anexos, não puder ser resolvido por negociação, será decidido pelo Conselho, por solicitação de qualquer Estado que no Oferendo esteja implicado».*

E essa disposição acrescenta que: *«Qualquer Estado contratante, de acordo com o artigo 85º, poderá recorrer da decisão do Conselho para um tribunal arbitral ad hoc...»*

As decisões do Conselho são tomadas por maioria,

3º *O Secretário-Geral e o Secretariado*

8. O Secretário-Geral é nomeado pelo Conselho, cumprindo-lhe assegurar a vida quotidiana da Organização para o que dispõe de um *Secretariado* colocado sob a sua autoridade.

4º *Órgãos auxiliares*

9. A OACI tem *uma* série de órgãos auxiliares entre os quais se contam os seguintes:

a) A *Comissão de Navegação Aérea*
A esta Comissão *estão* dedicados os arts. 56ºe 57º da Convenção. É constituída por 15 membros nomeados pelo Conselho mediante designação dos Estados-membros. A sua função é eminentemente técnica, cumprindo-lhe estudar e propor medidas sobre questões da competência da OACI.

b) *Comité de Transporte Aéreo,* órgão que actua nos domínios da coordenação económica.

c) Finalmente: existem também outros Comités com missões específicas, criados pelo Conselho que pode, com base no art. 55º, a) da *Convenção, «Quando o julgar conveniente e a experiência o aconselhar, criar comissões auxiliares de transporte aéreo, com base regional ou de outra natureza, e designar grupos de Estados ou empresas aéreas com os quais, ou por meio dos quais, ele poderá, com maior facilidade, empenhar-se na prossecução dos objectivos desta Convenção».*

Secção 2ª
A Organização Mundial da Saúde – OMS[385]

§1º Criação, composição, objecto

1. Antecedentes

1. Os *antecedentes da* OMS podemos buscá-los nas *Conferências Sanitárias Internacionais,* que se realizaram a partir de 1851. Em 1908, por Convenção Internacional, foi criado em Paris o *«Office International d'Hygiène Public»* que agrupava 45 Estados e estava dotado de um *Comité Permanente de Higiene,* com sede em Paris e preocupado com algumas das questões que hoje constituem objecto da OMS.

A Sociedade de Nações promoveu a cooperação internacional em matéria de prevenção e controlo das doenças e criou a chamada *Organização de Higiene da Sociedade das Nações*[386].

[385] World Health Organisation – WHO, na sigla anglo-saxónica.

[386] Por meio da autorização concedida pelo art. 23º, parágrafo F, do Pacto da Sociedade das Nações.

Na América fora criada também a Organização Sanitária Panamericana com um escritório permanente.

Mais tarde, caberá à ONU assumir a tarefa de dar unidade aos anteriores esforços dispersos, promovendo em 1946, com a participação de 64 Estados e de observadores de dez organismos internacionais, a criação da OMS.

2. Acto constitutivo

2. A instituição da Organização Mundial de Saúde foi decidida em conferência convocada pelas Nações Unidas e realizada em Nova York em Julho de 1946; o seu estatuto só entrou em vigor em Abril de 1948[387]. Por um Acordo concluído com a ONU, a OMS assumiu o estatuto de *«instituição especializada»* do sistema das Nações Unidas, A sede da Organização foi fixada em Genebra.

3. Composição

2. A OMS é composta praticamente por todos os Estados do Planeta, actualmente em número que ronda os 193.

Encontramos dentro dela *membros de pleno direito e membros associados*. De entre os primeiros cabe distinguir:

- Aqueles Estados que são membros das Nações Unidas e se tornaram automaticamente membros da OMS pela simples notificação de aceitação da sua Constituição.
- Aqueles Estados que não sendo membros da ONU, podem ser admitidos por meio de aprovação da Assembleia Geral da Saúde, deliberando por maioria simples. Deverão como os anteriores aceitar a Constituição da Organização.

Membros associados são aqueles que, segundo o art. 8º da Constituição da OMS, constituam *«territórios ou grupos de territórios que embora não sendo responsáveis pela conduta das suas relações internacionais, podem ser admitidos por pedido feito em nome de tais territórios ou grupos de territórios pelo Estado-membro ou outra autoridade que tenha a responsabilidade das suas relações internacionais...»*

[387] Este Estatuto foi publicado elo Portugal em inglês e português, por Aviso do Ministério dos Negócios Estrangeiros inserto no Diário do Governo de 1 de Julho de 1948, em seguimento do Decreto-Lei nº 36 406, de 10 de Julho de 1947, que o aprovou para ratificação. Foram publicadas alterações ao mesmo Estatuto, por força do Decreto-Lei nº 772/74, de 31 de Dezembro, que as aprovou para ratificação.

Os direitos e obrigações destes membros associados foram determinados por duas resoluções da Assembleia Geral da Saúde.

4. Papel da OMS

4. Este organismo tem uma actividade muito variada, que vai desde a coordenação da pesquisa em diversas áreas de saúde até à prestacão de assistência sanitária a países menos desenvolvidos, passando *pela* manutenção de serviços de informação relativos à saúde, em particular no que toca às epidemias.

Incumbe à Organização (segundo *diz* o art. 1º da sua Constituição) promover a melhoria geral das condições de saúde: «*O objectivo da OMS será a aquisição, por todos os povos, do nível de saúde mais elevado que for possível*».

No seu art. 2º prescreve-se: «*Para conseguir o seu objectivo, as funções da Organização serão...*», e a seguir enumeram-se uma série de funções (concretamente 21) das quais as mais importantes são, nomeadamente: assistência técnica aos seus membros, informações prontas sobre as doenças, ajuda orientada para o controlo e eliminação de certas doenças, *coordenação e* promoção da investigação médica, *etc.*

5. Para se desempenhar eficazmente destas atribuições, a OMS *favorece a adopção de Convenções Internacionais* sobre as matérias de que se ocupa, podendo adoptar *recomendações e regulamentos sanitários internacionais* de carácter vinculativo para os Estados[388].

Em 1981, a Assembleia Mundial da Saúde adoptou a *Estratégia Mundial da Saúde para todos até ao ano 2000.* Este programa visa o desenvolvimento de infra-estruturas sanitárias, começando pelas necessidades de saúde primária, para assegurar na totalidade de cada país a execução de programas que abranjam toda a população,

Em 1987 a OMS lançou o *Programa Mundial de Luta contra a SIDA* actualmente em curso em mais de 187 países, territórios e regiões.

Depois de 1988, o primeiro de Dezembro é comemorado cada ano como o *Dia Mundial de Luta Contra a SIDA.*

Neste início de Século XXI a OMS desenvolveu uma agenda de actuação em seis pontos: dois objectivos de saúde, duas necessidades estratégicas e dois caminhos de actuação.

A agenda consiste em 1. Promover o desenvolvimento; 2. Promover a Segurança sanitária; 3. Reforçar os Sistemas de Saúde; 4. Coordenar a pesquisa, a

[388] São línguas oficias e línguas de trabalho da OMS, o árabe, o chinês, o espanhol, o francês, o inglês e o russo.

informação e a experiência empírica; 5. Desenvolver partenariados; 6. Melhorar o desempenho.

O vector prioritário da actuação da Organização é o de promover a melhoria da saúde global das mulheres e da Saúde em África.

§2º Estrutura Orgânica

6. O sistema institucional da OMS comporta:

a) *A Assembleia Mundial da Saúde.*
É o órgão principal da OMS, de que fazem parte todos os Estados-membros. Reúne-se uma vez por ano, para se ocupar das linhas de orientação da Organização e do programa e orçamento (bienais) desta e, ainda, para nomear o Director-Geral. Para além destes, tem outros poderes especiais, tais como: realizar emendas à Constituição, convocar Conferências internacionais, criar instituições internacionais permanentes, elaborar projectos de convenções internacionais e adoptar regulamentações internacionais nas matérias referentes à luta contra a propagação de enfermidades, nomenclatura das doenças, causas de morte, etc. *(art. 21º do Constituição).*

b) *O Conselho Executivo,* composto por 34 peritos de saúde designados pelos respectivos governos, mas não os representando, cujo mandato é de três anos e, além desses, por 10 ou 11 representantes de países, membros, eleitos em Assembleia por um ano. Os membros do Conselho são nomeados tendo em conta as suas especiais qualificações, participando por isso no Conselho a título pessoal. Este órgão reúne pelo menos duas vezes por ano para reexaminar o programa do Director-geral e emitir pareceres sobre questões que lhe tenham sido submetidas pela Assembleia, sendo responsável pela execução de decisões e orientações por ela estabelecidas. Concluindo, podemos dizer que o Conselho é o órgão de execução das decisões da Assembleia, está encarregado de preparar a ordem do dia das suas sessões e de velar pelo bom funcionamento dos serviços. A Assembleia pode também delegar nele as funções que julgue convenientes.
Mas o Conselho não é simplesmente um órgão executor; dispõe também de poderes de iniciativa, tais como dirigir-se à Assembleia para a consultar ou fazer propostas; e em situações de urgência cabe-lhe, além disso, tomar medidas de emergência, nomeadamente nos casos de epidemias ou desastres.

c) *Director Geral, é* nomeado pela Assembleia sob proposta do Conselho Executivo[389].
Responde pela gestão quotidiana da Organização sob a autoridade do Conselho, e dispõe, para o exercício das suas funções, do apoio de um *Secretariado, órgão* de carácter técnico e burocrático, servido por funcionários internacionais recrutados pelo Director-Geral.
d) A *OMS,* criou ainda uma série de *Serviços regionais («Bureaux»)* preparados para actuar *in loco* na conformidade das orientações emanadas da Sede.
O princípio de descentralização regional tem favorecido notavelmente a eficácia da OMS, devido à amplitude geográfica da cooperação em matéria sanitária.

Secção 3ª
A Organização Meteorológica Mundial – OMM[390]

§1º Criação, composição, objecto

1. Antecedentes

A cooperação técnica internacional no âmbito da meteorologia tem a sua origem na Conferência Internacional de Bruxelas em 1853, que tratou das condições meteorológicas e atmosféricas nos oceanos. Em 1872 teve lugar a Conferência de Directores dos Institutos Meteorológicos e em 1873, no Congresso Internacional Meteorológico, reunido em Viena, acordou-se na criação de uma Comissão Meteorológica Internacional de carácter permanente, que preparou o projecto da Organização Meteorológica Internacional que em 1878 entrou em funcionamento como organização não governamental.

2. Acto constitutivo

Outro momento importante para a Organização é a Conferência de Directores da Organização Meteorológica Internacional, que se celebrou em Washington entre 22 de Setembro e 1 de Outubro de 1947. Nela se adoptou o projecto de Convenção pela qual se criava a Organização Meteorológica Mundial, que entrou em vigor em 23 de Março de 1950.

[389] O actual Director Geral é a Drª Margaret Chan, designada pela Assembleia em 9 de Novembro de 2006.
[390] World Meteorological Organisation – WMO, na sigla anglo-saxónica.

A Organização Meteorológica Mundial tem a natureza de organismo especializado das NU na sequência do acordo aprovado pelo Congresso da OMM no dia 10 de Abril de 1951 e que entrou em vigor em 20 de Dezembro de 1951, data em que foi aprovado pela Assembleia Geral das Nações Unidas.

A sede desta Organização foi fixada em Genebra.

3. Composição

Actualmente a OMM conta com aproximadamente 183 membros, entre os quais, dado o carácter da Organização, se contam territórios que ainda não acederam à independência plena[391].

No entanto, dentro da Organização distingue-se entre aqueles que são considerados membros de pleno direito daqueles que o não são.

4. Papel da OMM

Esta organização propõe-se essencialmente cooperação técnica em matéria meteorológica, nomeadamente a troca de informações sobre o tempo e as aplicações da meteorologia.

Podem, no entanto, precisar-se melhor os objectivos desta organização evocando o art. 2º da Convenção criadora da OMM que lhe assinala os seguintes fins:

«a) *Facilitar a cooperação mundial na instalação de redes de estações destinadas a fazer observações meteorológicas ou outras observações geofísicas relacionadas com a meteorologia e promover a instalação e a manutenção de centros meteorológicos destinados a assegurar a protecção meteorológica;*

b) *Promover a instalação e manutenção de sistemas para troca rápida de informações meteorológicas;*

c) *Promover a normalização das observações meteorológicas e assegurar a publicação uniforme de observações e estatísticas;*

d) *Intensificar a aplicação da meteorologia à aeronáutica, navegação marítima, agricultura e outras actividades humanas; e*

e) *Estimular a investigação e o ensino da meteorologia e contribuir para a coordenação dos aspectos internacionais destas actividades*».

[391] A adesão de Portugal a este organismo foi regulada pelo Decreto-Lei nº 38 055, de 12 de Dezembro de 1950, que aprova, para ratificação, a Convenção instituidora, cujo texto em francês e inglês e respectiva tradução consta de anexo. É ainda de referir que Portugal é também membro da Organização Europeia Para a Exploração de Satélites Meteorológicos, regulada por convenção de 1983.

§2º Estrutura Orgânica

5. A estrutura corresponde à de outras organizações das Nações Unidas, caracterizando-se por um certo predomínio da descentralização regional.

Os órgãos da OMM são os seguintes:

a) O Congresso Meteorológico Mundial

6. Este órgão está definido no art. 6º, al. *a)*, da Convenção criadora da OMM: «*O Congresso é o órgão supremo da Organização e será constituído por delegados que representarão os Membros. Cada Membro designará um dos seus delegados, que deverá ser o director do seu serviço meteorológico, como delegado principal*».

O Congresso reúne-se de 4 em 4 anos, tendo como funções principais as assinaladas no art. 7º da Convenção, entre as quais podemos destacar as de aprovar regulamentos, estabelecer orientações e aprovar o programa de acção e o orçamento.

O Congresso pode também aprovar *emendas à Convenção* constitutiva e aos acordos de cooperação com outras organizações e, como se diz no último ponto 1 do citado artigo: «l) *Tomar quaisquer outras medidas destinadas a servir os objectivos da organização.*»

b) O Comité Executivo

7. É o órgão de gestão corrente da Organização, formado por 37 membros, eleitos pelo Congresso.

Este órgão reúne pelo menos uma vez por ano para preparar estudos e recomendações ao Congresso, supervisionar a execução das resoluções e regulamentos aprovados no Congresso, informar os membros sobre assuntos técnicos e dar pareceres. Estas funções e outras menos importantes são previstas e explicitadas no art. 14ª da Convenção constitutiva.

c) Seis Associações Regionais

8. Como dissemos anteriormente, há uma certa descentralização internacional na OMM facultando-se ao Congresso criar Associações Meteorológicas Regionais e coordenar as suas actividades. Destas existem as de África, Ásia, América do Sul, América do Norte, América Central e Caraíbas, Sudoeste Pacífico e Europa.

Como missões destas Associações Regionais podemos assinalar a de executar as resoluções do Congresso e do Comité executivo nas suas regiões respectivas, a de assegurar a coordenação de actividades meteorológicas na sua região e a de formular recomendações ao Congresso e ao Comité Executivo.

d) Oito Comissões Técnicas

9. São criadas pelo Congresso e compostas preferentemente por peritos. Os Estados-membros podem fazer-se representar nessas Comissões. Incumbe-lhes proceder aos estudos de problemas técnicos, que o Congresso lhes solicite, e a apresentação ao Congresso e ao Comité Executivo das recomendações referentes à solução dos problemas que tenham sido suscitados. Na actualidade existem oito Comissões técnicas, assim designadas: Sistemas Básicos, Instrumentos e Métodos de Observação, Ciências Atmosféricas, Meteorologia Aeronáutica, Meteorologia Agrícola, Meteorologia Marítima, Hidrologia e Aplicações Especiais da Meteorologia e da Climatologia.

e) A secretaria

10. É um órgão permanente dirigido por um Secretário-Geral, que funciona como centro administrativo, documental e informativo, além de elaborar estudos técnicos especiais e, sobretudo, servir de elemento de ligação entre serviços meteorológicos e hidrometeorológicos dos vários países.

Secção 4ª
A Agência Internacional De Energia Atómica – AIEA[392]

§1º Criação, composição, objecto

1. Antecedentes

1. A gestação desta Organização foi extremamente complexa em consequência dos pontos de vista diferentes que persistiram até se chegar a um acordo entre as duas grandes potências em matéria de energia nuclear – os Estados Unidos da América e a desaparecida U.R.S.S.

A necessidade de promover a utilização pacífica da energia nuclear foi posta em evidência pelo presidente norte-americano Truman ante o Congresso dos Estados Unidos em 3 de Outubro de 1945, poucos meses depois do lançamento das bombas atómicas em Hiroshima e Nagasaki – 6 e 9 de Agosto de 1945.

[392] International Atomic Energy Agency – IAEA na sigla anglo-saxónica.

Outros momentos relevantes para a emergência desta Organização são a *Declaração de Washington* de *15 de* Novembro de 1945, a *criação* da *Comissão da Energia Atómica das Nações Unidas*, a 24 de Janeiro de 1946, o discurso do Presidente norte-americano Eisenhower *perante* a Assembleia Geral das Nações Unidas a 8 de Dezembro de 1953 (em que se propõe *a* criação da Agência *Internacional* da Energia *Atómica*) e finalmente a elaboração do *Estatuto da AIEA.*

2. O acto constitutivo

2. O método de elaboração do Estatuto tem sido qualificado de original. Com efeito, a 4 de Dezembro de 1954 a Assembleia-Geral das Nações Unidas, pela sua Resolução 810 (IX), decidiu convocar uma Conferência sobre o emprego pacífico da energia nuclear, que viria a ter lugar em Genebra, em 1955. Nela se impulsionou a elaboração do estatuto da futura AIEA.

Vários projectos foram propostos por diferentes grupos de trabalho, o terceiro dos quais foi apresentado à Conferência de Nova York, realizada entre os dias 20 de Setembro e 26 de Outubro de 1955, na qual foi aprovado o Estatuto e uma Comissão Preparatória.

3. A Primeira Conferência Geral da AIEA teve lugar em Viena de 1 a 23 de Outubro de 1957, na qual foi decidida a constituição da Junta de Governadores do novo Organismo que nessa cidade ficou sediado.

4. Nesta Primeira Conferência Geral da ATEA foi também aprovado um Acordo em que se regulamentava as relações entre a ONU e a AIEA, que pela sua parte a Assembleia Geral das Nações Unidas aprovou em 14 de Novembro de 1957[393], para entrar em vigor no dia seguinte.

Este Acordo não deve confundir-se com os que ligam outros organismos especializados às Nações Unidas em aplicação dos arts. 57º e 63º da Carta, já que, comparado com eles, este Acordo coloca a AIEA numa situação de muito maior dependência relativamente às Nações Unidas.

A AIEA é uma Organização Internacional autónoma mas colocada sob controlo da ONU. No Acordo entre ambas as Organizações *«reconhece-se à*

[393] Este estatuto pode ver-se, em francês e respectiva tradução portuguesa, em anexo ao Decreto-Lei nº 41 163, de 24 Junho de 1957, que o aprova, para ratificação, por parte de Portugal. Pelo Decreto-Lei nº 44 188, de 1 de Fevereiro de 1962, pelo Decreto-Lei nº 86/74, de 5 de Março e pela Resolução da Assembleia da República nº 9187, publicada no *Diário da República* de 7 de Março, foram aprovadas, para ratificação, emendas ao mesmo estatuto. O Decreto-Lei nº 125/79, de 15 de Novembro, aprova, para aceitação com reservas, o Acordo sobre Privilégios e Imunidades desta Organização.

Agência direitos mais amplos e em contrapartida obrigações mais estrias que aquelas que impendem sobre outros organismos especializados»[394].

3. Composição

5. Actualmente a AIEA é composta por aproximadamente 151 Estados. A Agência baseia-se no princípio de igualdade de direitos entre os seus membros.

No entanto podemos distinguir, segundo o art. 4º, entre:

a) *«Membros fundadores da Agência, que são aqueles dos Estados-membros das NU ou de uma instituição especializada que assinarem a presente Estatuto dentro dos noventa dias seguintes ao momento em que fica aberto à assinatura e que depositarem um instrumento de ratificação.*

b) *«Os outros membros da Agência, que são os Estados que, membros ou não das Nações Unidas ou de uma instituição especializada, depositarem um instrumento de aceitação do presente Estatuto, uma vez a sua admissão aprovada pela Conferência Geral por recomendação do Conselho dos Governadores e a Conferência Geral ter-se assegurado de que esse Estado é capaz de cumprir as obrigações que incumbem aos membros da Agência e está disposto a fazê-lo.»*

4. Papel da AIEA

6. Está definido no art. 2º do seu Estatuto, segundo o qual: *«A Agência procura acelerar e aumentar a contribuição da energia atómica para a paz, saúde e prosperidade em todo o Mundo. Na medida dos meios de que dispuser, assegurar que o auxílio prestado por ela própria ou a seu pedido ou sob a sua direcção ou sob fiscalização sua não seja utilizado de maneira a servir para fins militares»*.

Para levar a cabo estas amplas finalidades prevê-se no art. 3º do seu estatuto *que* a AIEA *está* autorizada *e* tem *entre* outras funções:

a) Fomentar e facilitar em todo o Mundo o desenvolvimento e utilização prática da energia atómica para fins pacíficos;

b) Fornecer produtos, serviços, equipamentos ou instalações necessários para o desenvolvimento e utilização prática da energia atómica para fins pacíficos;

c) Facilitar o intercâmbio de informações científicas e técnicas sobre a utilização de energia atómica para fins pacíficos;

[394] Rainaud. J. M., *L'Agence*... p. 26.

d) Desenvolver o intercâmbio e os meios de formação de cientistas e especialistas no campo da utilização da energia atómica para fins pacíficos;
e) Garantir que os produtos cindíveis especiais *e* outros não sejam utilizados com fins militares;
f) Estabelecer e adoptar normas de segurança para proteger a saúde;
g) Adquirir ou estabelecer instalações, estabelecimentos e equipas para o exercício das suas funções.

7. Estão ainda previstas no art. 3º do Estatuto da Agência Internacional da Energia Atómica outras funções menos importantes que se enquadram na actividade desta para levar a cabo os seus fins.

Estes fins são essencialmente a promoção e desenvolvimento da aplicação da energia nuclear em medicina, agricultura e indústria, assim como a difusão de conhecimentos técnicos por meio de cursos de formação, bolsas de estudo, conferências, publicações etc., assim como a prestação de assistência técnica.

§2º Estrutura Orgânica

8. A ATEA tem, segundo o seu Estatuto, uma estrutura tripartida, em que encontramos os seguintes órgãos:

a) *Conferência-Geral,* composta por representantes de todos os Estados-membros. É um órgão de competência geral que reúne anualmente para debate das questões que interessam à Instituição e que tem como funções específicas: aprovação de orçamento e programa de acção, eleição de membros do *Conselho de Governadores* e nomeação do *Director-Geral.*
b) *Conselho de Governadores,* formado por 35 Estados-membros dos quais 22 são eleitos pela Conferência Geral por períodos de dois anos, e 13 designados pelo próprio Conselho de entre os Estados-membros mais avançados na tecnologia nuclear. Entre outras funções compete-lhe aprovar acordos de salvaguarda, projectos importantes e normas de segurança.
c) *Director-Geral,* que dispõe, naturalmente, de um *Secretariado.* Segundo o artigo VII: *«...é responsável pelo recrutamento, organização, e direcção do pessoal; fica colocado sob a autoridade do Conselho dos Governadores e sujeito à sua fiscalização. Desenvolve as suas funções em conformidade com os regulamentos aprovados pelo Conselho».*

O Secretariado dispõe de cerca de 2200 profissionais com cerca de 90 nacionalidades.

PARTE II
ORGANIZAÇÕES REGIONAIS DE QUE PORTUGAL É MEMBRO

Estas organizações inserem-se, quase todas, no quadro regional europeu; mas podem abarcar um espaço mais amplo, como é o caso da OTAN e da OCDE.

Se considerarmos o objecto dessas Organizações, verificaremos que algumas delas se ocupam da *cooperação económica* (TÍTULO I); outras da *cooperação política* (TÍTULO II); ou ainda, em termos mais específicos, *da paz e segurança* (TÍTULO III).

TÍTULO I
A ORGANIZAÇÃO DE COOPERAÇÃO E DESENVOLVIMENTO ECONÓMICO – OCDE

Pelo Dr. João Luiz Mota de Campos

Secção 1ª
A Criação da Organização Europeia de Cooperação Económica – OCDE

§1º O Plano Marshall

1. No imediato após-guerra, os responsáveis norte-americanos aperceberam-se facilmente dos riscos políticos decorrentes da situação de ruína económica e da consequente debilidade do tecido social com que a Europa emergira de um longo e terrível conflito.

Em 5 de Junho de 1947, no famoso discurso que proferiu na Universidade de Harvard, o General Marshall[395] declarava que os Estados Unidos estavam prontos a apoiar o esforço de reconstrução europeia, desde que os países da Europa conseguissem entender-se quanto à forma de repartir e utilizar eficazmente o auxílio económico-financeiro norte-americano na conformidade de um sistema de cooperação mútua a instituir entre eles. Esta mesma ideia viria a ser formalmente consagrada na lei norte-americana de 2 de Abril de 1948 que aprovou o «*European Recovery Program*» em que o *Plano Marshall* se convertera.

A oferta dos E.U.A. era dirigida a todos os países europeus dispostos a aceitá-la. Logo a União Soviética se recusou, porém, a participar em quaisquer negociações e impôs esta mesma atitude de rejeição aos Estados do Leste da Europa, incluindo a Checoslováquia que, tendo inicialmente declarado a sua intenção de aderir ao Plano Marshall, se viu depois constrangida a retirar-se.

[395] George C. Marshall, General, foi Chefe de Estado Maior General dos EUA durante a Segunda Guerra Mundial. Em 1947 passou a desempenhar as funções de Secretário de Estado.

§2º A Convenção de Paris de 16 de Abril de 1948 que instituiu a OECE

2. Em 16 de Julho de 1947, uma conferência de 16 países (entre os quais Portugal) reunia-se em Paris para apreciar os termos da oferta norte-americana e decidir sobre a forma de lhe dar adequado seguimento.

Estavam presentes: Áustria, Bélgica, Dinamarca, França, Grécia, Irlanda, Islândia, Itália, Luxemburgo, Noruega, Países-Baixos, Portugal, Reino Unido, Suécia, Suíça e Turquia.

Como se verifica, apenas fora excluída a participação da Alemanha (então ainda sujeita a um regime de ocupação e administração aliada) e a Espanha (esta por razões de ordem política relacionadas com as reservas que suscitava o regime franquista e a posição de neutralidade um tanto favorável à Alemanha adoptada durante a guerra). Estes dois Estados viriam, porém, a aderir mais tarde à Organização.

3. Tendo chegado a completo acordo, os Estados participantes assinaram, em 16 de Abril de 1948, a *Convenção de Paris* que criou a ORGANIZAÇÃO EUROPEIA DE COOPERAÇÃO ECONÓMICA *(OECE).*

§3º Os objectivos e a estrutura orgânica da OECE

1. Os objectivos da Organização

4. No âmbito da Organização e na conformidade da Convenção que a instituiu os Estados-membros obrigavam-se a:

> *«praticar uma estreita cooperação nas suas relações económicas mútuas» e para tanto a «conjugar as suas forças económicas, a entender-se sobre a utilização, tão completa quanto possível, das suas capacidades e possibilidades particulares, a aumentar as suas produções, a desenvolver e modernizar os seus equipamentos industrial e agrícola, a aumentar as suas trocas, a reduzir progressivamente os entraves ao comércio mútuo, a favorecer o pleno emprego da mão-de-obra, a restaurar ou manter a estabilidade das suas economias, bem como a confiança nas respectivas divisas nacionais». E tudo isto tendo em vista o «estabelecimento e execução de um programa comum de recuperação orientado no sentido de permitir às partes contratantes alcançar tão rapidamente quanto possível e de manter, depois, sem ajuda exterior de carácter excepcional, um satisfatório nível de actividade económica.»*

5. A OECE apresentava-se, pois, como *organização de mera cooperação* que excluía qualquer poder de injunção conferido a uma maioria de Estados. É certo que ela dispunha, como órgão de cúpula, de um Conselho (composto por todos os membros representados a nível ministerial) habilitado a tomar *decisões*. Mas tais *decisões* só poderiam ser adoptadas por *«acordo mútuo de todos os membros»* (art. 14º da Convenção de Paris).

De qualquer modo, a Organização realizou um trabalho notável.

Os Estados participantes sabiam que a recuperação económica de cada um estava ligada à dos outros e que se impunha acatar, no interesse de todos, uma disciplina comum.

2. A estrutura orgânica da OECE

6. As regras a observar e as actuações a empreender foram criteriosamente estudadas no seio da Organização, que se dotou de uma estrutura singela mas eficaz:

- O Conselho, órgão deliberativo, era assistido de um *Comité Executivo Permanente;*
- O Secretariado, bem servido por pessoal competente, fazia funcionar a engrenagem;
- Diversos Comités Técnicos forneciam à organização as informações, estudos e propostas de que esta carecia para adoptar as medidas que se impunham.

§4º A acção da OECE

7. Poucos anos volvidos sobre a sua criação, a OECE havia cumprido o essencial da missão que lhe fora atribuída:

- As consideráveis verbas[396] em que se consubstanciara o generoso e oportuno auxílio americano haviam permitido reerguer, dos escombros de guerra, um eficaz aparelho de produção de bens, alimentares e industriais;
- Na conformidade dos *«códigos de liberalização de trocas»* que haviam sido adoptados, os Estados europeus tinham podido eliminar gradualmente as restrições quantitativas ao comércio intra-europeu (em 1955 a liberalização era já da ordem dos 90%);
- E a instituição no quadro da OECE da *União Europeia de Pagamentos* havia permitido instituir um sistema de *compensação multilateral* que, obviando à generalizada carência de divisas e à inconvertibilidade das moedas europeias, facilitou largamente o desenvolvimento das trocas comerciais entre os países membros.

[396] Até 1951, o auxílio rondou os 13 mil milhões de dólares a valores da época.

Secção 2ª
A Criação da Organização de Cooperação e Desenvolvimento Económico (OCDE)

§1º Um novo contexto económico

8. Realizada com êxito a missão que lhe fora cometida e modificado profundamente o contexto económico que presidira à sua criação, a OECE pôde encarar, à luz de circunstâncias qualitativamente diferentes, a redefinição dos seus objectivos. Doravante, ultrapassando o quadro europeu, a acção da Organização deveria passar a interessar a um mais amplo bloco de países industrializados do mundo – nomeadamente aos E.U.A. e ao Canadá, que eram já *membros associados* da OECE – ligados, no âmbito de um sistema de economia de mercado, por relações económicas intensas e todos empenhados num esforço de liberalização das trocas, de desenvolvimento da economia e do comércio internacionais e mesmo de ajuda, mais equitativamente repartida, aos países subdesenvolvidos ou em vias de desenvolvimento económico.

§2º A Convenção de Paris de 1961

9. Nesta conformidade, pela Convenção que assinaram em Paris em 15 de Dezembro de 1961, os 18 Estados Europeus membros da OECE, os E.U.A, e o Canadá:

- *«reconhecendo que a recuperação e o progresso económico da Europa, a que a sua colaboração no seio da OECE dera uma contribuição muito importante, abriram novas perspectivas que permitem reforçar uma tradição de cooperação e de a aplicar a novas tarefas e a mais largos objectivos»;*
- *«convencidos de que uma cooperação mais ampla constituirá uma contribuição essencial para as relações pacíficas e harmoniosas entre os povos»;*
- *«reconhecendo que as suas economias dependem cada vez mais uma das outras»:*
- *«Entendendo que as Nações mais avançadas no domínio económico deveriam cooperar no sentido de ajudar o mais que lhes fosse possível os países em vias de desenvolvimento económico»;*
- *«Reconhecendo que a prossecução da expansão do comércio mundial constitui um dos factores mais importantes para favorecer a expansão das economias dos diversos países e melhorar as relações económicas internacionais...»* (cf. o preâmbulo da Convenção relativa à OCDE, assinada em Paris em 14 de Dezembro de 1960).

decidiram converter a OECE numa *Organização de Cooperação e Desenvolvimento Económico* (OCDE), com objectivos diferente, mais amplos e genéricos.

Secção 3ª
Os Objectivos e a Estrutura Orgânica da OCDE

§1º Os objectivos da nova Organização

10. As finalidades da OCDE resultam, naturalmente, dos considerandos constantes do preâmbulo da Convenção que a instituiu. O art. 1º da Convenção enuncia-os nos seguintes termos:

> *«A OCDE tem por objectivo promover políticas visando:*
>
> a) *Realizar a mais ampla expansão possível da economia e do emprego e a melhoria do nível de vida nos países membros, sem prejuízo da estabilidade financeira e contribuir assim para o desenvolvimento da economia mundial;*
>
> b) *Contribuir para uma expansão económica, tanto nos países membros como não membros em vias de desenvolvimento económico;*
>
> c) *Contribuir para a expansão do comércio mundial numa base multilateral e não discriminatória, na conformidade das obrigações internacionais.»*

11. Para atingir estes objectivos, os 20 países membros da Organização acordaram:

- *«em assegurar a utilização eficaz dos seus recursos económicos»;*
- *«em assegurar no domínio científico e tecnológico, o desenvolvimento das suas capacidades e bem assim encorajar a investigação e favorecer a formação profissional»;*
- *«em seguir políticas concebidas por forma a garantir o crescimento económico e a estabilidade financeira interna e externa e a evitar o desenvolvimento de situações susceptíveis de pôr em perigo a respectiva economia ou a de outros países»;*
- *«em prosseguir nos seus esforços para reduzir ou suprimir os obstáculos às trocas de bens ou serviços, bem como aos pagamentos correntes, e manter e alargar a liberalização dos movimentos de capitais»;*
- *«em contribuir para o desenvolvimento económico dos países membros e não membros em vias de desenvolvimento económico, pelas formas mais apropriadas e especialmente pela concessão de capitais a esses países, tendo ainda em conta a importância de que se reveste, para as suas economias, o fornecimento de assistência técnica e o alargamento das possibilidades de escoamento oferecidas aos seus produtos de exportação».* (Cf. o art. 2º da Convenção de Paris.)

12. A OCDE surge assim como uma organização renovada quanto aos seus objectivos e alargada quanto ao número de países que nela participam aos quais viriam ulteriormente a juntar-se 11 outros países europeus e não europeus, de entre os quais o Japão, a Austrália e a Nova Zelândia.

§2º A estrutura orgânica da OCDE

13. A estrutura orgânica da OCDE foi decalcada sobre a da OECE, a que sucedeu. Os seus órgãos essenciais são os seguintes:

1º O Conselho

14. O Conselho, composto por todos os membros, reúne-se ao nível de Ministros ou de *representantes permanentes* dos Estados-membros *(art. 7º da Convenção de Paris)*.

O Conselho designa um Presidente e dois Vice-Presidentes, cujo mandato tem a duração de um ano *(art. 8º)*.

O Conselho é o órgão de decisão da Organização *(arts. 6ª e 7º)*; as suas decisões e recomendações exigem o *«acordo mútuo de todos os membros da Organização»*, salvo se por *unanimidade* for aceite que se decida de outro modo. Note-se, porém, que a abstenção de um Membro da OCDE não impede que se forme uma decisão ou aprove uma recomendação; só que tal decisão ou recomendação não é aplicável ao membro que se haja abstido *(art. 6º)*.

2º O Secretário-Geral

15. O Secretário-Geral é nomeado pelo Conselho – perante o qual responde – por um período de 5 anos. É assistido por um ou mais Secretários-Gerais adjuntos, nomeados igualmente pelo Conselho sob proposta do Secretário-Geral *(art. 10º)*. Dado o carácter internacional da Organização, o Secretário-Geral e os Secretários-Gerais adjuntos, como de resto todo o pessoal ao serviço da OCDE, não solicitarão nem receberão directrizes de nenhum Estado-membro *(art. 11º)*.

Incumbe ao Secretário-Geral prestar apoio ao Conselho por todas as formas apropriadas, inclusive submetendo-lhe propostas que considere pertinentes.

Quando o Conselho se reúne ao nível de representantes permanentes, é ao Secretário-Geral que cabe assumir a presidência *(art. 10º)*.

O Secretário-Geral nomeia o pessoal necessário ao funcionamento da Organização.

3º Comités diversos

16. Nos termos do art. 9º da Convenção de Paris «*O Conselho pode criar um Comité Executivo e qualquer outro órgão subsidiário necessário para atingir os objectivos da Organização*».

A OECE dispunha já de diversos *comités técnicos, horizontais e verticais,* incumbidos de preparar os trabalhos da Organização mediante a realização de estudos, confrontos de políticas nacionais e elaboração de propostas a apreciar ulteriormente se o Secretário-Geral assim o entendesse.

Alguns desses comités foram mantidos e outros criados. Os comités político-económicos, de ajuda ao desenvolvimento e de assistência técnica, de pagamentos e transacções invisíveis, desenvolvem uma actividade intensa e frutuosa.

Os métodos de trabalho utilizados no âmbito da OECE foram igualmente mantidos e designadamente o método da «*confrontação*» segundo o qual a *situação económica de cada país é periodicamente analisada* e as políticas económicas dos Estados-membros são objecto de um exame crítico pelo conjunto dos Estados-membros – o que facilita uma melhor compreensão mútua e encoraja os esforços de adopção.

§3º Avaliação do papel actual da OCDE

17. A OECE e a OCDE constituíram ao longo dos últimos 50 anos um «fórum» privilegiado em que os países do Ocidente Europeu, mais tarde acompanhados pelos E.U.A., pelo Canadá e por outros países industrializados do mundo (Japão, Austrália e Nova Zelândia e mais recentemente o México, a Coreia, vários países da Europa de Leste: Polónia, Hungria, etc.) puderam expor e discutir os respectivos pontos de vista sobre as melhores vias para promover a economia europeia e internacional e para prestar ajuda a terceiros países.

Mas, uma vez alcançado o objectivo inicial e fundamental da recuperação económica da Europa e do funcionamento normal das relações de comércio internacionais, apareceu como evidente que a OECE e depois a OCDE haviam esgotado o essencial da sua finalidade de promoção da cooperação económica no quadro regional europeu; e isto sobretudo porque a emergência de novas Organizações – as Comunidades Europeias e a Associação Europeia de Comércio Livre (EFTA) – haviam feito transitar para outros centros de concertação e decisão os problemas maiores da economia e do comércio intra-europeu e mesmo mundial.

Esta situação tornou-se ainda mais evidente depois que a Grã-Bretanha, tendo aderido às Comunidades Europeias, deixou de tentar utilizar a OCDE como ponte de contacto entre a EFTA e a CE.

18. No entanto a impressão de esvaziamento da missão da OCDE começou a ser invertida há alguns anos. Em maio de 2007, os Estados Membros concordaram em convidar o Chile, a Estónia, Israel, a Rússia e a Eslovénia para iniciar negociações com vista à adesão à OCDE. A Estónia, Israel e a Eslovénia tornaram-se membros da organização em 2010.

Com uma missão centrada na coordenação da actividade económica dos países democráticos e de economia de mercado, a OCDE tem vindo a provar a sua utilidade como um fórum de discussão de coordenação e de organização de ideias e de políticas.

Bibliografia

ADAM, H. T., *L'organisation européenne de coopération économique*. Paris, 1949.

ELKIN A., «L'organisation de coopération et de développememt économiques», *Ânnuaire européen*, Vol. 4, p. 96.

HAHN, H. J., «La reconstitution de l'O.E.C.E. et sa continuation dans l'O.C.D.E.», *A.F.D.L*, 1962, p. 751.

STROHL. P. et REYNERS, P., *L'organisation de coopération et de développement économiques*, Juris-classeur Droit international.

TÍTULO II
ORGANIZAÇÕES DE COOPERAÇÃO POLÍTICA

Neste domínio ocupar-nos-emos, de seguida, da mais antiga organização de cooperação política no quadro regional europeu, que é o *Conselho da Europa* (SUBTÍTULO I), entre cujas realizações se destaca o sistema de protecção dos direitos fundamentais, no quadro da *Convenção Europeia dos Direitos do Homem,* a que dedicaremos particular atenção (SUBTÍTULO II).

Deixaremos para o TÍTULO III outras organizações que, embora vocacionadas especificamente para assegurar *a paz, a defesa colectiva e a segurança na Europa,* têm também subjacente *uma estreita cooperação política* entre os Estados participantes.

SUBTÍTULO I
O CONSELHO DA EUROPA

Pela Profª Doutora Maria Luísa Duarte[397]

[397] Professora associada com agregação da Faculdade de Direito da Universidade de Lisboa.

Subtítulo I
O Conselho da Europa

SUMÁRIO: **1.** Criação **2.** Fins e funções **3.** Membros **4.** Estrutura orgânica **4.1.** O Comité de Ministros **4.2.** A Assembleia Parlamentar **4.3.** O Secretariado **5.** Portugal e o Conselho da Europa **6.** Os desafios da Grande Europa

1. Criação

O Conselho da Europa, criado pelo Tratado de Londres de 5 de Maio de 1949, constitui um marco fundamental na construção da ideia europeia, apresentando a sua formação, a sua estrutura institucional e os seus objectivos uma natureza própria *e* de certo modo distinta, quer em relação às organizações internacionais até à altura existentes, quer em relação àquelas que depois surgiram, com especial destaque para as Comunidades Europeias[398]. As origens do Conselho da Europa, a história das vicissitudes várias que marcaram a sua criação atraem alguma luz sobre o seu papel e sobre as dificuldades que, desde o início, se opuseram à realização plena dos objectivos, tão generosamente enunciados no seu Estatuto[399].

[398] Para a elaboração deste pequeno estudo, tomámos como ponto de partida um trabalho publicado em 1991, intitulado **O Conselho da Europa e a Protecção dos Direitos do Homem** (in *Documentação e Direito Comparado,* n.os 39-40, 1989, p. 193 e segs.), que sujeitámos às alterações impostas pela vivência mais recente e renovadora desta organização.

[399] Sobre as origens do Conselho da Europa, v. J. Mota de Campos / J. L. Mota de Campos, *Manual de Direito Comunitário,* 4ª ed., Lisboa, Gulbenkian, 2004, p. 44; André Gonçalves Pereira/ Fausto de Quadros, *Manual de Direito Internacional Público,* 3ª ed., Coimbra, Almedina, 1993, p. 595 e segs.; Margarida e Afonso d'Oliveira Martins, *Direito das Organizações internacionais,* 2ª ed., AAFDL, 1996, Vol, II, p. 249 e segs,; Max Sorensen, "Le Conseil de l'Europe", in *Recueil des*

A ideia da criação de um Conselho da Europa é o resultado, diríamos inevitável, mas mitigado, de um forte movimento pan-europeu do segundo pós-guerra que pretendia dar, de forma mais consequente, uma continuação ao ideal de unidade europeia, abruptamente interrompido pela Segunda Guerra Mundial. Já em Outubro de 1942, numa comunicação ao Gabinete de Guerra, Winston Churchill sublinhava a necessidade da criação de um Conselho da Europa, ideia que retomou no célebre discurso de Zurique de 19 de Setembro de 1946.

Em vários Estados europeus surgiram, ou reiniciaram a sua actividade, organizações privadas, cujos objectivos se reconduziam à difusão da ideia europeia e à apresentação de propostas viradas para a sua concretização política[400].

Em Maio de 1948, o Comité Internacional de Coordenação dos Movimentos para a Unidade Europeia organizou o Congresso da Europa, em Haia, o qual reuniu 713 delegados oriundos de dezasseis países. Sob uma mesma ideia europeia que animava e unia os diversos congressistas, emergiam duas tendências diferentes sobre a melhor forma de a realizar: por um lado, a corrente dita "federalista" defendia a criação imediata de uma autêntica federação política, sob a designação de Estados Unidos da Europa; por outro lado, a corrente dita "unionista" que, adepta da cooperação intergovernamental, sustentava uma perspectiva de maior pragmatismo, baseada no quadro tradicional de colaboração entre Estados soberanos e no estreitamento progressivo dos laços políticos e institucionais entre eles.

Apesar de tudo o que separava os delegados, o Congresso de Haia logrou aprovar uma moção final que reclamava a aprovação de uma carta de Direitos do Homem, a criação de um tribunal competente para assegurar a sua aplicação contenciosa e a convocação urgente de uma assembleia consultiva europeia, eleita pelos parlamentos dos países participantes, e mandatada para recomendar as medidas adequadas à realização progressiva da unidade europeia, tanto no domínio económico, quanto no plano político.

Esta proposta poderia ter sido, como antes o foram outras, ignorada pelo Estados europeus. Vivia-se, contudo, um período favorável à institucionalização de formas de colaboração entre os Estados. Em 19 de Março de 1948,

Cours de l'Académie de Droit International, 1952-II, p. 121 e segs.; AA.VV., *Manuel du Conseil de l'Enrope – structure, fonctionnement, réalisations*, Paris, Ed. A. Pedone, 1970, p. 7 e segs.; F. BENOÎT-ROHMER, e outro, *Le Droit du Canseil de l'Europe*, Estrasburgo, 2005, p. 10 e segs.

[400] Cfr. Maria Luísa DUARTE, *Direito da União Europeia e das Comunidades Europeias*, Lisboa, Lex, 2001, Vol. I, tomo I, p. 32 e segs.

foi assinado o Tratado de Bruxelas entre a França, a Bélgica, o Luxemburgo, os Países Baixos e o Reino Unido para enquadrar "*a sua colaboração em matéria económica, social e cultural e a sua legítima defesa colectiva*", o qual daria lugar em 1954 à União da Europa Ocidental (UEO). Em 16 de Abril de 1948, é criada a Organização Europeia de Cooperação Económica (OECE) pelos dezasseis Estados que tinham beneficiado do Plano Marshall. Por outro lado, a chamada "ameaça soviética" actuava como elemento catalisador dos esforços e da vontade política dos Estados da Europa Ocidental no sentido de aprofundar a cooperação no plano económico e social, militar e político, de modo a garantir não só a sua integridade territorial como ainda a pureza e a efectividade dos valores democráticos, concebidos como património comum.

Em Julho de 1948, a França propôs numa reunião do Conselho Científico do Tratado de Bruxelas a criação de um parlamento europeu. Constituído um Comité para o estudo e o desenvolvimento da unidade europeia, os Governos francês e belga apresentaram uma proposta conjunta sobre a futura Assembleia parlamentar europeia. A delegação britânica, cujas resistências a esta ideia de integração já se haviam manifestado no Congresso de Haia, formulou uma contraproposta que preconizava a criação de um Conselho Europeu de ministros, competente para tratar as questões de interesse comum, salvo as relativas à defesa, das quais se encarregaria a futura OTAN, e as relativas aos problemas económicos, da competência da OECE. A contraproposta britânica produziu um forte abalo nas expectativas europeias dos outros Estados envolvidos. Em vez de um órgão de natureza parlamentar, a Grã-Bretanha insistia na ideia de um órgão consultivo puramente intergovernamental, moldado à imagem do Conselho Consultivo no Tratado de Bruxelas.

Na sequência de longas e difíceis negociações, com sucessivas ameaças de ruptura, os cinco Estados conseguiram chegar a uma solução de compromisso, pela qual acordavam em criar uma nova organização europeia, designada Conselho da Europa. O compromisso determinava a existência de um *Comité dos Ministros*, cujas decisões mais importantes estariam sujeitas à regra da unanimidade, e de uma *Assembleia Consultiva*, formada por representantes dos Estados signatários, eleitos pelos respectivos parlamentos nacionais.

Esta estrutura orgânica, original pela presença de uma assembleia internacional de natureza parlamentar, deixa perceber um equilíbrio hábil entre as duas correntes atrás referidas – a federalista e a unionista –, mas a fragilidade do compromisso projectar-se-á, negativamente, na capacidade decisória e nas formas de intervenção do Conselho da Europa.

A conferência preparatória de 28 de Março de 1949, em Londres, convocada para elaborar o tratado institutivo do estatuto do Conselho da Europa, reuniu os representantes dos cinco Estados signatários do Tratado de Bruxelas, e ainda os representantes dos governos da Dinamarca, Irlanda, Itália, Noruega e Suécia. O Estatuto foi assinado, em Londres, a 5 de Maio de 1949 pelos Ministros dos dez Estados, e entrou em vigor a 3 de Agosto de 1949. O art. 11º do Estatuto fixou a sede da organização em Estrasburgo, escolha determinada pela representação simbólica do novo relacionamento entre a França e a Alemanha.

2. Fins e funções

O preâmbulo e o art. 1º do Estatuto espelham de um modo vincado o apego à ideia de democracia, esteio fundamental do programa político que conduziu à criação do Conselho da Europa.

O objectivo do Conselho é o de realizar uma união mais estreita entre os seus Membros, funcionalmente orientada para a salvaguarda das ideias e princípios que formam o património comum e para favorecer o seu progresso económico e social. No preâmbulo, o conteúdo deste património é concretizado pela referência aos valores espirituais e morais que estão na origem dos *princípios da liberdade individual, da liberdade política e do primado do Direito.*

Mais do que qualquer outra organização internacional, o Conselho da Europa caracteriza-se por esta base ideológica de raiz ética e política, explicitada no valor máximo da *verdadeira democracia*[401]. Outras organizações internacionais do pós-guerra ostentavam no seu estatuto frases de idêntico significado proclamatório (v. Preâmbulos da Carta das Nações Unidas, do Tratado de Bruxelas de 1948 e do Tratado do Atlântico Norte), mas só no Estatuto do Conselho da Europa estes princípios de conduta civilizacional e política se perfilam como condição da própria admissão no seio da organização.

O campo de actividade do Conselho da Europa para a realização dos objectivos enunciados define-se em termos muito amplos e pouco precisos. O art. 1º do Estatuto prevê a adopção de uma posição comum no domínio económico, social, cultural[402], científico, jurídico e administrativo, bem como a salvaguarda dos Direitos do Homem e das Liberdades Fundamentais.

[401] V. A. Miaja de la Muela, "Ética e derecho del Consejo de Europa, reflexiones y datos en el momento del ingresso de España", in *Revista de Instituciones Europeas,* 1978, nº 1, p. 10 e segs.; Pierre Mertens, "Les organes du Conseil de l'Europe et le concept de "democratie" dans le cadre des deux affaires grecques", in *Revue Belge de Droit International,* 1971, nº I, p. 118 e segs.

[402] Por acordo internacional de 1960, as competências sociais e culturais da UEO foram transferidas para o Conselho da Europa.

A única excepção a esta competência do Conselho é a relativa às questões da defesa nacional. No entanto, esta disposição tem sido interpretada pela Assembleia Parlamentar no sentido de não impedir a discussão e a tomada de posições sobre os aspectos políticos da defesa da Europa[403].

A actuação do Conselho da Europa desenvolve-se em dois planos principais: 1) **a defesa e garantia dos Direitos do Homem** 2) **a cooperação internacional.** Com uma base teleológica tão ampla de enunciação das suas competências, o Conselho da Europa pode promover a coordenação das políticas e das legislações nacionais nas áreas mais diversas[404].

Sob os auspícios do Conselho da Europa foram elaborados acordos, protocolos e convenções multilaterais[405], cabendo-lhe, em alguns casos, funções de interpretação e de controlo na sua aplicação. Entre os mais importantes campos de coordenação contam-se: *a)* a cooperação judicial; *b)* a cooperação cultural; *c)* a cooperação económica; *d)* a cooperação social[406].

Desde 1965, os trabalhos intergovernamentais do Conselho estão previstos num *programa* único que comporta perto de trezentas actividades[407]. Algumas delas são consideradas como funções permanentes, mas a maior parte reconduz-se a projectos concretos cuja realização deve respeitar a calendarização estabelecida.

Volvidos quase sessenta anos sobre a data de criação do Conselho da Europa não é fácil resumir em poucas palavras o seu lugar no cenário político europeu. Ao longo destes anos, o Conselho da Europa redescobriu a sua vocação funcional, de tal modo se tornou quimérico o papel de autoridade política europeia, de força congregadora e subordinante no processo de unidade europeia.

Desde o início, e como resultado directo do compromisso entre a corrente federalista e a corrente intergovernamental, verificou-se um profundo desequilíbrio entre, por um lado, os objectivos – amplos e politicamente ambiciosos – e, por outro lado, a natureza dos órgãos e os seus respectivos

[403] V. Max SORENSEN, *Le Canseil,* ob. cit., p. 131-135.

[404] O objectivo de coordenação ultrapassa mesmo as fronteiras dos Estados membros, na medida em que muitas das convenções permitem a adesão de Estados não membros do Conselho.

[405] Sobre o seu processo de elaboração, v. H. GOLSONG, "Quelques remarques a propos de l'élaboration et de la nature juridique des traités conclus au sein du Conseil de l'Europe", in *Mélanges offerts à Polys Modinos,* 1968, p. 51 e segs.

[406] V. J. SIDDLE, "The role of the Council of Europe in the legal field", in *European Law Review,* 1977, nº 5, p. 275; AA.VV., *Manuel,* ob. cit. p. 133 e segs.; A. H. ROBERSTON, *European Institutions,* 3ª ed., Stevens, 1973, p. 46 e segs.

[407] V. AA. VV., *Manuel,* ob. cit, p. 89 e segs.

poderes, definidos em função do princípio da intangibilidade da soberania dos Estados[408].

O Conselho da Europa foi ultrapassado pela dinâmica da integração europeia que determinou a criação da CECA, em 1951, e da CEE e da CEEA, em 1957. Pela primeira vez, alguns Estados europeus aceitaram limitar a sua soberania atribuindo o exercício das respectivas competências aos órgãos comunitários. Mesmo a função de coordenação das organizações europeias, defendida no Plano Eden de 1952[409], ficou prejudicada, pois, a diferente natureza das Comunidades Europeias dificilmente se coadunaria com uma interferência orgânica directa por parte do Conselho da Europa.

No entanto, não é menor, nem politicamente despiciendo o papel do Conselho da Europa na cena europeia. O progressivo alargamento das Comunidades Europeias retirou-lhe, definitivamente, o lugar que, aliás, nunca ocupou, de motor propulsor da construção europeia. Em contrapartida, o Conselho da Europa consolidou a sua importância no campo da aproximação dos direitos nacionais pela celebração de múltiplas convenções e da defesa da democracia e dos Direitos do Homem[410]. O rol de convenções internacionais celebradas sob a égide do Conselho da Europa é muito extenso, cerca de duas centenas, abarcando matérias que estão directa ou indirectamente relacionadas com a problemática dos direitos do homem[411]. O desenvolvimento desta actuação política fundamenta a importância actual e futura do Conselho da Europa e modela as relações que mantém com outras entidades, nomeadamente, a União Europeia[412].

[408] V. Golsong, "Le Conseil de l'Europe et la souveraineté nationale", in *Cahiers de Droit Européen,* 1965, p. 140 e segs.

[409] Sobre o Plano Éden, v. Max Sorensen, "Le Conseil", ob. cit., p. 196; AA. VV., *Manuel,* ob. cit., p. 141-148. No sentido de se tratar de uma táctica britânica para controlar as Comunidades Europeias sem nelas participar, v. J. C. Gautron, *Organisations Européennes,* Paris, Dalloz, 1973, p. 26.

[410] V. A. C. Kiss, "La contribution du Conseil de l'Europe au développement du Droit International Public", in *Mélanges offerts à Polys Modinos,* 1968, p. 61 e segs.

[411] O sítio oficial do Conselho da Europa mantém actualizada a lista destes convénios – www.coe.int.

[412] As Comunidades Europeias, enquanto tal, têm aderido a várias convenções concluídas no seio do Conselho da Europa, suscitando, por vezes, problemas interessantes no domínio do direito dos tratados – v. P. H. Imbert, "Le consentement des états en droit International, réflexions à partir d'un cas pratique concernant la participation de la CEE aux traités du Conseil de l'Europe", in *Révue Général de Droit International Public,* 1985, nº 2, p. 353 e segs.; T. Ouchterlony, "The European Communities and the Council of Europe", in *Legal Issues of Europeans Integration,* 1981, nº 1, p. 59 e segs.; J. Siddle, "The role", ob. cit., p. 345-347. Mesmo a ausência de adesão formal não impediu a vinculação das Comunidades Europeias à CEDH (v. infra).

A Cimeira de Viena, realizada em Outubro de 1993, relegitimou o mandato político do Conselho da Europa quando define a organização como "o *guardião da segurança democrática fundada sobre os direitos do homem, a democracia e o Estado de direito*". A segurança democrática é interpretada como complementar ao objectivo da segurança militar. Em Outubro de 1997, a Cimeira de Estrasburgo traçou quatro áreas principais de actuação: democracia e direitos do homem; coesão social; segurança dos cidadãos; valores democráticos e diversidade cultural.

3. Membros

No dia 5 de Maio de 1989, efeméride do 40º aniversário da fundação do Conselho da Europa, a Finlândia tornou-se o seu 23º Estado Membro. O facto revestiu um inegável significado político, porquanto efectivou o alargamento do Conselho da Europa a um Estado europeu que representava a ligação entre as duas grandes famílias políticas europeias, a do Ocidente e a do Leste. Cerca de um ano depois, a 6 de Novembro de 1990, a adesão da Hungria abriu um novo capítulo na história do Conselho da Europa.

O desmoronamento do bloco de Leste e a desagregação da federação jugoslava criaram uma nova ordem europeia, marcada pelo aparecimento de novos Estados e pelo processo de democratização política dos novos regimes. Entre 1990 e 1999, aderiram dezassete Estados, da Europa Central e de Leste, incluindo a Federação Russa. O Conselho da Europa é, actualmente, a mais abrangente das organizações europeias, contando 47 membros[413].

A qualidade de membro depende, todavia, do preenchimento de condições bem definidas[414]. O art. 3º do Estatuto determina que qualquer membro do Conselho da Europa *"reconhece o princípio da preeminência do Direito e o princípio em virtude do qual qualquer pessoa colocada sob a sua jurisdição deve gozar dos Direitos do Homem e das Liberdades Fundamentais"*. Sem referir expressamente a palavra democracia, constante do segundo parágrafo do preâmbulo, esta dupla exigência corresponde ao ideário liberal e democrático que inspira o acervo de objectivos orientadores da actuação do Conselho da Europa.

[413] O Principado do Mónaco foi o último a aderir, em 5 de Outubro de 2004. A candidatura da Bielorússta, iniciada em Março de 1993, continua suspensa.
Para uma actualização permanente dos dados relativos a este e outros aspectos da vida do Conselho da Europa, recomenda-se a consulta do respectivo sítio na Internet (www.coe.int).

[414] V. G. Garzon Clariana, "La adquisición de la calidad de miembro en el Consejo de Europa", in *Revista de Instituciones Europeus*, 1973, nº 1, p. 23 e segs.; A. C. Kiss, "L'admission des Etats comme membres du Conseil de l'Europe", in *Annuaire Français de Droit International*, 1965, p. 694 e segs.

A referência genérica do art. 3º aos Direitos do Homem e às Liberdades Fundamentais não pode deixar de ser interpretada à luz da Convenção Europeia Para a Protecção dos Direitos do Homem e das Liberdades Fundamentais (CEDH), de 4 de Novembro de 1950, e dos seus protocolos adicionais, especialmente, o art. 3º, do Protocolo nº 1, de 20 de Março de 1952, que impõe aos Estados Membros o dever de organizar "*com intervalos razoáveis, eleições livres, por escrutínio secreto, em condições que assegurem a livre expressão da opinião do povo na eleição do órgão legislativo*". Esta concretização objectiva do enunciado do art. 3º do Estatuto não elimina, contudo, a ampla margem de apreciação de que dispõe o Comité de Ministros na verificação do carácter democrático do regime político dos Estados que sejam potenciais candidatos à admissão. O desrespeito da democracia política impede o convite aos Estados que, pelo seu Direito e pela sua prática, se afastem do modelo democrático de convivência entre governados e governantes. A violação das regras democráticas pode ainda determinar a suspensão do Estado membro e, mesmo, a sua exclusão (v. art. 8º)[415].

4. Estrutura orgânica

A estrutura orgânica do Conselho da Europa assenta em dois órgãos – o Comité de Ministros e a Assembleia Consultiva, conhecida por Assembleia Parlamentar –, assistidos pelo Secretariado.

A relevância há muito atribuída à dinamização da democracia local (*v. g. Carta Europeia de Autonomia Local,* de 15 de Outubro de 1985, antecedida pela Carta Europeia das Liberdades Locais, de 16 de Janeiro de 1954) levou à criação em 1994 de um novo órgão, designado *Congresso dos Poderes Locais e Regionais da Europa*. Composto por representantes de mandato efectivo das entidades locais e regionais dos Estados-membros, este novo órgão dispõe do poder de iniciativa junto do Comité de Ministros no quadro de uma actuação que deve promover e diversificar a cooperação entre colectividades regionais e locais. A Carta do Congresso dos Poderes Locais e Regionais regula a orgânica interna e funcionamento deste órgão consultivo do Conselho da Europa (v. Resolução do Comité de Ministros de 15 de Março de 2000).

[415] As disposições do art. 8º relativas à retirada e à decisão de exclusão foram já utilizadas no caso da Grécia que, em 12 de Dezembro de 1969, e antecipando-se a qualquer iniciativa do Comité de Ministras, anunciou a sua retirada. Em Janeiro de 1971, a Assembleia Consultiva declarava formalmente a Grécia excluída do Conselho da Europa. O regresso à democracia em 1975 permitiu a readmissão da Grécia – v. Pierre Mertens, "Les organes...", ob. cit., p. 118 e segs.

4.1. O Comité de Ministros

Nos termos do art. 13º do Estatuto, o Comité de Ministros é o órgão competente para agir em nome do Conselho da Europa. O Comité é constituído por um representante de cada Estado Membro, dispondo cada um do direito a um voto. Esta representação é assegurada pelo respectivo Ministro dos Negócios Estrangeiros, podendo este, caso as circunstâncias o recomendem, designar um suplente para o seu lugar. Pela natureza da sua competência e da sua composição, o Comité de Ministros é o elemento orgânico tradicional, garantindo a representação colectiva dos governos nacionais dos diversos Estados membros, como acontece com todos os órgãos com competências decisórias nas organizações internacionais do tipo intergovernamental. Ao exigir que a representação do governo nacional seja feita ao nível ministerial, o Estatuto pretendeu conferir a este órgão uma adequada autoridade política.

Esta exigência limitava, todavia, a própria actividade do órgão, razão pela qual, desde 1951, foram nomeados representantes permanentes em Estrasburgo que têm, por via de regra, a categoria de embaixadores. A sua principal incumbência é a de manter o contacto entre o Conselho da Europa e o governo que representam. Por decisão de 1952, o Comité permitiu que cada representante designe um Delegado competente para agir no intervalo das sessões. Os Delegados, cujas funções são, normalmente, exercidas pelos representantes permanentes, reúnem-se para preparar os trabalhos do Comité, podendo mesmo tomar decisões em seu nome, salvo em relação àquelas questões que apresentem repercussões políticas importantes ou relativamente às quais não tenha sido possível chegar a um acordo unânime.

As reuniões do Comité de Ministros realizam-se: 1) ao nível dos Ministros, pelo menos duas vezes por ano, e uma por ocasião da abertura da sessão ordinária da Assembleia Consultiva; estas sessões não são públicas e desenvolvem-se de acordo com as disposições do respectivo regulamento interno, aprovado pelo Comité; 2) ao nível de Delegados, cujas reuniões são bimensais, com um total, em média, de 10 sessões por ano, A presidência do Comité é rotativa, sendo o critério da alternância o da ordem alfabética.

Os poderes do Comité de Ministros são bastante amplos por referência à realização dos fins do Conselho da Europa (v. art. 15º). O único instrumento que dispõe para a concretização destes objectivos é a *recomendação* dirigida aos governos dos Estados membros, podendo o Comité *convidá-los* a prestar informações acerca do seguimento por eles dado às recomendações. Em contrapartida, o Comité decide, com efeito obrigatório, sobre todas as questões relativas à organização e aos assuntos internos do Conselho da Europa, através de regulamentos financeiros e administrativos (art. 18º); pode constituir, para os fins que julgar necessários, comités ou comissões de carácter consultivo ou técnico (art. 17º)[416]; fixa a contribuição financeira de cada Membro e aprova, anualmente, o orçamento do Conselho (art. 38º); e vela pela execução das sentenças proferidas pelo Tribunal Europeu dos Direitos do Homem (v. *infra*).

O art. 20º do Estatuto estabelece regras de votação um pouco complexas, distinguindo quatro tipos diferentes de decisões. Embora o art. 20º preveja regras menos exigentes de votação, nomeadamente a maioria simples e a maioria qualificada de dois terços, e só a unanimidade para seis categorias de questões importantes, o Comité segue a prática de desenvolver todos os esforços no sentido de garantir o consenso em todas as questões de importância maior. Trata-se de um mecanismo conhecido de formação da vontade colectiva que assegura uma desejável concertação dos diferentes interesses nacionais. A Resolução estatutária nº 27, adoptada pelo Comité em 14 de Maio de 1993, define regras próprias de votação para determinadas matérias.

4.2. A Assembleia Parlamentar

A Assembleia Parlamentar constitui o traço de maior originalidade na estrutura orgânica do Conselho da Europa, na medida em que se configura como a primeira assembleia parlamentar internacional da história. Não se pode, contudo, falar de um verdadeiro órgão parlamentar: o mecanismo previsto para a designação dos deputados não assegura uma concordância perfeita entre as correntes de opinião que formam o espectro político nacional e aquelas que estão representadas na Assembleia. Por outro lado, trata-se de um simples órgão consultivo e de opinião, desprovido de poderes normativos ou de fiscalização política. Nem sequer a competência orçamental, embrião dos poderes vinculativos das primeiras assembleias nacionais, integra o magro elenco competencial da Assembleia, cujo estatuto resulta, afinal, de um compromisso que procurou esvaziar o significado político de um órgão desta natureza no contexto europeu.

A Assembleia é composta por um número variável de deputados por cada Estado Membro, o qual resulta da aplicação do critério demográfico associado a um acordo político sobre a atribuição de um mesmo número de representantes aos Estados mais importantes e um mínimo de dois deputados, ainda que este número envolva uma sobrerrepresentação da população de um Estado

[416] Estes comités de peritos desempenham uma função muito importante no estudo preliminar das questões e na preparação dos relatórios que servem de base à decisão política da responsabilidade do Comité de Ministros.

exíguo como é, por ex., o caso do Lichtenstein[417]. A Assembleia é composta, actualmente, por 636 membros, sendo metade membros efectivos e a outra metade membros suplentes. Portugal tem, nos termos do art. 26º do Estatuto, direito a sete deputados.

Os deputados são eleitos pelos respectivos parlamentos de entre os parlamentares, ou designados de entre estes de acordo com um processo previamente fixado. Os Governos podem, não obstante, proceder às nomeações complementares no intervalo das sessões parlamentares, bem como no caso de o parlamento não ter estabelecido o processo a seguir nestas circunstâncias[418].

O art. 32º prevê que a Assembleia reúna cada ano em sessão ordinária, com uma duração que não deve exceder um mês, salvo decisão em contrário da Assembleia e do Comité. Na prática, a Assembleia realiza três sessões públicas por ano que duram de uma semana a dez dias (Janeiro, Abril e Setembro). As sessões extraordinárias só podem ser convocadas por comum acordo entre o Comité e a Assembleia (art. 34º).

As competências da Assembleia fazem deste órgão um verdadeiro areópago da opinião europeia, onde se debatem os grandes problemas ou as questões mais actuais da unidade europeia. A Assembleia pode deliberar e formular recomendações sobre qualquer questão que releve do âmbito de competência do Conselho da Europa, por iniciativa própria ou por solicitação do Comité de Ministros. As conclusões dos debates parlamentares podem ser transmitidas ao Comité sob a forma de *recomendação*, com o fim de obter daquele as medidas necessárias de execução, ou de *parecer* no caso de a sua posição ter por base um pedido do Comité. A Assembleia aprova ainda *resoluções* de diversos tipos: sobre a organização interna, a constituição de comissões[419], ou, simplesmente, a manifestação de uma posição política sobre determinado assunto. Por vezes, a Assembleia utiliza também a resolução para se dirigir aos Estados, identificados por uma certa qualidade que

[417] Sobre a participação de Portugal, v. infra ponto 5.

[418] Na sua qualidade de representantes dos Estados, os deputados exprimem, contudo, livremente as suas opiniões, podendo mesmo votar contra a posição defendida pelos seus compatriotas, A disposição dos deputados por ordem alfabética não impede, no entanto, a formação de grupos políticos no interior da Assembleia – v. *L'Assemblée Parlementaire, procèdure e pratique*, Estrasburgo, 1984, p. 53-55.

[419] Uma das competências estatutárias da Assembleia é a constituição de comités ou comissões encarregados de examinar qualquer questão na perspectiva de a estudar e elaborar relatórios (art. 24º). A Assembleia criou um grande número de comissões especializadas que cobrem a vasta área de intervenção deste órgão de debate, enquanto à Comissão Permanente, a mais importante, compete *"agir em nome da Assembleia no intervalo das sessões"*.

lhes é comum, como seja, o estatuto de Estado membro de outra organização internacional. Um dos poderes mais importantes da Assembleia é a eleição dos juízes do Tribunal Europeu dos Direitos do Homem (v. art. 19º da Convenção, segundo redacção do Protocolo nº 11).

À excepção das resoluções atinentes ao seu modo de funcionamento, tomadas por maioria fixada pela Assembleia, todas as outras resoluções são aprovadas por maioria de dois terços dos votos expressos (v. art. 29º).

As relações que se estabelecem entre o Comité de Ministros e a Assembleia, por via de disposição ou de uma prática nesse sentido, condicionam em boa parte o processo deliberativo do Conselho da Europa. Em princípio, o processo inicia-se com uma proposta da Assembleia, sob a forma de recomendação ao Comité; este, após consultar os comités de peritos competentes na matéria, aprova uma decisão que, depois, é comunicada à Assembleia. O Estatuto não prevê a existência de qualquer estrutura orgânica de coordenação entre o Comité e a Assembleia, o que justificou a criação do *Comité Misto,* através de Resolução de Maio de 1951. Trata-se de um órgão de coordenação composto por membros do Comité de Ministros e por representantes da Assembleia, cuja presidência *é* assegurada pelo Presidente deste último órgão[420].

4.3. O Secretariado

O Secretariado, previsto nos arts. 36º e 37ª do Estatuto, foi concebido como um órgão administrativo e de assistência aos órgãos principais. A sua importância aumentou, de forma considerável, no plano político e, sobretudo, no quadro do sistema instituído pela Convenção Europeia dos Direitos do Homem.

O Secretariado é composto por um Secretário-Geral, por um Secretário-Geral adjunto (nomeados pela Assembleia sob recomendação do Comité de Ministros) e o restante pessoal administrativo, recrutado entre os nacionais dos Estados Membros, aos quais é aplicado o estatuto de funcionários europeus. Nomeado pela Assembleia, o Secretário-Geral é responsável pela sua actividade perante o Comité (v. art. 37º).

Para além da importante competência de preparação do orçamento da organização, o Secretariado desempenha um papel muito activo no processo de negociação e celebrações de convenções, actuando como representante do Comité. Com base na Resolução de 15 de Dezembro de 1957, o Secretariado foi ainda incumbido de apresentar, anualmente, relatórios sobre a cooperação com outras organizações internacionais, em especial, as de âmbito europeu.

[420] Sobre o funcionamento da Assembleia, v. *L'Assemblée,* ob. cit., p. 115 e segs.

5. Portugal e o Conselho da Europa

O estabelecimento da democracia política em Portugal na sequência da Revolução de 25 de Abril de 1974 tornou possível os primeiros contactos políticos com vista à adesão ao Conselho da Europa.

Em 28 de Setembro de 1974, Mário Soares, então Ministro dos Negócios Estrangeiros, profere um discurso perante a Assembleia Parlamentar que transmite a profissão de fé democrática do novo regime político instaurado em Portugal. Posteriormente, outros ministros portugueses se deslocaram a Estrasburgo, e, por seu lado, delegações do Conselho da Europa foram enviadas a Portugal. Mesmo antes da adesão, Portugal estabeleceu com o Conselho da Europa laços institucionalizados de cooperação, como os que resultaram da adesão à Convenção Cultural, dando a Portugal o direito de participar nos trabalhos do Conselho de Cooperação Cultural,

A evolução da situação política em Portugal foi acompanhada com atenção pela Assembleia, como o demonstram várias resoluções de 1974 e 1975 e uma recomendação de 1974[421]. A realização das primeiras eleições democráticas em Portugal, por um lado, e a aprovação e entrada em vigor da nova Constituição Portuguesa, por outro lado, viabilizaram o início formal do processo de adesão de Portugal ao Conselho da Europa. Pela Resolução 627(1976), de 7 de Maio de 1976, a Assembleia Parlamentar aprovou o relatório sobre a situação em Portugal e, de acordo com uma análise favorável feita pelo relator, apelou aos governos dos Estados Membros para intensificarem a cooperação com Portugal e, ao mesmo tempo, decidiu reforçar as relações com os representantes eleitos do povo português.

No seguimento desta opinião favorável por parte da Assembleia Parlamentar, o I Governo Constitucional obteve em 11 de Agosto de 1976 o aval político da Assembleia da República em relação à decisão de manifestar ao Conselho da Europa a sua vontade de ser convidado para aderir. Por carta de 12 de Agosto de 1976, dirigida ao Comité de Ministros, o Ministro dos Negócios Estrangeiros formalizou o pedido de convite, justificando que Portugal estaria em condições de respeitar as exigências do art. 3º do Estatuto.

De acordo com o procedimento habitual, a Assembleia Parlamentar foi ouvida por instância do Comité de Ministros[422], e a 16 de Setembro de 1976 emitiu um parecer favorável ao envio de um convite de adesão a Portugal[423].

421 V. Resolução 563(1974); Recomendação 740(1974), Resolução 593(1975) e Resolução 601(1975).

422 V. Pedido de Parecer, de 20 de Agosto de 1976 (Doc. 3822, de 23.8.1976).

423 V. Parecer nº 78 (1976), de 16 de Setembro de 1976.

Alguns dias depois, em 21 de Setembro de 1976, o Comité de Ministros, através da Resolução (76)37, tomava a decisão de dirigir a Portugal o convite para se tornar membro do Conselho da Europa. A Resolução fixava em sete o número de representantes portugueses com assento na Assembleia Parlamentar, e determinava, com efeito a partir de 1 de Janeiro de 1977, o montante da contribuição financeira de Portugal. No dia seguinte, 22 de Setembro de 1976, Portugal, por intermédio do seu Ministro dos Negócios Estrangeiros, procedeu ao depósito do instrumento de adesão, acto que determinou a admissão como *19º Estado Membro do Conselho da Europa*. Esta foi, no entanto, uma adesão irregular do ponto de vista do processo interno de vinculação internacional, dado que a aprovação parlamentar do instrumento de adesão, nos termos da Constituição Portuguesa, só se verificou cerca de dois meses depois, através da Lei nº 9/76, de 24 de Novembro[424].

A admissão de Portugal no seio desta organização, vinte e sete anos após a sua criação, não só engrossou o número de Estados unidos por um ideal político e um objectivo de defesa dos Direitos do Homem, como representou o reconhecimento internacional de Portugal enquanto Estado democrático. Por outro lado, a adesão constituiu um passo fundamental no processo de aproximação de Portugal à Europa, o qual culminaria com a integração nas Comunidades Europeias em 1 de Janeiro de 1986.

6. Os desafios da Grande Europa

A Recomendação 1247(1994) da Assembleia Parlamentar, relativa ao alargamento, traça os limites de um espaço europeu de cooperação democrática, polarizado em torno do Conselho da Europa. Ao mesmo tempo que reserva o direito de admissão aos Estados cujo território se situe, total ou parcialmente, no continente europeu e cuja cultura esteja estreitamente ligada à cultura europeia, a Assembleia perspectiva um regime de cooperação privilegiada com os países de regiões limítrofes, como é o caso dos Estados não-europeus da margem leste e sul do Mediterrâneo.

O Conselho da Europa posiciona-se, no actual contexto europeu, como uma organização de geografia elástica, orientada pela ideia de uma Europa robustecida e confiante. A identidade cultural e de valores suplantou mesmo os contornos geográficos tradicionais de definição de uma Grande Europa[425].

[424] V. *Diário da República*, I série, nº 303, de 31.12.1976, p. 87. Sobre as deficiências técnico-jurídicas da própria Lei nº 9/76, v. Nuno Bessa Lopes, *A Constituição e o Direito Internacional*, Codeco. 1979. p. 53, nota 1.

[425] Cf. AA.VV. *Les enjeux de la Grande Europe*, Ed. du Conseil de l'Europe, 1996, passim.

Ao longo destes cinquenta e nove anos de existência, o Conselho da Europa não se limitou a uma função de agregação simbólica de Estados unidos por um ideário político comum[426]. O seu papel desenvolveu-se nos mais variados domínios dos direitos políticos e sociais. Os fins escolhidos para a sua actuação e os instrumentos utilizados revelam uma aposta na dinamização política e jurídica de um estatuto de cidadania, efectiva e responsável. Sob a égide do Conselho da Europa, celebraram-se quase duas centenas de convenções sobre os aspectos mais relevantes da vida quotidiana de cidadãos e residentes na Europa: educação, cultura, património, meios de comunicação, saúde, ordenamento do território, juventude, desporto, protecção do ambiente, exclusão social, protecção das minorias, democracia local, democracia paritária.

No plano político, o Conselho da Europa reforçou o seu lugar neste cenário que partilha com a União Europeia – seja porque esta ainda procura ultrapassar os obstáculos à criação de uma verdadeira união política, seja porque o Conselho da Europa passou a funcionar, depois da abertura ao centro e leste europeu, como uma espécie de antecâmara de acesso ao grupo mais restrito que é a União Europeia. A "pequena" Europa confia à "grande" Europa a importante missão de seleccionar e identificar os Estados que cultivam os valores democráticos e respeitam os Direitos do Homem[427]. O êxito deste modelo de articulação política foi comprovado pelo megalargamento da União

[426] Também em matéria de símbolos pertence ao Conselho da Europa a iniciativa da sua criação: em 1955, a bandeira, de fundo azul com doze estrelas douradas, que representa os povos da Europa em círculo como sinal de união; em 1972, a escolha do hino europeu (o chamado "Hino à Alegria", extraído da Nona Sinfonia de Beethoven, composta em 1823). Em 1985, por decisão dos Chefes de Estado e de Governo, as Comunidades Europeias adoptaram como seus estes símbolos, revigorando o seu verdadeiro significado pan-europeu.

[427] O Tratado de Amesterdão alterou a disposição relativa ao processo de adesão à União Europeia, passando a exigir como condição necessária o respeito pelos princípios da liberdade, da democracia, do Estado de Direito e dos Direitos do Homem (v. arts. 49º e 6º, nº 1). Esta alteração explicita um requisito já tornado obrigatório pela prática política, mas confere um maior significado ao ideário democrático comum, definido e alimentado no quadro do Conselho da Europa.
O art. 49º do Tratado da União Europeia, na versão dada pelo Tratado de Lisboa, recupera esta exigência ao impor aos Estados europeus candidatos à adesão o respeito e a promoção em comum dos valores da União, solenemente proclamados pelo art. 2º – a dignidade da pessoa humana, a liberdade, a democracia, a igualdade, o Estado de direito e o respeito dos direitos das pessoas, incluindo as que pertencem a minorias. Acrescente-se que a violação por um Estado-membro destes valores, por forma grave e persistente, pode determinar a suspensão de certos direitos resultantes da qualidade de membro da União, *maxime* o direito de voto no seio do Conselho da União Europeia, de acordo com o art. 7º do Tratado da União Europeia – v. Maria Luísa DUARTE / Carlos Alberto LOPES, *Tratado de Lisboa. Versão consolidada,* Lisboa, AAFDL, 2008.

Europeia que, em Maio de 2004, passou de 15 para 25 Estados-membros, e em Janeiro de 2007 acolheu a Bulgária e a Roménia, dando assim continuidade a uma deslocação do eixo europeu para leste que fora iniciada pelo Conselho da Europa logo a seguir à queda do Muro de Berlim.

SUBTÍTULO II
A CONVENÇÃO EUROPEIA DOS DIREITOS DO HOMEM

Pela Profª Doutora Maria Luísa Duarte[428]

[428] Professora Associada com agregação da Faculdade de Direito da Universidade de Lisboa.

Subtítulo II
A Convenção Europeia dos Direitos do Homem
– a matriz europeia de garantia dos direitos fundamentais –

SUMÁRIO: **1.** A Convenção Europeia Para a Protecção dos Direitos do Homem e das Liberdades Fundamentais – origem e significado. **2.** A natureza dos direitos garantidos pela Convenção e pelos seus Protocolos Adicionais. **2.1.** Generalidades. **2.2.** A função complementar da Carta Social Europeia. **3.** A relevância conformadora da CEDH no quadro da ordem jurídica da União Europeia. **4.** O sistema de garantia dos direitos instituídos pela Convenção e, especialmente, pelo Protocolo nº 11. **4.1.** Os órgãos competentes, **4.2.** O processo perante o Tribunal Europeu dos Direitos do Homem (TEDH). **4.3.** Os efeitos das sentenças proferidas pelo Tribunal Europeu dos Direitos do Homem. **5.** Portugal e a Convenção. **6.** Bibliografia.

1. A Convenção Europeia para a Protecção dos Direitos do Homem e das Liberdades Fundamentais – origem e significado

A Assembleia Geral das Nações Unidas aprova, em 1948, na cidade de Paris, a Declaração Universal dos Direitos do Homem. O texto da Declaração anuncia, pelo seu conteúdo e pela forma solene de proclamação, uma nova era de luta pelo Direito Internacional Público, orientada pelo compromisso de respeitar a dignidade da pessoa humana através do reconhecimento e da garantia efectiva dos direitos e liberdades individuais. Dois anos depois, em 1950, os Estados-membros do recém-criado Conselho da Europa[429] assinam a Con-

[429] V. *supra*.

venção Europeia para a Protecção dos Direitos do Homem e das Liberdades Fundamentais – é a primeira e, sem dúvida, a mais importante, das convenções negociadas e celebradas sob a égide do Conselho da Europa[430].

A ideia de uma carta europeia de direitos fundamentais mereceu referência expressa na Moção Final do Congresso de Haia de 1948, onde se propunha ainda a criação de um Tribunal Europeu independente, competente para apreciar os casos de violação dos direitos garantidos. O Estatuto do Conselho da Europa inscreve no seu art. 1º a *"salvaguarda e desenvolvimento dos direitos do homem e das liberdades fundamentais"* como um objectivo da organização e cuja concretização se revelou imperativa desde a primeira sessão da Assembleia Consultiva.

Em 19 de Agosto de 1949, foi apresentada perante a Assembleia Consultiva a primeira proposta formal de instituição de um mecanismo de "garantia colectiva" dos direitos do homem. Compromissos vários permitiram ultrapassar as dificuldades do processo negocial, marcado por divergências sérias em relação a questões fundamentais, como o direito de recurso do indivíduo.

Assinada em 4 de Novembro de 1950, a Convenção entraria em vigor no dia 3 de Setembro de 1953, data do depósito do décimo instrumento de ratificação. A França, membro originário do Conselho da Europa, assinou a Convenção em 1950, mas só a ratificaria 24 anos depois, em 3 de Maio de 1974[431].

O texto da CEDH não esgotou, contudo, o acervo de direitos e de instrumentos considerados necessários à instauração de um sistema coerente e eficaz de protecção dos direitos do homem. Entre 20 de Março de 1952 e 13 de Maio de 2004, foram assinados catorze protocolos adicionais. Os Protocolos Adicionais n.os 1, 4, 6, 7, 12 e 13 alargam a outros direitos fundamentais o âmbito material de aplicação da CEDH. Entre estes, destaque para o Protocolo nº 6, em vigor desde 1 de Março de 1985, que determina a abolição da pena de morte, admitindo, contudo, a pena capital para actos praticados em tempo de guerra ou de perigo iminente de guerra. O Protocolo nº 13, assi-

[430] As referências relativas ao registo de ratificações da CEDH e dos seus protocolos adicionais e à informação sobre a entrada em vigor destes instrumentos convencionais reportam-se à data de 10 de Abril de 2008, segundo dados fornecidos pelo Conselho da Europa *(www.coe.int)*.

[431] Sobre o processo de elaboração e conclusão da Convenção, v. AA.VV., *Manuel du Conseil de l'Europe – structure, fonctionnement, réalisations,* Paris, Ed. Pedone, 1970, p. 331 e segs.; E. Garcia de Enterria (e outros), *El sistema europeo de proteccion de los derechos humanos,* 2ª ed., Ed. Civitas, SA, 1983, p. 64 e segs.; W. J. Ganshof van der Meersch, *La garantie des Droits de l'Homme et la Cour Européenne de Strasbourg,* in Documentação e Direito Comparado, 1981, nº 8, p. 212 e segs.; A. H. Robertson, *Introduction au Recueil des travaux préparatoires de la Convention,* La Haye, Martinus Nijhoff, 1975, T. I.

nado em Vilnius, a 13 de Maio de 2002, que entrou em vigor em 18 de Julho de 2003, proíbe a pena de morte em toda e qualquer circunstância, excluindo qualquer possibilidade de reserva ou de derrogação. Trata-se, cumpre sublinhá-lo, de um princípio fundamental de identidade do modelo europeu de protecção dos direitos do homem. Na verdade, e uma vez que a abolição da pena de morte é necessariamente pressuposta pelo reconhecimento do direito à vida – o direito dos direitos –, a pena de morte deveria ser considerada, em termos absolutos, contrária à própria ideia de Estado de direito, incompatível com o funcionamento de um qualquer sistema, nacional ou internacional, de tutela dos direitos fundamentais.

Por seu lado, os Protocolos n.os 2, 3, 5, 8, 9, 10, 11 e 14 introduziram alterações no processo de garantia dos direitos, umas de mero aperfeiçoamento, outras de significado maior, como aconteceu com os Protocolos n.os 9 e 11. As sucessivas revisões do sistema seguiram uma linha de evolução que, marcada pelo objectivo de reforçar o estatuto processual do indivíduo, culmina no Protocolo nº 11 com a consagração do acesso directo dos particulares ao Tribunal Europeu dos Direitos do Homem (v. *infra 4.)*.

De referir, ainda, o Acordo de 1969 relativo aos participantes em processos pendentes na Comissão e no Tribunal; e a Convenção Europeia para a Prevenção da Tortura e dos Tratamentos ou Penas Desumanos e Degradantes de 1987.

Com a CEDH, os Estados europeus lograram, ainda que de uma forma mitigada e compromissória, ultrapassar a fase da simples proclamação internacional dos direitos, simbolizada pela Declaração Universal dos Direitos do Homem, e encetar uma fase da garantia colectiva e institucionalizada dos direitos reconhecidos. Este salto evolutivo resulta da consideração de três aspectos fundamentais e característicos do sistema instituído: **1)** a natureza jurisdicional do mecanismo de protecção dos direitos; **2)** a aceitação do princípio do controlo internacional dos actos das autoridades nacionais; **3)** a possibilidade reconhecida ao indivíduo de accionar o mecanismo de protecção, verificadas determinadas condições.

Pela sua inovação, a CEDH serviu mesmo de paradigma a outras convenções celebradas no quadro de certas organizações regionais. Cite-se o exemplo da Carta Africana dos Direitos do Homem e dos Povos, de 28 de Junho de 1981 e, com maior similitude de soluções, a Convenção Interamericana dos Direitos do Homem, de 22 de Novembro de 1969[432]. Estes sistemas regionais de garantia colectiva dos direitos do homem provam que o desenvolvi-

[432] V. F, SUDRE, *Droit Européen et Internationale des Droits de l'Homme,* 6ª ed., Paris, PUF, 2003, p, 79-84; U. Oji UMOZURIKE, *The African Charter of Human Rights,* Haia, Nijhoff, 1997.

mento de um modelo internacional de garantia passa pela existência de laços de solidariedade política, geográfica, económica e cultural entre os Estados. O estabelecimento de um quadro institucional de tutela encontra terreno mais favorável entre Estados que mantêm uma cooperação noutras áreas da actividade humana e que comungam os mesmos objectivos políticos e pressupostos básicos de ordenação dos respectivos sistemas jurídicos.

Por fim, a relevância pretérita e actual da CEDH não pode ser desligada da sua função de fonte de revelação de direitos que merecem tutela na ordem jurídica eurocomunitária, vinculando, de volta, os Estados-membros e os órgãos de decisão da União Europeia (v. *infra 3).*

2. A natureza dos direitos garantidos pela Convenção e pelos seus Protocolos Adicionais

2.1. Generalidades

A Convenção, completada pelos protocolos, abrange um conjunto muito alargado de direitos e liberdades[433]. O art. 1º da Convenção impõe aos Estados signatários o reconhecimento destes direitos e liberdades em relação *"a qualquer pessoa dependente da sua jurisdição"*. Deste modo, os destinatários das normas de protecção incluem tanto os cidadãos dos Estados signatários como os estrangeiros que residam no território de um Estado que é Parte Contratante, ainda que sejam nacionais de um Estado não signatário ou que sejam apátridas.

A panóplia de direitos e liberdades reconhecidos, conquanto extensa e variada, é passível de uma mesma classificação, a qual corresponde a uma fase e a uma prioridade na história do Direito Internacional dos Direitos do Homem, tributário de evolução idêntica registada no Direito Constitucional: são **direitos civis e políticos.**

A dimensão social do ser humano não podia, contudo, ser esquecida no âmbito de uma estratégia europeia de garantia dos direitos fundamentais. O reconhecimento de direitos sociais e económicos resulta de uma visão do Homem como ser completo, logo pluridimensional: cidadão, trabalhador,

[433] Sobre a jurisprudência firmada pelos órgãos (Comissão e Tribunal Europeu dos Direitos do Homem) a respeito do Direito da Convenção, cfr. Ireneu Cabral BARRETO, *A Convenção Europeia dos Direitos do Homem,* 3ª ed., Coimbra Editora, 2005; Vincent BERGER, *Jurisprudence de la Cour Européenne des Droits de l'Homme,* 5ª ed., 1996; G. COHEN-JONATHAN, *La Convention Européenne des Droits de l'Homme,* Paris, Economica, 1989; D. J. HARRIS (e outros), *Law of the European Convention on Human Rights,* Londres, Butterworths, 1995; Francis JACOBS / Robin C. A. WHITE, *The European Convention on Human Rights,* Oxford, Clarendon Press. 1996; R. A. LAWSON / H. G. SCHERMERS, *Leading cases of the European Court of Human Rights,* Nomos, 1997; L. E. PETITITI (e outros), *La Convention Européenne des Droits de l'Homme. Commentaire article par article,* Paris, Economica, 1995.

proprietário. Os arts. 1º e 2º do Protocolo nº 1 reflectem, em parte, esta perspectiva ao preverem o direito de propriedade e o direito à instrução. Também o art. 4º da CEDH que proíbe o trabalho forçado e o art. 11º que acolhe o princípio da liberdade sindical individual podem ser interpretados como integrantes de um estatuto do trabalhador.

O grau de imperatividade dos direitos e liberdades proclamados pela Convenção e pelos Protocolos Adicionais encontra-se relativizado pelas cláusulas de derrogação geral constantes dos arts. 15º e 16º e pelas cláusulas de excepção previstas a propósito de certos direitos e liberdades (*v. g.* arts. 8º, nº 2; 9º, nº 2; 10º, nº 2; 11º, nº 2). Para este efeito de relativização, contribui ainda a prerrogativa conferida aos Estados pelo art. 64º de, no momento da assinatura ou da ratificação, formularem reservas a propósito de qualquer disposição da Convenção[434]. A margem de livre apreciação consentida ao decisor nacional, aliada à admissibilidade de reservas, não impede, todavia, o reconhecimento de uma imperatividade inerente a certos direitos e a certas liberdades que, insusceptível de derrogação, se sobrepõe à vontade dos Estados como *jus cogens* regional[435]. Esta qualificação jurídica é um reflexo da própria vontade dos Estados europeus que, em número cada vez maior, convergem na aceitação das obrigações resultantes do sistema instituído pela Convenção, seja na parte relativa à proclamação dos direitos, seja na parte relativa à sua tutela jurisdicional.

2.2. A função complementar da Carta Social Europeia

Assinada na cidade de Turim, a 18 de Outubro de 1961, a Carta Social Europeia estende a missão do Conselho da Europa ao domínio dos direitos sociais. Completa o âmbito material de protecção definido pela CEDH, mas não constitui, em sentido próprio, uma sua extensão. Uma nova versão revista da Carta foi assinada em Maio de 1996 e entrou em vigor em 1999. Esta revisão introduziu novos direitos (*v. g.* direito à protecção contra a pobreza e a exclusão social; direito à protecção contra todas as formas de assédio) e consolidou num único texto os direitos previstos na Carta de 1961 e no seu protocolo adicional.

A Carta Social Europeia padece de fragilidades várias que, sem pôr em causa a sua função complementar, a afastam do perfil impositivo das normas

[434] Cfr., por todos, Maria José Pires, *As reservas à Convenção Europeia dos Direitos do Homem*, Coimbra, Almedina, 1997.

[435] Neste sentido, cfr. Fausto de Quadros, "La Convention Européenne des Droits de l'Homme: un cas de jus cogens regional?", in *Festschrift für Rudolf Bernhardt (Recht Zwischen Umbruch und Bewhahnung)*, Heidelberga, Springer Verlag, 1995, p. 559-562.

constantes da Convenção e respectivos protocolos: **1)** o método de ratificação que permite aos Estados a escolha de seis entre nove direitos sociais fundamentais; **2)** o sistema de garantia da CEDH não é aplicável aos direitos da Carta Social Europeia; o modelo de controlo em vigor baseia-se, por um lado, na apresentação semestral de relatórios elaborados pelos Estados sobre a situação de aplicação das disposições ratificadas e, por outro lado, na formulação de reclamações colectivas; **3)** o relativo envelhecimento do elenco de direitos consagrados, expressão de uma notória resistência dos Estados signatários ao aprofundamento do processo de tutela dos direitos sociais; **4)** esta resistência reflecte-se, também, na atitude de alguns Estados que, sendo membros do Conselho da Europa e Partes Contratantes da CEDH, vão adiando a vinculação, ainda que selectiva, aos direitos da Carta Social Europeia[436].

Existem, contudo, sinais tangíveis de uma progressiva vontade política dos Estados signatários que evidencia maior confiança nas potencialidades de um sistema internacional de supervisão dos direitos sociais. Assinale-se, a este propósito, a aprovação de três protocolos adicionais: o primeiro, assinado em 1987, alarga a protecção a outros direitos sociais; o segundo, de 1991, reforçou o mecanismo de controlo, tornando efectivo o poder do Conselho de Ministros do Conselho da Europa para dirigir recomendações aos Estados que não respeitam as obrigações da Carta; o terceiro, de 1995, alterou o sistema de controlo no sentido de a ele associar os parceiros sociais e organizações não-governamentais, através da apresentação de queixas contra os Estados que serão instruídas por um comité de peritos independentes[437]. As

[436] Dos 47 Estados membros do Conselho da Europa, apenas 24 procederam à ratificação da Carta na versão revista de 1996 e ainda menos aceitaram o mecanismo de reclamações colectivas instituído pelo Protocolo de 1995. Portugal ratificou o texto de 1961 (3 de Maio de 1996) e o texto revisto de 1996 (30 de Maio de 2002), bem como o protocolo relativo ao procedimento das reclamações colectivas (20 de Março de 1998).

[437] Sobre a Carta Social Europeia, v. J. F. Akandi-Kombe, «L'application de la Charte sociale européenne, la mise en oeuvre de la procédure de réclamations collectives», in *Droit Social*, 2000, p. 888; F. M. van Asbeck, "La Charte Sociale Européenne: sa portée juridique, la mise en oeuvre", in *Mélanges offerts à Henri Rolin*, Paris, 1964, p. 427 e segs.; Conseil de l'Europe, Charte sociale européenne (la Charte, ses protocoles, la Charte révisée), Estrasburgo, 1999; Antoine T. J. M. Jacobs, e outro, *European Labour Law and Social Policy*, Tilbury Univ. Press, 1993, p. 20-22; Jean Lapeyre, "La relance de la Charte Sociale Européenne", in AA.VV., *Les enjeux.*, ob. cit., p, 99 e segs.; Miguel Rodriguez-Pinero, "La Carta Social Europea y su puesta en practica", in *Revista de Instituciones Europeus*, 1978, nº 1, p. 53 e segs.; Lena Samuel, *Fundamental Social Rights. Case Law of the European Social Charter*, Ed. Conseil de l'Europe, 1997; John F. Smith, "The implementation of the European Social Charter", in *Mélanges offerts à Polys Modinos*, 1968, p. 290 e segs.; Bernard Teyssié, *Droit européen du travail*, Paris, Litec, 2001, p. 9.

organizações internacionais e nacionais representativas dos trabalhadores e dos empregadores, bem como as organizações não-governamentais dotadas do estatuto consultivo junto do Conselho da Europa, podem formular reclamações com base na alegada "aplicação não satisfatória da Carta". Apreciada pelo Comité Europeu dos Direitos Sociais, a reclamação pode levar, se considerada relevante e fundamentada, à adopção de conclusões a transmitir ao Comité de Ministros do Conselho da Europa, o qual, por sua vez, decidirá da aprovação de uma recomendação dirigida ao Estado visado. Pese embora a natureza meramente exortativa da recomendação e a ausência de mecanismos sancionatórios, acredita-se na possibilidade de cumprimento voluntário por parte do Estado notificado que comunicará ao Comité de Ministros as medidas que tomou para respeitar o sentido da recomendação.

A importância da Carta Social Europeia resulta reforçada pela função reveladora dos direitos sociais que lhe foi reconhecida no âmbito comunitário. A Carta Social Europeia inspirou a aprovação da Carta Comunitária dos Direitos Sociais Fundamentais dos Trabalhadores, adoptada em 9 de Dezembro de 1989 por via de declaração pelos Estados-membros, com excepção do Reino Unido. Referida expressamente no art. 136ª do Tratado da Comunidade Europeia, a Carta constitui igualmente fonte de direitos reconhecidos pela Carta dos Direitos Fundamentais da União Europeia (v., em especial, arts. 27º e segs.), à qual o Tratado de Lisboa confere força jurídica equivalente à das disposições dos tratados institutivos (v. art. 6º, nº 1, do Tratado da União Europeia)[438].

3. A relevância conformadora da CEDH no quadro da ordem jurídica da União Europeia

A versão originária dos tratados institutivos das Comunidades Europeias não continha cláusulas específicas sobre a protecção dos direitos fundamentais. Numa primeira fase, o Tribunal de Justiça rejeitou a vinculatividade dos direitos fundamentais como parâmetro de apreciação da validade dos actos adoptados pelos órgãos comunitários. No caso *Stauder*, de 12 de Novembro de 1969 (v. Proc. 26/69, Rec. 1969, p. 419), o Tribunal de Justiça abandona esta posição ao admitir que deve assegurar o respeito dos direitos fundamentais *"compreendidos nos princípios gerais do direito comunitário"*[439]. Em decisões poste-

[438] Cfr. Maria Luísa DUARTE / Carlos Alberto LOPES, *Tratado de Lisboa. Versão consolidada*, Lisboa, AAFDL, 2008.

[439] Sobre a jurisprudência comunitária como modelo de protecção dos direitos fundamentais, v. Maria Luísa DUARTE, *A liberdade de circulação de pessoas e a ordem pública no Direito Comunitário*,

riores, o Juiz comunitário identifica as fontes de revelação destes princípios gerais como sendo as *tradições constitucionais comuns aos Estados-membros, os princípios do Direito Internacional Público e as convenções internacionais que vinculam os Estados-membros ou com as quais tenham cooperado* – entre estas, conta-se, com especial significado, a CEDH[440]. A invocação expressa do texto da Convenção e dos seus Protocolos adicionais tornou-se um recurso habitual da retórica prudencial nesta matéria. O Tribunal de Justiça assumiu de modo claro a relevância conformadora da CEDH ao declarar que esta *"reveste um significado particular"* entre os princípios gerais de direito cujo respeito é assegurado na ordem jurídica comunitária[441].

Para além da recepção material do Direito da Convenção que podemos alvitrar que resulta da jurisprudência comunitária sumariamente apresentada, devemos ainda assinalar que, a partir do Acto Único Europeu, o texto dos tratados institutivos se refere, de forma expressa, à CEDH como fonte de princípios gerais de direito comunitário que a União e as Comunidades Europeias se comprometem a respeitar (v. art. 6º, nº 2, do Tratado da União Europeia).

Em ordem a superar as dificuldades postas pela ausência de um catálogo comunitário de direitos fundamentais, a CEDH cumpriu uma função primordial de revelação de direitos, avaliada numa dupla acepção: por um lado, a descoberta de direitos como princípios gerais no contexto da concreta aplicação do Direito pelo Juiz comunitário; e, por outro lado, como fonte omnipresente no processo de elaboração da Carta dos Direitos Fundamentais da União Europeia[442]. Com efeito, boa parte dos direitos proclamados pela Carta reproduz – total ou parcialmente – o conteúdo de garantia de direitos da CEDH e dos seus Protocolos Adicionais[443].

Coimbra editora, 1992, p. 24 e segs.; idem, "A União Europeia e os Direitos Fundamentais. Métodos de protecção", in *Studia Iuridica*, nº 40, Colloquia 2, 1999, p. 27 e segs.

440 Foi no caso *Rutiti*, de 28 de Outubro de 1975 (v. Proc. 36/75, Rec. 1975, p. 1219) que o Tribunal de Justiça fez a primeira referência expressa à CEDH, ao considerar que as limitações aos poderes dos Estados-membros em matéria de política de estrangeiros são a manifestação de um princípio geral consagrado nos arts. 8º, 9º, 10º e 11º da Convenção.

441 V. Acórdão de 18 de Junho de 1991, caso *ERT*, Proc. 260/89, Col. 1991. p. 1-2925, consid. 41; Parecer 2/94, de 28 de Março de 1996, Col. 1996, p. 1-1759, consid. 33.

442 Sobre a centralidade da CEDH na evolução do sistema eurocomunitário de protecção dos direitos fundamentais, v. Maria Luísa Duarte, *União Europeia e Direitos Fundamentais – no espaço da internormatividade*, Lisboa, AAFDL, 2006, p. 99 e segs.

443 Cfr. Maria Luísa Duarte, "A Carta dos Direitos Fundamentais da União Europeia – natureza e meios de tutela", in *Estudos em homenagem à Professora Isabel Magalhães Collaço*, Coimbra, 2002, VoL II, p. 723 e segs.

A proclamação solene da Carta em Dezembro de 2000, confirmada sete anos depois, por altura da assinatura do Tratado Reformador, não colocou um ponto final na concretização do objectivo – há muito anunciado, mas sempre adiado – de levar as Comunidades Europeias – agora, União Europeia – a aderir formalmente à CEDH[444]. O Tratado da União Europeia, de acordo com a versão introduzida pelo Tratado de Lisboa, retomando, aliás, idêntica previsão constante da abandonada Constituição Europeia, prevê no seu art. 6º, nº 2: *"A União adere à Convenção Europeia para a protecção dos Direitos do Homem e das Liberdades Fundamentais"*. O Protocolo nº 5, anexo ao Tratado de Lisboa, define um certo número de exigências a respeitar no futuro acordo de adesão e que se prendem com a especificidade da União e da sua participação nas instâncias de controlo da CEDH, ideia reforçada pela Declaração nº 2 da Acta Final[445]. Por seu lado, os Estados que são partes contratantes da CEDH – entre estes, vinte não são membros da União Europeia – decidiram prever, através do Protocolo nº 14, de 13 de Maio de 2004, a possibilidade de adesão da União Europeia. Com a entrada em vigor do Protocolo nº 14, dependente, sublinhe-se, da ratificação por todos os Estados, fica aberta a porta da Convenção à entrada da União, o que representará para os Estados-membros uma dupla vinculação pelo Direito da Convenção – enquanto partes contratantes e enquanto membros de uma associação de Estados, formalmente integrada no sistema europeu de protecção dos direitos do homem.

[444] A questão da adesão formal das Comunidades Europeias à CEDH foi objecto de sucessivas propostas da Comissão, defensora acérrima desta solução desde 1979 (v. Bull. CE, Suplemento 2/79). O art. 4º do Projecto de Tratado da União Europeia, adoptado pelo Parlamento Europeu em 1984, previa que a União viesse a deliberar sobre a adesão à CEDH, à Carta Social Europeia, aos Pactos das Nações Unidas de 1966 sobre os direitos civis e políticos e sobre os direitos económicos e sociais. Em Abril de 1994, o Conselho tomou a iniciativa de solicitar ao Tribunal de Justiça um parecer sobre a compatibilidade com os tratados institutivos de um processo de adesão das Comunidades Europeias à CEDH. Através do Parecer 2/94, de 28 de Março de 1996, o Juiz comunitário pronunciou-se no sentido de exigir uma cláusula expressa nos tratados como base jurídica de uma eventual decisão política de adesão. Sobre o importante Parecer 2/94, cfr. Maria Luísa DUARTE, *A teoria dos poderes implícitos e a delimitação de competências entre a União Europeia e os Estados-membros, dissertação de doutoramento*, Lisboa, Lex, 1997, p. 590 e segs.

[445] Cfr. Maria Luísa DUARTE / Carlos Alberto LOPES, *Tratado de Lisboa...*, cit. p. 677.

4. O sistema de garantia dos direitos instituído pela Convenção e, especialmente, pelo Protocolo nº 11[446]

4.1. Os órgãos competentes

a) Tribunal Europeu dos Direitos do Homem

Os arts. 19º a 51º da Convenção, na redacção que resulta do Protocolo nº 11, instituem um verdadeiro órgão jurisdicional. Composto por um número de juízes igual ao número dos Estados-membros, funciona a título permanente, com sede na cidade francesa de Estrasburgo.

Os juízes são eleitos pela Assembleia Parlamentar, devendo a escolha recair sobre um dos nomes indicados numa lista de três candidatos apresentada por cada Estado-membro. O mandato é de seis anos, renovável. O Presidente e vice-Presidente são eleitos pelo Tribunal, reunido em sessão plenária.

O Tribunal funciona através de comités (3 juízes), secções (7 juízes) e plenário (17 juízes).

A sua competência abrange todas as questões relativas à interpretação e à aplicação da Convenção e dos respectivos Protocolos (v. art. 32º) que lhe sejam submetidas por iniciativa de um Estado-membro (v. art. 33º) ou sob a forma de petições individuais (v. art. 34º). O Tribunal é ainda competente para emitir pareceres sobre questões jurídicas relativas à interpretação do Direito da Convenção (v. art. 47º).

Com a entrada em vigor do Protocolo nº 11, e uma vez que todas as Partes Contratantes aceitaram o mecanismo de controlo jurisdicional, mormente o direito de recurso individual, a competência do Tribunal torna-se **obrigatória.** No futuro, a aceitação desta jurisdição será considerada uma exigência que condiciona a adesão à Convenção[447]. No âmbito de uma organização

[446] A entrada em vigor do Protocolo nº 11, que ocorreu em 1 de Novembro de 1998 para todos os signatários, operou uma transformação radical do sistema de garantia existente. Enumeram-se apenas as principais e decisivas alterações introduzidas por via do Protocolo nº 11: **1)** em substituição da Comissão Europeia dos Direitos do Homem e do Tribunal Europeu dos Direitos do Homem surgiu um novo tribunal – o **Tribunal Europeu dos Direitos do Homem**; **2)** o sistema adquiriu maior racionalidade e transparência, através do acesso directo dos indivíduos ao novo Tribunal; **3)** a competência do novo Tribunal foi robustecida com a atribuição do poder de julgar os conflitos entre Estados, até agora resolvidos quase sempre por intervenção do órgão político, o Comité de Ministros; **4)** este órgão perdeu o poder de se pronunciar, ao abrigo do art. 32º da Convenção, sobre as petições apresentadas.
Sobre o Protocolo nº II, v., entre outros, Iain Cameron, "Protocol 11 to the European Convention on Human Rights: the European Court of Human Rights as a Constitutional Court?", in *Yearbook of European Law,* 1995, p. 219 e segs.; J. F, Flauss/M. de Salvia (eds,), *La Convention Européenne des Droits de l'Homme: développements récents et nouveaux défis,* Bruxelas, Bruylant, 1997.

[447] Cfr. Protocole nº 11 et rapport explicatif (service des éditions du Conseil de l'Europe), 1994, p. 43.

internacional de natureza intergovernamental, como é o Conselho da Europa, a jurisdição permanente e obrigatória do Tribunal Europeu dos Direitos do Homem encerra um valioso significado político e é, do ponto de vista jurídico, uma experiência inédita.

b) Comité de Ministros

O Protocolo nº 11 retirou ao órgão executivo do Conselho da Europa os poderes de intervenção directa no processo de garantia dos direitos, consequência, afinal, do propósito deliberado de jurisdicionalizar o sistema.

Os únicos poderes mantidos pelo Comité respeitam ao pedido de parecer dirigido ao Tribunal sobre questões jurídicas relativas a interpretação da Convenção e dos seus Protocolos (v. art. 47º, nº 1), adoptado por maioria dos seus membros; e à função de velar pela execução das sentenças do Tribunal (v. art. 46º, nº 2).

c) Secretário-geral do Conselho da Europa

Nos termos do art. 52º da Convenção: *"Qualquer Alta Parte Contratante deverá fornecer, a requerimento do Secretário-Geral do Conselho da Europa, os esclarecimentos pertinentes sobre a forma como o seu direito interno assegura a aplicação efectiva de qualquer disposição desta Convenção"*.

Estamos perante um poder de supervisão, complementar ao mecanismo jurisdicional, e que permite ao Secretário-Geral o conhecimento do direito interno dos Estados-membros na perspectiva da sua adequação ao Direito da Convenção. O fornecimento destas informações é enunciado como uma obrigação. Na prática, o Secretário-Geral tem exercido este poder discricionário com excessiva prudência[448], sacrificando o efeito preventivo que uma tal intervenção teria em relação a eventuais violações da Convenção.

4.2. O processo perante o Tribunal Europeu dos Direitos do Homem (TEDH)

A iniciativa processual pertence aos Estados (v. art. 33º) e aos particulares – qualquer pessoa singular, organização não governamental ou grupo de particulares que se considere vítima de violação por parte de qualquer Estado dos direitos conferidos pela Convenção e pelos Protocolos (v. art. 34º).

O art. 35º exige, a título de condição de admissibilidade, e como antes se verificava para a queixa individual junto da Comissão, que o Tribunal só possa ser solicitado a conhecer de um assunto *"depois de esgotadas todas as vias*

[448] Cfr. Ireneu Cabral BARRETO, *A Convenção*, ob. cit., p. 315.

de recurso internas, em conformidade com os princípios de direito internacional geralmente reconhecidos (...)". Importa sublinhar que esta condição foi responsável pelo indeferimento liminar da maioria das queixas individuais apreciadas pela Comissão. O prévio esgotamento das vias internas de recurso compreende-se no quadro de uma intervenção puramente **subsidiária** da instância internacional de tutela dos direitos previstos na Convenção[449]. Os tribunais nacionais, bem como os tribunais comunitários, são os órgãos comuns de aplicação do Direito da Convenção[450].

Os comités de juízes podem declarar, por voto unânime, a inadmissibilidade ou mandar arquivar qualquer petição individual no caso de uma tal

[449] A Comissão interpretava esta regra como uma verdadeira exigência substancial, de modo que o requerente deveria ter alegado perante a última instância nacional todas as razões e todos os factos que fundamentavam a sua petição. Para garantir o efeito útil ao direito de queixa, a Comissão entendia que só era exigível o esgotamento dos meios jurídicos acessíveis, adequados e que proporcionassem um mínimo de probabilidade de êxito naquele caso concreto, de acordo com um juízo partilhado pela "opinião comum" – v. Fausto de QUADROS, "O princípio da exaustão dos meios internos na Convenção Europeia dos Direitos do Homem e a ordem jurídica portuguesa", in *Revista da Ordem dos Advogados,* 1990, I, p. 119-157; Denis SULLIGER, *L'épuissement des voies de recours internes en droit international général et dans la Convention Européenne des Droits de l'Homme,* Université de Lausanne, 1979; A.A. Cançado TRINDADE, *The application of the rule of exhaustion of local remedies in International Law (its rationale in the international protection of individual rights),* Cambridge University Press, 1983.
Um problema assaz controvertido era o da exigência do esgotamento dos meios internos em relação às petições apresentadas pelos Estados, tendo já a Comissão admitido a sua imperatividade em casos interestaduais – v. A.A. Cançado TRINDADE, "L'épuissement des recours internes dans les affaires inter-etatiques", in *Cahiers de Droit Européen,* 1978, nºs 2-3, p. 139 e segs. À luz do art. 35º, segundo redacção que resulta do Protocolo nº 11, não parece oferecer mais dúvidas que o referido requisito também se impõe no caso de o requerente ser um Estado.

[450] O art. 35º, nº 2, alínea *b),* define como inadmissível a petição individual que *"for, no essencial, idêntica a uma petição (...) já submetida a outra instância internacional de inquérito ou de decisão e não contiver factos novos"*. Admitindo que a noção de "instância internacional" abrange os tribunais internacionais, coloca-se o problema de saber qual será, para este efeito, a situação dos tribunais comunitários: internacionais ou internos? Na sentença de 16 de Maio de 2002 (caso *Segi,* Req. nº 6422/02), o TEDH considerou que, no caso vertente, não seria necessário *"pronunciar-se sobre a questão de saber se os requerentes esgotaram as vias de recurso que a União Europeia lhes poderia oferecer, como a acção de indemnização ou mesmo o recurso de anulação"*. Parece resultar deste entendimento que os dois tribunais comunitários constituem, para efeitos do art. 35º, nº 1, tribunais internos que devem ser previamente accionados quando estão em causa violações da Convenção imputáveis ao decisor da União Europeia.
Sobre a questão complexa das relações entre tribunais nacionais, tribunais comunitários e Tribunal Europeu dos Direitos do Homem no que respeita à interpretação e aplicação dos direitos reconhecidos pela CEDH, v. Maria Luísa DUARTE, "O Direito da União Europeia e o Direito Europeu dos Direitos do Homem – uma defesa do "triângulo judicial europeu", in *Estudos em homenagem ao Prof. Doutor Armando Marques Guedes,* Coimbra Editora, 2004, p. 735 e segs.

decisão não carecer de apreciação complementar (v. art. 28º). A decisão é definitiva. Se não tiver sido tomada pelo comité, pode ainda sê-lo pela secção para a qual foi remetido o processo (v. art. 29º).

No caso de considerar a petição admissível, o Tribunal procede a um exame contraditório dos factos alegados e procura uma resolução amigável para o litígio, inspirada no respeito pelos direitos do homem tais como reconhecidos pela Convenção e pelos seus Protocolos (v. art. 38º, nº 1). Se não for possível um acordo entre as partes, o Tribunal deve determinar, através de sentença, se houve ou não violação do Direito da Convenção. Na hipótese de se verificar uma violação, e se o direito interno do Estado acusado *"não permitir senão imperfeitamente obviar às consequências de tal violação, o Tribunal atribuirá à parte lesada uma reparação razoável, se necessário"* (v. art. 41º).

4.3. Os efeitos das sentenças proferidas pelo Tribunal Europeu dos Direitos do Homem

As sentenças proferidas pelo Tribunal Pleno são definitivas, enquanto as sentenças das secções só o serão se verificados os requisitos enumerados no art. 44º, nº 2.

As sentenças do Tribunal Europeu dos Direitos do Homem carecem de força executiva como, aliás, acontece com os acórdãos do Tribunal de Justiça das Comunidades Europeias que declaram a existência de uma situação de incumprimento por parte de um Estado-membro[451]. A ausência de força executiva não impede, porém, que as sentenças do Tribunal tenham força obrigatória, a qual se identifica com a autoridade formal de caso julgado. As Partes não podem submeter o litígio a uma outra instância de apreciação (i); e uma revisão da sentença por um tribunal nacional consubstanciaria uma violação do art. 44º da Convenção (ii). A autoridade de caso julgado resulta da conjugação de várias disposições da Convenção, nomeadamente, os seus arts. 45º, 46º, 50º, 52º, e 53º

A sentença tem uma natureza puramente declarativa quando o TEDH se limita a reconhecer que certa decisão ou comportamento interno contrariam, integral ou parcialmente, os direitos garantidos pela Convenção. O Tribunal não pode revogar, modificar o direito interno ou anular os actos administra-

[451] Cfr. arts. 228º, 244º e 256º do Tratado de Roma. Como bem observa Robert KOVAR, a natureza declarativa dos acórdãos do Tribunal Europeu dos Direitos do Homem e dos acórdãos do Tribunal de Justiça no âmbito da acção por incumprimento demonstram a preferência por um sistema baseado na execução voluntária (in "L'autorité des arrêts et des résolutions des organes de protection", in *Revue des Droits de l'Homme*, 1973, p. 696-697).

tivos das autoridades nacionais. Contudo, e de forma indirecta, a sentença determina este resultado, na medida em que o Estado, estando obrigado pelas decisões do Tribunal, deve tomar as medidas adequadas à sua efectiva aplicação na ordem jurídica interna (v. art. 46º). O Tribunal não indica este tipo de medidas, tão-pouco estabelece um prazo para a sua adopção, o que deixa ao Estado uma ampla margem de liberdade. No que respeita aos acórdãos que estipulam uma reparação razoável a situação é diferente, porquanto a obrigação se encontra desde logo determinada e quantificada. Do Estado só se espera um comportamento possível: o pagamento[452].

O desrespeito, por acção ou omissão, de uma sentença do Tribunal faz incorrer o Estado faltoso em responsabilidade internacional, determinada segundo os princípios vigentes no Direito Internacional Público. Por outro lado, a parte interessada na invocação da autoridade de caso julgado deve procurar junto das instâncias nacionais, por via de acção ou de excepção, a garantia da sua aplicação, podendo ainda (re)accionar o mecanismo da queixa previsto na própria Convenção.

O art. 46º, nº 2, reconhece ao Comité de Ministros a competência de velar pela execução das sentenças do Tribunal, o que lhe permite fiscalizar o comportamento do Estado em causa, colocando questões ou sugerindo medidas de actuação, de forma a obter o pleno cumprimento da decisão judicial.

O art. 46º só impõe a força obrigatória do acórdão no caso concreto (efeito *inter partes*), mas a doutrina tem defendido uma autoridade interpretativa para as sentenças do Tribunal, a qual, vinculando os tribunais e as autoridades nacionais, contribuiria para a uniformidade na interpretação e na aplicação da Convenção[453].

De forma resumida, as sentenças do Tribunal não têm força executiva directa, mas obrigam os Estados a dar-lhe execução. A Convenção não prevê

[452] Sobre a natureza e o regime processual da figura da "reparação razoável" prevista no art. 41º CEDH, v., entre nós, Fausto de QUADROS, *A protecção da propriedade privada pelo Direito Internacional Público*, Coimbra, Almedina, 1998, p. 454 e segs.

[453] Para Georg RESS, o juiz nacional é livre de se afastar do precedente mas só no caso de poder avançar argumentos claros que demonstrem a inconveniência da decisão anterior; na dúvida, o juiz nacional deve honrar um *"compromisso do respeito prioritário"* (in "Effects des arrêts de la Cour Européenne des Droits de l'Homme en droit interne et pour les tribunaux nationaux", in *Actes du Cinquième Colloque International sur la Convention Européenne des Droits de l'Homme* (9-12 avril 1980), Paris, Ed. Pedone, 1982, p. 275 e segs., espec. nota 7). O Tribunal Europeu dos Direitos do Homem, apoiado pela Assembleia consultiva, já propôs a criação de um mecanismo de cooperação judiciária que permitisse a colocação de questões prejudiciais pelos tribunais nacionais sobre a interpretação da Convenção, à semelhança do art. 234º do Tratado de Roma, mas a proposta não logrou a aceitação necessária à sua aprovação.

as consequências ou sanções a aplicar aos Estados que não respeitem este dever, mas esta é uma fragilidade que caracteriza o próprio Direito Internacional Público. Do ponto de vista político, impõe-se a seguinte observação: os Estados Membros do Conselho da Europa comungam dos mesmos princípios que alicerçam o dever-ser de um Estado de Direito. Só nessa qualidade se justifica a sua permanência no seio de uma organização que, pelo seu estatuto e pela sua prática, está orientada para a garantia dos direitos do homem. No passado, e por regra, os Estados asseguraram a execução das sentenças do Tribunal. Tudo indica que o respeito pela autoridade do Tribunal se manterá como uma *"exigência existencial"* do próprio modelo de tutela jurisdicional instaurado pelo Protocolo nº 11. Afinal, este novo sistema exprime uma vontade política consequente e determinada por parte dos Estados europeus de garantir o funcionamento de um sistema processual eficaz de tutela dos direitos do homem[454].

5. Portugal e a Convenção

A adesão de um Estado ao Conselho da Europa não tem como consequência obrigatória a assinatura da Convenção, embora esta se apresente como a componente fundamental da obra realizada pela organização no plano internacional, e surja, por isso, como um facto politicamente inevitável, embora prorrogável[455]. Portugal foi o primeiro Estado que fez coincidir a admis-

[454] A evolução do sistema de garantia instituído pelo Protocolo nº 11 conduziu, contudo, a uma situação crítica de funcionamento da justiça europeia, *"vitima do seu próprio sucesso"*. A adesão de novos Estados à Convenção, nos quais a afirmação do paradigma do Estado de Direito é recente e suscita resistências várias, por um lado, e a crescente jurisdicionalização dos conflitos sociais nas sociedades contemporâneas, por outro lado, são factores que arrastam um caudal imenso de petições individuais que está a transformar o próprio Tribunal Europeu dos Direitos do Homem num exemplo reiterado de violação do direito a uma apreciação judicial da causa *"num prazo razoável"* (v. art. 6º, nº 1, da Convenção).
O Protocolo nº 14, assinado em 13 de Maio de 2004, e cuja entrada em vigor depende da ratificação de todas as Partes Contratantes, introduz algumas alterações no sistema processual com vista a garantir maior celeridade e eficácia por parte do TEDH: 1) Os mandatos dos juízes passam a ser de nove anos, insusceptíveis de renovação; 2) o TEDH pode decidir em formação de juiz único, o qual pode, com carácter definitivo, decidir sobre a inadmissibilidade de uma petição individual; 3) uma petição individual poderá ser declarada inadmissível com fundamento na ausência de "prejuízo importante" para o requerente, salvo se o respeito dos direitos previstos na Convenção exigir uma apreciação quanto ao fundo; 4) procura-se facilitar e encorajar a resolução amigável dos litígios, com a intervenção mediadora do TEDH; 5) reforço dos poderes do Comité de Ministros no que se refere à execução das sentenças pelos Estados condenados.

[455] Note-se que a Convenção está aberta à assinatura dos Membros do Conselho da Europa (v. art. 59º, nº 1).

são como membro do Conselho da Europa e a assinatura da Convenção[456]. De acordo com as disposições da Constituição da República Portuguesa, o Governo propôs à Assembleia da República, quase dois anos depois, a aprovação para ratificação da Convenção, embora acompanhada de algumas reservas[457]. A Assembleia da República deu a sua aprovação através da Lei nº 65/78, de 13 de Outubro, tendo sido publicada em anexo o texto da Convenção[458]. O processo de vinculação internacional ficou concluído em 9 de Novembro de 1978, com o depósito do instrumento de ratificação junto do Secretário-Geral do Conselho[459].

A Lei nº 65/78 previa, igualmente, a aprovação dos Protocolos adicionais n.os 1, 2, 3, 4 e 5, bem como a autorização ao Governo para aceitar a competência da Comissão Europeia dos Direitos do Homem nos termos do art. 25º da Convenção (petição individual)[460], e para declarar o reconhecimento da jurisdição obrigatória, de pleno direito, e sem convenção especial, do Tribunal. Esta declaração é válida pelo prazo de dois anos, renovável de forma automática[461/462].

Portugal formulou, quando da aprovação para ratificação da Convenção, oito reservas que reflectiam outros tantos pontos de eventual contradição entre a solução constitucional em vigor e o conteúdo garantístico do direito tal como previsto na Convenção. As reservas respeitavam às seguintes matérias: prisão disciplinar de militares; incriminação e julgamento dos agentes e responsáveis da PIDE-DGS; televisão; *lock-out;* serviço cívico; organizações de ideologia fascista; expropriações de latifundiários e empresários ou accionistas; ensino público e particular. A extensão material das reservas suscitou ampla controvérsia, pondo-se em causa o acerto da interpretação feita das normas constitucionais, cujo sentido não só não imporia as referidas reservas, como determinaria mesmo a sua inconstitucionalidade, como no caso das

456 Portugal assinou, em Estrasburgo, a Convenção e os Protocolos n.os 1, 3 e 5 em 22 de Novembro de 1976.

457 V. Diário da Assembleia da República, II série, nº 84, de 9.6.1978, p. 861.

458 V. Diário da Assembleia da República, I série, nº 236, de 13.10.1978, p. 2119.

459 V. Aviso do Ministério dos Negócios Estrangeiros, publicado no Diário da República, I Série, nº 1, de 2.1.1979, p. 7.

460 V. Aviso do Ministério dos Negócios Estrangeiros, de 8 de Janeiro de 1979, publicado no Diário da República, I Série, nº 26, de 31.1.1979.

461 V. Aviso do Ministério dos Negócios Estrangeiros, de 8 de Janeiro de 1979, publicado no Diário da República, I Série, nº 31, de 6.2.1979.

462 Os Protocolos Adicionais nºs 6, 7, 8, 9, 10 e 11 foram ratificados por Portugal em 1986, 1990, 1987, 1995, 1994 e 1997, respectivamente.

reservas sobre o ensino e as expropriações[463]. A Lei nº 12/87, de 7 de Abril, levantou seis das oito reservas existentes, subsistindo apenas as reservas relativas à prisão disciplinar de militares e à incriminação retroactiva dos agentes e responsáveis da PIDE-DGS[464].

Apesar de se manter a proibição constitucional das organizações que perfilhem ideologia fascista, constante do art. 46º, nº 4, foi suprimida a respectiva reserva. Para JORGE MIRANDA, estaríamos perante uma supressão que contraria o art. 46º, nº 4, da Constituição uma vez que a proibição desse tipo de organizações não caberia no art. 11º, nº 2 da Convenção[465]. Com o devido respeito, não parece que assim seja. A interpretação conjugada do art. 11º, nº 2, com o art. 17º da Convenção, em conformidade com a orientação jurisprudencial do Tribunal Europeu dos Direitos do Homem sobre a amplitude derrogatória das medidas necessárias numa *sociedade democrática*[466] para a protecção dos valores societários fundamentais, parece justificar a proibição de formas organizadas de manifestação da ideologia fascista[467/468].

[463] V. Jorge MIRANDA, *Curso de Direito Internacional Público*, 3ª ed., Lisboa, Principia, 2006, p. 330; Pinheiro FARINHA, "Garantia Europeia dos Direitos do Homem", in *Documentação e Direito Comparado*, 1980, nº 2, p, 279. Para uma crítica da reserva que permite a incriminação retroactiva dos agentes da PIDE-DGS, v. Rui M. G. Moura RAMOS, "A Convenção Europeia dos Direitos do Homem, sua posição face ao ordenamento jurídico português", in *Documentação e Direito Comparado*, 1981, nº 5, p. 190-192.

[464] Sobre o alcance actual e o sentido útil destas reservas remanescentes, v. Jorge MIRANDA, *Curso*, ob. cit., p. 306; Ireneu Cabral BARRETO, *A Convenção*, ob. cit, p. 41 e segs.

[465] V. Jorge MIRANDA, *Curso*, ob. cit., p. 330-331.

[466] Sobre a importância e conteúdo deste conceito como cláusula de restrição aos direitos garantidos pela Convenção, v. Françoise ELENS, "La notion de democratie dans le cadre des limitations aux Droits de l'Homme", in *Documentação e Direito Comparado*, 1982, nº 9, p. 165 e segs.; Phedon VEGLERIS, "Valeur et signification de la clause "dans une societé démocratique", in *Revue des Droits de l'Homme*, 1968, Vol. I – nº 2, p. 222 e segs.; N. J. Ganshof van der MEERSCH, "Reflexions sur les methodes d'interpretation de la Cour Européenne des Droits de l'Homme", in *Documentação e Direito Comparado*, 1982, Vol. 11. p. 117 e segs.; Rusen ERGEC, *Les Droits de l'Homme à l'épreuve des circonstances exceptionnelles*, Ed. Bruylant, 1987, p. 113 e segs. e 196-197.

[467] Ao analisar o caso da dissolução do Partido Comunista na RFA, a Comissão Europeia dos Direitos do Homem fez uma apreciação à luz do art. 17º, considerando que: "*o recurso à ditadura para a instauração de um regime é incompatível com a Convenção, na medida em que comporte a destruição de direitos e liberdades consagrados na Convenção*" (v. Decisão da Comissão, de 20.7.1957, in Annuaire, Vol. I, p. 250 e segs.). No caso *Lawless*, de 1.7.1961, o Tribunal definiu uma jurisprudência que limita o recurso ao art. 17º no caso do exercício de direitos de natureza processual por parte de uma pessoa singular, explicitando que "*o objectivo geral do art. 17º é impedir que certos grupos totalitários possam explorar em seu favor os princípios definidos pela Convenção*".

[468] Também neste sentido, v, Maria José Morais PIRES, *As reservas*, ob. cit., p. 226-227.

A aplicação da Convenção no ordenamento jurídico português obedece ao modelo constitucional que conforma a vigência, validade e hierarquia das normas internacionais no direito interno. Por via do art. 8º, nº 2, da Constituição Portuguesa, a Convenção, após a sua regular ratificação seguida da publicação oficial, vigora na ordem jurídica portuguesa, enquanto Portugal se encontrar vinculado internacionalmente por este instrumento convencional, dispensando qualquer outro meio de incorporação jurídica[469].

A aplicabilidade directa que resulta desta cláusula de recepção automática não se confunde com o efeito directo da norma internacional, traduzido na possibilidade de os particulares invocarem a norma perante os tribunais para tutela dos seus direitos. Para produzir efeito directo, a norma deve ser *"self executing"* no sentido de não necessitar de normas internas que a executem ou completem; e deve ser fonte imediata de direitos e obrigações para os particulares, não se confinando aos limites tradicionais das relações inter-estaduais. Embora a produção de efeito directo pela norma internacional apresente carácter excepcional, dependente da conjugação de factores relativos à formação, objecto e natureza da própria norma, pode-se defender que existe uma presunção favorável ao efeito directo das normas sobre direitos do homem[470].

[469] Sobre o sistema de recepção do Direito Internacional de natureza convencional na ordem jurídica portuguesa à luz da Constituição de 1976, v., entre outros, João Mota de CAMPOS, *As relações da ordem jurídica portuguesa com o Direito Internacional e o Direito Comunitário à luz da revisão constitucional,* Lisboa, 1985, p. 75 e segs.; Eduardo CORREIA BAPTISTA, *Direito Internacional Público. Conceito e fontes,* Lisboa, Lex, 1998, Vol. I, p, 427 e segs.; J. J. Gomes CANOTILHO/Vital MOREIRA, *Constituição da República Portuguesa anotada,* 3ª ed., Coimbra Editora, 1993, p. 86 e segs.; Jorge Bacelar GOUVEIA, *Manual de Direito Internacional,* Coimbra, Alinedina, 2003, p. 329 e segs.; Jorge MIRANDA, *A Constituição de 1976,* Lisboa, 1978, p. 297-302; idem, *Curso,* ob. cit., p. 149 e segs.; Rui MEDEIROS, "Relação entre as normas constantes de convenções internacionais e normas legislativas na Constituição de 1976", in *O Direito,* nº 122, 1990, p. 335 e segs.; André Gonçalves PEREIRA, "O Direito Internacional na Constituição de 1976", in *Estudos sobre a Constituição,* Lisboa, 1977, 1º Vol., p. 37 e segs,; André Gonçalves PEREIRA / Fausto de QUADROS, *Manual de Direito Internacional Público,* 3ª ed., Coimbra, Almedina, 1993, p. 107 e segs.; Rui M. G. de Moura RAMOS, "A Convenção", ob. cit., p. 111 e segs.

[470] Sobre o efeito directo, também designado pela doutrina como aplicabilidade directa, da norma internacional sobre direitos do homem, v. Maria Luísa DUARTE, *União Europeia...* (2006), p. 296 e segs.; Fausto de QUADROS, *Direito das Comunidades Europeias,* Lisboa, Almedina, 1984, p. 353-355; H. GOLSONG, "L'effect direct des normes de la Convention Européenne des Droits de l'Homme et des décisions prises par les organes institués para celle-lui", in *Les recours des individus devant les instances nationales en cas de ciolation du Droit Européen,* Bruxelas, 1978, p. 59 e segs,; Gérard COHEN-JONATHAN, *La Convention Européenne des Droits de l'Homme,* Economica, 1989, p. 242 e segs.; W. J. Ganshof van der MEERSCH, "La Convention Européenne des Droits de l'Homme a-l-elle, dans le cadre du droit interne, une valeur d'ordre public?", in *Les Droits de l'Homme en droit interne et en droit international,* Viena, 1965, p. 190-193.

Esta conclusão tem sido defendida pela maioria da doutrina, confirmada pela jurisprudência dos tribunais de certos Estados Membros, baseada nas características das normas da Convenção e, sobretudo, na fórmula clara e precisa pela qual se manifesta o compromisso dos Estados no art. 1º: *"As Altas Partes Contratantes reconhecem a qualquer pessoa dependente da sua jurisdição os direitos e liberdades definidos no titulo I da presente Convenção"*[471].

Problema diverso, conquanto relacionado com o modelo de recepção das normas convencionais, é o da articulação da Convenção com os comandos normativos internos. Excluída a possibilidade de uma relevância supraconstitucional, porquanto o sistema de fiscalização da constitucionalidade é igualmente aplicável às normas internacionais de natureza convencional[472], a norma internacional só pode posicionar-se em lugar superior ou equivalente ao da norma legislativa. O art. 8º, nº 2, da Constituição não fornece uma resposta simples e unívoca, mas cremos que existem boas razões que militam no sentido da relevância supralegal das convenções internacionais[473]. De forma resumida: **1)** a expressão *"enquanto vincularem internacionalmente o Estado Português"* não deve ser interpretada apenas como uma condição de vigência interna da norma internacional – para isso bastaria dizer "e desde que vinculem internacionalmente o Estado Português". A palavra *"enquanto"* significa que o Estado Português não pode afastar ou condicionar a vigência da norma internacional, sob pena de violar a própria Constituição, para além de incorrer em responsabilidade internacional durante o período em que a norma vigorar na ordem jurídica internacional; **2)** o princípio *"pacta sunt servanda"* e o princípio da boa fé são os alicerces da força vinculativa do Direito Internacional Público e pressupõem o seu primado perante a lei interna; **3)** esta relevância supralegal fundamenta a disposição constitucional do nº 2 do art. 277º, pois só a natureza pactícia das normas internacionais pode justificar a sua vigência e aplicação mesmo nos casos de inconstitucionalidade orgânica e formal de tratados regularmente ratificados, desde que não haja violação de uma disposição fundamental[474].

[471] O sublinhado é nosso. A expressão *"reconhecem"* substituiu *"comprometem-se a reconhecer"* acolhida no projecto.

[472] V. arts. 277º, 278º, nº 1, 280º, nºs 2 e 3, 281º, nº 1, alínea *a*), da Constituição da República Portuguesa.

[473] Cfr. Maria Luísa Duarte, "O Tratado da União Europeia e a garantia da Constituição (Notas de uma reflexão crítica)", in *Estudos em homenagem ao Professor João de Castro Mendes*, Lisboa, 1995, p. 695 e segs.

[474] No sentido do valor infraconstitucional, mas supralegal das convenções internacionais, v. Afonso Queiró, *Lições de Direito Administrativa*, Coimbra, 1976, p. 330 e segs.; Jorge Miranda, *A Cons-*

A aplicação directa e autónoma da Convenção na ordem jurídica portuguesa, em virtude da sua invocação pelos particulares junto dos tribunais nacionais, tem sido rara. As razões de uma tão discreta presença prendem-se, fundamentalmente, com o facto de o direito português, de nível constitucional ou de nível legal, reconhecer e garantir os direitos e liberdades previstos na Convenção – a sua relevância torna-se, neste contexto, complementar e subsidiária[475].

A apresentação de queixas à Comissão Europeia dos Direitos do Homem, com fundamento no (então em vigor) art. 25º da Convenção, pondo em causa comportamentos imputáveis às autoridades portuguesas e contrários ao Direito da Convenção, foi, em contrapartida, muito frequente[476]. A maior parte destas queixas relacionaram-se com aspectos vários da marcha processual. Com fundamento no art. 6º, nº 1, da Convenção, os particulares acusam, na esmagadora maioria dos casos, o Estado Português de violar a exigência da administração da justiça num *"prazo razoável"*. Várias destas queixas chegaram à apreciação do Tribunal Europeu dos Direitos do Homem. A jurisprudência proferida definiu como estrutural a causa da morosidade da justiça portuguesa[477].

As sucessivas condenações do Estado Português pela instância de Estrasburgo terão, certamente, pesado na decisão de introduzir importantes alterações ao direito processual – civil, penal e administrativo – no sentido de permitir um andamento mais expedito dos processos[478]. Com a revisão constitucional de 1997, o art. 20º, nº 5, da Constituição passou a prever, expressa-

tituição, ob. cit., p. 301; idem, *Lições,* ob. cit., p. 58 e segs.; João Mota de CAMPOS, *Manual de Direito Comunitário,* 4ª ed., Lisboa, FCG, 2004, p. 406 e segs.; Rui M. G. Moura RAMOS, "A Convenção", ob. cit., p. 144 e segs.; Maria Luísa DUARTE, "O Tratado", ob. cit., p. 696; Eduardo Correia BAPTISTA, *Direito,* ob. cit., p. 438; Em sentido contrário, defendendo o valor hierárquico paritário entre norma internacional de fonte convencional e norma interna de fonte legislativa, v. A. M. Barbosa de MELO, "A preferência da lei posterior em conflito com normas convencionais recebidas no ordem interna ao abrigo do nº 2 do artigo 8º da Constituição da República", in *Colectânea de Jurisprudência.* 1984, T. 4, p. 13-27; André Gonçalves PEREIRA, "O Direito", ob. cit., p. 40; J. da Silva CUNHA, *Direito Internacional Público,* 4ª ed., Coimbra, 1987, p. 94-97; Paulo OTERO, *A Autoridade Internacional dos Fundos Marinhos,* AAFDL, 1988, p. 178-180, nota 18; Idem, *Legalidade e administração pública. O sentido da vinculação administrativa,* Coimbra, Almedina, 2003, p. 594 e segs.

[475] Sobre a aplicação da CEDH pelos tribunais portugueses, v. Ireneu Cabral BARRETO, *A Convenção,* ob. cit., p. 45 e segs.

[476] Cfr. Ireneu Cabral BARRETO, *A Convenção,* ob. cit., p. 53 e segs.

[477] Cfr. Ireneu Cabral BARRETO, *A Convenção,* ob. cit., p. 57.

[478] Cfr. Joaquim LOUREIRO, "Convenção Europeia dos Direitos do Homem: queixas contra o Estado Português", in *Scientia Iuridica,* 1996, Tomo XLV, p. 73 e segs.

mente, a exigência da celeridade processual como pressuposto de uma tutela jurisdicional efectiva dos direitos, liberdades e garantias pessoais.

6. Bibliografia[479]

A. Em língua portuguesa

Ireneu Cabral BARRETO – *A Convenção Europeia dos Direitos do Homem anotada,* 3ª ed., Coimbra Editora, 2005.

Maria Luísa DUARTE – *União Europeia e Direitos Fundamemais – no espaço da internormatividade,* Lisboa, AAFDL, 2006.

— "A União Europeia e os Direitos Fundamentais. Métodos de protecção", in *Studia Iuridica,* nº 40, Colloquia-2, 1999, p. 27.

— "O Direito da União Europeia e o Direito Europeu dos Direitos do Homem – uma defesa do "triângulo judicial europeu", in *Estudos em homenagem ao Professor Armando Marques Guedes,* Coimbra Editora, 2004, p. 735.

João Pinheiro FARINHA – *Convenção Europeia dos Direitos do Homem,* anotada, Lisboa, s/d.

J. G. MERRILLS/A. H. ROBERTSON – *Direitos Humanos na Europa. Um estudo da Convenção Europeia de Direitos Humanos,* Lisboa, Piaget, 2001.

Jorge MIRANDA – *Curso de Direito Internacional Público,* 3ª ed., Lisboa, Principia, 2006.

Rui M. MOURA RAMOS, "A Convenção Europeia dos Direitos do Homem: sua posição face ao ordenamento jurídico português", in *Documentação e Direito Comparado,* 1981, nº 5, p. 97 e segs.

Maria José PIRES – *As reservas à Convenção Europeia dos Direitos do Homem.* Coimbra, Almedina, 1997.

Fausto de QUADROS – "O princípio da exaustão dos meios internos na Convenção Europeia dos Direitos do Homem e a ordem jurídica portuguesa", in *Revista da Ordem dos Advogados,* 1990, p. 119.

— "La Convention européenne des Droits de l'Homme: un cas de ius cogens regional", in *Fentschrift Bernardt,* 1995, p. 555.

B. Em língua estrangeira

G. COHEN-JONATHAN – *La Convention Européenne des Droits de l'Homme,* Paris, Economica, 1989.

G. COHEN-JONATHAN/J. F. FLAUSS/E. Lambert ABDELGAWAD (dir.) – *De l'effectivité des recours internes dans l'application de la Convention européenne des droits de l'homme,* Bruxelas, Bruylant, 2006.

Conseil de l'Europe – *Charte sociale européenne* (la Charte, ses protocoles, la Charte révisée), Estrasburgo, 1999.

Liber Amicorum Marc-André EISSEN, Bruxelas, Bruylant, 1995.

Roberto FACCHIN – *L'Interpretazione Giudiziaria della Convenzione Europea del Diritti dell'Uomo,* Pádua, CEDAM, 1990.

[479] A escolha recaiu sobre obras de referência, de abordagem geral. O critério de citação é o alfabético, relativo ao apelido do(a) Autor(a).

Jean-François FLAUSS (dir.) – *La mise en ceuvre du Protocole nº 11: le nouveau règlement de la Cour Européenne des Droits de l'Homme,* Bruxelas, Bruylant, 2000.

D. GOMIEN, e outros – *Convention Européenne des Droits de l'Homme et Charte Sociale Européenne,* Ed. Conseil de l'Europe, 1997.

D. J. HARRIS/M. O'BOYLE/C. WARBRICK – *Law of the European Convention on Human Rights,* Londres, Butterworths, 1995.

Francis G. JACOBS/Robin C. A. WHITE – *The European Convention on Human Rights,* Oxford, Clarendon Press, 1996.

Argélia Q. JIMENEZ – *El Tribunal de Estrasburgo: una jurisdicción internacional para la protección de los derechos fundamentales.* Valência, 2003.

E. LAMBERT – *Les effets des arrêts de la Cour Européenne des Droits de l'Homme,* Bruxelas, Bruylant. 1999.

R. A. LAWSON/H. G. SCHERMERS – *Leading cases of the European Court of Human Rigths,* Nomos 1997.

Jean-Pierre MARGUÉNAUD – *La Cour Européenne des Droits de l'Homme,* 2ª ed., Paris, Dalloz, 2002.

Louis-Edmond PETITITI/E. DECAUX/Pierre-Henri IMBERT, *La Convention Européenne des Droits de l'Homme. Commentaire article par article,* 2ª ed., Paris, Economica, 1999.

Jean-François RENUCCI – Traité de *Droit Européen des Droits de l'Homme,* Paris, LGDJ, 2007.

Juan A. Carrillo SALCEDO – *El Convenio Europeo de Derechos Humanos,* Madrid, Tecnos, 2003.

Fréderic SUDRE, *Droit Européen et International des Droits de l'Homme,* 6ª ed., Paris, PUF, 2003

— *La Convention Européenne des Droits de l'Homme,* 5ª ed., Paris, PUF, 2002.

Jacques VELU/Rusen ERGEC, *La Convention Européenne des Droits de l'Homme,* Bruxelas, Bruylant, 1990.

TÍTULO III
ORGANIZAÇÕES DE COOPERAÇÃO NOS DOMÍNIOS DA SEGURANÇA E DEFESA DA EUROPA

Pelo Prof. Doutor António José Fernandes[480]

Após uma Introdução que permita inseri-las no respectivo contexto, estudaremos, neste domínio, três Organizações de que Portugal é membro: a *Organização do Tratado do Atlântico Norte* (CAPÍTULO I); a *União da Europa Ocidental* (CAPÍTULO II); e a *Organização para a Segurança e Cooperação na Europa* (CAPÍTULO III).

[480] Professor Catedrático da Universidade do Minho.

Introdução
Reorganização Político-Militar da Europa

O fim da II Guerra Mundial deixou, dos dois lados do que viria a chamar-se a Cortina de Ferro, um sentimento de medo do rearmamento alemão. Por isso o perigo alemão aparece como o primeiro catalisador da Europa militar, que teve a sua primeira expressão no Tratado de Dunquerque[481] celebrado entre a Inglaterra e a França, em 4 de Março de 1947, embora os Tratados Anglo-Soviético, de 26 de Maio de 1942, e Franco-Soviético, de 9 de Dezembro de 1944, já estivessem dirigidos contra o renascimento do perigo alemão. Aliás, o preâmbulo do Tratado de Dunquerque alude expressamente aos tratados de aliança e assistência mútua concluídos com a URSS pela Grã-Bretanha e pela França, respectivamente. A assistência mútua destinava-se a enfrentar o eventual renascimento de uma agressão alemã, e por isso não se deixava de invocar a amizade e assistência contratada com a União Soviética.

Todavia, não foi necessário mais do que um ano para que a reorganização militar da Europa Ocidental se encaminhasse no sentido de apontar a URSS como catalisador, preparando a entrada da Alemanha no grupo dos ameaçados.

[481] O art. 1ª do Tratado de Dunquerque diz efectivamente o seguinte: «Sem prejuízo das disposições resultantes de qualquer tratado que venha a ser concluído entre as potências com competências segundo o artigo 107º da Carta das Nações Unidas para agir em relação à Alemanha, a fim de impedir a Alemanha de violar as suas obrigações de desarmamento e de desmilitarização e de evitar, de maneira geral, que volte a ser um perigo para a paz, as Altas Partes Contratantes, no caso em que a segurança de uma delas se encontre ameaçada pelo facto da adopção pela Alemanha de uma política de agressão ou de uma iniciativa alemã de natureza a tornar possível uma tal política, tomarão de comum acordo, depois de se consultarem e, se for caso disso, depois da consulta de outras potências competentes para agir em relação à Alemanha, as medidas mais próprias para pôr fim a esta ameaça, e isto conforme ao artigo 107º da Carta enquanto este artigo estiver em vigor».

De facto, a participação da União Soviética na deposição do Rei Miguel da Roménia, em 30 de Dezembro de 1947, instaurando uma República Popular com um governo controlado pelo Partido Comunista, e no Golpe de Estado comunista perpetrado na Checoslováquia, em 22 de Fevereiro de 1948, fez pressentir que o perigo não residia apenas no renascimento alemão, e levou a Bélgica, a França, a Grã-Bretanha, a Holanda e o Luxemburgo a assinar o Tratado de Bruxelas, em 17 de Março de 1948, que se dirigia contra toda e qualquer agressão armada na Europa e expressava preocupações relacionadas com o desenvolvimento económico integrado, compreendendo uma política social orientada pelos mesmos padrões[482].

O Tratado de Bruxelas evidenciava já a mudança de adversário. Assim, ao mesmo tempo que se estabelecem disposições relativas à eventualidade de uma agressão alemã, estipula-se que os Estados signatários se consultarão sobre qualquer situação que possa constituir uma ameaça contra a paz, em qualquer lugar que se produza.

No entanto, foi o bloqueio de Berlim-Oeste[483] pela URSS que confirmou que doravante o perigo para a Europa Ocidental residia efectivamente em Moscovo.

Perante tal ameaça, os Estados signatários do Tratado de Bruxelas procuram o apoio dos Estados Unidos da América, a fim de construírem uma defesa eficaz da Europa Ocidental. Os EUA, que mediante a concretização da Doutrina Truman, já tinham prestado apoio à Grécia e à Turquia, e proposto aos países europeus um auxílio económico, através do Plano Marshall, sentiram-se na obrigação de preservar o direito à existência de uma tradicional escala de valores e de impedir que ela fosse destruída por uma concepção valorativa diametralmente oposta, e, graças à enérgica intervenção do senador republicano A. Vandenberg, concordaram em estabelecer com os países da Europa Ocidental um pacto regional de defesa, compatível com o disposto na Carta das Nações Unidas. Assim, a partir de 13 de Junho de 1948, os EUA e

[482] O art. 1º do Tratado de Bruxelas diz expressamente: «Convencidos da estreita solidariedade dos seus interesses da necessidade de se unirem para activar a recuperação económica da Europa, as Altas Partes Contratantes organizarão e coordenarão as suas actividades económicas com vista a levá-las ao mais alto nível de rendimento pela eliminação de toda a divergência na sua política económica, pela harmonização da sua produção e pelo desenvolvimento das suas trocas comerciais».

[483] Em 1 de Abril de 1948, aproveitando a vulnerabilidade de Berlim-Ocidental, precário enclave ocidental na zona soviética, a URSS impôs severas restrições no tráfico ferroviário e rodoviário entre a cidade e as zonas americana, britânica e francesa da Alemanha Ocidental. O objectivo prosseguido era isolar e reduzir Berlim à fome, obrigá-la a capitular e torná-la a capital de um novo Estado Satélite.

o Canadá entraram em conversações com os cinco países signatários do Tratado de Bruxelas, chegando à conclusão de um texto em Fevereiro de 1949, que veio a ser assinado a 4 de Abril do mesmo ano pelos representantes da Bélgica, Canada, Dinamarca, EUA, França, Grã-Bretanha, Holanda, Islândia, Itália, Luxemburgo, Noruega e Portugal. Este texto constitui o articulado do *Tratado do Atlântico Norte.*

Em 1950, um ano depois da assinatura do Tratado do Atlântico Norte, as consequências da II Grande Guerra continuavam a fazer-se sentir: a França preocupava-se com a guerra na Indochina, a Bélgica estava à beira de uma guerra civil, devido à chamada «question royale», entre adeptos e opositores do Rei Leopoldo III, o jornal alemão «Frankfurter Allgemeine» informava sobre as fugas diárias para Ocidente de mais de 300 pessoas da zona de ocupação soviética, enquanto os jornais italianos evidenciavam as preocupações com o conflito italo-jugoslavo acerca de Trieste. E, em Junho desse ano, as tropas da Coreia do Norte ultrapassaram o paralelo 38º e puseram em causa o equilíbrio entre a URSS e os EUA nessa região.

Estes acontecimentos e a fraqueza da Aliança Atlântica na Europa, quer em efectivos, quer em armamentos clássicos, levaram os EUA a propor a integração da Alemanha nos planos de defesa. Mas a solução não era verdadeiramente popular, nem para a própria Alemanha ainda traumatizada por recordações recentes, e muito menos para outros países Europeus, principalmente para a França, que receavam que o rearmamento da Alemanha constituísse um perigo para a paz na Europa. Por isso o Governo francês, que, por iniciativa do Ministro dos Negócios Estrangeiros, Robert Schuman, já havia conseguido instituir a *Comunidade Europeia do Carvão e do Aço* (CECA), e, portanto, evitar que a Alemanha utilizasse desenfreadamente os recursos da bacia do Rur e se tomasse uma potência agressiva, reagiu com uma proposta original. Com efeito, convencido de que os problemas da defesa da Europa seriam mais facilmente superados se se procedesse a uma integração europeia no domínio da defesa, sugere a criação de um *exército europeu* integrado e colocado sob um comando comum: a *Comunidade Europeia de Defesa* (CED). Constituído pela fusão dos exércitos nacionais na CED, o exército europeu seria posto à disposição do Estado-Maior da NATO. A CED ficaria, pois, subordinada à NATO no que respeitava ao plano estratégico e ao alistamento de tropas.

O projecto da CED, aceite pela assinatura do Tratado de Paris, em 27 de Maio de 1952, decalcava da CECA as instituições da Comunidade Europeia de Defesa. Estas compreendiam um Conselho de Ministros, uma Assembleia, um Comissariado e um Tribunal.

O próprio objectivo do Tratado de Paris exigia um complemento político. De facto, não era possível conceber-se um exército comum sem uma política externa comum. Ou se caminhava no sentido de uma integração política, ou correr-se-ia o risco de o Tratado de Paris vir a ser rejeitado pelos parlamentos nacionais.

Esta preocupação já havia sido manifestada pela Assembleia Consultiva do Conselho da Europa, que, numa proposta enviada a 10 de Dezembro de 1951 ao Conselho de Ministros, solicitava a «conclusão, tão rápida quanto possível, de um acordo entre os Estados-membros, instituindo uma autoridade política submetida ao controle democrático de uma assembleia parlamentar, cujas atribuições seriam limitadas aos domínios da defesa e dos negócios estrangeiros, onde o exercício em comum da soberania se tornava necessário para a organização de um exército europeu e para a sua aplicação no quadro do Atlântico» (Masclet, 1975, 18), e pela Assembleia Nacional Francesa, que, na reunião de 16 de Fevereiro de 1952, além de aprovar a ideia de integrar as forças nacionais dos países da Europa num exército Europeu, adoptou a proposta do Conselho da Europa e pronunciou-se a favor da instauração de um «poder político supranacional». Daí que a Assembleia da CECA seja convidada pelo Conselho de Ministros a elaborar um *projecto de Estatuto da Comunidade Política Europeia*. Esse projecto devia, no entanto, ser em seguida aprovado pelos governos e pelos parlamentos nacionais, ficando, assim, instituído aquilo que seria um *«federalismo funcional da Europa»*, se o Tratado de Paris viesse também a ser ratificado pelos parlamentos de todos os Estados membros da CECA. Porém, tal não sucedeu. Pois, quando, em 30 de Agosto de 1954, o Presidente do Conselho de Ministros, Mendés-France, submeteu a ratificação do Tratado da CED à Assembleia Nacional Francesa, a proposta de debate foi rejeitada pela coalizão de gaulistas e comunistas, isto é, por 319 votos contra 254. Com esta votação, a Assembleia Nacional Francesa enterrava também o projecto da Comunidade Política Europeia. Quer dizer que a França, inspiradora da integração económica, militar e política da Europa, dava, assim, um golpe de morte no federalismo europeu, desenhado pelos subscritores do Tratado de Paris de 27 de Maio de 1952.

Com a rejeição da CED, o parlamento francês recusava o enquadramento da Alemanha nos planos de defesa da Europa. Surgiu então a ideia de aproveitar o Tratado de Bruxelas como elemento de integração da Alemanha no espaço militar europeu e de articulação com a sua participação no Pacto do Atlântico Norte. É assim que, pela *Declaração de 23 de Outubro de 1954*, os signatários do Tratado de Bruxelas convidam a Alemanha e a Itália a aderir ao referido Tratado, assinando na mesma data os Acordos que modificam e completam o Tratado de Bruxelas, criam a União da Europa Ocidental (UEO) e estabelecem regras de controle dos armamentos.

«Na frágil construção conseguida, é evidente que a linha de orientação foi a de contrabalançar a presença da Alemanha em pé de igualdade no Pacto do Atlântico com um estatuto de desigualdade na União da Europa Ocidental» (Moreira, 1976, 150). De facto, a Alemanha ficava proibida de fabricar armas atómicas, biológicas e químicas, enquanto se permitia a sua entrada para a Organização do Tratado do Atlântico Norte, à qual ficava subordinada a UEO no que concerne à tomada de medidas em caso de agressão.

Enquanto se processava esta evolução político-militar na Europa Ocidental, no campo socialista, ou seja, na Europa Central e Oriental, os inúmeros pactos bilaterais de assistência mútua, assinados a partir de 1945 entre a União Soviética e a Albânia, a Bulgária, a Checoslováquia, a Finlândia, a Hungria, a Jugoslávia, a Polónia, a Roménia, assim como entre estes diferentes países, eram dirigidos fundamentalmente contra a Alemanha, isto é, contra o receio de que a Alemanha se reconstruísse e atacasse a Polónia e outros países da Europa Central. Estes pactos de defesa permitiam à U.R.S.S. controlar todas as forças armadas nesses países através do comando militar soviético.

Entretanto, a assinatura do Tratado do Atlântico Norte, conjugando a acção dos países da Europa Ocidental, dos E.U.A. e do Canadá em defesa do Ocidente, punha em perigo as conquistas alcançadas pela U.R.S.S. na Europa de Leste, ao mesmo tempo que oferecia aos países desta zona geográfica um modelo de organização militar que poderiam decalcar e instituir. E a entrada da R.F.A. para a NATO, em Outubro de 1954, mostrava que era necessário rever a situação político-militar do Leste. Face a esta situação, a U.R.S.S, denuncia, em 7 de Maio de 1955, os Tratados Franco-Soviético e Anglo-Soviético, e sete dias depois (14 de Maio de 1955) assina juntamente com a Albânia, a Bulgária, a Checoslováquia, a Hungria, a Polónia e a Roménia, em Varsóvia, o *Tratado de Assistência Mútua da Europa Central* (PACTO DE VARSÓVIA), que se destinava a repelir as agressões armadas a qualquer dos Estados-membros, a zelar pela preservação das fronteiras, a incrementar a cooperação e o desenvolvimento económico e a promover as relações económicas, científicas e culturais recíprocas.

O Pacto de Varsóvia era uma réplica ao Tratado do Atlântico Norte e sobretudo à U.E.O. A ele aderiu a República Democrática Alemã, em 30 de Janeiro de 1956, e dele saiu a Albânia, em 1986, tendo vigorado até 1 de Junho de 1991, data em que foi dissolvido.

A criação das duas organizações político-militares – NATO e PACTO DE VARSÓVIA – acentuou a divisão da Europa em dois blocos antagónicos e suscitou a corrida aos armamentos. Estava-se no período auge da «guerra fria». Porém, as contingências da década de cinquenta e da primeira metade da década de sessenta do século XX, que se traduziram na afirmação das esferas-de-influência dos E.U.A. e da U.R.S.S., deram lugar, no final dos anos sessenta, à consolidação da coexistência pacífica entre os dois blocos e ao desenvolvimento da «détente». As condições tinham-se modificado e o diálogo tornara-se mais fácil e era necessário. Por isso, foi possível reunir, a partir de Julho de 1973, representantes dos 33 Estados europeus, dos E.U.A. e do Canadá para debater a concretização do desarmamento militar, a desnuclearização atómica, o desanuviamento político e a cooperação económica, científica, tecnológica, cultural e educativa, entre o Leste e o Ocidente, dando-se assim início à *Conferência sobre Segurança e Cooperação na Europa* (CSCE) concluída em Helsínquia, em 1 de Agosto de 1975. Em consequência dos princípios e dos processos de acção adoptados na *«Acta Final de Helsínquia»*, realizaram-se posteriormente as *Conferências de Belgrado* (1977-78), de *Madrid (1980-83)*, de *Viena* (1986-89) e de *Paris* (Nov. 1990). Nesta última Conferência, os Estados participantes decidiram institucionalizar a CSCE, mediante a criação de estruturas de carácter permanente, tornando a Conferência perene, ou seja, transformando a CSCE numa organização internacional; e na *Cimeira de Budapeste*, realizada em 6 e 7 de Dezembro de 1994, foi decidido adoptar a designação de *Organização para Segurança e Cooperação na Europa* (OSCE).

Na Conferência de Paris, além de se decidir transformar a CSCE numa organização internacional, aprovou-se o *Tratado sobre as Forças Convencionais na Europa* (19 de Novembro de 1990) e adoptou-se a *Carta de Paris* que confirma e amplia os princípios subjacentes ao processo de segurança e cooperação na Europa, tais como o respeito pela integridade territorial dos Estados, a resolução pacífica dos diferendos, a cooperação económica, o respeito pelos direitos do homem, a democracia como único regime de governação dos povos.

A realização da Conferência de Paris ocorreu num período de profunda transformação da paisagem política da Europa. O mundo soviético começava a ruir e as nações subjugadas procuravam fazer corresponder à sua área cultural um poder político próprio. E o resultado disso traduziu-se numa rápida proliferação de Estados europeus e euro-asiáticos, pelo desmoronamento da URSS e decomposição da Jugoslávia e, consequentemente, no aumento significativo do número de membros da CSCE. Com efeito, «em Junho de 1991, a Albânia, o único Estado Europeu que desde início se manteve à margem da CSCE, aderiu à Conferência; em Setembro de 1991, é a vez dos três Estados bálticos – Estónia, Letónia e Lituânia – aderirem à Conferência; em Janeiro de 1992, dez das doze repúblicas saídas da ex-URSS foram admitidas (a União Soviética foi substituída pela Rússia); em Março de 1992, tornaram-se membros da CSCE a Geórgia, a Eslovénia e a Croácia, seguindo-se-lhes, em Abril, a Bósnia-Herzegovina. Assim, o número de Estados participantes passou de 34, em Novembro de 1990, para 52, em Abril de 1992» (Defarges, 1993, 140). Porém, em 3 e 4 de Dezembro de 1996, data da realização da Cimeira de Lisboa, eram 54 os membros efectivos da OSCE; e na Cimeira de Istambul de 18 e 19 de Novembro de 1999 contava com 55 membros; e, em meados de 2007, eram 56 os membros desta Organização, depois do Montenegro se haver separado da Sérvia.

Os objectivos da CSCE definidos na Conferência de Helsínquia (1975) e ampliados na Cimeira de Paris (1990) consistem primordialmente em estabelecer um *«código de boa conduta»* comummente aceite pelos Estados-participantes, com vista a promover a paz, a segurança e a justiça e a desenvolver as relações de amizade e de cooperação nos domínios económico, científico, tecnológico, ambiental e humanitário, e em lançar as bases para a edificação de uma «nova Europa», assente no compromisso indefectível a favor da democracia baseada nos direitos do homem e nas liberdades fundamentais.

A realização dos objectivos definidos em Helsínquia (1975) pressupunha o desenvolvimento do diálogo diplomático entre os Estados-participantes em função da conjuntura inerente ao sistema de segurança europeia. E o processo desenvolver-se-ia através da *«diplomacia multilateral»* e da *«negociação permanente»*, no âmbito de uma conferência itinerante que compreendia reuniões de peritos dos Estados-participantes, reuniões a nível de representantes designados pelos Ministros dos Negócios Estrangeiros e reuniões de alto nível onde participavam estes e os Chefes de Estado ou de Governo.

Não dispondo de estruturas permanentes, o processo implementado pela CSCE dependia da acção do país hospedeiro (organizador) de cada reunião. Ficava, pois, à responsabilidade do país organizador, cuja escolha era (e é) eminentemente política, a designação do «secretariado executivo para as questões técnicas», encarregado da organização material das conferências, assim como da documentação oficial. No entanto, na Conferência de Paris (19-21 Nov. 1990), o processo institucional da actual OSCE sofreu significativas alterações, tanto de ordem formal, como de ordem substancial; pois, além de se estabelecer a periodicidade das reuniões dos Chefes de Estado ou de Governo e das reuniões dos Ministros dos Negócios Estrangeiros, foi decidido criar novas instituições: um *Comité de Altos Funcionários*, um *Secretariado-Geral*, um *Centro de Prevenção dos Conflitos*, um *Bureau de Eleições Livres*, um *Comité Con-*

sultivo e uma *Assembleia Parlamentar.* Além destas instituições, a OSCE conta com *um Alto Comissário para as Minorias Étnicas,* criado em Dezembro de 1992, com um *Tribunal de Conciliação e Mediação,* aprovado em Dezembro de 1994, e com um *Fórum para a Cooperação e Segurança,* que reúne semanalmente no Centro de Conferências Hofburg, em Viena, representantes dos respectivos Estados-membros.

A reorganização político-militar da Europa não se traduziu apenas na criação da NATO, da UEO e do Pacto de Varsóvia, e na transformação da CSCE na OSCE. A evolução da conjuntura, a partir de finais de 1989, que conduziu à dissolução do Pacto de Varsóvia em 1 de Junho de 1991, fez com que os países membros da NATO começassem a equacionar a hipótese do alargamento da Organização à Europa Central e do Leste, e os Estados-membros da Comunidade Europeia debatessem a hipótese de inserir no contexto da revisão dos Tratados de Paris e de Roma disposições relativas aos problemas de segurança e defesa da Europa.

Com efeito, o diálogo entabulado entre a NATO e os países da Europa Central e do Leste levou à criação, em 20 de Dezembro de 1991, *do Conselho de Cooperação do Atlântico Norte* (North Atlantic Cooperation Council – NACC), agrupando os países da Aliança Atlântica e os países membros do ex-Pacto de Varsóvia. Formado inicialmente por 25 membros, actualmente o NACC compreende 40 Estados, entre os quais os 26 países membros da NATO e 14 Estados que anteriormente integraram o Pacto de Varsóvia. A estes acrescentam-se a Finlândia e a Suécia que mantêm o estatuto de observadores junto do NACC. As funções desta Instituição são fundamentalmente consultivas sobre assuntos políticos e militares, designadamente em questões de defesa e segurança.

A criação do NACC resultou da necessidade de promover a cooperação político-militar entre a Europa Ocidental e a Europa de Leste face à ameaça dos fundamentalismos e à situação de conflito na zona dos Balcãs, e insere-se na perspectiva de transformação e alargamento da NATO. Neste contexto, a Cimeira da Aliança Atlântica aprovou, em Janeiro de 1994, a proposta do Governo Norte-americano, que visava instituir a Parceria para a Paz (Partnership for Peace – PFP). A PFP ficaria aberta aos Estados participantes no NACC e na OSCE, e destinava-se a intensificar a cooperação político-militar na Europa e a contribuir para a estabilidade no respeito pelos princípios democráticos. A instituição deste organismo era entendida como um passo no sentido do alargamento da NATO a novos membros, sem que daí se pudesse inferir que a adesão à PFP garantiria a entrada automática para a

Aliança Atlântica. Actualmente integram a PFP 27 Estados, e alguns deles não pertencem ao NACC.

As preocupações com a segurança e a defesa na Europa foram evidenciadas também pelos negociadores do Tratado de Maastricht, o qual introduziu alterações significativas aos Tratados de Paris e de Roma. De facto, tendo em conta que, mediante a aprovação do Acto Único (1986), os Estados Comunitários decidiram intensificar a cooperação política, por forma a formular e aplicar em comum uma política externa e a coordenar melhor as suas posições sobre os aspectos políticos e económicos da segurança, os negociadores do Tratado da União Europeia inseriram nas disposições do Tratado o Título V dedicado à política externa e de segurança comum (PESC), compreendendo doze artigos que exprimem os objectivos da União Europeia nesta matéria e estabelecem as regras de intervenção das Instituições comunitárias, especificando que a política externa e de segurança comum abrange todas as questões relativas à segurança da União Europeia, incluindo a definição, a prazo, de uma política de defesa comum que poderá conduzir, no momento próprio, a uma defesa comum. E anexa ao Tratado figura a Declaração sobre o papel da União da Europa Ocidental e as suas relações com a União Europeia e a Aliança Atlântica, subscrita pelos países da UEO, que dispõe que «os Estados-membros da UEO acordam na necessidade de criar uma verdadeira identidade europeia de segurança e de defesa e de assumir responsabilidades europeias acrescidas em matéria de defesa. Esta identidade será progressivamente construída através de um processo gradual em fases sucessivas. A UEO fará parte integrante do desenvolvimento da União Europeia e reforçará o seu contributo para a solidariedade na Aliança Atlântica». A finalidade é erigir a UEO por etapas, enquanto componente da defesa da União Europeia, e em desenvolver a UEO, enquanto meio de fortalecer o pilar europeu da Aliança Atlântica. No entanto, «a UEO actuará de acordo com as posições adoptadas pela Aliança Atlântica». Resumidamente, nos termos do Tratado de Maastricht, os Estados comunitários acordaram em empenhar-se na edificação da própria defesa da Europa, pelo fortalecimento progressivo da UEO. Mas atribuem à Aliança Atlântica, da qual a UEO é parte integrante, a responsabilidade de assumir as posições mais convenientes para assegurar a defesa do Ocidente.

A evolução da conjuntura internacional depois da Segunda Grande Guerra suscitou a criação de organizações de segurança e de defesa de incidência europeia, de tal forma que hoje temos: uma aliança militar defensiva sem garantia automática (NATO), uma instituição de assistência militar incondicional (UEO), uma organização que visa prevenir os conflitos (OSCE), um fórum de concertação sobre questões militares e de política externa (NACC) e uma organização de carácter supranacional que almeja instituir uma política de defesa comum através de compromissos obrigatórios sancionados juridicamente (UE).

ORGANIZAÇÕES DE COOPERAÇÃO NOS DOMÍNIOS DA SEGURANÇA E DA DEFESA NA EUROPA, E RESPECTIVOS ESTADOS-MEMBROS, EM 2008

Países	UEO (1954)	NATO (1949)	OSCE (1994)	NACC (1991)	PFP (1944)
Alemanha	1954	1955	•		
Bélgica	1954	1949	•		
França	1954	1949	•		
Holanda	1954	1949	*		
Itália	1954	1949	•		
Luxemburgo	1954	1949	•		
Dinamarca	(*) 1992	1949	*		
Irlanda	(*) 1992		•		
Reino Unido	1954	1949	•		
Grécia	1992	1952	•		
Espanha	1990	1982	•		
Portugal	1990	1949	•		
Áustria	(*) 1995		•		x
Finlândia	(*) 1995		•	(1)	x
Suécia	(*) 1995		•	(1)	x
Islândia	(**)	1949	•		
Noruega	(**)	1949	•		
Turquia	(**)	1952	•		
Canadá		1949	•		
E.U.A.		1949	•		
Albânia			•		x
Andorra			•		
Arménia			•		x
Azerbeijão			•		x
Bielorrússia			•		x
Bósnia-Herzegovina			•		
Bulgária	(***)	2004	•		x

Cazaquistão			•		x
Chipre			•		
Croácia			•		
Eslováquia	(***)	2004	•		x
Eslovénia	(***)	2004	•	(1)	x
Estónia	(*’*)	2004	•		x
Geórgia			•		x
Hungria	(**)	1999	•		x
Letónia	(***)	2004	•		x
Lichtenstein			•		
Lituânia	(***)	2004	•		x
Macedónia			•		x
Montenegro			•		
Malta			•		x
Moldávia			•		x
Mónaco			•		
Polónia	(**)	1999	•		x
Quirguízia			•		x
Rep. Checa	(**)	1999	•		x
Roménia	(***)	2004	•		x
Rússia			•		x
Santa Sé			•		
San Marino			•		
Servia-Montenegro			•		
Suíça			•		
Tajiquistão			•		
Turquemenistão			•		x
Ucrânia			•		x
Uzbequistão			•		x

UEO: (*) observadores; (**) membros associados; (***) países associados.
NACC: (1) observadores.

Capítulo I
Organização do Tratado do Atlântico Norte (NATO)

A Organização do Tratado do *Atlântico* Norte (NATO) é uma organização militar de defesa, que se insere no contexto das organizações internacionais de cooperação. Criada em 4 de Abril de 1949, esta organização foi concebida como uma aliança entre Estados livres que se associam para preservar a sua segurança através de garantias mútuas e de legítima defesa colectiva, de acordo com as disposições da Carta das Nações Unidas.

A criação da NATO resultou da necessidade de preservar o direito à existência de uma tradicional escala de valores e de impedir que ela seja destruída por concepções valorativas apostas ou muito diferentes. Por isso, no preâmbulo do Tratado do Atlântico Norte se diz que os Estados-membros *«estão decididos a salvaguardar a liberdade, herança comum e civilização dos seus povos, fundados nos princípios da democracia, das liberdades individuais e do respeito pelo direito»*.

Isto quer dizer que razões de ordem político-militar subjacentes aos acontecimentos que ocorreram na Europa nos anos subsequentes ao término da Segunda Guerra Mundial suscitaram a elaboração e assinatura do Tratado do Atlântico Norte e a criação da correspondente organização da defesa do Ocidente a norte do Trópico de Câncer. E a estrutura-orgânica desta organização foi definida e instituída de acordo com as necessidades suscitadas pela evolução da conjuntura internacional.

1.1. Criação e Alargamento da NATO

No período imediatamente a seguir ao fim das hostilidades ocorridas entre 1939 e 1945, os países da Europa Ocidental preocupavam-se ainda com o perigo alemão, contra o qual haviam sido aprovados os *Tratados Anglo-Soviético* e *Franco-Soviético,* de 26 de Maio de 1942 e de 9 de Dezembro de 1944, e era assinado o *Tratado de Dunquerque* entre a França e a Grã-Bretanha, em 4 de Março de 1947. Porém, o envolvimento da URSS nos acontecimentos da Roménia e da Checoslováquia, em Dezembro de 1947 e Fevereiro de 1948, fez com que os representantes da Bélgica, França, Grã-Bretanha, Holanda e Luxemburgo se reunissem em Bruxelas, em 4 de Março de 1948, para analisarem a situação e discutirem os termos da elaboração de um tratado de assistência mútua. Nesse mesmo dia, o Ministro dos Negócios Estrangeiros da França, Bidault, enviou uma mensagem ao general Marshall, na qual afirmava «ter chegado a hora de estreitar, no campo político, e tão depressa quanto possível no campo militar, a colaboração do antigo e do novo mundo, tão intimamente solidários no seu apego à civilização ocidental, afirmando que a França e a Grã-Bretanha estavam resolvidas a fazer tudo o que estivesse ao seu alcance para organizar a defesa comum dos países democráticos da Europa» (Sacchetti, 1982, 85). E, na sequência da resposta de Marshall, que sublinhava que os países da Europa Ocidental deviam empenhar-se na organização da sua defesa antes de pedir novo auxílio aos Estados Unidos, foi assinado *o Tratado de Bruxelas,* em 17 de Março de 1948, pelos países que, no início desse mês, se haviam reunido na capital da Bélgica.

O Tratado de Bruxelas dirige-se contra toda e qualquer agressão armada na Europa, e prevê a cooperação e o auxílio mútuo, com vista à manutenção da paz e da segurança e a evitar qualquer política de agressão.

Entretanto, durante as negociações conducentes à conclusão deste Tratado, Ernest Bevin, Ministro dos Negócios Estrangeiros do Reino-Unido, solicita ao governo dos EUA que examine o problema da segurança da região do Atlântico Norte, em virtude de a União Soviética pressionar a Noruega para negociar um acordo de defesa mútua.

O problema da segurança do Atlântico Norte ganha acuidade com a ameaça, primeiro, e concretização, depois, do bloqueio de Berlim-Oeste pela União Soviética, que durou até 9 de Maio de 1949.

Este clima de incerteza, de insegurança e de ameaça para a Europa Ocidental incrementou a necessidade de organizar a defesa do Ocidente, favorecendo a ideia que conduziria à concretização da Aliança Atlântica. Para isso contribuiu definitivamente a *«Resolução Vandenberg»,* preparada pelo Senador Vandenberg com a colaboração da Secretaria de Estado e aprovada em 11 de Junho de 1948, por 64 votos a favor e 4 contra. Esta Resolução, também conhecida por *«Resolução 239»,* recomendava «a associação dos Estados Unidos da América pelas vias constitucionais, com medidas regionais ou colectivas, baseadas sobre uma ajuda individual e mútua, efectiva e contínua, e a sua contribuição para a manutenção da paz, afirmando a sua determinação de exercer o direito de legítima defesa individual ou colectiva, em caso de ataque armado que afecte a sua segurança nacional» (Sacchetti, 1982, 85). A *«Resolução 239»* libertava os EUA das contingências impostas pela Doutrina Monroe, permitindo que pudessem fazer parte de um pacto regional de defesa, juntamente com países da Europa Ocidental e com o Canadá.

Nesta perspectiva, iniciaram-se, no princípio de Julho desse ano, em Washington, as negociações entre a Secretaria de Estado norte-americana e os embaixadores do Canadá e dos Estados signatários do Tratado de Bruxelas, que conduziriam à conclusão do *Tratado do Atlântico Norte.*

Os representantes dos sete países concordaram, desde o início das conversações, que qualquer tratado de defesa comum entre as nações situadas nas duas margens do Atlântico deveria enquadrar-se no âmbito da Carta das Nações Unidas. Por outro lado, admitiram também que a segurança do Atlântico Norte implicava o envolvimento de outros países da região que quisessem fazer parte da futura Aliança Atlântica. E, em 15 de Março de 1949, convidaram oficialmente a Dinamarca, a Islândia, a Itália, a Noruega[484] e Portugal[485] a subscreverem o novo Tratado, cujo texto foi divulgado publicamente três dias depois.

Ultrapassadas algumas dificuldades, levantadas sobretudo pela União Soviética visando impedir a formalização do *Tratado Atlântico Norte,* este foi assinado no dia 4 de Abril de 1949, pelos Ministérios dos Negócios Estrangeiros da Bélgica, Canadá, Dinamarca, EUA, França, Holanda, Islândia, Itália, Luxemburgo, Noruega, Portugal e Reino Unido; e entrou em vigor em 24 de Agosto desse ano.

Para a realização dos seus objectivos, o Tratado instituiu uma organização comum de defesa: a *Organização do Tratado do Atlântico Norte* (NATO). A esta organização aderiram posteriormente a Grécia e a Turquia, em 18 de Fevereiro de 1952, a RFA, em 23 de Outubro de 1954 (embora se tenha concretizado apenas em 5 de Maio de 1955, data da entrada em vigor dos Acordos de Paris), e a Espanha, em 30 de Maio de 1982, após a ratificação do protocolo de adesão de 10 de Dezembro de 1981. E, em finais de Maio de 1997, foi decidido que, em 1999, a Hungria, Polónia e República Checa passariam a fazer parte da Organização do Tratado do Atlântico Norte como membros efecti-

[484] A Noruega já havia decidido vir a fazer parte da Aliança, na condição de não estacionarem tropas estrangeiras no seu território, enquanto não fosse atacada ou existisse uma ameaça de ataque.
[485] Portugal decidiu integrar a Aliança Atlântica, sob a condição de que o Tratado não colidisse com os laços que ligam os dois países ibéricos, e desde que não estacionassem nos Açores tropas estrangeiras, em tempo de paz.

vos – decisão essa concretizada em Março de 1999 – alargando-se a NATO de 16 para 19 Estados-membros. E, em 29 de Março de 2004, esta Organização passou a integrar 26 Estados-membros, com a adesão da Bulgária, Eslováquia, Eslovénia, Estónia, Letónia Lituânia e Roménia. No entanto, o alargamento da NATO para Leste pressupõe um bom entendimento desta com a Rússia, que passa pela inserção deste grande país nos esquemas de defesa e segurança da Europa. Nesta perspectiva, a Rússia participou nas conversações que conduziram à criação do *Conselho de Cooperação do Atlântico Norte,* em 20 de Dezembro de 1991, do qual é membro efectivo; aceitou fazer parte da *Parceria para a Paz,* instituída em 1994, sob proposta do governo norte-americano aprovada pela Cimeira da Aliança Atlântica, em Janeiro desse ano; e subscreveu, em 27 de Maio de 1997, juntamente com os 16 países membros da NATO, a *Acta Fundadora sobre a Cooperação Mútua entre a Rússia e a Aliança Atlântica,* a qual institui um *Conselho Consultivo NATO-Rússia* que reúne, pelo menos duas vezes por ano, para analisar a situação da defesa e segurança europeia e equacionar as modalidades de cooperação mútua.

1.2. Objectivos e Estrutura Institucional da NATO

«O Tratado do Atlântico Norte, assinado em Washington a 4 de Abril de 1949, criou uma aliança de defesa colectiva, tal como é definida no Artigo 51º da Carta das Nações Unidas»[486]. Esta aliança de defesa colectiva concretiza-se através da Organização do Tratado do Atlântico Norte (NATO); que visa alcançar objectivos específicos, respeitando os princípios prescritos no Tratado, e dotando-se, para o efeito, de uma estrutura-orgânica civil e militar,

1.2.1. Objectivos e Princípios

Os objectivos da NATO estão expressos no preâmbulo e no art. 2º do Tratado e traduzem-se fundamentalmente:

- Na preservação da paz e da segurança, impedindo ou repelindo qualquer agressão;
- Na promoção da estabilidade e do bem-estar na área do Atlântico Norte;
- Na salvaguarda da liberdade e dos valores culturais da civilização ocidental;
- Na implementação de relações internacionais pacíficas e amigáveis;
- Na eliminação de quaisquer antagonismos de política económica externa e no incremento da cooperação económica entre os membros da Aliança Atlântica.

[486] «Manual da OTAN (NATO)», Bruxelas, Serviço de Informação da OTAN, 1984, p. 4.

A estes objectivos acrescentou-lhes a Cimeira de Washington, realizada em Abril de 1999, o objectivo de «proporcionar as bases indispensáveis para um ambiente seguro e estável», que faz parte do novo conceito estratégico então definido.

Com vista à realização destes objectivos, os Estados signatários do Tratado do Atlântico Norte comprometeram-se a respeitar um conjunto de princípios, que norteiam a sua acção e o seu comportamento no âmbito da Aliança Atlântica, tais como:

a) Os princípios da Carta das Nações Unidas;
b) Os princípios da democracia, das liberdades individuais e do respeito pelo direito;
c) O princípio da solução pacífica dos conflitos;
d) O princípio da Consulta Mútua («As Partes consultar-se-ão sempre que, na opinião de qualquer delas, estiver ameaçada a integridade territorial, a independência política ou a segurança de uma das Partes» – Art. 4º);
e) O princípio da responsabilidade colectiva («As Partes concordam em que um ataque armado contra uma ou várias delas na Europa ou na América do Norte será considerado um ataque a todas... e se tal ataque armado se verificar, cada uma prestará assistência à Parte ou Partes atacadas» – Art. 5º).

1.2.2. Estrutura Institucional

A fim de alcançar os seus objectivos, nomeadamente garantir a segurança dos seus membros e promover relações internacionais estáveis, de acordo com o disposto no art. 9º do Tratado, que prescreve a criação de um Conselho, com representação de todas as Partes, e atribui a este Conselho competência para criar os organismos necessários à aplicação das disposições do Tratado, designadamente uma Comissão de Defesa, a NATO dotou-se de uma complexa estrutura-orgânica, que compreende instituições civis e instituições militares, conforme nos mostra o esquema seguinte.

ESQUEMA DA ESTRUTURA INSTITUCIONAL DA NATO

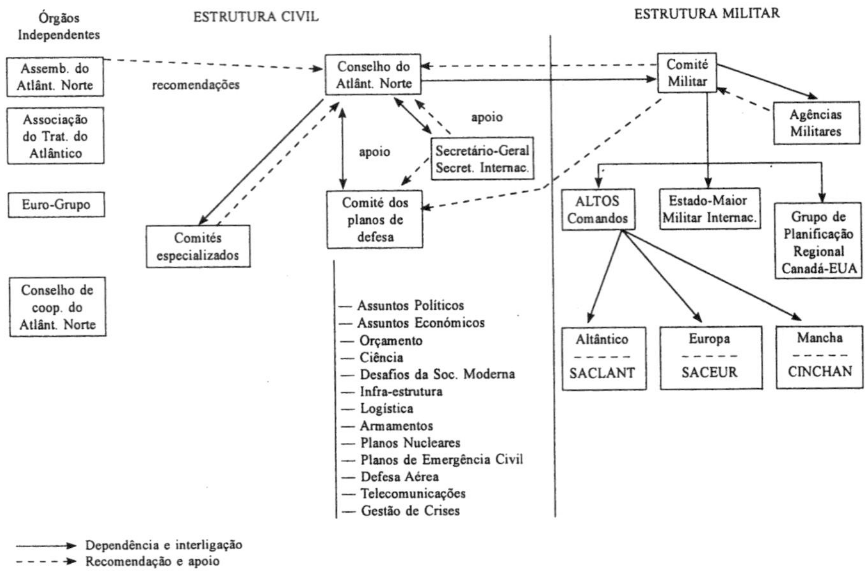

1.2.2.1. A Estrutura Civil da NATO

A estrutura civil da NATO engloba o *Conselho do Atlântico Norte, o Secretário--Geral* e o *Secretariado Internacional* e diversos comités, dos quais se destaca o *Comité dos Planos de Defesa,* o *Eurogrupo* e o *Conselho de Cooperação do Atlântico Norte.*

a) O Conselho do Atlântico Norte

O *Conselho do Atlântico Norte,* composto por representantes dos Estados--membros, é o órgão supremo de decisão e consulta da Organização, cabendo--lhe coordenar a acção política dos aliados. Reúne ordinariamente duas vezes por ano a nível dos Ministros dos Negócios Estrangeiros e da Defesa, podendo reunir também a nível de Chefes de Estado ou de Governo. No entanto, a nível dos Representantes Permanentes (Embaixadores), o Conselho reúne pelo menos uma vez por semana. As reuniões do Conselho são presididas pelo Secretário-Geral da NATO, sendo as sessões de abertura das reuniões ministeriais também presididas pelo Presidente de Honra, cargo honorífico anual, ocupado por um dos Ministros dos Negócios Estrangeiros.

Os Representantes Permanentes dos Estados-membros (Embaixadores acreditados junto da NATO) são apoiados pelas delegações nacionais domiciliadas em Bruxelas e compostas por conselheiros e funcionários qualificados que representam os seus países nos comités criados pelo Conselho.

b) O Comité dos Planos de Defesa

O *Comité dos Planos de Defesa* é composto por representantes dos Estados-membros que participam na estrutura militar integrada da Aliança Atlântica. Compete-lhe analisar as questões especificamente relacionadas com a defesa e decidir sobre os assuntos que dizem directamente respeito à estrutura militar da Aliança. Para o efeito, reúne duas vezes por ano, a nível dos Ministros da Defesa, e em sessão permanente, a nível de Embaixadores. As reuniões do Comité são presididas pelo Secretário-Geral da NATO, sendo as sessões de abertura das reuniões ministeriais também presididas pelo Presidente de Honra.

c) O Secretário-Geral e o Secretariado Internacional

O *Secretário-Geral da NATO*, designado pelo Conselho do Atlântico Norte, é o presidente deste órgão, do Comité dos Planos de Defesa e do Grupo de Planeamento Nuclear, e o responsável pelo funcionamento do *Secretariado Internacional*.

No desempenho das suas funções, compete ao Secretário-Geral:

- promover e dirigir o processo de consultas no âmbito da Aliança;
- propor temas para discussão;
- dirimir quaisquer conflitos entre Estados-membros;
- promover e facilitar a realização de inquéritos;
- empreender e apoiar acções de mediação, de conciliação e de arbitragem.

O Secretário-Geral é assistido por um Secretário-Geral Delegado, que o substitui na sua ausência.

O *Secretariado Internacional* é o órgão verdadeiramente administrativo da Aliança Atlântica, ao qual incumbe a preparação de todos os assuntos a submeter à apreciação do Conselho e do Comité dos Planos de Defesa, a elaboração e divulgação dos documentos e o apoio administrativo e logístico necessário e indispensável. Compreende uma estrutura bastante complexa, que integra o Gabinete do Secretário-Geral, cinco grandes Divisões (dos Assuntos Políticos, dos Planos e da Política de Defesa, do Apoio da Defesa, da Infra-estrutura, Logística e Operações do Conselho e dos Assuntos Científicos), a Repartição da Administração e a Repartição do Inspector das Finanças[487]. Cada uma das cinco grandes Divisões, composta por Direcções (três ou quatro) e Serviços, é dirigida por um Secretário-Geral Adjunto, que assume, geralmente, a presidência do Comité que se ocupa especificamente dos assuntos dependentes da sua Divisão.

Em conexão com o Secretariado Internacional e dependentes do Conselho funcionam diversos Comités especializados.

d) A Assembleia do Atlântico Norte

Instituída em 1955, a *Assembleia do Atlântico Norte* foi designada «Conferência dos Parlamentares da NATO» até 1966. É uma instituição interparlamentar dos países membros da Aliança, composta por membros efectivos e suplentes, designados de entre os seus membros pelos parlamentares nacionais, de acordo com as normas regimentais estabelecidas em cada país e tendo em conta o seu peso demográfico. Os ministros e os membros dos governos não podem fazer parte deste órgão interparlamentar.

Embora totalmente independente da NATO, a Assembleia do Atlântico constitui um importante fórum internacional, onde parlamentares europeus e norte-americanos (incluindo os canadianos) se encontram para debater questões e analisar problemas de interesse comum; e funciona como um elo de ligação entre os parlamentares e a própria Aliança Atlântica, pois as supremas autoridades civis e militares desta apresentam comunicações nas sessões anuais da Assembleia, inclusive o próprio Secretário-Geral, que responde às questões colocadas pelos parlamentares, e participam nas reuniões das Comissões parlamentares que decorrem ao longo do ano e nas quais são analisadas e discutidas as diversas actividades da Aliança.

A Assembleia reúne em *sessão plenária* uma ou duas vezes por ano para debater questões que reputa de relevante importância para a Aliança Atlântica. E funciona através de *Comissões* (Comissão *Política,* Comissão Económica, Comissão para a Educação, Assuntos Culturais e Informação, Comissão Científica e Técnica, Comissão Militar e Comissão Especial para as questões nucleares), que reúnem duas vezes por ano, na Primavera e no Outono, antes das sessões plenárias da Assembleia. As comissões podem criar *sub-comissões ou grupos de trabalho,* quando o estudo pormenorizado das questões assim o exige. O apoio administrativo aos trabalhos parlamentares é assegurado pelo Secretariado Internacional da Assembleia sediado *em Bruxelas.*

[487] Para o conhecimento aprofundado da estrutura administrativa da NATO ver «Manual da OTAN», Serviços de Informação da OTAN, Bruxelas, 1984, p. 49-59.

Nas sessões plenárias da Assembleia analisam-se os relatórios apresentados e votam-se *recomendações* e *resoluções*. As recomendações aprovadas são dirigidas ao Conselho do Atlântico Norte, enquanto as resoluções se destinam aos governos e/ou parlamentos dos Estados-membros.

A importância e contribuição da Assembleia para o bom funcionamento da Aliança foram reconhecidas na *Declaração sobre as Relações Atlânticas*, assinada em Bruxelas pelos Chefes de Governo dos países da NATO, em Junho de 1974, em cujo parágrafo 13 se pode ler: «os membros da Aliança Atlântica reconhecem que a sua coesão se exprime não só na cooperação entre os governos dos países membros, mas também na livre troca de opiniões entre os representantes eleitos dos povos da Aliança. Nesse sentido, afirmam-se dispostos a promover o reforço dos laços entre os parlamentares»[488].

As despesas decorrentes do funcionamento da Assembleia do Atlântico Norte são cobertas pelas contribuições dos governos ou dos parlamentos dos Estados-membros, contribuindo a NATO para o financiamento das despesas resultantes das sessões plenárias.

e) A Associação do Tratado do Atlântico

A *Associação do Tratado do Atlântico* (ATA), criada em 18 de Janeiro de 1954, durante uma conferência realizada em Haia, integra as associações nacionais[489] que apoiam as actividades da NATO e as acções governamentais destinadas a promover a divulgação dos objectivos desta Organização.

Sediada em Paris, a Associação do Tratado do Atlântico prossegue os seguintes objectivos:

1. *Esclarecer e informar o público a respeito dos objectivos e propósitos do Tratado do Atlântico Norte;*
2. *Investigar nos diversos campos e actividades que interessam à NATO;*
3. *Reforçar a solidariedade dos povos da região do Atlântico Norte;*

[488] Ver «Manual da OTAN», p. 77.

[489] São as seguintes as associações nacionais filiadas na ATA: Associação do Atlântico Belga, Conselho do Atlântico do Canadá, Associação do Atlântico Dinamarquesa, Associação do Atlântico Espanhola, Conselho do Atlântico dos Estados Unidos, Associação Francesa para a Comunidade Atlântica, Associação do Atlântico Helénica, Comité do Atlântico Holandês, Associação da Cooperação Ocidental da Islândia, Comité Atlântico Italiano, Associação do Atlântico Luxemburguesa, Comité do Atlântico Norueguês, Comissão Portuguesa do Atlântico, Comité Britânico do Atlântico, Sociedade Germânica do Atlântico e Comité Atlântico Turco. A estes acrescentam-se as associações existentes nos novos países membros da NATO.

4. *Estabelecer relações permanentes e cooperação entre os comités ou associações nacionais*[490].

f) O Eurogrupo

Criado em 1968 para promover a cooperação entre os países europeus, a fim de reforçar a contribuição europeia para a defesa comum, o *Eurogrupo* é uma associação informal dos Ministros da Defesa, aberta a todos os países europeus membros da Aliança Atlântica. À excepção da França e Islândia, os outros países europeus membros da NATO fazem parte do Eurogrupo.

O Eurogrupo pretende alcançar os seus objectivos seguindo dois processos:

- Melhorando a contribuição da Europa através de uma coordenação mais estreita e da melhor utilização possível dos recursos disponíveis;
- Constituindo um fórum informal para a troca de impressões entre os Ministros da Defesa sobre os grandes problemas políticos e estratégicos que interessam à defesa comum[491].

g) O Conselho de Cooperação do Atlântico Norte

O *Conselho de Cooperação do Atlântico Norte* (CCAN) foi criado em Dezembro de 1991 por iniciativa do Conselho da Aliança Atlântica na Cimeira de Roma. É uma instituição de diálogo e de consulta sobre questões políticas e de segurança, da qual fazem parte os países membros da NATO, a Áustria e treze países do Leste, membros do antigo Pacto de Varsóvia ou novos países resultantes da fragmentação da ex-URSS e da divisão da Checoslováquia[492]. Reúne periodicamente a nível de ministros e de embaixadores. A sua primeira reunião teve lugar em Bruxelas a 20 de Dezembro de 1991.

1.2.2.2. A Estrutura Militar da NATO

A estrutura militar da NATO compreende o *Comité Militar,* o *Estado-Maior Militar Internacional,* os *Altos Comandos,* os *Comandos Subordinados* e as *Agências Militares.*

490 Ver «Manual da OTAN», p. 79.

491 Ver «Manual da OTAN», p. 73.

492 São os seguintes os países do Leste membros do CCAN: Albânia, Arménia. Azerbeijão, Bielorrússia, Bulgária, Cazaquistão, Eslováquia, Estónia, Geórgia, Letónia, Lituânia, Moldávia, Quirguistão, Roménia, Rússia, Tajiquistão, Turquemenistão, Ucrânia e Uzbequistão.

a) O Comité Militar

Constituído pelos Chefes de Estado-Maior dos Estados-membros (com *excepção* da França, que é representada pelo Chefe da Missão Militar, e da Islândia, que, não tendo forças armadas, é representada por um civil), o *Comité Militar* é a autoridade suprema da Aliança no domínio militar. Compete-lhe fazer recomendações ao Conselho do Atlântico Norte e ao Comité dos Planos de Defesa sobre as medidas necessárias para garantir a defesa comum na área geográfica da NATO e formular directivas dirigidas aos Altos Comandos Aliados; e superintende sobre as Agências Militares especializadas. O Comité Militar reúne, ordinariamente, duas vezes por ano e, extraordinariamente, sempre que se considere necessário. No entanto, para que o Comité possa funcionar com carácter de permanência, cada Chefe de Estado-Maior designa um representante militar permanente que dispõe de um gabinete na sede da Aliança Atlântica (Bruxelas, desde Julho de 1966).

A Presidência de Honra do Comité Militar muda anualmente segundo a ordem alfabética inglesa dos Estados-membros. Mas o Presidente efectivo do Comité é eleito pelos Chefes de Estado-Maior por um período de dois anos, cabendo-lhe dirigir os assuntos correntes e desempenhar as funções de porta-voz do Comité, e sendo assistido por um Presidente Delegado que o substitui nas suas ausências.

b) O Estado-Maior Militar Internacional

O Estado-Maior Militar Internacional (IMS) é um órgão executivo, que funciona junto do Comité Militar, e ao qual compete, além de assegurar a aplicação das directivas e decisões do Comité, realizar estudos, elaborar planos e fazer recomendações sobre assuntos de natureza militar.

O IMS é dirigido por um Director designado pelos Estados-membros sob proposta do Comité Militar, sendo de nacionalidade diferente do Presidente deste Comité. O Director é assistido por seis Directores Adjuntos e pelo Secretário do IMS, todos com a categoria de oficiais generais. Cada Director Adjunto dirige uma das seis Divisões que integram o IMS: *a)* Divisão de Informações; *b)* Divisão dos Planos e Política; *c)* Divisão de Operações; *d)* Divisão de Administração e Logística; *e)* Divisão de Sistema de Comando e Comunicações; *f)* Divisão dos Armamentos, Normalização e Interoperaciona-lidade.

c) Os Altos Comandos

A defesa da área estratégica coberta pela Aliança Atlântica foi atribuída a três *Altos Comandos* (Comando Aliado do Atlântico, Comando Aliado da

Europa e Comando do Canal da Mancha) e ao Grupo *de Planificação Regional Canadá-E.U.A.*

Os Altos Comandos são dirigidos por três Comandantes Supremos da NATO que são responsáveis pelos planos de defesa das suas áreas respectivas e pela determinação e preparação das forças necessárias sob seu comando, enquanto o Grupo de Planificação Regional, a quem incumbe definir os planos de defesa respeitantes à América do Norte, reúne alternadamente no Canadá e nos EUA e cumpre-lhe apresentar recomendações ao Comité Militar.

Os três Altos Comandos superintendem sobre determinadas áreas, e a sua autoridade depende de factores de ordem política e geográfica e de situações de paz ou de guerra.

As áreas geográficas cobertas pelos três Altos Comandos da NATO são os seguintes:

- O *Comando Aliado do Atlântico* (SACLANT) cobre a área que se estende desde o Pólo Norte até ao Trópico de Câncer e das águas territoriais dos EUA até ao litoral da Europa e da África, com excepção do Canal da Mancha e das Ilhas Britânicas.
- O *Comando Aliado da Europa* (SACEUR) abrange a área terrestre que se estende do Cabo Norte ao Mediterrâneo e do Atlântico à fronteira oriental da Turquia, exceptuando-se Portugal e o Reino Unido, pois a sua defesa não é da responsabilidade de nenhum dos Altos Comandos da NATO.
- O *Comando Aliado do Canal da Mancha* (ACCHAN) engloba o Canal da Mancha e a Zona meridional do Mar do Norte. É responsável pelo controlo e protecção dos navios mercantes da região e coopera com o SACEUR na defesa aérea do Canal.

d) Os Comandos Subordinados

Cada um dos três Altos Comandos subdivide-se em vários Comandos Subordinados, conforme nos mostra o esquema *seguinte*, aos quais incumbe a protecção e defesa de determinadas áreas e/ou a realização de tarefas específicas.

ESQUEMA DOS ALTOS COMANDOS DA NATO

SACLANT Norfolk (EUA)	SACEUR Shape Casteau (Bélgica)	ACCHAN Northwood (Reino Unido)

COMANDOS SUBORDINADOS

ATLÂNTICO OCIDENTAL Norfolk – EUA ATLÂNTICO ORIENTAL Northwood – RU SUBMARINOS Nortfolk – EUA ATLÂNTICO IBÉRICO Lisboa – Portugal ESQUADRA DE INTERVENÇÃO (Embarcada) STANAV FORLANT (Embarcada)	NORTE DA EUROPA Kolsas – Noruega EUROPA CENTRAL Brunssum – Holanda SUL DA EUROPA Nápoles – Itália FORÇA MÓVEL ACE Seekenheim Alemanha FORÇA AÉREA DO REINO UNIDO Hygh Wycomb – RU	CANAL DE NORE Rosyth RU CANAL DE PLYMOUTH Plymouth – RU CANAL DE BENELUX Waleheren – Holanda COMMAIRCHAN Northwood – RU STANAVFORCHAN (Embarcada)

e) As Agências Militares

Além das instituições e organismos atrás referidos, a estrutura militar da NATO compreende mais de uma dezena e meia de Agências Militares especializadas:

- *Agência de Interoperacionalidade dos Sistemas Aliados de Dados;*
- *Centro de Pesquisas Anti-Submarinas do SACLANT;*
- *Centro Técnico do SHAPE;*
- *Colégio de Defesa da NATO;*
- *Comité Consultivo de Guerra Electrónica;*
- *Comité do Comando, dos Sistemas de Controlo e Informação, do Processamento Automático de Dados;*
- *Grupo Consultivo das Investigações Aeroespaciais;*
- *Grupo de Instrução da NATO;*
- *Grupo de Trabalho do Comando Militar e dos Sistemas de Controlo e Informação;*
- *Grupo Meteorológico da Comité Militar;*

- *Repartição Aliada das Comunicações Tácticas;*
- *Repartição Aliada das Frequências Rádio;*
- *Repartição Aliada das Linhas a Longas Distâncias;*
- *Repartição Aliada das Transmissões Navais;*
- *Repartição Aliada de Segurança das Transmissões;*
- *Repartição das Comunicações Electrónicas;*
- *Repartição Militar de Normalização.*

Directa ou indirectamente dependentes do Comité Militar, estas Agências Militares funcionam como organismos especializados de apoio às autoridades militares supremas da Aliança Atlântica.

1.3. Procedimentos de Decisão e Natureza Jurídico-Política da NATO

Embora concebida como uma aliança de defesa destinada a preservar a segurança e a paz na área do Atlântico Norte, a NATO preocupa-se, desde a sua criação, com a estabilidade política e o bem-estar económico e social dos povos dos Estados-membros, conforme está prescrito no preâmbulo e no art. 2º do Tratado. Por isso, o âmbito das actividades e acções promovidas e realizadas pela Aliança Atlântica ultrapassa as questões de defesa e de segurança e estende-se a outros domínios da ciência e da tecnologia.

Por outro lado, e não obstante o art. 6º do Tratado circunscrever a acção concreta da NATO a uma determinada área geográfica (o território dos Estados-membros e a zona do Atlântico a norte do Trópico de Câncer), a Aliança Atlântica sempre desenvolveu consultas políticas e estimulou a troca de informação entre os seus membros sobre acontecimentos ocorridos noutras regiões e sobre a situação internacional susceptível de afectar a paz e a segurança na sua área de intervenção.

Nesta perspectiva, acompanhando a evolução das relações de poder depois da queda do «muro de Berlim», promoveu a cooperação com os países do Leste, institucionalizando o Conselho de Cooperação do Atlântico Norte, e incrementou o processo de desarmamento resultante «dos acordos pan-europeus: Tratado FCE de Paris (19 de Novembro de 1990), completado pelo Acordo de Helsínquia (10 de Julho de 1992), assinado por vinte e nove Estados (os dezasseis membros da Aliança Atlântica, os cinco membros europeus do ex-Pacto de Varsóvia e os Estados saídos da ex-URSS situados na Europa até aos Urais)» (Defarges, 1993, 145).

Por conseguinte, as actividades da Aliança Atlântica dizem respeito às questões de defesa e segurança, aos problemas do desarmamento e ao desenvolvimento científico e tecnológico e, em alguns domínios, ultrapassam o quadro geográfico estritamente definido pelo Tratado do Atlântico Norte.

As questões de defesa e de segurança são examinadas regularmente a fim de coordenar os planos de cada Estado-membro à luz das necessidades comuns da Organização, de acordo com a seguinte metodologia:

a) Aprovação bienal pelos Ministros da Defesa, a nível do Comité dos Planos de Defesa, de «Directivas Ministeriais» destinadas aos que planeiam a defesa nacional e internacional;

b) Definição bienal, aproximadamente um ano depois da publicação da Directiva Ministerial, de objectivos específicos de planeamento militar destinados às forças armadas dos Estados-membros, abrangendo um período de seis anos;

c) Exame anual das acções nacionais do ano corrente e dos planos para os cinco anos seguintes, a fim de permitir aos Ministros da Defesa, no âmbito do Comité dos Planos de Defesa, a aprovação de um «plano comum da NATO» para os cinco anos seguintes.

Além destas acções, a Aliança desenvolve com regularidade consultas políticas através do Conselho do Atlântico Norte, e troca de informações e de pontos de vista nos diversos comités e grupos de trabalho da Organização, que podem servir de base à adopção de directivas ou de resoluções.

Nos domínios da ciência e da tecnologia, a Aliança Atlântica tem desenvolvido diversas acções destinadas a apoiar a investigação, a realização de cursos intensivos e as publicações científicas.

Com a finalidade de promover a cooperação nos domínios não militares, especialmente nos domínios da ciência e da tecnologia foi criado, em Dezembro de 1957, o *Comité Científico da NATO,* que definiu como objectivo essencial elevar o nível científico da Aliança propondo a implementação de três programas: *de bolsas de investigação científica,* de *cursos de Verão* e de *apoio à investigação.* Preocupado com a disparidade científica e tecnológica no seio da Aliança, o Comité Científico decidiu, em 1980, criar um programa especial destinado a auxiliar a Grécia, Portugal e a Turquia a desenvolverem os domínios científico e tecnológico, durante um período de cinco anos.

As actividades promovidas e desenvolvidas pela Aliança Atlântica assentam na boa vontade dos Estados-membros uma vez que estes conservam no seio da Organização a plenitude da sua soberania e independência, e a oposição de qualquer um deles inviabiliza toda e qualquer tomada de decisão. Com efeito, as *directivas* e as *resoluções* adoptadas pelos órgãos competentes da

NATO exigem a concordância de todos os Estados-membros. O procedimento de decisão baseia-se, portanto, na *«regra da unanimidade»*. Por outro lado, as deliberações da Aliança Atlântica não revestem o carácter de obrigatoriedade directa e automática; carecem de ser vertidas para a ordem jurídica interna dos respectivos Estados-membros, através dos mecanismos constitucionais estabelecidos, para vincularem juridicamente os seus membros.

Por conseguinte, a relação jurídico-política entre a NATO e os seus membros assenta nos princípios da cooperação internacional e no respeito pela igualdade jurídica dos Estados. E, por isso, a Aliança Atlântica é uma pura *organização intergovernamental de cooperação*, no seio da qual os Estados conservam, teórica e juridicamente, as suas prerrogativas soberanas e vêem salvaguardada a sua completa independência. A exigência da unanimidade, por um lado, e a necessidade da ratificação dos actos jurídicos adoptados pela Organização, por outro lado, são dois processos jurídicos que permitem aos Estados-membros afirmar, em qualquer momento, a sua independência política.

Capítulo II
União da Europa Ocidental (UEO)

A União da Europa Ocidental (UEO) é uma organização político-militar destinada a promover a cooperação entre os seus membros no domínio da defesa. Criada pelos *Acordos de Paris* de 23 de Outubro de 1954, celebrados entre os signatários do Tratado de Bruxelas, de 17 de Março de 1948, e a República Federal da Alemanha e a Itália, a UEO integrava, no final do Século XX, dez Estados europeus, todos também membros da União Europeia, a saber: Alemanha, Bélgica, Espanha, França, Grécia, Holanda, Itália, Luxemburgo, Portugal e Reino Unido.

A criação e evolução da UEO foram suscitadas por razões de ordem político-militar subjacentes às conjunturas do momento, que exigiam (e exigem) uma política comum de defesa da Europa Ocidental; e a sua estrutura institucional foi definida em função dos objectivos e das características da Organização.

Quais terão sido os factores que contribuíram para a criação e desenvolvimento da UEO? Quais os seus objectivos e características essenciais? Qual a sua estrutura institucional? E como esta Organização se articulava com a Aliança Atlântica e a União Europeia?

2.1. Criação e Evolução da UEO

A União da Europa Ocidental (UEO) resultou da transformação da União Ocidental, que teve por base a Aliança Franco-Britânica instituída pelo Tratado de Dunquerque de 4 de Março de 1947.

Pelo Tratado de Dunquerque a França e o Reino Unido comprometiam-se a tomar de comum acordo as medidas mais adequadas para pôr fim à ameaça de uma política de agressão por parte da Alemanha. Era um Tratado dirigido contra o perigo alemão.

Entretanto, o desenrolar dos acontecimentos depressa mostrou que a Aliança Franco-Britânica era insuficiente para salvaguardar a defesa e segurança da Europa Ocidental. Com efeito, o Golpe de Estado perpetrado em Praga a 22 de Fevereiro de 1948 alertou o Ocidente para o facto de que o perigo não residia apenas na hipotética reorganização militar da Alemanha e acentuou a pertinência do discurso que o Ministro dos Negócios Estrangeiros do Reino Unido, Ernest Bevin, havia pronunciado na Câmara dos Comuns, no mês de Janeiro desse ano, no qual sublinhara a necessidade de tornar a Aliança Franco-Britânica extensiva aos países do Benelux, e à qual se poderiam vir a associar outros países da Europa Ocidental, designadamente a Itália. As contingências do Golpe de Praga sensibilizaram os países do Benelux, que consideravam insuficientes quaisquer acordos concebidos segundo o modelo do Tratado de Dunquerque, para se associarem à França e ao Reino Unido, com o objectivo de garantirem a sua segurança contra eventuais ameaças externas. E, a partir de 4 de Março de 1948, representantes dos governos da Bélgica, França, Holanda, Luxemburgo e Reino Unido reúnem-se em Bruxelas para discutirem os conteúdos e as fórmulas de um tratado de assistência mútua.

O entendimento entre os representantes dos cinco países não foi difícil e as negociações foram breves, de tal modo que, passadas duas semanas, foi possível assinar o *Tratado de Bruxelas* (17 de Março de 1948).

O Tratado de Bruxelas preconiza a cooperação entre os países membros para reforçar os laços económicos, sociais e culturais que os unem e prevê o auxílio mútuo, em conformidade com a Carta das Nações Unidas, com vista à manutenção da paz e da segurança e à repulsa de qualquer agressão.

Para a realização destes objectivos, o Tratado de Bruxelas instituiu uma organização internacional de carácter político-militar – a União Ocidental – que dispunha de órgãos de natureza civil (o Conselho Consultivo e a Comissão Permanente) e de órgãos de natureza militar[493], que foram praticamente absorvidos pela Aliança Atlântica quanto às suas actividades e funcionamento.

Instituindo um sistema de segurança colectiva na região, a União Ocidental de Bruxelas sofreu significativas transformações, tanto no que respeita aos objectivos imediatos como no que concerne à sua estrutura institucional, pela criação da Organização do Tratado do Atlântico Norte, primeiro, e pelas alterações introduzidas ao Tratado de Bruxelas pelos Acordos de Paris de 23 de Outubro de 1954, depois.

493 A organização de defesa da União Ocidental dispunha dos seguintes órgãos: a Comissão de Defesa (os cinco Ministros de Defesa), o Comité dos Chefes de Estado-Maior, o Comité Militar, o Comité de Armamentos, o Comité Administrativo e órgãos de Comando.

A assinatura do Tratado do Atlântico Norte e a entrada em funcionamento das instituições nele previstas quase esvaziaram de conteúdo a União Ocidental. No entanto, esta continuou a subsistir; e, em virtude de ter fracassado o processo de criação da Comunidade Europeia de Defesa (CED) em 30 de Agosto de 1954, foi aproveitada para reforçar a coesão europeia no contexto da Aliança Atlântica e para integrar a República Federal da Alemanha nos planos de paz e segurança da Europa Ocidental e do Atlântico Norte. Assim, cerca de um mês depois da Assembleia Nacional Francesa ter rejeitado o Tratado de Paris que instituía a CED, foram encetadas negociações destinadas a rever o Tratado de Bruxelas e a introduzir-lhe alterações, por forma a permitir que a Alemanha e a Itália fizessem parte do sistema de segurança colectiva da Europa Ocidental. E o resultado dessas negociações traduziu-se na aprovação e assinatura dos *Acordos de Paris*, em 23 de Outubro de 1954, pelos quais se modificou e complementou o Tratado de Bruxelas, se criou a *União Europeia Ocidental* (UEO) em substituição da União Ocidental, e se aceitou que a RFA passasse a ser membro da NATO e da UEO juntamente com a Itália.

Os Acordos de Paris, uns de carácter bilateral outros de âmbito multilateral, respeitam a conteúdos vários e complexos e compreendem mecanismos diplomáticos destinados a aplicar o art. 9º do Tratado de Bruxelas (admissão de novos membros), a reestabelecer a soberania na Alemanha, a criar uma agência de controlo dos armamentos na Europa, e comportam disposições que conferem novos poderes à Organização do Tratado de Bruxelas, proíbem a RFA de produzir determinados tipos de armamento, recomendam a admissão da RFA na Aliança Atlântica e preconizam a inserção das tropas alemãs no sistema de defesa europeu, comprometendo-se este país a não recorrer à força para reunificar o seu território ou alterar as sua fronteiras.

Os Acordos de Paris de 23 de Outubro de 1954 compreendem pois:

a) *Acordos bilaterais entre a França e a Alemanha Federal tendo por fim resolver assuntos de interesse mútuo: problemas culturais, problemas económicos e o estatuto do Sarre;*
b) *Acordos entre os Estados Unidos, Grã-Bretanha e França (potências ocupantes) e a Alemanha Federal, que acabaram com o regime de ocupação militar e regularam a presença de forças estrangeiras em território alemão;*
c) *Um acordo entre os cinco signatários do Pacto de Bruxelas, que convidava a Itália e a Alemanha a aderir ao Pacto;*
d) *Uma série de acordos assinados por sete países, os cinco anteriores e mais a Itália e a Alemanha, compreendendo diversos protocolos. Por um deles (sob a forma do protocolo I) é completado e modificado o Tratado de Bruxelas que passa a*

constituir a União da Europa Ocidental (UEO). Outros estabeleceram o controlo e a estandardização dos armamentos;

e) *Acordos assinados pelos 14 membros da NATO convidando a Alemanha Federal a aderir ao Pacto do Atlântico* (Sacchetti, 1982, 87-88).

Com base no art. 9º do Tratado de Bruxelas de 17 de Março de 1948, que admite a possibilidade dos Estados-membros decidirem, em comum acordo, convidar outros Estados a aderir ao Tratado, nas condições de conveniência para os Estados da Organização e os Estados convidados, os cinco signatários decidiram convidar a Alemanha Federal e a Itália a subscrever o Tratado, pois os Chefes de Governo daqueles países estavam convencidos de que a adesão da República Federal da Alemanha e da República Italiana ao Tratado representava um novo e substancial progresso na promoção da unidade e da integração da Europa, conforme sublinharam no acto da assinatura dos Acordos de Paris. Por outro lado, os cinco Estados originários aceitaram, pelos Acordos de Paris, modificar as disposições do Tratado de Bruxelas relativas à transformação da União Ocidental numa organização europeia – a União da Europa Ocidental.

À União da Europa Ocidental aderiram posteriormente Portugal e Espanha, em 1988, e a Grécia, em 1992, passando a compreender dez Estados-membros e seis Estados com o estatuto de associados: Islândia, Noruega, Turquia, Hungria, Polónia e República Checa; aos quais se acrescentam *cinco* Estados observadores – Áustria, Dinamarca, Finlândia, Irlanda, e Suécia – e sete parceiros associados – Bulgária, Eslováquia, Eslovénia, Estónia, Letónia, Lituânia e Roménia.

2.2. Objectivos e Estrutura Institucional da UEO

2.2.1. Objectivos e Prioridades

Sendo uma organização europeia de cooperação político-militar, a União da Europa Ocidental tem por objectivo prioritário promover a cooperação entre os Estados-membros a fim de garantir a defesa e segurança dos seus povos, criando condições favoráveis ao desenvolvimento económico e social e à melhoria das condições de vida. Por isso, de acordo com o disposto no art. 5º do Tratado de Bruxelas, os Estados-membros comprometem-se, no caso de uma das partes ser vítima de uma agressão armada na Europa, a prestar-lhe «ajuda e assistência por todos os meios em seu poder, militares e outros». Esta disposição é, de resto, mais vinculativa do que a cláusula homóloga do Pacto do Atlântico (também o art. 5º), pois «no que concerne a UEO a assistência é automática e total, enquanto, para a OTAN, o princípio da entre-

-ajuda é acompanhado da liberdade e do debate quanto aos meios a utilizar» (Defarges, 1993, 133).

Apesar de ser este o objectivo primordial da Organização, numa primeira fase – até ao início dos anos setenta – a UEO destinou-se a supervisionar o rearmamento da Alemanha Federal. Aliás, uma das razões que inicialmente suscitaram a criação da UEO foi estabelecer um quadro de controlo do rearmamento da RFA no momento em que este país adquiria a sua soberania plena e se tornava membro da Aliança Atlântica. Por isso, um protocolo anexo ao Tratado de Bruxelas fixa o montante das forças a fornecer por cada Estado-membro; outro protocolo institui uma agência de controlo dos armamentos; e um terceiro protocolo (Protocolo III) proíbe a RFA de fabricar armas atómicas, biológicas e químicas, e impõe-lhe restrições ao fabrico e construção de outro tipo de armamento, como navios de determinadas dimensões. (No entanto, as restrições à construção naval foram levantadas pelo Conselho da UEO na sua reunião de 21 de Julho de 1980.)

Nesta primeira fase, ou mais propriamente entre 1954 e 1973, a UEO funcionou também como um elo de ligação entre os seis países membros da Comunidade Europeia e o Reino Unido.

A partir do início da década de setenta, depois de superada a crise da Organização provocada pela França, que em 12 de Fevereiro de 1969 suspendera a sua participação nas reuniões do Conselho, a UEO passa a ser considerada como uma plataforma para garantir a defesa da Europa Ocidental, constituindo «um pólo europeu autónomo de defesa estreitamente ligado à Aliança Atlântica» (Defarges, 1993, 134).

2.2.2. Estrutura Institucional

Sucedânea da União Ocidental, a UEO herdou desta a estrutura militar e manteve algumas instituições civis. Mas os Acordos de Paris dotaram esta Organização de uma estrutura institucional mais complexa, que compreende instituições de carácter civil e instituições militares, conforme nos indica o esquema seguinte relativo à estrutura institucional da UEO.

ESQUEMA DA ESTRUTURA INSTITUCIONAL DA UEO

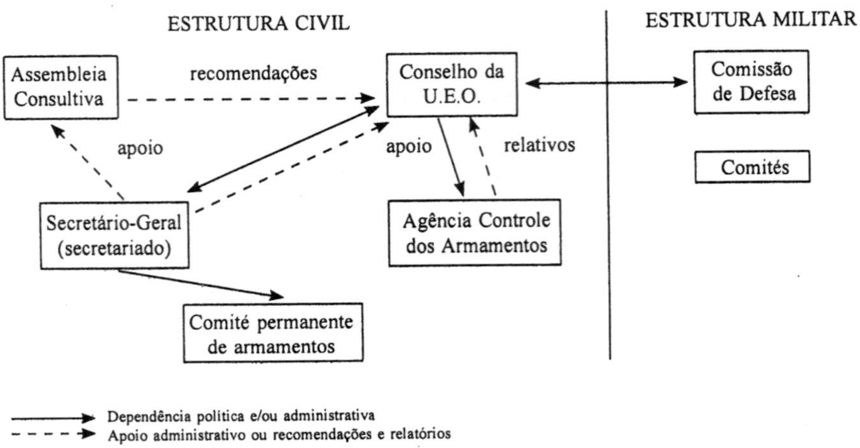

2.2.2.1. A Estrutura Civil da UEO

A estrutura civil da UEO compreende o *Conselho*, a *Assembleia Consultiva*, o *Secretariado* e a *Agência para o Controlo de Armamentos*, cujas composição, funcionamento e competências analisamos de seguida.

a) Conselho da UEO

O *Conselho da UEO* sucedeu ao Conselho Consultivo da União Ocidental. É composto pelos Ministros dos Negócios Estrangeiros dos Estados-membros; e reúne sob a presidência do Secretário-Geral da UEO sempre que uma situação possa constituir uma ameaça à paz ou um risco para a estabilidade económica e social e seja convocado a pedido de um Estado-membro ou por iniciativa do Secretário-Geral. Compete-lhe formular a política a seguir pela organização e garantir a estreita cooperação com a NATO designadamente no que respeita à Agência para o Controlo de Armamentos e ao Comité Permanente de Armamentos; e as suas decisões são adoptadas, em princípio por *unanimidade*, podendo ser adoptada a regra da maioria de dois terços (2/3) nas situações previstas nos protocolos concernentes às forças da União, ao controlo dos armamentos e à Agência para o Controlo de Armamentos.

b) Assembleia Consultiva

A *Assembleia Consultiva* da UEO é constituída por representantes dos parlamentos dos Estados-membros. Reúne em plenário duas vezes por ano; e funciona também através das suas *Comissões permanentes* para *os assuntos gerais, os assuntos financeiros e administração,* as *questões de defesa,* as *questões científicas,* as *regras de procedimento e privilégios* e as *relações com os parlamentos.* Compete-lhe debater a política de defesa e de segurança na Europa Ocidental e outros assuntos de interesse comum e pode fazer recomendações ao Conselho, aos parlamentos dos Estados-membros, aos governos destes países e a organizações internacionais, além de analisar o relatório de actividades do Conselho que anualmente lhe submete.

c) O Secretariado

Não estando previsto no Tratado de Bruxelas, o *Secretariado* da UEO foi criado pelo Protocolo IV anexo a este Tratado. Dirigido pelo *Secretário-Geral da* UEO, o *Secretariado* compreende um Secretário Adjunto, um Assistente do Secretário-Geral e o pessoal administrativo da Organização; e tem à sua responsabilidade as tarefas administrativas e executivas, funcionando como órgão de apoio às outras instituições. Ao Secretário-Geral compete presidir às reuniões do Conselho e superintender administrativamente sobre a Agência para o Controlo de Armamentos.

d) Agência para o Controlo de Armamentos

A *Agência para o Controlo de Armamentos* foi criada pelo Protocolo IV anexo ao Tratado de Bruxelas para controlar os níveis de armamentos mantidos pelos Estados-membros no Continente Europeu e para fiscalizar a proibição de fabrico de certos tipos de armamento. Dispõe, pois, de poderes de investigação neste domínio; e das suas actividades deve dar conta ao Conselho através de relatórios que lhe submete. A Agência é gerida sob a autoridade de um director, designado pelo Conselho por um período de cinco anos, não podendo ser reconduzido, e integra, além deste, um director-adjunto e diversos funcionários, todos administrativamente dependentes do Secretário-Geral da Organização.

Para promover e desenvolver uma estreita cooperação entre os Estados-membros no domínio dos armamentos, foi criado um *Comité Permanente de Armamento,* que depende administrativamente do Secretário-Geral, e de cujas actividades deve prestar contas ao *Conselho.*

2.2.2.2. A Estrutura Militar da UEO

A UEO herdou a estrutura militar da União Ocidental, que compreende diversas instituições (órgãos), à frente dos quais se encontra a *Comissão de Defesa,* constituída pelos Ministros da Defesa dos Estados-membros e à qual compete definir a política de defesa em conformidade com as orientações da política geral adoptada pelo Conselho da UEO. A *Comissão de Defesa* é assistida por vários comités sendo os mais importantes o *Comité dos Chefes de Estado-Maior* e o *Comité Militar.*

2.3. Procedimentos de Decisão e Natureza Jurídica da UEO

Como já se referiu atrás, a UEO é uma organização internacional de cooperação no domínio político-militar. Limita-se, pois, a promover a cooperação entre os Estados-membros (e associados) para garantir a defesa e a segurança da Europa Ocidental.

As relações jurídicas entre a UEO e os Estados-membros pautam-se, por conseguinte, pelo princípio da cooperação internacional e pelo respeito pela igualdade jurídica dos Estados.

O «princípio da cooperação» significa que os Estados-membros da UEO decidiram colaborar uns com os outros em matéria de defesa e segurança, a fim de evitar ou debelar uma ameaça ou um acto de agressão a qualquer um deles, sem alienar, para o efeito, as suas prerrogativas soberanas externas.

A «igualdade jurídica dos Estados» significa que, nas deliberações das instituições internacionais de que fazem parte, cada um deles tem direito a um voto, e que tanto pesa, do ponto de vista jurídico, o voto de um grande país como o voto de um país pequeno. Por exemplo, nas deliberações do Conselho da UEO, ou da Comissão de Defesa, o voto do Luxemburgo tem o mesmo peso jurídico do voto da Alemanha ou do voto da França, embora o efeito político seja muito diferente.

Por outro lado, nas deliberações dos órgãos decisórios da UEO exige-se o respeito pela regra da *unanimidade,* o que significa que todos os Estados têm de estar de acordo para que uma decisão seja adoptada. É certo que, a nível da Assembleia Consultiva as deliberações podem ser adoptadas por maioria, mas as suas decisões não passam de meras recomendações dirigidas ao Conselho da UEO, aos parlamentos nacionais, aos governos e a outras organizações internacionais.

Ora, a regra da unanimidade adoptada nos processos de decisão das instituições da UEO constitui um mecanismo jurídico que preserva a plena soberania dos Estados. E daí a afirmação de que a UEO não é uma organização de integração e de carácter supranacional mas sim uma organização intergovernamental de cooperação. E nem as disposições do art. 5º do Tratado de Bruxelas, segundo as quais os Estados-membros se comprometem mutuamente a prestar ajuda e assistência por todos os meios disponíveis, no caso de um deles ser vítima de uma agressão armada na Europa, representam uma obrigação que põe em causa a soberania dos Estados.

2.4. Relações da UEO com a NATO e com a União Europeia

Os dez Estados-membros da UEO são também membros da Organização do Tratado do Atlântico Norte e da União Europeia. Logo, são os mesmos Ministros dos Negócios Estrangeiros dos países da UEO que tomam assento nos principais órgãos decisórios da NATO (Conselho do Atlântico Norte) e da União Europeia (Conselho de Ministros). E daí que entre estas organizações internacionais exista uma interrelação orgânica e estrutural. Mas a sua interacção concerne também aos objectivos que prosseguem, pois a segurança e a defesa da Europa Comunitária passaram a fazer parte dos objectivos e das políticas da União Europeia depois da entrada em vigor do Tratado de Maastricht.

2.4.1. Relações da UEO com a NATO

Como já referimos mais atrás, a criação da UEO está intimamente ligada aos planos de integração da Alemanha Ocidental na NATO, pois os Acordos de Paris, que criaram aquela organização, recomendavam a adesão da Alemanha ao Pacto do Atlântico. Entendia-se que a RFA, após a restauração da sua soberania de acordo com os planos traçados pelas potências ocupantes (EUA, França e Reino Unido) deveria fazer parte da estratégia de defesa do Ocidente. Mas a França colocava reticências à adesão da Alemanha à NATO, pois isto pressupunha o rearmamento alemão e a reorganização das suas forças armadas. E a Solução encontrada, uma vez que a própria Assembleia Nacional Francesa inviabilizou o processo de criação da Comunidade Europeia de Defesa (CED), foi contrabalançar a presença da Alemanha em pé de igualdade no Pacto do Atlântico com um estatuto de desigualdade na União da Europa Ocidental, ficando proibida de fabricar armas atómicas, biológicas e químicas e de possuir forças navais de determinado porte.

Por conseguinte, a origem e evolução da UEO estão directamente relacionadas com o alargamento da Aliança Atlântica a outros países europeus. O que é, aliás, compreensível, por três razões fundamentais. Em primeiro lugar, porque o âmbito geográfico da NATO compreende, de acordo com as disposições do art. 6º do Tratado, toda a Europa Ocidental. Em segundo lugar, porque, em 1954, a França ainda receava que o rearmamento incondicional da RFA e a falta de uma instituição europeia que supervisionasse o controlo dos armamentos constituíam um perigo para a paz na região. Em terceiro lugar, porque as duas organizações prosseguem objectivos semelhantes: salvaguardar a paz e garantir a defesa e segurança nas suas áreas de intervenção.

Ora, é precisamente porque a UEO e a NATO prosseguem objectivos idênticos e porque o Protocolo I, que alterou o art. 4º do Tratado de Bruxelas, estabelece que «todas as Partes e todos os órgãos criados devem trabalhar em estreita cooperação com a Aliança Atlântica sendo indesejável uma duplicação de Estados-Maiores militares», que as duas organizações se interrelacionam tão estreitamente, existindo mesmo relações de subordinação da UEO à NATO em matéria de organização militar de defesa, sobretudo no que respeita à tomada de medidas em caso de agressão. De resto, através da Declaração Relativa à União Europeia (Tratado de Maastricht), os Estados-membros da UEO reafirmam que «a UEO actuará de acordo com as posições adoptadas pela Aliança Atlântica» (Pires, 1992, 384).

2.4.2. Relações da UEO com a União Europeia

Os acontecimentos internacionais do início da década de 1950 – os problemas da França na Indochina, a questão interna da Bélgica à beira de uma guerra civil entre adeptos e opositores do rei Leopoldo III, a deserção diária de centenas de alemães da zona de ocupação soviética para Ocidente, o litígio entre a Itália *e* a Jugoslávia a respeito de Trieste, e a investida para Sul dos exércitos da Coreia do Norte – mostravam à sociedade a fraqueza da Aliança Atlântica na Europa, tanto em efectivos, como em armamentos clássicos, e levaram os EUA a propor a integração da Alemanha Ocidental nos planos de defesa inerentes a esta organização. Todavia, a solução proposta não agradava, nem à própria RFA ainda traumatizada por recordações recentes, nem a outros países europeus, principalmente à França que receava o perigo do rearmamento da Alemanha. Por isso o governo francês, que por sua iniciativa já havia conseguido instituir a CECA e, portanto, evitar que os alemães utilizassem a seu belo prazer os recursos da bacia do Rur e fizessem da Alemanha uma potência agressiva, apareceu com uma proposta original, que correspondia à ideia dos promotores da construção europeia em alargar ao domínio da defesa o processo de integração. Com efeito, o governo francês sugeriu a criação de um exército europeu integrado e colocado sob um comando comum: a *Comunidade Europeia de Defesa* (CED). O exército europeu, formado pela fusão dos exércitos nacionais na CED, seria posto à disposição do Estado-Maior da NATO. Portanto, a CED ficava subordinada à NATO tanto no que respeitava ao plano estratégico como ao alistamento de tropas.

O projecto de criação da CED foi, em princípio, aceite pelo Tratado de Paris de 27 de Maio de 1952. Mas este exigia um complemento político, pois não fazia sentido um exército comum sem uma política externa comum. Ou se caminhava para uma integração política, ou correr-se-ia o risco dos parlamentos nacionais rejeitarem o Tratado que instituía a CED. E foi, de facto, o que sucedeu: a própria França, que havia tomado a iniciativa propondo a criação de um exército europeu integrado, recusou a ratificação do respectivo Tratado de Paris.

Ao rejeitar a CED, o parlamento francês recusava o enquadramento da Alemanha nos planos da defesa da Europa, em situação de igualdade com os outros parceiros comunitários. Entretanto, surge a ideia de aproveitar o Tratado de Bruxelas para integrar a Alemanha Ocidental no espaço militar europeu e no Atlântico Norte. Esta ideia deu origem às negociações que levaram à assinatura dos Acordos de Paris e à consequente criação da UEO.

A solução encontrada não conseguiu minimizar os efeitos do fracasso da instituição da CED, que marcariam o comportamento dos Estados comunitários, em matéria de defesa, durante as décadas seguintes. Cada um tratou da sua defesa, sem que a Comunidade Europeia tivesse competência para intervir neste domínio. E a UEO pouca relevância teve neste contexto da Europa Ocidental.

Esta experiência influenciou as negociações que precederam a assinatura do Tratado de Maastricht. E daí que os representantes dos Estados-membros tenham sido bastante modestos em atribuir competências à União Europeia em matéria de defesa. A este respeito, o Tratado refere que um dos objectivos da União consiste na «afirmação da sua identidade na cena internacional nomeadamente através da execução de uma política externa e de segurança comum, que poderá conduzir, no momento próprio, a uma defesa comum» (Artº B, nº 2). E, no Título V relativo à política externa e de segurança comum, estipula-se que «a política externa e de segurança comum abrange todas as questões relativas à segurança da União Europeia, incluindo a definição, a prazo, de uma política de defesa comum que poderá conduzir, no momento próprio, a uma defesa comum» (Artº J.4, nº 1); mas a política da União nestas matérias «não afectará o carácter específico da política de segurança e de defesa de determinados Estados-membros, respeitará as obrigações decorrentes, para certos Estados-membros, do Tratado do Atlântico Norte, e será compatível com a política de segurança e de defesa comum adoptada nesse âmbito» (Artº J.4, nº 4), «nem obsta ao desenvolvimento de uma cooperação mais estreita entre dois ou mais Estados-membros a nível bilateral, no âmbito da UEO e da Aliança Atlântica, na medida em que essa cooperação não contrarie nem dificulte a cooperação prevista no presente Título» (Artº J.4, nº 5).

Além das disposições do Tratado de Maastricht, esta matéria foi objecto de uma *Declaração sobre o papel da União da Europa Ocidental (UEO) e as suas relações com a União Europeia e com a Aliança Atlântica,* subscrita pelos países membros da UEO. Nessa Declaração especifica-se que «os Estados-membros da UEO acordam na necessidade de criar uma verdadeira identidade europeia de segurança e de defesa e de assumir responsabilidades europeias acrescidas em matéria de defesa. Esta identidade será progressivamente construída através de um processo gradual em fases sucessivas. A UEO fará parte integrante do desenvolvimento da União Europeia e reforçará o seu contributo para a solidariedade na Aliança Atlântica...» (ponto 1 da Introdução). «O objectivo consiste em erigir a UEO por etapas, enquanto componente de defesa da União Europeia, e em desenvolver a UEO, enquanto meio de fortalecer o pilar europeu da Aliança Atlântica» (Fernandes, 1994, 108).

Através do Tratado de Maastricht e da Declaração relativa à UEO, os Estados comunitários acordaram em empenhar-se na edificação da própria defesa da Europa, pelo fortalecimento progressivo da UEO. Mas atribuem à Aliança Atlântica a responsabilidade de assumir as posições mais convenientes para assegurar a defesa do Ocidente; e reservam para si o poder de tomar decisões sobre a sua própria defesa, já que o Conselho de Ministros e/ou o Conselho Europeu só por unanimidade podem deliberar sobre as acções comuns a empreender. Por outro lado, em matéria de cooperação no domínio da defesa e da segurança nem todos os países comunitários se encontram na mesma situação. Por exemplo, a Áustria, Dinamarca, Finlândia, Irlanda e Suécia não são membros da UEO, tendo apenas o estatuto de observadores e, destes cinco países, só a Dinamarca faz parte da NATO. E os outros membros da UE são Estados associados ou parceiros associados da UEO. Por isso não é fácil o estabelecimento de uma defesa comum a nível da Europa comunitária. E daí que a segurança e a defesa da Europa Ocidental sejam ainda asseguradas pela Aliança Atlântica.

Em síntese, pode-se dizer que esta cooperação triangular UEO-UE-NATO é facilitada pela decisão segundo a qual «a representação no Conselho da UEO é constituída pelos representantes dos Estados-membros junto da Aliança Atlântica e da União Europeia: são as mesmas pessoas que se sentam à volta da mesa para tomar as decisões, para as preparar, e para as aplicar e lhes dar seguimento» (Remacle, 1993, 27).

2.5. A UEO e a Cooperação Militar Franco-Alemã

As diversas situações de compromisso internacionais em matéria de defesa e de segurança e a consequente dificuldade de se instituir uma política comum de defesa a nível da União Europeia facilitaram e suscitaram entendimentos bilaterais no domínio militar entre os países membros da UEO, designadamente entre a França e a Alemanha, proporcionando o desenvolvimento da cooperação militar franco-alemã, cristalizada pela criação dos chamados «Eurocorpos».

O desenvolvimento da cooperação franco-alemã em matéria de defesa foi formalmente consignado no «Tratado do Eliseu» de 1963. No entanto, durante a década de sessenta, as virtualidades do Tratado nesta matéria não passaram de letra morta, pois a Alemanha Federal não visualizava alternativa à protecção americana, e a França, embora tivesse construído a sua independência no domínio nuclear com a sua «force de frappe» continuava membro da Aliança Atlântica (apesar da sua retirada das estruturas militares integradas, em 1966). Porém, no início dos anos oitenta do século XX, a situação político-estratégica europeia começa a mudar, e, aos olhos dos franceses, a presença militar dos EUA parece temporária. Por isso, a França, apostada na unificação europeia a partir de 1983, entende que «a independência estratégica do país deve ser completada e equilibrada por alianças renovadas com os seus parceiros ocidentais» (Defarges, 1993, 134). Daí que as cimeiras franco-alemãs de 1986 e 1987 tenham dado azo à criação de um Conselho de Segurança e de Defesa, que reúne duas vezes por ano, para avaliar a possibilidade das forças armadas dos dois países cooperarem tanto em tempo de paz, como em períodos de conflito, e para analisar os problemas dos armamentos e do desarmamento e a inter-operacionalidade material. E daí também que, em Outubro de 1988, tenha sido criada a *Brigada franco-alemã* (com cerca de 4200 homens), que se tornou operacional a partir do Outono de 1990.

A Brigada franco-alemã transformou-se, depois da cimeira Mitterand-Kohl realizada em La Rochelle, em 21-22 de Maio de 1992, no *«Corpo do Exército franco-alemão»* (o Eurocorpos), que passou a contar com cerca de 40 000 homens. O «Eurocorpos», que já integra também forças militares belgas, pretende vir a ser o futuro exército da União Europeia e contribui para reforçar a Aliança Atlântica na Europa. Portanto, o seu objectivo é duplo: a constituição de uma defesa europeia perspectivada no Tratado de Maastricht e a preservação dos laços atlânticos em matéria de defesa e de segurança. Este segundo objectivo começou a ser materializado pelo acordo entre o «Eurocorpos» e a NATO celebrado em 21 de Janeiro de 1993, visando reforçar a cooperação entre os dois organismos, enquanto o primeiro parece enfrentar maiores dificuldades de concretização.

A criação do «Eurocorpos», como consequência do desenvolvimento da cooperação militar franco-alemã, parece inserir-se no desejo da França e da Alemanha imprimirem um maior dinamismo ao processo de defesa e de segurança europeia desenhado no Tratado de Maastricht, funcionando como locomotiva da UEO. Mas pode ter um efeito perverso, levando alguns países membros desta organização a conceber a sua defesa apenas numa dimensão europeia, fazendo da UEO uma organização simbólica sem eficácia e operacionalidade[494].

[494] Em Novembro de 2000, foi confirmada a dissolução da UEO, mantendo-se em funcionamento alguns dos seus órgãos sob a direcção do Alto representante da política externa e segurança comum da União Europeia: Javier Solana.

Capítulo III
Organização de Segurança e Cooperação na Europa (OSCE)

3.1. Da Conferência de Helsínquia à Cimeira de Lisboa
3.1.1. A Conferência de Helsínquia – 1973/1975[495]

A ideia de realizar uma conferência de segurança europeia não era nova. Era uma velha proposta soviética que remonta aos anos 1954/1955. A União Soviética desejava então solucionar o problema alemão, debater a redução dos efectivos militares na Europa e estabelecer conversações sobre a organização futura da segurança do continente europeu. De facto, pretendia fazer aceitar ao bloco ocidental a existência da República Democrática Alemã, as novas fronteiras físicas resultantes da II Guerra Mundial e os regimes comunistas instaurados na Europa do Leste.

Em Julho de 1966, pela declaração de Bucareste, o Pacto de Varsóvia retoma o projecto soviético sobre a segurança europeia. Mas a Aliança Atlântica permaneceu silenciosa.

A seguir à invasão da Checoslováquia (1968), os Estados comunistas renovam a sua proposta e sugerem a realização de uma conferência de segurança aberta a todos os Estados do continente, para debater o problema alemão, a coexistência pacífica e o desarmamento. Desta vez, os Ocidentais não só aceitaram a proposta como também tomaram algumas iniciativas importantes:

[495] A conferência, iniciada em 3 de Julho de 1973 em Helsínquia e prosseguida em Genebra de 18 de Setembro de 1973 a 21 de julho de 1975, foi concluída em Helsínquia em 1 de Agosto de 1975 pelos Altos Representantes da Áustria, Bélgica, Bulgária, Canadá, Checoslováquia, Chipre, Dinamarca, Espanha, Estados Unidos da América, Finlândia, França, Grécia, Hungria, Irlanda, Islândia. Jugoslávia, Lichtenstein, Luxemburgo, Malta, Mónaco, Noruega, Países Baixos, Polónia, Portugal, Reino Unido, República Federal da Alemanha, República Democrática Alemã, Roménia, São Marino, Santa Sé, Suécia, Suíça, Turquia e União das Repúblicas Socialistas Soviéticas.

o Chanceler Willy Brandt inicia a normalização das relações do seu país com a União Soviética, a Checoslováquia, a Polónia e a República Democrática Alemã; os três grandes aliados ocidentais convidam a União Soviética a negociar a assinatura de um acordo quadripartido sobre Berlim-Oeste; o Conselho da Organização do Tratado do Atlântico Norte propõe ao Pacto de Varsóvia negociar a redução das forças militares e dos armamentos na Europa Central.

No início dos anos setenta (1970) encetaram-se negociações sobre numerosos aspectos das relações Este-Oeste na Europa. E, quanto à proposta soviética de realizar uma conferência sobre segurança na Europa, os Ocidentais aceitaram-na e começaram a dialogar com o Pacto de Varsóvia sobre o preâmbulo, a organização e a ordem do dia de uma conferência dessa natureza. Nessa altura, os Estados Unidos mostraram-se profundamente cépticos relativamente às intenções soviéticas. Mas os países da Europa Ocidental, nomeadamente os nove do Mercado Comum, entreviam a possibilidade de fazer aceitar à União Soviética, mediante a assinatura de um conjunto de princípios e a ratificação do «statu quo» territorial, concessões no aspecto humanitário e no domínio militar. Aliás, a assinatura dos acordos quadripartidos sobre Berlim, em 3 de Setembro de 1971, foi considerada pelos Ocidentais como um teste demonstrativo da boa vontade soviética. E foi isso que os fez aceitar formalmente o projecto de conferência, cujas consultas preparatórias se desenrolaram em Helsínquia e Genebra a partir de Setembro de 1972.

Entretanto, à medida que os aspectos formais da conferência se iam precisando, a maior parte dos objectivos prosseguidos pela União Soviética foram alcançados, mesmo fora do âmbito da conferência, por iniciativa dos países ocidentais. Com efeito, a linha Oder-Neisse, a fronteira física mais contestada no continente europeu, foi aceite pela República Federal da Alemanha mediante a assinatura dos tratados de Varsóvia e de Moscovo, concluídos no quadro da Ostpolitik de Willy Brandt. A RFA abandonava, assim, depois de vinte anos de controvérsia, as suas teses sobre o carácter alemão dos territórios do Leste, que foram parte integrante do Estado Alemão de 1937. As duas Alemanhas entram para a ONU em 18 de Setembro de 1973, são reconhecidas pela grande maioria dos Estados existentes e estabelecem relações diplomáticas recíprocas,

Deste modo, as duas grandes querelas territoriais das relações Este-Oeste, a fronteira Oder-Neisse e a existência da República Democrática Alemã foram solucionadas antes de se haver esboçado a ordem do dia da Conferência, em consequência da política externa da RFA.

No entanto, subsistiam ainda dois pontos importantes, dos quais a URSS desejava aproveitar-se. A União Soviética esperava fazer aceitar toda ou parte da coexistência pacífica tal como ela a concebia, e, ao mesmo tempo, procurava obter do Ocidente vantagens técnicas, económicas e financeiras, sob a forma de realização de grandes projectos comuns, ou a abertura da CEE aos produtos da Europa do Leste. Mas, a URSS sabia que tinha de aceitar certas propostas ocidentais para conseguir resultados positivos nestes domínios. Porém, isto não impediu que os trabalhos preparatórios da conferência prosseguissem e que fosse estabelecido que a sua realização decorreria em três fases: uma fase inicial em que se reuniriam os Ministros dos Negócios Estrangeiros para lançar a conferência (de 3 a 7 de Julho de 1973, em Helsínquia); uma segunda fase destinada ao trabalho de comissões e subcomissões, incluindo um comité de coordenação para avaliar periodicamente (de 18 de Setembro de 1973 a 21 de Julho de 1975); e uma terceira fase sem data fixa para adoptar, em sessão solene, os documentos finais da conferência.

Foi numa perspectiva de concessões recíprocas que se reuniram em Helsínquia, nos últimos dias de Julho de 1975, representantes de 35 países[496] para celebrarem a última parte da Conferência de Segurança e Cooperação na Europa.

Os discursos dos Chefes de Estado e de Governo dos principais países da Europa, na Conferência de Helsínquia, revelaram a sua preocupação quanto ao armamento estratégico e ao aumento dos efectivos militares, e manifestaram o desejo de verem instituída uma verdadeira coexistência pacífica entre os dois blocos político-militares. Assim, o presidente Tito da Jugoslávia considerou inquietante a corrida às armas dos blocos mundiais. «A menos que a situação de corrida às armas» – sublinhou – «se altere substancialmente num futuro próximo e a menos que sejam dados passos decisivos para a redução de forças e equipamento militar, os resultados da política de desanuviamento conseguidos até agora podem ser inutilizados». O Primeiro Ministro dinamarquês Anker Torgersen chamou a atenção para o facto de não se fazer referência, no acordo final, a reduções dos efectivos militares ou do desarmamento, acrescentando que são necessárias ao desanuviamento efectivo medidas equilibradas e mútuas neste domínio.

Leo Tindemans, chefe do Governo Belga, declarou que o desejo de desanuviamento político terá de incluir aspectos militares para ter credibilidade. «O desanuviamento efectivo» – acrescentou – «só pode ser conseguido depois de serem obtidos resultados satisfatórios nas conversações entre os Estados Unidos e a União Soviética sobre a limitação de armas estratégicas e nas conversações de Viena sobre a redução de forças na Europa Central».

[496] Portugal esteve representado pelo então Presidente da República, General Costa Gomes.

Em Helsínquia verificou-se uma sintonia de interesses dos pequenos países da Europa Ocidental e da Europa do Leste, que desejavam praticar uma política própria sem se submeterem à orientação diplomática dos blocos. Aliás, esta atitude insere-se numa linha defendida no seio da ONU, onde os delegados de 9 países (Áustria, Bélgica, Bulgária, Dinamarca, Finlândia, Hungria, Jugoslávia, Roménia e Suécia) se começaram a reunir e criaram, em 1966, um grupo destinado a analisar as suas preferências comuns para porem em prática uma diplomacia inter-governamental à margem da diplomacia de bloco. Realizaram-se encontros anuais e consultas «ad hoc», cujos resultados apontavam para uma colaboração pan-europeia. E, «logo que o projecto da Conferência de Segurança e Cooperação na Europa tomou forma, os 9 países comprometeram-se a aplicar essa diplomacia em todos os encontros realizados no âmbito da Conferência» (Huntzinger, 1977, 206). Daí que a tónica dos discursos dos seus representantes incidisse na necessidade de prosseguir as negociações SALT II e de efectuar com êxito conversações sobre as reduções mútuas e equilibradas das forças MBFR, condição essencial para se poder chegar a um entendimento político e a uma cooperação económica e cultural.

A tónica dos discursos dos delegados desses países, particularmente dos representantes da Jugoslávia e da Roménia, não agradou ao Kremlin. E as palavras do Secretário-Geral do PCUS reflectem a preocupação de que os países da Europa do Leste pudessem vir a ser influenciados pelas potências Ocidentais a adoptar novas formas de comportamento e, pouco a pouco, desvincularem-se do proselitismo soviético, ao referir que o acordo de Helsínquia não permite que alguém possa procurar indicar a outros povos, na base de quaisquer considerações de política externa, a forma de orientação dos seus assuntos internos.

Depois de numerosos discursos ao longo de três anos de negociações, marcados pelo confronto entre a União Soviética, os Estados Comunistas diplomaticamente independentes e os Nove do Mercado Comum, a Conferência de Helsínquia terminava com a assinatura da «Acta Final», documento que constitui um compromisso de todos os Estados participantes para trabalharem em conjunto na construção de uma Europa livre de tensões e para uma maior liberdade de contactos entre todos os seus habitantes, respeitando a igualdade soberana, a inviolabilidade de fronteiras, a integridade territorial dos Estados, os direitos do Homem e as liberdades fundamentais, incluídas as liberdades de pensamento, de consciência, de religião ou crença, e igualdade de direitos e autodeterminação dos povos, norteando-se pela abstenção de recorrer à ameaça ou ao uso da força, pela solução pacífica dos conflitos, pela não intervenção nos assuntos internos dos outros países e pelo cumprimento de boa fé das obrigações contraídas de acordo com o Direito Internacional, e promovendo a cooperação entre eles nos domínios militar, económico, científico, tecnológico, cultural e educativo.

As discussões foram rudes e a elaboração do texto rodeou-se de numerosas dificuldades. Nenhuma frase da Acta Final foi escrita à pressa. Cada texto proposto por uma delegação foi aceite por algumas e recusado por outras, emendado, transformado, corrigido, até obter um consenso generalizado. E atrás de cada proposição há pensamentos profundos, cálculos e, sobretudo, uma táctica. Mas todos os participantes quiseram contribuir para a elaboração de um texto aceitável pelo conjunto.

Este espírito de compromisso deve-se ao facto de cada Estado estar convencido de que o desenvolvimento da «détente» na Europa o beneficiaria mais do que aos outros, e também porque cada um deles acreditava que o diálogo e as relações comerciais entre o Leste e o Ocidente serviriam de ponto de referência para acabar com os resíduos de guerra fria e instituir uma verdadeira coexistência pacífica na Europa, condição indispensável para a defesa dos seus interesses efectivos.

Elaborada à base de concessões dos participantes, não admira que a Acta Final de Helsínquia seja um texto cheio de ambiguidades e contradições, e que a sua aplicação fosse extremamente limitada. É evidente que os compromissos intervenientes na elaboração de todos os textos resultaram da boa vontade de Estados que têm concepções bastante diferentes da sociedade, do direito público, da liberdade, e estavam perfeitamente conscientes do desfasamento entre o acordo sobre o texto e o desacordo sobre os seus fundamentos. Mas a ambiguidade foi um elemento fundamental de uma concepção dinâmica das relações Este-Oeste. Além disso, deve-se ter em conta que a Acta Final foi negociada e concluída entre 35 Estados, herdeiros de antagonismos, ligados a blocos opostos, habituados a desconfiar uns dos outros e prontos a combaterem-se. Daí que tenham chegado a um compromisso sobre fórmulas ambíguas, e que a Acta Final de Helsínquia seja susceptível de uma pluralidade de leituras divergentes e até contraditórias. Os interesses dos Estados em presença, motivados pela defesa de diferentes concepções do mundo e da vida, geraram um texto que encerra contradições evidentes: precisão do articulado da Acta Final, mas ambiguidade dos compromissos tomados pelos Estados; concepção alargada da «détente», fazendo referência aos homens e aos povos, mas ausência de acordo sobre uma definição clara do seu conteúdo; existência de princípios favoráveis ao «statu quo» territorial, mas presença de princípios favoráveis à mudança pacífica das situações europeias; não ingerência e respeito pelas soberanias estabelecidas, mas direito de todos os povos europeus a escolher o seu próprio destino.

Porém, tanto a ambiguidade como as contradições da Acta Final de Helsínquia de pouca importância se revestem, visto que do seu texto nenhuma obrigação jurídica decorre para os Estados signatários, pois estes apenas assumiram compromissos morais e políticos. Todas as promessas relativas aos direitos do homem e à melhoria das condições humanitárias se devem conciliar com o respeito pela soberania dos Estados e com a liberdade de escolha em matéria de legislação e regulamentação. Cada Estado não terá de prestar contas a ninguém pela sua concepção das relações entre a sociedade e o indivíduo, embora se tenha comprometido política e moralmente em aplicar as disposições da Acta Final de Helsínquia:

a) unilateralmente em todos os casos em que se prestem a uma tal acção;
b) bilateralmente, através de negociações com outros Estados participantes;
c) multilateralmente, através de reuniões de peritos de Estados participantes, bem como no quadro das organizações internacionais existentes, como a Comissão Económica para a Europa das Nações Unidas e a UNESCO, no que diz respeito à cooperação nos domínios da educação, da ciência e da cultura.

Por isso se diz que o âmbito da Conferência de Helsínquia é limitado pela soberania dos Estados.

3.1.2. As Conferências de Belgrado (1977/1978), de Madrid (1980/1983) e de Viena (1986/1989)

Na sequência das decisões constantes da Acta Final de Helsínquia, que fixavam a data de 15 de Junho de 1977 para uma reunião preparatória, a realizar em Belgrado, a fim de analisar a possibilidade de realização de uma nova Conferência sobre Segurança e Cooperação na Europa, realizou-se a Conferência de Belgrado, de 4 de Outubro de 1977 a 9 de Março de 1978. Nesta Conferência manifestaram-se duas posições divergentes quanto à interpretação do texto dos Acordos de Helsínquia: a dos países ocidentais e a dos países do Leste. No entanto, o exame da aplicação da Acta Final confirmou, em Belgrado, que qualquer Estado participante tinha o direito de fazer comentários ao comportamento de outros participantes quanto ao cumprimento das disposições da respectiva Acta Final. Mas isso não foi o suficiente para se chegar a acordo sobre novas propostas.

As divergências entre os dois grupos de países marcariam os trabalhos preparatórios da 3ª Conferência sobre Segurança e Cooperação na Europa – a *Conferência de Madrid* –, que decorreu na capital espanhola, entre 11 de Novembro de 1980 e 9 de Setembro de 1983. Nesta Conferência, os pontos de vista das delegações dos países participantes reflectiram a conjuntura internacional da época caracterizada pela invasão militar do Afeganistão pela URSS (Dezembro de 1979), pela crise dos euromísseis, pela violação dos direitos humanos em vários países do Leste e pela repressão instaurada na Polónia pela declaração do «estado de guerra» (Dezembro de 1981).

Devido a posições divergentes e irredutíveis, criou-se uma situação de impasse, de tal sorte que, pouco antes da data prevista para o início da Conferência, se pensava que esta iria iniciar-se sem ordem de trabalhos. E, de facto, assim aconteceu: depois do discurso protocolar de abertura do Chefe do Governo espanhol, Adolfo Suárez, a Conferência prosseguiu sem ordem do dia, em cujas sessões plenárias cada delegação tinha direito de falar durante trinta minutos sobre o assunto que quisesse.

Entretanto, três dias depois de se iniciar a Conferência foi possível encontrar uma plataforma de entendimento, que permitiu estabelecer uma ordem de trabalhos, graças a uma proposta dos países neutrais e não alinhados e à persistência dos representantes da Áustria e da Suíça.

Com a aprovação da ordem de trabalhos conseguiu-se, enfim, chegar a um acordo que satisfez mais ou menos as duas teses em confronto. Assim, enquanto os ocidentais obtiveram o que desejavam, ou seja, que as primeiras quatro semanas fossem dedicadas a analisar a aplicação e cumprimento da Acta Final de Helsínquia, sem que outras questões fossem introduzidas nos debates, os países socialistas viram realizado o seu objectivo de não voltarem a ouvir, na segunda fase da ordem de trabalhos alusões críticas aos problemas do Afeganistão e dos direitos humanos. Por outro lado, assentou-se também que o documento final da Conferência de Madrid incluiria o lugar e a data da 4ª Conferência sobre Segurança e Cooperação na Europa.

No entanto, e apesar de se ter manifestado uma vontade política para que a Conferência prosseguisse, as primeiras semanas dos debates mostraram que os delegados dos países ocidentais tinham concepções divergentes das dos delegados comunistas quanto aos direitos humanos e à inviolabilidade de fronteiras. Enquanto os Ocidentais atacaram duramente a URSS por ter invadido o Afeganistão e não respeitar os direitos fundamentais do homem, os representantes do Bloco Leste defendiam que o Afeganistão não devia ser tema para uma conferência sobre segurança e cooperação na Europa e que a alusão aos direitos humanos era considerada como uma ingerência nos assuntos internos dos seus países acrescentando que, para a Europa, seria mais importante reduzir-se a corrida aos armamentos, estabelecer-se um pacto de não agressão, não se alargar os blocos militares e, sobretudo, promover-se uma nova conferência sobre o desarmamento.

Concepções divergentes da evolução da comunidade internacional e da estratégia de resolução dos graves problemas que afectam a Humanidade, expressas nos discursos dos delegados, fizeram da Conferência de Madrid aquilo que a imprensa internacional denominou de «diálogo de surdos». Todavia, mesmo sendo um «diálogo de surdos», foi possível aprovar um documento final onde se fazia menção ao direito dos trabalhadores criarem livremente sindicatos, assim como à liberdade religiosa, e onde se incluía a decisão de convocar para Estocolmo uma Conferência sobre as medidas de confiança e de segurança e de promover cinco novas reuniões de técnicos para analisar diversos temas, entre os quais os direitos do homem e os contactos entre as pessoas.

O documento final da Conferência de Madrid estabeleceu a data de 23 de Setembro de 1986 para se iniciar a reunião preparatória da 4ª Conferência sobre a Segurança e Cooperação na Europa – *Conferência de Viena* –, que se realizou entre 4 de Novembro de 1986 e 15 de Janeiro de 1989 num ambiente de diálogo e num espírito de maior abertura, devido à evolução da conjuntura internacional proporcionar o incremento do diálogo entre o Ocidente e o Leste. Com efeito, os acontecimentos que se sucederam a partir de 1986 encaminharam a conjuntura para uma nova ordem europeia e criaram condições para eliminar os resíduos da guerra fria que haviam marcado os primeiros anos da década de 1980. Com efeito, a ascensão de Gorbatchov a Secretário-Geral do PCUS, acompanhada duma nova geração de dirigentes do Kremlin, e a afirmação de uma política de abertura a Ocidente permitiram que se reiniciasse o diálogo entre os dois «Grandes», em Outubro de 1986, na Cimeira de Reykjavik que reuniu Reagan e Gorbatchov, e se conhecesse no Ocidente o significado e os efeitos da «perestroika» e da «glasnost» e as dimensões da diplomacia Gorbatchoviana protagonizada por Chevarnadze.

Os sintomas de mudança política no Kremlin eram evidentes, e nos finais de 1988 começava a desenhar-se o abandono da «doutrina Brejnev», o desmoronamento do Bloco Comunista e a adesão aos valores das democracias estabilizadas, considerados valores universais pelos novos dirigentes soviéticos. Por isso, e embora se notassem algumas reticências sobretudo por parte da Roménia através de uma declaração interpretativa, não foi difícil aprovar em Viena um documento final que reflecte a adesão dos participantes na Conferência ao espírito de Helsínquia e fixa um denso calendário de reuniões e conferências a realizar no período subsequente (1989/1990) para debater questões relativas ao desarmamento e segurança europeias, às forças armadas convencionais na Europa, à cooperação económica, à protecção do ambiente e à dimensão humana da CSCE.

3.1.3. A Conferência de Paris (Cimeira de Paris) – 19-21 de Novembro de 1990

Após a conclusão dos trabalhos da Conferência de Viena acelerou-se o processo de transformação política na Europa Central e do Leste. O muro de Berlim ruiu em 9 de Novembro de 1989, «a revolução de veludo» teve início em Praga e o regime ditatorial de Bucareste passava pelos últimos estertores de uma morte repentina. E, num curto período de tempo, a Europa Central e do Leste foi varrida por uma vaga de liberdade que exigia a instituição de regimes democráticos e pluralistas em todos os países submetidos durante anos às imposições da ditadura do Kremlin.

Neste contexto de afirmação dos princípios democráticos e pluralistas, foi lançada por M. Gorbatchov a ideia de discutir a nova situação na Europa, num discurso pronunciado no Capitólio de Roma, em 30 de Novembro de 1989. O presidente francês, François Mitterrand, acolheu favoravelmente esta ideia; e, na sua deslocação a Berlim em 20 de Dezembro de 1989, manifestou a disponibilidade de Paris para acolher uma reunião de alto nível (cimeira) dos países participantes na CSCE. Porém, esta ideia esbarrava em algumas reticências levantadas pelo Conselho Atlântico de 14 de Dezembro de 1989, que manifestou a intenção de examinar a utilidade de realizar uma reunião da CSCE a nível político, antes da Conferência prevista para 1992. Essas reticências foram, entretanto, esbatidas pelas conclusões da Conferência sobre a Cooperação Económica na Europa, realizada em Bona no mês de Abril de 1990. Pois os Estados participantes adoptaram, pela primeira vez, no âmbito da CSCE um documento substancial desprovido de quaisquer declarações interpretativas, no qual salientam «a ligação existente entre o pluralismo político e as economias de mercado», e no qual se referem «à democracia pluralista baseada em eleições livres, periódicas e honestas e à primazia do direito e igualdade perante a lei, fundados no respeito pelos direitos do homem e em sistemas jurídicos eficazes, acessíveis e equitativos» (Decaux, 1992, 25). E os Ministros dos Negócios Estrangeiros dos 35 países subscritores da Acta Final de Helsínquia, reunidos em Copenhaga, em 5 de Junho de 1990, concordaram em realizar em Paris uma reunião de alto nível dos seus Chefes de Estado e/ou Governo, convocando uma «comissão preparatória» para reunir em Viena a partir de 10 de Julho desse mesmo ano.

Enquanto decorriam os trabalhos da «comissão preparatória», a resolução da questão alemã conhecia rápidos progressos: a «Conferência 2+4» – entre as duas Alemanhas e as quatro potências ocupantes vencedoras da II Guerra Mundial (EUA, França, Reino Unido e URSS) –, iniciada em Maio, concluía os seus trabalhos em Setembro; e o «Tratado de Unificação» negociado entre as duas Alemanhas estava concluído em 31 de Agosto e começava a vigorar em 3 de Outubro de 1990 (data oficial da reunificação). Paralelamente, o encontro bilateral entre o Secretário de Estado norte-americano, M. Baker, e o Ministro dos Negócios Estrangeiros soviético, Chevarnadze, realizado em Nova Yorque nos primeiros dias de Outubro de 1990, ultrapassou os últimos obstáculos à assinatura pelos membros dos dois Pactos militares do Tratado de redução das forças convencionais na Europa, que teria lugar na programada Cimeira de Paris.

A comissão preparatória desta Cimeira terminava os seus trabalhos em 17 de Novembro, precisamente no mesmo dia em que foi aprovado o documento de Viena sobre Medidas de Confiança e de Segurança (MDCS). Estava, pois, preparado o terreno para realizar uma reunião de alto nível sobre segurança e cooperação na Europa.

Tal como fora programada, a reunião (cimeira) decorreu em Paris nos dias 19-21 de Novembro de 1990, e nela participaram os responsáveis máximos de 34 países (todos os Estados Europeus, à excepção da Albânia, os EUA e o Canadá).

Nesta Cimeira de Chefes de Estado e de Governo foram adoptadas duas decisões importantes: a aprovação do Tratado sobre as Forças Convencionais na Europa (19 de Novembro de 1990) e a adopção da Carta de Paris.

A *Carta de Paris,* além de confirmar e ampliar os princípios subjacentes ao processo de segurança e cooperação na Europa, tais como o respeito pela integridade territorial dos Estados, a resolução pacífica dos diferendos, a cooperação económica, o respeito pelos direitos do homem, a democracia como único regime de governação pacífica dos povos, institucionalizou esse processo mediante o estabelecimento da periodicidade das reuniões dos Chefes de Estado e de Governo e dos Ministros dos Negócios Estrangeiros, e pela criação de instituições administrativas de carácter regular e permanente.

A Conferência de Paris (cimeira) transformou assim a CSCE numa organização internacional, ampliando-lhe o carácter de Conferência diplomática periódica ao torná-la um organismo de funcionamento permanente.

A Cimeira de Paris realizou-se num período de transformação profunda da paisagem política da Europa. O mundo soviético começava a ruir e as nações subjugadas procuravam fazer corresponder à sua área cultural um poder político próprio. E o resultado disto traduziu-se numa rápida proliferação de Estados Europeus e Euro-Asiáticos, pelo desmoronamento da URSS e decomposição da Jugoslávia e, consequentemente, no aumento significativo do número de membros da CSCE. Com efeito, «em Junho de 1991, a Albânia, o único Estado Europeu, que desde início se manteve à margem da CSCE, aderiu à Conferência; em Setembro de 1991, é a vez dos três Estados Bálticos – Estónia, Letónia e Lituânia – aderirem à Conferência; em Janeiro de 1992, dez das doze repúblicas saídas da ex-URSS foram admitidas (a União Soviética foi substituída pela Rússia); em Março de 1992, tomaram-se membros da CSCE a Geórgia, a Eslovénia e a Croácia, seguindo-se-lhes, em Abril, a Bósnia-Herzegovina. Assim, o número de Estados participantes passou de 34, em Novembro de 1990, para 52, em Abril de 1992» (Defarges, 1993, 140). E, em 3 de Dezembro de 1996, data do início da Cimeira de Lisboa, eram 54 os membros efectivos da CSCE, número que passou para 55 na Cimeira de Istambul, realizada em 18 e 19 de Novembro de 1999, e que perfaz 56 actualmente (2008).

3.1.4. As Cimeiras de Helsínquia (1992), de Budapeste (1994), de Lisboa (1996) e de Istambul (1999)

Na Cimeira de Paris havia-se chegado a entendimento para aprovar a *«Carta para uma nova Europa»* e institucionalizar a Conferência de Segurança e Cooperação na Europa (CSCE). Mas foi nas Cimeiras de *Helsínquia* (9-10 de Julho de 1992) e de *Budapeste* (5-6 de Dezembro de 1994) que se desenvolveu e completou o processo de transformação da CSCE numa verdadeira organização internacional (OSCE), a fim de desempenhar um papel mais activo na construção da paz, da justiça e prosperidade e na prevenção e resolução dos diferendos e dos conflitos na Europa. Com efeito, «as decisões adoptadas na Cimeira de Helsínquia, nas sessões do Conselho em Estocolmo (14-15 de Dezembro de 1992) e em Roma (30 de Novembro – de Dezembro de 1993) e na Cimeira de Budapeste representam um processo progressivo de clarificação, de racionalização e de reforço das instituições da CSCE/OSCE, pois pode dizer-se hoje que elas adquiriram um carácter permanente» (Ramelot, 1995, 11).

As decisões da Cimeira de Helsínquia (9-10 de Julho de 1992) não só reforçaram o quadro institucional da OSCE, pela criação de um *Forum para a Cooperação e Segurança* e de um *Alto Comissário para as Minorias Étnicas,* como ampliaram o âmbito da acção da nova organização internacional, inserindo-a no contexto do capítulo VIII da Carta das Nações Unidas e fazendo dela um instrumento de gestão de mudança no espaço euro-atlântico e euro-asiático, com a responsabilidade de prevenir os conflitos e gerir as crises.

A transformação da CSCE numa organização internacional foi consumada na Cimeira de Budapeste (5-6 de Dezembro de 1994), que aprovou a mudança de designação, passando a partir de então a chamar-se «Organização de Segurança e Cooperação na Europa» (OSCE). No entanto, esta Cimeira decorreu num clima marcado pelo desmembramento da Jugoslávia e a consequente guerra na Bósnia e pela redefinição do papel da NATO e seu alargamento a países da Europa Central e do Leste. Por isso, as divergências políticas e as diferentes perspectivas dos EUA e da Rússia a propósito do eventual alargamento da NATO e da guerra na Bósnia não permitiram que na Cimeira se chegasse a consenso para acabar com a guerra nos Balcãs e para a OSCE assumir o papel de guardiã da segurança do velho continente. Não obstante o desentendimento a respeito destas questões, ainda foi possível na Cimeira de Budapeste adoptar um *Código de conduta sobre os aspectos político-militares da segurança*, preparado pelo Fórum de Cooperação em matéria de Segurança e o qual assenta em dois eixos principais: na recusa do terrorismo sob a forma de um compromisso político, e numa lista de princípios bastante precisos quanto ao conteúdo das forças armadas e das forças para-militares e de segurança interna.

Contrariamente à Cimeira de Budapeste, a *Cimeira de Lisboa*, de 3-4 de Dezembro de 1996, foi marcada por um melhor entendimento entre os 54 membros efectivos da OSCE sobre os verdadeiros desígnios da organização: *a segurança cooperativa, a diplomacia preventiva e o reforço do Estado de direito*. Embora o conflito dos Balcãs e as questões fronteiriças estivessem presentes nos trabalhos da Cimeira, não impediram que se discutisse o *Pacto de Estabilidade na Europa* destinado a reduzir as tensões existentes na Europa Central suscitadas pelas questões de fronteiras e pela situação das minorias nacionais, através da utilização da diplomacia preventiva, e que se debatesse o «modelo de segurança para o séc. XXI».

Na Cimeira de Istambul, de 18-19 de Novembro de 1999, verificou-se um ambiente de entendimento entre os representantes dos 55 Estados-membros da OCDE, o qual permitiu que se aprovasse a Carta sobre a Segurança na Europa com a finalidade de fortalecer a segurança e a estabilidade nesta região.

3.2. Objectivos e Estrutura Institucional da OSCE

3.2.1. Objectivos e princípios[497]

A primeira Conferência sobre Segurança e Cooperação na Europa (Conferência de Helsínquia) definiu como objectivo primordial o estabelecimento de um «código de boa conduta» em comum aceite pelos Estados-participantes, com vista a promover a paz, a segurança e a justiça e a desenvolver as relações de amizade e de cooperação nos domínios económico, científico, tecnológico, ambiental e humanitário.

A este(s) objectivo(s), acrescentou a Carta de Paris (Novembro de 1990) o objectivo de lançar as bases para a edificação da «nova Europa», assente no compromisso indefectível a favor da democracia baseada nos direitos do homem e suas liberdades fundamentais.

A realização dos objectivos enunciados exigia (e exige) dos Estados-participantes o respeito por um conjunto de *princípios políticos* codificados na Acta Final de Helsínquia e ampliados pela Carta de Paris. A este propósito, diz-se que a Acta Final da Conferência de Helsínquia se baseia num *«decálogo»*, intitulado *«os dez princípios da coexistência pacífica»*.

Os 35 Estados, reunidos em 1 de Agosto em Helsínquia, declararam a sua determinação de respeitar e pôr em prática, cada um nas suas relações com todos os outros Estados-participantes, independentemente dos seus sistemas políticos, económicos e sociais, bem como da sua dimensão, situação geográfica ou nível de desenvolvimento económico, os seguintes princípios, todos eles de primordial significado, que regem as suas relações mútuas:

a) Igualdade soberana, respeito pelos direitos inerentes à soberania;
b) Abstenção de recorrer à ameaça ou ao uso da força;
c) Inviolabilidade das fronteiras;
d) Integridade territorial dos Estados;
e) Solução pacífica dos litígios;
f) Não intervenção nos assuntos internos;
g) Respeito dos direitos do homem e das liberdades fundamentais, incluída a liberdade de pensamento, consciência, religião ou crença;
h) Igualdade de direitos e autodeterminação dos povos;
i) Cooperação entre os Estados;
j) Cumprimento de boa fé das obrigações contraídas de acordo com o Direito Internacional.

[497] Sobre os objectivos e princípios da OSCE, *vide:* a Acta Final da Conferência de Helsínquia (1960/1975) e a Carta de Paris (22 de Novembro de 1990) – Ministério dos Negócios Estrangeiros, Lisboa.

E, para aplicação de alguns destes princípios, os Estados-participantes reafirmaram que respeitariam e tornariam efectiva a abstenção do recurso à ameaça ou ao uso da força, e declararam-se resolvidos a respeitar e a aplicar nas suas relações mútuas, entre outras, as seguintes *disposições:*

- Dar efeito e expressão, por todos os meios e formas que entendam apropriados, ao dever de se absterem ao recurso à ameaça ou ao uso da força nas suas relações mútuas.
- Abster-se de todo o uso de forças armadas incompatível com os fins e princípios da Carta das Nações Unidas e as disposições da Declaração sobre os princípios que regem as relações entre os Estados-participantes, contra outro Estado-participante, essencialmente invadindo ou atacando o seu território.
- Abster-se de qualquer manifestação de força ou propósito de induzir outro Estado-participante a renunciar ao pleno exercício dos seus direitos soberanos.
- Abster-se de qualquer acto de coerção económica destinado a subordinar ao seu próprio interesse o exercício, por parte de outro Estado-participante, dos direitos inerentes à soberania e conseguir assim vantagens de qualquer índole.
- Adoptar medidas efectivas que, pelo seu alcance e pelo seu carácter, constituem actos com o objectivo final de desarmamento geral e completo sob controle internacional estrito e eficaz.
- Promover, por todos os meios que cada um deles considere adequados, um clima de confiança e respeito entre os povos, de acordo com o seu dever de abstenção da propaganda em favor de guerras de agressão ou de qualquer ameaça ou uso da força, incompatível com os fins das Nações Unidas e com a Declaração sobre os princípios que regem as relações entre os Estados-participantes, contra outro Estado-participante.
- Envidar todos os esforços para solucionar, exclusivamente por meios pacíficos, qualquer litígio entre si, cuja continuação seja susceptível de pôr em perigo a manutenção da paz e da segurança internacionais na Europa, e procurar, em primeiro lugar, uma solução através de meios pacíficos estipulados no art. 33º da Carta das Nações Unidas.
- Abster-se de toda a acção que possa dificultar a solução pacífica de litígios entre os Estados-participantes.

Estes princípios e regras de conduta orientadores do comportamento dos Estados-participantes foram reafirmados na Cimeira de Paris, nos seguintes termos: «A fim de manter e promover a democracia, a paz e a unidade na Europa, comprometemo-nos solenemente a respeitar plenamente os dez princípios da Acta Final de Helsínquia. Declaramos a constante validade dos dez princípios e a nossa determinação de os pôr em prática. Todos os princípios se aplicam igualmente e sem reserva, interpretando cada um deles tendo em consideração os outros». E, embora tenham considerado que os dez princípios constituem a base das suas relações mútuas, os 34 Estados, reunidos na Conferência de Paris, colocaram o assento tónico na promoção e defesa dos direitos do homem e das liberdades fundamentais, nos quais se incluem o direito de propriedade individual e a liberdade de imprensa, como salvaguarda e preservação de regimes verdadeiramente democráticos, assumindo o compromisso de cooperar e de se apoiar mutuamente para tornar irreversíveis «les acquis démocratiques». «Nós comprometemo-nos a edificar, consolidar e reafirmar a democracia», eis uma das afirmações solenes prescritas na Carta de Paris. «Democracia» entendida agora no sentido liberal-pluralista das democracias estabilizadas e não no sentido das democracias populares que vigoraram na Europa Central e do Leste.

A promoção e defesa dos direitos do Homem, a consolidação da democracia e a preservação do Estado de Direito constituem os objectivos primordiais inscritos na *Carta de Paris,* que os Estados-participantes se comprometeram a prosseguir, respeitando os princípios aprovados 15 anos antes em Helsínquia. Por isso, ao analisar o processo da CSCE, Emmanuel Decaux sublinhou a certo passo: «do lugar atribuído à primazia do direito na ordem constitucional, como no domínio internacional, visa regularizar as relações entre os Estados de modo a que o culto da soberania absoluta vá dando lugar ao respeito pela regra comum. Assim, a relatividade das ideologias, em nome da igualdade soberana, tende a ser substituída pela relatividade das soberanias, em nome de uma ideologia partilhada. Passou-se de um frágil *modus vivendi,* nascido da coexistência pacífica entre os blocos, a uma *Magna Carta da liberdade,* baseada nos valores comuns» (Decaux, 1992, 76).

3.2.2. Estrutura Institucional

A realização dos objectivos definidos em Helsínquia (1975) pressupunha o desenvolvimento de diálogo diplomático entre Estados-participantes em função da conjuntura inerente ao sistema de segurança europeia. Por isso, a Acta Final de Helsínquia, embora não tenha instituído uma estrutura-orgânica de carácter permanente, precisou as modalidades de prosseguimento da CSCE nos seguintes termos:

«Os Estados-participantes, convictos de que, a fim de alcançar os objectivos prosseguidos pela conferência devem realizar novos esforços unilaterais, bilaterais e multilaterais e continuar, pelas formas apropriadas abaixo indicadas, o processo multilateral iniciado pela Conferência:

1. Declaram a sua resolução, no período seguinte à Conferência, de ter devidamente em consideração as disposições do Acto Final da Conferência e de as aplicar.

2. Declaram, além disso, a sua resolução de prosseguir o processo multilateral iniciado pela Conferência:

a) procedendo a uma troca profunda de pontos de vista incidindo simultaneamente sobre a aplicação das disposições do acto final e sobre a execução das tarefas definidas pela Conferência, bem como, no contexto dos problemas por esta tratados, sobre o aprofundamento das suas relações mútuas, *a* melhoria da segurança e o desenvolvimento da cooperação na Europa e o desenvolvimento futuro do processo de desanuviamento;

b) organizando, para estas finalidades, reuniões entre os seus representantes, iniciando-se com uma ao nível de representantes designados pelos Ministros dos Negócios Estrangeiros. Esta reunião definirá as modalidades apropriadas para a efectivação de outros encontros, os quais poderão incluir novas reuniões semelhantes e a possibilidade de uma nova Conferência.

3. Declaram que a primeira das reuniões acima indicadas efectuar-se-á em Belgrado, em 1977. Uma reunião preparatória encarregada de organizar tal reunião terá lugar em Belgrado, em 15 de Junho de 1977. A reunião preparatória fixará a data, a duração, a agenda e demais modalidades da reunião de representantes designados pelos Ministros dos Negócios Estrangeiros.

4. Declaram que as regras do processo, os métodos de trabalho e a escala de distribuição das despesas da Conferência aplicar-se-ão, *mutatis mutantis,* às reuniões previstas nos parágrafos 2 e 3 *supra*».

Todas as reuniões acima indicadas celebrar-se-ão, por rotação, nos Estados-participantes. Os serviços de *secretariado técnico serão fornecidos* pelo país hospedeiro.

O processo da CSCE desenvolver-se-ia, portanto, através da «diplomacia multilateral» e da «negociação permanente», no âmbito de uma *conferência itinerante* que compreendia reuniões de peritos dos Estados-participantes, reuniões a nível de representantes designados pelos Ministros dos Negócios Estrangeiros e reuniões de alto nível onde participavam estes e os Chefes de Estado ou de Governo.

Não dispondo de estruturas permanentes o processo da CSCE dependia, até 1990, da acção do país hospedeiro (organizador) de cada reunião. Ficava, pois, à responsabilidade do país organizador, cuja escolha era e é eminentemente política, a designação do «secretariado executivo para as questões técnicas», encarregado da organização material das conferências assim como da documentação oficial.

Na Conferência de Paris (19-21 de Novembro de 1990), o processo institucional da CSCE sofreu significativas alterações, tanto de ordem formal como de ordem substancial; pois, além de se estabelecer a periodicidade das reuniões dos Chefes de Estado ou de Governo e das reuniões dos Ministros dos Negócios Estrangeiros, foi decidido criar novas instituições: um *Comité de Altos Funcionários,* um *Secretariado-Geral,* um *Centro de Prevenção dos Conflitos,* um *Burreau de Eleições Livres* e uma *Assembleia Parlamentar.* E na Cimeira de Helsínquia (1992) o quadro institucional foi ampliado pela criação do *Fórum para a Cooperação e Segurança,* do *Alto Comissário para as Minorias Étnicas* e do *Comité Permanente* que foi confirmado na Cimeira de Budapeste, em que se decidiu mudar a designação para OSCE.

Assim, a estrutura institucional da OSCE, decorrente da Carta de Paris e da Cimeira de Helsínquia compreende duas categorias de instituições: *instituições políticas* e *instituições administrativas.* São instituições políticas as *Cimeiras* (reuniões de Alto Nível), *o Conselho Ministerial, o Conselho Superior* (Comité de Altos Funcionários), o *Comité Permanente* e a *Assembleia Parlamentar;* enquanto o *Secretariado-Geral, o Burreau de Eleições Livres, o Centro de Prevenção dos Conflitos, o Fórum para a Cooperação e Segurança, o Alto Comissário para as Minorias Étnicas* e o *Tribunal de Conciliação e Arbitragem* são instituições integrantes da estrutura técnico-administrativa OSCE.

Esquematicamente, pode-se representar do seguinte modo a estrutura institucional da OSCE.

ESQUEMA DA ESTRUTURA INSTITUCIONAL DA OSCE

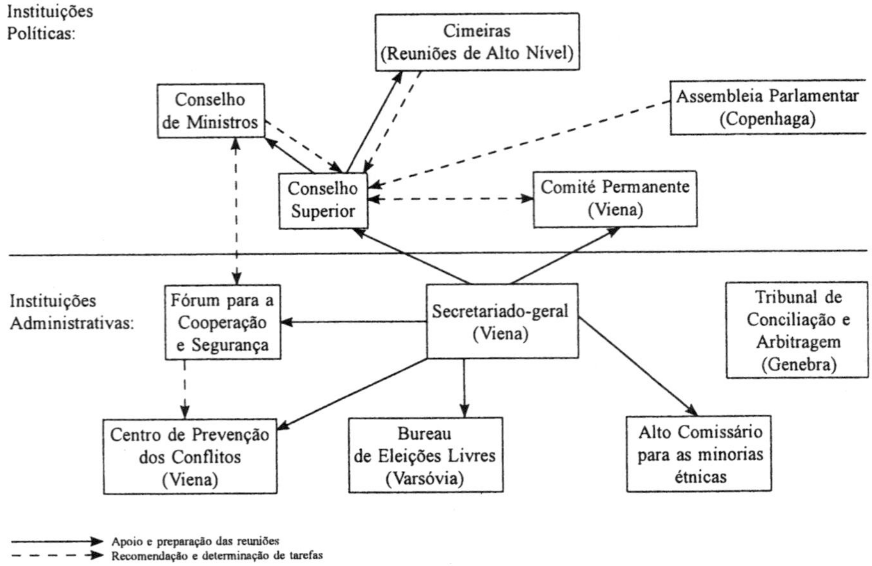

3.2.2.1. Instituições políticas

a) Cimeiras (Reuniões de Alto Nível)

De acordo com o estipulado na Carta de Paris, as Cimeiras reúnem os Chefes de Estado ou de Governo dos países participantes na OSCE, e devem realizar-se de dois em dois anos. Estas reuniões destinam-se a analisar ao mais alto nível a evolução do processo de segurança e cooperação na Europa e a tomar decisões extraordinárias com vista à realização dos objectivos da Organização. Prevista para Helsínquia, a primeira reunião de Alto Nível realizou-se em 9-10 de Julho de 1992, e nela foi decidido designar um Alto Comissário para as minorias étnicas, instituir um processo de conciliação e arbitragem, e criar um Fórum para a cooperação e segurança. A segunda Cimeira teve lugar em Budapeste (5-6 de Dezembro de 1994), e nela se decidiu fazer coincidir a designação da nova organização com a sua realidade; e a terceira realizou-se em Lisboa a 3 e 4 de Dezembro de 1996; a quarta decorreu em Istambul a 18 e 19 de Novembro de 1999.

b) Conselho (de Ministros)

O Conselho é composto pelos Ministros dos Negócios Estrangeiros dos Estados-participantes, e deve reunir regularmente, pelo menos uma vez por ano, ou realizar reuniões extraordinárias em caso de urgência. Ao Conselho compete tomar «decisões apropriadas» à prossecução dos objectivos inerentes à segurança e cooperação na Europa e adoptar as medidas recomendadas pelas Cimeiras dos Chefes de Estado ou de Governo. A presidência do Conselho é rotativa e tem a duração de um ano.

c) Conselho Superior (CS)

O Conselho Superior, antigo Comité dos Altos Funcionários, compreende representantes diplomatas dos Estados-participantes, se possível os Directores Políticos. Encarregado de preparar as reuniões do Conselho e as Cimeiras dos Chefes de Estado ou de Governo e de discutir e pôr em prática a política de organização, assim como as orientações orçamentais, o Conselho Superior reúne frequentemente durante dois dias, em Praga ou noutra capital onde decorrem as reuniões do Conselho. As reuniões do CS são presididas peio representante do país que assume a presidência do Conselho.

d) Comité Permanente

O Comité Permanente reagrupa os representantes permanentes dos Estados-participantes e traduz a perenização das reuniões informais realizadas em Viena. O Comité Permanente está, pois, sediado em Viena, podendo reunir em qualquer momento para promover o diálogo político e incrementar as consultas necessárias à preservação da segurança cooperativa e à aplicação da Carta sobre a Segurança na Europa.

e) Assembleia Parlamentar

Logo que os Estados-participantes da OSCE admitiram a institucionalização da Conferência pensaram que, tal como qualquer organização democrática, esta deveria compreender um fórum parlamentar – uma assembleia composta por representantes dos parlamentos dos respectivos Estados-participantes. A princípio, mesmo antes da realização da Cimeira de Paris (19-21 de Novembro de 1990), chegou a propôr-se o Conselho da Europa como quadro de acolhimento da Nova Assembleia. No entanto, esta proposta foi rejeitada na reunião da Assembleia Parlamentar do Conselho da Europa, em Setembro de 1990, com base na argumentação de que a Assembleia da CSCE teria uma composição transatlântica e não meramente europeia, o que ultrapassava a própria natureza e essência daquela organização europeia instituída em 5 de Maio de 1949. Entretanto, o processo de estruturação institucional da OSCE, aprovado na Cimeira de Paris, incluía a criação de uma Assembleia Parlamentar. Por isso, os Presidentes dos Parlamentos nacionais, atendendo à decisão da Assembleia do Conselho da Europa, decidiram, na reunião de Abril de 1991, que a Assembleia da OSCE seria uma *Assembleia ad hoc e itinerante*. E a primeira reunião do novo fórum parlamentar realizou-se em Budapeste, no mês de Julho de 1992. Entretanto, o Secretariado da Assembleia Parlamentar foi estabelecido em Copenhaga com a função de apoiar as reuniões da Assembleia, que, em princípio, devem realizar-se anualmente, no início de Julho e nas quais podem ser adoptadas resoluções e recomendações com incidência sobre a segurança e a cooperação na Europa.

3.2.2.2. Instituições Administrativas

Ao mesmo tempo que criava instituições iminentemente políticas, a Carta de Paris previa a institucionalização de órgãos meramente administrativos e subordinava a sediação desses órgãos à nova dimensão político-geográfica da Europa, escolhendo respectivamente Praga, Viena e Varsóvia para a instalação do Secretariado, do Centro de Prevenção dos Conflitos e do Bureau de Eleições Livres. E, na sequência da aprovação da Convenção sobre a Conciliação e Arbitragem pelo Conselho de Estocolmo, em Dezembro de 1992, foi escolhida Genebra para sede do Tribunal de Conciliação e Arbitragem.

a) Secretariado-Geral

Instalado em Fevereiro de 1991, em Praga, o Secretariado-Geral da OSCE, compreendia um director – de início um diplomata sueco – e três administradores, e funcionava como pólo de ligação com os serviços dos Ministérios dos Negócios Estrangeiros dos Estados-participantes encarregados das questões relativas à OSCE. Entretanto, o Conselho de Estocolmo (Dezembro de 1992) criou o cargo de Secretário-Geral, encarregado de dirigir um Secretariado-Geral com sede em Viena, do qual depende o Bureau de Praga, os serviços de conferência, a administração do orçamento e o apoio ao Presidente em exercício, o Centro de Prevenção dos Conflitos, e, desde 1995, o Bureau para a Ásia Central sediado em Alma-Ata, e ainda, embora com uma certa autonomia, o Bureau para as Instituições democráticas e os Direitos humanos, localizado em Varsóvia.

b) Centro de Prevenção dos Conflitos (CPC)

Criado pela Conferência de Paris, o Centro de Prevenção dos Conflitos foi inaugurado em Março de 1991, em Viena, onde se encontra sediado. O CPC é dirigido por um secretariado, que compreende um director e dois administradores, e a sua finalidade geral consiste em auxiliar o Conselho a reduzir os riscos de conflito. De acordo com a Carta de Paris, «durante a fase inicial da sua actividade, o Centro terá por missão apoiar a aplicação de medidas de confiança e de segurança, tais como:

- O mecanismo de consulta e de cooperação concernentes às actividades militares excepcionais;
- A troca anual de informações militares;
- A rede de comunicações;
- As reuniões anuais de avaliação da aplicação de medidas de confiança e de segurança;
- A cooperação relativa aos incidentes perigosos de natureza militar».

Além disso, a *Carta de Paris* previu outras tarefas para uma fase posterior, ao estabelecer que «o Centro poderá assumir outras funções e a lista atrás mencionada não prejudica nenhuma acção suplementar relativa a um processo de conciliação em caso de diferendo, nem acções mais gerais relativas à regulamentação dos diferendos, que lhe poderão ser incumbidas pelo Conselho dos Ministros dos Negócios Estrangeiros».

c) Bureau de Eleições Livres

Para facilitar os contactos e a troca de informações sobre as eleições dos Estados-participantes, foi decidido na Cimeira de Paris estabelecer, em Varsóvia, um *Bureau de Eleições Livres,* que é dirigido por um director e um administrador, sendo o primeiro responsável perante o Conselho por intermédio do Conselho Superior.

d) Alto Comissário para as Minorias Étnicas

O Cargo de Alto Comissário para as Minorias Étnicas foi criado por decisão adoptada na Cimeira de Helsínquia (1992) com vista a evitar que as tensões suscitadas pelos problemas das minorias étnicas degenerem em conflito e ameacem a paz, a estabilidade e as relações entre os Estados-participantes. Nomeado, por consenso, pelo Conselho de Ministros, mediante recomendação do Conselho superior, por um período de três anos, renovável uma vez, o alto Comissário para as Minorias Étnicas é uma espécie de instrumento de prevenção dos conflitos no estádio mais precoce possível. Compete-lhe recolher informações sobre as minorias étnicas, avaliar o papel das partes, a natureza das tensões e dos acontecimentos e as suas eventuais consequências, e recomendar ao Conselho Superior medidas de acção rápida para solucionar situações de crise e evitar conflitos.

e) Fórum para a Cooperação e Segurança

Criado por decisão adoptada na Cimeira de Helsínquia, de Julho de 1992, com vista a constituir um espaço de discussão permanente sobre os conceitos de segurança cooperativa entre os Estados-participantes e sobre a cooperação concreta em caso de transparência militar, de não-proliferação e de controlo da transferência de armamentos e destinado a contribuir para a dinâmica geral de prevenção dos conflitos e para o desenvolvimento da acção do Centro de Prevenção dos Conflitos (CPC), o *Fórum para a Cooperação e Segurança,* que iniciou os seus trabalhos em Viena a partir de 22 de Setembro de 1992, reúne-se a nível do *Comité Especial,* para tratar de regulamentação dos armamentos, do desarmamento e do reforço da cooperação em matéria de segurança, e a nível do *Comité Consultivo,* para tratar dos assuntos que relevam da competência do CPC, embora a representação dos Estados nos dois Comités deva ser assegurada pelos mesmas delegações.

f) Tribunal de Conciliação e Arbitragem

Criado na sequência da aprovação, pelo Conselho de Estocolmo de Dezembro de 1992, da Convenção sobre a Conciliação e a Arbitragem no seio da OSCE, o *Tribunal de Conciliação e Arbitragem,* sediado em Genebra, é um instrumento jurídico ao serviço da Europa. Nos termos da referida Convenção, o processo de arbitragem é accionado quando fracassar o procedimento de conciliação e consiste na formação de um Tribunal Arbitral «ad hoc», com competência para pronunciar a sentença final, que é juridicamente vinculativa e da qual não é passível recurso para qualquer outra instância jurisdicional.

A designação dos funcionários das instituições administrativas da OSCE obedece às seguintes regras: os directores são escolhidos pelo Conselho, por um período de três anos não renovável, com base na rotação segundo a ordem alfabética francesa, sendo os primeiros escolhidos por sorteio, e o seu mandato é limitado a dois anos, podendo ser prorrogado por um ano em caso de necessidade. No entanto, nenhum Estado-participante poderá ter mais do que um seu natural destacado nas instalações da OSCE.

Os funcionários designados beneficiam do pleno estatuto diplomático, e são acreditados pelo seu país junto do Estado de acolhimento (sede da instituição).

3.3. Natureza Jurídica e Procedimentos de Decisão

A natureza jurídica da OSCE e dos actos adoptados pelas suas instituições releva do carácter formal de que se revestem a Acta Final de Helsínquia e a Carta de Paris. Com efeito, estes dois documentos basilares de todo o processo de formação da OSCE não foram registados em conformidade com o art. 102º da Carta das Nações Unidas[498], sublinhando os participantes que estes documentos seriam apenas transmitidos ao Secretário-Geral da ONU «a fim de serem distribuídos a todos os membros desta organização». Com esta atitude os Estados representantes quiseram acentuar que estes dois documentos não se revestem do carácter formal dos tratados internacionais. No entanto, os dois documentos foram assinados pelos «altos representantes dos Estados». E a sua assinatura foi precedida da seguinte fórmula textual que conclui o conteúdo dos documentos: «em fé do que os abaixo assinados, Altos Representantes dos Estados-participantes, conscientes do alto significado político que estes atribuem aos resultados da Conferência e declarando a sua determinação de agir de acordo com as disposições contidas nos textos mencionados, apuseram as suas assinaturas em baixo do presente acto final»[499].

Esta forma reflecte o alto significado político que os Estados representantes atribuem à OSCE.

Não se inserindo os actos constitutivos da OSCE plenamente no Direito dos Tratados Internacionais, parece que os Estados-participantes não quiseram assumir, neste âmbito, um compromisso jurídico convencional. Mas, ao declararem-se resolvidos a agir em conformidade com as disposições adoptadas assumiram um compromisso moral que comporta indubitavelmente um grande significado político-jurídico, pois compromete tanto a «boa fé» dos Estados como a sua credibilidade. Por conseguinte, as disposições dos documentos constitutivos da OSCE definem mais um «código de boa conduta» entre os Estados-participantes do que estabelecem um formalismo jurídico que regula e condiciona o seu comportamento.

A ambiguidade que caracteriza a natureza formal do processo constitutivo da OSCE reflecte-se no procedimento decisional desta organização e no carácter jurídico e político das decisões por ela adoptadas.

[498] O art. 102º da Carta da ONU torna obrigatório a todos os Estados-membros o registo e a publicação dos tratados.

[499] Acta Final da Conferência de Helsínquia, MNE, Lisboa, 1975, p. 66.

Tendo nascido num clima de desconfiança recíproca e sendo concebida desde o início como um processo lento e progressivo, era natural que o procedimento de decisão da OSCE estivesse em conformidade com a concepção global da segurança europeia e visasse a adopção de medidas geradoras de obrigações indivisíveis. E daí que todo o procedimento decisional se baseie na «regra do consenso». Com efeito, de acordo com o que ficou estabelecido em Helsínquia, «as decisões da Conferência são adoptadas pela via do consenso. O consenso define-se pela ausência de qualquer objeção expressa por um representante e apresentada por ele como constituindo um obstáculo à adopção da respectiva decisão». Aliás, as próprias disposições processuais da Conferência de Helsínquia foram adoptadas por consenso. E uma vez adoptadas, não poderiam ser modificadas senão pela via do consenso, conforme ficou estabelecido.

Esta regra processual continua a presidir aos trabalhos da OSCE e tem de ser respeitada para se adoptarem decisões a nível das suas instituições. Isto significa que a oposição declarada de um Estado-representante bloqueia todo o processo e impede a adopção de decisões. Foi o que sucedeu na Conferência sobre a dimensão humana da OSCE, realizada em Paris em Junho de 1989, onde a Roménia impediu todo o consenso.

A regra do consenso, que reflecte a vontade colectiva de um todo indivisível, dá azo ao estabelecimento de um jogo permanente de negociações e de pressões, a fim de se ultrapassarem as resistências (ou renitências) deste ou daquele Estado. Por conseguinte, o procedimento de decisão da OSCE exprime o carácter diplomático baseado na cooperação e não o afrontamento jurídico próprio do contencioso internacional que cristaliza os antagonismos. Mas comporta em si mesmo um limite inicial, já que o exercício diplomático, baseado no consenso, depende da «boa fé» e da «boa vontade» dos Estados-participantes. E é da «boa fé» dos Estados, ou mais propriamente das suas instituições, que decorre a aplicação e o cumprimento das decisões adoptadas a nível da OSCE, pois estas só produzem efeitos jurídicos no interior daqueles, depois de ratificadas e vertidas para a sua ordem jurídica interna; e os compromissos diplomáticos assumidos em certa conjuntura podem tornar-se prejudiciais para os Estados em conjunturas diferentes.

Portanto, a natureza jurídica da OSCE e o procedimento decisional estabelecido colocam esta organização no conjunto das organizações internacionais de cooperação, cujas decisões por ela adoptadas não se aplicam directa e automaticamente aos Estados-membros, reservando-se a estes o direito de as cumprirem ou não e de as ratificarem total ou parcialmente, pois traduzem-se num conjunto de regras jurídicas que só vinculam os Estados depois de fazerem parte da sua ordem jurídica interna.

Bibliografia

DECAUX, Emmanuel – *La Conférence sur la Securité et la Coopération en Europe*, Paris, P.U.E., 1992.

DEFARGES, Philippe Moreau – *Les Institutions Européennes*, Paris, Armand Colin, 1993.

DUMOULIN, André e REMACLE, Eric – *L'Union de l'Europe ocidentale. Phénix de la défénse européenne*, Bruylant, Bruxelas, 1998.

FERNANDES, António José – *A União Europeia de Maastricht: Federação, Confederação ou Comunidade de Estados?*, Lisboa, Ed. Presença, 1994.

HUNTZINGER Jacques – *Europes*, Paris, Edition Ramsey, 1977.

PIRES, Francisco Lucas – *Tratados que Instituem a Comunidade e a União Europeia*, Lisboa, Editorial Notícias, 1992.

MASCLET, Jean-Claude – A *União Política da Europa*, Lisboa, Bertrand, 1975.

MOREIRA, Adriano – *A Comunidade internacional em Mudança*, São Paulo, Resenha Universitária, 1976.

RAMELOT, Vicent e REMACLE, Eric – *L'OSCE et les conflits en Europe*, Bruxelles, GRIP 1995.

REMACLE, Eric – *L'UEO: Européenne ou Atlaniique?*, Bruxelles, GRIP, 1993.

SACCHETTI A. Emílio – «Pactos Militares e Organização de Defesa na Região Euro-América», in *Revista de Estudos Políticos e Sociais*, Vol. X, nº 34, Lisboa, ISCSP, 1982.

«Acta Final de Helsínquia», MNE, Lisboa, 1975.

«Carta de Paris, de 22 de Novembro de 1990», MNE, Lisboa, 1990.

«Declaração Relativa à UEO», anexa ao Tratado de Maastricht, Bruxelas, Comissão Europeia, 1992.

«Tratado do Atlântico Norte», de 4 de Abril de 1949, Lisboa, MNE, 1949.

ÍNDICE

CAPÍTULO IV
A PARTICIPAÇÃO NAS OI

CAPÍTULO V
OS OBJECTIVOS DAS OI E AS COMPETÊNCIAS DE QUE DISPÕEM PARA OS REALIZAR

CAPÍTULO VI
A ESTRUTURA ORGÂNICA DAS OI

CAPÍTULO VIII
A PERSONALIDADE JURÍDICA DAS OI

CAPÍTULO IX
PRIVILÉGIOS E IMUNIDADES DAS OI

CAPÍTULO X
AS FINANÇAS DAS OI

LIVRO II
AS PRINCIPAIS ORGANIZAÇÕES INTERNACIONAIS DE QUE PORTUGAL É MEMBRO

PARTE I
ORGANIZAÇÕES DE CARÁCTER UNIVERSAL

TÍTULO I
A ORGANIZAÇÃO DAS NAÇÕES UNIDAS

CAPÍTULO I
ANTECEDENTES DA ONU

CAPÍTULO II
A COMPOSIÇÃO DA ONU

CAPÍTULO III
A ESTRUTURA INSTITUCIONAL DA ONU

CAPÍTULO IV
A ACÇÃO DA ONU

TÍTULO II
INSTITUIÇÕES ESPECIALIZADAS DA ONU

SUBTÍTULO I
ORGANIZAÇÃO MUNDIAL DE COMÉRCIO (OMC)

CAPÍTULO I
AS VÁRIAS CONFERÊNCIAS ANTERIORES AO «URUGUAY ROUND»

CAPÍTULO II
A CRIAÇÃO DA ORGANIZAÇÃO MUNDIAL DO COMÉRCIO (OMC)

CAPÍTULO III
O REFORÇO DA DISCIPLINA MULTILATERAL

CAPÍTULO IV
MELHORIA DE ACESSO AOS MERCADOS

CAPÍTULO V
A EXTENSÃO DO CAMPO DE APLICAÇÃO

SUBTÍTULO II
ORGANIZAÇÃO INTERNACIONAL DO TRABALHO – OIT

CAPÍTULO I
OS FINS DA ORGANIZAÇÃO E OS INSTRUMENTOS DA SUA REALIZAÇÃO

CAPÍTULO II
ATRIBUIÇÕES E COMPETÊNCIAS DA OIT

CAPÍTULO II
O GRUPO BANCO MUNDIAL

SUBTÍTULO V
AS UNIÕES ADMINISTRATIVAS E TÉCNICAS

CAPÍTULO I
AS UNIÕES ADMINISTRATIVAS

SECÇÃO 1ª
ORGANIZAÇÕES QUE SE OCUPAM DAS COMUNICAÇÕES INTERNACIONAIS

CAPÍTULO II
AS UNIÕES TÉCNICAS

PARTE II
ORGANIZAÇÕES REGIONAIS DE QUE PORTUGAL É MEMBRO

TÍTULO I
A ORGANIZAÇÃO DE COOPERAÇÃO E DESENVOLVIMENTO ECONÓMICO - OCDE

TÍTULO II
ORGANIZAÇÕES DE COOPERAÇÃO POLÍTICA

SUBTÍTULO I
O CONSELHO DA EUROPA

SUBTÍTULO II
A CONVENÇÃO EUROPEIA DOS DIREITOS DO HOMEM

TÍTULO III
ORGANIZAÇÕES DE COOPERAÇÃO NOS DOMÍNIOS DA SEGURANÇA E DEFESA DA EUROPA

CAPÍTULO I
ORGANIZAÇÃO DO TRATADO DO ATLÂNTICO NORTE (NATO)

CAPÍTULO II
UNIÃO DA EUROPA OCIDENTAL (UEO)

CAPÍTULO III
ORGANIZAÇÃO DE SEGURANÇA E COOPERAÇÃO NA EUROPA (OSCE)